La Catedral en España

LA CATEDRAL EN ESPAÑA

Arquitectura y Liturgia

POR

Pedro Navascués Palacio

LUNWERG
EDITORES

© 2004 Lunwerg Editores
© del texto: Pedro Navascués Palacio

Creación, diseño y realización de Lunwerg Editores.
Reservados todos los derechos.
Prohibida la reproducción total o parcial sin la debida autorización.

ISBN: 84-9785-108-0
Depósito legal: B-33873-2004

LUNWERG EDITORES
Beethoven, 12 - 08021 BARCELONA - Tel. 93 201 59 33 - Fax 93 201 15 87
Luchana, 27 - 28010 MADRID - Tel. 91 593 00 58 - Fax 91 593 00 70

Impreso en España

Sumario

Introducción 9

Primera Parte
   I   La Catedral en la Historia 13
   II El Concierto Europeo de las Catedrales 25
   III Personalidad de la Catedral en España 49
        Notas 60

Segunda Parte
   I   Hacia la Catedral Románica:
      Santiago de Compostela 65
   II El Modelo Francés de la Catedral Gótica:
      Burgos y León 89
   III El "Modo Español".
      Toledo y Barcelona 125
   IV Mallorca:
      la Catedral y el Mar 165
   V   Sevilla.
      La Magna Hispalense 177
   VI Córdoba.
      Basílica, Mezquita y Catedral 203
   VII La Catedral en el Renacimiento.
      Granada y Jaén 225
   VIII Las Últimas Versiones Góticas:
      Salamanca y Segovia 249
   IX Fin de un Ciclo Histórico:
      La Catedral de Cádiz 273
        Bibliografía 288
English Translation 293

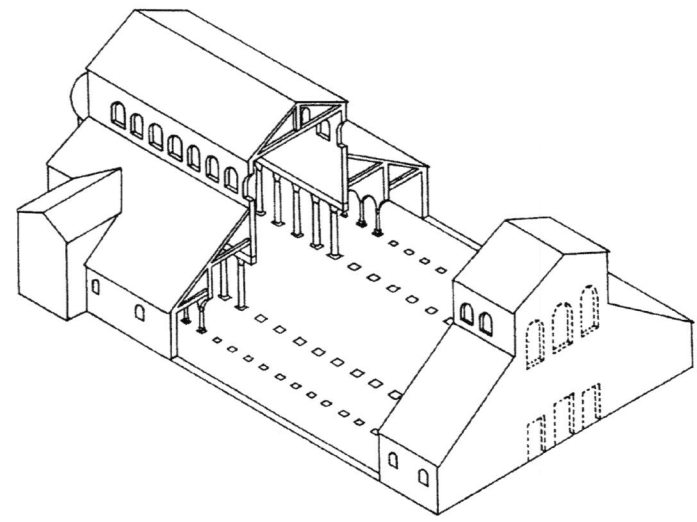

1.
Reconstrucción hipotética de la basílica paleocristiana de San Juan de Letrán.
Roma.

Introducción

Cuando Luis Cernuda escribe desde el exilio su conocida colección de poemas en prosa bajo el mitológico nombre de *Ocnos* (1942), recuerda con nostalgia su Sevilla natal y a través de ella a la España entera que hubo de dejar. Uno de aquellos poemas se refiere a la catedral de Sevilla –y a través de ella, entiendo, que también a las catedrales españolas en general– de la que nada dice acerca de su estilo o siglo, ninguna nota erudita o curiosa y, sin embargo, sus palabras descubren el escondido secreto de su atractivo:

> Ir al atardecer a la catedral, cuando la gran nave armoniosa, honda y resonante, se adormecía tendidos sus brazos en cruz. Entre el altar mayor y el coro, una alfombra de terciopelo rojo y sordo absorbía el rumor de los pasos. Todo estaba sumido en penumbra, aunque la luz, penetrando aún por las vidrieras, dejara suspendida allá en la altura su cálida aureola. Cayendo de la bóveda como una catarata, el gran retablo era sólo una confusión de oros perdidos en la sombra. Y tras de las rejas, desde un lienzo oscuro como un sueño, emergían en alguna capilla blanca formas enérgicas y estáticas.

Obsérvese que Cernuda pone el dedo en la llaga cuando identifica la catedral no con su tamaño o gótico estilo, cosa que hubiera sido tan fácil como vulgar, sino con el altar mayor, coro, retablo, rejas y capillas, es decir, con todo aquello que de un tiempo a esta parte viene sufriendo una persecución tan incomprensible como inmisericorde en muchas catedrales españolas que, paradójicamente, son admiradas en el mundo entero por la singular belleza de este preciado ajuar litúrgico y su cotidiano uso. Un ejemplo: cuando Yves Esquieu en su libro *Quartier cathédrale* (1994), lamentándose del abandono de la vida capitular, del culto solemne y de la liturgia de las horas en el coro de las catedrales francesas, dice que para ver algo semejante a lo que en otro tiempo fue todo este universo catedralicio "es necesario ir a España para encontrar todavía –pero por cuánto tiempo– los coros reservados al rezo de las horas por los canónigos, a quienes todavía se les ve desfilar revestidos de sus capas forradas de satén, rojas y negras, últimos destellos de una institución más que milenaria."

Son estas imágenes que pasan ante nuestros ojos como una realidad efímera las que dejaron en Cernuda una huella más honda que el propio edificio:

> Comenzaba el órgano a preludiar vagamente, dilatándose luego su melodía hasta llenar las naves de voces poderosas, resonantes con el imperio de las trompetas que han de convocar a las almas en el día del juicio. Mas luego volvía a amansarse, depuesta su fuerza como una espada, y alentaba amoroso, descansando sobre el abismo de su cólera. Por el coro se adelantaban silenciosamente, atravesando la nave hasta llegar a la escalinata del altar mayor, los oficiantes cubiertos de pesadas dalmáticas, precedidos de los monaguillos, niños de faz murillesca, vestidos de rojo y blanco, que conducían ciriales encendidos. Y tras ellos caminaban los seises, con su traje azul y plata, destocado el sombrerillo de plumas, que al llegar al altar colocarían sobre sus cabezas, iniciando entonces unos pasos de baile, entre seguidilla y minué, mientras en sus manos infantiles repicaban ligeras unas castañuelas.

Nuevamente son el altar mayor, el coro, la música, los oficiantes y acólitos, es decir, la *catedral viva* que diría Louis Gillet, los elementos que identifica Cernuda como propiamente catedralicios. Es la misma realidad que puso los "nervios como alambres" a un personaje de Pérez Galdós en *Los Cien Mil Hijos de San Luis*, en la misma catedral de Sevilla, a quien al oír "el grave canto del coro, y a intervalos una chorretada de órgano" le sobrevino "una violenta irrupción de ideas religiosas en su espíritu. ¡Maravilloso efecto del arte, que consigue lo que no es dado alcanzar a veces ni aún a la misma religión!".

Algo de todo esto quiere rescatar del olvido el presente libro sobre la catedral en España que en su primera parte ofrece una breve exposición de lo que, a juicio del autor, ha sido la catedral en la historia no tanto desde el punto de vista estilístico o estructural como desde una óptica espacio–funcional. En otras palabras, se trata de ver cómo se ha ido configurando la forma de la catedral en el mundo occidental en relación con sus específicas funciones, a partir de la basílica paleocristiana, para advertir la existencia de un *modo español* que distingue a la catedral en España como diferente a la de otros países de su entorno. Estas diferencias que, repetimos, no son fundamentalmente estilísticas, son percibidas por el observador atento sin ser un especialista, como le sucede al escritor estadounidense Raymond Carver, quien en un relato corto titulado *Catedral* (1981) dice: "La cámara enfocó una catedral en las afueras de Lisboa. Comparada con la francesa y la italiana, la portuguesa no mostraba grandes diferencias. Pero existían. Sobre todo en el interior…". Efectivamente, dichas diferencias no radican tanto en el estilo como en su disposición interior derivada de un modo particular de la celebración litúrgica que se identifica con su específica historia eclesiástica.

Esta visión resulta inédita por cuanto hasta ahora las catedrales españolas han sido observadas bien como una curiosidad exótica y periférica de Europa, según hicieron los viajeros del siglo XIX como Richard Ford o Davillier, bien como reflejo de una cierta imagen tópica de España, según se aprecia en autores como N. A. Wells (*The picturesque antiquities of Spain: described in a series of letters, with illustrations, representing Morísh palaces, cathedrals, and another monuments...*, Londres, 1846). Más interesantes por precisas son las valoraciones hechas por Ch. Rudy (*The Cathedrals of Northen Spain*, Boston, 1906), J.A. Gade (*Cathedrals of Spain*, Nueva York, 1911), W.W. Collins (*Cathedral Cities of Spain*, Nueva York, 1912) o C.G. Hartley (*The cathedrals of southern Spain*, Londres, 1913) desde una óptica general y personal. Mayor alcance tienen por su análisis arquitectónico más especializado los trabajos de arquitectos e historiadores, desde G.E. Street hasta J. Harvey, si bien este último estudioso, uno de los mejores conocedores de la arquitectura inglesa medieval, no deja de sorprendernos cuando en su libro *The cathedrals of Spain* (Londres, 1957) y ante su incomprensión de lo que significa espacial y litúrgicamente el coro catedralicio español, recurre a insostenibles paralelismos con los inmortales personajes de Cervantes, don Quijote y Sancho. Harvey parece no haberse preguntado cómo era la disposición interior de la catedral de Ely, por ejemplo, y dónde estaba su coro antes de la adición de la cabecera gótica o cómo se explica la situación actual de los coros de Peterborough, Gloucester, Norwich o St. Albans, entre otros, a los que podrían aplicarse las erróneas palabras que él dedica al coro español cuando se refiere a éste como "una estructura separada que corta la nave destruyendo la unidad espacial que le habían dado sus arquitectos". Teniendo en cuenta que, además, la tradición litúrgico–arquitectónica en Inglaterra coloca el órgano encima del *screen–choir* o *rood–choir* (el *jubé* francés o nuestro trascoro), cortando hasta la altura de las bóvedas la visión longitudinal de la nave mayor (York, Lincoln, Exeter, Wells, Salisbury), frente a la disposición en paralelo de los órganos del coro en las catedrales españolas, resultan aún menos comprensibles tales afirmaciones por parte del autor inglés. Por último, si se piensa que la mayor parte de las catedrales inglesas, como afirma el propio Harvey y se comenta en la primera parte de este libro, tienen un origen monástico, las llamadas *english monastic cathedrals*, es fácil concluir que muchos aspectos arquitectónicos que tienen su explicación en una determinada organización litúrgica son deudores de la organización monástica, la cual incluye el coro en el centro de la nave según se ve en Inglaterra y España, entre otros países. Lo que sucede, una vez más, es que no hemos ahondado en estos problemas y hemos reducido el estudio de la arquitectura a distinguir tan sólo el color de su piel.

Esto se debe a que la catedral no ha sido considerada como una tipología arquitectónica deudora de sus funciones; por ello no se incluye en el excelente libro de Pevsner (*A History of Building Types*, Princeton, 1976; trad. española, 1979) donde, en cambio, al hablar de la tipología del "Hotel" se detalla la disposición y número de habitaciones, locutorios y demás piezas constitutivas del Lindell de Saint Louis, o bien al estudiar la "Biblioteca" como tipo arquitectónico se da cuenta de la altura de las estanterías de la biblioteca del cardenal Mazarino en París, del número de volúmenes que contenía y de los días y horario de mañana y tarde en que se abría al público. Pero, paradójicamente, nada de esto se tiene en cuenta al estudiar la catedral. No se contabiliza con el mismo rigor el número de canónigos que constituyen el cabildo y en función del cual se proyecta el tamaño de la iglesia, tampoco se detalla su horario, ni sus obligaciones diarias ni la distinta función de sus espacios, como, en cambio, se hace al hablar de las prisiones, museos u hospitales para explicar su forma y disposición.

En efecto, nada de esto encontramos cuando se habla de la catedral en general, y menos aún de la española en particular. Normalmente, las catedrales españolas aparecen como un apéndice final en la bibliografía europea o representadas por debajo de lo que debiera ser una visión equilibrada del fenómeno catedralicio europeo, si es que se incorporan, según puede comprobarse en obras relativamente recientes como las de C. Wilson (*The Gothic Cathedral*, Londres, 1990) o A. Prache (*Cathédrales d'Europe*, París, 1999). Curiosamente y por lo dicho hasta aquí, la historiografía en inglés ha sido la más atenta con el conjunto de las catedrales españolas, mientras que la bibliografía francesa, al margen de los estudios generales sobre historia de la arquitectura como los de E. Lambert, ha mostrado poco interés. No obstante son, o fueron, muy conocidas obras de divulgación como las de G. Pillement, el traductor de Miguel Ángel Asturias, (*Les Cathédrales d'Espagne*, París, 1951–1952; trad. española, 1953), y de José Manuel Pita Andrade (*Cathédrales d'Espagne*, París, 1951) en una bellísima edición.

Más escasa es la bibliografía alemana que, sin embargo, cuenta con la obra de F. Rahlves (*Kathedralen und klöster in Spanien*, Wiesbaden, s.a.), que es la que ha contribuido más ampliamente al conocimiento y la difusión de nuestras principales catedrales en Europa a través de numerosas ediciones traducidas al francés (1965), inglés (1966) y español (1969). Otra cosa es la cuidadosa consideración de las catedrales españolas dentro del concierto europeo como sucede en la excepcional obra de H. Sedlmayr, *El nacimiento de la catedral* (*Die Entstehung der Kathedrale*, Zurich, 1950) o la singular monografía sobre la catedral de Burgos de H. Karge, que se recoge en la bibliografía final.

Dentro del panorama español, la catedral como conjunto, interesó a don Vicente Lampérez (*Apuntes para un estudio sobre las catedrales españolas*, Madrid, 1896), quien hizo de ella la espina dorsal de su excelente y primer estudio general de la arquitectura española con el conocido título de *Arquitectura cristiana española en la Edad Media* (Madrid, 1908). De esta obra salieron los datos que nutrieron otros libros de muy corta tirada y modesta edición como el de Ricardo Benavent (*Las catedrales de España,* Valencia, 1913) o el más amplio de Delfín Fernández y González que Ángel Dotor cita en el prólogo al libro de C. Sarthou Carreres (*Catedrales de España,* Madrid, 1946) y que debe referirse al que lleva por título *Las catedrales de Europa,* Barcelona, 1915. El propio Dotor publicó algo después *Catedrales de España: Guía histórico–descriptiva de una seleccionada veintena de las principales* (Gerona, 1950), que conoció varias ediciones, si bien la obra que más ha contribuido a la difusión de éstas es el referido libro de Carlos Sarthou, en sus diez ediciones, una de ellas en inglés (1997), en las que el texto inicial fue cambiando de formato, ilustraciones y contenido, habiendo participado el autor de estas líneas en las más recientes. En efecto, el presente trabajo es fruto de una larga y vivida reflexión sobre las catedrales españolas que recoge la experiencia docente de los cursos de doctorado en la Universidad, de nuestra colaboración en el Plan Nacional de Catedrales, así como de las conclusiones y texto de anteriores libros, cursos, artículos y conferencias.

Todo ello nos ha permitido seguir con atención la evolución historiográfica que han conocido las catedrales españolas en general, con la aportación decisiva de historiadores y arquitectos que ha dado lugar en la segunda mitad del siglo XX a una rica bibliografía de carácter monográfico, recogida parcialmente al final de este libro y difícilmente igualable en el panorama europeo reciente. Interés y bibliografía que no cesan, pues son muchos los aspectos y las ópticas proyectadas sobre la catedral que rebasan su condición medieval para ver en ellas la trama sobre las que se cruza la urdimbre de épocas posteriores, como estudia E. García Melero en su libro *Las catedrales góticas en la España de la Ilustración: la incidencia del neoclasicismo en el gótico* (Madrid, 2002), o como recientemente ha puesto de manifiesto el congreso "Comportamiento de las catedrales españolas: del Barroco a los historicismos" cuyas jornadas y actas, publicadas por la Universidad de Murcia (2003), han sido coordinadas por G. Ramallo.

No obstante, la mayor parte de estos y otros estudios han considerado siempre la catedral como un objeto físico dentro de unas coordenadas histórico–estilísticas, sin atender a su estrecha deuda con las funciones que debía desarrollar. Por ello, en la primera parte de este libro se hace especial énfasis en la vinculación forma–función para mostrar después una serie de casos, desde la catedral románica de Santiago hasta la barroca de Cádiz, en los que se cumple aquella premisa. El presente trabajo no es ni pretende ser un inventario de las catedrales españolas, sino tan sólo una invitación a conocer su específica naturaleza a partir de una serie de templos escogidos que resumen su matizada imagen a través de la historia, según adelanté ya en *Espacios en el tiempo* (Madrid, 1996). De no tener en cuenta este punto de vista que relaciona la arquitectura del templo con sus funciones litúrgicas, la catedral queda reducida, simplemente, a una iglesia grande sin pulso, vida, ni sentido. Es la distancia que hoy separa a la catedral de Burgos, tristemente relegada a su condición museística previo pago, de la catedral de Barcelona, cuya activa vida interior es prolongación de la ciudad, ya que en sus altares hay cirios y se celebran misas; gentes devotas rezan en los bancos mientras los visitantes recorren sus naves admirando las bóvedas, coro y retablos, sin ser molestados ni amonestados por hacer una fotografía. Se han conservado el púlpito, las rejas y demás enseres litúrgicos. El claustro está animado por el libre paso de los transeúntes que utilizan el *atajo* de la catedral para pasar de un lado a otro, al igual que se ha hecho durante siglos. Las campanas se dejan oír por encima de la ciudad mientras recorremos las calles inmediatas en las que en otro tiempo vivieron el obispo, el deán, el arcediano, los canónigos y demás miembros del clero catedralicio, identificándose el barrio de la catedral con el templo mayor de la ciudad. Todo ello es posible sentirlo aún en Barcelona pero, parafraseando a Esquieu, ¿en cuántas más y por cuánto tiempo?

Nuestras catedrales se van quedando solas o son tumultuosamente visitadas por el turismo, y echamos de menos el religioso silencio que rodeaba la conversación entre la Virgen y el gran San Cristóbal, custodio nato de la catedral, según pudo escuchar Antonio Machado en la de Baeza:

> Por un ventanal,
> entró la lechuza
> en la catedral.
> San Cristobalón
> la quiso espantar,
> al ver que bebía
> en el velón de aceite
> de Santa María.
> La Virgen habló:
> Déjala que beba,
> San Cristobalón.
>
> Sobre el olivar,
> Se vio a la lechuza
> volar y volar.
> A Santa María
> un ramito verde
> volando traía
> …

I
LA CATEDRAL EN LA HISTORIA

3.
Relieve gótico, en cuyo centro se representa a un obispo, labrado en el respaldo de la cátedra románica de la catedral de Gerona.

2.
Cátedra románica de la seo de Gerona que preside, en lo alto, el presbiterio de la catedral gótica. En los frentes, el tetramorfos o símbolos de los cuatro Evangelistas.

La *ecclesia cathedralis*, es decir, la "iglesia de la cátedra" de donde deriva el término *catedral*, es el templo en el que se encuentra la sede, silla o cátedra episcopal, signo visible de su jurisdicción sobre la diócesis o provincia eclesiástica que le es propia. Pero no sólo es este asiento lo que distingue a la catedral de las demás iglesias, ya sean monásticas, conventuales, parroquiales, arciprestales, colegiatas, etcétera, sino que el templo catedralicio se concibió desde sus orígenes como espacio idóneo para desarrollar un culto solemne, ejemplar y continuo, además de alabar a Dios,[1] que no tenía cabida en los demás templos citados ni era su función primordial. Para este cometido específico la catedral cuenta con un clero propio, el llamado cabildo,[2] que hace posible este culto solemne de tal manera que la catedral no sólo resulta ser una iglesia episcopal sino también una iglesia capitular, esto es, una iglesia del cabildo que le sirve y que tiene, como el obispo, su propio asiento: el coro. Esta doble realidad tiene su traducción arquitectónica en un tipo de iglesia muy característico e inconfundible que permanece en la historia, al margen del tiempo y de los estilos, hasta que alteradas sustancialmente las funciones del templo catedralicio en el siglo XX éste responde a una muy distinta disposición y forma.

La pregunta que se plantea inmediatamente al indagar sobre los orígenes de un tipo arquitectónico determinado es cuál ha sido el hipotético modelo inicial y cuándo aparece. En este caso la respuesta es relativamente, sólo relativamente, sencilla pues consta que fue la actual basílica de San Juan de Letrán en Roma el primer templo que se concibió como iglesia del obispo de Roma[3] que, además, resulta ser el Papa. Muy expresiva es al respecto la inscripción que hoy leemos sobre la nueva fachada que Alejandro Galilei hizo en el siglo XVIII para San Juan de Letrán: SACROS. LATERAN. ECCLES. OMNIUM URBIS ET ORBIS ECCLESIARUM MATER ET CAPUT. Efectivamente, madre y cabeza de todas las iglesias de la ciudad y del orbe, anterior incluso en el tiempo a la de San Pedro del Vaticano. Lo que aquí interesa es reconocer que este edificio respondía en su estructura al modelo basilical romano, siendo la primera basílica paleocristiana de la ciudad.[4]

Es sabido que el término basílica podemos utilizarlo en un sentido arquitectónico estricto o en un sentido canónico, pues bien, San Juan de Letrán reúne canónica y arquitectónicamente este doble carácter ya que, por un lado, su estructura responde al modelo basilical, es decir, cinco naves de cubierta plana de las que la central es de mayor altura y anchura, siguiendo así el modelo de la basílica civil romana, y, por otra parte, cuenta con una serie de prerrogativas, privilegios y honores en el orden eclesiástico que hace de este templo el primero de las cinco basílicas mayores de Roma. San Juan de Letrán, que tuvo como primera advocación la de Cristo Salvador, conoció en su larga historia muchas modificaciones y reconstrucciones desde que Constantino la iniciara en el año 312–313 y la terminase siete años más tarde, siendo la más importante, por deber a ella su imagen actual, la que Borromini hizo entre 1646 y 1650, por encargo de Inocencio X, al margen de la transformación de la cabecera llevada a cabo por León XIII (1885).

No obstante, a pesar de sus muchas modificaciones, San Juan de Letrán conserva reconocible la estructura basilical primitiva, si bien ha perdido como otras muchas basílicas paleocristianas de Roma, tanto mayores como menores, los elementos que en su interior permitieron desarrollar una liturgia que en sus primeros momentos respondía a un estado muy embrionario. Fueron éstos los elementos que comenzaron a diferenciar el uso distinto, religioso, que la basílica cristiana tenía respecto a la basílica civil romana.

Precisamente empieza por aquí la historia de la arquitectura cristiana, por estos sencillos elementos arquitectónicos que fueron acotando unos espacios que se identifican con determinados usos específicos de alcance litúrgico en su interior, al igual que sucedía en las mismas basílicas civiles o en las sinagogas.[5] No se trata ahora de hacer el recuento de los elementos que distinguen a la basílica paleocristiana, pero sí que a efectos de lo que va a ser la catedral resulta necesario recordar la temprana presencia de dos ámbitos principales: el presbiterio con el altar y la *schola cantorum* o coro, primero en la cabecera del templo y después en su nave central o mayor, frente al presbiterio. Si bien resulta muy difícil fechar el origen de este ámbito que como otras señales y cerramientos espaciales con elementos de fábrica, marmóreos, lígneos y textiles, daban lugar a las distintas escenas de la celebración litúrgica, podemos decir que se incorporan hacia el siglo VI a las basílicas, y no a todas, teniéndose como caso más antiguo el de la basílica de San Marcos de Roma, del siglo V.[6]

Son las propias basílicas de Roma las que hoy nos ofrecen las primeras y más completas versiones de este singular espacio, fundamental para las celebraciones litúrgicas que puede parangonarse, en su función y situación respecto al presbiterio, con la del coro helenístico–romano hacia la escena en el teatro clásico. Efectivamente, la entonación del canto iniciado en el entorno del altar tenía su respuesta en la *schola cantorum* que, en alguna medida, lo hacía en nombre de los fieles no cantores, asumiendo una suerte de mediación entre los oficiantes y el pueblo. Los ejemplos más interesantes que hoy podemos ver en Roma se deben, en general, a las restauraciones hechas en el siglo XIX ya que todos estos recintos fueron eliminados en la época de Gregorio XIII (1572-1585), dentro del espíritu de la reforma de Trento, como sucede con una de las *scholae cantorum* más conocidas, la de la basílica de Santa María in Cosmedin.[7] Sólo se salvó la *schola cantorum* de San Clemente, que se convierte así en una venerable reliquia litúrgico–arquitectónica que nos ayuda a comprender mejor el uso espacial de la iglesia cristiana con anterioridad al año 1000.[8]

En este punto hemos de adelantar que la visión vacía e ininterrumpida del interior de las basílicas paleocristianas, tal y como hoy se ve en aquellas que el tiempo despojó de sus divisiones internas, no corresponde a su primitiva imagen. Los propios modelos de las basílicas civiles romanas, que hacían las veces de tribunal y bolsa de comercio, contaban con divisiones interiores, cortinas, estrados de madera, escaños, etcétera, que permitían hacer un uso razonable y matizado del espacio en función del alcance de la voz y de la vista, llegando incluso, en ocasiones, a plantear problemas entre ámbitos inmediatos por el mutuo estorbo en el desarrollo de sus funciones.[9]

Aquí, la arquitectura de la basílica pagana se comportaba como un verdadero "contenedor", utilizando este duro término tan en boga para referirse a una arquitectura que se desentiende de un uso específico y es capaz de albergar funciones diferentes y simultáneas. Su disposición general, de una o tres naves separadas por columnas, servía tanto para las basílicas públicas como para las privadas, para la palatina como para las de culto pagano o las dedicadas a la naciente liturgia cristiana. El recordar esta pluralidad de usos de la basílica resulta esencial para nuestro objetivo pues, mientras que la estructura de casi todas ellas es análoga, sin embargo se diferenciaban precisamente por la ordenación del espacio en función de unas necesidades litúrgicas determinadas.

La organización interna de la basílica cristiana se fue definiendo así entre los siglos IV y X, en la medida en que la liturgia fue también fijando sus distintos ritos, en especial el de la misa que, desde el siglo VI, bajo el papa Gregorio I el Grande (h. 540–604), alcanzó una concisa definición.[10] No obstante, el rito gregoriano, conocido también como rito romano, aún hubo de convivir con el de otras concepciones litúrgicas en Occidente, como la ambrosiana en el norte de Italia, la gallicana en el sur Francia hasta que Carlomagno impuso el rito romano, o la litúrgica hispánica, llamada en ocasiones mozárabe, en vigor hasta su supresión en el siglo XI.[11] Con ello queremos señalar la dificultad extrema de establecer con carácter general la organización espacial del templo cristiano, cuando de tantas causas depende, y en especial de una liturgia de gran complejidad, aunque cronológicamente se irá simplificando, y que territorialmente se identifica con diferentes hábitos y costumbres, afectando a los textos, al ceremonial y, en definitiva, a la escena en que todo ello se desarrolla.

¿Qué elemento fundamental distingue a la basílica cristiana de la pagana? Sin duda, la organización de su cabecera, cuyo presbiterio en torno al altar[12] le da una personalidad propia, si bien los canceles que le separan del pueblo parecen tomados de la basílica palatina, mientras que otros elementos recuerdan la "tribuna" en la que jueces, abogados, litigantes y testigos actuaban ante el público, llevando adelante la causa civil o criminal en la basílica foral. En su monumental *Diccionario de Arqueología Cristiana y de*

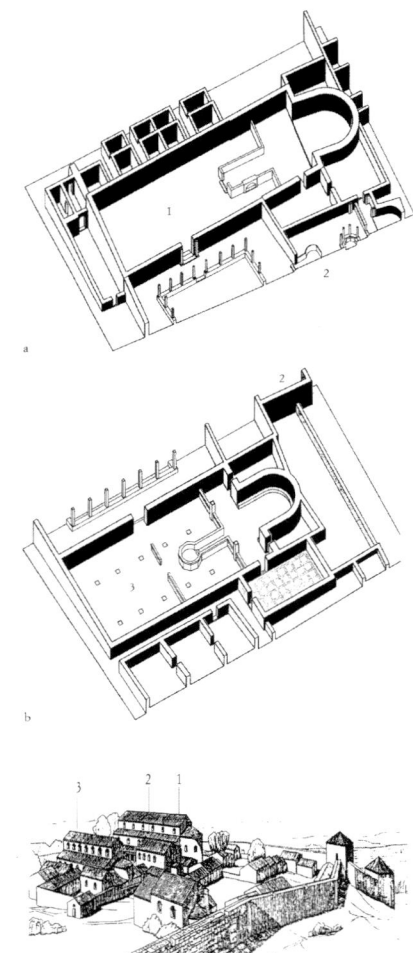

4.

Grupo episcopal de Ginebra: a., reconstrucción de la catedral norte del siglo V; b., reconstrucción de la catedral sur, hacia el siglo V; c., reconstrucción del aspecto del grupo episcopal en el siglo VI: 1) catedral norte; 2) baptisterio; 3) catedral sur. (Ch. Bonnet, Les fouillles..., *1993.)*

5.
Basílica superior de San Clemente en Roma, considerada ejemplo de la arquitectura paleocristiana por G. C. Ciampini. (Roma, 1747.)

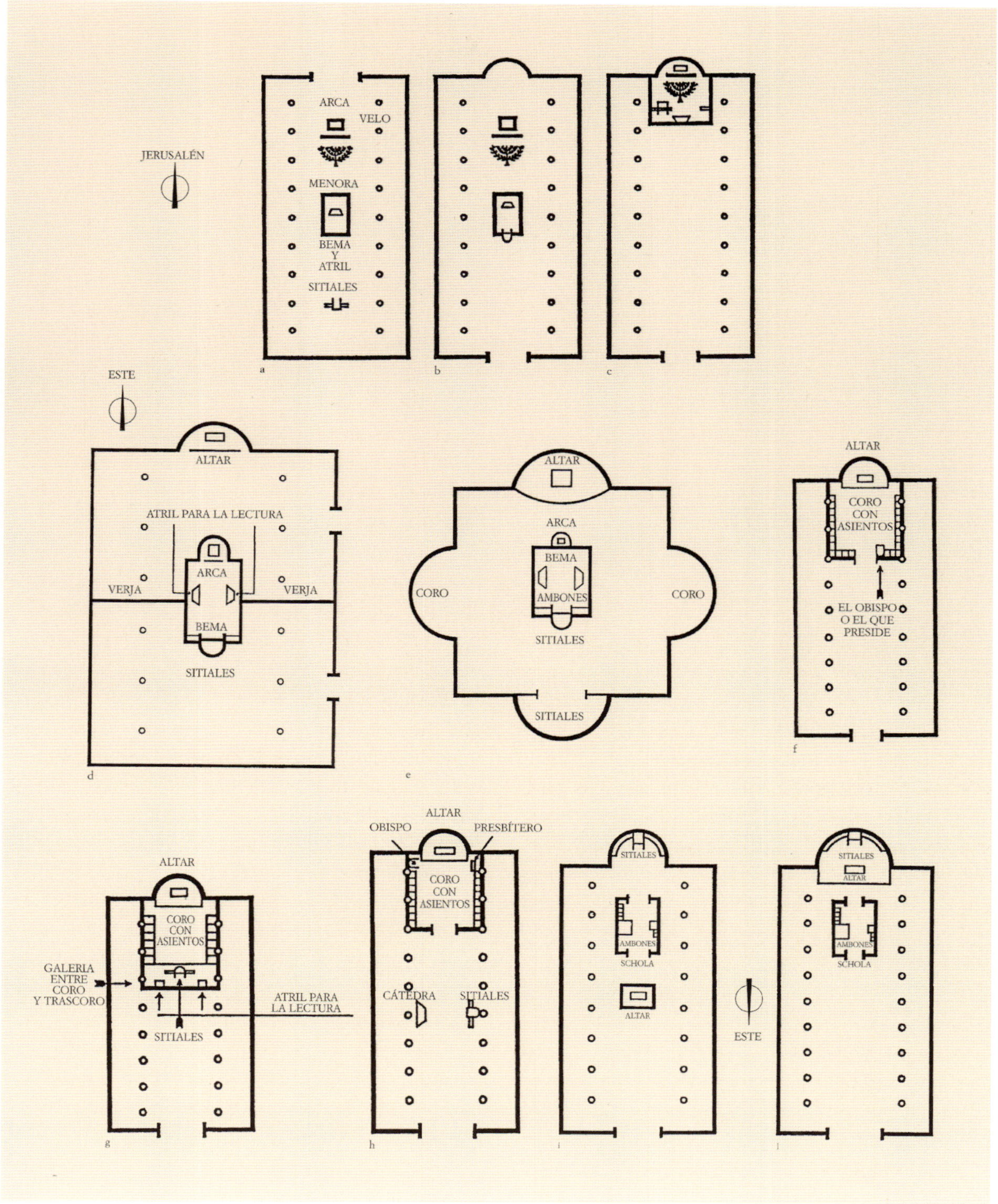

6.
Organización del espacio litúrgico en sinagogas e iglesias paleocristianas de Oriente y Occidente: a., b., c., sinagogas; d., iglesia siria; e., iglesia bizantina; f., g., h., basílicas de Occidente con el coro o schola cantorum *unida al presbiterio; i., l., basílicas con el coro o* schola cantorum *separada del presbiterio. (Y. Bouyer,* Archittetura e liturgia, *1994.)*

Liturgia, Cabrol y Leclercq recuerdan en el volumen publicado en 1925, cómo en aquellos días todavía se llamaba "tribuna" de modo genérico al ábside de las basílicas cristianas de Roma.[13]

Pero el presbiterio nos interesa ahora porque en él hubo desde muy pronto un primer grupo de cantores, tal y como recoge el II Concilio de Tours (567), cuando al impedir el acceso a los fieles dice: "Que los laicos no piensen que pueden estar junto al altar en el que se celebran los sagrados misterios, entre los clérigos, tanto en las vigilias como en las misas; pues aquella parte que está separada hacia el altar por los

canceles, es sólo accesible al coro de los clérigos que entonan los salmos".[14] ¿Dónde y cómo situar este coro en el presbiterio? Resulta harto aventurado hacerlo, pero entendemos que era un espacio necesariamente reducido y para unos pocos salmistas, situado entre el altar y los fieles que quedaban al otro lado de los canceles.

Esta ubicación parece razonable a la luz de otros cánones del IV Concilio de Toledo (633) que señalan el lugar en el que cada uno debía recibir la comunión: "Que el sacerdote y el levita comulguen delante del altar; el clero en el coro, y el pueblo fuera de este sitio". De este modo queda establecida la duplicidad del espacio en el templo, en el que una parte se reserva al clero y otra a los laicos.

Con todo, la realidad es más compleja, pues aquel mismo Concilio de Tours y los cánones del mencionado concilio toledano dejan ver que el templo solía estar dividido en estaciones y coros (sic). Así, el canon XXXIX del IV Concilio de Toledo recoge que: "Algunos diáconos se envanecen hasta el punto de anteponerse a los presbíteros, y quieren estar en el primer coro antes que éstos, quedando los presbíteros en el segundo; y para que reconozcan que los presbíteros son superiores a ellos, se ordena que se sienten más altos en uno y otro coro".[15]

De este interesante canon se deduce que había dos coros y que además cada uno de ellos tenía dos niveles, siendo de más elevada jerarquía el alto, tal y como sucede con la sillería alta de nuestros coros catedralicios en relación con la sillería baja. Sin embargo, la pregunta clave es: ¿dónde estaban los dos coros si el ámbito del presbiterio sigue siendo muy exiguo? No se olvide que estamos hablando de modestas iglesias del siglo VII, como pudiera ser la propia de Santa Leocadia de Toledo donde se celebró el citado concilio que, a efectos disciplinares, fue el más importante de los celebrados en la Península, pues no en vano estuvo inspirado por san Isidoro, primer firmante de sus estatutos o cánones.

Sin duda, aquellos dos coros debían ser privativos de los templos mayores pero, aun así, siguen planteando serias dudas acerca de su situación que, para nosotros, tiene una doble explicación, relativamente sencilla, y que proponemos como hipótesis partiendo de la experiencia de los coros que todos conocemos.

7.

Nave lateral hacia los pies de la basílica paleocristiana de Santa Sabina. Roma. En la nave central se advierte el antepecho de la reconstruida schola cantorum *o coro.*

8.

Vista del interior de San Juan de Letrán antes de la intervención de Borromini. Fresco de San Martino ai Monti. Roma.

9.

Nave central de la basílica de San Juan de Letrán después de la reforma de Borromini (1646-1650) encargada por el papa Inocencio X.

Por una parte se debe recordar que al referirnos al coro de la catedral de Toledo o de Sevilla, por ejemplo, lo hacemos en singular, el coro, pero en realidad cada uno de ellos está organizado funcionalmente en dos coros, pero no me refiero ahora al coro alto y al coro bajo, que es una cuestión jerárquica según acabamos de ver, sino a sus dos mitades que es como funcionan litúrgicamente en el rezo o canto de las Horas, según se dirá más adelante. De este modo el canto alternativo tuvo en ambas mitades, físicamente enfrentadas, en los dos coros, las posibilidades de pregunta y respuesta. Así pudo suceder con aquellos dos coros de las viejas basílicas e iglesias, bien documentados literariamente en nuestra Península,[16] ocupando el espacio que quedaba libre entre los canceles y el altar.[17]

De no ser así sólo queda una segunda posibilidad, documentada arqueológicamente y también desde muy temprano, que es la siguiente. Debido al aumento del número de clérigos en las grandes iglesias y al desarrollo cada vez más complejo y exquisito del ceremonial, distinguiendo el lugar desde el que se hacían las diferentes lecturas, epístola, evangelio, etcétera, y necesitando reforzar el canto con mayor número de cantores, el coro salió muy pronto del ámbito presbiteral del altar y formó una unidad independiente, vinculada a él, sí, pero ocupando un espacio en el nivel inferior del templo, al otro lado de la cancela y del iconostasis que hasta entonces habían separado a los fieles del cuerpo sacerdotal.

Surge así la que conocemos vulgarmente como *schola cantorum*, con sus ambones para las lecturas y con unos antepechos marmóreos que cierran el espacio de los cantores, si bien quedaba abierto en su eje mayor para la entrada desde la nave y para comunicarse con el presbiterio. Éste, desde entonces, recibió

10.
Basílica superior de San Clemente con la schola cantorum *de la basílica inferior, cuyos elementos más antiguos datan de la época del papa Juan II (533-535).*

11.
Nave central de Santa Maria in Cosmedin, Roma. El coro o schola cantorum *fue destruido en el siglo XVI, durante el papado de Gregorio XIII, y recontruido por el cardenal Ruggiero en 1889.*

también de modo genérico el nombre de "coro del altar", para distinguirlo del nuevo coro que ahora rodean los fieles en el centro de la nave mayor. ¿Sería éste el segundo coro del que hablan los textos y que, con el tiempo será el que se llama en nuestras catedrales el "coro de los señores y coro en el que se cantan las Horas", para distinguirlo del "coro del altar o coro alto"? Nada parece contradecirlo, haciendo que el término "coro" se identificara luego, de modo muy general, con la cabecera de cualquier templo, sea o no catedralicio.[18]

Cabe preguntarse también por qué y desde cuándo se da el nombre de *schola cantorum* a este segundo ámbito que aparece en las basílicas romanas del siglo VI, que se renuevan en el siglo XII, destruidas en el siglo XVI en el ámbito romano y que se restituyen parcialmente en el siglo XIX. Ni liturgistas, arqueólogos, arquitectos o historiadores dan razón de este nombre, *schola cantorum*, que empieza a circular en todos los tratados de arqueología cristiana desde el siglo XIX, en los que se repite el mismo esquema ideal de la basílica con su *schola cantorum* en el centro de la nave.[19]

Entiendo que su incorporación al vocabulario arquitectónico se debe al proceso recuperador e historicista de aquella centuria y que su nombre debemos ponerlo en relación con el que llevaba aquella venerable institución, la *Schola cantorum* de Roma, debida al papa Gregorio I, pero que se imitó en otros lugares de Europa desde el siglo VIII.[20] En realidad no era sino un colegio de niños dotados para el canto, cuya manutención y enseñanza corría a cargo de la Iglesia, y que con el tiempo conoceremos en nuestras catedrales como "niños, infanticos, seises" o "mozos de coro".

Esta *Schola cantorum* tenía como misión asegurar la ejecución del canto en las ceremonias pontificales, en San Juan de Letrán, la catedral de Roma, y en San Pedro del Vaticano, y acabó siendo una institución vinculada a la mayor parte de las catedrales europeas que supuso para muchos de sus jóvenes componentes el inicio de una carrera eclesiástica que condujo a muchos al canonicato y a los menos hasta la suma prelatura. Si bien nunca llegó a representar grado alguno dentro de las órdenes menores, no cabe minimizar su importancia como institución[21] que llegaría viva hasta el siglo XX, desempeñando en la catedral lo que se llamaba un "oficio", como pudiera ser el de sochantre, salmista u organista.[22]

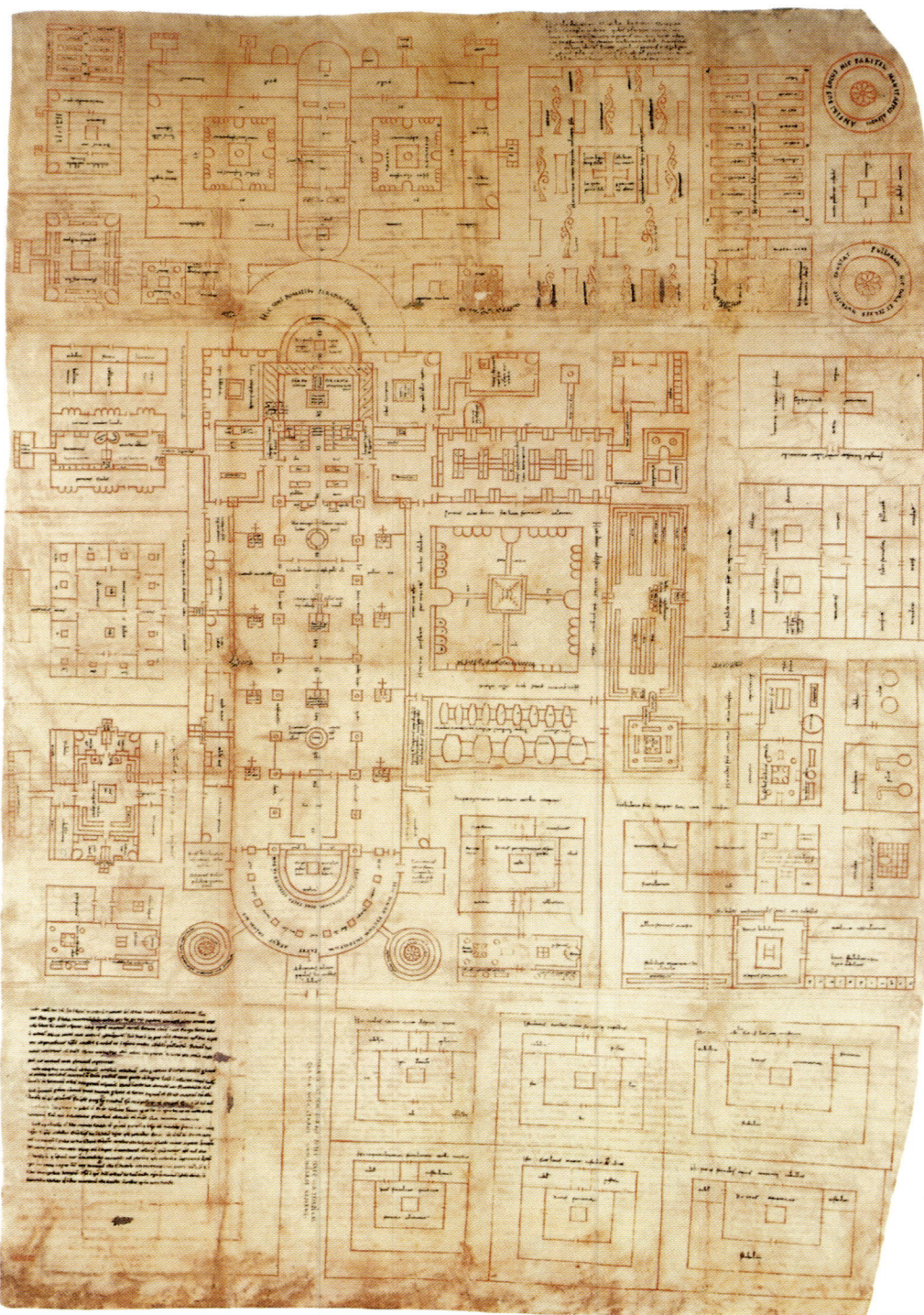

Pensemos, finalmente, que desde el siglo VI se difundió igualmente en Occidente la salmodia coral o antífona, a dos coros, sobrepasando la salmodia responsorial con un solista y coro, con lo cual se completa lo que podríamos llamar el esquema básico de que consta el coro catedralicio, esto es, el espacio ocupado por el coro en la nave mayor, el refuerzo de los

12.

Plano ideal de una abadía benedictina, de hacia 820, enviado por el abad de Reichenau a Gozberto, abad de Saint Gall (Suiza).

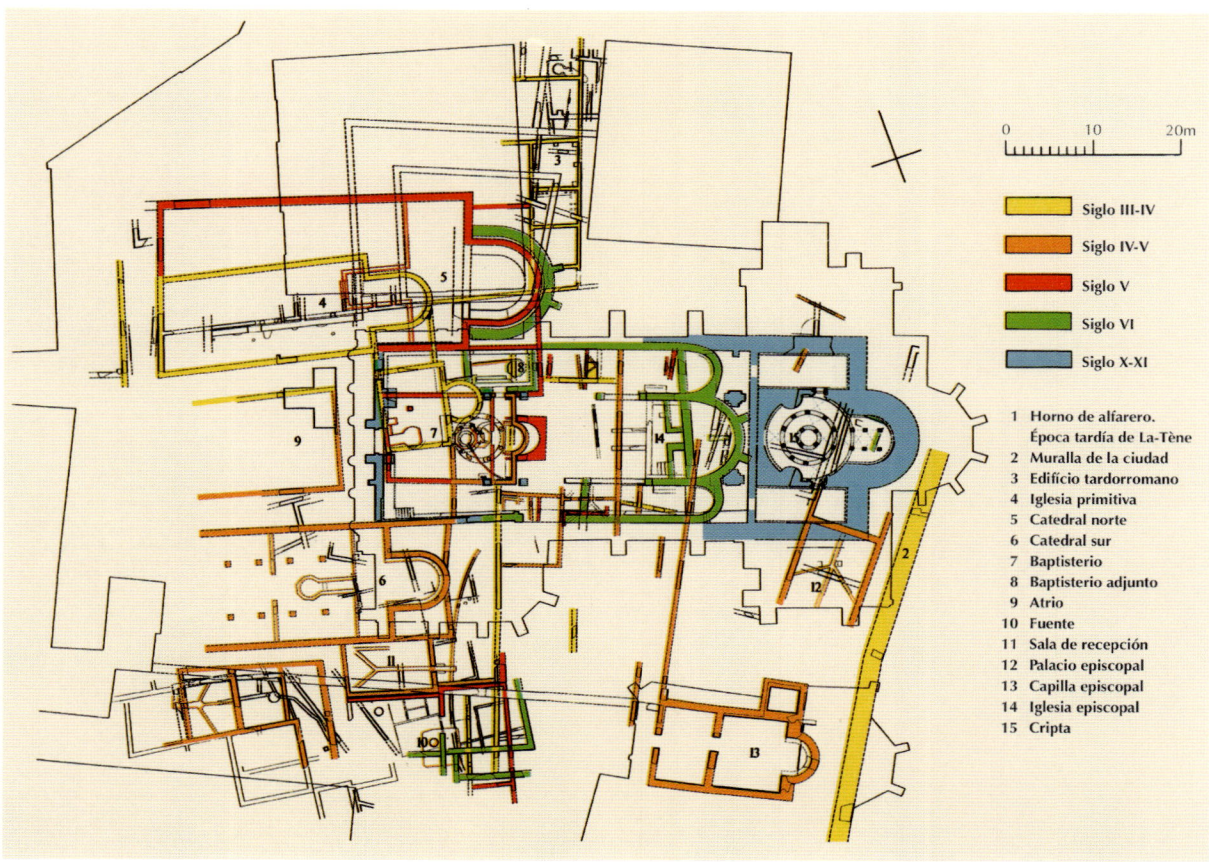

13.

Planta general del grupo episcopal de San Pedro de Ginebra, con la referencia lineal de la actual catedral, donde se aprecia el paso de la catedral doble a la catedral única. (Ch. Bonnet, Les fouilles..., *1993.)*

clérigos cantores aumentando la masa coral con nuevas voces en las funciones litúrgicas de determinada solemnidad, y los dos coros que exige el antifonario.

A lo dicho y sin que ahora podamos profundizar en ello, se debe añadir que, además de la organización espacial del coro en las iglesias seculares, los templos de las órdenes monásticas también tuvieron el coro ocupando la nave mayor frente a la cabecera, tal y como de forma inequívoca lo manifiesta el célebre plano de la abadía de Saint Gall (h. 820)[23] y como luego confirmaría, por ejemplo, la arquitectura benedictina, cisterciense o cartujana a lo largo de la Edad Media.[24] De este modo no cabe sino reconocer que la presencia del coro en la nave mayor del templo, como corazón instrumental que solemniza la liturgia, resulta incontestable y se convierte en uno de los elementos que mejor define la futura catedral medieval.[25]

Las consideraciones hechas hasta aquí se refieren al edificio de la basílica pero la catedral como tal desborda desde sus orígenes la noción de edificio único, singular, pues la propia iglesia de San Juan de Letrán cuenta además con el baptisterio y el palacio inmediato, aunque el actual sea del siglo XVI. En otras palabras, la catedral se presenta desde muy pronto como un conjunto de edificios que, en los dedicados al culto, adoptan una peculiar disposición en paralelo, esto es, lo que se viene llamando en los últimos años la "catedral doble". Quiere ello decir que desde muy temprano en lugar de hablar de una catedral, es más correcto referirse al "grupo episcopal" formado por varias iglesias y capillas, además del "episcopio" o palacio episcopal, pues así lo atestiguan casos bien estudiados como la catedral de San Pedro de Ginebra[26] (Suiza) y el grupo episcopal de Tréveris[27] (Alemania), entre otros muchos que, según las últimas investigaciones, vienen a confirmar este carácter plural de la catedral con anterioridad al año 1000.[28]

Los dos casos citados son los que mejor definen el modelo de catedral doble por el paralelismo de sus iglesias que tienen como nexo de unión el baptisterio. Su verdadera función y uso sigue ofreciendo muchas dudas pero, entre otras hipótesis, se baraja la de que una de estas iglesias estaba dedicada al culto solemne y la otra al que podríamos considerar como ordinario. Así, la iglesia mayor o del norte en Tréveris

acogería el culto solemne mientras que la del sur o menor, lo sería para el culto cotidiano. Sobre ambas se levantaron después la actual catedral de San Pedro y la iglesia de Nuestra Señora. Esta interpretación no descarta la posibilidad de que su uso respondiera a otras razones litúrgicas de tal manera que consta que en varios casos, muy bien conocido en el de la antigua catedral de Milán,[29] una de las dos iglesias fuera la *invernale* y la otra la *estiva*, es decir, una iglesia de invierno y otra de verano cuyo paso de una a otra, lo que los textos litúrgicos llaman la *transmigratio*, tenía lugar en Adviento y Pascua. En el caso de Milán un manual litúrgico del siglo XII, conocido como *Beroldus*, describe el solemne traslado del culto de una iglesia a otra en la que participaba el obispo asistiendo a la misa que celebraba un presbítero acompañado de un diácono y subdiácono en una y otra cabecera. El traslado, acompañado por el cabildo y representantes del clero de la ciudad, incluía el de las insignias de la iglesia y de los libros litúrgicos.

Existe una serie larga de testimonios procedentes de los textos litúrgicos que demuestran esta duplicidad de funciones, sin que se deban obviar otros aspectos que significaron diferencia espacial como los derivados del bautismo y confirmación, dando lugar a zonas específicas reservadas a catecúmenos y fieles, teniendo los primeros acceso sólo a la liturgia de la Palabra mientras que los segundos participaban plenamente de la eucaristía.[30] Ello ha movido igualmente a interpretar la presencia del baptisterio a modo de charnela entre dos iglesias, como elemento de tránsito entre aquellos dos ámbitos separados por el bau-

14.

Grupo episcopal de Tréveris (Alemania), con la catedral románica de San Pedro (derecha) y la iglesia gótica de Nuestra Señora (izquierda), ambas sobre dos basílicas anteriores en paralelo.

15.
Abadía benedictina de San Miguel de Hildesheim (Alemania), fundada por el obispo san Bernardo, preceptor del emperador Otón III, y reconstruida después de 1945.

tismo. Que esto fue así parece corroborarlo el citado grupo de Ginebra que nos muestra arqueológicamente el paulatino crecimiento y sustitución de ambos edificios hasta que, finalmente, se subsumen en uno único que conserva la diferenciación de funciones, pasando así de la catedral doble a la catedral única, como observa Erlande–Brandenburg.[31] Esta tendencia a la simplificación espacial entiendo que es paralela a la que se produce en el campo de los ritos litúrgico–sacramentales a partir de la época de Carlomagno en que la liturgia se enriqueció con muchos elementos de la gallicana sobre la base del modelo romano. Esta simplificación, siempre con todas las cautelas necesarias y los matices que el caso requiere, tiene su más rápida comprensión al observar el cambio introducido en la misa donde un solo celebrante va sustituyendo a los distintos ministros que antes acompañaban al presbítero ejerciendo funciones diversas, especialmente el diácono y subdiácono, del mismo modo que un solo libro, el llamado *missale plenarium,* vino a recoger las distintas lecturas, antífonas, prefacios, oraciones, etcétera, que se leen o cantan durante la misa y que anteriormente se incluían monográficamente en los sacramentarios, leccionarios, evangeliarios, antifonarios, etcétera. Estos cambios hacia la unidad fueron afianzándose entre los siglos X y XIII, cuando la catedral es, sin duda, un edificio único pero con espacios diferenciados en su interior, al igual que son diferentes las rúbricas y contenidos dentro del *missale plenarium*.[32]

II
EL CONCIERTO EUROPEO DE LAS CATEDRALES

17.
Interior de la monumental chimenea de la cocina de la catedral de Pamplona, inmediata al refectorio canonical.

16.
Nave central de la iglesia abacial de San Miguel de Hildesheim, con el Engelschor *al fondo, de 1033. La nave estuvo ocupada en su día por los coros de monjes y conversos.*

No cabe duda de que la arquitectura románica viene a ser el primer "estilo internacional" de la Edad Media y de que tanto la arquitectura monástica como la de la catedral representaron el banco de pruebas de aquel nuevo sistema constructivo que, con variantes en su localización geográfica, puso en movimiento a partir del año 1000 un primer renacimiento arquitectónico desde la caída de Roma, sin desconocer lo que representó el periodo carolingio como impulso inicial. A este fenómeno se refiere el conocido pasaje de Raúl Glaber al constatar que en "el tercer año después del año 1000", se produjo una verdadera fiebre edilicia "sobre todo en Italia y Gallia", cuando sin necesidad y por un deseo de emulación se renovaron las iglesias llevando "a cada comunidad cristiana a tener la suya más suntuosa que la de los otros".[33] A continuación y para no dejar lugar a dudas, Glaber hace mención expresa y en este orden de que tanto las iglesias episcopales como las monásticas fueron reconstruidas "de una forma más bella".

Siempre se ha entendido que esta "forma más bella" se refiere a su aspecto estilístico, a lo que llamaríamos el ropaje románico de la arquitectura, sin embargo creo que hay que entender principalmente que bajo aquella expresión utilizada por Glaber se esconde realmente la forma misma del edificio, su disposición, el paso cuantitativo y cualitativo dado hacia un edificio único que tanto en las catedrales como en las iglesias monásticas acabaron introduciendo, aunque no en todos los casos, una poderosa cabe"cera con girola como solución generalizada que cuenta con antecedentes en la arquitectura otoniana, según deja ver el testero occidental de San Miguel de Hildesheim. Es aquí donde empieza el concierto europeo de las catedrales.

Sin embargo, el conocimiento de la catedral románica como modelo arquitectónico ha estado siempre eclipsada por el deslumbramiento generalizado que historiográficamente ha producido la catedral gótica, hasta el punto de convertirse en un tópico en sí mismo, con todos los desenfoques que ello conlleva. Por otra parte la catedral románica, en su personal trayectoria histórica, no tuvo mucha suerte pues muy pronto se vio sobrepasada por la catedral que decimos gótica, como si de una carrera de relevos estilísticos se tratara, cuando en realidad esta dispendiosa sustitución es fiel reflejo de otras transformaciones previas que, entre otras causas, derivan tanto de las novedades litúrgicas, según se apuntó más arriba, como del cambio del régimen de vida del clero catedralicio tras su secularización.

Es decir, mientras que el clero catedralicio vivió en comunidad y de forma reglada, siguiendo habitualmente los cánones de la regla de San Agustín, las iglesias catedralicias y las monásticas tuvieron prácticamente una semejanza total, al menos en gran parte de Europa donde siempre habrá que hacer matizaciones pues resultaría ignorancia intentar codificar y generalizar soluciones uniformes en un mundo y en un tiempo en los que todo es intrínsecamente desigual y diverso. Este parentesco entre unas y otras iglesias, antes de ser románicas, deriva de su planteamiento funcional pues deben dar respuesta a una serie de necesidades y obligaciones que tienen en común tanto el clero catedralicio como los monjes.[34] Por ejemplo, la asistencia al coro para rezar y cantar tanto las horas diurnas como las nocturnas hizo que el dormitorio de la comunidad en ambos casos –no existían de momento las celdas privadas en uno ni en otro caso– estuviera próximo a la iglesia, lo cual es harto conocido en la arquitectura monástica pero poco recordado cuando se habla de la catedral. La vida en comunidad del clero catedralicio exigía igualmente el refectorio y la gran cocina como todavía puede verse en la catedral de Pamplona, cuyo cabildo, de un modo excepcional, no se secularizó hasta el siglo XIX,[35] y así otras muchas piezas que componen los conjuntos monásticos perdidas y olvidadas en los episcopales.

18.
Catedral de Pamplona. Entrada al refectorio desde el claustro. El relieve sobre el dintel escenifica la Última Cena, en clara alusión al destino del refectorio.

19.
Refectorio o comedor canonical de la catedral de Pamplona, con el balcón o púlpito para las lecturas, convertido actualmente en museo diocesano.

Pero lo que resulta sorprendente y aleccionador es comprobar cómo aquellas iglesias, catedralicias y monásticas, de igual forma y estilo, hasta tal punto que hoy no tendríamos modo de diferenciar su distinto rango a no conocer su historia,[36] se alejan en su semejanza a partir del momento en que los cabildos se secularizan. Es decir, la renuncia a la vida en comunidad, vinculada a un espacio claustral que no necesariamente ha de tener forma de claustro, va unida también al abandono de la catedral románica en favor del nuevo planteamiento de las catedrales góticas. Éstas, antes de ser góticas como expresión formal, fueron hijas de una circunstancia de mayor calado en el que resultó decisiva la voluntad del cabildo en orden al espacio que deseaba ocupar tanto dentro del nuevo templo como fuera de él, según se verá más adelante. Este hecho incontestable, el de la secularización de los cabildos, se produce entre la segunda mitad del siglo XII y durante todo el siglo XIII, con excepciones antes y después. Quiere decir ello que la catedral románica se desenvuelve entre el año 1000 y el siglo XII, esto es un periodo muy breve en el que paradójicamente se construyeron decenas de catedrales en toda Europa pero que muy pronto fueron sustituidas por otras construcciones que, conservando habitualmente la anchura de sus naves, aprovecharon la costosa cimentación del templo románico construyendo naves más altas sobre los mismos apoyos y, sobre todo, dotaron al templo de una cabecera nueva y profunda para situar allí el altar y el coro.

Esto hizo que la "Europa de las catedrales" en feliz expresión de Duby,[37] se venga identificando con las catedrales góticas, con el consiguiente olvido de que hubo un antes y un después, e incluso un mundo catedralicio no europeo como pueda ser el hispano–americano. El hecho es que las catedrales románicas componen hoy una familia muy dispersa mostrando sólo los casos que sobrevivieron al huracán gótico por muy distintas razones, ya sea por la imposibilidad de financiar un nuevo edificio al perder importancia la diócesis, como pudieran ser las de la Seo de Urgel y Zamora, ya por la política expan-

20.

Cabecera románica de la Seu d'Urgel (Lérida). Obsérvese la reducida capacidad del ábside, concebido sólo para la liturgia del altar y no para el coro, parte del cual, tras su eliminación y venta en 1920, se encuentra hoy en San Simeón (California).

21.
Cimborrio románico de la catedral de Zamora. A la izquierda, la capilla mayor gótica en sustitución del antiguo ábside románico. El coro actual sigue ocupando su lugar natural en la nave central.

sionista y asfixiante de las diócesis vecinas que acabaron fagocitando antiguas diócesis como la de Roda de Isábena por la de Lérida, desapareciendo la diócesis pero permaneciendo el edificio. En otros casos la propia catedral se convirtió en una preciosa reliquia como fue Santiago de Compostela, donde pese a haber conocido proyectos góticos, barrocos y neoclásicos de gran envergadura el cabildo quiso conservar el templo románico, aunque esto no se perciba desde fuera por el abultado ropaje barroco que hoy la envuelve. Por otro lado, algunas catedrales que pertenecen al románico tardío incorporaron fórmulas góticas que les permitieron subsistir en una imagen de tránsito ciertamente interesante, como sucede en Lérida, Tarragona y Tudela. De este modo podríamos ir justificando la conservación de nobles catedrales románicas por toda Europa, seriamente estudiadas pero siempre bajo una perspectiva estadístico–formal que cuenta el número de sus naves y ábsides, que señala el tipo de bóveda utilizada, que disecciona fachadas, torres y transeptos, pero que nunca se pregunta cómo funcionaba aquel edificio por si la respuesta tuviera algún interés respecto a su forma, pues por debajo de aquellas consideraciones, siempre interesantes, subyacen muchas preguntas que ni el historiador ni el liturgista saben contestar. De ahí que el estudio de la arquitectura románica se haga fundamentalmente sobre su realidad física pero sin indagar acerca de su alma. ¿Cómo explicar las diferencias formales entre dos catedrales románicas como Spira y Módena? ¿Sólo porque una pertenece al ámbito germánico y otra al italiano? Eso podría admitirse referido a lo accesorio, a lo estilístico, pero nunca respecto a su distinta forma. Sólo razones de culto, sólo la escenificación de la liturgia, sólo la personalidad de cada una de las catedrales recogida en la bula de erección y en sus constituciones pueden dar la clave de semejantes diferencias y este estudio se hace cada día más urgente salvo que nos baste repetir incansablemente lo dicho ya en el siglo XIX sobre ellas y poco más.

Si a la comparación de dos catedrales como las citadas se suman una española como la de Jaca, una

El Concierto Europeo de las Catedrales — CEC

francesa como la de Poitiers y otra inglesa como la de Durham, el desconcierto sería ya completo poniendo en cuestión el título de este epígrafe. Naturalmente su imagen es absolutamente distinta pero es que el proyecto en sí es diferente, y no sólo por razones meramente geográfico–estilísticas, sino por razones litúrgicas cuya unidad está todavía por alcanzar y ello se acusa desde la planta misma. Sin embargo, algo hay que las hermana a todas ellas, pudiendo incorporar otros muchos ejemplos que lo confirmarían desde la catedral de Tournai (Bélgica) hasta la de Agen (Francia), desde la de Basilea (Suiza) hasta la de Mofeta en la Apulia italiana. Nos referimos a la capacidad limitada del presbiterio o capilla mayor, concebida sólo para la celebración de la misa y otras ceremonias sin el concurso de muchos oficiantes, y a la situación generalizada del coro en la nave central para los canónigos[38] y clero de apoyo en el canto, al igual que lo tienen las iglesias monásticas.

Sin embargo, a diferencia del carácter privado del templo monástico, donde no había prácticamente lugar para los laicos, pues la nave mayor la ocupaban el coro de los padres y a continuación el de los hermanos o conversos, la catedral, que es la primera iglesia de la diócesis, donde está la cátedra del obispo y cuyo culto solemne sostiene un cuerpo capitular, debía de

22.

Cabecera de la catedral románica de Roda de Isábena (Huesca). El limitado tamaño de su ábside central evidencia su exclusivo destino a las celebraciones en torno al altar.

23.
Claustro románico de la catedral de Roda de Isábena (Huesca), al que se abrían las dependencias de la comunidad, como la sala capitular y el refectorio. En su corta existencia la catedral de Roda fue sufragánea de la metropolitana de Narbona.

dar también acogida a los fieles. ¿Qué lugar quedaba para ellos? Sin duda el que ocupaban los conversos en las iglesias monásticas, el espacio del templo tras el coro. Por ello surgen en el llamado "trascoro" o en el *jubé* [39] francés, las tribunas o púlpitos en alto, para las lecturas, predicaciones y oraciones de las que se hacían partícipes a los fieles y, en bajo, dos altares para celebrar, altares con los que también contaban los muros de separación de coros de las órdenes monásticas citadas, adoptadas por otras órdenes como la de San Bruno.

Esta organización, a modo de tribuna y a veces porticada, que en España llamamos trascoro pero que en realidad servía de antecoro, ya que una puerta en su centro para acceder a él de modo procesional lo configuraba como plano antecedente, como fachada, más que como plano posterior, es la que tuvo la catedral de Santiago, con su "leedoiro",[40] que la *Historia Compostelana* describe así, refiriéndose a las obras que, en 1112, hace Gelmírez en la catedral de Santiago: "Construyó un coro suficientemente capaz, que hasta el día de hoy, por la gracia de Dios y de Santiago y por medio del esfuerzo del obispo, está decorado magníficamente con la grandeza de un óptimo clero. El mismo obispo, como sabio arquitecto, construyó en la esquina derecha del mismo coro un elevado púlpi-

El Concierto Europeo de las Catedrales — CEC

24.
Vista general de la cabecera de la catedral de Lérida; entre el crucero y el ábside se incorpora un tramo recto para dar mayor desahogo a las celebraciones litúrgicas.

25.
Interior del crucero de la catedral de Lérida, donde concurren la cabecera con el presbiterio, los brazos del crucero y la nave mayor, en la que se situaría inicialmente el desaparecido coro capitular.

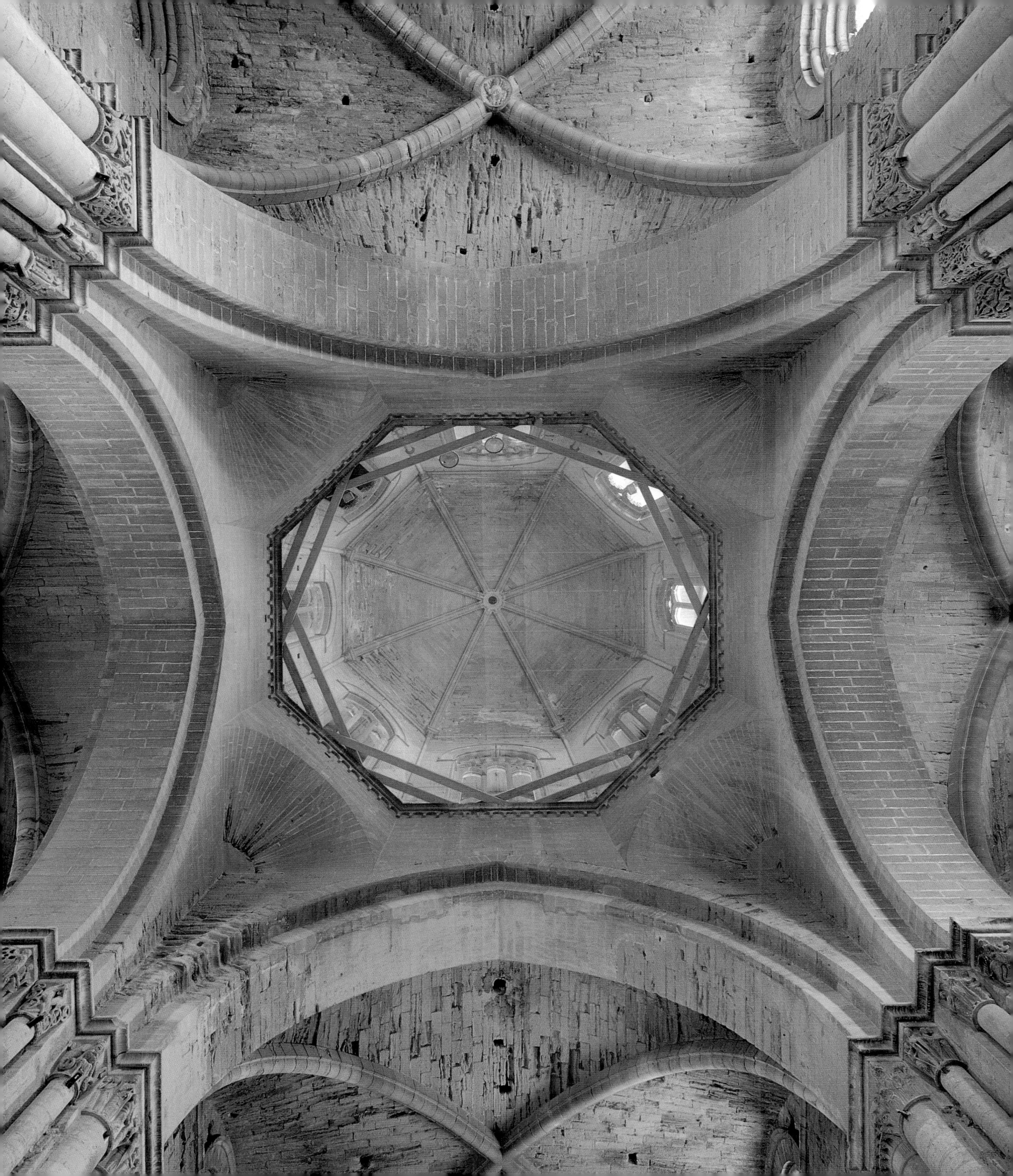

to, en el que los cantores y los subdiáconos cumplen el orden de su oficio. Y en el lado izquierdo otro, donde se leen las lecturas y los evangelios".[41] Lecturas que se hacen mirando hacia los fieles que ocupaban la nave entre el coro y los pies de la iglesia. Tal es el coro y su situación en la catedral románica, esto es, en la nave central y nunca en el presbiterio, donde jamás habrían entrado los setenta y dos canónigos instituidos por Gelmírez,[42] en cuyo número sigue el prelado compostelano el de los discípulos de Cristo, según san Lucas,[43] salvo que se redujera a un espacio mínimo el lugar de la celebración en torno al altar y, por tanto, de imposible viabilidad litúrgica. El coro de la catedral románica queda, pues, de este modo, perfectamente definido y descrito en la nave mayor.

Pero en torno al 1200 se produjeron cambios importantes en la arquitectura derivados de las posibilidades constructivas de la bóveda nervada. Surgieron así, en efecto, portentosos edificios que llamamos góticos y que tuvieron en la fábrica de la catedral la escuela universal de arquitectura. Pero la nueva catedral gótica traducía algo más que una novedad constructiva y un nuevo ideal estético. La catedral gótica, en su hechura, hacía ver la fuerza de los cabildos que, en el siglo XIII, conocen una verdadera edad de oro, pues su poder había llegado a ser grande tanto frente al obispo, al que ellos eligen, como ante el rey y la nobleza, ya que ellos mismos formaban parte de este estado en sus miembros más destacados, si es que además no eran cancilleres y capellanes en la corte. Por

26.

Crucero y cimborrio de la catedral de Tarragona, en la que aún se conserva el coro en la nave mayor, si bien privado de su magnífico trascoro, eliminado en 1962.

27.

Claustro de la catedral de Tarragona, sobre el que emerge el ábside de tradición románica (izquierda) precedido por un tramo recto que nunca albergó el coro.

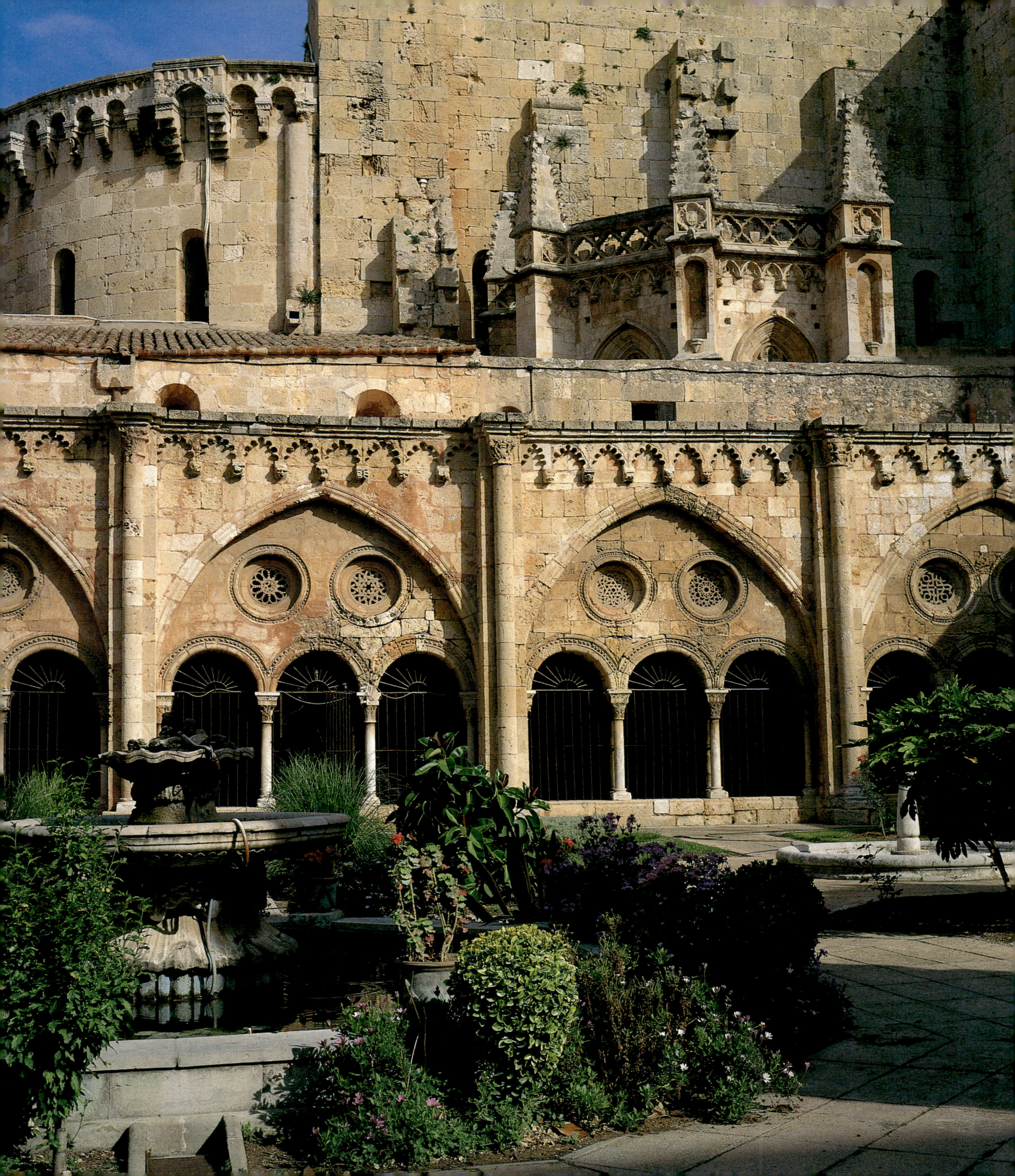

28.
Portada norte de la catedral románica de Basilea (Suiza).

otra parte, habían recibido del rey privilegios, tierras y vasallos, con jurisdicción civil, convirtiendo al alto clero catedralicio en un verdadero poder colegiado.

Es entonces, cuando los cabildos abandonan su vida en comunidad estricta, salvo excepciones,[44] para secularizarse y vivir independientemente en casas individuales que habitualmente pertenecen a los bienes de la catedral y que suelen estar en las inmediaciones, formando parte de la claustra o barrio de la catedral.[45] Sólo el servicio del coro y del altar, en el templo, y las reuniones del cabildo en la sala capitular quedarán como recuerdo de la anterior vida reglada del clero catedralicio. Pronto cayeron en el olvido aquellas amplias naves que sirvieron de refectorio y dormitorio común en las inmediaciones del templo, como si de una organización monástica se tratase, siendo un testimonio inapreciable el que nos deja la *Historia Compostelana* acerca del arzobispo Gelmírez

29.
Catedral románica de Tournai (Bélgica). A la derecha, la nueva cabecera gótica para albergar en ella el altar y el coro. El extraordinario jubé de Corneille Floris (1573) se ha conservado y resulta compatible con el culto.

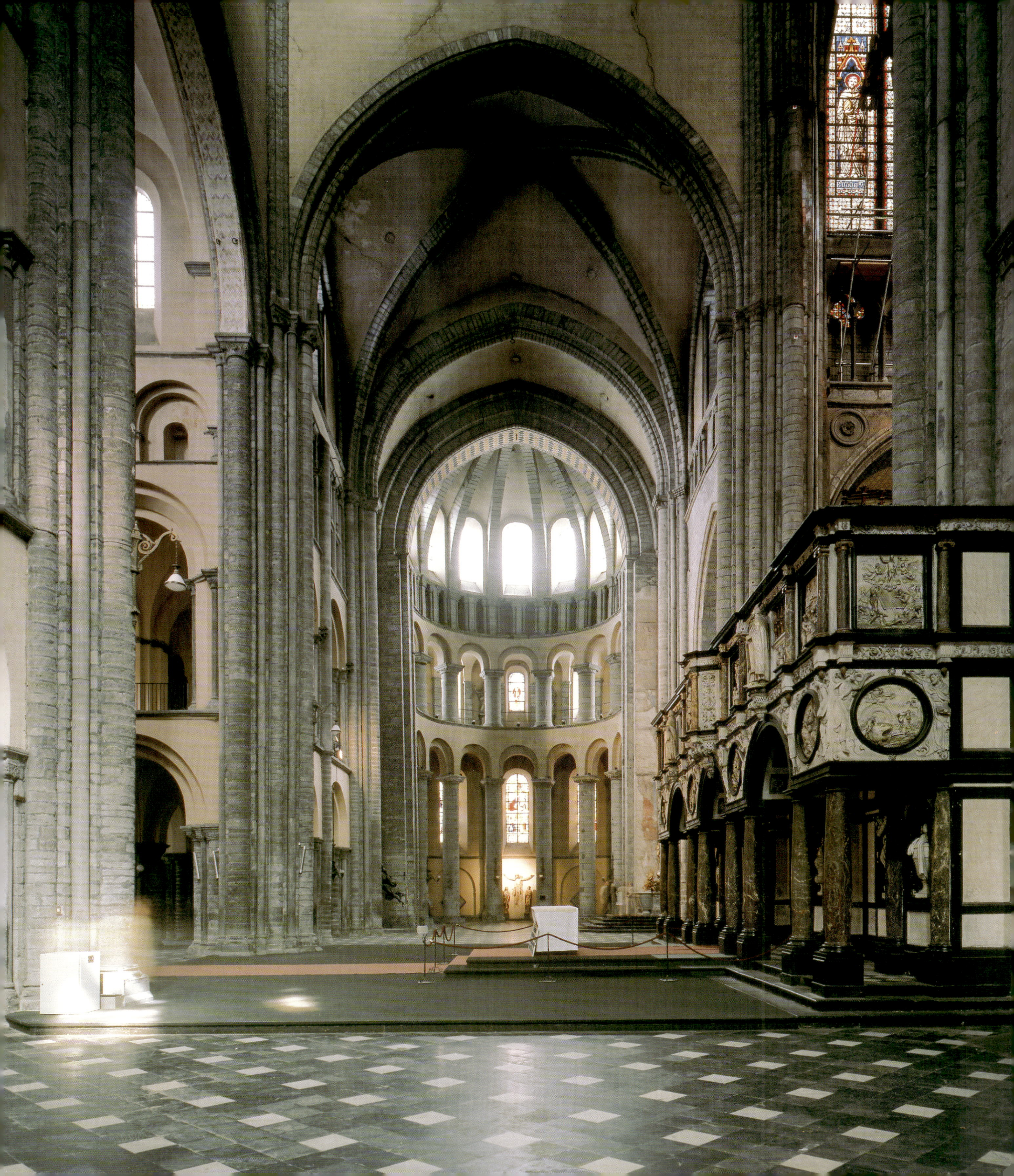

30.
Fachada de la catedral de Reims (Francia), donde habitualmente se coronaron los reyes de Francia en una compleja ceremonia, le sacre, *que motivó una especial organización del espacio interior del templo.*

31.
Presbiterio y coro de la catedral de Reims vistos desde la girola. La sillería del coro se trasladaría a la nave central, al otro lado del crucero, en un operación semejante a la que se llevó a cabo en la catedral de Burgos aunque por razones diferentes.

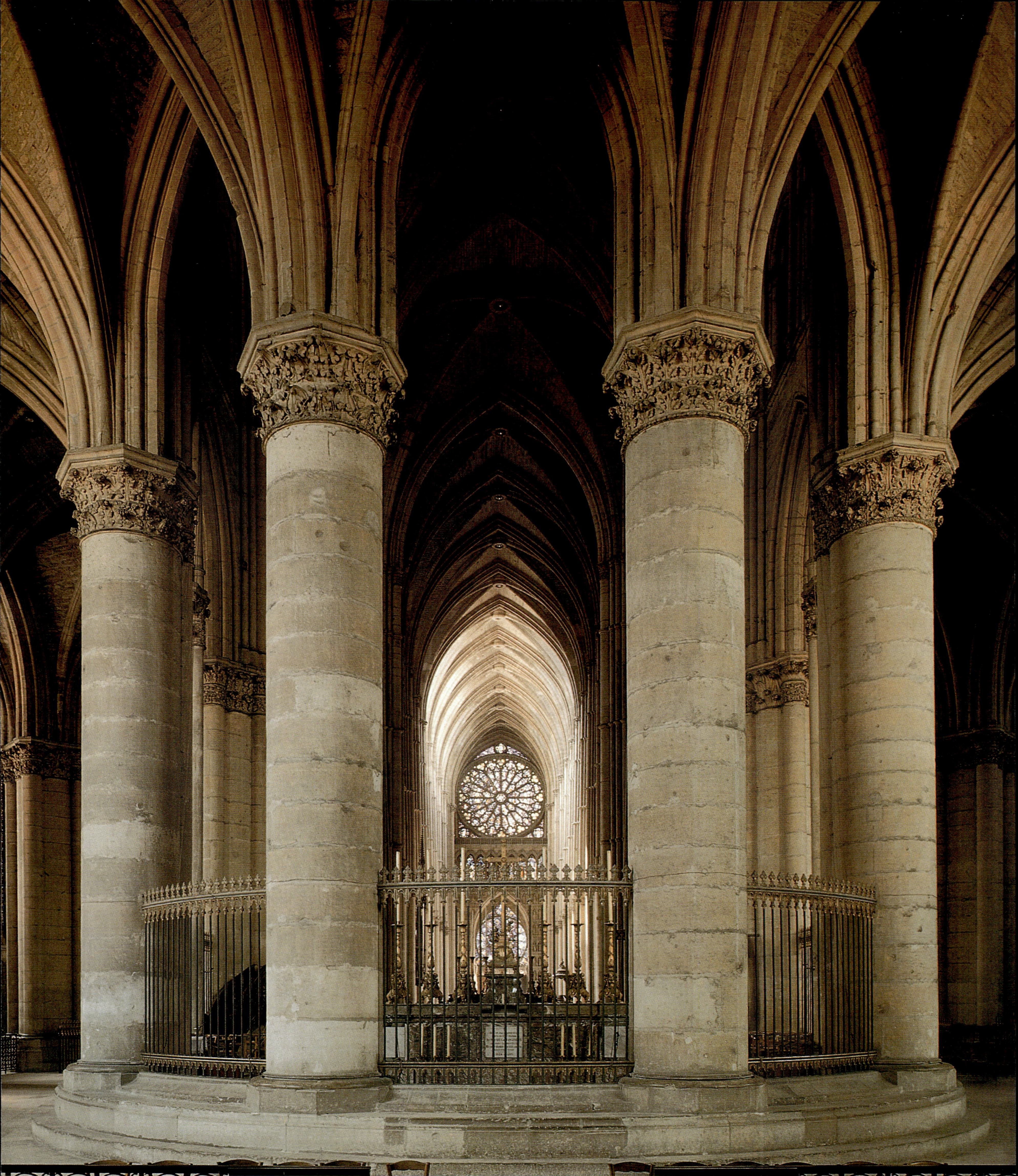

que, junto a la catedral de Santiago, había construido para sus canónigos "un refectorio admirable y adecuado", además del dormitorio en la Canónica,[46] estando igualmente documentado un refectorio en la catedral románica de Segovia.

El proceso de secularización se advirtió pronto en el entorno de la catedral, donde los nombres de sus calles aún recuerdan que ayer fueron los lugares donde vivieron los canónigos y por donde callejearon en un constante ir y venir, varias veces al día, para cumplir con sus obligaciones en el coro. Estas calles y estas casas, con el palacio del prelado y el hospital, formaban el barrio de la catedral sobre el que emergía con fuerza el templo catedralicio.[47] Todavía podemos leer algunos nombres muy explícitos en antiguos callejeros, o ver los que se mantienen haciendo referencia a los capitulares. Así, en Segovia se conservan las viejas casas de los canónigos, las llamadas en la documentación *domibus canonicorum* que forman el barrio de las Canongías.[48] En León se conocía como calle de la Canóniga, la que alineaba en el lado norte de la catedral las casas de los capitulares, mientras que en Oviedo recibe el nombre de Canónica. Otras veces tienen un nombre más general como el de Clérigos, en Lugo, o son las dignidades que allí vivieron las que prestan nombre a las calles, como la de los Deanes, en Córdoba, la del Capiscolato, en Palma de Mallorca, o la del Chantre, en Cuenca.

Aquellas circunstancias de poder y autonomía de los cabildos, que también por entonces separaron la mesa capitular de la episcopal, es decir, sus bienes, se tradujeron inmediatamente en la iglesia catedral, donde abandonaron la forma "monástica" de su arquitectura para organizarla de un modo distinto. Los canónigos crearon para sí un nuevo espacio en donde colocar la sillería del coro, esto es, en la cabecera del templo, inmediato al altar aunque separado de él por una reja. En este sentido las catedrales de Reims y de León, por ejemplo, no son góticas sólo por el modo de resolver sus bóvedas y apoyos sino por la distinta organización de la cabecera, al dotarla de un "coro arquitectónico".[49] Así entendida, la catedral gótica ofrece una variante original y sin antecedentes en la historia de la configuración del espacio religioso del templo cristiano, pues al tradicional ámbito del presbiterio o capilla mayor[50] le antecede ahora un espacio para situar el clero de la catedral. Dicho espacio se define con clara autonomía e independencia de tal manera que da lugar a la que podríamos llamar iglesia capitular dentro del templo catedral.

Ello representaba un cambio sustancial respecto a la catedral románica, pues se pasaba de ordenar la secuencia "altar–fieles–coro", a la de "altar–coro–fieles", con todas sus ventajas e inconvenientes. Entre las primeras se encuentran las de mayor luminosidad, sobre todo en la primera mitad del día, y mayor recogimiento a efectos de frío, cuestiones ambas que fueron capitales en la vida interna de los coros catedralicios, tal y como se consigna en la documentación manejada. Por otra parte, los coros en la cabecera, permitían aislar ésta completamente, de modo que la girola y sus capillas quedaban dentro de un ámbito diferenciado y propio del cabildo. Todavía en Amiens o en León se ven las gradas que permiten acceder a la girola como espacio diferenciado del resto del templo, única huella de lo que en otro tiempo fueron cesuras que servían para articular los diferentes usos del espacio. El mejor ejemplo vivo que hoy conozco de esta clausura de la cabecera, englobando todo, coro, presbiterio, girola, capillas, así como el acceso a la sacristía, es el que ofrece la catedral de Lincoln, con sendas portadas de fábrica de piedra para entrar en la girola desde el crucero, tan góticas como el resto de su arquitectura. En uso están sus puertas de madera que se abren y cierran en determinadas horas. Si a esto se añade la puerta procesional de ingreso al coro que, igualmente se puede cerrar, comprobamos que la cabecera gótica llega de hecho a ser un organismo autónomo dentro del templo catedralicio. Es más, algunas catedrales como las de Beauvais o Narbona sólo construyeron la cabecera apoyada en el crucero, prescindiendo del cuerpo de la iglesia, sin por ello dejar de ser una catedral completa. Ello nos advierte y pone en entredicho la pretendida presencia masiva de los fieles en el ámbito de la catedral durante la Edad Media.

En otras palabras, la cabecera gótica de la catedral es una iglesia nueva en sí misma y bien porque sólo se construye esa parte de la catedral (Beauvais, Narbona), bien porque sólo se proyecta y no se construye (Santiago de Compostela),[51] o bien porque llegó a ser una realidad yuxtapuesta a la vieja catedral de tradición románica (Le Mans, Ely), es un hecho que se trata de una respuesta arquitectónica a un signo externo del poder alcanzado por el cabildo que desea este tipo de organización y no al capricho o genialidad de un arquitecto ni a una evolución meramente estilística.

32.

Vista general de la catedral de Amiens (Francia). Obsérvese la nueva profundidad de la cabecera gótica para albergar el altar y el coro, según se produjo habitualmente coincidiendo con la secularización de los cabildos.

Junto a aquellas y otras ventajas del modelo francés, se dieron otros serios inconvenientes de fuerte repercusión social, siendo el principal el que los fieles sólo oían las ceremonias pero no veían nada. Ante ello hubo presiones para evitar lo que pone de manifiesto Fernando de Espinosa, secretario del cabildo burgalés, cuando describe, en 1528, la incomodidad con que asisten los fieles a la celebración de la misa en la catedral de Burgos: "Así que, cuando alzaban en la Misa, los que estaban en la iglesia que querían ver a Dios, se ponían en fila en la nao real [nave mayor], uno en pos de otro, o a lo más, de dos en dos, para ver a Dios por la puerta del Coro...".[52] Esto es lo que movió al cabildo a trasladar el coro a la nave mayor, estableciendo de nuevo la posibilidad de dar entrada circunstancialmente a los fieles, una vez abier-

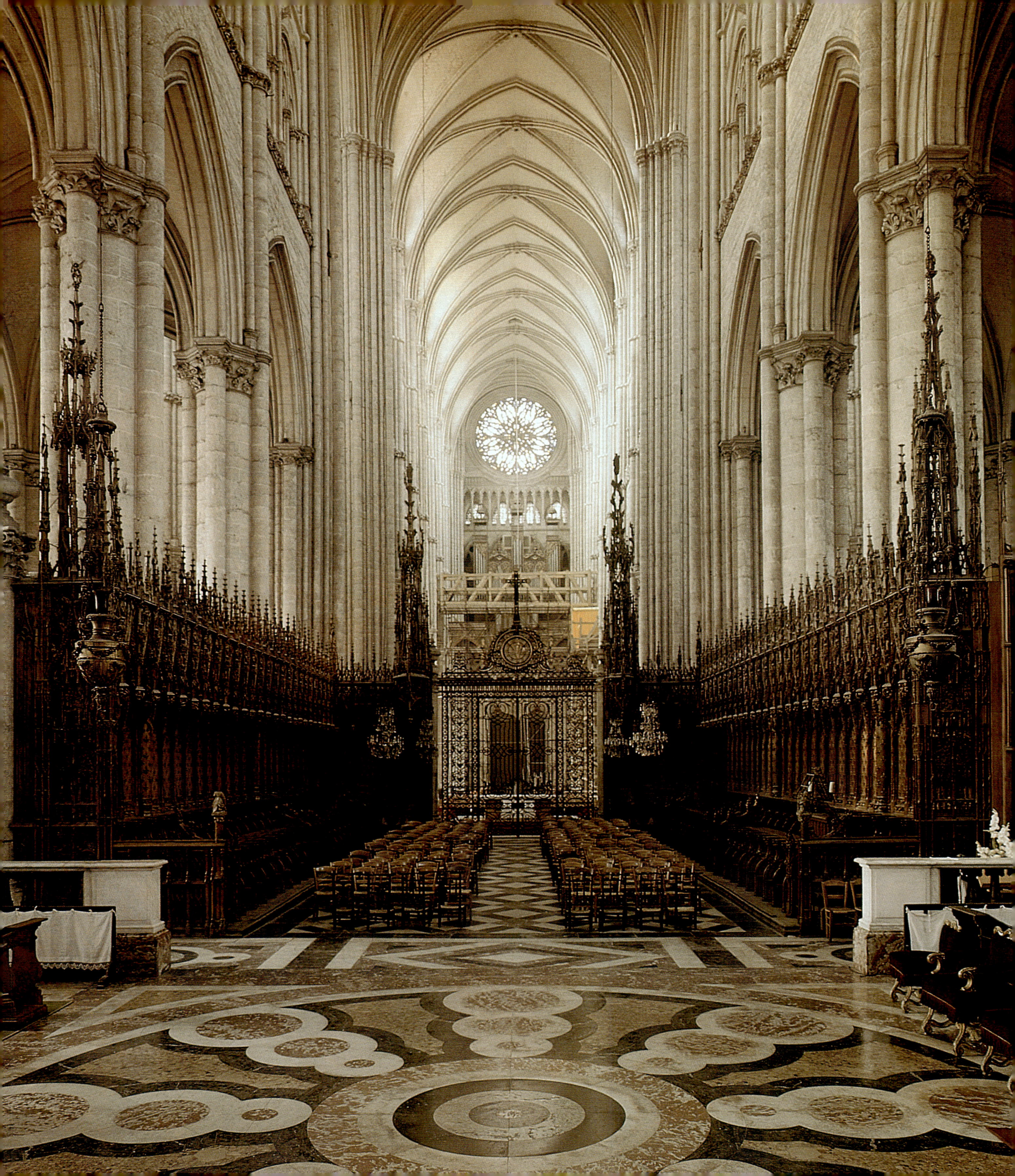

34.
Interior del crucero de la catedral de Amiens mostrando las bóvedas cuatripartitas que se encuentran en el tramo central con una bóveda de terceletes.

33.
Sillería del coro de la catedral de Amiens (Francia). Obsérvese la mayor altura y jerarquía del presbiterio con el altar, en un nivel ligeramente superior, así como las dos mitades en que litúrgicamente funciona el coro. Una verja al fondo sustituye al antiguo jubé de fábrica, *que tenía su ingreso por este lugar.*

tas las rejas, para que se situaran entre el altar y el coro, tal y como se puede ver hoy. El mismo viaje hizo el coro de la catedral de Reims, aunque por otras razones, pero el hecho es que la cabecera concebida en la catedral francesa para llevar la sillería del coro se quedó desierta y la sillería se situó en la nave central, más allá del crucero, donde todavía se puede ver hoy a pesar de todos los avatares que vaciaron de contenido a la más hermosa de las catedrales góticas, Reims, la catedral *du sacre du roi de France*.[53]

El mejor ejemplo que cabe presentar para ver el cambio producido entre la catedral de similar perfil al del templo monástico y la catedral que podemos llamar "secular", por ser efecto de la secularización de su cabildo, lo tenemos en la catedral de Laon. Es conocido que las obras comenzaron entre 1155 y 1160 según un proyecto que contaba con una cabecera semicircular con girola, de clara estirpe románica en su concepción, esto es, con una capacidad limitada a las funciones en torno al altar y sin espacio para dar cabida al coro de los canónigos. En efecto, la sillería del cabildo de la catedral de Laon, el más numeroso de Francia con sus ochenta y dos canónigos,[54] había ocupado la nave central tanto en la iglesia anterior como en la actual, pues la cabecera de traza semicircular o poligonal del nuevo proyecto iniciado en 1155 no tenía capacidad más que para disponer el altar. Así se puede ver en la reconstrucción propuesta por Bony[55] y, sin entrar ahora en los problemas formales sobre su planta poligonal y la carencia de capillas,[56] lo importante es que se derribó la cabecera recién acabada y se construyó la actual, de gran profundidad, terminada en 1215, para dar cabida a la sillería entre el altar y el transepto. Es el *choeur liturgique*, como dicen los franceses, o el *choir stalls*, como lo llaman los ingleses. Esto no se produjo por casualidad, como acertadamente dicen Kimpel y Suckale, quienes ponen en relación tal cambio con el carácter noble de la prebenda de los canónigos de Laon, de tal modo que se puede hablar de "una clericalización de la arquitectura de la catedral" en la que predominan las necesidades del clero en detrimento de los fieles que poco a poco son excluidos.[57]

Esta exclusión conoció un rechazo por parte de los fieles, según se ha comentado a modo de ejemplo en el caso de la catedral de Burgos, y la catedral en España resolvió la situación conservando la antigua disposición de la catedral románica aunque ahora la nueva fábrica de la catedral sea gótica. Es lo que llamamos más adelante el "modo español". ¿Cómo y cuándo se detecta en la arquitectura española esta novedad "gótica" del coro litúrgico en la cabecera? Curiosamente en dos templos de temprana filiación francesa, las catedrales de Ávila y Cuenca, que, además, cubren por vez primera sus bóvedas con soluciones sexpartitas. Se trata, pues, de una solución formal, funcional y constructiva de gran coherencia, si bien se aplicaron en una situación coyuntural y transitiva, que hacen compleja su interpretación cabal. Hoy ambos coros se encuentran, después de su traslado, en la nave mayor, pero no hablamos de las sillerías sino del proyecto arquitectónico y ahí está el edificio como expresivo e incontestable testimonio.

En el siglo XIII todos recordamos las tantas veces citadas catedrales de Burgos y León, que repiten de modo ejemplar el prototipo de catedral gótica francesa, con coro en la cabecera, si bien entre una y otra sabemos que se levantó la no menos gótica de Toledo que no se concibió, desde un principio, con coro ar-

35.

Cabecera de la catedral de Beauvais (Francia). Si bien es la única parte del templo que llegó a construirse, no deja por ello de ser una catedral completa, queda tan sólo el espacio del crucero para los fieles.

36.
La catedral de Narbona (Francia) tampoco vio su terminación; la parte ejecutada se reduce a la cabecera para albergar el altar y el coro, dejando un espacio mínimo para los fieles. Ello contradice la visión romántica o interesada de los templos góticos colmados de fieles.

quitectónico junto al presbiterio. Ello no fue debido al capricho del tracista ni a la casualidad, sino al firme propósito del cabildo de seguir teniendo el coro como en las antiguas iglesias románicas, y muy particularmente como en Santiago de Compostela –cuyo templo pesa mucho en la memoria de la arquitectura española–, dejando un espacio para los fieles entre el coro y el altar. Así debió de ser, además, después de la conquista de Toledo (1085) al articular los espacios litúrgicos cristianos en las viejas naves de la antigua mezquita mayor, operación que se hizo siendo arzobispo don Bernardo de Seridac o Bernardo de Cluny, pues a la orden benedictina pertenecía este prelado francés. Él, que con otros clérigos franceses, introdujo en Castilla las reformas litúrgicas gregorianas, debió de situar el coro en el lugar que siempre vio en la arquitectura monástica, en el centro de la nave, pasando así a incorporarse a los usos y costumbres de la catedral que, una vez construida la fábrica gótica, organizó la liturgia de la misa y todo el movimiento procesional de la catedral en torno al coro exento en la nave mayor.

El coro que hoy vemos en la catedral de Toledo se suele apreciar, principalmente, por la excepcional belleza de su etapa renacentista, condensada en el arte de los Berruguete, Vigarny y Villalpando, y esto nos hace olvidar el interés y trascendencia que previamente tiene en orden a su arquitectura y situación. Efectivamente, conviene recordar que su amplitud y ubicación está fijada mucho antes, donde ya la extraordinaria sillería baja, obra de Rodrigo Alemán, se había iniciado en 1489. Pero no fue ésta la primera sillería con que contó el coro toledano, pues necesariamente hay que pensar en otra anterior que es la que guarneció la importante fábrica del cerramiento exterior, cuya arquitectura y escultura se hizo en la segunda mitad del siglo XIV, bajo la prelatura de don Pedro Tenorio (1377-1399).[58] A mi juicio, aquel primer coro tuvo su entrada procesional por la actual capilla de la Virgen de la Estrella, en el trascoro, dejando patente las dos bandas del coro, una encabezada por el sitial del arzobispo, de ahí el nombre que tiene la mitad del lado de la epístola, al que corresponde mayor dignidad, mientras que la frontal recibe el nombre de coro del Deán, por encabezar éste el lado norte o del evangelio. Con motivo del nuevo coro alto y renacentista, se colocaría la silla arzobispal labrada por Berruguete en el centro, presidiendo ambos coros y cegando la puerta de acceso desde la nave que se convertiría en la mencionada capilla de la Estrella, pero siguió llevando el nombre del coro del arzobispo, la mitad meridional.

37.
Nueva cabecera gótica de la catedral de Le Mans (Francia), en sustitución de la anterior románica, para trasladar aquí la sillería del coro desde la nave mayor.

38.
La catedral de Ely (Inglaterra) fue inicialmente una abadía benedictina. El templo románico se comenzó en 1083, y alcanzó la jerarquía catedralicia en 1109. Más tarde se sustituyó la cabecera románica por la gótica actual, de mayor profundidad para albergar el coro.

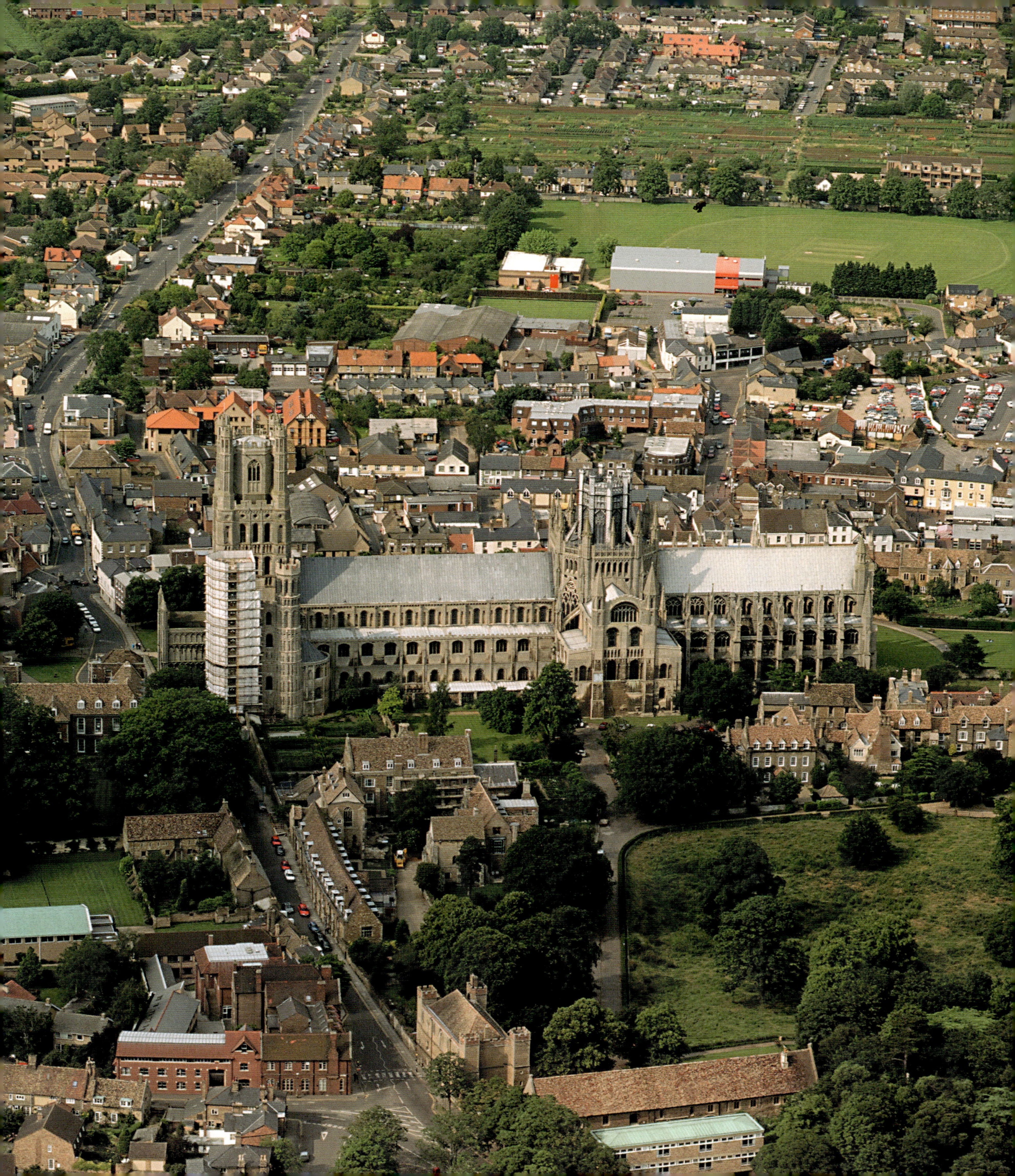

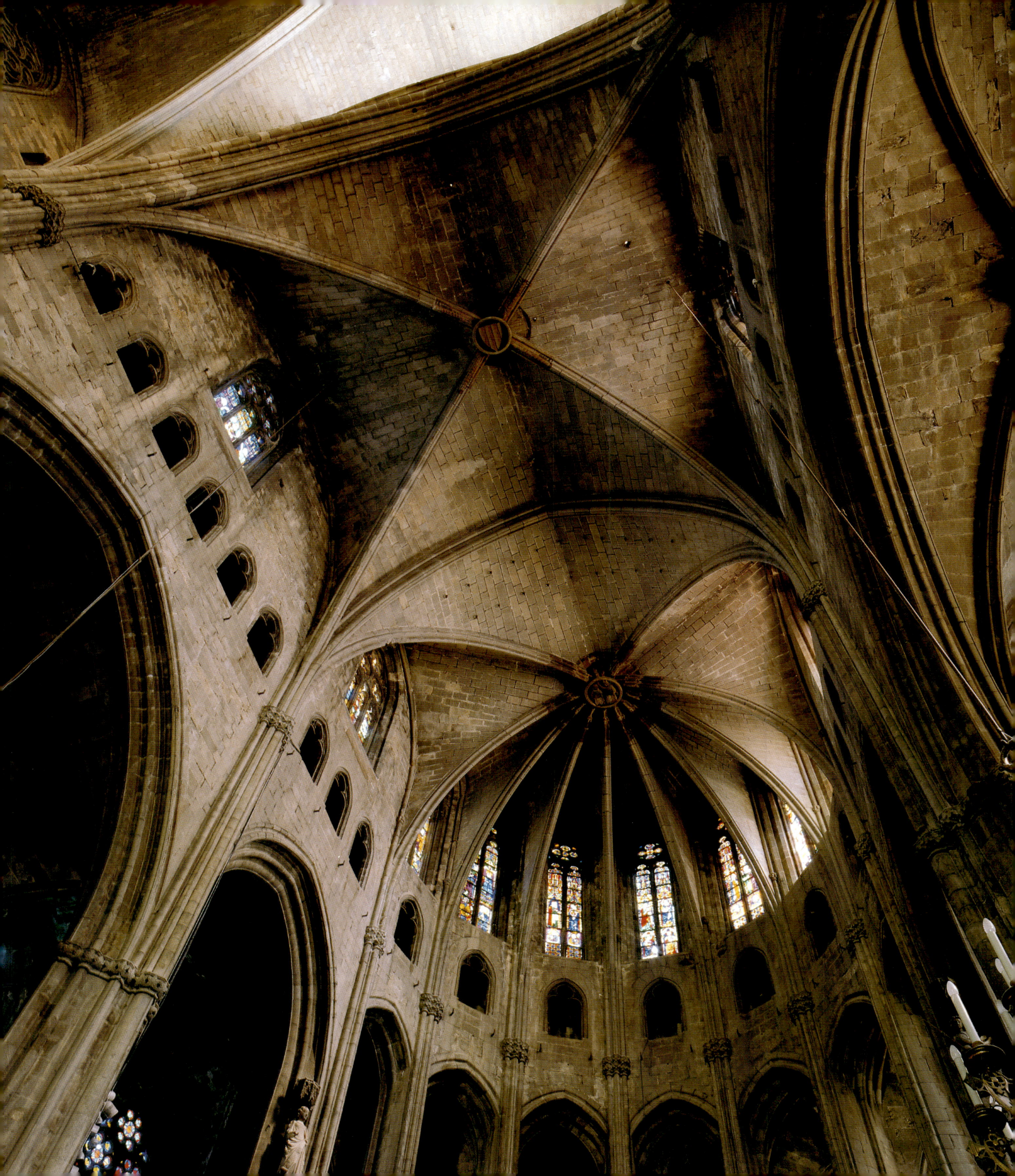

III

PERSONALIDAD DE LA CATEDRAL EN ESPAÑA

40.
La sillería gótica del coro de la catedral románica de Zamora, debida a Juan de Bruselas (1503), ocupa el mismo lugar que tuvo la anterior sillería en la nave central del templo, dejando para los fieles el espacio bajo el cimborrio, frente al presbiterio.

39.
La catedral de Gerona derribó su antigua fábrica románica para construir el nuevo templo gótico, si bien su cabecera no tiene la profundidad esperada para situar el altar y la sillería del coro, apartándose del modelo francés.

A la solución exenta del coro toledano, en el ámbito de la catedral gótica, cabría llamar "modo español", tan distinto del modelo francés, esto es, de Burgos y León, como del inglés, que por cuenta propia distribuyó la catedral de modo diferente, siendo las tres opciones análogas pero no iguales. Torres Balbás escribió una vez que después de reconocer todo lo que la *Dives Toletana* debe al arte gótico francés, inmediatamente "hay que decir lo mucho que de él lo separa, el fuerte acento nacional que hace tal vez de la de Toledo la más hispánica de las catedrales castellanas".[59] A ese acento contribuye, sin duda alguna, el proyecto que reduce el tramo del presbiterio a su justa expresión para albergar el altar y situar el coro en la nave, en lugar de seguir el camino emprendido por Burgos y seguido por León. El modelo de Toledo, que no en vano era la Catedral Primada y juega un papel rector en muchas cuestiones de alcance litúrgico, tendría una influencia decisiva en las futuras catedrales góticas de España.[60]

Así ocurrió, desde luego, en las catedrales góticas que, como Huesca o Valencia, se levantaron sobre anteriores mezquitas, colocando el coro a distancia del altar, sin incorporar cabeceras profundas, incluyendo aquí el caso singular de la catedral de Palma de Mallorca, de compleja interpretación pero que, en mi opinión, obedece a los mismos resortes.[61] La costumbre de haber utilizado inicialmente las naves de la antigua mezquita hasta que se construyera la fábrica cristiana, pero en dirección este-oeste, para situar el presbiterio y el coro, tal y como cabe comprobar en el proyecto románico para la Seo del Salvador de Zaragoza,[62] en la desaparecida catedral gótica de Jaén,[63] o como podemos ver en vivo en el coro gótico de la mezquita de Córdoba –repetido luego en el actual y definitivo coro renacentista/barroco–, hicieron de este uso una norma para la nueva arquitectura de la catedral, que culminó luego en la catedral de Sevilla, donde sus artífices y tracistas, venidos desde distintos rincones de Europa, realizaron sin embargo un cabal proyecto hispánico.

No es nuestra intención hacer un inventario recogiendo toda y cada una de las situaciones de las catedrales españolas, pero esta consideración de la cabecera sin espacio para el coro, que tuvo serias repercusiones en el planteamiento de las naves de crucero, poco ortodoxas desde una óptica y tradición francesa, la encontramos también en otras zonas más próximas, geográfica y culturalmente, al mundo francés. Así, en el siglo XIV, las catedrales de Barcelona y Gerona, de similar concepción y que con razón se ponen en relación con la catedral de Narbona en sus aspectos estilísticos y constructivos, carecen en sus respectivas cabeceras de la profundidad necesaria para situar un coro como, en cambio, permitiría Narbona. La arquitectura de una y otras, y la maestría de todas ellas dejan ver el origen de sus artífices, sí, pero el programa de las catalanas es distinto al de la narbonense. Para Barcelona cabría argumentar la existencia de la cripta de Santa Eulalia bajo el presbiterio, de tal manera que su acceso desde el crucero de la catedral impediría colocar allí el coro. Sea como fuere, y éste es nuestro punto de vista, el proyecto no contempló una cabecera con coro. Por otra parte el coro de Barcelona, exento y ocupando dos tramos de su nave central, resulta extraordinariamente ilustrativo para medir su contribución al mayor interés de la catedral, sin mermar un ápice sus posibilidades litúrgicas ni perturbar el goce estético, como han querido argumentar en contrario los partidarios de su eliminación.[64] Al mismo tiempo resulta espectacularmente ejemplar en cuanto a ubicación y disposición, ya que, situado en la nave central, conserva la mayor parte de los elementos fijos que configuran un coro medieval, con su ingreso procesional por el antecoro/trascoro; las dos bandas del coro bien separadas; la situación de la silla episcopal aislada y preeminente en el lado de la epístola; el púlpito en el del evangelio, formando parte de la arquitectura del mismo

Personalidad de la Catedral en España

41.
La catedral de Gerona, iniciada por la cabecera con tres naves, conoció un cambio de plan para dotarla de una nave única y colocar en el centro el coro, lo que convertiría aquel espacio en un ámbito tripartito. Las procesiones discurrían por estos pasillos laterales, siguiendo el camino marcado por los enterramientos bajo el suelo de la catedral.

42.
Claustro románico de la catedral de Gerona. En torno al claustro se disponían las antiguas estancias capitulares y de la comunidad, antes de la secularización de su cabildo. El suelo se utilizó como enterramiento privilegiado, del que dan fe sus laudas sepulcrales.

coro, de tal modo que se pudiera oír el sermón tanto desde su interior, como desde el espacio que para los fieles queda entre el coro y el presbiterio, según lo tenía también la catedral de Palma de Mallorca, antes de su desdichado desmantelamiento. Por último, la utilización del coro barcelonés para el Capítulo General de la Orden del Toisón de Oro, con asistencia de Carlos V (1519) y con presencia de gran parte de los reyes de Europa, indica la importancia de este ámbito dentro de la catedral que acogió, en 1519, a un peculiar cabildo real presidido por el emperador, como tres años antes lo había hecho la catedral de Santa Gúdula de Bruselas.[65]

Entre las razones que explicarían este "modo español" se encuentran también las incontestables raíces monásticas de los cabildos haciendo que en catedrales como Pamplona, cuyo estilo arquitectónico es de indiscutible filiación francesa y gótica como bien estudió don Leopoldo Torres Balbás,[66] tuvieran más peso los usos propios a la hora de hacer el proyecto que el simple mimetismo formal de los modelos al uso. Así, la cabecera pamplonesa resulta apocopada, reducida su extensión a un único tramo para la liturgia del altar, no asemejándose en esto a ningún modelo gótico francés,[67] pues el coro se pensó colocar desde el principio en la nave central de la nave pamplonesa, y no como hoy, sin sentido alguno, muestra en la cabecera. A esta situación podemos añadir algún elocuente testimonio más, como es la defensa que el cabildo hizo de la situación del coro en la nave central en relación con el presbiterio, frente a las modificaciones litúrgicas que, en 1769, quiso hacer el obispo Juan Lorenzo de Irigoyen y Dutari, que llegó a la diócesis de Pamplona con crecido afán reformista. Habiéndose negado el prelado a dar la bendición a los fieles desde su silla en el coro, tal y como se había hecho siempre, sino desde el presbiterio, el cabildo le expresó "el dolor y sentimiento de no poder condescender a su deseo", después de "una larga sesión y conferencia en que nos hicimos cargo de la diferente situación que tienen los coros de las Santas Iglesias de España de la de las de Italia, que están incorporadas, con la capilla, a cuya vista se arregla el ceremonial de los Señores Obispos, y de la suspensión reparable que fácilmente podría ocasionar en el oficio de la misa el viaje de los Señores Obispos, desde el choro hasta el altar mayor para dar la dicha bendición en las Santas Iglesias de España, por la mucha distancia que hay en ellas entre el choro y el altar mayor, cuyo inconveniente falta en las de Italia, y que sin duda ha estribado y estriba en esto la práctica tan constante y uniformemente observada por los Ilustres Señores Obispos anteriores de esta Santa Iglesia de dar siempre desde su silla coral la bendición solemne del fin de la misa al pueblo...", hallándose "corroborada esta dicha práctica con la declaración de la Sagrada Congregación de Ritos que en once de junio de mil seiscientos cinco obtuvieron las Santas Iglesias de España en favor de sus loables prácticas a resulta de la publicación del Ceremonial de los Obispos, aunque no conformasen con él, cuya declaración está en forma auténtica en el libro de Breves de las Santas Iglesias, título de varias materias desde el folio 21".[68]

El coro, en efecto, se concibe como una seña de identidad tanto de la iglesia catedral como del propio cabildo, siendo la referencia espiritual diaria que marca con el paso de las horas el punto sobre el que gira toda su actividad, incluso la extralitúrgica como la alimentación o el descanso. Desde el coro partía el cabildo en procesión al refectorio y al coro regresaba de las misma forma después, repitiéndose el mismo movimiento para acudir al dormitorio de la comunidad y "levantándose con grande exemplo a Maytines, menospreciando los rigores del calor y frío". Esta vivencia del coro donde en Pamplona, como en otros lugares, ocupaba "de ordinario ocho y diez horas en los exercicios de comunidad y oficios divinos, asistiendo a las siete horas Canónicas por sí mismos de día y de noche", explican la reacción del cabildo ante cualquier modificación.[69]

Cabe culminar este recorrido en el siglo XV con la catedral de Sevilla, donde de todos es conocido que el templo actual se levanta sobre la antigua mezquita almohade, la cual se utilizó como catedral desde su consagración y dedicación a Santa María de la Sede, en 1252. La catedral hispalense ofrece hoy en su interior una organización igual a la de Toledo que deriva de la que tuvo desde sus orígenes la catedral cuando aprovechó el espacio arquitectónico de la mezquita almohade. Pero ¿por qué se organizó el interior de Sevilla como el de Toledo? Muy fácil sería afirmar que ésta es la Primada y como tal el modelo posible, pero hay otras razones más poderosas si cabe como es la estrecha vinculación existente entre uno y otro templo bajo Fernando III el Santo, desde los días mismos de la conquista de Sevilla en 1248. Curiosamente el rey Fernando que se casó en la catedral románica de Burgos y puso la primera piedra en la catedral gótica de Toledo, asistió a la transformación de la mezquita almohade de Sevilla en iglesia cristiana, pues como

43.

Cabecera o cimorro de la catedral de Ávila. El refuerzo militar de caminos de ronda, almenas, saeteras y matacanes hizo de ella el más fuerte bastión de la ciudad amurallada.

44.

Interior de la capilla mayor de la catedral de Ávila. Ésta fue probablemente la primera catedral que se proyectó en España con la sillería del coro y el presbiterio formando parte solidariamente de la cabecera, si bien finalmente el coro se colocó en la nave mayor.

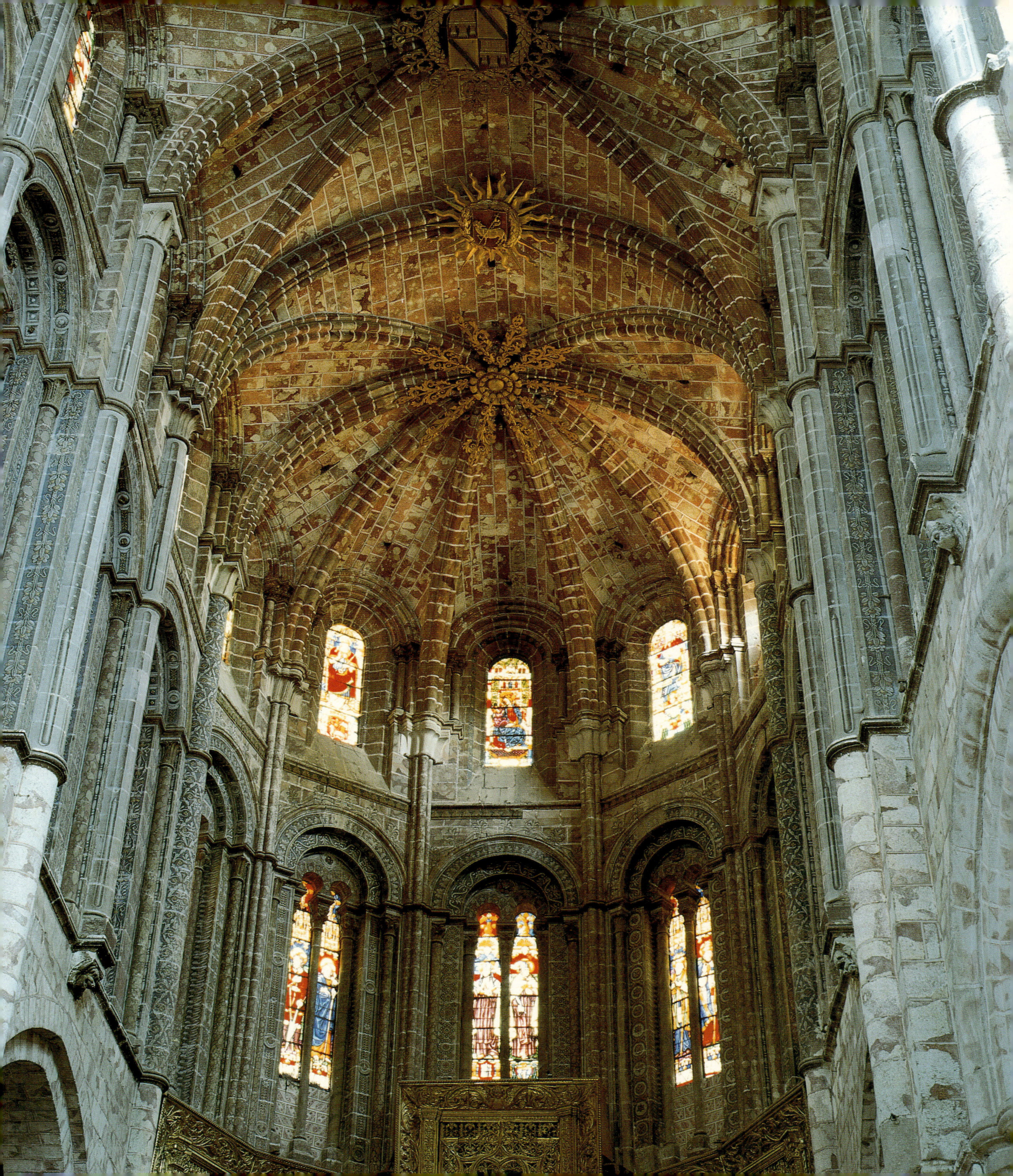

pe (1249-1258), aunque éste no llegara a ordenarse y lo hiciese primero en calidad de procurador y después como electo. El hecho es que dos hermanos regían ambas diócesis, una ya estructurada, Toledo, y otra por organizar, Sevilla, de donde es fácil deducir quien influiría en quien bajo todos los aspectos, desde la administración de la diócesis hasta las cuestiones disciplinares que afectan al cabildo y liturgia, donde el coro es piedra angular.

En la organización definitiva de la catedral y diócesis de Sevilla fue fundamental la figura del arzobispo Raimundo de Losana o don Remondo (1259-1286), de la Orden de Predicadores, secretario y confesor de Fernando III, promovido desde la diócesis de Segovia, a quien se deben las primeras constituciones que dieron una fisonomía "toledana" al Cabildo de Sevilla (1261). Don Remondo había llevado desde la sombra la diócesis hispalense en los años del infante don Felipe, y él fue quien introdujo de hecho la vida capitular y el ceremonial en aquella mezquita, organizando el coro en su interior donde, a su muerte, sería enterrado. Todos cuantos se refieren a las constituciones de Sevilla observan su dependencia respecto a las de Toledo,[70] no dudando en afirmar que la catedral de Sevilla estaba "organizada en todo a imitación de la de Toledo".[71] Esto incluía naturalmente la situación del coro en relación con el altar en la mezquita, que después se perpetuaría en la colosal catedral gótica del siglo XV que todos conocemos, respetuosa con el esquema toledano de "altar-ieles-coro-trascoro-fieles".

Así, durante un siglo y medio la catedral de Sevilla organizó su vida litúrgica y capitular en aquel espacio de islámico perfil hasta que, en 1401, y estando vacante la sede por fallecimiento del arzobispo Gonzalo de Mena, el cabildo decidió, en 1401, levantar la nueva catedral, "tal e tan buena que no haya otra su igual", como recogen las actas capitulares. Obsérvese que es el cabildo y no el arzobispo quien da este importante paso, si bien las obras no se iniciarían hasta la prelatura de don Alonso de Egea (1403-1408). Para concluir diremos que con el coro en la nave central y la cabecera recta de la catedral hispalense, acomodando así la superficie del templo cristiano al de la mezquita islámica, tenemos dos de las claves que definirán la forma del templo catedralicio en el mundo hispánico a partir del siglo XVI. Si desde lo alto de la Giralda pudiéramos ver, a lo lejos, las catedrales góticas europeas y luego miráramos a nuestros pies la catedral de Sevilla, comprobaríamos el papel decisivo que desempeñó el coro en la configuración del espacio arquitectónico de la catedral española. No se olvide que tanto la catedral de Toledo como la de Sevilla fueron obra de maestros franceses, flamencos y alemanes, pero que el resultado es netamente español, no por el estilo, sino por el proyecto eclesial que subyace. Quien entiende esto entiende todo. De ahí que propongamos la expresión "el modo español" para diferenciar la personalidad de la catedral en España respecto al modelo francés.

Pero en Sevilla sucede algo más y de mayor trascendencia, excediendo a todo cuanto podamos decir aquí, y es que su templo se convirtió en modelo para las catedrales del Nuevo Mundo.[72] Es cosa sabida cómo desde México hasta Lima, las catedrales americanas intentaron seguir la pauta sevillana, basándose los estudiosos principalmente en la indudable semejanza que guardan sus cabeceras rectas,[73] frente a la vieja tradición medieval de las complicadas girolas de planta poligonal. Pero esto es sólo una parte pequeña y residual del asunto, pues frente a lo que habitualmente se presenta como una cuestión de mimesis, estilo o simple parentesco formal, lo que sucede es muy anterior puesto que las propias Leyes de Indias exigen que se tome Sevilla como modelo para las catedrales del Nuevo Mundo. Pero esta exigencia en la que tanto insiste la legislación se refiere a la arquitectura institucional, administrativa y litúrgica de las nuevas catedrales, pues todas ellas fueron inicialmente sufragáneas de la de Sevilla, hasta su paulatina segregación durante el proceso de formación del mapa diocesano propio de las Indias.[74]

Así, al margen de los derroteros que tomaran cada uno de los proyectos arquitectónicos en América, hay una profunda identidad de origen en la configuración de sus cabildos y del ceremonial eclesiástico que se recoge puntualmente en las constituciones, ordenanzas y libros de coro. De ahí que a las mismas necesidades correspondan análogas soluciones arquitectónicas en lo tocante a la ordenación del espacio interior de los templos, y muy concretamente a la dualidad altar y coro, unidos normalmente, como en la Península, por la vía sacra o valla completando así el escenario de aquel *Theatrum sacrum*.

Sobre este punto es muy expresivo el contenido de las bulas de erección de las catedrales americanas, sea por ejemplo la de México en los años de don Juan de Zumárraga, primer obispo (1527) y arzobispo

45.
La catedral de Cuenca fue una de las contadas catedrales españolas que siguió el modelo francés de proyectar una cabecera profunda para albergar el altar y el coro, como así fue hasta que en el siglo XVI se trasladó la sillería a la nave central, siguiendo el «modo español».

dice la *Primera Crónica General*: "... començó luego lo primero a rrefrescar a onrra y a loor de dios et de sancta maría su madre, la siella arçobispal, que antiguo tiempo avie que estava yerma et bazía et era huérfana de so digneral pastor; et fue y ordenada calongia mucho onrrada a onrra de sancta maría, cuyo nombre esa yglesia noble et sacta lieva..." El entonces obispo de Córdoba ofició la purificación de la mezquita consagrándola y dedicándola a Santa María de la Sede y, como ocurrió en Córdoba y otras mezquitas convertidas en templos cristianos, sencillamente se varió la orientación del culto colocando el altar mayor en el lado oriental y tras él la Capilla Real, para dejar frente al presbiterio el coro, al igual que en Toledo.

Al nombrar la catedral de Toledo desde Sevilla en estos años no se puede olvidar que Fernando III, como luego haría su hijo Alfonso X, no dejó de privilegiar de forma excepcional durante todo su reinado a la catedral primada a través del gran prelado y estadista don Rodrigo Ximénez de Rada, quien a su vez hubo de emplearse a fondo apoyado por el rey para asegurar la primacía eclesiástica toledana frente a las pretensiones de los metropolitanos de Tarragona, Braga y Santiago. Pero todavía resulta más interesante para nuestro propósito de evidenciar la íntima relación entre las catedrales de Toledo y Sevilla, el que ambas archidiócesis estuvieron regidas por dos hijos del propio Fernando III, don Sancho (1251-1261) y don Feli-

(1545) de México, donde se dice muy claramente que en lo tocante a las costumbres, constituciones, ritos y usos en cualquier tipo de ceremonias se ajustarán en todo a las propias *Ecclesiae Hispalensis*.[75] Entre los muchos testimonios que pudieran presentarse sobre el desarrollo real de estas disposiciones fundacionales, se encuentran las *Ordenanzas*[76] que Alonso de Montúfar, segundo arzobispo de México, redactó para su catedral describiendo puntualmente todo el movimiento y ceremonial del coro que responde a lo conocido en Sevilla. De este modo ya tiene más sentido la consideración inicial del proyecto arquitectónico de la catedral de México sobre la de Sevilla, de manera que arquitectura, institución y ceremonial coincidieran en todo. Ahora ya tiene más lógica lo que escribe el propio Montúfar en 1554 acerca de que "la traza que se ha elegido de mayor parecer es la de Sevilla",[77] si bien luego la realidad se impondrá y el mismo arzobispo, cuatro años más tarde, rectifica diciendo "que no convenía que [la catedral de Méjico] fuese tan suntuosa como la catedral de Sevilla... que bastará para esta ciudad una Iglesia como la de Segovia o Salamanca... y de esta manera se dará remedio al gasto tan excesivo, que verdaderamente, si la traza de Sevilla se ha de tomar, para sólo los cimientos creo yo y todos, no bastarán las minas de esta tierra y Caja de V.M."[78] A partir de aquí ya no extrañará encontrar tantas afinidades entre México y Sevilla, como las dos entradas por la cabecera, la Capilla de los Reyes y, sobre todo, la ordenación del altar, coro y trascoro en su nave central.

La legislación pero sobre todo la práctica había impuesto, y no sólo en el mundo novohispano, las costumbres de la iglesia de Sevilla, no dejando lugar a la menor duda los cánones de los concilios provinciales de México que, como el segundo celebrado en 1565 y presidido por el propio Montúfar, aprobó "Que se hagan los oficios divinos conforme a lo sevillano". En el canon XIV se dice literalmente: "Cosa es muy decente que todas las iglesias [catedrales] sufragáneas a esta santa iglesia de México se conformen a ella al rezar el oficio divino mayor y menor, y esta iglesia arzobispal desde su primera institución y creación siempre ha rezado y reza conforme a la santa iglesia de Sevilla; y porque haya esta conformidad, S.A.C. ordenamos e mandamos que todas las iglesias sufragáneas canten en el coro, y hagan el oficio mayor y menor conforme a los misales y breviarios de la dicha iglesia de Sevilla..."[79] Es en definitiva la que se conoce como Liturgia Hispalense que tuvo una directísima presencia en las Indias,[80] de tal modo que conocidas estas premisas ya se puede empezar a entender en el plano histórico-arquitectónico todo lo demás. Los magníficos coros de México, Puebla o Cuzco son más expresivos que nuestras palabras acerca de su pertenencia al "modo español", jugando en la arquitectura y vida de la catedral el mismo papel principal que tuvieron en las catedrales peninsulares e insulares. La pérdida moderna de gran número de sus coros, desde Santo Domingo hasta Lima, paralela en su insensatez a la vivida en España, no pueden hacernos olvidar la existencia de este elemento regulador del plano de la catedral, del que la antigua documentación proporciona abundantes noticias.[81]

Los datos sobre América nos han llevado hasta el siglo XVI en cuya centuria los coros conocen una rica serie de circunstancias de las que caben destacar abreviadamente tres aspectos como los más significativos. El primero sería comprobar el traslado a la nave central de los pocos coros que existían en las cabeceras de catedrales como Ávila, Burgos y Cuenca, a los que habría que añadir el de León,[82] que aunque no se consumó hasta el siglo XVIII se intentó en los años de Felipe II, en el deseo de sumarse todos al "modo español". Lo notable de estos traslados, contra lo que en un principio pudiera parecer, es que se efectuaron al margen de las disposiciones conciliares de Trento que, precisamente buscaban situar el coro por detrás del altar en la nueva ordenación "coro-altar-fieles", cuya imposición no tuvo mucho eco fuera de Italia y, desde luego, ninguno en España, salvo en el proyecto nunca ejecutado de la catedral de Valladolid que veremos al final.

En segundo lugar, durante el siglo XVI se proyectaron y construyeron una serie de catedrales en Andalucía, como Granada y Jaén entre otras, que siguieron enriqueciendo y afirmando el "modo español" desde distintos ángulos. En Granada siempre se ha reconocido el interés de su capilla mayor como fórmula autónoma destinada a capilla funeraria de Carlos V, según lo hizo magistralmente Rosenthal,[83] pero la focalización de ese interés fue en detrimento del estudio del resto de la catedral y en concreto de su coro, hasta olvidarlo físicamente y borrar sus huellas. En otro lugar he recogido y dedicado a los incrédulos sobre la existencia original de este coro concebido por Siloe entre los dos cruceros, de tal modo que ni la planta ni los alzados y bóvedas de sus naves se en-

46.
Catedral y Sagrario de México. El templo catedralicio mexicano guarda gran parentesco con la planta de la catedral de Sevilla de la que fue inicialmente sufragánea. Sus prelados pusieron gran empeño en que el ceremonial guardara el mismo orden que el de la catedral hispalense.

tienden sin el coro, el que antes incluso de la presencia de este maestro en Granada, en los días de la formalización del primer proyecto, el conde de Tendilla daba explicaciones a Fernando el Católico sobre reparos hechos a la traza de Egas por la gran distancia que había entre el coro y el altar, concluyendo que aquello podía tener solución si se siguiera –una vez más– el modelo hispalense, poniendo "el altar mayor de la manera que está el de Sevilla, que en medio dél y del coro no queda sino el crucero", cuyo espacio, añadimos nosotros, podrían ocupar los fieles en las grandes solemnidades. Ésta sería la misma fórmula seguida en Jaén y tantas otras catedrales andaluzas hasta culminar en Cádiz en el siglo XVIII, con las llamadas vieja y nueva.[84]

La mayor información que disponemos en el siglo XVI permite ser concluyentes en la consideración final del coro como un espacio necesario y preciso en la catedral, según lo describe y dibuja Rodrigo Gil de Hontañón y que conocemos a través del *Compendio de Architectura* de Simón García. Aquí, en el capítulo "Que trata del repartimiento de los templos por geometría", donde se aborda el proyecto de una catedral de tres naves y después de las operaciones iniciales, se van señalando los puntos y líneas que servirán para hacer la distribución interior, marcando la que "será la capilla mayor, luego para el repartimiento de la capilla más abajo que biene a ser el crucero sobre el qual quadrado se ace el cimborrio" –y, por último, añade Gil de Hontañón por medio de Simón García– "mira donde se cruzan las diagonales con los paralelos..., esta distancia tenga esta capilla que es el coro".[85] Es decir, proyectando, distribuyendo, organizando la catedral en sus elementos esenciales, aquel arquitecto del siglo XVI que arrastra todo un saber medieval heredado, menciona y sitúa correlativamente el altar, el crucero y el coro. Es decir, el coro no es una sillería que se coloca donde convenga sino un lugar en el espacio, y sorprendentemente ese espacio viene a ser el centro geométrico de la catedral.

Como final a esta apretada exposición debemos referirnos a los efectos que tuvo el Concilio de Trento en los coros españoles, objeto de frecuentes y erróneas interpretaciones. Baste decir aquí que las disposiciones conciliares tuvieron repercusión en la ordenación física de algunos coros sólo a través de los prelados que celosos del *ius divinum* que les reconoció el concilio y de su autoridad sobre el cabildo, quisieron ejercerla visiblemente en el ámbito coral colocando su silla en el centro, entre los dos coros, a lo cual ya se habían anticipado algunos obispos. Esto supuso cegar el acceso al coro desde el trascoro cuya puerta abierta

47.

Catedral de Valladolid, inacabada. El proyecto de Juan de Herrera situaba el coro en la cabecera, detrás del altar mayor, de acuerdo con las reformas que san Carlos Borromeo había llevado a cabo en la catedral de Milán con su arquitecto Pellegrino Tibaldi.

todavía conservan Barcelona y León pero perdieron Santiago, Burgos y Toledo, por ejemplo, convirtiéndose aquellos huecos en altares centrales del trascoro. Sobre la pretendida eliminación de los coros en la nave central que con frecuencia se vincula a Trento, los decretos de la tercera etapa del concilio (1562-1563), que son los que afectan a la liturgia, nada dicen sobre este punto, a la vez que Carlos Borromeo se manifestó tolerante al respecto en sus *Instrucciones* (1577) que recogen el espíritu conciliar en todo lo referente al arte sacro.[86] Por otra parte, ya señalé hace tiempo, cómo la sagrada Congregación de Ritos eximió en 1605 a las catedrales españolas del entero cumplimiento de algunos episodios del ceremonial de los obispos dada la organización de los presbiterios y de la situación de los coros,[87] de tal forma que no sólo el "modo español" no estaba en absoluto en contra de los cánones conciliares, sino que frente al "modelo francés" tenía la enorme ventaja de permitir la visualización de la misa, puesto que entre el altar y los fieles no se interponía el coro de los canónigos. Nunca se ponderará de modo suficiente los valores funcionales del "coro a la española" y la mejor prueba es que se conservaron y sobrevivieron, siendo el escenario de una excepcional historia litúrgica católica, apostólica y romana, hasta que llegó la solapada actitud iconoclasta del siglo XX y eliminó los vestigios de los fundamentos de la arquitectura sacra española.

Cabría añadir una coda final a este planteamiento general sobre la forma de la catedral española referida al proyecto de Juan de Herrera para la catedral de Valladolid, donde se hizo la primera propuesta de una catedral contrarreformista en Europa, más allá de las adaptaciones de los viejos templos medievales como el que por primera vez se llevó a efecto por Carlos Borromeo y su arquitecto Pellegrino Tibaldi en la catedral de Milán.[88] El proyecto de Herrera para la de Valladolid es algo nuevo no por su desornamentado estilo o por su clasicismo, sino por la adecuación de su arquitectura a la novísima ordenación espacial de su interior, donde de forma natural aparece por vez primera y única la secuencia "coro-altar-fieles", conforme a la liturgia postridentina. Esta disposición no pudo ser inventada por el arquitecto sino que es fruto, a nuestro parecer, de la relación entre Herrera y Tibaldi a raíz de la estancia del italiano en España para acometer la pintura de la biblioteca y claustro de El Escorial (1586). Sin duda Herrera, que estaba preparando el proyecto para la catedral de Valladolid, debió requerir noticias de lo hecho por Tibaldi en Milán, no dudando en mejorar el modelo milanés al hacer más neta la separación entre el altar y el coro, pues al ser una obra nueva *a fundamentis*, nada le impedía adecuar la forma a la función como se ve en la detallada planta de la catedral que nos dejó, donde el coro se describe con minuciosidad. Sin embargo, esta propuesta no se hizo realidad nunca y la única parte que se construyó de la catedral de Valladolid funcionó siempre de acuerdo al "modo español", hasta que el obispo y su cabildo vendieron la reja del coro que hoy se exhibe en el Museo Metropolitano de Nueva York.[89]

Como reflexión final añadiremos que esta reforma tridentina del "coro a la italiana" no gustó a todos por igual, ni siquiera en la propia Italia, de tal manera que Francisco Borromeo, sobrino de Carlos Borromeo y, como él, también arzobispo de Milán, se quejaba de este modo en su *De Pictura Sacra* (1624), acerca a la nueva disposición del coro: "Sé que recientemente se ha establecido que los consagrados se sienten detrás del altar mayor y que el pueblo teniendo también el altar a la vista, se sitúe en su entorno. No fue así entre nuestros mayores a los que, sin duda, gustaba alejar de la vista de la gente las cosas sacrosantas. De este modo, destinaron la parte media del templo, la más noble y luminosa, para el coro...".[90]

1. Es muy común que los estatutos de las catedrales recojan este matiz que habitualmente se viene identificando sólo con las iglesias monásticas y conventuales. Así, en los *Estatutos reglas de puntar y gobierno de el Coro y Cabildo de la Santa Iglesia Cathedral de Sigüenza* (Salamanca, Gregorio Ortiz Gallardo, Imp., 1687), se dice: «El principal fin para el que se instituyeron las iglesias catedrales fue para alabar a Dios en el coro, imitando en esta Iglesia Militante al de la Triunfante, que compuesto de diversas jerarquías de celestiales espíritus, están uniforme y continuamente cantando alabanzas a su Creador: y a este modo las Iglesias Catedrales, compuestas asimismo de jerarquías distintas, tienen esto por su principal Instituto: siendo la más precisa obligación de los señores prebendados asistir en el coro, cada uno en su silla y orden de su jerarquía, con reverencia y atención, que es en lo que puso gran cuidado en sus principios esta Santa Iglesia...» (fols. 1 y 2).
2. La erección de una catedral va de la mano del señalamiento de la diócesis y de la definición del cabildo, es decir, son los tres elementos inseparables que contempla la bula correspondiente. Un buen estudio de lo que representa el cabildo en el panorama español –con muchos elementos comunes a otros cabildos europeos– puede verse en la obra de T. Muniz: *Derecho capitular*, Sevilla, Imp. y Lib. de Sobrino de Izquierdo, 1925 (2.ª ed.).
3. Schiavo, A.: «Vicende della Cattedrale di Roma e del patriarchio lateranense», *Studi Riomani*, 1969, n.º 1, pp. 60-66; Toth, G. V. de: *La cattedrale del papa, breve guida storico-artistica*, Roma, 1980; Pietrangeli, C. (ed.): *La basílica di San Giovanni in Laterano a Roma*, Florencia, Nardini Editori, 1990; Strinati, T. y Ceccarelli, S.: *San Giovanni in Laterano*, Roma, Elio di Rosa editore, 2000.
4. Krautheimer, R.: *Corpus basilicarum christianarum Romae (s. IV-IX)*, Ciudad del Vaticano: Pontificio istituto di archeologia cristiana, 1937 (5 vols.); y *Architettura sacra paleocristiana e medievale*, Turín, Bollati Boriguieri, 1993 (1.ª ed. Colonia, 1988), pp. 3-39.
5. Crippa, M. A., Ries, J. y Zibawi, M.: *El arte paleocristiano: visión y espacio de los orígenes a Bizancio*, Barcelona, Lunwerg, 1998.
6. Testini, Pascuale: *Archeologia cristiana*, Bari, Edipuglia, 1980 (2.ª ed.), p. 592. [1.ª ed., 1958].
7. En 1889, el cardenal Ruggiero restauró la basílica, incluyendo la desaparecida *schola cantorum*, tal y como se pensaba que debió ser en el siglo XII, eliminando posteriores aditamentos. Para la compleja historia constructiva y de restauración de Santa María in Cosmedin, vid. Giovanni Battista Giovenale: *La Basilica di S. Maria in Cosmedin*, Roma, Sansaini, 1927.
8. La *schola cantorum* de la basílica superior de San Clemente procede en su parte más antigua de la basílica inferior, datándose en el siglo VI a juzgar por los monogramas del papa Juan II (533-535) en los antepechos. En el pavimento de esta última se conserva la huella de su primera situación, antes de ser trasladada a la basílica superior. Vid. un resumen de los hallazgos arqueológicos de la basílica de San Clemente en el *Dictionnaire d'Archéologie Chrétienne et de Liturgie*, por F. Cabrol y H. Leclercq, t. III, 2.ª parte, París, 1948, col. 1883.
9. En este sentido, recoge Jérôme Carcopino varios testimonios referidos a Quintiliano y a Plinio *el Joven*, en su obra *La vida cotidiana en Roma*, Buenos Aires, Hachette, 1942, pp. 303-306 (1.ª ed. en francés, 1938).
10. Thorey, Lionel de: *Histoire de la messe, de Grégoire le Grand à nos jours*, París, Perrin, 1994.
11. Pinell, J. y Triacca, A. M.: «Le liturgie occidentali», *La Liturgia, panorama storico generale*, Casale Monferrato, Marietti, 1988, pp. 62-110.
12. Íñiguez, J. A.: *El altar cristiano. Desde los orígenes a Carlomagno*, Pamplona, Eunsa, 1978.
13. Cabrol, F. y Leclercq, H.: *Dictionnaire d'Archéologie Chrétienne et de Liturgie*, t. II, 1.ª parte, París, 1925, col. 585, nota 1.
14. Mansi, J. D.: *Sacrorum Conciliorum nova et amplissima collectio*, Akademische Druck-u.Verlagsamstatt, Gratz, 1960 (ed. facsímil), 9, 793: *Ut laici secus altare, quo sancta misteria celebrantur, inter clericos tam vigilias quam ad missas stare penitus non praesumant, sed pars illa, quae a cancellis versus altare dividitur, choris tantum psallentium pateat clericorum*.
15. IV Concilio de Toledo, C.XXXIX. *De discretione presbyterorum et diaconorum, ut in utroque choro consistant: Nonnulli diacones in tantam erumpunt superbiam, ut sese presbyteris anteponant atque in primo choro ipsi priores stare praesumant, presbyteris in secundo choro constitutis: ergo ut sublimiores sibi presbyteros agnoscant, tam hi quam illi in utroque choro consistant* (Tejada, *Colección de Cánones*, II, p. 290).
16. Puertas Tricas, Rafael: *Iglesias hispánicas (siglos IV al VIII). Testimonios Literarios*, Madrid, Ministerio de Cultura, 1975, pp. 100-102.
17. Miguel Antonio Francés, en su *Tractatus de Ecclesiis cathedralibus* (Venecia. 1698), menciona un caso en el que los dos coros se sitúan en el presbiterio: *Alibi enim Presbyterium a Choro realiter non distinguitur, sed solum paucis gradibus: alibi duo sunt chori, unus retro Altare Majus, alius vero ante ipsum altare, de quo Lucae in Cathedrali extat exemplum* (fol. 54).
18. Así lo recoge Antonio López Ferreiro en sus *Lecciones de Arqueología Sagrada* (Santiago, 1894, 2.ª ed.), cuando dice que «en las iglesias rurales de Galicia aún se llama coro al ábside o presbiterio» (p. 289).
19. Entre los primeros en recoger gráficamente y en el texto la presencia de la *schola cantorum*, se encuentra L. Batissier y su excelente obra *Histoire de l'Art Monumental*, París, Furne et Compagnie, 1860 (2.ª ed.), p. 375. La misma descripción y esquema se repitió luego de forma prácticamente invariable hasta alcanzar obras clásicas como los *Éléments d'Archéologie Chrétienne*, de H. Marucchi (París, Desclee-Lefebre, 1905, t. III, p. 219) y el *Manuale di Archeologia cristiana* de Sisto Scaglia (Roma, Libreria Editrice Religiosa, 1911, p. 173), hasta alcanzar manuales de gran difusión como fue, entre nosotros, la *Teoría de la literatura y de las artes*, del jesuita Indalecio Llera (Bilbao, Graphos-Rochelt y Martín, 1914, p. 151).
20. Benedictis, E. de: *The Schola cantorum in Roma during the Middle Age* (1983), recogido por el *Lexikon des Mittel Alters*, vol. III, Munich, Lexma Verlag, 1995, col. 1519; Waesbeghe, J. Smits van: «Neues über die Schola cantorum zu Rom», *Internationaler Kongress für Kattolische Kirchenmusik*, vol. 2, Viena, 1954, pp. 111-119.
21. Josi, E.: «Lectores, schola cantorum, clerici», *Ephemérides Liturgicae*, 1930, t. XLIV, pp. 281-290.
22. Así figura en la tabla de oficios de las catedrales, como por ejemplo en la de León. Vid. el *Ceremonial de la Santa Iglesia Catedral de León*, León, Imp. Religiosa, 1902, pp. 81-84.
23. Horn, Walter y Born, Ernest: *The plan of St. Gall*, Berkeley, University of California Press, 1979, 3 vols.
24. Recuérdese que en estas y otras órdenes monásticas, el coro cuenta con dos partes consecutivas, el coro de los padres o monjes y el de los hermanos o conversos, con lo cual se ocupa toda la nave. En grabados anteriores a la Revolución Francesa se ve esta secuencia espacial de los dos coros en las plantas de Cluny III y Claraval, al igual que podemos verlo, todavía en vivo, en la nave única de la cartuja de Miraflores, en Burgos. Sobre estos aspectos resulta útil la consulta de *La arquitectura monacal en Occidente*, de Wolfgang Braunfels (Barcelona, Barral, 1975. 1.ª ed. en alemán, 1969), así como el volumen dirigido por G. Le Bras, con diversas colaboraciones, *Les ordres religieux, la vie et l'art*, vol. I (Flammarion, 1979).
25. Navascués, P.: *Teoría del coro en las catedrales españolas*, Madrid, Real Academia de Bellas Artes, 1998; y Chédozeau, B.: *Choeur clos, coeur ouvert*, París, Les Éditions du Cerf, 1998.
26. Bonnet, Ch.: «Les fouilles de l'ancien groupe épiscopal de Genève (1976-1993)», *Cahiers d'archéologie genevoise*, I, Ginebra, 1993.
27. Gauthier, N. y Picard, J. C.: *Topographie chrétienne de la Gaule, des origins au milieu du VIII.ᵉ siècle*, t. I, Tréveris, París, De Boccard, 1986.
28. VV.AA.: «Les églises doubles et les familles d'églises», *Antiquité Tardive. Revue internationale d'histoire et d'archéologie*, t. 4, 1996 [Turnhout (Bélgica), Éditions Brepols]. Número monográfico que recoge las actas del congreso celebrado en Grenoble en 1994. En España no tenemos noticias de catedrales dobles aunque quizá pudiera hablarse de un grupo ¿episcopal? en Terrassa (Barcelona), la antigua *Egara* (Vid.: Las últimas intervenciones arqueológicas en las iglesias de Sant Pere de Terrassa (1995). Aportaciones preliminares sobre la sede episcopal de *Egara*, en *Antiquité tardive...*, pp. 221-224), resistiéndome a

ver otro caso en la catedral de Oviedo, donde la presencia de dedicaciones distintas de varios altares no es sinónimo, a nuestro juicio, de edificios diferentes (Vid.: García de Castro, C.: Las primeras fundaciones, en VV.AA.: *La catedral de Oviedo*, Oviedo Ediciones Novel, 1999, t. I, p. 40). Personalmente nos identificamos con el trabajo de E. Carrero sobre *El conjunto catedralicio de Oviedo durante la Edad Media (Oviedo, 2003)*

29. Pracchi, A.: *La cattedrale antica di Milano*, Milán, Laterza, 1996, pp. 24-336.

30. Piva, P.: «La cattedrale doppia e la storia della liturgia», en *Les églises doubles...*, pp. 55-60. A este autor se deben las reflexiones más serias sobre la catedral doble desde la publicación de su libro *La cattedrale doppia. Una tipologia architettonica e liturgica del Medioevo* (Bolonia, Patron, 1990).

31. Erlande-Brandenburg, A.: «De la cathédrale double à la cathédrale unique», *Saint-Pierre de Genève. Au fil des siècles*, Ginebra, 1991, pp. 15-22.

32. Ferreres, J. B.: *Historia del misal romano*, Barcelona, Eugenio Subirana, Editor Pontificio, 1929.

33. *Rodulfi Glabri Historiarum libri quinque*, Oxford, Clarendon Press, 1989 (Lib. III, cap. IV).

34. Por ser más conocida y mejor estudiada la vida en común de los monjes que la del clero de la catedral antes de su secularización, ayuda mucho a entender ésta consultando obras como la de L. Moulin: *La vie quotidienne des religieux au Moyen Âge (X^e-XVe siècle)*, Hachette, 1990.

35. Aunque el actual conjunto catedralicio es gótico, reproduce la antigua organización de la catedral románica que responde a la vida comunitaria conservada a través del tiempo, donde frente a los deseos de su secularización por parte del poder real y de los obispos, el cabildo defendió siempre sus derechos al régimen de vida en comunidad. La vida regular del Cabildo de Pamplona se encuentra descrita con gran exactitud en el *Estado y descripción de la Santa Iglesia Catedral de Pamplona de Canónigos Religiosos y Reglares de la Orden de San Agustín. Pónese la Regla del gloriosísimo Sancto Patrono suyo y las ceremonias desta Iglesia. Modo de votos, vida, exercicios: la asistencia, y servicio del Culto Divino de Dios, de su soberana Madre Reyna del Cielo, y Patrona milagrosa desta su insigne y Religiosa Iglesia*, Pamplona, Iuan de Oteyza, Impresor del Reyno de Navarra, 1626. Esta obra incluye un interesante memorial sobre el estado de la catedral, leído en las Cortes Generales del reino de Navarra celebradas en Pamplona, en 1617, en el que el cabildo hace una defensa de su situación regular frente a las maniobras episcopales para su secularización: «porque conocidamente, executándose esta mudanza en seglar, adelantan los señores Obispos sus derechos e intereses: el blanco y principal de todos, asentar su jurisdicción, conocer de los pleitos, acomodar criados en la Iglesia» (p. 13). Aunque Felipe II ya lo había intentado, la secularización del Cabildo de Pamplona no fue realidad hasta 1860, en virtud de la bula *Ineffabili* (15-V-1859), de Pío IX, por la que se abolieron para siempre todas las leyes, estatutos, reglamentos, prácticas y costumbres del cabildo regular pamplonés.

36. En este sentido es muy interesante el particular panorama de Inglaterra donde las *English monastic cathedralsl* estudiadas por J. Harvey (*Cathedrals of England and Wales*, Londres, Batsford LTD, 1988, pp. 210-211), permiten ver los solapes histórico-formales entre catedrales y monasterios. El propio autor observa cómo: *For even the secular cathedrals of the late eleventh and twelfth centuries reflected in great measure the traditions of the monks' churches* (ob. cit., pp. 97-98)

37. Duby, G.: *La Europa de las catedrales (1140-1280)*, Barcelona, Carroggio, 1966 (Ginebra, Skira, 1966).

38. Canónigo es aquel que tiene una prebenda por la que pertenece al cabildo de la catedral. Para una mayor información histórica vid. Cabrol y Leclercq: «Chanoine», en el cit. *Dictionnaire...*, t. III, cols. 245-247.

39. Erlande-Brandenburg, A.: *La cathédrale*, Librairie Fayard, 1989, p. 302 y ss. La versión en castellano de esta obra, hecha por Ediciones Akal (1993), introduce una peligrosa confusión al traducir el término *jubé* por el de galería (p. 235 y ss.), después de recordar el propio texto que dicho término francés tiene su origen en la primera palabra de la litúrgica expresión latina *Jube Domine benedicere*. El hecho de que la voz «galería» se aplique a una parte muy específica y distinta del templo medieval, que nada tiene que ver con el *jubé* o trascoro/antecoro, puede inducir a error al lector no avisado.

40. R. Otero y R. Yzquierdo recogen en su libro sobre *El Coro del Maestro Mateo* (La Coruña, 1990) interesantísimas noticias sobre este «leedoiro» o lugar desde el que se hacen las lecturas de las lecciones, epístola y evangelio, y que en la documentación medieval, en latín, de la catedral compostelana, se menciona como *lectorio* y *legitorium*. En alemán se conoce bajo el nombre de *Lettner* y a éste dedica unas páginas Hans Sedlmayr en su *Die Entstehung der Katedrale* (Graz, 1988, pp. 288-290), reproduciendo el de la catedral de Estrasburgo (p. 34). Pese a que es frecuente hacer coincidir el *choir screen* o *pulpitum* inglés con el *jubé* porticado francés y con el *Lettner* alemán, entiendo que aquél tiene una mayor analogía con el trascoro español.

41. *Historia Compostelana*, ed. de E. Falque, Madrid, Akal, 1994, p. 189.

42. *Historia Compostelana...*, pp. 111-115.

43. Lucas, 10, 1.: «Después de esto, designó Jesús a otros setenta y dos y los envió de dos en dos, delante de sí...»

44. Entre las más tempranas excepciones se encuentra el propio cabildo de Notre-Dame de París que lo hacía desde el año 909 en que Carlos III el Simple confirmó un privilegio dado por su abuelo Carlos el Calvo, por el cual se reconocía a los canónigos de Notre Dame el derecho a vivir en casas privadas que formaban parte de la claustra. Vid. Gane, R.: *Le chapitre de Notre-Dame de Paris au XIV siècle*, CERCOR, Université de Saint-Étienne, 1999, p. 17 y ss., así como su importante bibliografía, especialmente la referida a los cabildos franceses (pp. 260-266).

45. La secularización de los cabildos no fue un proceso que se diera al mismo tiempo en todas las catedrales, del mismo modo que antes de este movimiento ya hubo cabildos en los que algunos de sus miembros vivían en casas independientes mientras que otros seguían haciendo vida en común. En este aspecto son de gran interés los estudios sobre algunas ciudades episcopales del sur de Francia, realizados por Yves Esquieu: *Autour de nos cathédrales*, París, CNRS, 1992.

46. *Historia Compostelana*, ed. de E. Falque, Madrid, Akal, 1994, p. 111, nota 208.

47. Esquieu, Y.: *Quartier cathédral. Une cité dans la ville*, París, Rempart, 1994.

48. Ruiz Hernando, J. A.: *Historia del urbanismo en la ciudad de Segovia del siglo XII al XIX*, Madrid, 1982, t. I, pp. 30-33.

49. Es el ámbito espacial que los franceses llaman *choeur*, los ingleses *choir* y los alemanes *Chor* que, habitualmente, por extensión se utiliza para referirse a la cabecera en general.

50. Para nombrar este espacio específico los franceses utilizan el término *sanctuaire*, análogo al *sanctuary/presbitery* de los ingleses.

51. En Santiago de Compostela conocemos la existencia de un proyecto que se llega a poner en obra aunque luego fue abandonado, para dotar a la catedral de un *choeur* a la francesa. Pero nadie se ha preguntado el porqué de este cambio que no puede deberse a un simple mimetismo hacia la nueva catedral de León, cuya cabecera tanto recuerda este proyecto compostelano, ni al simple deseo de seguir la moda de la nueva arquitectura gótica, ni siquiera el de monumentalizar aquel centro de peregrinación. Hay, a mi juicio, algo más lógico y primario pues su impulsor, el arzobispo don Juan Arias Dávila, fue el mismo que abolió la vida común del cabildo compostelano que hasta entonces se había guiado por la regla del Concilio de Aquisgrán (816). Esta supresión, es decir, la secularización del cabildo, tuvo lugar en 1256, el mismo año en que se hicieron las primeras gestiones para la ampliación gótica de la catedral, cuya primera piedra se colocó en 1258, con lo que la obra emprendida sólo se entiende dentro de las reformas institucionales acometidas por el prelado. Nadie puede pensar seriamente que la coincidencia de las fechas se deba a la mera casualidad. Vid. la restitución gráfica del proyecto en Puente, J. A.: «La catedral gótica de Santiago de Compostela: Un proyecto frustrado de D. Juan Arias (1238-1266)», *Compostellanum* (Santiago), vol. XXX, 1985, pp. 245-275; y en «Catedrales góticas e iglesias de peregrinación: la proyectada re-

modelación de la Basílica compostelana en el siglo XIII y su incidencia en el marco urbano», en *Los caminos y el arte*, II, Santiago, 1989, pp. 121-133. Esta idea de ampliar la cabecera compostelana resurgirá con gran fuerza en el siglo XVIII. Vid. el excelente estudio de A. Vigo, *La catedral de Santiago y la Ilustración* (Madrid, 1999), así como la catalogación de aquellos proyectos en el exhaustivo trabajo de M. Taín sobre las *Trazas, planos y proyectos del archivo de la catedral de Santiago* (A Coruña, 1999).

52. Martínez Burgos, M.: *En torno a la catedral. I. El coro y sus andanzas*, Burgos, 1953. El autor transcribe otros pasajes (p. 16) de esta declaración de Espinosa en los que deja ver la dificultad para seguir la misa, por ejemplo, por parte de las mujeres que no tenían acceso a la capilla mayor, donde entraban unos pocos legos dado el exiguo espacio de que se disponía: «Así que quedaban a cada lado [del altar] trece pies cuadrados, en que se ponían bancos, para que los legos que cabían oyesen misa; y en las naos colaterales [fuera de la capilla mayor] algunas mujeres que, por el paso que habían de dejar para pasar los que iban y venían a las capillas de tras del Coro, eran pocas; porque de dos arcos que había abiertos para ver la Capilla Mayor, del uno muy pocas podían ver el altar...» (ibídem). Esta segregación de las mujeres en el templo, que recogía una tradición muy anterior, se vería reafirmada después de Trento en algunos concilios provinciales como el de Toledo de 1582. En él se aprueba un decreto sobre «Que las mujeres ocupen en los templos sitio separado del de los hombres» que dice así: «Fue costumbre antigua de la Iglesia que en los templos estuvieran los legos separados del coro de los clérigos y que también los hombres se hallaran, sentados o en pie, con división de las mujeres. Y queriendo este santo concilio restituir en parte aquella costumbre como santísima y conveniente a la dignidad de los misterios y decoro del lugar, manda que en las catedrales y colegiatas, mientras se celebren los oficios divinos no sólo se excluya a todas las mujeres del coro, sino también de la capilla mayor: y exhorta a los santísimos obispos a la observancia de la misma ley en las parroquias y demás iglesias, según les pareciere más conveniente» (Tejada y Ramiro, J.: *Colección de cánones...*, t. V, p. 473).

53. La documentación conservada sobre la catedral de Reims no deja lugar a la menor duda, siendo especialmente explícito el grabado de Daudet (1722) que nos muestra la organización de la catedral con anterioridad a la Revolución de 1789. Su reproducción puede verse en varias obras, entre ellas en la de Kimpel, D. y Suckale, R.: *L'architecture gotique en France, 1130-1270*, París, Flammarion, 1990 (1.ª ed. en alemán, Munich, 1985), p. 532. Igualmente el plano levantado en 1894 por Leblan no deja lugar a dudas. Vid. la hipotética restitución del coro con su extraordinario jubé en Demouy, P.: *Notre-Dame de Reims*, CNRS Editions, 1995, pp. 96-97.

54. Millet, H.: *Les chanoines du chapitre cathédral de Laon (1272-1412)*, École française de Rome, 1982.

55. Bony, J.: *French Gothic Architecture of the 12 th & 13 th Centuries*, University de California Press, 1983, p. 138.

56. Kimpel y Suckale, ob. cit., pp. 193-194 y 487, nota 37. Vid. También Adenauer, H.: *Die Kathedrale von Laon, Studien zu ihrer Geschichte und ihrer stilistischen Fundierung im Rahmen der franzö"sischen Architektur*, Düsseldorf, 1934, pp. 18 y ss.

57. Kimpel y Suckale, ob. cit., p. 209. Estos autores dicen que Laon pudo tomar como modelo de cabecera Notre-Dame de París o la catedral de Chartres.

58. Franco Mata, A.: El Génesis y el Éxodo en la cerca exterior del coro de la catedral de Toledo, *Toletum*, Boletín de la Real Academia de Bellas Artes y Ciencias Históricas de Toledo, 1987, núm. 21, pp. 53-160.

59. Torres Balbás, L.: *Arquitectura gótica*, vol. VII de la col. Ars Hispaniae, Madrid, Plus Ultra, 1955, p. 69.

60. Navascués Palacio, P.: «Los coros catedralicios españoles», *Los coros de catedrales y monasterios: arte y liturgia*, La Coruña, Fundación Pedro Barrié de la Maza, 2001, pp. 23-41.

61. El coro de la catedral de Mallorca ha conocido muchas vicisitudes pues además del primer coro que existiera en la mezquita-catedral, en el siglo XIII, sabemos que éste pareció exiguo y se encargó otro de mayor porte en el que trabajó el escultor Arnau Campredon (1331-1339), colocándolo «en la nave central de la mezquita», según G. Llompart, I. Mateo y J. Palou en su estudio sobre el coro incluido en la monografía *La catedral de Mallorca* (Palma de Mallorca, Olañeta, 1995, pp. 107-121). Una vez que avanzaron lo suficiente las obras de la catedral gótica, se trasladó este coro a la nave central del nuevo templo cristiano, donde en 1490 se perdió en parte al caer sobre él un arco de la nave central que *scaflá e destruí tot lo cor*. Con lo que quedó salvable y la nueva obra que se ejecutó durante el primer tercio del siglo XVI, se rehízo el coro que podemos llamar renacentista que siguió estando en la nave central. Hay aquí, a mi modesto entender, algunos errores de interpretación por parte de los mencionados y admirados autores respecto a la ubicación del coro en la catedral de Palma que, a mi juicio, deja lugar a pocas dudas: siempre estuvo en la nave central. Sobre la vinculación de la cátedra episcopal con el coro, creo, no tiene nada que ver, simplemente está situada en lo que genéricamente se llama coro del altar, coro alto o coro menor, según se ha dicho más arriba. Éste, a su vez, no se relaciona, a mi juicio, con el coro del canto de las Horas, no pudiéndose establecer –como ellos afirman– el canto alternativo entre el presbiterio y el coro en el centro de la nave, pues el rezo o canto de las Horas se organiza en las dos mitades del mismo coro. Una de éstas debió llevar el nombre de «coro del obispo», como sucede en León y en otros coros catedralicios ya mencionados, de tal manera que cuando la documentación, por ejemplo, menciona pagos *per adobar les cadires del cor del bisbe*, yo entiendo que se refiere a la banda sur del coro y nunca a un coro que estuviera en el presbiterio en torno a la cátedra gótica del prelado. La liturgia ha separado tajantemente en la historia el ámbito del altar y el del coro, no debiendo de confundirse lo que son la cátedra y las *subsellia* o *sedila*, en torno al altar, de lo que es el coro de las Horas.

Por todo esto la operación iniciada por el obispo Campins (1904) y ejecutada por Gaudí y Jujol, no fue más que un disparate sin cuento que no sólo cambió de sitio el coro, alterando el orden de sus sillerías de modo que el programa iconográfico quedó roto, sino que alteró el sentido del espacio; cambió la relación y orden de sus dos mitades, de tal manera que lo que quedaba al norte ahora está al sur, y viceversa, con lo que desaparece el orden de preeminencia y antigüedad del lado de la epístola; trasladó los púlpitos para colocarlos como en una parroquia del siglo XIX; hizo de la excelente portada procesional al coro una extraña entrada a la capilla-sacristía de Vermells; eliminó las referencias espaciales que, sobre el eje de la vía sacra, articulaba la escenificación del Davallament, etc. Todo esto sin contar con la dispersión de fragmentos del coro repartidos entre el Museo de Mallorca, el Diocesano, el Municipal de Valledemosa y colecciones particulares localizadas en Palma, ni referirnos a la discutible y, a mi modo de entender, censurable actuación de Jujol al pintarrajear al óleo los respaldos y relieves que son de un gusto pésimo, evidenciando un patológico narcisismo y gran desprecio hacia la obra de arte salida de otras manos. Lo notable de todo ello es que se hizo para restituir a la catedral «toda su belleza purísima y original», devolviendo el coro a su primitivo lugar (!), según expresa la carta pastoral que el obispo Campins publicó en el *Boletín oficial del Obispado de Mallorca* (16-VIII-1904, pp. 247-266), en la que, con una visión poco acertada y de un atrevimiento que sonroja, argumenta con igual soltura cuestiones litúrgicas y artísticas.

62. Las primeras catedrales románicas que se construyeron sobre mezquitas, como puedan ser las de Tudela, en Navarra, o la Seo de Zaragoza, obligadamente fijaron su coro en la nave central, por no tener desarrollo suficiente la tradicional cabecera románica. La restitución de la cabecera de la Seo del Salvador, en Zaragoza hecha por Araguas y Peropadre Muniesa, no deja lugar a dudas sobre que, obligadamente, el primer coro sólo pudo estar donde ahora se encuentra el actual renacentista, aunque fuera menor su extensión. Vid. Araguas, F. y Peropadre Muniesa, A.: «La Seo del Salvador, église cathédrale de Saragosse, étude architecturale, des origines a 1550», *Bulletin Monumental*, 1989, t. 147-IV, pp. 281-291, fig. 7.

63. El plano que levantó Juan de Aranda de la antigua iglesia mayor de Jaén, dada a conocer por Fernando Chueca Goitia en su monografía sobre la *Catedral de Valladolid* (1947) y estudiada con mayor detenimiento en su obra sobre *Andrés de Vandelvira, arquitecto*, Jaén, Instituto de Estudios Giennenses, 1971 (pp. 164-168), nos acerca mucho hacia la que debió ser ubicación habitual de los coros durante la utilización de las mezquitas como templos catedralicios.

64. El coro barcelonés ha sido objeto de varias propuestas de traslado, desde fines del siglo XVI, hasta prácticamente nuestros días. Vid. Juan Bassegoda i Nonell: *Els treballs i les hores a la catedral de Barcelona*, Barcelona, Real Academia Catalana de Bellas Artes de San Jorge, 1995, pp. 89-90. El momento de mayor tensión en 1927-1929, lo resume Manuel Vega y March en su libro *Mientras se alza el edificio...*, Barcelona, Canosa, 1930, pp. 167-176.

65. Ros-Fábregas, E.: «Music and Ceremony during Charles V's 1519 visit to Barcelona» *Early Music*, 1995, agosto, pp. 375-390.

66. Torres Balbás, L.: «Filiación arquitectónica de la Catedral de Pamplona», *Príncipe de Viana* (Pamplona), año VII, núm. XXIV, pp. 1-40.

67. Sólo la catedral de Bayona, al sur de Francia, tuvo una solución que parece más española que francesa, con el presbiterio abierto directamente al crucero, sin espacio para el coro.

68. Archivo de la catedral de Pamplona, Libro 5.º de Acuerdos, 1770-1781, fol. 1 y ss.

69. Vid. nota 35

70. Gonzalo Jiménez, M.: .»El que más temía a Dios», en *Magna Hispalense*, Sevilla 1992, pp. 154-158.

71. *Diccionario de historia eclesiástica de España*, vol. IV, Madrid, 1975, p. 2447.

72. Navascués Palacio, P.: *Las catedrales del Nuevo Mundo*, Madrid, El Viso, 2000.

73. Por no citar otros casos el autor de estas líneas cayó en análogo formalismo, sin tener en cuenta otros factores anteriores y decisivos. Vid. Navascués, P.: «Las catedrales de España y México en el siglo XVI», en *Manuel Toussaint. Su proyección en la historia del arte mexicano*, México, Universidad Autónoma, Instituto de Investigaciones Estéticas, 1992, pp. 89-101.

74. La documentación referente a la conversión de las diócesis más importantes en metropolitanas habla expresamente de esta desvinculación respecto a Sevilla. Así, cuando se produce la de Lima, el príncipe Felipe (II) dirige una cédula a don Jerónimo de Loaysa, su último obispo (1542) y primer arzobispo (1546) metropolitano (1571), en la que dice: «Sabed que la Su Majestad, viendo cuan apartados estaban los Obispados de esa tierra de Sevilla, cuya Iglesia Catedral han tenido hasta ahora por Metropolitana, y el daño que las partes recibían en venir a la dicha ciudad de Sevilla en grado de apelación de todos los dichos Obispados, y por la satisfacción, que tiene de vuestra buena vida, acordó de suplicar a Su Santidad que mandase erigir esa Iglesia Catedral en Arzobispado, y a vos crearos y nombraros por Arzobispo de él, para que como tal usásedes el oficio y autoridad de Metropolitano en esa Provincia del Perú...» (Hernáez, F. J.: *Colección de bulas, breves y otros documentos relativos a la Iglesia de América y Filipinas*, t. II, Bruselas, 1879, p. 165).

75. Con el mismo texto para una y otra catedral, con mucho de fórmula propia de la cancillería vaticana, se dice textualmente: *Item volumus, statuimus et ordinamus, quod consuetudines, constitutiones, ritus el mores legitimos et approbatos, tam officiorum quam insigniarum et habitus Anniversiarorum, Officiorum, Missarum aliarumque omnium caeremoniarum approbatarum Ecclesiae Hispalensis, necnon aliarum cujusvis Ecclesiae seu Ecclesiarum, ad nostram Cathedralem decorandam et regendam necesarios, reducere ac transplantare libere valeamus*. Vid. el texto completo en Hernáez, ob. cit., pp. 36-47.

76. Montúfar, A. de: *Ordenanzas para el coro de la catedral mexicana* (1570). Ed. preparada por E. J. Burrus, S. J. Madrid, 1964. Estas ordenanzas describen puntualmente todo el movimiento y ceremonial del coro que responde a lo conocido en Sevilla.

77. Angulo, D.: *Historia del Arte Hispanoamericano*, vol. I, Barcelona, Buenos Aires, 1945, pp. 414-415.

78. Serrano, L. G.: *La traza original con que fue construida la catedral de México*, México, UNAM, 1964, p. 20.

79. Tejada, J.: *Colección de cánones de todos los Concilios de la Iglesia española*, vol. V, Madrid, 1855, p. 211.

80. Montes, I.: «La Liturgia Hispalense y su influjo en América», en *Actas de las II Jornadas de Andalucía y América*, II, Sevilla, 1984, pp. 1-33.

81. Del formidable coro de Lima, desaparecido en su fragmentación y traslado, se pudieron ver los magníficos planos que conserva el Archivo de Indias de Sevilla, entre otros muchos, en la exposición sobre *Los siglos de Oro en los Virreinatos de América 1550-1700* (Madrid, 1999), reproducidos en el catálogo de la misma (p. 275), La contemplación de los mismos no necesita de más referencias para entender cómo el coro y la catedral guardan una estrecha y ejemplar relación formal y de proporción

82. A estos coros, pero especialmente al de León, ya me referí en mi trabajo sobre «El coro y la arquitectura de la catedral. El caso de León», en *Las catedrales de Castilla y León I* (Ávila, 1994, pp. 53-100). Recientemente se ha publicado un interesante y completísimo estudio sobre *El coro de la catedral de León* (León, 2000), debido a M. D. Campos, M. D. Teijeira e I. González-Varas, en el que se puntualiza mejorando alguna de mis interpretaciones sobre la documentación de la catedral de León (ob. cit. pp. 124 y 128, notas 51 y 55.), en relación con la fórmula *fiat ut petitur* y con la autorización papal que, según M. D. Campos, no existe. Sea como fuere y sin entrar aquí en controversias, nada cambia el resultado final del proceso ni nadie había puesto antes de relieve todo lo que subyace en el traslado del coro de la catedral leonesa, sin dejar de estimar sobremanera el acercamiento anterior a esa misma documentación por autores como Dorothy y Henry Kraus (*Las sillerías góticas españolas*, Madrid, 1984), con los que la historia del arte español estará siempre en deuda.

83. Rosenthal, E.: *La catedral de Granada*, Granada, 1990.

84. Navascués, P.: *Espacios en el tiempo*, Madrid, 1996, pp. 305-324.

85. García, S.: *Compendio de Architectura y simetría de los templos conforme a la medida del cuerpo humano* (1681). Ed. de la Universidad de Salamanca a cargo de J. Camón Aznar, Salamanca, 1941, pp. 42-43.

86. *Instructiones fabricae et supellectilis ecclesiasticae, Caroli S.R.E. Cardinalis tituli S. Praxedis, Archiepiscopi iussi, ex provinciali decreto editi ad provinciae Mediolanensis usum* (Milán, 1577). Ed. de la UNAM (México, 1985) a cargo de B. Reyes y E. I. Estrada. El capítulo XII está dedicado al coro (p. 18).

87. La resolución romana dice así: *Quia in ecclesiis Regnorum Hispaniae, ex antiqua et immemoriali consuetudini, multo diverso modo fiunt ab eo, quod in Coeremoniali Episcoporum declaratur et ordinatur, partim ex Apostólica concessioone, partim ex ministrorum varietate, partim ex diverso ecclesiarum, altarium, et chori situatione, ideo as instantiam, et pro parte omnium ecclesiarum im Hispaniae Regnis, Sacrae Rituum Congregationi supplicatum fuit delarari, librum praedictum Caeremoniale nuper editum. Congregatio ut alias saepe ad instantiam omnium ecclesiarum in Hispaniae Regniis immemoriales et laudabiles consuetudines non tollere declaravit, die 11 Junii anno 1605*. Recogido por F. Gómez Salazar y V. de la Fuente, en sus *Lecciones de disciplina eclesiástica*, t.I, Madrid, Imp. Fuentenebro, 1887, p. 384. Los autores indican que al final del primer párrafo deben faltar las palabras *ipsis non obligare* o *adimpleri non teneri*, añadiendo que el texto está tomado de un Memorial de las Iglesias de Castilla sobre la Bula Apostolici Ministerii, refiriéndose al *liber Brevium ecclesiarum* del año 1664, fol. 413.

88. Scotti, A.: «Architettura e riforma católica nella Milano di Carlo Borromeo», en *L'Arte*, 1972, núms. 18-19/20, pp. 54-90; Rocco, G.: *Pellegrini. L'architetto di S. Carlo e le sue opere nel Duomo di Milano*, Milán, Hoepli, 1939.

89. Merino de Cáceres, J. M.: «La reja de la catedral de Valladolid en Norteamérica», *Boletín del Seminario de Estudios de Arte y Arqueología*, t. III, 1987, pp. 446-453.

90. Borromeo, F. *De Pictura Sacra* (1624) Ed. a cargo de C. Castiglioni, Sora, 1932, pp. 54 y ss.

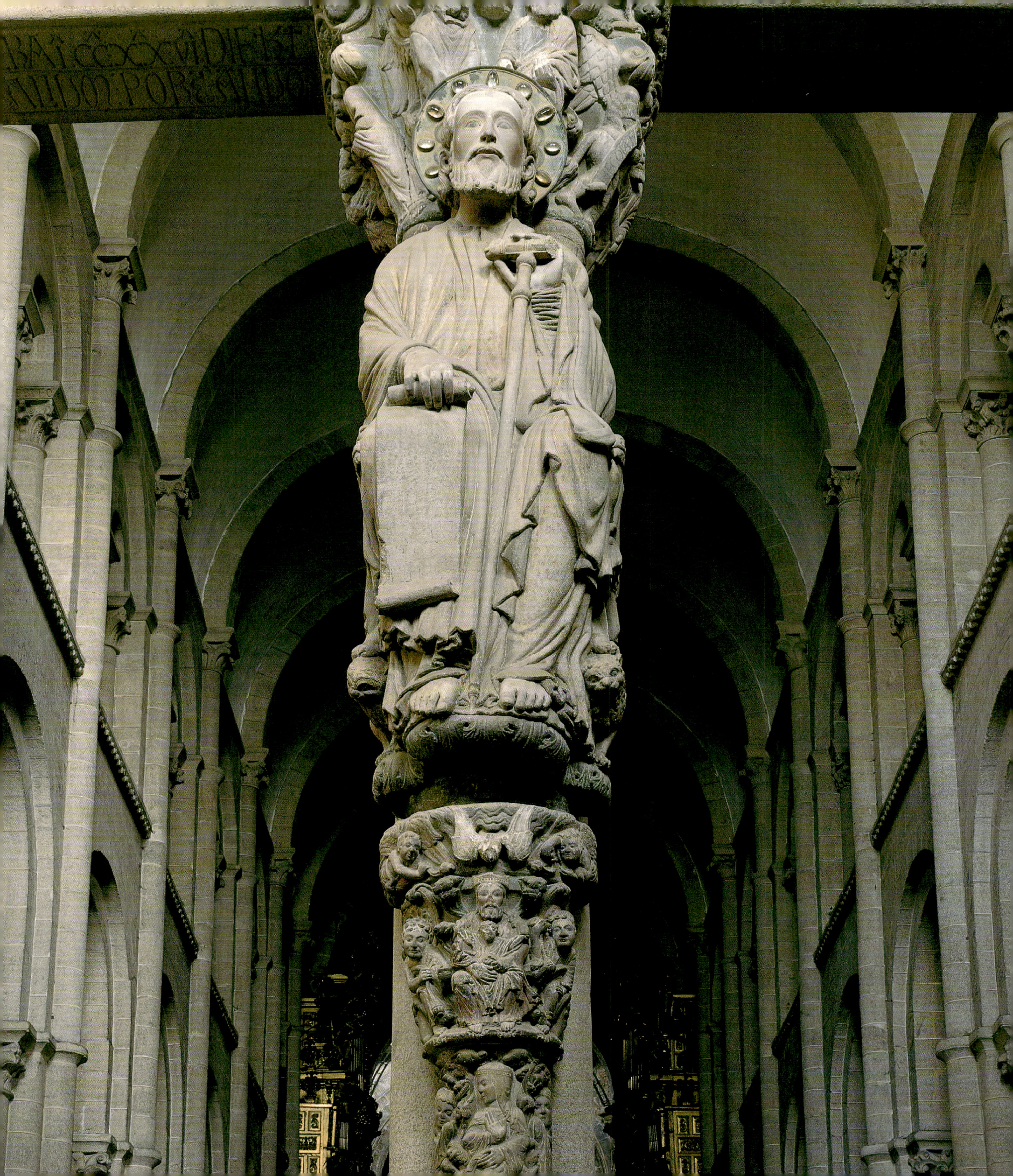

I
Hacia la Catedral Románica: Santiago de Compostela

El panorama de las catedrales románicas subsistentes en España es relativamente exiguo por las razones indicadas más arriba, pero muy principalmente por la renovación gótica de sus templos. Sin embargo, con anterioridad al siglo XIII, el panorama catedralicio español arrojaba una larga nómina de templos románicos a la cabeza de sus respectivas diócesis y dentro de las correspondientes provincias eclesiásticas, sujetas unas al metropolitano de la archidiócesis y exentas otras, como Burgos, León y Oviedo, que dependían directamente de Roma. Entre los siglos XI y XII y de acuerdo con un proyecto igualmente románico se iniciaron las catedrales de Barcelona, Gerona, Vich, Urgel, Roda, Jaca, Huesca, Zaragoza, Tarazona, Pamplona, Calahorra y Santo Domingo de la Calzada, todas dentro de la misma provincia tarraconense por ser Tarragona la metropolitana. A la provincia eclesiástica de Toledo pertenecían por entonces las catedrales de Palencia, Osma, Segovia, Sigüenza y Cuenca, siendo su metropolitana Toledo que utilizaba todavía la mezquita mayor como espacio catedralicio. Astorga, Orense, Lugo y Tuy entraban en la provincia eclesiástica de Braga que separaba en dos la de Santiago, con Santiago de Compostela al norte, metropolitana desde 1120, mientras que al sur se situaban las catedrales de Zamora, Salamanca, Ciudad Rodrigo, Coria, Plasencia y Ávila, además de las portuguesas en las que se incluía la de Lisboa.

Cada una de las catedrales citadas precisaría una matización pues de unas nada queda de su imagen románica (Pamplona, Segovia), de otras resta el claustro (Gerona), y las menos conservan bastante bien su fisonomía (Zamora, catedral "vieja" de Salamanca). A su vez no todas ellas son iguales desde el punto de vista proyectual, constructivo, histórico y estilístico, de tal modo que requerirían un tratamiento específico. Pero aun así, por encima de todas estas diferencias internas y a juzgar por lo que sabemos ninguna de aquellas catedrales que fueron o son románicas alcanzaron a la de Santiago de Compostela al abordar ésta el programa más completo y ambicioso en que se podría pensar en el siglo XI, siendo el templo compostelano románico no sólo más europeo entre los españoles sino uno de los más refinados e importantes de toda la arquitectura románica en Europa.

Cuando Aymeric Picaud describe la ciudad de Santiago en el siglo XII, en el *Codex Calixtinus* o *Liber Sancti Iacobi*, dice: "La ciudad de Compostela está situada entre dos ríos llamados Sar y Sarela. El Sar se encuentra al oriente entre el Monte de Gozo y la ciudad, y el Sarela al poniente. Las entradas y puertas de la ciudad son siete. La primera entrada se llama Puerta Francesa...". Aquella puerta Francesa no era otra que la llamada del Camino por ser allí donde terminaba el largo trayecto que los peregrinos recorrieron por el Camino de Santiago, adentrándose por ella hasta llegar a la formidable catedral románica, apenas reconocible hoy por su pesado ropaje barroco. Sin embargo, antes de referirnos a aquel cuerpo románico conviene recordar algo de lo que previamente fueron las primeras iglesias que custodiaron el sepulcro de Santiago que, tras muchas intervenciones a lo largo del tiempo, son todavía reconocibles bajo la cabecera del templo, lo cual hace de Santiago una catedral apostólica que es a la vez templo y tumba, catedral y relicario. El sepulcro tenido por el de Santiago fue hallado en el lugar conocido como *Arcis Marmáricis* a comienzos del siglo IX por el obispo de la cercana Iria, Teodomiro, quien se trasladó a este lugar siendo enterrado al final de sus días junto al Apóstol (847). Para entonces el rey Alfonso II el Casto ya había construido una pequeña capilla para proteger y custodiar los antiguos restos romanos y paleocristianos. Esta capilla, de nave única, pronto resultó insuficiente para las primeras peregrinaciones llegadas de los alrededores, por lo que Alfonso III el Magno hizo levantar sobre aquélla una verdadera basílica de tres naves cuya consagración tuvo lugar en el año 899.

49.
La venera, vieira o concha, símbolo universal de la peregrinación a Santiago de Compostela.

48.
El apóstol Santiago en el parteluz del Pórtico de la Gloria, obra del Maestro Mateo. En la inscripción de la cara inferior del dintel se indica la fecha de su ejecución: 1 de abril de 1188.

Creció el edificio, aumentó la devoción al Apóstol y su nombre llegó a lejanos rincones desde donde los peregrinos iniciaban su largo viaje, tantas veces sin retorno.. A su vez, los reyes cristianos invocaban la protección de Santiago en su lucha contra los musulmanes y su nombre llegó a ser un grito de guerra que fue duramente apagado por Almanzor en el año 997.

En efecto, en aquel verano, Almanzor llegó hasta Compostela donde destruyó prácticamente la ciudad siendo necesaria la total reconstrucción de la iglesia de Santiago, cometido que cumplió con celo ejemplar san Pedro de Mezonzo. Ésta es, de modo sucinto, la historia de los templos anteriores al actual edificio románico cuyos vestigios han confirmado los estudios y excavaciones arqueológicas, desde las iniciadas por López Ferreiro (1878) hasta las llevadas a cabo en el siglo pasado (1946-1964).

El templo reconstruido por Mezonzo fue testigo, hasta su derribo en 1112, de la nueva obra románica que bajo el patronazgo del rey Alfonso VI de Castilla se comenzó a levantar hacia el año 1075, siendo entonces obispo don Diego Peláez. La nueva iglesia sería mucho más amplia y permitiría acoger con holgura a los peregrinos, cuyo número aumentaba de día en día en su afán de orar y cumplir sus promesas ante la tumba del Apóstol.

El mencionado *Codex Calixtinus*, al que acudiremos como guía para actualizar la imagen arcana de la iglesia de Santiago durante los siglos XI y XII, comenta en este sentido que "desde el comienzo de la obra hasta nuestros días, este templo florece con el resplandor de los milagros de Santiago, pues, en él, se concede la salud a los enfermos, se restablece la vista a los ciegos, se suelta la lengua a los mudos, se franquea el oído a los sordos, se da movimiento a los cojos, se concede liberación a los endemoniados y, lo que es todavía más, se atienden las preces del pueblo fiel, se acogen sus ruegos, se desatan las ligaduras de los pecados, se abre el cielo a los que llaman a sus puertas, se consuela a los afligidos, y las gentes de todos los países del mundo allí acuden a tropel a presentar sus ofrendas en honor del Señor".

Lo cierto es que desde entonces el templo compostelano no cesó de crecer y dar vida a la ciudad que se formó en su entorno, defendida con una cerca en la que se abrieron siete puertas... Iniciadas las obras del nuevo templo y antes de finalizar el siglo XI, Santiago conoció la dignidad catedralicia, pues la sede de Iria se trasladó definitivamente a Compostela obteniendo del papa Urbano II el privilegio de ser declarada diócesis exenta, esto es, sólo dependiente de Roma (1095). Todo ello, unido a la pronta condición de catedral metropolitana, como cabeza de la nueva archidiócesis conseguida bajo Diego Gelmírez en 1120, puede dar idea de la singularidad de Santiago y explicar lo excepcional de su arquitectura románica, sin parangón en nuestro suelo, siendo uno de los templos más emblemáticos de la arquitectura europea de los siglos XI y XII. Más tarde vendrían las adiciones góticas y renacentistas, a las que se sumaron con fuerza nuevas pieles barrocas hasta hacer imposible apreciar desde el exterior su venerable condición medieval.

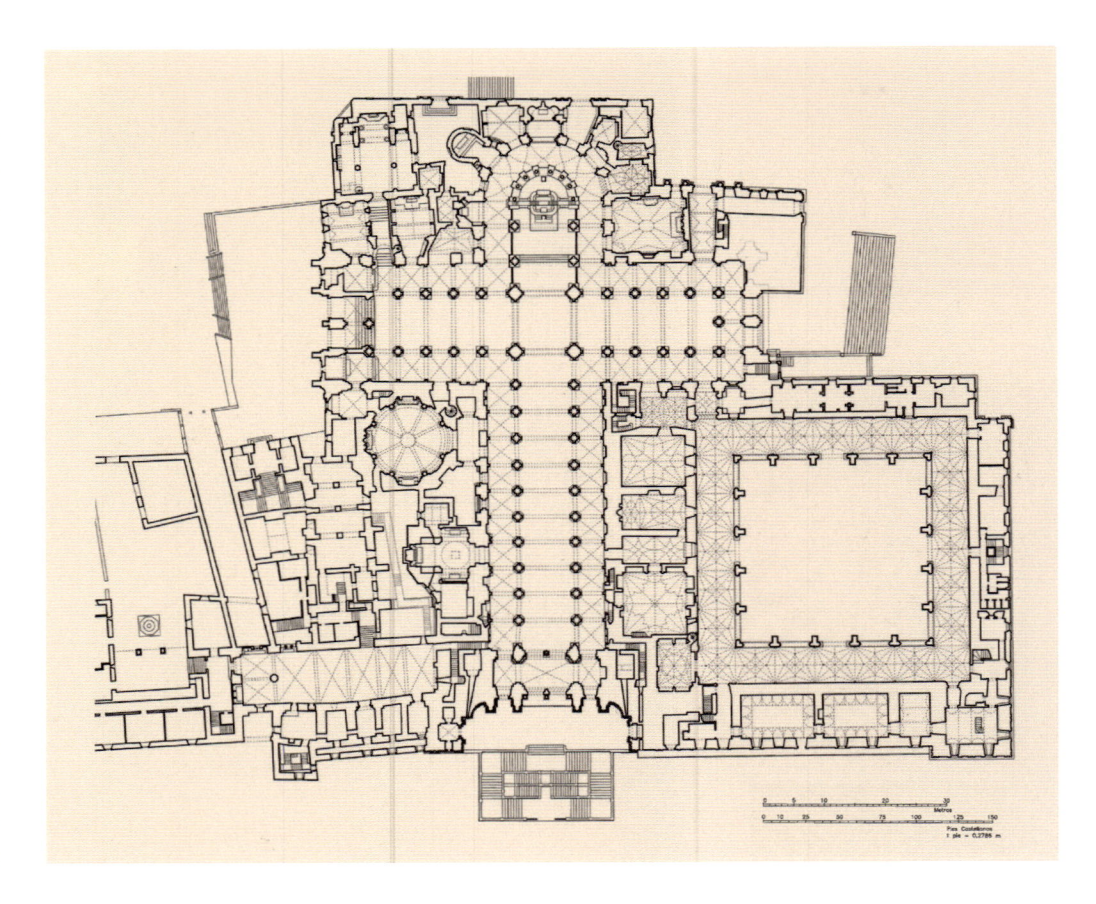

El proyecto inicial corresponde a lo que se ha venido en llamar con más o menos acierto "iglesia de peregrinación" que tiene su origen en Francia, donde encontramos templos de indudable parentesco en la destruida iglesia de San Martín de Tours, en San Marcial de Limoges y en San Sernin de Toulouse, entre otras. Con estos edificios se relaciona, en efecto, la composición general de su planta y alzados, si bien en ningún caso como en Santiago se alcanza un equilibrio tan notable en el manejo de las proporciones.

50.

Planta actual del conjunto de la catedral de Santiago de Compostela, vertebrado sobre el núcleo primitivo de la iglesia románica, con sus tres naves, crucero, girola y absidiolos. (Planta de J. M. Merino de Cáceres y V. Berriochoa.)

51.
Vista aérea de la catedral de Santiago de Compostela. En primer término, el claustro del siglo XVI que sustituyó al anterior románico. Las torres barrocas de la fachada del Obradoiro y la del Reloj contribuyen a ocultar la obra de los siglos XI y XII.

Así, Santiago, con su planta de cruz latina, de tres naves, girola y triforio, no es tan grande como San Martín de Tours ni tiene cinco naves como San Sernin de Toulouse, y sin embargo, es uno de los más bellos templos medievales en el que parece condensarse toda la cultura arquitectónica románica, decantada a través del propio Camino de Santiago, aquel camino llamado también francés que, desde las tierras vecinas, recorrieron los artífices de la nueva catedral compostelana.

Sobre quiénes fueron éstos sólo conocemos lo que nos deja conocer el *Codex Calixtinus*, cuando señala que los maestros canteros que emprendieron la construcción de la basílica de Santiago, se llamaban don "Bernardo *el Viejo*, maestro admirable, y Roberto, con aproximadamente otros cincuenta canteros", a los cuales es probable que se deba la parte más antigua de la construcción iniciada por la cabecera, resultando del mayor interés el aprecio que el mencionado texto hace de Bernardo *el Viejo*, cuyo talento y mayor rango en la obra vienen refrendados con la expresión latina *magister mirabilis* (maestro admirable).

Esta misma o análoga condición debieron tener los sucesivos maestros que dirigieron la obra desde los días de don Diego Peláez, uno de los últimos obispos compostelanos, pasando por los del activo don Diego Gelmírez, primer arzobispo de Santiago, hasta llegar al pontificado de don Pedro Suárez de Deza (1173-1206), bajo el cual se terminan las obras del Pórtico de la Gloria, por el genial maestro Mateo (1188). Así, durante prácticamente un siglo las obras avanzaron desde la cabecera hasta los pies del templo, respetando siempre la idea inicial, de tal modo que su interior responde a una organización de tres naves, separadas por pilares y arcos de medio punto ligeramente peraltados, llevando un triforio sobre las naves bajas que permite circunvalar el templo en este nivel bajo una bóveda de cuarto de cañón que absorbe los empujes de la bóveda mayor, de cañón sobre arcos fajones. Las naves bajas, a su vez, llevan bóvedas de arista sobre cada uno de sus tramos.

Sobre sus dimensiones podemos volver a la descripción que Picaud recoge en el *Codex*, donde comienza diciendo que "la basílica de Santiago tiene de longitud 53 alzadas de hombre, a saber, desde la puerta occidental hasta el altar del Salvador. De anchura, es decir, desde la Puerta Francesa hasta la del mediodía, tiene 39. Su altura interior es de 14 alzadas. Su longitud y anchura por fuera no hay quien pueda saberlo...". Es decir, el autor del *Codex* nos da en primer lugar las dimensiones de los dos ejes mayores que forman la cruz latina en planta. El eje mayor es de unos noventa y siete metros de largo, entre el que más tarde sería Pórtico de la Gloria y la capilla del Salvador que es la central de las que se abren a la girola, mientras que el del crucero, entre la portada de la Azabachería o Francesa, por la que se entraba normalmente a la iglesia, y la de Platerías, unos sesenta y cinco metros. Sobre la altura diremos que la nave mayor mide algo más de veinte metros, doblando su anchura, lo que resulta de una armoniosa proporción dupla, mientras que la anchura de las naves laterales es justamente la mitad de la central. Toda esta serie de relaciones de proporción, basadas en una geometría de gran sencillez, otorga al templo, finalmente, una impresionante firmeza y elegancia entre sus distintas partes no exentas de un cierto espíritu clásico por el equilibrio alcanzado, al que no es ajena la sobriedad en molduras y capiteles.

Bajo su nave mayor y antes de llegar al ámbito del crucero estuvo el célebre coro pétreo debido al propio Mateo. Sustituido éste por otro de madera a comienzos del siglo XVII, con bellísimas tallas de Gregorio Español, se eliminó en 1945 llevándolo al monasterio cisterciense de Sobrado de los Monjes y de aquí, recientemente, a San Martín Pinario, en Santiago.

Lo más notable de la escultura románica compostelana se agolpaba en las portadas norte y sur del crucero, así como en la de poniente. La primera desapareció tras las reformas hechas en el siglo XVIII por Lucas Caaveiro y Clemente Sarela, con intervención de Ventura Rodríguez y ejecución final por Domingo Lois de Monteagudo (1769). Se conserva, en cambio, la portada sur o de las Platerías que deja ver la organización arquitectónica de la portada si bien nuestros ojos corren a ver la serie de relieves que en los tímpanos, jambas, arquivoltas y paños murales hacen de esta fachada un formidable repertorio escultórico. Allí, además de los relieves propios ceñidos a los tímpanos de los arcos, como las escenas de la Tentación y Pasión de Cristo, de hacia 1103, o aquella otra que describe Picaud como "una mujer que sostiene en sus manos la cabeza putrefacta de su amante, arrancada por el propio marido, quien la obliga a besarla dos veces por día", y en la que modernas interpretaciones quieren ver a Eva, hay que sumar las figuras de las jambas, como las magníficas del rey David o la creación de Eva, las soberbias columnas en mármol blanco con pequeñas figuras que recuerdan obras italo-bizantinas, y la serie de relieves en alto de muy distinta condición, origen y estilo, de los cuales algunos proceden de la desaparecida portada norte de la Azabachería, llamada también del Paraíso. Sin embargo, la portada más extraordinaria, no ya de la catedral de Santiago sino muy probablemente de todo el mundo románico, es la que corresponde al Pórtico de la Gloria, nombre que parece aludir tanto a la sacra iconografía en él recogida como al carácter excelso de la obra. Conocemos bien a su autor, el maestro Mateo, y su fecha grabada en el dintel, 1188, pero no estará de más recordar que este Mateo, además de escultor "admirable", fue en realidad el arquitecto que dio fin a la catedral a la cual le faltaba todavía completar sus naves, en las que durante la primera mitad del siglo XII habían trabajado los maestros Esteban y Bernardo *el Joven*, y hacer la fachada sobre la actual plaza del Obradoiro. Tan ingente obra fue abordada por Mateo que, desde 1168, venía recibiendo del rey Fernando II unas cantidades importantes para terminar la obra. En unos veinte años Mateo terminó los tramos finales de las naves y la fachada con dos torres que, por el desnivel del terreno, exigió construir una cripta a la que, por error, se le llama en ocasiones la "catedral vieja", cuando es lo más moderno de la fábrica románica, tanto que en ella aparecen ya las primeras bóvedas nervadas de la arquitectura española.

Pero veamos aquel mundo celestial fijado en piedra por Mateo y su taller que realizaron aquí uno de los más espectaculares programas escultóricos de la Edad Media, en el que el maestro dio nueva vida a la escultura al dotarle de una cierta independencia de la propia arquitectura. Los grupos de apóstoles y profetas que aparecen a los lados del Santiago Apóstol del parteluz, sobre el árbol de Jessé, son figuras con rasgos diferenciales y expresión propia, unas veces grave, como la de san Pedro, en otras felices y sonrientes, como el profeta Daniel, y casi siempre intentando establecer una relación de uno con otro. En el tímpano la figura de Cristo, mostrando las llagas y rodeado de los cuatro evangelistas con sus correspondientes símbolos, preside la escena general en la que con menor tamaño se integran los ángeles que portan los instrumentos del martirio del Salvador. Enmarcando todo el tímpano se disponen los veinticuatro ancianos del Apocalipsis en la arquivolta superior, donde, formando parejas, nos muestra una variada

52.
Fachada sur del crucero con la portada de las Platerías. Es ésta la parte de la catedral que mejor ofrece al exterior el carácter románico del templo. Sobre la doble entrada se colocaron, con cierto orden, relieves de procedencia y significación muy diferente.

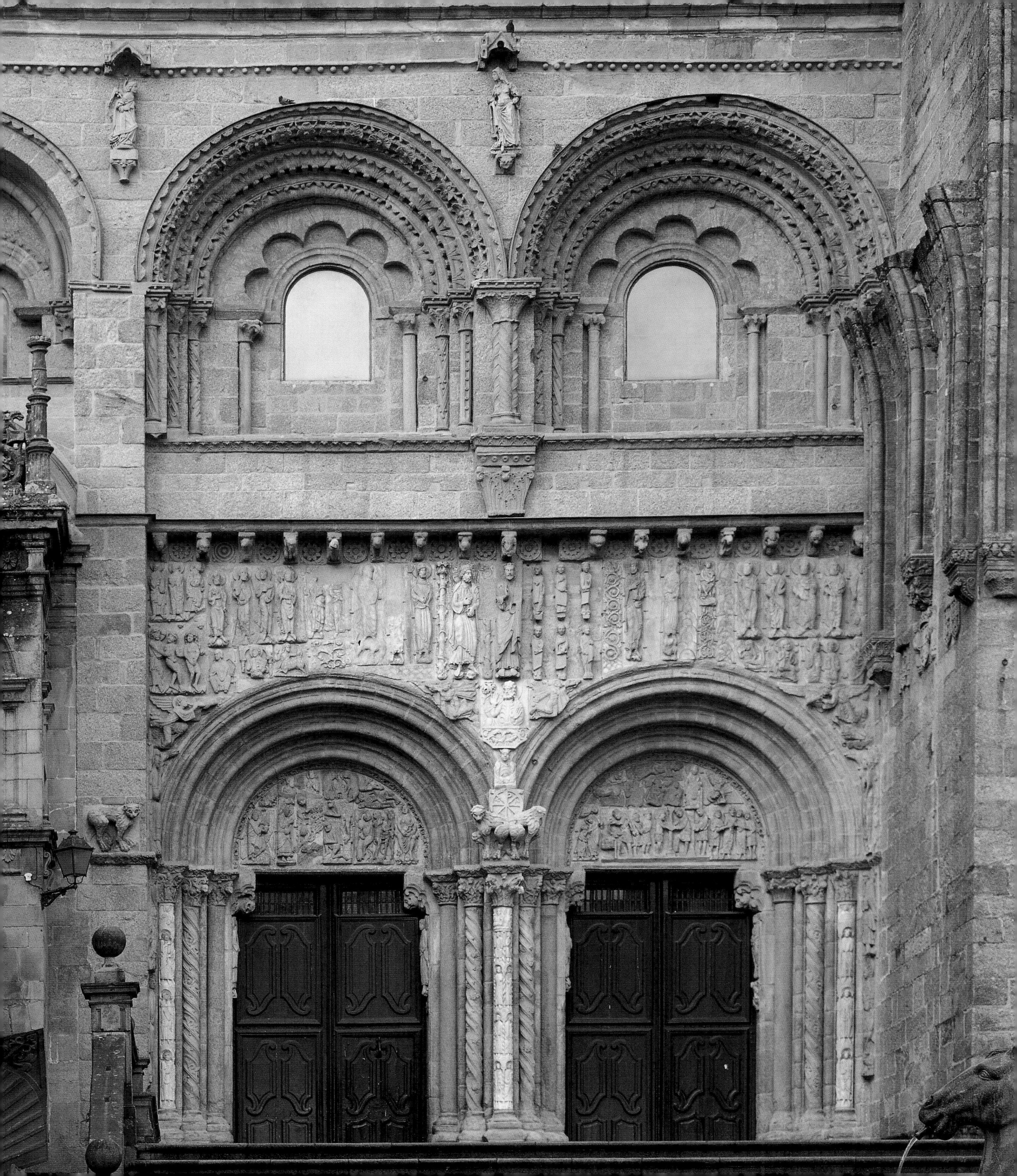

colección de instrumentos musicales con los que se ayudan en sus alabanzas al Altísimo. La obra del maestro Mateo, que incluye también la decoración escultórica de las arquivoltas de paso a las naves laterales, con escenas relacionadas con el Juicio Final, está fechada en la cara inferior del dintel el día primero de abril del año 1188.

Quedaría incompleta la disertación sobre el proyecto románico de la catedral compostelana si no hiciéramos una mención, siquiera rápida, de la institución del cabildo, en el que tanto empeño puso el inquieto Gelmírez y absolutamente necesario para poder cumplir sus fines la propia catedral. Así, según la *Historia Compostelana*, escrita en los días mismos de Gelmírez, éste consiguió organizar en 1102, cuando todavía era obispo, un importante cuerpo capitular compuesto de setenta y dos miembros bajo la presidencia de un abad, luego deán. El cabildo llevaba una vida común siguiendo la regla aprobada por el Concilio de Aquisgrán (816), para lo cual Gelmírez se preocupó no sólo de dotar estas plazas de canónigos, "a los que no les debía de faltar las vituallas necesarias durante todo el año", sino que construyó dependencias comunes como el refectorio que formaba parte de la Canónica, prometiendo además construir un claustro para otras dependencias necesarias al cabildo, lo cual aún hubo de posponerse unos años. No obstante, el cabildo compostelano, como harían en distintos momentos la mayor parte de los españoles salvo el de Pamplona, se secularizó en 1256, no conservando más que el coro y la sala capitular como lugar común. Por su parte, Gelmírez, según sigue contando la mencionada *Historia Compostelana*, "comenzó oportunamente con su admirable talento un palacio episcopal de triple bóveda con una torre y más oportunamente se apresuró a terminarlo, entre la muralla de la ciudad y la obra de la iglesia de Santiago, iniciada no hacía mucho...". Se trata del palacio arzobispal que, con

53.
Tímpano de la portada izquierda de las Platerías, labrado por distintas manos hacia 1103. Su lectura no resulta fácil pese a reconocer la escena de las Tentaciones del Señor. La figura femenina de la derecha, que el Codex Calixtinus identifica con la mujer adúltera castigada a besar el cráneo de su amante dos veces al día, representa para otros autores a Eva o a María Magdalena.

54.
Tímpano de la portada derecha de las Platerías. En el registro superior, aunque muy dañada, la Epifanía con los Reyes Magos ante la Virgen con el Niño. En la parte inferior, escenas de la vida de Cristo, con la Curación del ciego, Coronación de espinas o Cristo ante Pilatos (Calixtino), Flagelación y Prendimiento.

el nombre de Gelmírez, subsiste inmediato a la gran fachada barroca del Obradoiro.

Sobre aquella catedral románica se fue fijando la historia en sus distintos episodios, de tal manera que el gótico dio forma al cimborrio y luego, en el siglo XVI, el Renacimiento marcó la pauta al formidable claustro, sustituyendo al antiguo románico, si bien en el lenguaje gótico tardío con decoración plateresca tan afín a sus autores, Juan de Álava y Rodrigo Gil de Hontañón. Comenzado en 1521 por encargo del arzobispo don Alonso III de Fonseca, se terminaría muy tarde, en 1590, en los años del prelado Juan de Sanclemente Torquemada. Las crujías de su gran cuadro de treinta y cuatro metros de lado sirvieron de enterramiento a los canónigos de la catedral, cuyas laudas sepulcrales aún pueden verse cerca de las puertas que comunican con la iglesia y la antesacristía.

En el patio claustral se conserva una pieza venerable, la llamada fuente del Paraíso por haber estado ante aquella puerta norte de la catedral que conocemos como de la Azabachería pero que también llevó los nombres de Francígena y del Paraíso. Esta monumental fuente, que Picaud describe como *Fons mirabilis*, fue mandada hacer por Diego Gelmírez datándose su labra hacia 1122. En torno al claustro se organizaron en el siglo XVI algunas dependencias capitulares, así como la propia sacristía, el tesoro y el panteón real, entre otras. No estaría de más recordar que en la pieza llamada Ante-tesoro se encuentra hoy una lauda sepulcral cuya inscripción dice: "En este túmulo descansa el siervo de Dios Teodomiro; obispo de Iria Flavia...", es decir, el iniciador del culto jacobeo. No lejos, en el Panteón Real, nuevos nombres relacionados con la obra de la catedral como, entre otros, el del rey Fernando II, protector del maestro Mateo y fallecido el mismo año en que se terminaba el Pórtico de la Gloria, o la sepultura de Alfonso IX, que estuvo presente en la consagración de la catedral románica en 1211, todo ello recolocado en el siglo XVI en estas nuevas capillas.

Durante los siglos XVII y XVIII el aspecto exterior del templo románico se modificó de forma sustancial, con la nueva fachada del Obradoiro, imponente en su creciente energía plástica; con la construcción de la torre del Reloj, así como con la coronación del edificio medieval con antepechos, copas y remates que, en la mejor tradición canteril, prestan una imagen barroca exuberante tan bella como alejada de la inicial contención románica del templo. La fachada del Obradoiro ha llegado a ser, como la de la Universidad de Salamanca, el monasterio de El Escorial o la Alhambra de Granada, una de las imágenes más características de la arquitectura española en la que se condensa parte de su historia. La fachada está dominada por dos potentes torres puntiformes, sobre las que el poeta Gerardo Diego, alabando su pétrea belleza, escribió lo siguiente:

También la piedra, si hay estrellas vuela.
Sobre la noche biselada y fría
creced, mellizos lirios de osadía;
creced, pujad, torres de Compostela.

En las páginas siguientes:

55.
Escena de la Creación de Adán sobre el contrafuerte izquierdo de la portada de las Platerías. El hieratismo de las figuras y el sencillo modelado de las ropas y la anatomía, así como el modo de representar los pies y las manos delatan su labra de hacia 1100.

56.
El rey David en el contrafuerte izquierdo de la portada de las Platerías, bajo la escena de la Creación de Adán. El autor del Libro de los Salmos cruza las piernas en aspa y sus ropas repiten de arriba abajo el mismo pliegue, como fórmulas de taller estereotipadas y repetidas por varios maestros en torno al año 1100.

57 y 58.
Conjunto y detalle de los relieves que acompañan lateralmente a la puerta Santa sobre la plaza de la Quintana, hecha en 1611. Proceden del antiguo coro románico en piedra del Maestro Mateo, destruido en 1603 por el arzobispo Sanclemente para sustituirlo por otro de madera, eliminado a su vez en 1945 por el arzobispo Muniz.

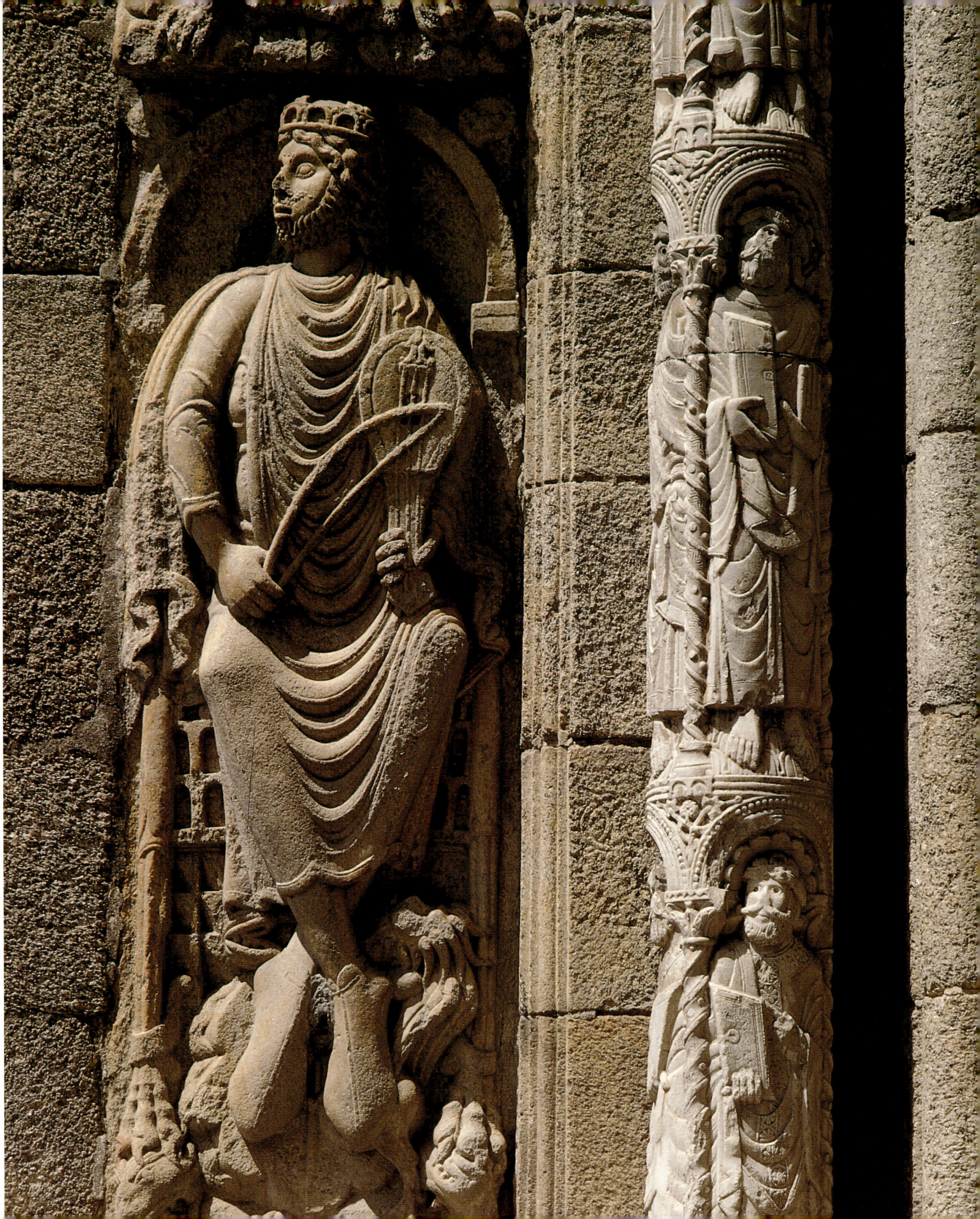

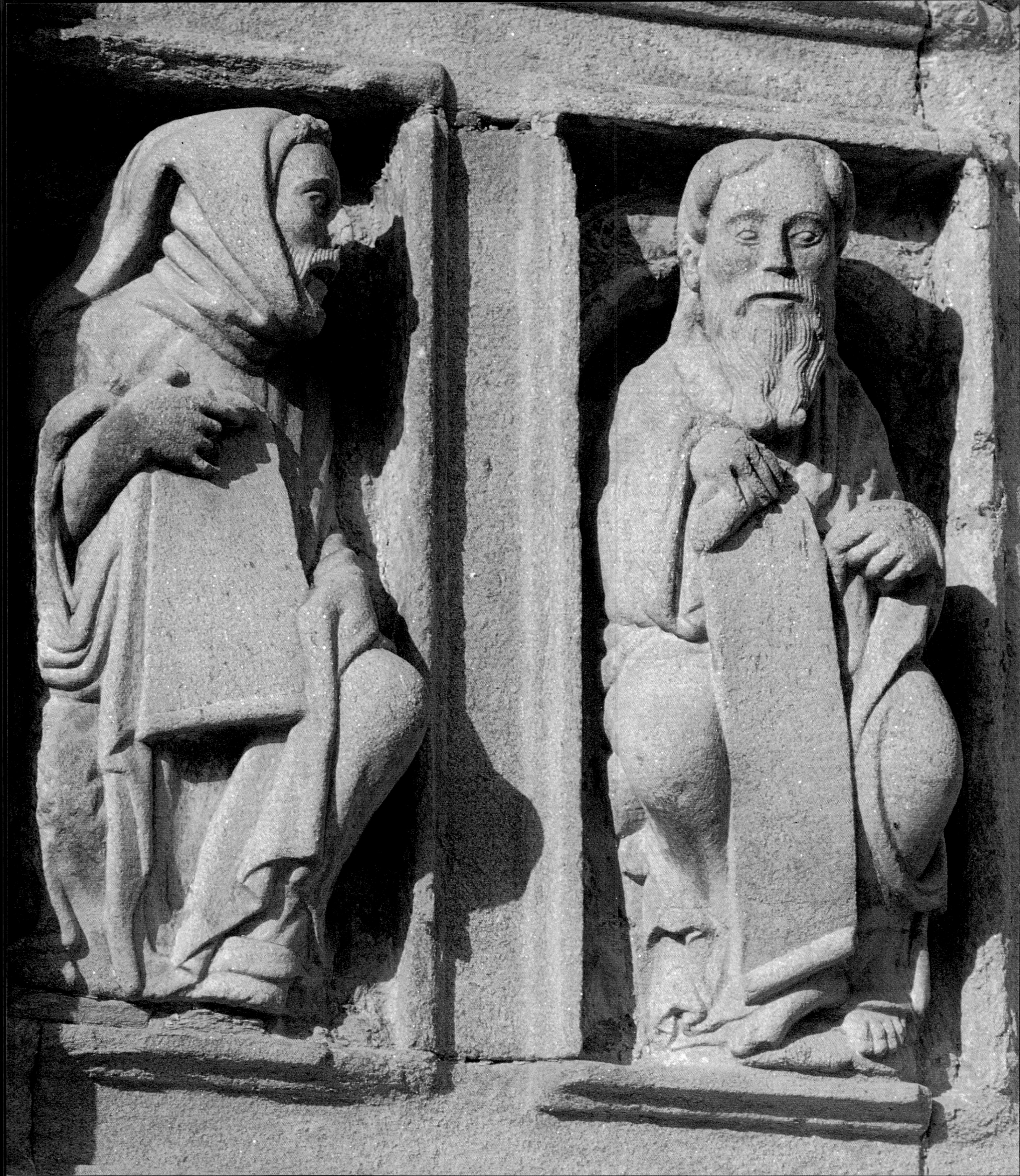

75

En las páginas siguientes:

59.
Puerta central del Pórtico de la Gloria, obra del Maestro Mateo y una de las creaciones artísticas más representativas del románico en Europa. El tímpano que mira al nártex está presidido por Cristo mostrando las llagas, acompañado del tetramorfos y de ángeles portando los instrumentos de la Pasión.

60.
Grupo de profetas (Jeremías, Daniel, Isaías y Moisés) en el Pórtico de la Gloria. Los personajes revelan independencia respecto al marco arquitectónico, se mueven, respiran y sonríen con gran vitalidad, superando el hieratismo de anteriores relieves en la catedral. Las figuras conservan restos de policromía varias veces actualizada.

61 y 62.
Arranques de la arquivolta que guarnece el tímpano de la portada central del Pórtico de la Gloria, completando la visión de san Juan en el Apocalipsis con los Veinticuatro Ancianos. Éstos entonan himnos de alabanza acompañándose con distintos instrumentos musicales.

63.
Nave central con el gran tabernáculo barroco al fondo ejecutado por Peña de Toro. En el lugar que ocupan los bancos, bajo los órganos, se hallaba el coro pétreo del Maestro Mateo y luego el de madera que hicieron Gregorio Español y Juan de Vila a comienzos del siglo XVII, hasta su eliminación en 1945.

64.
Nave del crucero en la que se revela la característica articulación de la arquitectura románica del Camino de Santiago: pilares muy esbeltos, arcos peraltados de medio punto, como en Conques (Francia), y una elegante tribuna que corre por encima de las naves laterales. Éstas llevan bóveda de arista, mientras que la nave central se cierra con bóveda de cañón.

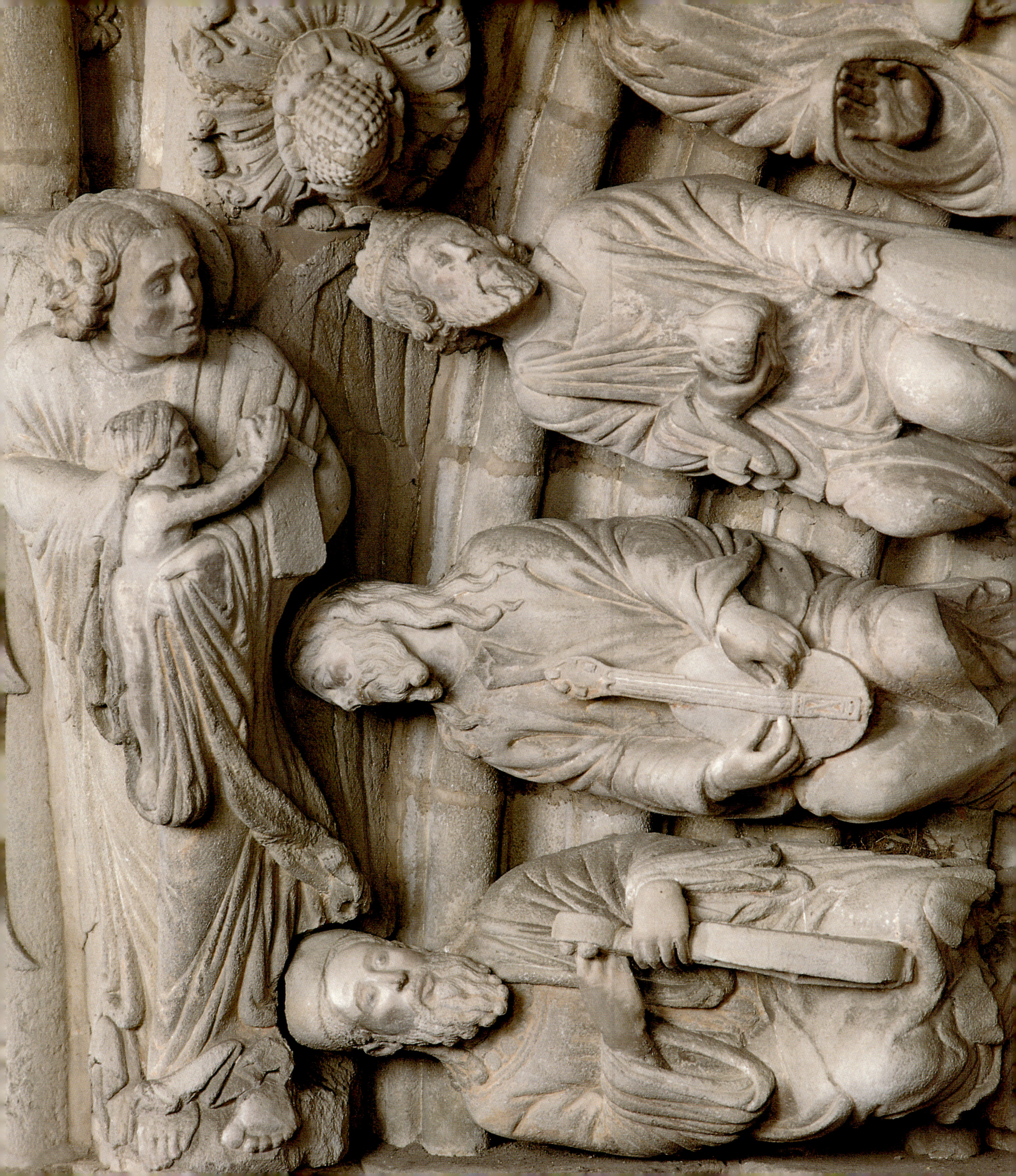

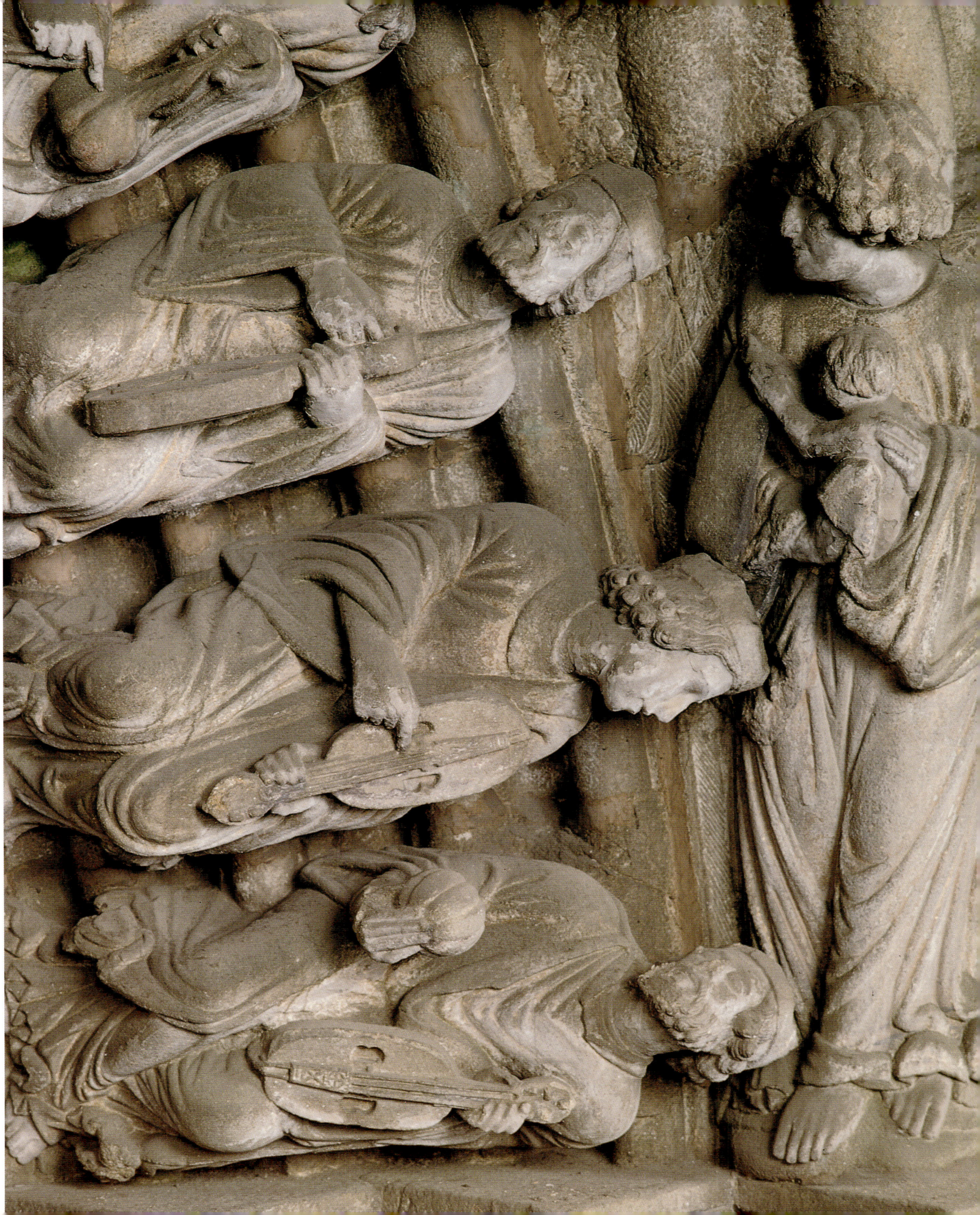

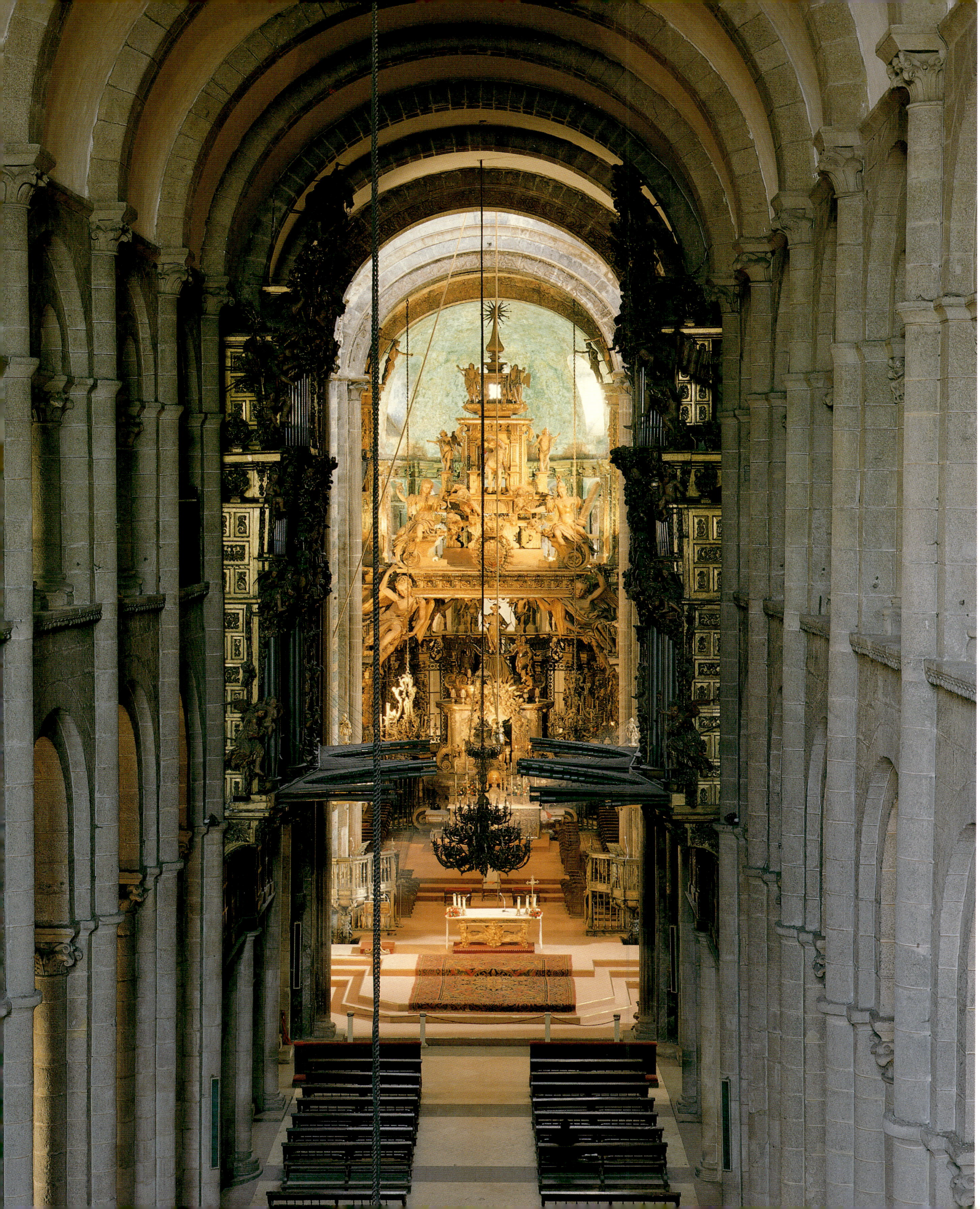

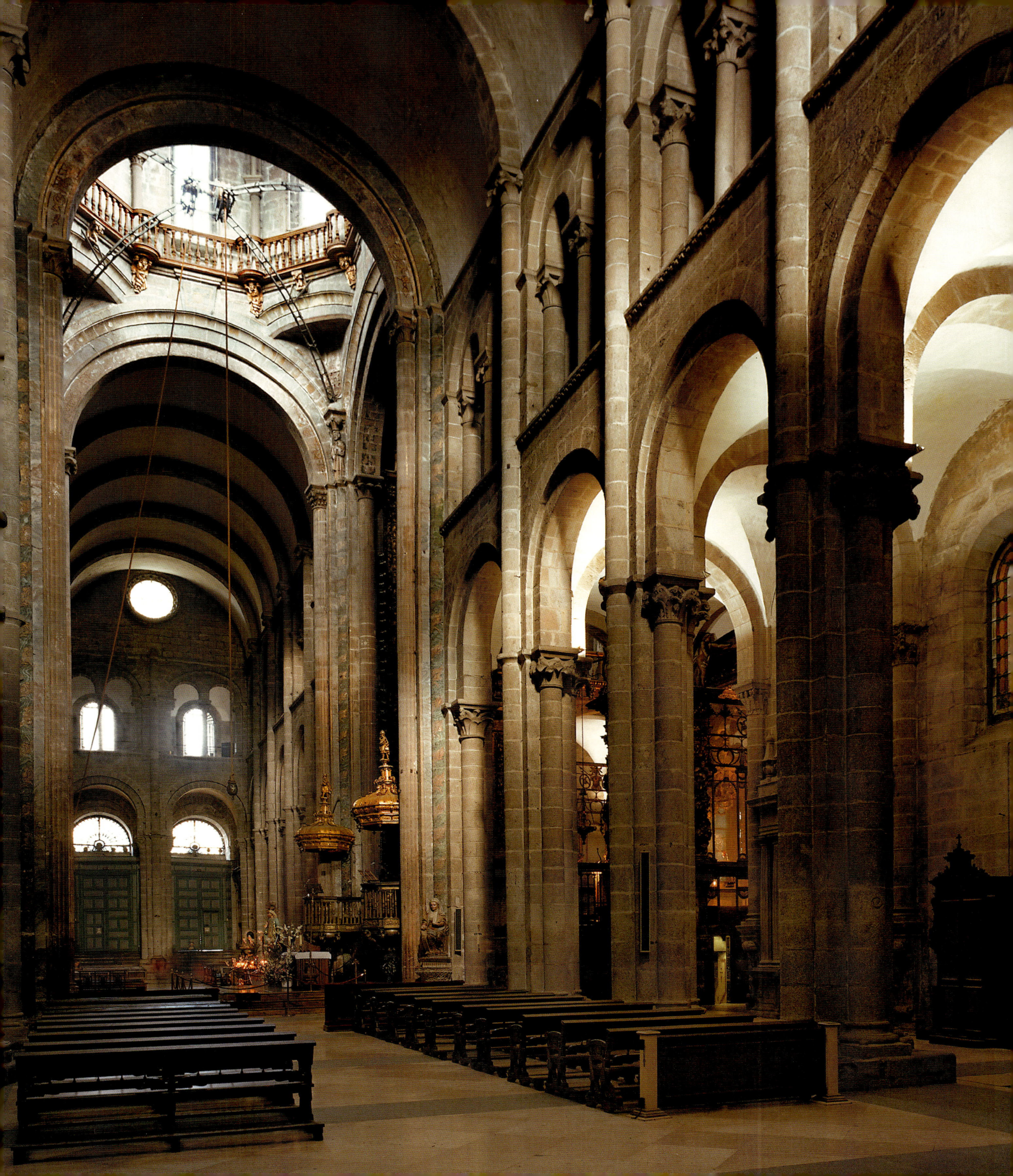

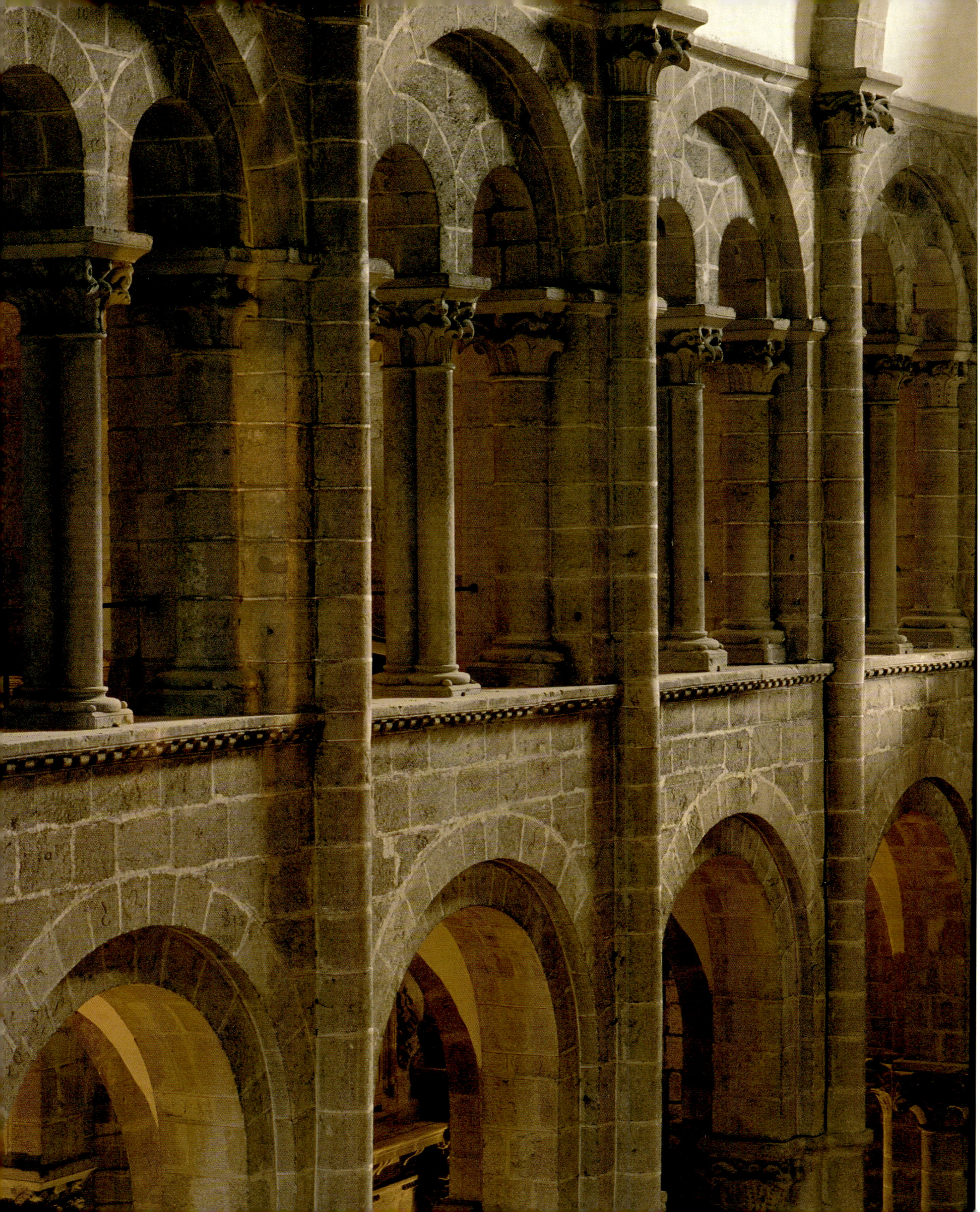

65.
Detalle del alzado de la nave mayor, con los arcos de separación de las naves y, encima, la tribuna o triforio con arcos geminados. Obsérvese la claridad compositiva en sus elementos verticales, horizontales y curvos.

66.
El triforio a la altura del crucero ofreciendo la gran riqueza de planos, luces y puntos de vista.

67.

La parte delantera de la catedral exigió la construcción de la llamada cripta para seguir manteniendo el nivel del templo iniciado por la cabecera, a la que por error se le llama en ocasiones catedral vieja, cuando en realidad corresponde a lo más moderno de la fábrica románica; aparecen aquí las primeras bóvedas nervadas de la arquitectura española, como la que arranca del pilar compuesto del primer término, con una columna acodillada para apear el nervio diagonal o crucero.

68.

Altar mayor en el presbiterio sobre la verdadera cripta con el sepulcro del apóstol Santiago. Frontal, camarín y sagrario en plata (siglos XVII y XVIII). La figura del santo fue ejecutada en piedra en el siglo XIII, aunque está muy retocada.

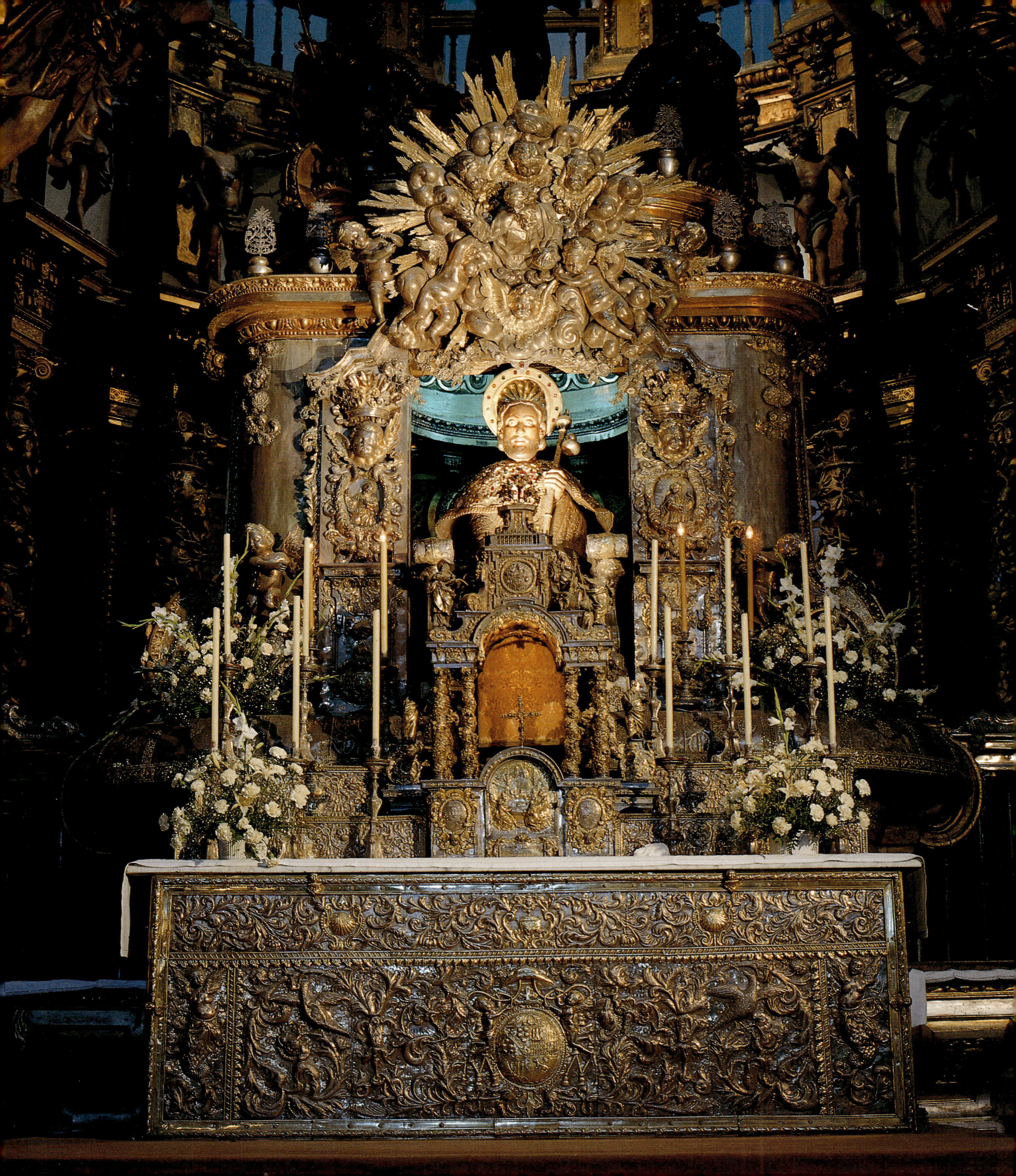

69.
Detalle de uno de los episodios sobre Carlomagno incluidos en el Codex Calixtinus. *A la izquierda, representación de la ciudad de Aquisgrán, capital del imperio. Posterior a 1140. Conservado en el archivo de la catedral de Santiago.*

70.
Detalle del sepulcro del rey Fernando II de León, labrado por el maestro Mateo. A este monarca se debe el impulso final de la obra de la catedral. Desde 1168 venía librando unas cantidades al Maestro Mateo para que terminase los pies de la catedral donde se haría el Pórtico de la Gloria, cuyo dintel está fechado en 1188, el mismo año del fallecimiento del monarca.

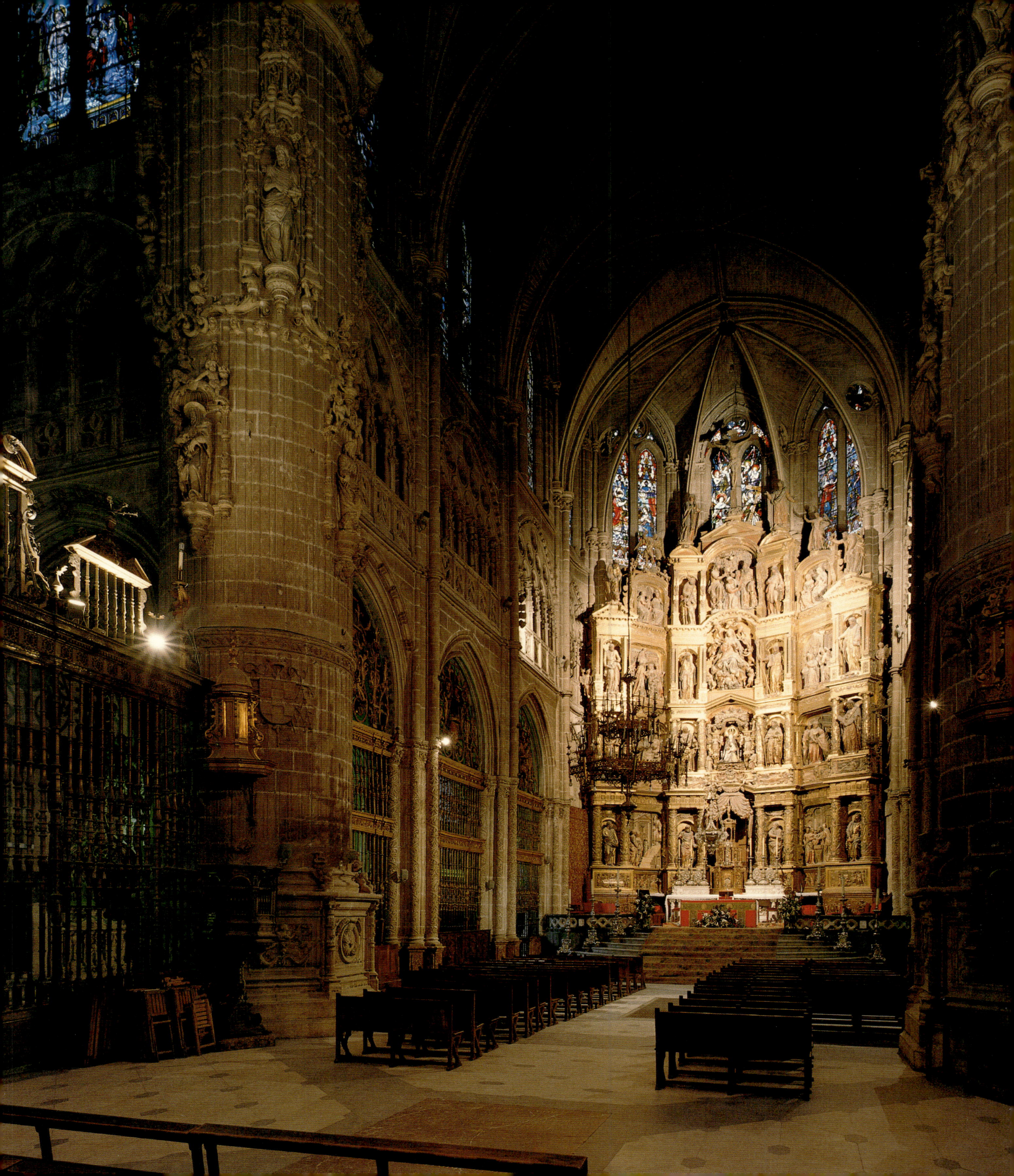

II
El Modelo Francés de la Catedral Gótica: Burgos y León

Burgos: Fernando III y el Obispo don Mauricio

72.
Exterior de la capilla funeraria del Condestable en la cabecera de la catedral, obra de Simón de Colonia.

71.
Capilla mayor de la catedral de Burgos desde el crucero. Al fondo, el gran retablo del siglo XVI que hicieron Rodrigo y Martín Haya, con la intervención de Ancheta en los grupos centrales de la Coronación y Asunción de la Virgen. En el lugar que ocupan los bancos estuvo la sillería del coro, siguiendo el modelo francés, hasta su traslado a la nave central en el siglo XVI, de acuerdo con el modo español.

Con independencia del inicio de otras catedrales castellanas que tuvieron en cuenta en su proyecto inicial la posibilidad de reunir en la cabecera el altar y coro, como Ávila y Cuenca, las de Burgos y León sobre el Camino de Santiago, comenzadas en el siglo XIII, representan el mejor eco del modelo francés, si bien en uno y otro caso aquella profunda cabecera acabaría albergando sólo el altar por trasladarse el coro a la nave central.

El nacimiento de la catedral de Burgos coincide en el tiempo con el despertar político, comercial y urbano de la ciudad como *caput Castellae*, cabeza de Castilla, en el siglo XIII. Sin embargo, con anterioridad a la formidable obra que hoy vemos, donde muchas generaciones dieron lo mejor de sí para formar aquel singular tejido en el que la religión, el arte y la historia forman un precipitado de imposible separación, hubo otra catedral, aquélla hacia la que volvió la cabeza el Cid al partir para su destierro, dejando escapar una sentida oración. Era ésta la primera catedral que tuvo Burgos como sede diocesana pues la ciudad heredó la desaparecida diócesis de *Auca*, Oca, (hoy Villafranca de Oca), cuyos obispos firmaron los cánones de los concilios de Toledo durante la época visigótica desde aquel III Concilio en el que Recaredo abjuró del arrianismo (589).

La invasión musulmana borró antiguas circunscripciones eclesiásticas hasta que reconquistadas estas tierras, y después de un tiempo de accidental y cambiante residencia de los obispos en Sasamón, Valpuesta y Muñó, durante los siglos IX y X, los prelados se llamarán obispos de Burgos a partir del obispo Garcí (988-993). Faltaba aún que el monarca Sancho II de Castilla restaurase la antigua sede de Oca en la ciudad de Burgos, como lo hizo en marzo del año 1068, dotándola de bienes, posesiones y privilegios de inmunidad, y que en 1075 Alfonso VI decidiera convertir la sede de Oca en la nueva de Burgos, cediendo parte de su palacio en la ciudad para construir una catedral. Esta última decisión necesitaba del refrendo papal el cual llegó en el año 1095 con la bula de Urbano II y posteriores cartas en las que se fijaban los límites de la nueva diócesis que tenía, por el norte, salida al mar.

Sin embargo, como siempre sucedió con la creación de nuevas diócesis, las metropolitanas solían protestar porque la nueva provincia eclesiástica suponía merma del propio territorio, como ahora los denunciaban los arzobispados de Toledo y Tarragona. En vista de ello el mismo Urbano II declaró, en 1096, exenta a la diócesis de Burgos, haciéndola depender directamente de la Santa Sede. Esta situación se mantuvo así hasta 1574, cuando a instancias de Felipe II es erigida por el papa Gregorio XIII en sede metropolitana.

No estará de más recordar que fue el mismo Alfonso VI el que, en la indicada fecha de 1075, iniciaba las obras de la catedral románica compostelana a la que el propio papa Urbano II, había concedido el traslado de la diócesis de Iria Flavia a Santiago, como ahora de Oca a Burgos, dando a ambas el mismo carácter exento. Es decir, estamos en un momento de reordenación territorial, política y eclesiástica de suma importancia y con los mismos protagonistas. Aquella catedral románica burgalesa, si es cierto que se construyó en tan breve tiempo como se quiere ver, esto es, unos veinticinco años entre 1075 y 1100, no pudo ser un templo relevante al modo compostelano, sino una iglesia más bien modesta cuya cortedad se puso de manifiesto en la solemne celebración de las bodas reales entre Fernando III el Santo y doña Beatriz de Suabia, el 30 de noviembre de 1219. Es muy significativo que el obispo don Mauricio, que ofició la ceremonia, y el rey Fernando III pusieran la primera piedra de la catedral gótica, dos años más tarde, el 20 de julio de 1221.

Se ha dicho siempre que el obispo don Mauricio debió de ver la nueva arquitectura gótica en su viaje hasta tierras alemanas, para buscar y acompañar a la futura esposa del rey Fernando hasta Burgos, Beatriz de Suabia (1219). No obstante, si es cierto que previamente había estudiado Derecho en París, no sería aquélla la primera ocasión en que se encontrara con el despertar de las nuevas catedrales. Sus conocimientos jurídicos, puestos de manifiesto mientras fue arcediano de la catedral de Toledo con el arzobispo Ximénez de Rada, y su elección como obispo de Burgos (1213), le llevaron a participar al IV Concilio de Letrán (1215), dibujándose así una personalidad en contacto con el mundo exterior que, a su vez, intervino en la política interna frente a Alfonso VIII, o en favor del entendimiento de Castilla y León, colaborando eficazmente en colocar en el trono al hijo de doña Berenguela, futuro Fernando III, a quien ya hemos dicho que casó en la catedral románica. Todos estos antecedentes explican la iniciativa, el poder e influencia de este prelado que habiendo puesto la primera piedra de la catedral en 1221, dejaba a su muerte (1238) la obra tan avanzada que pudo ser enterrado en medio del coro, entendiendo ahora éste como la capilla mayor que albergó el altar y el coro. Pero no sólo edificó físicamente la catedral sino que dio los estatutos al cabildo, los conocidos como *Concordia Mauriciana* (1230), en los que se detalla su composición, número y orden de sus componentes, señalando la precedencia que en el coro, procesiones y capítulo debía de guardarse.

No conocemos al autor de las trazas, aunque no cabe duda de que era francés pues todo lo ejecutado en el siglo XIII, y aún en el siguiente, es de clara progenie gala. Se trata de un templo de tres naves y un crucero de nave única, con girola y capillas absidiales. Sus medidas máximas dan una cruz de unos ochenta y cuatro metros por cincuenta y nueve, que pasados a pies castellanos, módulo con el que se trazó la catedral, da una longitud de trescientos cincuenta pies por doscientos dieciséis. Las bóvedas de sus naves son cuatripartitas aunque recorridas por dos nervios longitudinales, mientras que los tramos de la girola se cubren con unas bóvedas que inicialmente llevaron media docena de nervios que después se quedaron en cinco. A éstos se abrieron unas capillas hexagonales que parecen sustituir a otras más arcaizantes de planta semicircular. Sus alzados responden a un planteamiento que podemos llamar clásico dentro de la arquitectura gótica del siglo XIII, esto es, nave mayor flanqueada por dos naves laterales sobre las que crecen contrafuertes y arbotantes que recogen la mayor altura de la primera. Interiormente, sobre los arcos de separación de las naves un triforio y el claristorio. Si sobre esta esquemática descripción se proyecta toda la gracia y sabiduría constructiva de la arquitectura gótica, a la que se debe añadir la belleza de su escultura, tendremos ya muy perfilada la primera catedral gótico-francesa de Burgos, a la que llamamos así para distinguirla del aspecto germánico que cobró con la intervención de la familia Colonia, a quien se deben sus elementos más característicos, las agujas, el cimborrio y la capilla del Condestable.

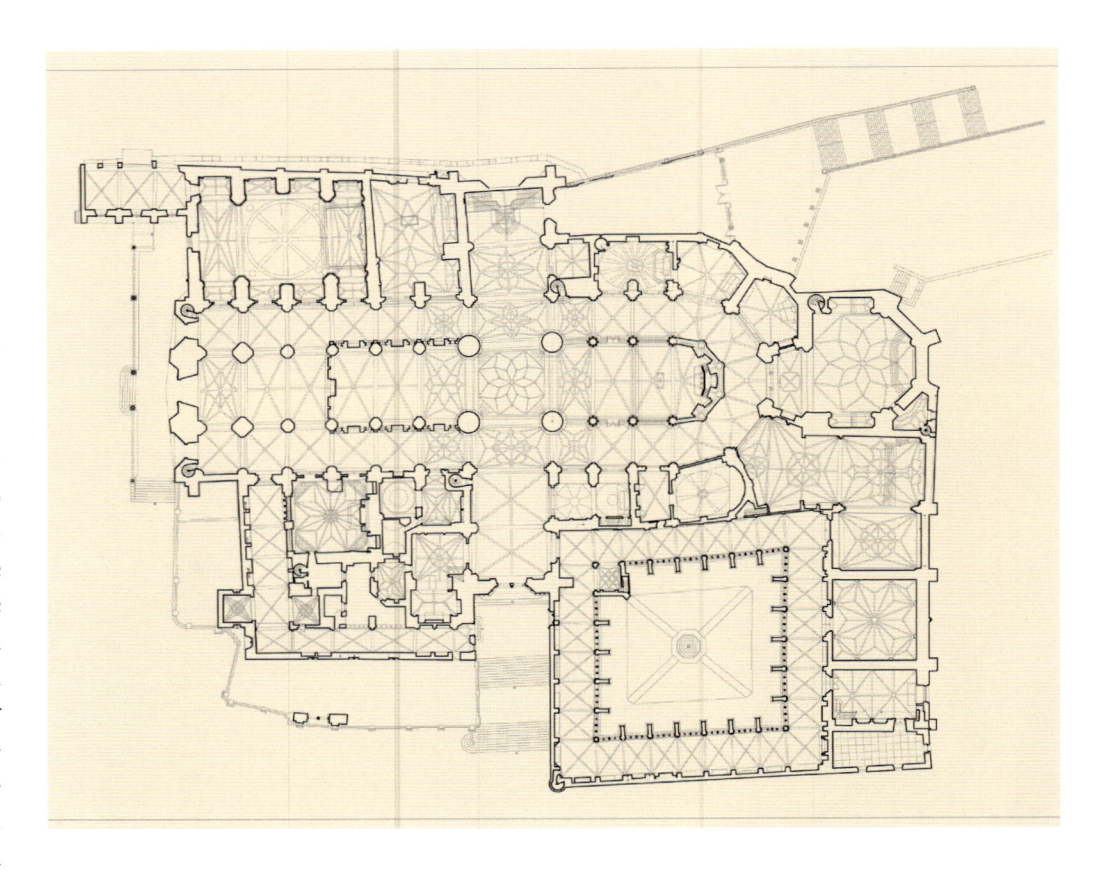

La catedral de don Mauricio representó entre nosotros la primera gran fábrica gótica que se levantaba en la Península, cuyas novedades no se ceñían sólo a los aspectos estilísticos y constructivos sino que espacialmente la catedral burgalesa ofrecía una imagen renovada de la arquitectura. Es, en otras palabras, la primera catedral gótica del ámbito español y la más meridional de Europa en ese momento. Pero aún cabe decir más. La catedral burgalesa nace aquí, aunque con savia prestada, cuando en la propia Francia se están levantando los grandes modelos. No deja de producir cierta emoción comprobar que mientras don Mauricio ponía la primera piedra en 1221, según se ha dicho, en ese mismo año en Chartres se comienza a colocar la sillería en el coro; en Reims se pone en servicio la girola y sus capillas; en Amiens la catedral sólo lleva un año en obras y en Beauvais

73.

Planta del conjunto de la catedral de Burgos con las distintas adiciones posteriores que se realizaron sobre el cuerpo principal de la iglesia, proyectada en el siglo XIII. La profundidad de la cabecera vincula espacialmente el proyecto a los modelos franceses, si bien el coro se trasladaría desde allí a la nave central, de acuerdo con el modo de Santiago y Toledo. (Planta de M. Álvarez Cuesta.)

74.
Vista general de la catedral de Burgos desde el castillo en el lado norte. El cuerpo principal del templo del siglo XIII casi desaparece con la adición posterior de las agujas sobre las torres de la fachada principal, el cimborrio sobre el crucero y la linterna de la capilla del Condestable, en la girola.

todavía faltan cuatro para iniciar la suya. Así, Burgos, no sólo es la más antigua de las españolas sino que está entre las primeras de Europa y es rigurosamente coetánea de las francesas, de las que sólo se aparta por su menor tamaño. Piénsese que, por ejemplo, Reims tiene una longitud total de ciento cuarenta metros, frente a los ochenta y cinco de Burgos, y su nave mayor sube hasta treinta y ocho, cuando la burgalesa apenas si rebasa los veinticuatro metros de altura. No obstante, siendo distintas las dimensiones son hermanas las proporciones y en ellas reside la gracia, el ritmo y la belleza de este gótico francés.

Apenas sabemos nada de los maestros que trazaron y construyeron la catedral pero es seguro que conocían bien las últimas novedades del arte francés de su tiempo, hasta que en el siglo XV aparecieron los maestros germanos como Hans de Colonia y su hijo Simón. Entre unos y otros creció la catedral en sucesivas etapas, siendo posible distinguir la primera que incluiría la cabecera, terminada en los días mismos de don Mauricio (1230). Un segundo momento correspondería al crucero y cuerpo de la iglesia, con cuyo final coincide la consagración de la catedral en 1260, siendo obispo Martín González. Finalmente, entre 1260 y 1280, se terminaría la fachada principal, se inició el nuevo claustro que se concluiría hacia 1316 y se modificaron las capillas de la girola, en la forma que se ha dicho. En esta última campaña estuvo presente el maestro Enrique, *magister operis burgensis ecclesiae*, muerto en 1277 y que había trabajado también en la catedral de León.

Durante los siglos XIV y XV asistimos a la dotación y construcción de varias capillas en el perímetro de la catedral, algunas de ellas sustituidas por otras en épocas posteriores, que sometieron a una metamorfo-

75.
Fachada principal de la catedral, obra del siglo XIII. Las agujas añadidas por Hans de Colonia en el siglo XV dan al templo un aspecto más germánico que francés. En segundo término aparece el cimborrio de afilados pináculos que, reconstruido tras su hundimiento en el siglo XVI, sustituye al que levantó Colonia.

76.
La catedral se comunica con el claustro alto por esta prodigiosa portada, de excelente escultura y policromía, que revelan influencias francesas llegadas directamente desde Reims. A la izquierda se halla la Anunciación, y a la derecha, los profetas David e Isaías, mientras que el tímpano representa el Bautismo de Cristo en el Jordán. Las hojas de madera con relieves se atribuyen a Gil de Siloé.

sis espectacular al templo cuyas torres se coronaron con las célebres agujas de Juan de Colonia, traído a España por el excepcional obispo don Alonso de Cartagena a su regreso de la apertura del tormentoso Concilio de Basilea (1431). A partir de entonces toda la catedral de Burgos se resume como imagen tópica en la formidable fachada occidental. Habiendo perdido en 1790 su triple portal gótico, aún puede verse la elegancia con la que se compone su alzado, su excelente rosetón, las torres convertidas en caladas agujas de piedra y el cuerpo intermedio que, a modo de Galería de Reyes, en realidad está pensado para ocultar el piñón agudo de una empinada cubierta que no parece que llegara a tener nunca. En medio de la crestería alta una estatua de Santa María, titular de la catedral, en medio de una monumental y gótica inscripción que dice: *Pulchra es et decora*.

Además de la fachada principal, por donde recibe la iglesia "a los reyes en procesión", hay otras dos que han conservado mejor la escultura de sus portadas. Una es la de la Coronería o de los Apóstoles, sobre la elevada y estrecha calle que antaño se llamó de la Cornería y hoy lleva el nombre de Fernán González. Aún puede medirse el interés de sus esculturas, en especial las que guarnecen las arquivoltas y el tímpano. En este aparece Cristo Juez entre la Virgen y san Juan que interceden por los mortales que, en el dintel, se dividen en dos grupos, los bienaventurados y los condenados. Todo obra del siglo XIII y sobre modelos franceses. La distinta altura entre la calle y el interior del templo hizo necesaria la construcción de la llamada "escalera dorada" que en el interior, en el siglo XVI, hizo Diego de Siloe. No obstante, se abrió otra puerta, la de la Pellejería que permitía el acceso llano al brazo norte del crucero. Su arquitecto fue Francisco de Colonia (1516), el tercero y más joven de esta familia, dejándonos aquí una de las primicias del Renacimiento español, pleno de resonancias italianizantes.

En el extremo opuesto del crucero, en su brazo sur, se yergue galana la fachada del Sarmental, que mantiene entera y con gran pureza la imagen del siglo XIII, sin adiciones ni mermas, repitiéndose el triple nivel de portada, rosetón y coronación de arcos abiertos en un paño, pensado para apoyar la cubierta. Su portada está dentro de lo mejor de la escultura gótica en nuestro país. Su estilo recuerda en parte a los escultores que trabajaron en Reims y Amiens, destacando en el parteluz el obispo que se viene identificando con don Mauricio. En el tímpano se ve la escena del Apocalipsis en que el Pantocrator aparece rodeado del Tetramorfos, mientras que en el dintel se disponen algunos de los veinticuatro ancianos que señala san Juan. La finura de rostros, ropas y actitudes hicieron de este conjunto de esculturas y relieves verdaderos modelos para la escuela burgalesa de escultura gótica.

Entre las novedades que arrastraba el proyecto de la catedral de Burgos es fundamental entender que planteaba una cabecera profunda, la que llamamos capilla mayor, para compartir su espacio entre el altar y el coro. Ésta era una novedad evidente respecto a Santiago de Compostela y así eran las nuevas catedrales de París, Chartres, Reims y Amiens, entre otras. En Burgos el coro se ceñía a la capilla mayor frente al altar y en torno al bellísimo enterramiento de su obispo Mauricio, impidiendo a los fieles que estaban en la *nao real* o nave mayor, ver y oír con comodidad los oficios religiosos. Por ello en varias ocasiones se pensó trasladar el coro al centro de la nave, como hoy está, permitiendo a los fieles colocarse entre el altar y el coro bajo el gran cimborrio. Este cambio se hizo ya en el siglo XVI obligando a una reorganización general de los espacios para el sacrificio y la plegaria. El presbiterio vio crecer un poderoso retablo que se hizo entre 1562 y 1580 por los hermanos Rodrigo y Martín de la Haya, con intervención de Juan de Ancheta en los dos grupos centrales de la Coronación y Asunción de la Virgen. Todo este lenguaje manierista, movido y rico de color contrasta con la serena belleza de la titular que ocupa un lugar principal en el retablo, siendo anterior a él. Es una talla de la segunda mitad del siglo XV debida a la liberalidad de obispo Luis de Acuña.

Con anterioridad a las primeras modificaciones del altar y coro, el escultor francés Felipe Vigarny hizo en el trasaltar una serie de relieves sobre la vida de Cristo (1498-1503), acabando sólo tres de los que hoy vemos, *Camino del Calvario*, *Crucifixión* y *Descendimiento*, siendo el resto de otros escultores en el siglo XVII. El estilo del joven Vigarny es todavía una mezcla de elementos góticos, flamencos y borgoñones, con pinceladas de italianismo renaciente y un fuerte sentido narrativo de gran realismo y belleza. El presbiterio acabaría cerrándose lateralmente con las bellas rejas que hizo el rejero Arrillaga de Elgóibar (1670).

77.

Una de las crujías del claustro o procesión nueva, como se le llama en la antigua documentación para destacar que se trataba de un claustro nuevo, terminado hacia 1320, por el que se realizaban las procesiones. En su planta alta se halla una serie de sepulcros adosados al muro bajo una notable colección de esculturas centrando cada uno de los paños.

78.

La distinta altura entre la calle por el lado norte de la catedral, donde se encuentra la portada de la Coronería, y el nivel interior del templo hizo necesaria la construcción de la llamada escalera dorada, obra de Diego de Siloé, sobre modelos italianos, en el siglo XVI.

ron en esta línea, entre 1656 y 1659, llevando en sus altares excelentes pinturas de fray Juan Rici.

En el transepto, entre el altar y el coro, se encuentra una de las joyas de la catedral, esto es, el cimborrio que sustituye al que hiciera Juan de Colonia pero que se hundió en los días mismos en que se estaba haciendo la mudanza del coro (1539). El encargado de rehacerlo, siguiendo la pauta del primero, fue Juan de Vallejo en los días del cardenal arzobispo don Juan Álvarez de Toledo, tan activo en Salamanca, Córdoba y, ahora, en Burgos. Vencidas las dificultades técnicas, reforzando los pilares de sustentación y recuperada una cierta imagen gótica, el crucero se daba por terminado en 1568. Su enorme linterna dibuja una serie de estrellas caladas en la bóveda que es a la vez gótica y mudéjar en una solución de extrema originalidad y atractivo. Algunos autores, como Aler y Valle, la consideraban hermana de las míticas maravillas del mundo. Así, en su *Corona festiva*, escribe refiriéndose a la catedral: "Tan excelente y prodigiosa fábrica, que si no es una de las maravillas del mundo, es por ser más; pues en su crucero maravilloso se halla tan única, que puede despreciar verse en el número de otras maravillas". Bajo aquel cielo de estrellas de piedra reposan, desde 1921, los restos del Cid procedentes del monasterio de San Pedro de Cardeña.

Sobre el viejo núcleo del siglo XIII se fueron abriendo capillas en torso el perímetro de la catedral, desde la más antigua, la de San Nicolás, coetánea de las primeras etapas de construcción del templo, hasta las más recientes como la exuberante y barroca capilla de Santa Tecla, construida en el siglo XVIII sobre cuatro capillas preexistentes. Con todo, la capilla más conocida, la más rica y espectacular, es la llamada del Condestable o de la Purificación en la girola de la catedral, uno de los conjuntos más extraordinarios del arte español, donde trabajaron los artistas más destacados en torno a 1500. Sus fundadores fueron los condestables de Castilla, doña Mencía de Mendoza y su esposo don Pedro Fernández de Velasco, quienes encargaron al segundo de los Colonia, Simón, una capilla funeraria en la línea de aquellas autónomas que aparecen desde el siglo XIV en las catedrales españolas como las que ya se habían hecho en Toledo. La nueva capilla de planta octogonal, acabada hacia 1494, utilizó como pórtico de acceso desde la girola la capilla central de San Pedro, dotándola de una de las rejas más excepcionales que se hayan labrado jamás, debi-

Este prodigioso marco de la capilla mayor enlazaba con el coro a través de un espacio reservado para los fieles, pero que también se matizó con dos enormes rejas que atajan el crucero (1705-1723). El coro, a su vez, cuenta con la espectacular reja renacentista sentada sobre un pedestal de jaspe, obra del aragonés Juan Bautista Celma, terminada en 1602 y costeada por el cardenal Zapata cuyos escudos se ven en lo alto.

La sillería del coro se debe, igualmente, a Felipe Vigarny que con su equipo la talló entre 1505 y 1507, si bien tardaría tiempo en terminar la obra definitiva del coro con la silla arzobispal y el trascoro. Éste es una finísima composición columnaria en mármol que recuerda la sobriedad escurialense, pues no en vano debieron intervenir fray Alberto de la Madre de Dios y Juan Bautista Crescenzi, ejecutando la obra Juan de Naveda (1619-1626). Los costados del coro se labrada a Cristóbal de Andino. Es de hierro forjado y chapa repujada, dorando y pintando todos los elementos arquitectónicos, así como los remates, figuras y emblemas heráldicos. La reja de Andino, fechada en 1523, se mueve entre la fuerza de la arquitectura y la delicadeza de la orfebrería, entre el sentido plástico de la escultura y el valor cromático de la pintura.

La capilla del Condestable, que parece competir con la catedral toda en fuerza y recursos artísticos, muestra exterior e interiormente en su arquitectura y decoración un tratamiento exquisito que rezuma poder y arte con anhelo de eternidad. Éste es el tono general que se mantiene en la capilla que, siendo funeraria, todo invita a vivir y gozar de la contemplación de la belleza terrenal. No hay aquí condena de lo efímero, no hay aquí censura de la vanidad, sino al contrario, exaltación de la vida y triunfo sobre la muerte. La gran bóveda estrellada y calada, la exaltación nobiliaria de los fundadores a través de grandes escudos con tenantes y el retablo de Siloe y Vigarny, acompañan el bulto funerario de los Condestables, en medio de la capilla, que en mármol y sobre cama de jaspe, labró de modo exquisito Felipe Vigarny. Una silla coral para los capellanes y un órgano recuerdan los elementos sonoros que, en misas y aniversarios, llenaron un día este intermedio entre la tierra y el cielo.

En la propia catedral surgieron muy pronto versiones reducidas de la capilla del Condestable, pudiendo tenerse como tal la llamada de la Consolación o de la Presentación (1519), sobre la claustra vieja, obra de Juan de Matienzo a instancias del canónigo don Gonzalo de Lerma para su propia sepultura. Siendo obra renacentista gustó cerrar su bóveda con una solución estrellada de ocho puntas al modo de los Colonia y aprovechando el grupo de artistas que en aquellos años trabajaban en la catedral, Gonzalo de Lerma contó con Cristóbal de Andino para las rejas de la capilla (1528) así como con Vigarny para hacer el sepulcro exento del canónigo fundador.

Entre otras capillas funerarias se debe destacar la del obispo Alonso de Cartagena o de la Visitación, obra primera que debió de hacer su arquitecto Juan de Colonia al llegar a Burgos. En el centro de la capilla el sepulcro del obispo labrado en alabastro por Gil de Siloe o por unas manos muy próximas a él, dentro de un realismo gótico-flamenco que no cabe ponderar. La colección de sepulcros exentos que conserva la catedral de Burgos es a todas luces excepcional, terminando su rápida enumeración con una de las obras maestras de Diego de Siloe, el sepulcro del obispo don Luis de Acuña, sucesor de Alonso de Cartagena, en su capilla de la Concepción, obra de Juan y Simón de Colonia, entre 1477 y 1488. El sepulcro en mármol blanco fue encargado a Siloe en 1519, esto es, recién llegado de Italia y cuando trabajando para la catedral estaba haciendo la "escalera dorada". La figura del yacente aparece algo aplastada sobre una cama que recuerda en sus frentes los sepulcros de Fancelli. Habiendo fallecido el prelado en 1495, Siloe supo darle al rostro una personalidad real, mostrando gran virtuosismo en la ejecución de las ropas, bordados y detalles decorativos. Con ser todo esto importante, la capilla cuenta además con el retablo de Gil de Siloe, obra excelsa en madera policromada de la escultura española, que se estaría terminando hacia 1492. El tema principal es el árbol de Jessé, entre otras escenas y relieves, en los que se pone

79.

Sobre parte del antiguo claustro, vinculado probablemente a la anterior catedral románica, se levantó en 1519 la capilla funeraria de la Presentación para la sepultura del canónigo y protonotario apostólico Gonzalo de Lerma. Los grandes arcos de comunicación con la nave sur de la catedral se cerraron con excelentes rejas de Cristóbal de Andino (1528).

80.
La nueva sillería del coro, obra de Vigarny y su taller (1505), reemplaza a la sillería gótica que ocupó la cabecera hasta el siglo XVI. El traslado de sillería a la nave central en 1539 obligó a realizar algunas modificaciones. La sillería baja, para racioneros y capellanes, cuenta con cuarenta y ocho asientos, mientras que la alta, para el arzobispo, dignidades y canónigos, suma sesenta y dos asientos. Además del facistol, se encuentra allí el sepulcro del obispo Mauricio, pieza excepcional del siglo XIII.

de manifiesto el realismo flamenco de Gil de Siloe. Este mismo escultor y en la propia capilla hizo, en piedra y adosado al muro, el sepulcro del arcediano de Burgos don Fernando Díez de Fuentepelayo. Éste había sido durante su vida el hombre de confianza del obispo Acuña, quien quiso así manifestarle su gratitud al arcediano concediéndole en su propia capilla un lugar de entierro. Lealtad y fidelidad se dan cita en la inscripción funeraria que acompaña el sepulcro que debió de servir de modelo al de Pedro Fernández de Villegas, de análoga composición con el yacente bajo un arcosolio y rica decoración. Villegas, fallecido en 1536 y traductor de la *Divina Comedia*, fue también arcediano de Burgos y debió encargar en vida su sepulcro a Simón de Colonia, quien murió en 1511. Las capillas góticas del Cristo de Burgos y de Santiago o las barrocas de San Enrique y Santa Tecla, entre otras, encierran tal

número de retablos, sepulcros, pinturas, rejas y esculturas que resulta imposible referirlas aquí. Sólo añadiremos que la catedral cuenta con una sacristía del siglo XVIII, trazada por el carmelita descalzo fray José de San Juan de la Cruz y construida entre 1762 y 1765. Su estilo rococó, especialmente expresivo en el mobiliario y abovedamiento, supone una nota de contraste con el carácter gótico y renaciente de la catedral que ha significado un injusto rechazo a esta estimable obra.

El claustro actual o "procesión nueva", como se llamó en otro tiempo para distinguirlo del viejo que prácticamente desapareció bajo capillas y ampliaciones del palacio arzobispal, es obra iniciada a finales del siglo XIII y terminada hacia 1320. Consta de dos alturas en las cuatro crujías que cierran su cuadro, quedando la planta baja al mismo nivel que la calle. Por el contrario, la planta alta del claustro tiene el mismo nivel que el de la catedral por lo que su acceso tiene lugar desde el templo, a través de una prodigiosa portada, excelente por su escultura y policromía que revelan influencias francesas llegadas directamente desde Reims. Las hojas de madera con relieves atribuidos a Gil de Siloe no tienen igual en el arte español. El claustro, restaurado en torno a 1900 por Vicente Lampérez, es magnífico por su amplitud, sin embargo, más que la propia arquitectura admiramos aquí la escultura con que se enriqueció, destacando por su tamaño y belleza las figuras de Alfonso X el Sabio y su esposa doña Violante. Ésta es, seguramente, una de las esculturas femeninas más refinadas de todo nuestro arte medieval.

En las páginas siguientes:

81.

Interior de la capilla funeraria del Condestable en la girola. Se trata de uno de los conjuntos más extraordinarios del arte español, en el que trabajaron los artistas más destacados de en torno al año 1500. Sus fundadores fueron los condestables de Castilla, Mencía de Mendoza y su esposo, Pedro Fernández de Velasco, quienes encargaron a Simón de Colonia su construcción, terminada hacia 1494.

82.

Nave central o nao real desde la cabecera. En primer término, el lugar que ocupó la sillería del coro hasta su traslado a la nave mayor en el siglo XVI. Los cuatro pilares del crucero fueron reforzados en esta centuria para asegurar la obra nueva del cimborrio. La reja que cierra el coro se debe a Juan Bautista Celma; terminada en 1602, fue costeada por el cardenal Zapata, cuyos escudos se ven en lo alto.

83.

Bóveda estrellada de ocho puntas de la capilla del Condestable, debida a Simón de Colonia. En su interior se abre otra estrella de menor tamaño que tiene sus plementos calados, lo que permite el paso de la luz. De este modo, la luz cenital de la bóveda y la que procede del cuerpo de la linterna inundan el interior de la capilla y realzan la belleza de su traza.

84.

Sobre el crucero de la catedral se encuentra el cimborrio que Juan de Vallejo construyó, en tiempos del cardenal arzobispo Juan Álvarez de Toledo, en sustitución del que hiciera Juan de Colonia y que se hundió en 1539. Vencidas las dificultades técnicas, reforzando los pilares de sustentación y recuperada una cierta imagen gótica, el crucero se dio por terminado en 1568. Bajo este cielo de estrellas de piedra reposan, desde 1921, los restos del Cid, procedentes del monasterio de San Pedro de Cardeña.

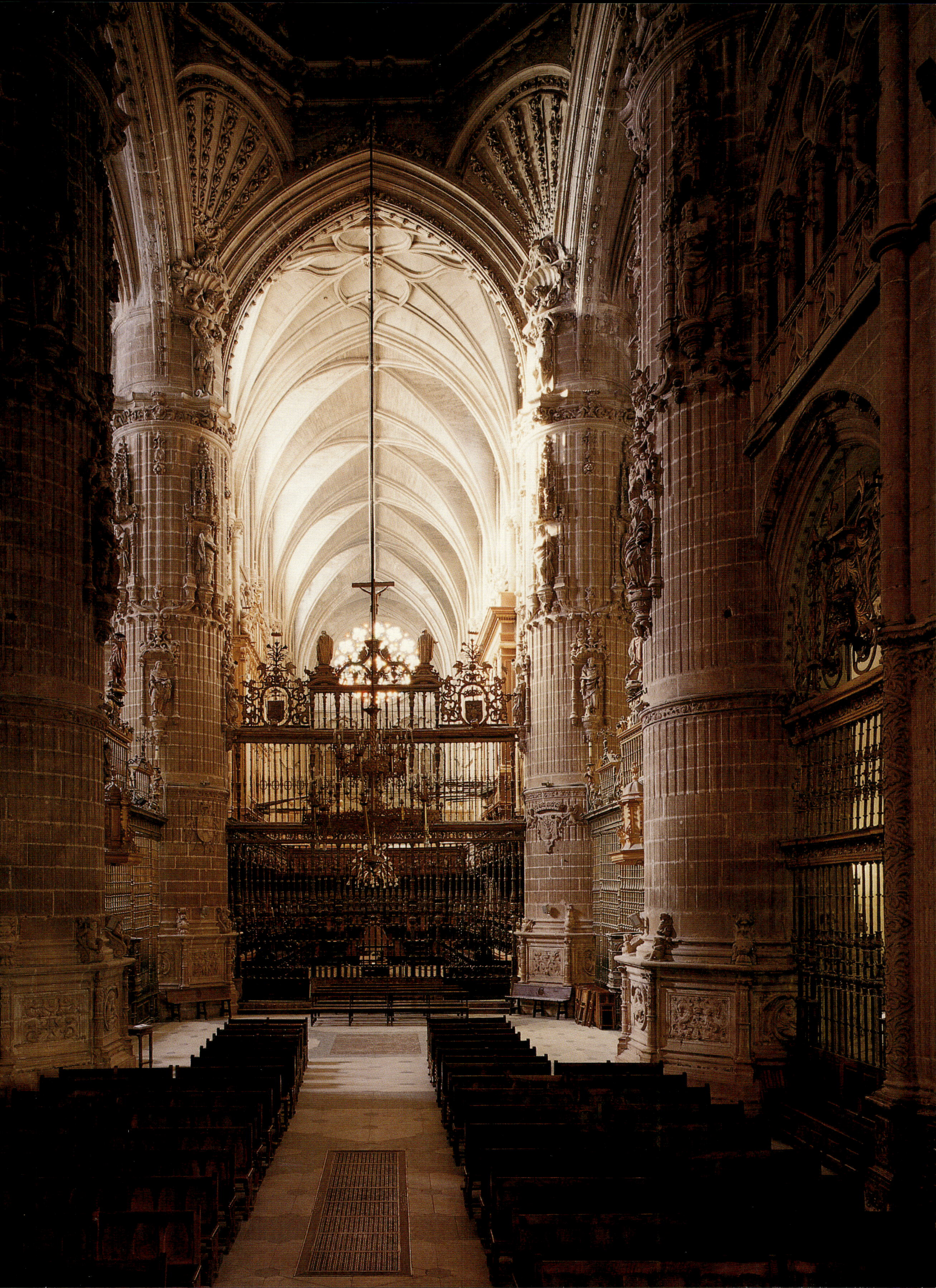

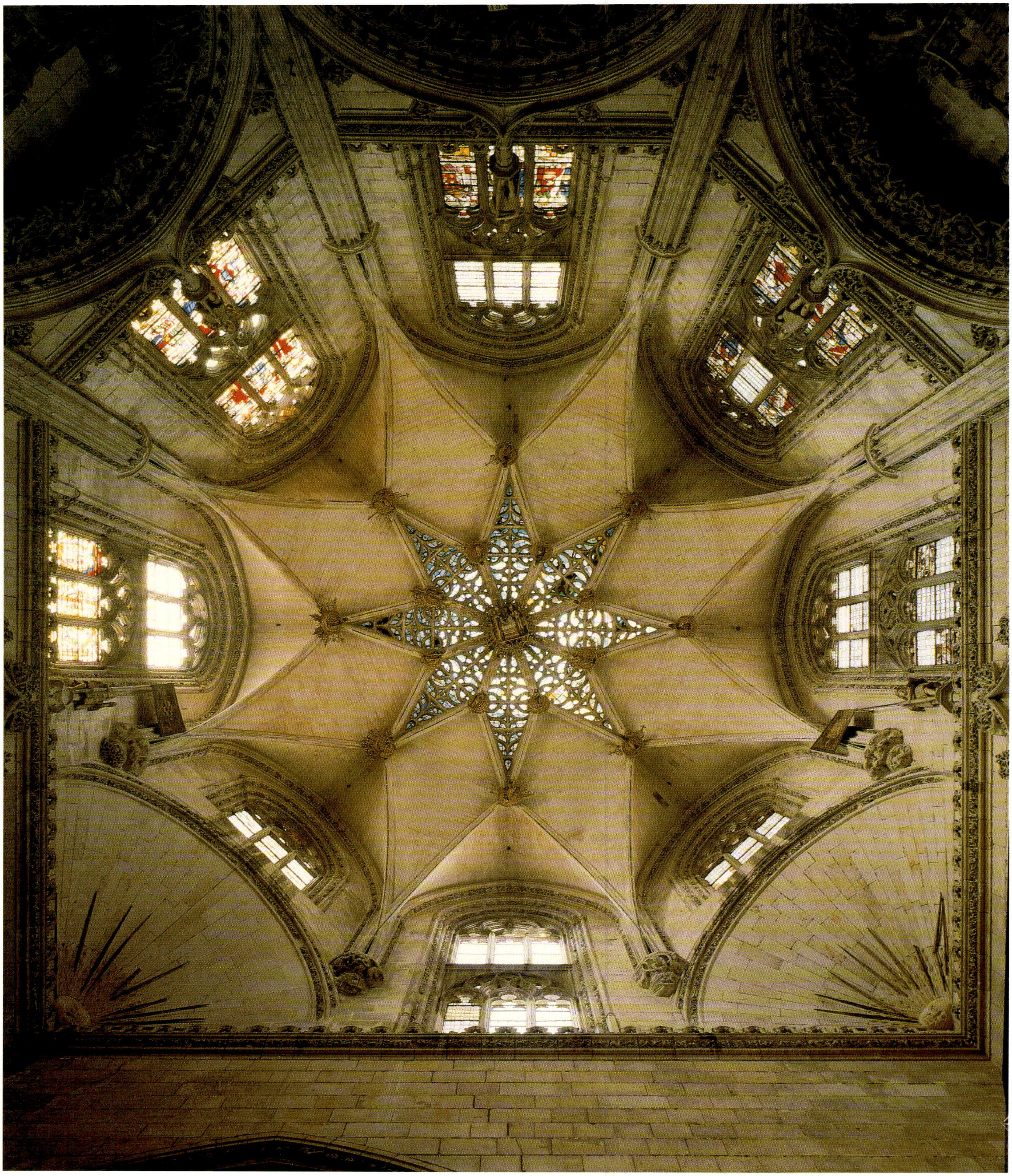

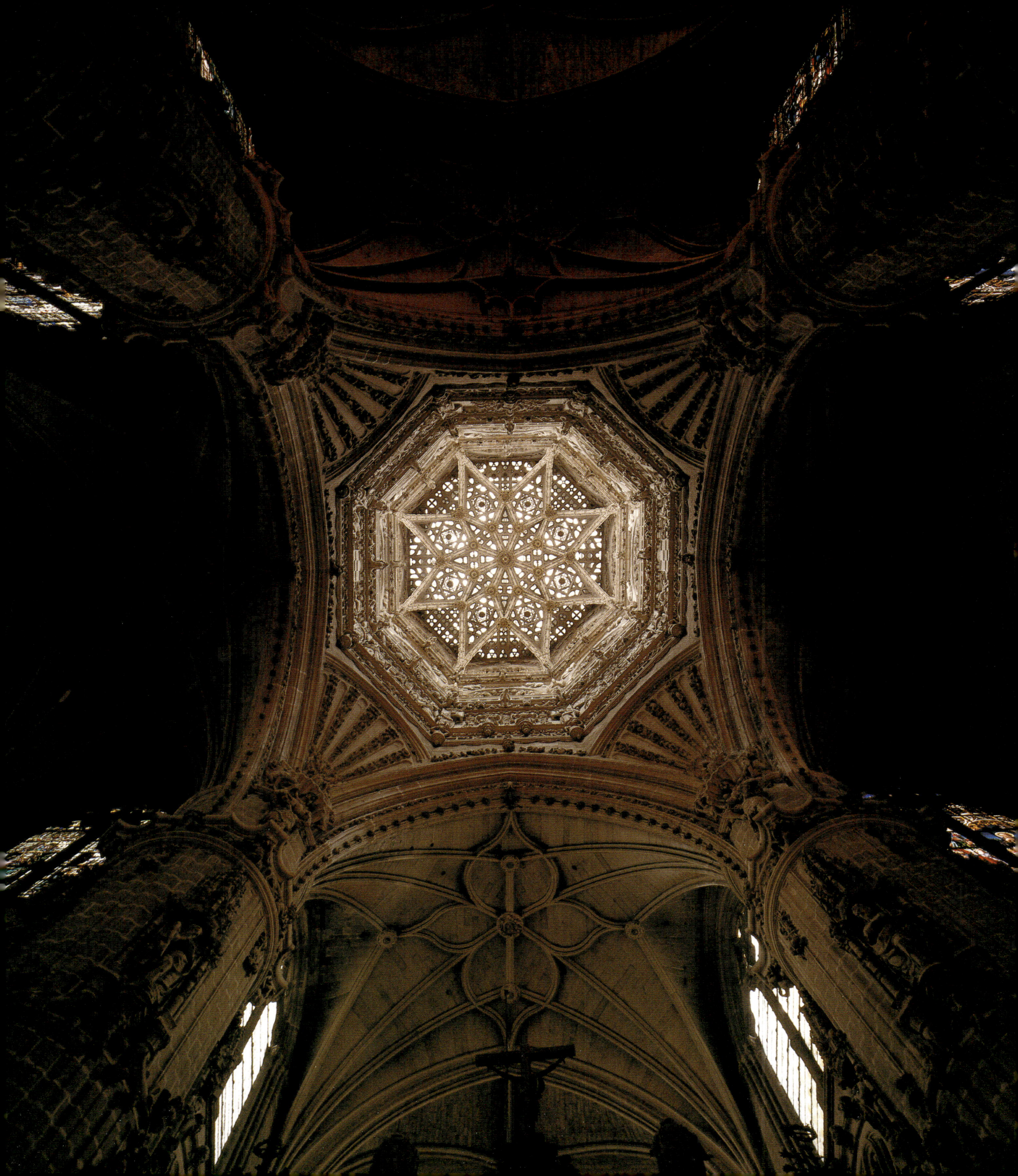

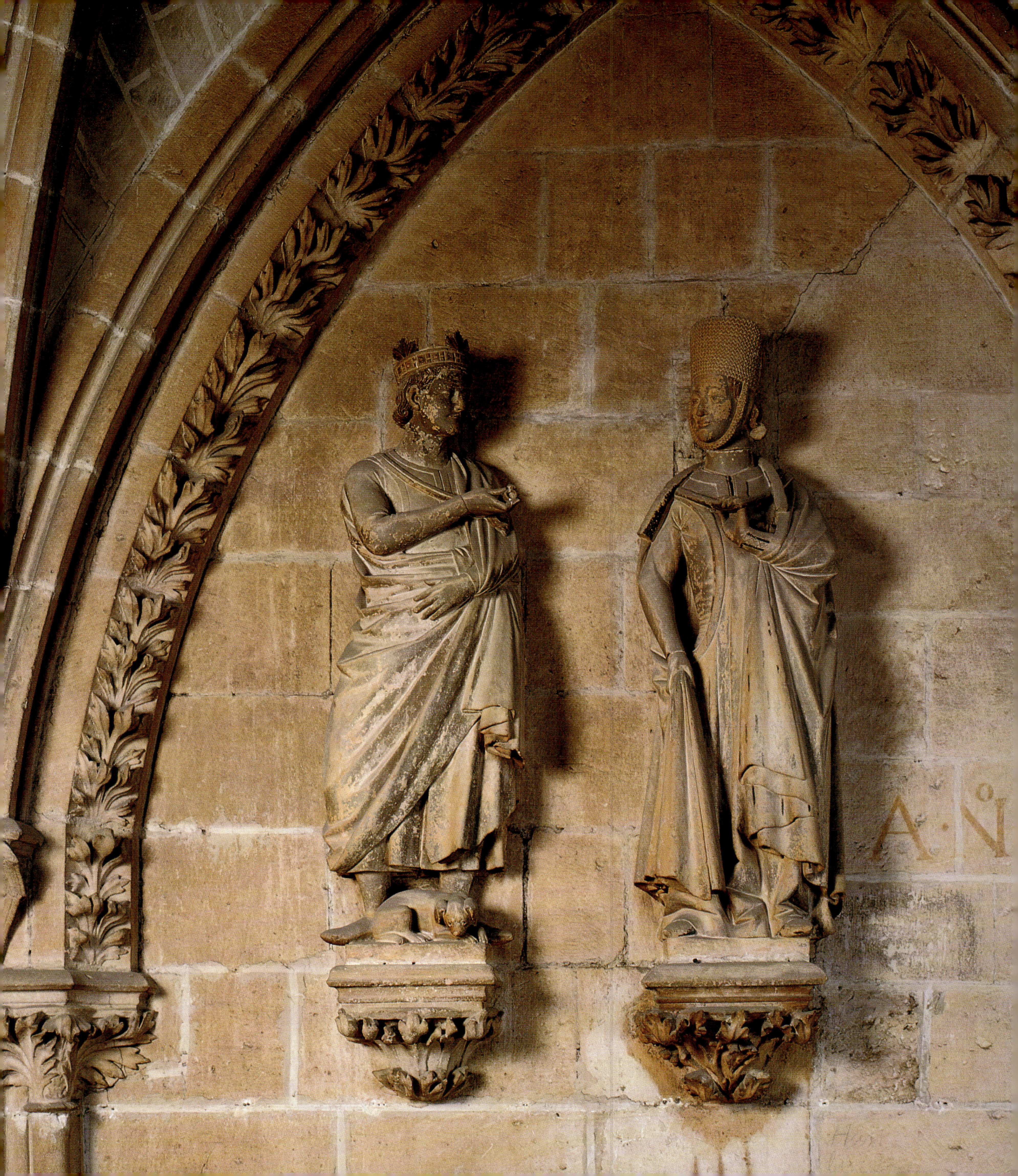
A·Nº

85.
El claustro, restaurado hacia 1900 por Vicente Lampérez, es ciertamente magnífico, pero aún es más admirable la serie de esculturas del siglo XIV que reúne, destacando por su tamaño y belleza, las figuras de Alfonso X el Sabio y su esposa Violante de Aragón, a la que ofrece un anillo. Ésta es, seguramente, una de las esculturas femeninas más refinadas y elegantes del arte medieval español.

86.
La arquitectura del claustro alto está constantemente enriquecida por figuras aisladas o grupos, como este que guarnece uno de los pilares de esquina con dos parejas de personajes que hablan entre sí, en los que se ha querido ver a los infantes de Castilla, repitiendo todos ellos gestos muy similares para ceñirse la capa.

87.
Detalle del sepulcro del obispo Mauricio, quien puso la primera piedra de la catedral gótica en 1221. La escultura es de madera y está recubierta por chapa de cobre dorada y repujada, en la que se engastan esmaltes de Limoges, labrado todo ello en 1260. El sepulcro estuvo inicialmente en la cabecera rodeado por la sillería coral, hasta su traslado a la nave mayor en el siglo XVI.

88.
Detalle del batiente de la puerta de entrada al claustro desde la catedral con una visión característicamente medieval del Descensus ad Inferos *de Cristo, donde las almas de los justos esperan al Redentor. El relieve, de claro estilo flamenco, es atribuido por algunos autores a Gil de Siloé (siglo XV).*

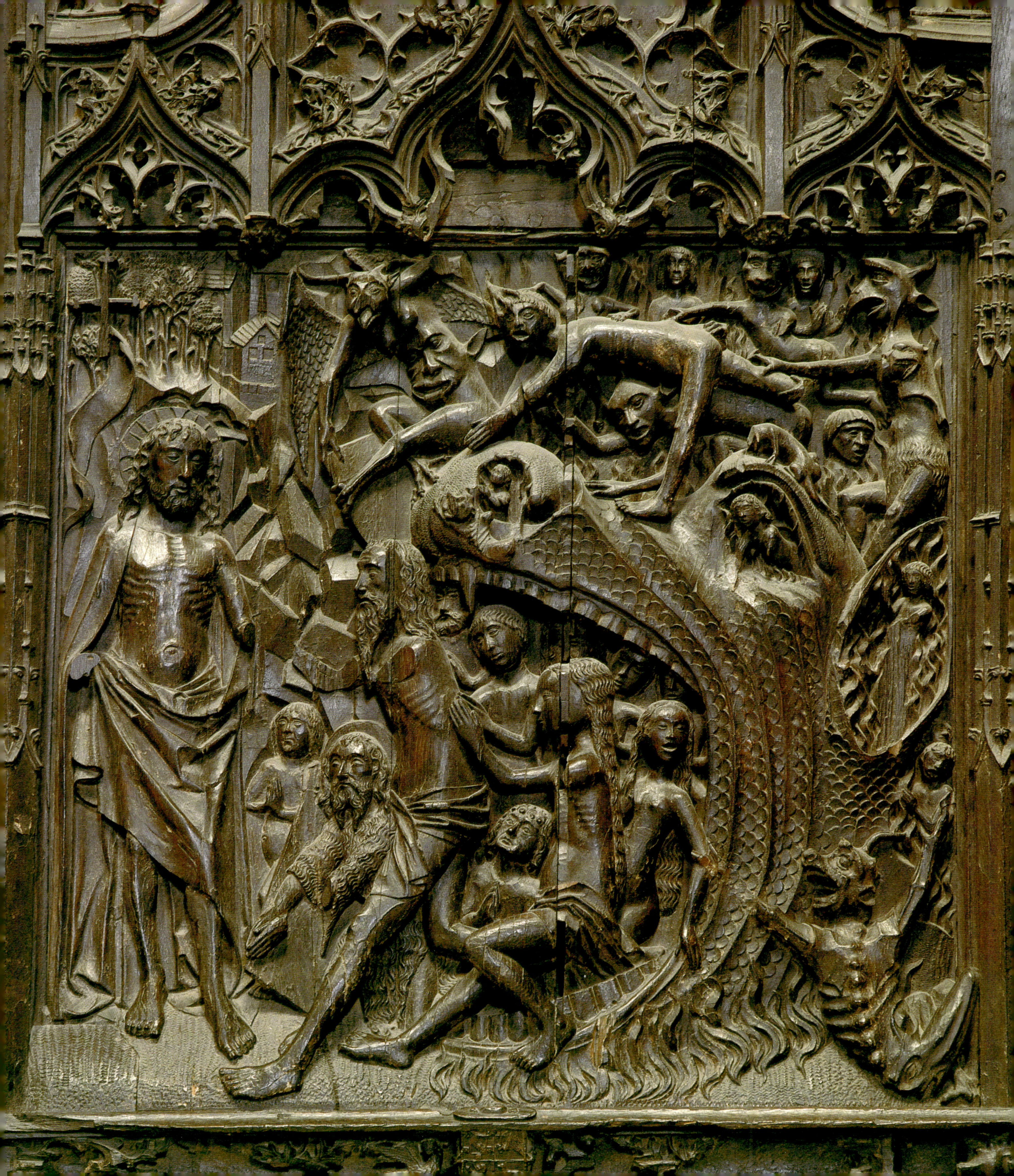

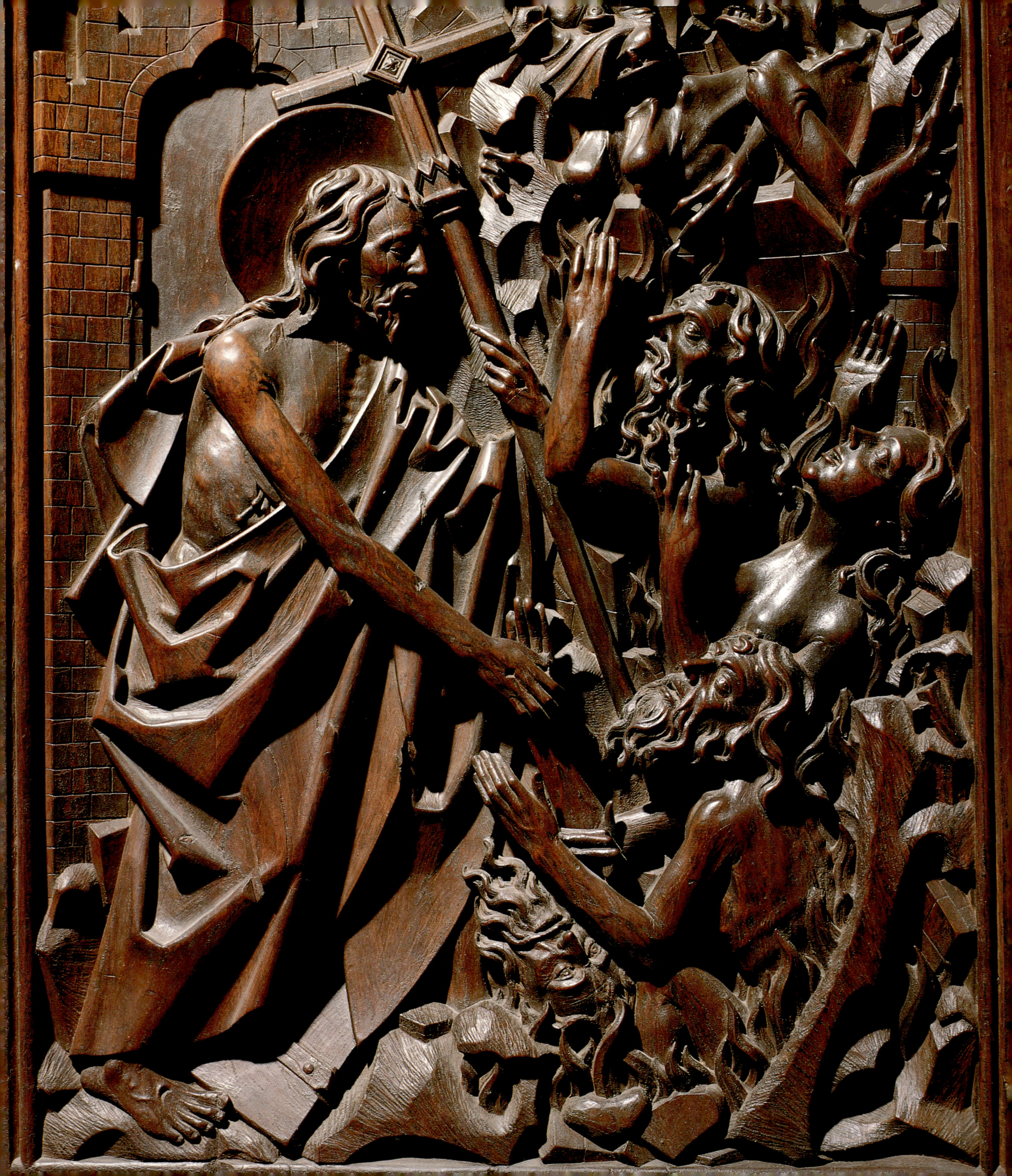

León: Alfonso X el Sabio y el Obispo don Martín

La catedral gótica de León pertenece a la segunda mitad del siglo XIII, coincidiendo con el reinado de Alfonso X el Sabio, y tuvo como principal impulsor al obispo don Martín Fernández, de muy largo pontificado (1254-1289). Este prelado era al tiempo notario real y gozaba de la amistad del monarca, sabiendo atraerse el favor regio en cuantas ocasiones tuvo para recabar fondos con destino a la obra. Así, en 1258, había conseguido del monarca la mitad de las tercias y diezmos del obispado para las primeras obras de la catedral, obteniendo más tarde (1277) la exención de todo tipo de tributos y servicios para veinte canteros, un vidriero y un herrero que trabajaban en la catedral, tal y como atestigua un viejo pergamino de su archivo que dice: "Sepan cuantos esta carta vieren cómo yo don Alfonso, por la Gracia de Dios Rey de Castilla, de León, de Toledo, de Galicia, de Sevilla, de Córdoba, de Murcia, de Jaén y del Algarve, por hacer bien y merced al cabildo de la Iglesia de León y por voluntad que he de hacer bien y algo en la obra de su Iglesia, eximo a veinte pedreros, un vidriero y un herrero, mientras labraren en la obra, de todo pecho y de todo pedido y de fonsadera y del servicio que es tanto como una moneda que me prometieron dar cada año...".

Igualmente llevó a los concilios de Madrid (1258) y Lyon (1273) sus necesidades para financiar la catedral de Santa María de León *quae de novo construitur* (que de nuevo se está construyendo), es decir, dejando atrás la catedral románica cuya cimentación se aprovechó en buena parte del cuerpo de la iglesia. El propio don Martín cedió, al morir, todos sus bienes a la catedral, sucediéndole en la sede episcopal don Fernando (1289-1301), bajo quien avanzó mucho la obra hasta el punto de darse por prácticamente terminada al comienzo de la prelatura de don Gonzalo Osorio (1301-1313). El tiempo corto en que la obra se hizo le dio a la catedral una unidad envidiable, al margen de la forzada por su restauración en el siglo XIX.

Sobre quiénes fueron los autores de la traza poco podemos decir, aunque resulta fácil asegurar que procedían de Francia y conocían bien los modelos de Chartres, Reims y Amiens, es decir, de la arquitectura gótica de la primera mitad del siglo XIII, si bien aquí abordarían soluciones nuevas, sin duda más atrevidas, aprovechando las dimensiones reducidas de la catedral leonesa. A nuestro juicio, León ensaya algunas fórmulas que van más allá de los ejemplos citados y en este sentido se coloca en la vanguardia de la arquitectura gótica europea, en la arriesgada aventura de aligerar masa y reducir superficies murales. Con la catedral de León y la arquitectura gótica europea viene a repetirse, *mutatis mutandis*, lo sucedido con Santiago de Compostela: el Camino de Santiago condujo a los artífices de estos singulares proyectos que, si en el siglo XII para la catedral compostelana se relacionaban con las iglesias francesas de peregrinación, ahora, en León, se inspiraron en los prototipos franco-champañeses que conocían muy directamente.

Sin saber con certeza absoluta a quién puede deberse este bellísimo proyecto de la catedral de León, cada vez cobra mayor protagonismo el nombre del maestro Enrique, muerto en Burgos en 1277, de cuya catedral también fue maestro. En ambas ciudades le sucedió Juan Pérez hasta su muerte, ocurrida en la capital burgalesa en 1296, constando expresamente que era "Maestre de la obra de Santa María de Regla" de León. Tanto si el maestro Enrique fue el autor de las trazas y Juan Pérez, su discípulo, quien dirigió la obra, como si son otros los nombres que tuvieron esta responsabilidad, la propia catedral proclama por sí misma ser de ascendencia francesa, aunque con algunos rasgos que podríamos llamar hispánicos.

El templo muestra lo que podría ser el proyecto ideal de una catedral gótica, con sus tres naves cerradas con bóvedas cuatripartitas, cabecera profunda para instalar el coro, girola con capillas y un crucero también de tres naves. A los pies de la catedral y flanqueando las naves colaterales arrancan dos poderosas torres que nos hacen pensar más en la solución vista en la catedral de Santiago que en los modelos franceses, donde las torres se levantan generalmente sobre el primer tramo de las naves laterales, dando lugar a una fachada prieta entre torres. Aquí, por el contrario, son torres de flanqueo muy poderosas en su volumen y prácticamente ciegas en su arranque, convirtiéndolas en torres fuertes como lo eran las de Sigüenza que, al igual que las de Ávila y otras análogas, son la antítesis de las esbeltas y caladas torres del gótico francés. Éste es uno de aquellos que hemos llamado rasgos hispánicos.

Los alzados interiores dejan ver un programa tan sencillo como clásico dentro de lo que es la composición de la catedral gótica, prestándole aquel equilibrio

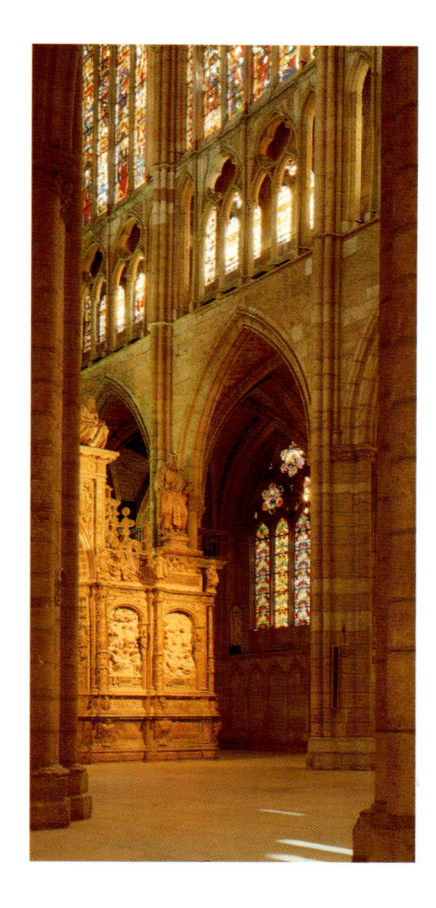

90.
Detalle de la nave central con un fragmento del trascoro.

89.
Detalle de la sillería de la catedral de León con la escena de la Bajada a los Infiernos de Cristo resucitado. La sillería, comenzada por un Maestro Enrique, se debe sustancialmente al flamenco Juan de Malinas (1467), si bien la terminación corrió a cargo de otros escultores, como el maestro Copín, también de probable origen flamenco.

y simplicidad que admiraba don Miguel de Unamuno: "La catedral de León se abarca de una sola mirada y se la comprende al punto. Es de una suprema sencillez y, por lo tanto, de una suprema elegancia. Podría decirse que en ella se ha resuelto el problema arquitectónico, a la vez de ingeniería y de arte, de cubrir el mayor espacio con la menor cantidad de piedra. De donde su aérea ligereza y aquellos grandes ventanales, cubiertos de vidrieras con figuraciones polícromas, donde la luz se abigarra y se alegra en tan diversos colores".

Esta ingrávida visión del interior se debe a la ligereza de los apoyos y al modo en que la luz penetra por los tres niveles de arcos, esto es, los de separación de las naves, los del triforio y, finalmente, a través del claristorio. Los elementos ciegos han quedado reducidos a su mínima expresión dominando los grandes vanos que traducen la luz blanca en polícroma atmósfera. Éste es el secreto último de la catedral de León que sus restauradores, en el siglo XIX, supieron interpretar con el máximo acierto, reabriendo huecos que el terremoto de Lisboa (1755) había obligado a cerrar y devolviéndole a la catedral su luz interior. En este punto no me resisto a transcribir la aguda observación del anónimo autor de *La Pícara Justina* (1605), cuando habla de la luz en la catedral de León: "Aunque entré dentro de la iglesia, yo, cierto que pensé que aún no había entrado, sino que todavía estaba en la plaza, y es que como la iglesia está vidriada y transparente, piensa un hombre que está fuera y está dentro...".

Aquí el mundo de la vidriera jugó, efectivamente, un papel principal al convertir los frágiles vidrios emplomados en complemento arquitectónico que, cerrando finalmente el edificio, permite el paso de la luz. Una luz que deja de ser natural para transformarse en una luz gótica, si es que la luz tiene épocas y estilos. Puede decirse que las vidrieras de la catedral de León resumen buena parte de la historia de la vidriera en general, desde el siglo XIII hasta el siglo XX. Desde que allí trabajaron los maestros Adam, Fernán Arnol y Pedro Guillermo en las primeras vidrieras del siglo XIII (claristorio, capillas de la girola y parte de los rosetones de la fachada principal y del claustro), hasta las últimas restauraciones llevadas a cabo en los años noventa del siglo XX, todas las épocas han añadido o reformado algo en este singular conjunto. Así, durante los siglos XIV y XV, este último muy especialmente, se fue completando la serie de ventanales bajos y el claristorio, destacando la labor del vidriero, posiblemente flamenco, Juan de Arquer, cuyas figuras revelan un goticismo de origen nórdico (claristorio del presbiterio, crucero y parte de la nave central). A este maestro siguieron otros como Alfonso Díez, Valdovín y Anequín, estos dos últimos trabajando sobre dibujos del pintor Nicolás Francés quien, por estos años de 1427-1434, pintaba parte del retablo que hoy ocupa la capilla mayor con escenas de la vida de la Virgen y del santo obispo leonés san Froilán. No obstante, la restauración de la catedral de León obligó a desmontar todas las vidrieras debiéndose al arquitecto Juan Bautista Lázaro la nueva disposición, completando y haciendo gran parte de ellas nuevas, como todas las que corresponden al triforio y la mayor parte de las naves laterales, en las que aparecen bellísimos motivos premodernistas.

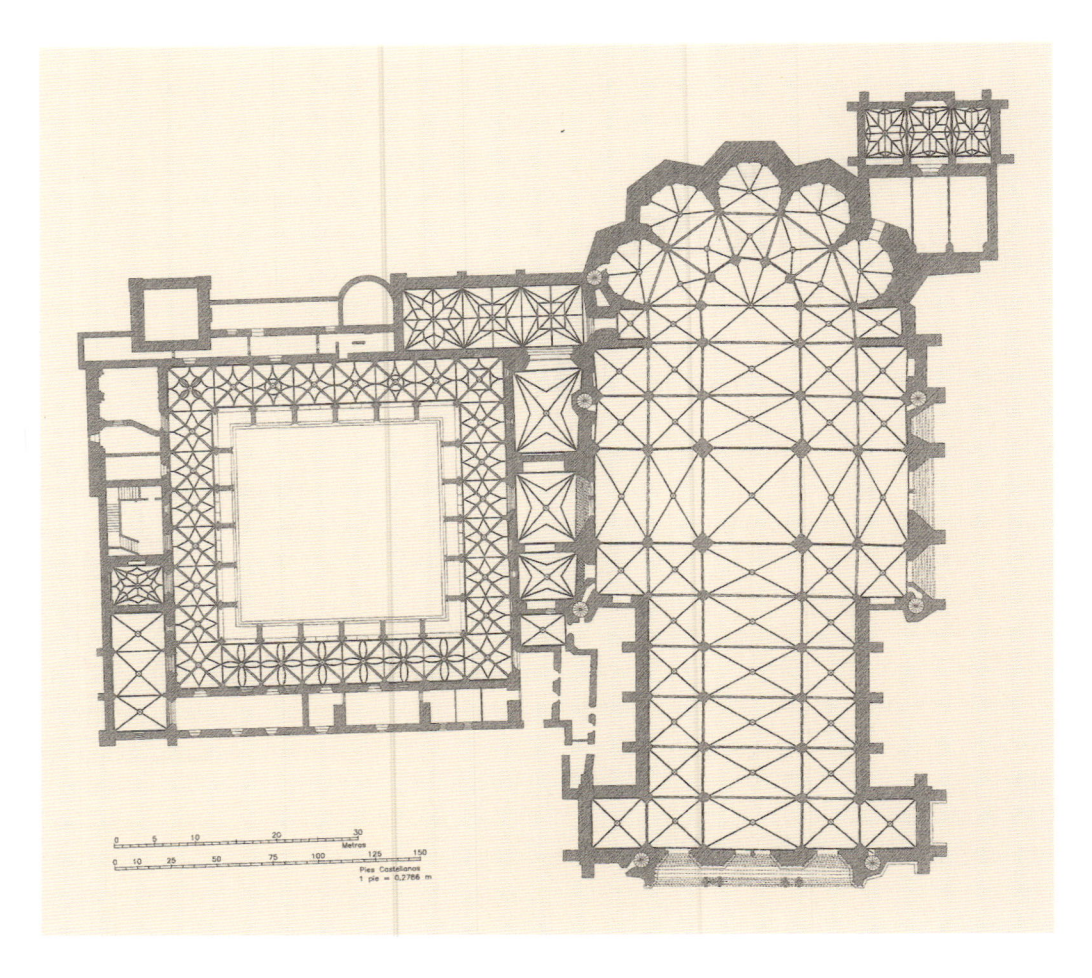

Ocupando dos tramos de la nave central e inmediato al crucero se halla el magnífico coro que, originalmente, se encontraba en la profunda cabecera de la catedral. La sillería fue comenzada por Juan de Malinas en 1467, si bien fue el maestro Jusquín quien

91.

Planta de la catedral de León con el claustro y la sacristía. El templo se trazó para albergar en la cabecera la sillería del coro, según los modelos franceses, como así fue hasta su traslado a la nave central en el siglo XVIII. (Planta de M. D. Sáenz de Miera y C. Vallejo.)

92.

Vista general de la catedral, donde la obra gótica del siglo XIII y la neogótica del siglo XIX se funden y se confunden. Como en Santiago de Compostela, las dos potentes torres tienen una ubicación muy hispánica, flanqueando las naves laterales en lugar de ir sobre ellas, como en lo francés, de tal manera que la nave central crece exenta y airosa.

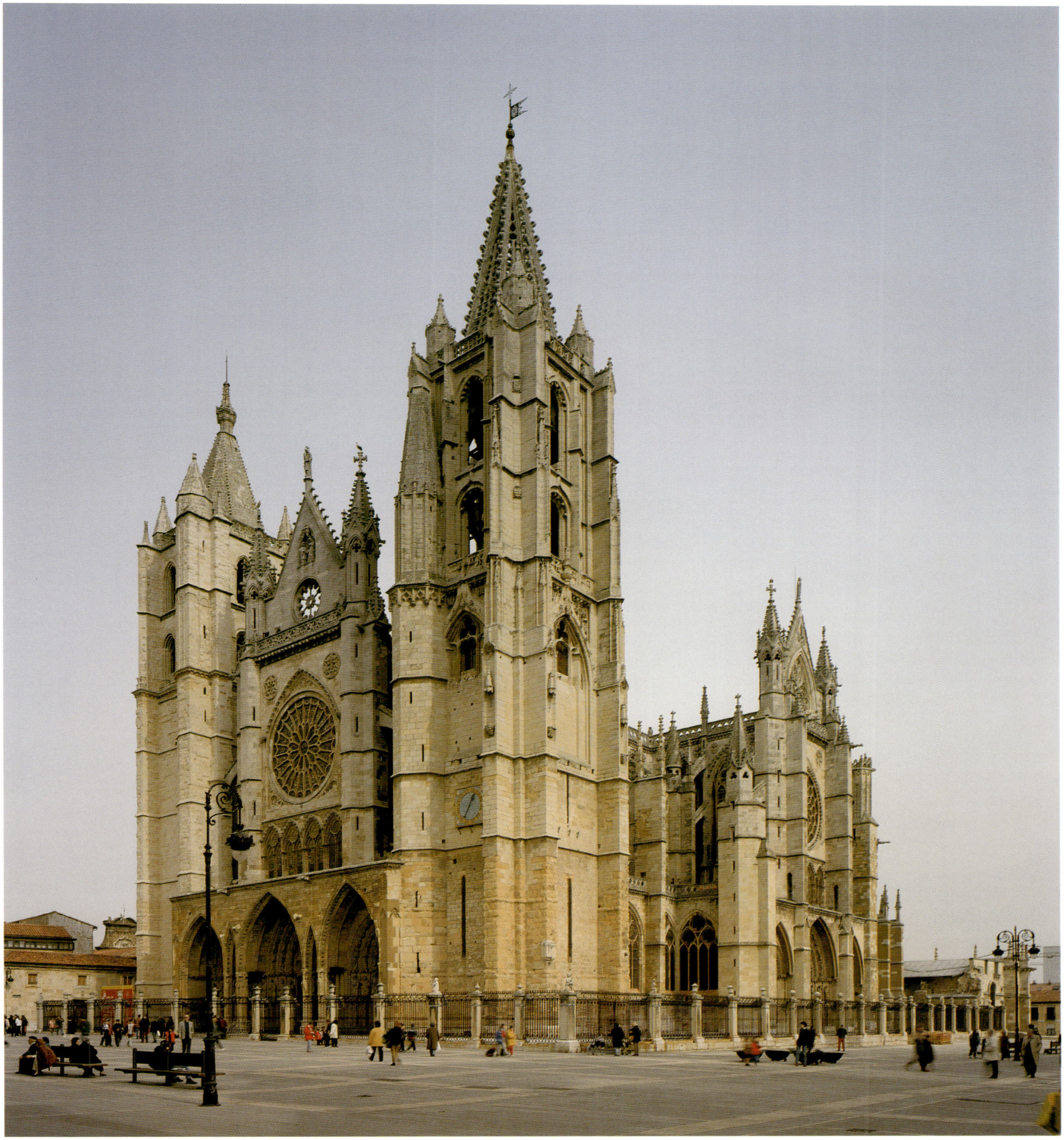

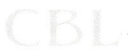

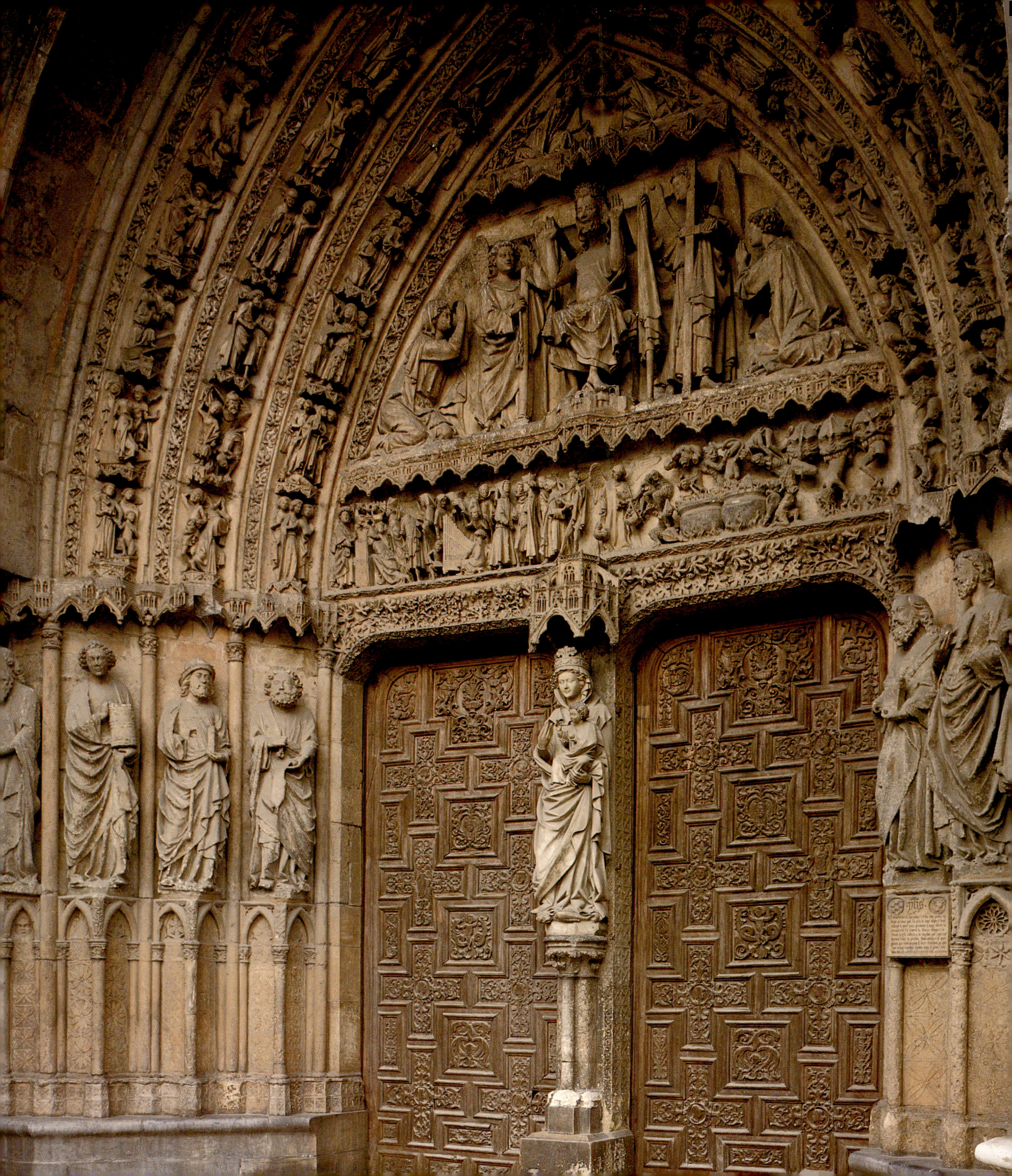

la dirigió, colaborando otros artífices como Diego Copin y Alfonso Ramos. En el siglo XVI se intentó trasladar el coro a la nave central para que los fieles pudieran seguir mejor los oficios litúrgicos, pero Felipe II, según se ha dicho más arriba, negó el permiso por medio de una Provisión Real que se conserva en el Archivo Municipal de la ciudad. El cabildo de la catedral se contentó entonces con hacer el trascoro, obra de Baltasar Gutiérrez (1576), con relieves excelentes de Esteban Jordán, hasta que, en el siglo XVIII coro y trascoro pasaron a la nave mayor en la forma en que hoy los vemos. Cuenta con una silla para el rey y otra para el obispo, sillería alta para los canónigos y baja para los beneficiados, llevando todos los respaldos bellísimos relieves con escenas bíblicas, santos y un sinfín de grupos "moralizantes" en las misericordias de los asientos, todo de un finísimo gusto hispano-flamenco.

La catedral gótica fue conociendo modificaciones y adiciones que corrieron a cargo de distintos maestros, especialmente a partir del siglo XV cuando gran parte de las catedrales españolas, dando la espalda al gusto gótico francés, quisieron sumarse a la moda que se impone en Europa sobre modelos flamencos y germanos, como ya se ha visto en el propio coro. Así, bajo la prelatura del obispo Cabeza de Vaca (1440-1459) llegó a León el maestro Jusquín (¿de Holanda?) que tuvo a su cargo las obras de la catedral de 1445 a 1468, siendo lo más notable de su maestría el cuerpo añadido a la torre del Reloj, donde creció una aguja calada de recuerdo burgalés. La etapa de la catedral gótica propiamente dicha culmina ya dentro del siglo XVI con la presencia de un singular maestro, Juan de Badajoz, llamado el Viejo para distinguirlo de su hijo al que conocemos como el Mozo. El primero desempeñó la maestría desde 1499 hasta su fallecimiento en 1522, habiéndose formado al calor de aquel gótico final con mucho de barroquismo, como puede verse en la formidable puerta llamada del Cardo, en la girola. Pero lo más importante de su paso por la catedral fue la librería o biblioteca de la misma, de hermosísima traza gótica y que hoy conocemos como capilla de la Virgen del Camino, si bien nunca fue pensada para tal. La magnitud de esta obra, como biblioteca capitular, no tiene antecedentes dentro ni fuera de nuestro país y revela la importancia que en el ámbito catedralicio alcanzó este elemento básico en la nueva cultura del Renacimiento, cuyo mentor parece haber sido el obispo don Alonso de Valdivieso que murió sin haber podido ver acabada la obra con los libros en sus armarios (1516).

El más joven de los Badajoz, ya en pleno siglo XVI pero arrastrando todavía muchas formas de hacer característicamente góticas, trazó y dirigió la obra del nuevo claustro, entre 1539 y 1544, que se levantaba sobre otro anterior. Su aspecto general es el de una obra gótica seguida muy de cerca por perfiles, molduras y remates propiamente renacentistas y platerescos, siendo sobre todo su amplitud, escala y luminosidad los elementos que le delatan su pertenencia al siglo XVI. Más claramente renacentista resulta la monumental escalera de tres tiros que el mismo Badajoz *el Mozo* trazó para acceder a la sala capitular que, con las salas destinadas hoy a museo, rodean este ámbito claustral. Siendo muchas las cosas que dentro y fuera del museo cabe ver y no habiendo dicho nada de la colección de sepulcros notables con los que cuenta la catedral, comenzando por el de Ordoño II, desearía cerrar este epígrafe leyendo el epitafio que sostiene un ángel en el sepulcro del canónigo Juan de Grajal, fallecido en 1447, que se encuentra en el claustro y es obra primorosa del maestro Jusquín. Viene a decir así, en su traducción del latín al castellano: "Quienquiera que seas y contemplas la apariencia de este pequeño mármol, mira dónde lleva la vana gloria del mundo. Fui canónigo de León y estudié leyes para proteger a los necesitados; un nombre cubierto de títulos y unas sienes coronadas de laurel proclaman mi amor a la justicia. Pero ¿para qué sirven tantos honores y la multitud desolada de amigos y deudos? Nadie puede ayudarte en este trance. Mi patria fue Grajal y Juan tuve por nombre. Mi espíritu sube a lo alto, aquí quedan los huesos bajo la piedra".

Habrá extrañado al lector que no se hayan mencionado hasta aquí las conocidas fachadas de la catedral, pero es que fueron tan fuertemente alteradas durante el siglo XIX que su condición neogótica exige matizar su presentación. Así, en la fachada principal hemos de distinguir el bellísimo pórtico que, aunque retocado, conserva la primitiva organización de su triple portal, separado por dos apuntadísimos arcos —uno de los cuales cobija el singular *Locus apellationis*— que recuerdan soluciones vistas en la fachada sur de la catedral de Chartres, donde hallamos una organización porticada análoga. La portada central está dedicada al Juicio Final, la de la derecha o de San Francisco a la Coronación de la Virgen, y la de la izquierda o de San Juan recoge escenas varias de la

93.

La portada central de la fachada principal, del siglo XIII, está dedicada al Juicio Final, cuyo tema se desarrolla en el tímpano que preside el Cristo Juez. Al mismo maestro se deben los relieves del dintel, mientras que un segundo maestro, vinculado a modelos franceses de Amiens, realizó algunas figuras del tímpano y, sobre todo, la Virgen del parteluz, cuyo original se encuentra hoy en el interior de la catedral.

vida de la Virgen y de la infancia de Jesús. Multitud de figurillas en las arquivoltas y estatuas de apóstoles y profetas bajo sus arranques, destacando entre todas la llamada Virgen Blanca que preside el parteluz de la portada principal, hoy copia del original que se conserva en una de las capillas de la girola.

Por el contrario, el remate y tratamiento de esta fachada al igual que toda la fachada meridional, con su piñón apuntado para una cubierta inexistente, se debe al proyecto de Juan de Madrazo (1876) luego ejecutado por Demetrio de los Ríos (1892), según hemos estudiado en otro lugar. Con todo, la obra de los arquitectos restauradores, desde Laviña a Lázaro, en el siglo XIX y los que a éstos siguieron hasta nuestros días, ha permitido mantener la catedral con su inconfundible silueta a la que se refería Vallé-Inclán en la *Rosa del caminante*:

Álamos fríos en un claro cielo
azul, con timideces de cristal.
Sobre el río la bruma como un velo
y las dos torres de la catedral...

94.
La portada de la derecha de la fachada principal, llamada de San Francisco, está dedicada a la Coronación de la Virgen y lleva, como las demás, una serie de esculturas en su embocadura, de muy distinta mano y estilo, siendo dudoso que se concibiesen todas para este lugar dada la diferencia de altura (Simeón, la Sibila Eritrea y el Salvador).

En las páginas siguientes:

95.
La llamada Virgen Blanca, que hoy se conserva en la capilla central de la girola, estuvo en su día en el parteluz de la portada principal. Sin duda, es obra de un maestro gótico del siglo XIII, pero se revelan en ella muchos arcaísmos, pues, pese a su amable sonrisa, subyacen la frontalidad, la rigidez y la incomunicación de los modelos románicos.

96.
Grupo de los bienaventurados amablemente recibidos ante la puerta del cielo, en el dintel de la portada del Juicio Final. Obsérvese la elegancia de las actitudes y las ropas, así como la presencia de la música celestial a través de la representación de un órgano cuyo ejecutante está desenfadadamente de espaldas al espectador, dejando ver en cambio al ayudante que maneja el fuelle. En el grupo de la derecha se ha querido ver a san Francisco y a santa Clara en conversación con un rey.

97.
En contraste con el grupo de los bienaventurados, la escena del infierno no puede ser más terrorífica. Cabezas monstruosas provistas de una espectacular dentadura engullen los cuerpos de los condenados sobre un mundo en llamas. El realismo expresionista de estas figuras aumentaría de conservarse la policromía de las portadas, de la que restan algunos vestigios.

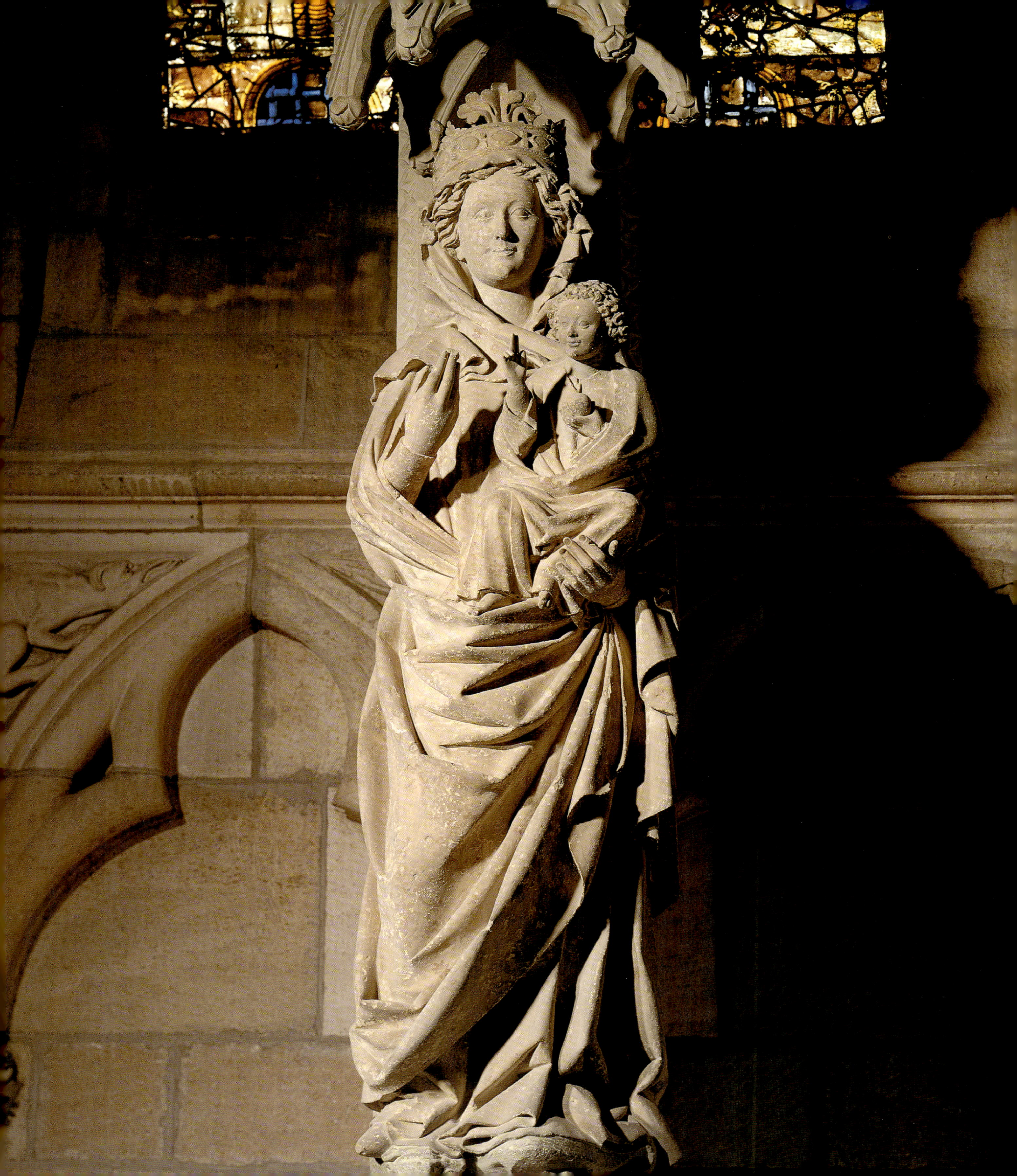

114

115

98.
Detalle del flanco sur de la nave mayor, donde puede apreciarse la amplitud de su claristorio, que deja reducido el muro a su mínima expresión. La delgadez de los arbotantes contribuye a hacer de la catedral gótica de León una de las obras más esbeltas y frágiles de la arquitectura gótica rayonnante.

En las páginas siguientes:

99.

En la restauración del siglo XIX se abrieron luces en el triforio, de tal modo que éste y el claristorio hacen del interior de la catedral un verdadero fanal donde la luz entra por tres niveles diferentes (hay que tener en cuenta la luz que llega también a través de las naves laterales). Las bóvedas cuatripartitas de la nave, al igual que las del resto del templo, fueron desmontadas y reconstruidas en el siglo XIX.

100.

Vista desde los pies de la nave mayor donde el trascoro sale a nuestro encuentro. El coro se trasladó a la nave en el siglo XVIII, hasta entonces estuvo en la cabecera de la catedral. El trascoro es obra de Baltasar Gutiérrez (1576), con relieves excelentes de Esteban Jordán.

101.

Bóveda sobre la capilla mayor. Las vidrieras del claristorio se deben en buena parte al maestro Juan de Arquer, probablemente flamenco, cuyas figuras revelan un goticismo de origen nórdico (siglo XV).

102.

Las vidrieras de la catedral de León resumen la historia de la vidriera desde el siglo XIII hasta el siglo XX; desde que trabajaron los maestros Adam, Fernán Arnol y Pedro Guillelmo en las primeras vidrieras del siglo XIII, hasta las últimas restauraciones llevadas a cabo en los años noventa del pasado siglo. No obstante, la restauración de la catedral de León en el siglo XIX obligó a desmontar todas las vidrieras; al arquitecto Juan Bautista Lázaro se debe la nueva disposición, completando y haciendo gran parte de ellas nuevas, como todas las que corresponden al triforio y la mayor parte de las naves laterales.

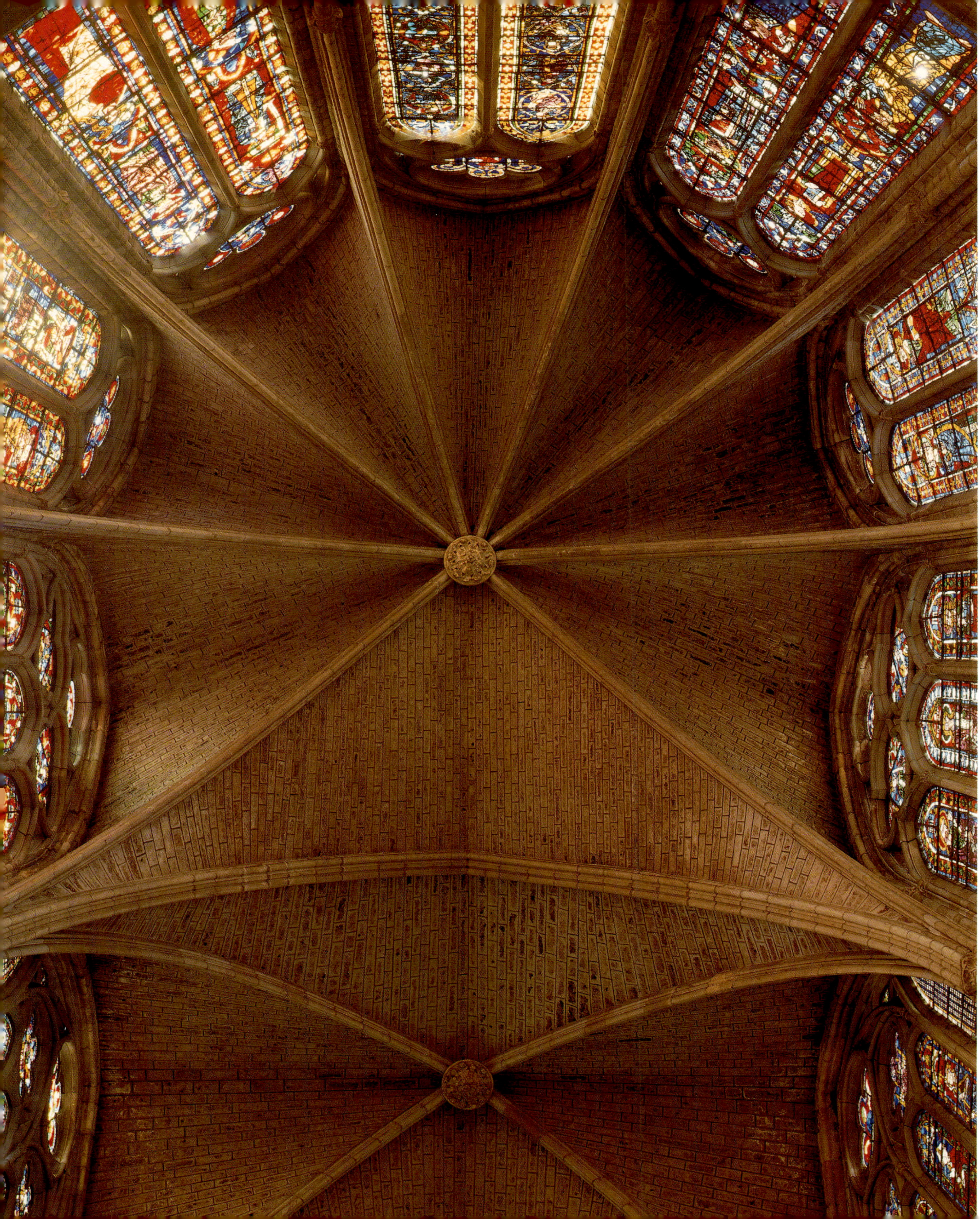

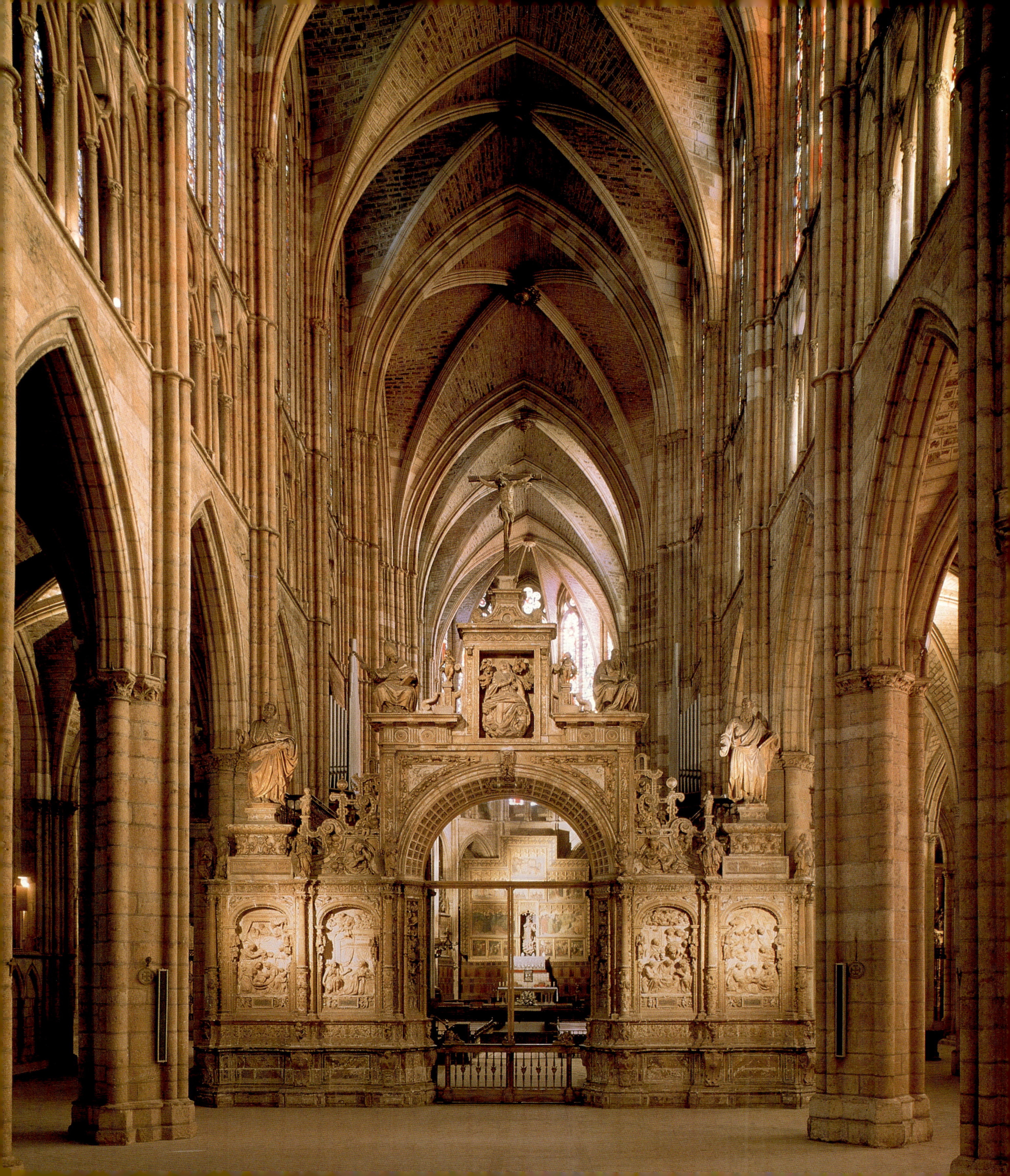

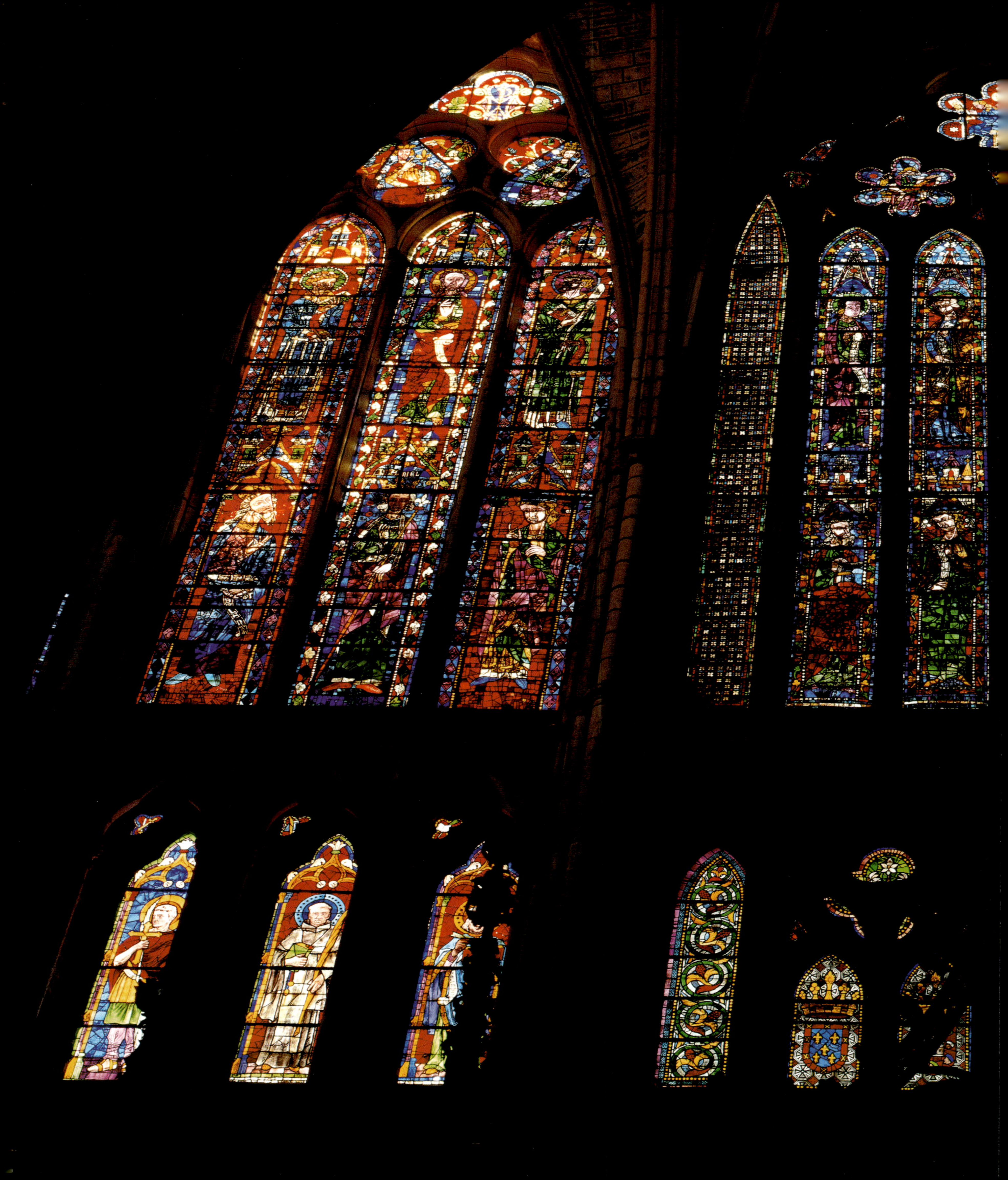

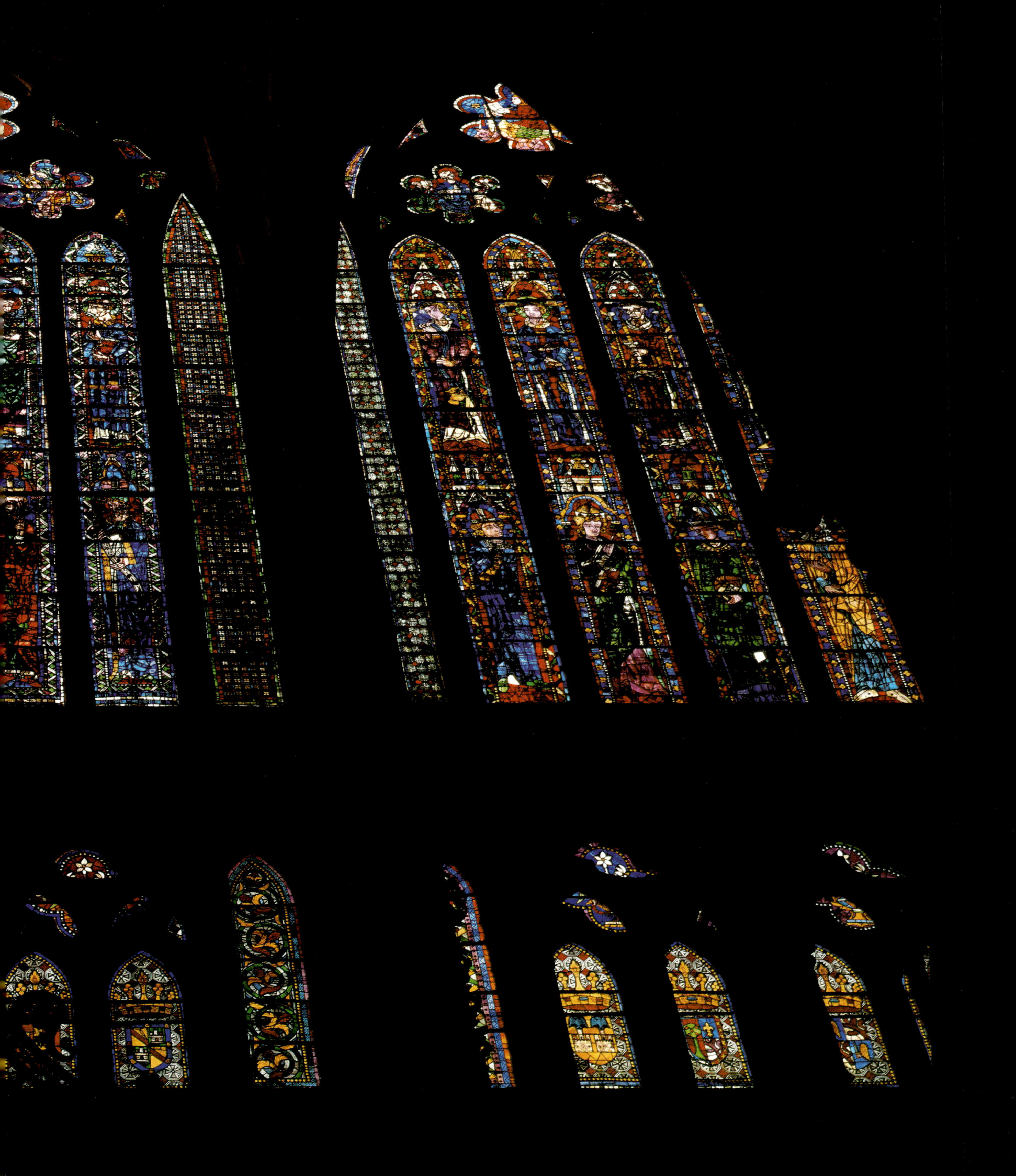

103.
Respaldo de la sillería baja de los racioneros o beneficiados, con la figura del rey David que está tocando una suerte de arpa o salterio para acompañarse en el canto de los salmos. Obra de Juan de Malinas (siglo XV).

104.
Respaldo de la sillería baja, inmediata a la de David, en la que el rey Salomón está tocando igualmente un instrumento. Obra de Juan de Malinas (siglo XV).

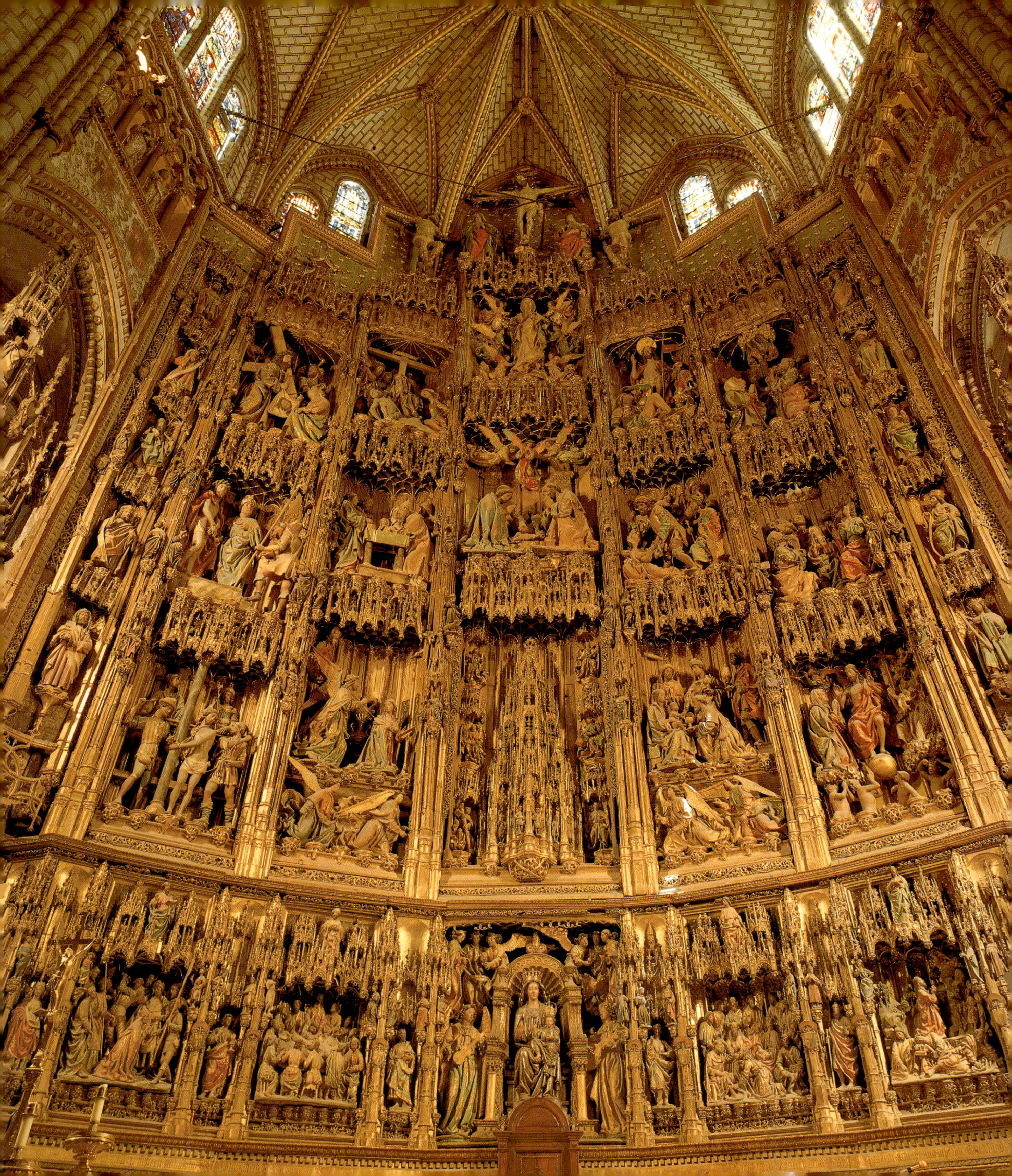

III
El "Modo Español". Toledo y Barcelona

106.
Misericordia de la sillería baja representando a una dama y el unicornio, de Rodrigo Alemán (hacia 1490).

105.
Retablo mayor de la catedral de Toledo con escenas de la vida de Cristo. El arzobispo y cardenal Cisneros reformó el presbiterio de la catedral dotándolo de un espectacular retablo, probablemente el mayor de cuantos se hayan hecho, debido a un grupo de maestros entre los que figuran arquitectos, escultores, pintores y doradores, como Enrique Egas, Pedro Gumiel, Copín de Holanda, Sebastián de Almonacid, Juan de Borgoña y Peti Juan. Se dio por terminado en 1504.

La primera piedra de la catedral de Toledo se colocó en 1226 por Fernando III y el arzobispo Rodrigo Ximénez de Rada, es decir, cinco años después de iniciarse la catedral de Burgos por el mismo monarca, y unos años antes de comenzar la construcción de la catedral de León, ya bajo Alfonso X el Sabio, hijo del rey Fernando III el Santo. Las catedrales de Burgos y León fueron, según se ha dicho, obra de maestros franceses, al igual que sucedió en la de Toledo, sin embargo los tracistas de la Dives Toletana, que importaron de Francia las soluciones constructivas, no trajeron de allí, sin embargo, la forma y disposición de la catedral de Toledo. Ésta es algo que se replanteó aquí de acuerdo con unas exigencias litúrgicas propias y a los mismos constructores les debió de sorprender aquella distribución que en nada se parecía a las que ellos estaban habituados en el vecino país. Se trataba de una forma original y sin antecedentes en la dilatada historia del proyecto de la catedral gótica pero que tendría larga descendencia en nuestro suelo. En efecto, el modelo de Toledo, que no en vano era la Catedral Primada y juega un papel rector en muchas cuestiones de alcance litúrgico, tendrá una influencia decisiva en las futuras catedrales góticas de España. Dos son los elementos que inmediatamente justifican tal diferencia, la brevedad de la cabecera concebida sólo para el altar y la ubicación del coro al otro lado del crucero sobre los primeros tramos de la nave mayor. Así a la disposición de la catedral gótica francesa que ofrece la secuencia "altar-coro-fieles", el "modo español" resuelve el problema de la participación de los fieles en las ceremonias solemnes al dejarle un espacio entre el altar y el coro. Así, a las ventajas de la nueva secuencia "altar-fieles-coro" se añade la posibilidad de utilizar el espacio del trascoro que actúa de nuevo presbiterio para el culto diario u ordinario, tal y como todavía funciona en la catedral de Lugo, igual que lo hemos visto en Sevilla o Palencia, entre otras muchas. De este modo la secuencia completa sería "al-tar-fieles-coro-trascoro-fieles" y así fue en todas las catedrales que a partir de Toledo se levantaron en las coronas de Castilla y Aragón, América española y Filipinas, sin más excepción que el fallido caso de León que viene a confirmar la regla sobre el poder final de los usos litúrgicos sobre la hipotética primacía del proyecto arquitectónico. Ello hizo que la situación de los coros en las catedrales españolas encontrara, después del Concilio de Trento, entendimiento y aceptación en la Sagrada Congregación de Ritos, según se ha dicho anteriormente.

Estas razones hacen que este epígrafe hermane a las catedrales de Toledo y Barcelona, sabiendo que la primera es castellana y la segunda catalana, que una es del siglo XIII y la otra del XIV, etcétera, es decir, conociendo las diferencias cronológicas, formales y estilísticas que hay entre ambas sobre la base común, no del lenguaje sino del tronco al que pertenecen. La planta de la catedral de Barcelona está más cerca de la de Toledo, aunque esto pueda escandalizar a algunos, que la de cualquiera de sus vecinas al otro lado de los Pirineos donde no hallará antecedente alguno y eso tiene que ver con la liturgia y no con la historia de la arquitectura, a secas.

Toledo: Fernando III y el Arzobispo Ximénez de Rada

El avance de la Reconquista fue devolviendo a manos cristianas viejas ciudades, cuya visigótica existencia había interrumpido la invasión musulmana. Pocas como Toledo habían tenido un pasado político y eclesiástico de tanto peso, pues sólo recordar los numerosos concilios de Toledo o la abjuración del arrianismo en el tercero de ellos por el rey Recaredo (689), puede dar una idea del peso de esta ciudad.

Aquel siglo VII, que vio en la silla de la catedral a hombres como Eugenio, Ildefonso y Julián, cuyas historias y leyendas envuelven el templo catedralicio, se vio eclipsado por la media luna, si bien la tolerancia de los invasores permitió seguir desarrollando el culto cristiano que adquirió tintes mozárabes, utilizando transitoriamente como iglesia episcopal la de Santa María de Alfizén o de Abajo, otra de las iglesias de la ciudad que siguieron abiertas al culto cristiano.

Efectivamente, la antigua iglesia visigoda que hizo las veces de catedral hasta el 711 debió de utilizarse luego como mezquita, ella o su solar, y sobre la mezquita se erigió en el siglo XIII la actual catedral.

Pero vayamos por partes y recordemos la hermosa inscripción que, aparecida a finales del siglo XVI, se conserva en el claustro de la catedral. Dicha inscripción, copiada en 1594, dice así: "En el nombre del Señor fue consagrada la Iglesia de Santa María en católico, el día primero de los idus de abril, en el año felizmente primero del reinado de nuestro gloriosísimo rey Flavio Recaredo, Era 625 (13 de abril del año 587)".

Ello permite considerar que la mezquita utilizó el mismo solar que la basílica visigoda, a lo cual añadiremos la piadosa tradición perpetuada hasta nuestros días de hacer coincidir el actual pilar de la catedral llamado de la Descensión, con el punto en el que la Virgen bajó a poner la casulla a san Ildefonso en la antigua basílica visigoda, tal y como narra el primero de los *Milagros de Nuestra Señora* de Berceo, cuyo suceso se perpetuó en el blasón de la catedral, siendo repetido por escultores, pintores y orfebres hasta hacerse imagen familiar del visitante de la Catedral Primada:

*Así San Ildefonso, tan coronado leal,
preparó a la Gloriosa fiesta muy general;
en Toledo quedaron muy pocos en su hostal
que no fueron a misa a la sede obispal.
El arzobispo santo, tan leal coronado,
para entrar a la misa estaba preparado;
en su preciosa cátedra estábase asentado:
trájole la Gloriosa presente muy honrado.*

Se levantó luego una mezquita de la que apenas sabemos nada, salvo lo que cabe interpretar sobre la relación entre el solar ocupado por el cuerpo de las naves de la actual catedral que coincidiría con la sala de oración; lo que se puede deducir de la correspondencia en todo, o mejor, en parte del claustro gótico con el antiguo patio de abluciones; y la más que probable subsistencia del viejo alminar en la actual torre de campanas, situada en la línea media entre el patio/claustro y la sala de oración/naves de la catedral. Sin embargo, sólo una campaña arqueológica permitiría, en todo caso, salir de estas dudas. Lo que sí es cierto es que restan elementos arquitectónicos aislados, como la columna que puede verse empotrada en el muro meridional del interior de la capilla de Santa Lucía, que confirma de modo inequívoco aquella preexistencia de la mezquita musulmana, además de la muy probable pertenencia a la misma de los fustes en mármol aprovechados que hoy podemos ver incorporados en los costados y trascoro del coro de la catedral.

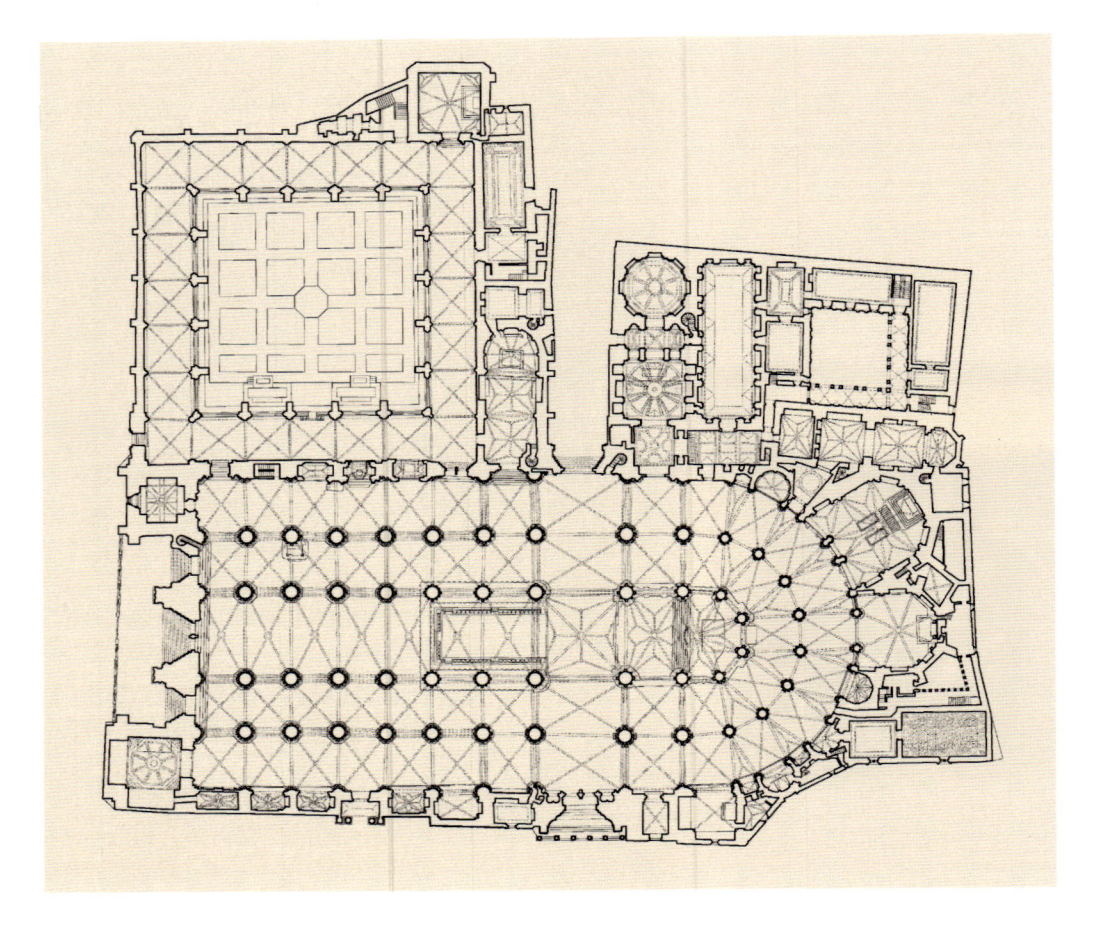

Son conocidas la historia y leyenda recogidas por varios cronistas acerca de la conversión de la mezquita en templo cristiano, a raíz de la toma de Toledo por Alfonso VI en el año 1085, a pesar de haber prometido el monarca a la población musulmana en las capitulaciones de rendición de la ciudad que seguiría siendo mezquita aljama. Este hecho pudo costar la vida al nuevo arzobispo de origen francés don Bernardo de Sedirac; que había sido anteriormente abad del benedictino monasterio leonés de Sahagún, y a la misma reina doña Constanza, pues ambos, desobede-

107.
Planta de la catedral proyectada en el siglo XIII, con el claustro del siglo XIV y otras capillas y dependencias surgidas hasta el siglo XVII. Obsérvese la brevedad de la capilla mayor, concebida sólo para la liturgia del altar y no para albergar la sillería coral, a diferencia de los de Burgos y León, que siguen los modelos franceses. (Planta de J. M. Merino de Cáceres y V. Berriochoa.)

108.

Vista general de la catedral desde el costado sur; adviértase la reducida cabecera en comparación con las de Reims, Amiens, Beauvais, Le Mans, Ely y otros ejemplos ilustrados en la primera parte. La diferencia no es estilística sino litúrgica, pues la catedral de Toledo fue trazada por maestros franceses pero ejecutando un programa de necesidades diferente.

ciendo las órdenes del monarca y aprovechando su ausencia, enviaron de noche a gentes con armas colocando un altar en su interior y unas campanas en el alminar, arrojando de allí "las suciedades de la ley de Mahoma", según relata la *Primera Crónica General*.

Enterado el monarca volvió con intención de quemarlos en la hoguera, al arzobispo y a la propia reina, si bien la población musulmana convenció al rey de no llevar a cabo su intento por temor a nuevas represalias en su ausencia: "El rey don Alfonso, oídas estas razones tornó la saña en gran gozo, porque podía tener la mezquita sin quebranto".

Desde ese momento el monarca no dejó de favorecer a la nueva catedral puesta bajo la advocación de Santa María, comenzando por la donación hecha el 18 de diciembre de 1086 de varias aldeas, villas, casas, molinos, tierras reales y el tercio de todas las iglesias de la diócesis de Toledo, colocando bajo la jurisdicción de su arzobispo los monasterios existentes en la ciudad. El primer y más antiguo privilegio real, conservado en la catedral y enmarcado en su archivo, se refiere a esta dote fundacional que cuenta con un interesante preámbulo sobre la conquista de la ciudad: *Ego disponente Deo Adefonsus, Esperie imperator, concedo sedi metropolitane, scilicet, Sancte Marie urbis Toletane honorem integrum ut decet abere pontificalem sedem secundum quod preteritis temporibus fuit constitutum a sanctis patribus. Que civitas abs-*

condito Dei iudidicio CCCtis LXXVI annis possessa fuit a mauris Christi nomen comuniter blasfemantibus; quos ego intelligens esse oprobrium ut despecto nomine Christi abiectisque christianisatque quibusdam eorum gladio seu fame diversisque tormentis mactatis in loco ubi sancti nostri patres Deum fidei intencione adoraberunt maledisti Mahometh nomen invocaretur, postquam parentum meorum videlicet patris mei regi Ferdinandi et matris mee Sancie regine Deus mirabili ordine michi pecatum tradidit imperium bellum contra barbaras gentes assumisi...

Dos años más tarde, el papa Urbano II concedía a la archidiócesis de Toledo el privilegio de su primacía sobre el resto de las diócesis de las Españas. Comenzaba así la pronta recuperación de su perdida jerarquía, a la vez que incrementaba su rico patrimonio territorial, al que pronto hay que sumar la incorporación de Alcalá de Henares y las donaciones hechas por Alfonso VII el Emperador, siendo arzobispo don Raimundo que, como don Bernardo de Sedirac, era también de origen francés. De este modo, durante el siglo XII se consolidó un importante patrimonio que, sin duda, le permitiría al arzobispo don Rodrigo Ximénez de Rada, iniciar las obras del templo actual, si bien ya su antecesor, don Martín López de Pisuerga había comenzado a demoler, en torno al 1200, algunas naves columnarias de la mezquita que amenazaban ruina.

Cuando pusieron la primera piedra de la catedral gótica el rey don Fernando III y el arzobispo Ximénez de Rada, dice la *Primera Crónica General* que estaba aún entonces esa iglesia de Santa María de Toledo en forma y a manera de mezquita. Pero el prelado, que había viajado por Italia y estudiado en la Sorbona, conocedor de las nuevas catedrales francesas, algunas de ellas aún en construcción, decidió romper con la tradición constructiva toledana y abandonando el mudejarismo imperante, dejando de lado las vistosas fábricas de ladrillo, yeso y madera, decidió injertar en Toledo uno de aquellos portentosos templos en piedra que había visto en el país vecino.

Comenzaba así la lenta construcción de un edificio que iniciado en 1226, no se terminaría en lo fundamental hasta 1493, cuando se cierran las últimas bóvedas de los pies de la nave mayor. Luego vendrían nuevas obras, capillas, portadas, a la vez que en el interior se multiplicaban los retablos, rejas y sepulcros, haciendo de la obra de la catedral de Toledo una obra permanente, una obra de inacabada ejecución.

El largo proceso constructivo de la catedral puede resumirse del siguiente modo. En la elaboración del proyecto intervinieron una serie larga de maestros debiéndose la mayor responsabilidad a un tal Martín, sin duda francés y documentado desde el inicio de la obra. A él seguiría Petrus Petri, ya en la segunda mitad del siglo, y del que la catedral conserva la lápida sepulcral (1291) en la que se lee, traducida del latín, que había sido maestro de la iglesia de Santa María de Toledo, y hombre de grande fama y costumbres: "... el cual construyó este templo, y aquí descansa, porque quien trazó tan admirable obra, no puede temer el comparecer ante la presencia de Dios...". Pocos epitafios hay tan expresivos como éste.

A la muerte de Petrus Petri debía estar terminada la cabecera y parte del crucero, mientras que las naves, torres y portadas se irían levantando a lo largo de los siglos XIV y XV. El claustro se inició en 1389 por el maestro Rodrigo Alfonso, sucediéndole Alvar Martínez. Entrado el siglo XV aparecen los notables nombres de Hanequin de Bruselas, Martín Sánchez Bonifacio, Juan Guas y Enrique Egas. Este último, nombrado maestro mayor de la catedral en 1496, viene a cerrar la serie medieval de arquitectos, a la que seguiría otra no menos notable, entre los siglos XVI y XIX que, puntualmente, hicieron obras notables pero ya dentro del cuerpo general de la fábrica gótica, o bien vinculadas al viejo núcleo medieval.

El templo gótico venía a duplicar la superficie de la antigua mezquita dando lugar a una espaciosa iglesia de cinco naves, crucero y doble girola con capillas. La cabecera, para cuya construcción se expropiaron una serie de casas por desbordar el ámbito de la mezquita, fue trazada por el maestro Martín y responde a la parte más ortodoxamente francesa, tanto en planta como en los alzados, su proporción, pilares, capiteles y detalles decorativos, si bien no impide que se incorporen con gran naturalidad arcos polilobulados de estirpe mudéjar en el triforio de la capilla mayor y girola. En la parte que hizo Petrus Petri se produce un cambio importante, siendo menos refinada que la del maestro Martín, llegando a desaparecer algunos elementos tan característicos del alzado interior de una catedral como el triforio, si bien por una modificación que pretendía enriquecer la solución primitiva al hacer coincidir en un solo vano el triforio y el claristorio, según estudió y puso en evidencia don Vicente Lampérez.

Allí se colocarían las más antiguas vidrieras conservadas que son del siglo XIV, a las que seguirían las

109.
Torre de las campanas, obra del siglo XIV con el remate que al modo flamenco añadió el arquitecto Hanequin de Bruselas en la primera mitad del siglo XV. La anómala situación de la torre respecto al plano de la catedral invita a pensar que la base y el núcleo de la torre pueda ser la del antiguo alminar de la mezquita que precedió al templo gótico.

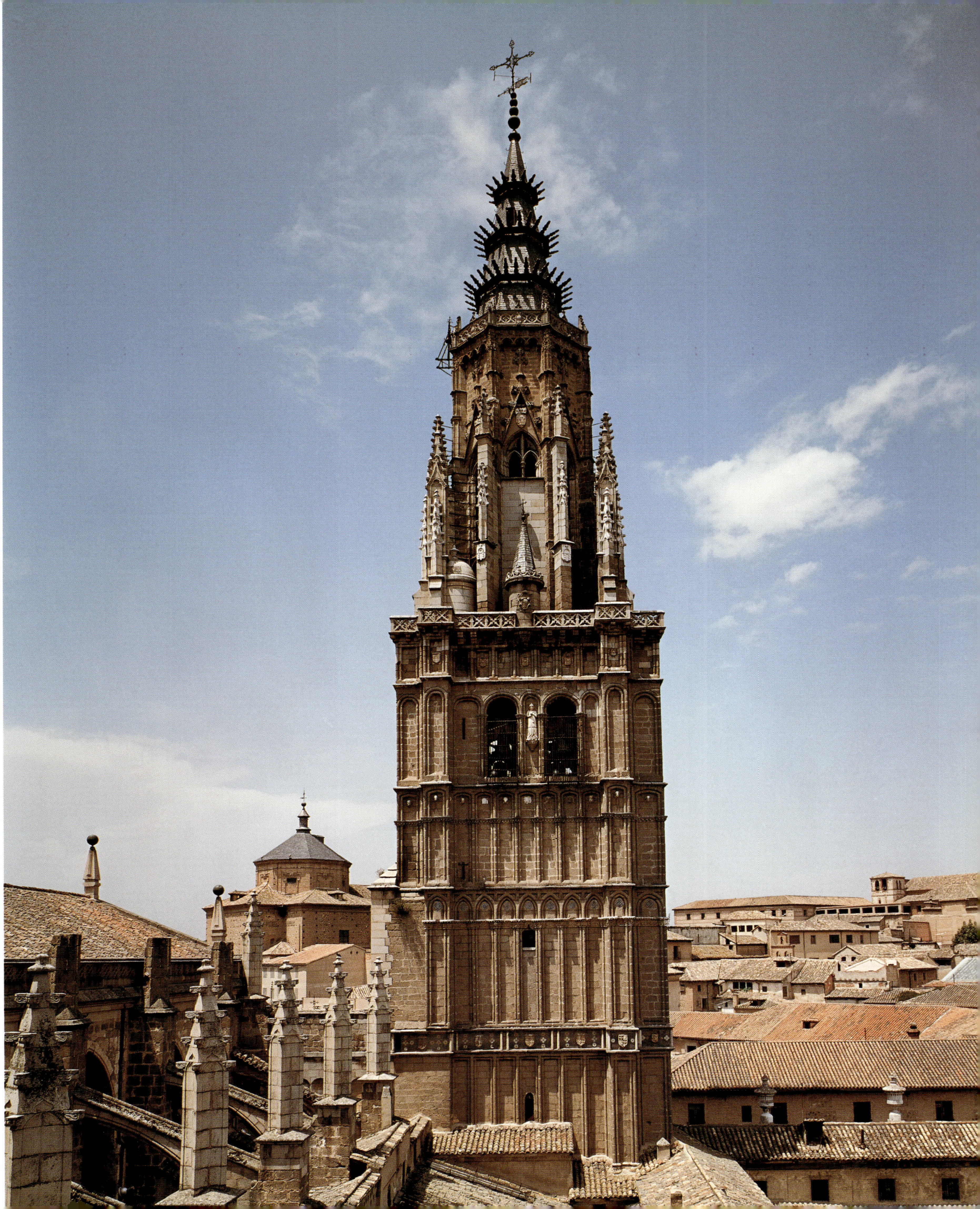

El "Modo Español". Toledo y Barcelona

110.
La fachada principal tiene tres portales separados por los potentes contrafuertes que reciben el empuje de los arcos de la nave mayor. Sus nombres son, de izquierda a derecha, del Infierno o de la Torre, del Perdón, y del Juicio Final o de los Escribanos. La escultura de sus jambas, tímpanos y arquivoltas sigue pautas francesas. La portada del Perdón, la central, lleva en el parteluz la figura del Salvador, acompañado desde las jambas por los Apóstoles, mientras que en su tímpano se representa la Imposición de la casulla a San Ildefonso por la Virgen.

que en la centuria siguiente hicieron Dolfín, Pedro Bonifacio y el maestro Enrique Alemán. Todavía en el siglo XVI se irían añadiendo nuevos paños de vidrieras como los que cierran el rosetón del crucero sur, obra del gran Nicolás de Vergara.

Todo el abovedamiento de las naves es muy sencillo pues repite la organización cuatripartita, excepto en los tramos triangulares de la doble girola que llevan tres nervios y tres plementos; en el tramo del crucero, donde aparecen terceletes; y en los dos tramos que cubren la capilla mayor que, con una solución estrellada, muy probablemente fueron rehechos bajo el cardenal Cisneros.

Son varias las capillas que como piadoso cinturón ciñen el contorno de la catedral, pero si bien algunas se fueron añadiendo con el paso del tiempo, otras estaban incluidas en el primer proyecto del templo, el que podríamos llamar proyecto de don Rodrigo Ximénez de Rada, como son las capillas mayores y menores que, alternadamente, circundaban en origen la girola de la catedral. Se conservan algunas de estas capillas en su imagen primitiva; aunque siempre con reformas de mayor o menor consideración, como las de San Juan Bautista y Santa Leocadia, que corresponden a la serie de las grandes, mientras que de las menores sólo mantienen su inicial aspecto las de Santa Ana y San Gil. Dichas capillas mayores y menores se abren en los tramos de la girola que son de planta trapezoidal y triangular visualizando desde el interior el juego de los arbotantes que corren por encima y que responden a los arcos perpiaños de dichos tramos a lo largo de la doble girola, siendo ésta una de las soluciones más notables de la catedral, cuya cabecera distintos autores la han relacionado con cosas vistas en París y Le Mans, si bien después la ejecución no siempre fue todo lo acertada que hubiéramos deseado.

El resto de las capillas de la girola han conocido transformaciones más profundas, como sucede con la que hasta 1500 fue capilla de Santa Isabel, convertida luego en paso hacia la antesala y sala capitular, si bien aún es posible reconocer en ella a una de las capillas grandes. Otro tanto sucede con la también capilla grande de la Santísima Trinidad, que fue remozada en 1520 con intervención de Covarrubias. Sin embargo, la planimetría permite reconocer en su planta pentagonal la configuración primitiva de estas capillas mayores a las que estamos haciendo referencia, a pesar del plateresquismo de su decoración y de su estrellado abovedamiento.

111.
La portada sur del crucero lleva el nombre de los Leones, pero anteriormente se le llamó de la Alegría o del Sol. Fue construida, entre 1452 y 1465, por Hanequín de Bruselas, quien además de incorporar las formas flamígeras introdujo un conjunto escultórico de primer orden, en el que trabajó el numeroso taller flamenco de Hanequín, en el que destacan Egas Cueman y Juan Alemán. Fue muy alterada en 1785.

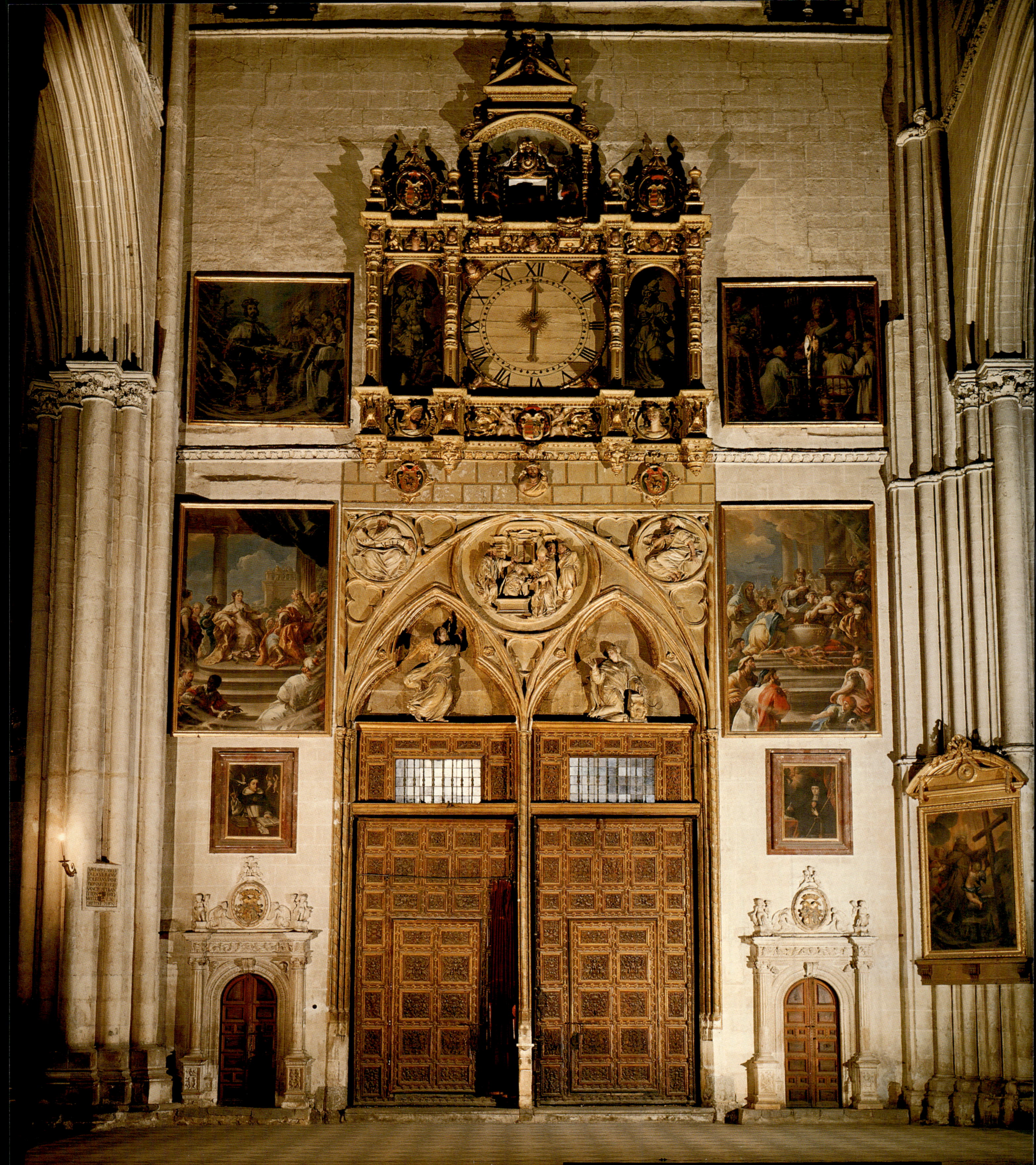

De las capillas menores transformadas hasta hacerse irreconocibles como tales capillas primitivas, más allá de lo que es el paso y/o embocadura de las mismas, se encuentran la capilla de San Nicolás, la entrada a la capilla de los Reyes Nuevos y la capilla del Cristo de la Columna. La de San Nicolás se alteró en los últimos años del siglo XV, bajo la prelatura de don Pedro González de Mendoza (1482-1495), para dar paso por esta capilla al patio y demás dependencias que, en tiempos del Gran Cardenal, sirvieron para instalar el taller de carpintería de la catedral. Ello dio lugar a que la puerta que desde aquél se abre a la calle Sixto Ramón Parro (antes de la Tripería) se llamara puerta del Taller. Esta puerta trasera o de servicio fue conocida también como puerta del Lócum, pues entre las dependencias anejas al patio estaba el *locum*, o lugar excusado, según recoge Julio Porres Martín-Cleto en su obra sobre las calles de Toledo, cuando explica el porqué del nombre de la frontera calle del Lócum, debido a que arranca frente a la puerta del Taller o del Lócum. Desaparecida la capilla de San Nicolás para dejar paso a este pequeño patio del Lócum, de planta triangular, se hizo una curiosa reforma que elevaba la capilla sobre dicho pasadizo, teniendo el acceso por una muy pina escalera que horada el muro desde la inmediata capilla de Santa Isabel.

La capilla menor, que existió en lo que hoy es entrada a la capilla de Reyes Nuevos, estuvo dedicada hasta 1531 a santa Bárbara, habiendo sido modificada por Covarrubias de un modo total, perdiéndose todo rasgo de la traza del siglo XIII.

Finalmente, la capilla también menor del Cristo de la Columna, llamada anteriormente de San Bartolomé, fue sustancialmente modificada por la obra hecha a sus espaldas de la antesacristía, en torno a 1600, perdiéndose todo rasgo medieval. Posteriores tradiciones estudiantiles hicieron que esta capilla fuera conocida también por la del Cristo de los Estudiantes y del Cristo de las Tapaderas.

De todos es conocido cómo en los siglos XIV y XV, se sacrificaron seis de las antiguas capillas de la girola para levantar las monumentales capillas funerarias de San Ildefonso y de Santiago. La primera se debe a la fundación del arzobispo Gil Carrillo de Albornoz, muerto en Viterbo (Italia) en 1364. Su pertenencia al siglo XIV resulta indiscutible si bien la cronología de su construcción varía según autores, pues mientras para Durán y Ainaud es obra concluida entre 1339 y 1450, Torres Balbás tiende a retrasar algo estas fechas y Chueca la sitúa en torno a 1400. La nueva capilla obligó a derribar la capilla grande sobre el eje principal de la catedral y las dos menores colaterales, sin que conozcamos su antigua advocación. La planta resultante de la nueva capilla forma un octógono, con la clara intención de crear un espacio centralizado para situar en el centro el sepulcro exento del fundador, inaugurando con ello un tipo de capilla funeraria que conocería en otras catedrales, desde Burgos a Murcia, otras variantes de gran originalidad. En la propia catedral de Toledo, la capilla inmediata de Santiago o de don Álvaro de Luna es la mejor réplica al modelo de la de San Ildefonso. Para su construcción fue preciso derribar otras tres capillas del siglo XIII, pero esta vez dos mayores y una menor, con lo cual se dispuso de un mayor espacio para la nueva obra, cuyo proyecto corrió a cargo de Hanequin de Bruselas. El grueso de su fábrica debió de hacerse en torno a 1450, dando lugar a una de las obras más significativas de la arquitectura hispano-flamenca de la Península, pues en ella se dieron cita todos los elementos constructivos y formales que caracterizan la arquitectura de los Países Bajos en el siglo XV. Ello es especialmente sensible en el perfil de los arcos festoneados y decoración en general, gabletes, arcosolios, etcétera, siendo todo el conjunto una buena muestra del llamado estilo flamígero. El virtuosismo de las formas caladas alcanzó aquí una de sus más altas cotas. Esta capilla se conoce igualmente como la de don Álvaro de Luna por ser éste su fundador, siendo maestre de Santiago y condestable de Castilla que, junto a su mujer, doña Juana de Pimentel, descansan en sendos sepulcros exentos que centran la capilla funeraria.

De la primera etapa constructiva de esta parte de la cabecera aún resta por mencionar dos capillas que no se alteraron en lo arquitectónico, aunque sí en su ornamentación mueble, como son las importantes capillas de Reyes Viejos y de Santa Lucía. La primera recibe este nombre desde que en 1498, Cisneros pensó en trasladar a ella los reales enterramientos de la capilla mayor de la catedral, cosa que no llegó a realizarse, pero sí que quedó con este nombre para distinguirla de la capilla de Reyes Nuevos. El primer destino de esta interesante capilla, la más grande de toda la catedral en el siglo XIII, fue el de albergar los restos mortales del arzobispo González Díaz Palomeque y su familia.

La capilla de Santa Lucía, que en otro tiempo dio nombre a la nave exterior de la girola por la que dis-

112.
Interior de la puerta del Reloj en el brazo norte del crucero. Obsérvese en los laterales las notables diferencias en el diseño de los pilares y la moldurarión de los arcos, ello indica el cambio de maestría que se produjo entre la zona de la cabecera, a la derecha, y el cuerpo de la catedral, a la izquierda.

currían las procesiones, es de gran sencillez y conserva embutida en sus muros, según se dijo más arriba, una columna con su capitel, procedente de la desaparecida mezquita mayor de Toledo.

El avance de las obras de la catedral, desde la cabecera hacia el muro de los pies, donde se fueron sucediendo las maestrías y los cambios de criterio en la traza y construcción, debió de contemplar la construcción de otras capillas. Así se desprende de la interpretación de la que, en el costado sur, lleva el nombre de San Eugenio, muy estrechamente vinculada a la arquitectura del siglo XIII. Anterior al nombre de San Eugenio fue conocida también como capilla de San Pedro el Viejo y del Corpus Christi, siendo su amplitud y carácter muy distintos del resto de las capillas que surgirían entre los contrafuertes del costado sur sobre la calle del Cardenal Cisneros.

La capilla más espectacular que se abrió a las naves de la catedral, además de las ya mencionadas de San Ildefonso y de Santiago, es, sin duda alguna, la de San Pedro que hace las veces de parroquial. Es obra de la primera mitad del siglo XV, levantada bajo el pontificado del arzobispo Sancho de Rojas (1415-1422) para su enterramiento. Consta de dos tramos con bóveda de terceletes más una cabecera heptagonal. Sabemos que dirigió la obra Alvar Martínez y que se levantó entre 1418 y 1426, si bien hoy deja ver con fuerza las reformas efectuadas en el siglo XVIII.

En el costado norte de la catedral, y probablemente sobre parte del antiguo patio o *shan* de la mezquita y del *al-caná*, o barrio comercial, el arzobispo don Pedro Tenorio levantó el formidable claustro, iniciando la obra el maestro Rodrigo Alfonso en 1389 y terminándola Alvar Martínez en 1425. Cuatro amplias y sobrias crujías con bóvedas cuatripartitas dan paso, en la planta baja, a la capilla de San Blas, construida entre 1398 y 1402, para enterramiento de dicho arzobispo Tenorio, acompañado por buenas pinturas italianas de Gerardo Starnina, hoy en un delicado proceso de restauración tras la pérdida de buena parte de ellas por humedades provocadas por la cota baja en que se encuentra. En efecto, el claustro, como muchas de las casas de Toledo guarda una particular relación con el nivel de sus calles inmediatas, y así, la capilla y claustro de la catedral tienen por esta parte una cota de siete metros por debajo del nivel de la calle. La capilla de San Blas tiene planta cuadrada pero su bóveda se convierte en un ochavo, adquiriendo un inconfundible aspecto de capilla centralizada de carácter funerario.

El claustro se comunica con el templo a través de las puertas de Santa Catalina, obra de finales del siglo XIV, con fina escultura, y de la Presentación, rehecha por Covarrubias e irremediable y torpemente dañada en su última restauración. El claustro se comunica con la calle Arco de Palacio por la puerta del Mollete, bajo el paso que une el palacio arzobispal con la catedral, siendo obra del propio Alvar Martínez y ejecutada bajo la prelatura de don Sancho de Rojas (1415-1422). Inmediatamente, a su lado, se levanta la colosal torre que, iniciada en el siglo XIV, contó con la activa participación de Alvar Martínez quien probablemente tenía ante sí el cuerpo del alminar y que, finalmente, terminó el maestro Hanequin, incorporando en su remate apuntadas fórmulas vistas en Amberes y Bruselas.

La torre, en su interior, tiene cuatro alturas, albergando en la planta baja el Tesoro, en otro tiempo sacristía de la capilla de Reyes Nuevos o de los Trastámara, cuando ésta estuvo situada a los pies de la nave norte, ocupando los dos últimos tramos hasta la construcción de la actual capilla de Reyes Nuevos (s. XVI) con acceso desde la girola. La capilla del Tesoro cuenta con una bella portada debida a Covarrubias (1537) conocida con los nombres de la Torre, por ocupar su base; de San Juan, pues la capilla estuvo en otro tiempo bajo la advocación de este santo; y de los Canónigos, al estar sus altares reservados a los miembros del cabildo toledano. En el interior resulta de un interés excepcional su bóveda de mocárabes.

Haciendo *pendant* con la torre de las campanas, se inició, también en el siglo XIV, la que se llama segunda torre si bien nunca llegaría a terminarse como tal, quedando relegada al papel de mera capilla. Pero ¿fue realmente una torre lo que aquí se quiso levantar o fue sólo el recinto de una capilla funeraria o una sala capitular? Conocemos que hubo aquí una capilla bajo la advocación del Corpus Christi, en la que se celebraron los capítulos del cabildo, hasta que Cisneros la dedicó al rito mozárabe, llevando desde entonces el nombre de capilla mozárabe a la vez que construía la actual sala capitular. La capilla mozárabe cambia de aspecto en su exterior, donde contrasta la obra gruesa del siglo XIV, la delicada linterna gótica tardía, que a comienzos del siglo XVI hizo Enrique Egas y, finalmente, la cúpula de paños hecha entre 1622 y 1631 por Jorge Manuel Theotocópuli, el hijo de El Greco.

113.
Nave central desde los pies de la catedral. Al fondo, en la cabecera, emerge el retablo mayor bajo la correcta arquitectura de la primera fase, que después, en el cuerpo del templo, ofrece perfiles irregulares debidos a falta de estribo, produciendo deformaciones de ingrato efecto en los arcos perpiaños de las bóvedas, lo que no resta grandeza al conjunto. El trascoro señala la divisoria entre el espacio solemne y el de la liturgia ordinaria.

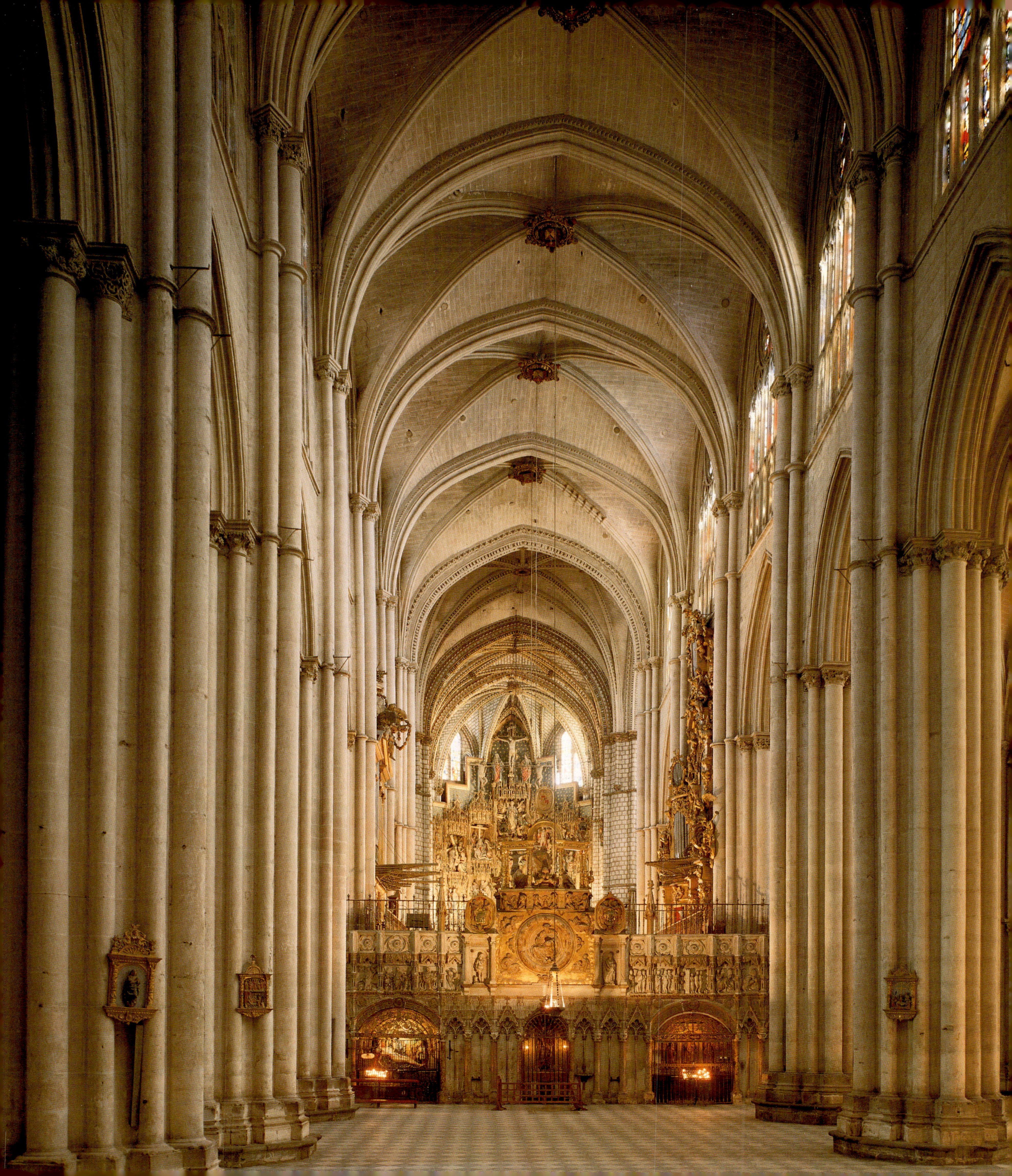

Por último es preciso referirse a la obra gótica de las portadas, comenzando por la más antigua, esto es, la que se abre en el testero norte del crucero hacia la calle de la Chapinería, nombre este con el que también se conoce a esta entrada, llamada en ocasiones también puerta de la Feria. No obstante, su nombre más común es el de puerta del Reloj, no sólo por el que hoy puede verse sobre su portada, sino por la derribada torre que tenía encima (derribada en 1889), con reloj y campanas, tal y como recogen viejos grabados y fotografías, y describe puntualmente Sixto Ramón Parro. La gran portada abocinada alberga un excelente conjunto de escultura gótica del siglo XIV, de indiscutible influencia francesa, disponiendo de modo muy característico los relieves del tímpano en varios registros y dedicando el parteluz a la Virgen con el Niño.

La fachada occidental cuenta con tres portales separados por los potentes contrafuertes que reciben el empuje de los arcos de la nave mayor. Sus nombres son, de norte a sur, del Infierno o de la Torre, del Perdón y del Juicio Final o de los Escribanos. La escultura de sus jambas, tímpanos y arquivoltas no es tan fina como la del Reloj, aunque sigue análogas pautas francesas. La portada del Perdón, la central, lleva en el parteluz la figura del Salvador, acompañado desde las jambas por los apóstoles, mientras que en su tímpano se representa la imposición de la casulla a san Ildefonso, ilustrando plásticamente aquellos hermosos versos de Berceo:

Dióle una casulla sin aguja cosida
obra era angélica, no de hombre tejida.

Resultan extraordinarias las dos puertas que cierran la portada del Perdón, en madera, forradas con láminas y clavos de bronce, donde una inscripción nos recuerda la fecha de su ejecución: 1337. Por encima de las tres portadas, se acumulan intervenciones que van desde el siglo XVI al XVIII, hasta perderse de vista la fábrica gótica.

La última portada gótica es la que se abre en el testero sur del crucero, conocida hoy como puerta de los Leones, pero que en otro tiempo llevó los nombres de la Alegría y del Sol. Entre 1452 y 1465 se hizo la que hoy vemos, debida a Hanequin de Bruselas, quien además de incorporar las formas flamígeras introdujo un conjunto escultórico de primer orden, en el que trabajó el numeroso taller flamenco de Hanequin (Egas Cueman, Juan Alemán, etc.), si bien hoy todo se halla muy desvirtuado por la posterior reforma de 1785. Las figuras del apostolado forman uno de los mejores grupos de escultura entre flamenca y borgoñona del panorama español del siglo XV. Algunos relieves, por el contrario, parecen proceder de la portada anterior a la obra de Hanequin.

Entre los siglos XVI y XVIII, entre los cardenales Cisneros y Lorenzana, la catedral fue acumulando adiciones y reformas. Ya el propio Gran Cardenal don Pedro González de Mendoza hizo levantar en el costa-

114.

La doble girola de la catedral ofrece imágenes inéditas en el conjunto catedralicio europeo, pues si por una parte su arquitectura gótica responde a los patrones franceses del siglo XIII, por otra parte se incorpora un triforio con arcos polibulados de clara estirpe islámica. Al fondo, la delicada arquitectura flamígera del siglo XV de la capilla funeraria de Álvaro de Luna.

formas, como el acondicionamiento de la antigua sala capitular como capilla mozárabe. A la vez inició la construcción de la antesala y sala capitular, sirviéndose de los servicios de su arquitecto Pedro Gumiel (1512).

Pero fue más importante para la arquitectura y liturgia del templo la consolidación y monumentalidad dada al coro gótico en el siglo XVI. Desde su ubicación en los dos primeros tramos de la nave central, una vez pasado el crucero, hasta la formalización arquitectónica del interior y exterior del coro, todo hace de este núcleo el gozne litúrgico de la Dives Toletana.

El coro que hoy vemos en la catedral de Toledo se suele apreciar, principalmente, por la excepcional belleza de su etapa renacentista, condensada en el arte de los Berruguete, Vigarny y Villalpando, y esto nos hace olvidar el interés y trascendencia que previamente tiene en orden a su arquitectura y situación. Efectivamente, conviene recordar que su amplitud y ubicación está fijada mucho antes, donde ya el extraordinario coro bajo, obra de Rodrigo Alemán se había iniciado en 1489. Pero no fue ésta la primera sillería con que contó el coro toledano, pues necesariamente hay que pensar en otra anterior que es la que guarneció la importante fábrica del cerramiento exterior, cuya arquitectura y escultura se hizo en la segunda mitad del siglo XIV, bajo la prelatura de don Pedro Tenorio (1377-1399), según se ha dicho más arriba. A nuestro juicio, aquel primer coro tuvo su entrada procesional por la actual capilla de la Virgen de la Estrella, en el trascoro, dejando patente las dos bandas del coro, una encabezada por el sitial del arzobispo, de ahí el nombre que tiene la mitad del lado de la epístola, al que corresponde mayor dignidad, mientras que la frontal recibe el nombre de coro del Deán, por encabezar éste el lado norte o del evangelio.

Con motivo del nuevo coro alto y renacentista, se colocaría la silla arzobispal labrada por Berruguete en el centro, presidiendo ambos coros y cegando la puerta de acceso desde la nave que se convertiría en la mencionada capilla de la Estrella, pero siguió llevando el nombre de coro del arzobispo, la mitad meridional. El coro tiene una importante estructura arquitectónica de tal modo que, al igual que el coro compostelano del maestro Mateo, los sitiales altos están cobijados por una suerte de baldaquino corrido cuyos arcos descansan en finas columnillas. La presencia del altar de Prima, presidido por una extraor-

115.
La arquitectura de la catedral sirve de apoyo a otros elementos, como la sillería del coro, de gran solidez arquitectónica (siglo XVI). En su lado norte, sobre la mitad del coro conocida como del Arzobispo, crece el espectacular órgano barroco de Germán López y Pedro Liborna de la segunda mitad del siglo XVIII, con la trompetería tendida como es característico en el órgano español.

do sur del presbiterio el excepcional sepulcro debido a Fancelli (1500-1513), cuyo impacto en el interior de la arquitectura de la catedral rebasa lo que pudiera esperarse de una sepultura como las que hasta entonces había conocido el templo.

Luego vendrían las reformas de Cisneros que renovó todo el presbiterio, llegando incluso a su abovedamiento y encargando el colosal retablo, uno de los mayores que jamás se hayan construido, esculpido y pintado. Más allá de la delicadeza de sus labores, se convierte en un elemento de repercusión arquitectónica y visual, de primer orden. A ésta siguieron otras re-

dinaria imagen gótica y francesa, nos recuerda que la unidad del coro venía a ser una iglesia completa en sí misma. Igualmente el monumental atril de Águila, los atriles de Vergara, los órganos y demás elementos constitutivos de este prodigioso ámbito, donde tantas veces se representó el *Canto de la Sibila*, por ejemplo, nos hacen pensar en la importancia capital de los coros cuya posición exenta en la nave central, el "modo español", tenía más posibilidades que el modelo francés tras el *jubé*.

A la primera mitad del siglo XVI, en la que tantas obras se hicieron, piénsese en la capilla de Reyes Nuevos, obra de Covarrubias (1531-1534), siguió en la segunda mitad de este siglo y en la primera mitad del XVII, toda una serie de obras que forman un compacto núcleo formado por la secuencia de la antecapilla y capilla del Sagrario, el Ochavo, la Sacristía Mayor y las distintas estancias en torno al patio que se llamó de Contaduría de Hacienda. La relación de maestros que aquí intervinieron es amplia, destacando los de Vergara, Monegro y Jorge Manuel Theotocópuli, a los que se debe la sobria página clasicista en tantos puntos de la catedral. Frente a aquel templado dominio de los órdenes apilastrados y del desnudo arquitectónico que había bebido en las fuentes herrerianas, el siglo XVIII aún depararía nuevas sorpresas, como fue el conocido *Transparente*, frente a la capilla de San Ildefonso.

Efectivamente, frente a esta capilla, gótica por su forma y neoclásica en algunas de sus obras, se levantó el discutido y bellísimo *Transparente* de Narciso Tomé, obra maestra de la arquitectura barroca española del siglo XVIII. Se trata de la original y libre versión de un retablo de formas diluidas y naturalistas que, a su vez, permite el paso de la luz que recibe desde lo alto hasta la oculta capilla que se encuentra entre el retablo de la capilla mayor y el de la girola, a su espalda. Es decir todo un recurso escenográfico y barroco de gran movimiento, orquestado con arquitectura, escultura y pintura, donde Tomé supo tratar los distintos materiales con una gran exquisitez (1732), dejándonos memoria de ello la inscripción latina que, traducida, dice: "Narciso Tomé, arquitecto mayor de esta Santa Iglesia Primada, delineó, esculpió y a la vez pintó por sí mismo toda esta obra compuesta y fabricada de mármol, jaspe y bronce".

El final de la serie de intervenciones que dejaron una huella notable en la catedral se encuentra la puerta Llana, abierta sobre la calle del Cardenal Cisneros, donde el arquitecto del cardenal Lorenzana, Ignacio Haan, hizo la portada jónica más bella del neoclasicismo español, en el crítico año de 1800, tal y como lo deja ver su inscripción. Ninguna operación notable se haría después de esta fecha.

116.
Vista de la cabecera y doble girola desde el crucero. Espectacular imagen que permite ver el escalonamiento de las naves, el distinto tratamiento del triforio, desde el formado por arcos de herradura entrecruzados sobre el presbiterio, hasta el de los arcos polilobulados sobre la nave menor, pasando por el de perfiles góticos abierto en el crucero. El ámbito del presbiterio forma una unidad cerrada y bien diferenciada.

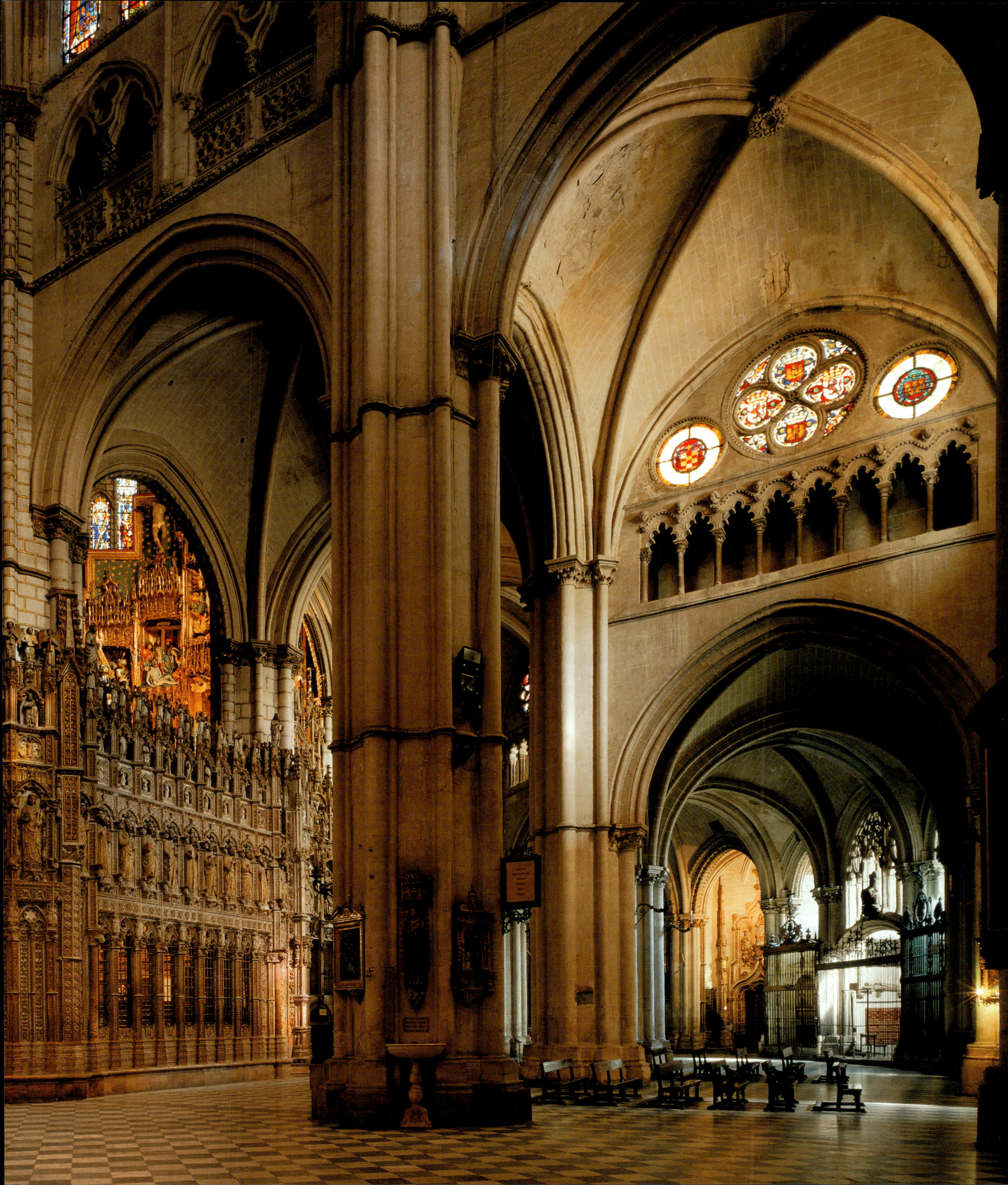

117.
Sala capitular. Después de la secularización de los cabildos sólo se conservaron en el ámbito de la catedral dos espacios de comunidad canonical, el coro y la sala capitular. La de Toledo se debe a la prelatura de Cisneros, que encargó a Gumiel su construcción, con una armadura de tradición mudéjar bellamente dorada, y unas pinturas murales debidas a Juan de Borgoña. Bajo éstas, una galería de retratos de los arzobispos de Toledo a partir de Cisneros.

118.
La larga historia del coro de Toledo se resume en las dos sillerías. La baja, iniciada en 1489 por Rodrigo Alemán, representa en sus respaldos los episodios de la guerra de Granada. La alta, bajo una sólida arquitectura de arcos y columnillas, corrió a cargo de Alonso Berruguete, que representó figuras del Antiguo Testamento en el coro del Arzobispo, y de Felipe Vigarny, que representó a personajes del Nuevo Testamento en el coro del Deán. La obra se dio por concluida en 1541.

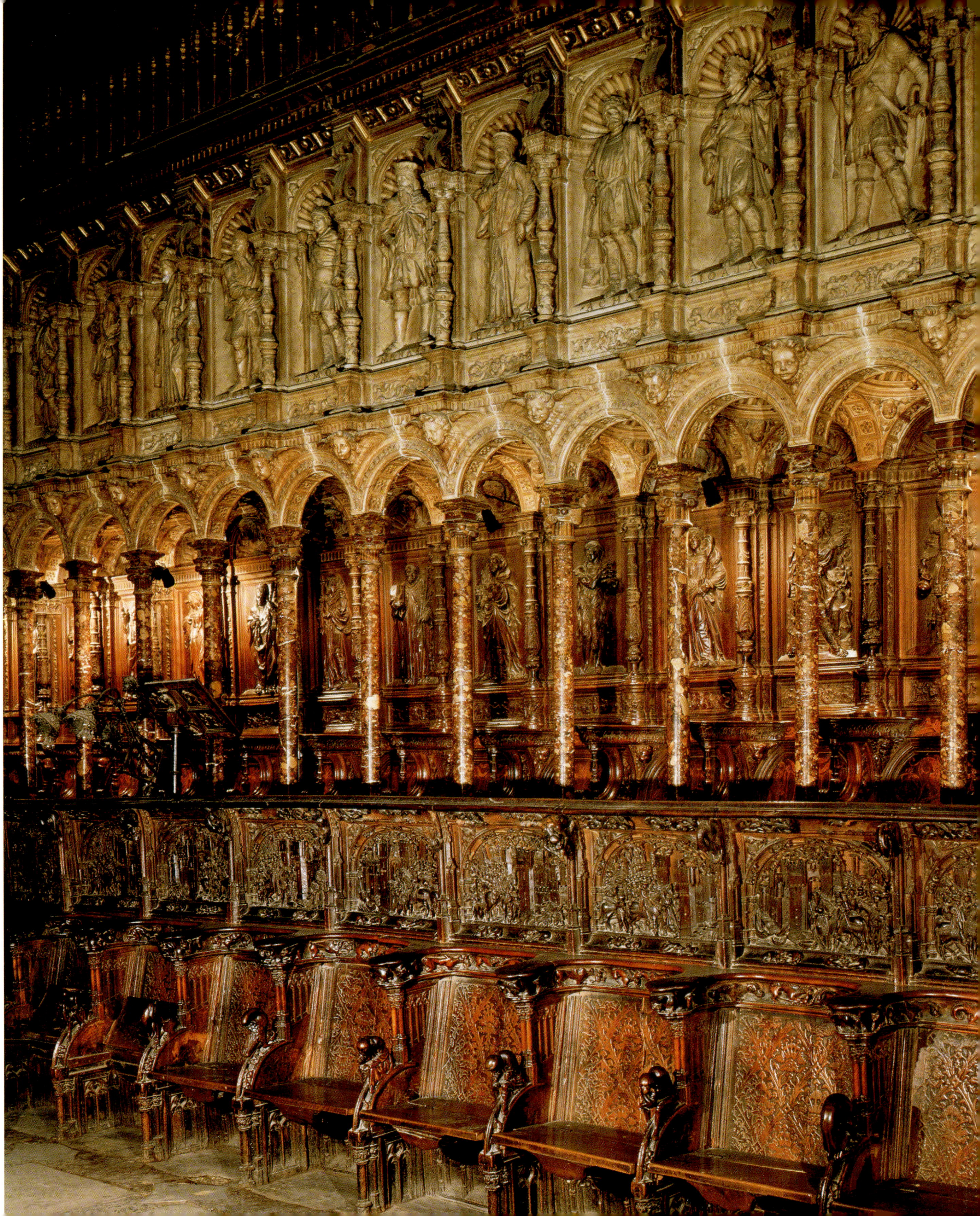

En las páginas siguientes:

119 y 120.

Detalle del pilar llamado del Alfaquí en la capilla mayor (izquierda) y el púlpito de bronce (derecha), que forma parte de la reja de la capilla mayor, obra de Francisco Villalpando (1548), con numerosos detalles de inspiración italiana y manierista.

121.

Custodia procesional, obra extraordinaria del platero Enrique de Arfe. Labrada en plata blanca entre 1517 y 1524, y dorada a finales del siglo XVI por el arzobispo Quiroga para que tuviera el mismo color que el oro de la custodia pequeña de su interior y el viril, que, procedente de la testamentaría de Isabel la Católica, se tiene como obra hecha con el primer oro llegado de América.

122.

Virgen con el Niño. Escultura gótica (siglo XIII) procedente de Francia. Se encuentra sobre el altar de Prima, dentro del coro, donde se oficiaba la misa de Prima.

123.

Respaldo de la sillería del coro del Arzobispo representando a Eva en un bello desnudo de claro espíritu renacentista. Obra de Alonso de Berruguete.

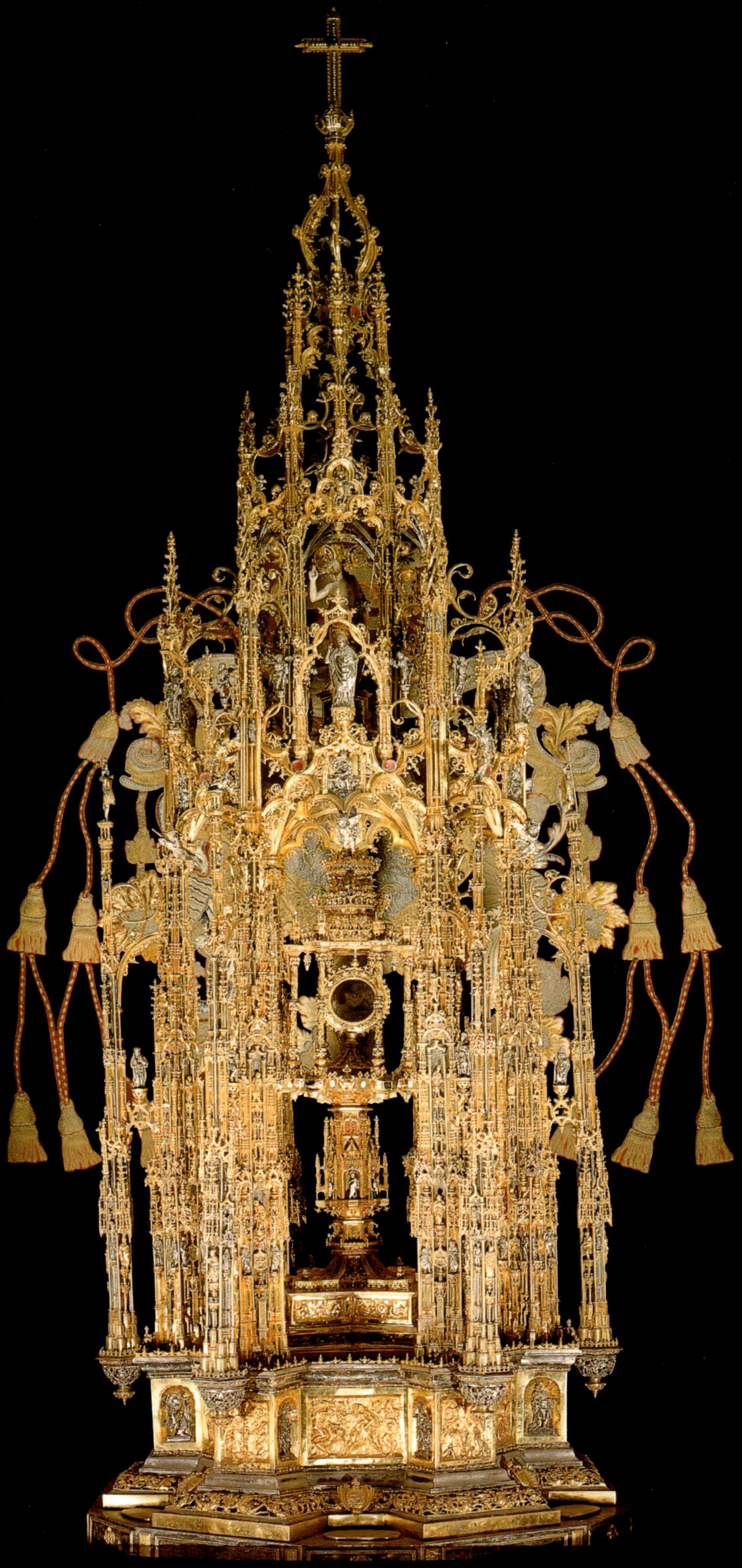

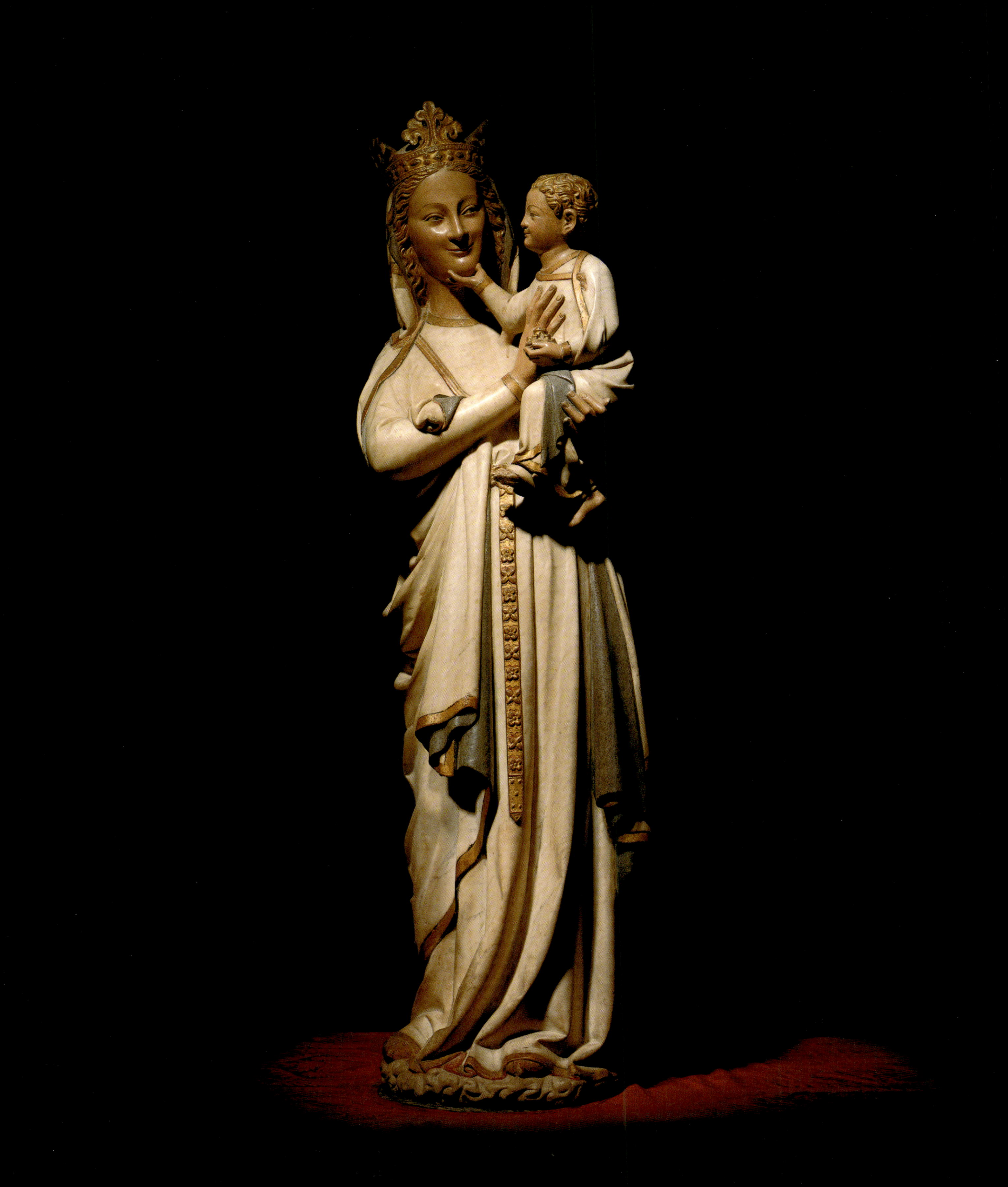

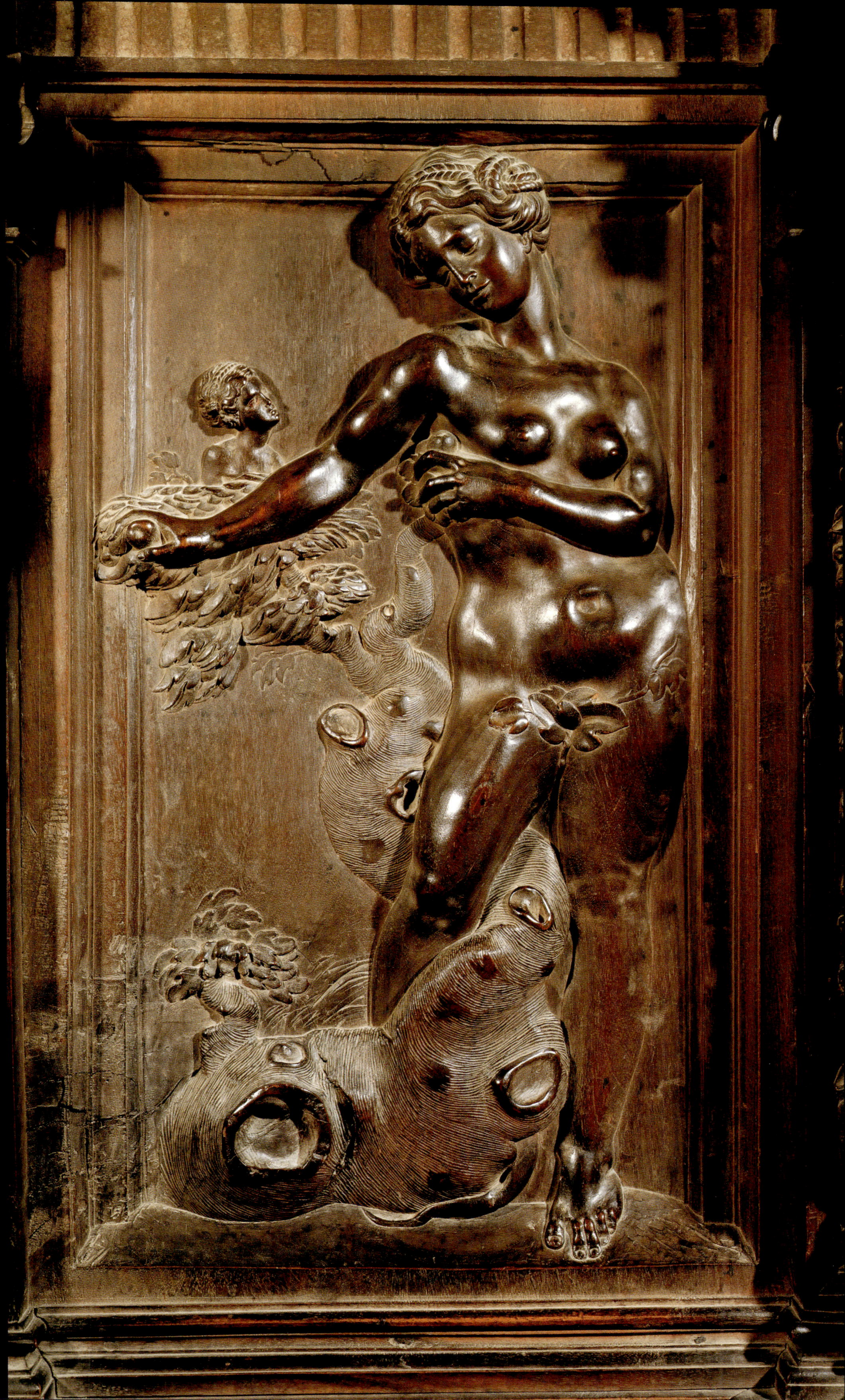

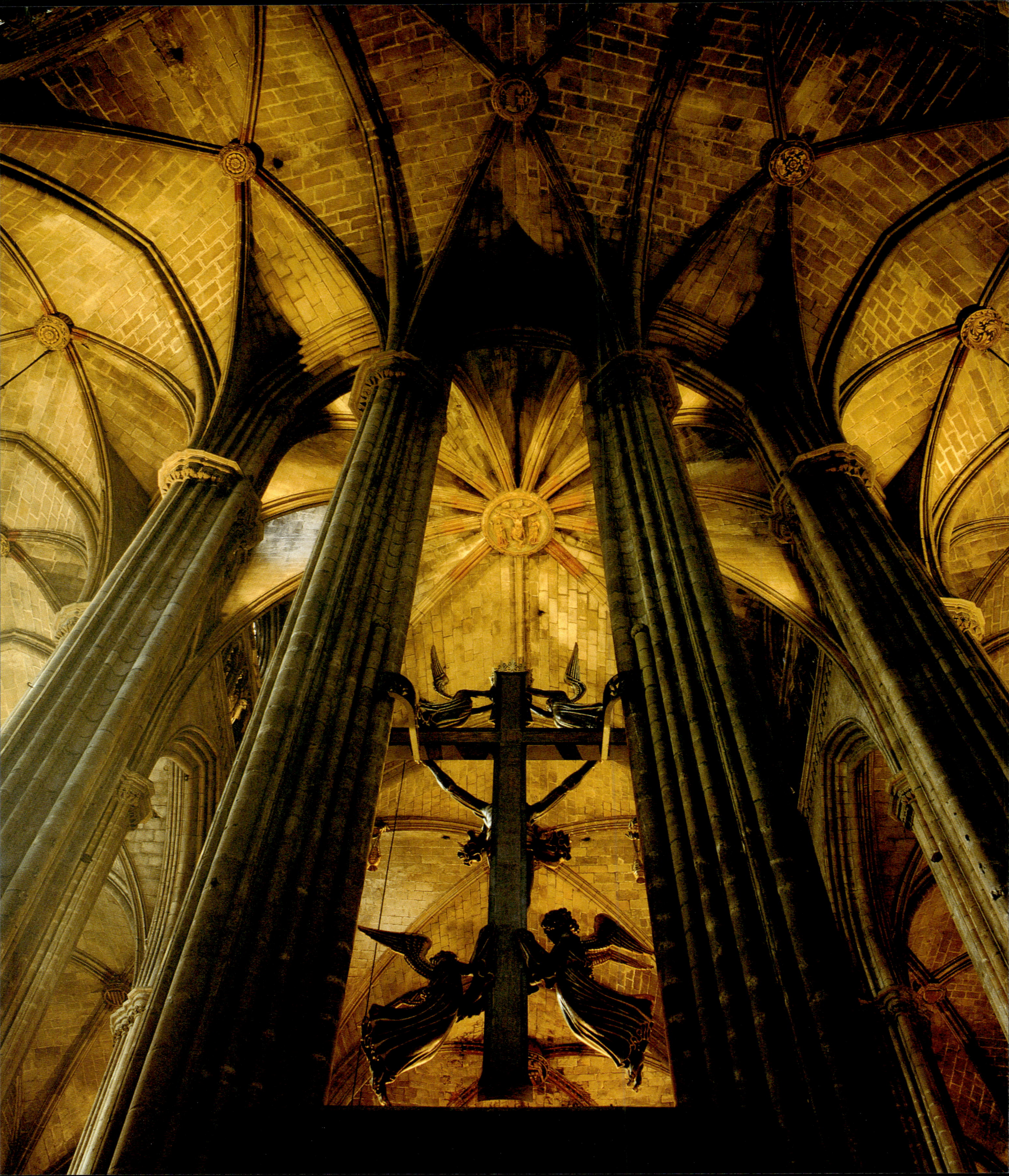

Barcelona, la *Seu* Gótica del Rey Jaime II

Los orígenes de la diócesis *Barcinonensis* se remontan a las más tempranas etapas del cristianismo en la Península, pudiendo tener alguna certeza de la existencia de una importante comunidad cristiana en Barcelona a partir del hallazgo y excavación (1945) de una basílica paleocristiana de fines del siglo IV o principios del siguiente. En 1969, el hallazgo de un baptisterio, también inmediato a la catedral actual aunque, al igual que la basílica, en un nivel inferior, refuerza la entidad del conjunto. A estos vestigios materiales ayudan otros datos documentales que avalan aquel madrugador cristianismo que, al menos desde el año 347, atestiguan la existencia de la diócesis de Barcelona como sufragánea de la de Tarragona.

La organización eclesiástica de época romana se mantuvo durante las invasiones germánicas y muy especialmente bajo la etapa visigoda. Luego se produjo la dominación musulmana y la posterior restauración de la diócesis de Barcelona (801) si bien la presencia de los francos supuso la dependencia eclesiástica de Narbona. Nueva aparición del peligro islámico con Almanzor a fines del siglo X y posterior lucha por reconquistar Tarragona de manos musulmanas a fin de rehacer la vieja archidiócesis tarraconense y abandonar la dependencia de Narbona. En ello puso empeño el papa Urbano II (1089) que buscó la colaboración de los obispos y nobleza catalana, y muy especialmente del conde de Barcelona Berenguer Ramón II, del rey de Castilla don Alfonso VI, así como del mencionado arzobispo de Toledo, Bernardo de Sedirac, entre otros. Sin embargo, Tarragona, pieza clave de la Reconquista no caería en manos cristianas hasta los días de Ramón Berenguer III el Grande, siendo promovido como arzobispo el insigne san Olegario (1118), que desde 1116 era obispo de Barcelona. Entre tanto hemos de suponer que Barcelona, la ciudad más importante de la Marca Hispánica y luego cabeza del condado de su nombre, contaría con un templo catedral como corresponde a su condición de sede diocesana. En este aspecto la documentación aporta datos fragmentarios de su existencia, pero son menos los restos materiales. Entre los primeros destaca la consagración de la que llamaríamos catedral románica siendo obispo Gislabertus, en 1058, y entre los segundos los fragmentos arquitectónicos de esta larga etapa, prerrománica y románica, destacando por encima de todos los capiteles en mármol sobre los que hoy descansa la mesa de altar de la catedral gótica. Decía Víctor Hugo que quien mide el pie del gigante mide el gigante entero, pues algo análogo cabría decir aquí sobre las dimensiones y proporciones del templo barcelonés al que pertenecieron estas dos excepcionales piezas.

La existencia de la catedral románica ha sido, por otra parte, varias veces confirmada por hallazgos fortuitos y excavaciones en el área de la catedral, como las realizadas en 1972-1973 que permitieron conocer el lugar en el que se encontraba la portada de la catedral de los siglos XI y XII, así como unas losas sepulcrales en la galilea que existió delante de aquella entrada. Todo ello viene a reafirmar que el templo gótico actual se levanta sobre el románico y en la misma zona urbana donde estuvo siempre el centro religioso más importante de la ciudad. Allí se levantaría también el palacio episcopal, muy probablemente en el mismo solar que ahora ocupa, y al que estaba vinculada la capilla de Santa María, Santa Quiteria y las Once Mil Vírgenes, hoy de Santa Lucía, que actualmente se nos ofrece a la vista como un templo distinto de la catedral, entre otras cosas por su carácter románico muy tardío. En efecto, conocemos que en 1257 adquirió los terrenos para su construcción el obispo Arnau de Gurb (1252-1284), y que en 1268 estaba abierta para el culto. La capilla es de gran sencillez, repitiendo su portada viejas formas románicas pero con columnillas y arquivoltas de gótica delgadez. El interior tiene también una opacidad arcaizante para la fecha en que se levantó la capilla.

Aquella catedral románica de Barcelona, que siempre estuvo bajo la advocación de la Santa Cruz, se fue derribando a medida que se construía, comenzando por la cabecera, la nueva catedral gótica, llegando a convivir las dos fábricas hasta prácticamente el siglo XV. Desde el comienzo de las obras en mayo de 1289, siendo rey don Jaime II como lo recuerda la inscripción conmemorativa de la portada de San Ivo, hasta la finalización del claustro hacia 1450, que es lo último que se hizo en el conjunto catedralicio, se sucedieron en la maestría varios arquitectos cuyos nombres han llegado hasta nosotros merced a lo completo de su archivo y, en especial, a los preciados *Llibres d'Obra*. El maestro más antiguo conocido es Jaume Fabré que, venido de Mallorca, aparece vinculado a la obra desde 1317, incorporándose a un proceso constructivo ya iniciado y a un proyecto cuya autoría desconocemos. Podría decirse que la cabecera se ter-

125.
Detalle del sepulcro de santa Eulalia en la cripta de la catedral.

124.
Bóvedas de la girola de la catedral de Barcelona sobre esbeltos pilares. La clave sobre el presbiterio representa la Crucifixión y, en primer término, el reverso de la Santa Cruz, bajo cuya advocación se encuentra la catedral, obra del escultor Federico Marés (1976). "La nostra Seu / té la figura de Jesús en la creu", escribió el poeta Verdaguer.

minó bajo su dirección en 1329, fecha esta que vuelve a recordar la segunda de las inscripciones de la fachada de San Ivo, donde es perceptible, a izquierda y derecha de la portada, los distintos criterios de obra seguidos en esta primera etapa y en la siguiente. La cabecera incluía también la singular cripta de Santa Eulalia, con una importancia única en relación con el resto de las catedrales españolas. Llaguno, en sus *Noticias de los arquitectos y arquitectura de España*, recoge la traducción de un viejo documento que narra la traslación del cuerpo de santa Eulalia en 1339, cuando Fabré debía estar concluyendo la portada de San Ivo que fue siempre la principal de la catedral. El mencionado documento dice que: "El maestro Jayme Fabra, y los canteros u obreros de la iglesia, Juan Burguera, Juan de Puigmolton, Bononato Peregrin, Guillen Ballester y Salvador Bertran, cubrieron el vaso –la urna– con una tumba pequeña de piedra, y después hincheron toda la tumba grande de piedras toscas y de betumen, y pusieron encima de ella cierta cubierta grande". Para aquel lugar, el escultor pisano Lupo di Francesco, residente en Barcelona desde unos años antes y relacionado con Fabré, hizo el sepulcro para guardar las reliquias de santa Eulalia con unas bellas escenas de la vida, milagros y martirio de la santa, todo dentro de la más exigente corriente italiana del Trecento.

A Fabré siguió en la dirección de obra Salvador Bertran (1340) y a éste Bernat Roca, muerto en 1388, bajo cuya larga maestría se hicieron buena parte de las naves. Vinieron después Pere Viader y, sobre todo, Arnau Bargués que trazó la sala capitular y puso los fundamentos de la inacabada fachada principal (1397-1405). Poco después, en 1408, se hacen unos pagos a Carlí por el proyecto de la portada que nunca se hizo, pero que se guarda celosamente en la Casa de la Traza o Arxiu de Mitja Escala. Es uno de los dibujos de arquitectura medieval más antiguos que se conservan y al que hace referencia la documentación capitular recogiendo en sus cuentas los doce pergaminos comprados sobre los que durante cincuenta y dos días dibujó el arquitecto la portada, cobrando seis sueldos diarios *per fer la mostra del portal major la qual feu mestre Carlí, francés, e començá la dita obra a fer divendres 27 d'abril de 1408...* Entre 1413 y 1441 estuvo al frente de las obras Bartomeu Gual, haciendo el asiento del cimborrio, nunca acabado en época gótica, cerrando la última bóveda de la iglesia y dando un impulso definitivo al claustro que permitiría a su sucesor, Andreu Escuder, darle fin (1442-1451). La actual fachada principal y el cimborrio que sobre ella asoma se deben a un tormentoso proyecto iniciado por José Oriol Mestres (1890) y acabado por Augusto Font (1906), quien supuestamente completaba la obra iniciada por el maestro Carlí.

El número importante de maestros y el tiempo transcurrido entre el comienzo y final de las obras nos haría esperar un templo con momentos e ideas distintas, cuando sorprendentemente no es así. Barcelona, en su planta y alzados, resulta del todo obediente a lo que debió ser la traza original, sorprendiendo la racionalidad y unidad de organización. Si desde aquí se vuelve la vista atrás y se recuerdan las grandes catedrales del gótico castellano, esta de Barcelona se nos presenta como una arquitectura diferente, que maneja otros cánones y criterios, como perteneciendo a otro orden de experiencias que, si se han querido ver vinculadas a la catedral de Narbona, se nos antojan ciertamente originales. Original resulta la organización de la planta, al margen de lo ya apuntado sobre la capilla mayor y coro, constando de tres naves, girola y capillas absidiales, con un crucero cuyos brazos no sobresalen en planta y en cuyos extremos crecen dos torres prismáticas. Novedosa es la serie de capillas entre contrafuertes que se abren, por parejas, a unos tramos de naves laterales cuya gran longitud se

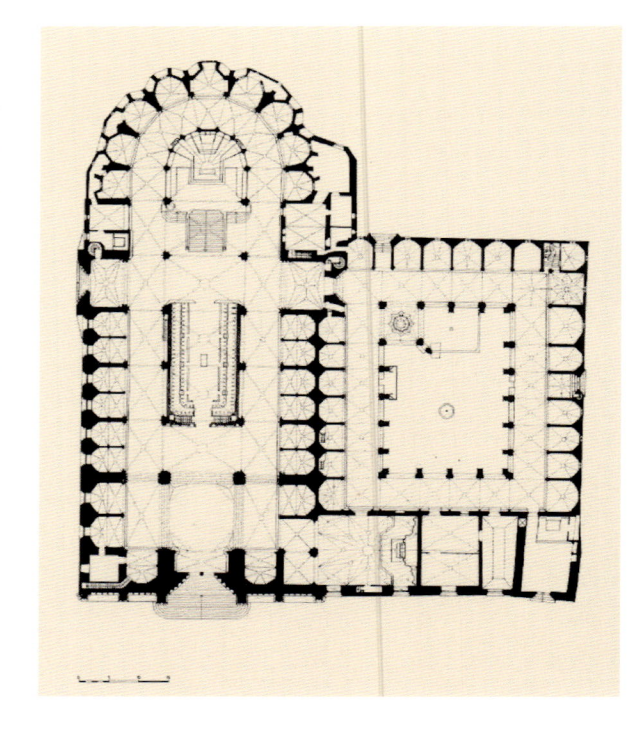

126.

Planta de la catedral de Barcelona. El corto desarrollo de la cabecera y la presencia del coro en la nave siguen el modo español, pese a que estilísticamente su arquitectura se viene vinculando a cosas vistas en Narbona. (Planta de J. M. Botey y J. M. Martí.)

127 y 128.

La catedral de Barcelona no llegó a completar su fachada, permaneciendo hasta finales del siglo XIX en el estado en que se ve en la fotografía de 1887 (arriba). En 1890 se ultimó un proyecto de José Oriol Mestres que, con la colaboración de escultores como Agapito Vallmitjana y Juan Roig, dotó a la fachada de una imagen gótica (abajo).

aparta de la relación "clásica" entre los tramos de la nave mayor y nave menor, cuya proporción en el siglo XIII era de 2:1. Excepcional es también en la catedral española y poco común en el resto de Europa la presencia de una gran cripta bajo el presbiterio al que se accede desde el crucero. Anómala puede decirse que es la posición del cimborrio a los pies, en el tramo inmediato a la fachada occidental. Inhabitual resulta la perfecta concordancia entre el templo y el claustro. Por todo ello su interés se acrecienta y enriquece el horizonte catedralicio español.

Si de la distribución en planta se pasa a analizar los alzados, surgen entonces mayores novedades si cabe, pues la esbeltez de los pilares, el arranque de los arcos fajones, formeros y cruceros de una imposta común a las tres naves y a gran altura. hace desaparecer el escalonamiento de las catedrales del siglo XIII en beneficio de una sorprendente diafanidad espacial. Esta tendencia a igualar las alturas de las tres naves, que quedará como una constante en la arquitectura gótica catalana, hizo innecesarios desde el punto de vista mecánico los múltiples arbotantes que tenía el gótico de filiación francesa. La luz llega al interior de un modo también distinto, pues desaparece el claristorio de la nave mayor, que sólo conoce por encima del triforio unos modestos rosetones. esperando la luz que entra desde el muro perimetral por encima de las capillas y a través de una insólita y amplia galería. Realmente estamos ante una arquitectura inédita que emplea, sí, los recursos y técnicas constructivas propias del gótico, pero el resultado es sorprendentemente nuevo y fresco.

Todas estas consideraciones podrían alargarse más, pero sólo añadiremos algo que siempre nos ha llamado la atención de esta catedral "mediterránea" y que, sin duda, es espejo de una sociedad y de unas circunstancias económicas muy peculiares. En Burgos o en Toledo, el cuerpo viejo de la catedral quedó oculto por el paso y el peso de la historia, mientras que en Barcelona el edificio mantiene sus límites y volumen originales. En las catedrales castellanas las grandes capillas funerarias de la nobleza compiten con la catedral misma, como en la del Condestable de Burgos o la de don Álvaro de Luna en Toledo, mientras que en Barcelona las capillas, tantas veces de gremios *(sabaters, esparters, vidriers, freners, pintors...)*, se supeditan con orden y disciplina en lineal formación. Éstas ya no son cuestiones meramente estilísticas sino que reflejan más hondas razones que, al

129.
El largo proceso de terminación de la fachada de la catedral culminó con la adición de dos torres laterales y la construcción, en 1906-1912, de un imponente cimborrio, proyectado por Augusto Font y Carreras y costeado por Manuel Girona. La portada, obra de José Oriol Mestres, responde al dibujo que dejó en 1408 el maestro Carlí (Carles Galtés de Ruan).

fin y al cabo, explican el porqué y el cómo de la arquitectura.

Para quien penetra en la catedral, después de aquella primera impresión en la que no viéndose nada se percibe todo, la vista descubre en sus bóvedas cuatripartitas las monumentales claves policromadas, con excelentes relieves cuyas figuras sobrepasan el metro de altura y donde trabajaron escultores tan notables como Pere Joan (1418). Pero son el presbiterio y el coro los que siguen ofreciendo novedad. El primero es poco profundo y se alza, como se dijo, sobre la bellísima cripta gótica de Santa Eulalia con una bóveda rebajada de gran interés constructivo. Pero sobre el presbiterio podemos ver también una pieza queridísima para la catedral pues con ella llega a confundir su nombre, me refiero a la cátedra o silla del obispo que es aquí pieza gótica original y habitualmente perdida o sustituida en otros templos catedralicios. Aquí conserva además su original ubicación presidiendo desde el centro al ámbito presbiteral.

Entre las maravillas que esta catedral encierra se halla el coro que, por no haberse concebido en el presbiterio, siempre estuvo en la nave central. Después de un primer y sencillo coro, el obispo Pedro de Planella (1371-1385), antiguo prelado de Elna, pensó en construir otro que estuviera más acorde con la grandeza del templo, pero sólo sabemos que se hiciera la silla episcopal. El nuevo coro lo haría definitivamente su sucesor, Ramón de Escales (1286-1398), que anteriormente fue obispo de Lérida y de quien la catedral tiene en una de sus capillas uno de los mejores sepulcros góticos que podamos hallar, obra de Antonio Canet, uno de los escultores que trabajó en el nuevo coro. Pero Canet, como Pedro Oller y otros no fueron sino los colaboradores del gran maestro Pere de Sanglada, a quien se debe la idea general del coro para el que estuvo trabajando entre 1394 y 1399, después de haber viajado hasta Flandes para comprar la madera de roble necesaria. La concepción de la sillería también difiere de las vistas en Castilla, careciendo aquí de los vistosos relieves de los respaldos, si bien tienen con una estructura análoga, con el asiento abatible y dejándonos en sus misericordias y en los medallones de separación, un mundo de imágenes reales y fantásticas del máximo interés.

Andando los años resultó ser corto el número de asientos por los que se encargó a Matías Bonafé otra tanda que hizo las veces de coro bajo, alzando y dejando como coro alto el de Sanglada. En los años finales del siglo XV, un grupo de tallistas y escultores como los alemanes Michael Lochner y Johan Friedrich Kassel, además de Casal, Rufart y Torrent, se encargaron de rematar la obra con relieves varios así como con los vistosos remates de pináculos, gabletes y doseles. Pero la historia del coro, verdadero corazón de la liturgia catedralicia, no estaba aún cerrada, pues

130.
Gárgola de la cabecera representando a un caballero. La obstrucción de la salida del agua hace aflorar estos pequeños jardines colgantes.

131.
Gárgola de la cabecera representando a un unicornio.

coincidiendo con la celebración en 1519 del Capítulo de la Orden del Toisón de Oro, Capítulo que estuvo presidido por el emperador Carlos V contando además con la asistencia de los más viejos linajes de la realeza y nobleza europea, procedentes de Francia, Inglaterra, Portugal, Hungría, Dinamarca y Polonia, entre otros muchos países de origen, el coro barcelonés co- noció una importante transformación. Por una parte, ya en 1517 el gran escultor Bartolomé Ordóñez había recibido el encargo de labrar el trascoro con su puerta central de ingreso. Se trata de la última obra de este artista que, formado en Italia, moriría aún muy joven en 1520, sin poder ver terminada su obra. El trascoro es una bella composición en mármol, en la que un zócalo, columnas y entablamento de orden dórico romano, encuadran cuatro relieves con escenas de la vida de santa Eulalia y otras figuras de los santos Severo, Eulalia, Olegario y Raimundo de Peñafort. Los relieves de Ordóñez con la declaración de santa Eulalia ante el pretor romano y el Martirio del fuego, dejan ver la influencia miguelangelesca en el escorzo, cabezas, actitudes y concepción grande de la forma. Los otros dos relieves los haría años más tarde el escultor Pedro Vilar (1564), pero sin la energía de Ordóñez. Interiormente el coro conoció una explosión de color al pintar Juan de Borgoña la serie heráldica con los blasones de los cincuenta caballeros de la Orden del Toisón.

Todas las capillas guardan buenos retablos hasta el punto de encontrar en ellas un resumen de la pintura gótica catalana, donde no faltarían los nombres de Huguet y Martorell, entre otros muchos. Así mismo la colección de vidrieras es notable, subrayando aquellas de comienzos el siglo XV que el vidriero Gil de Fontanet hizo sobre cartones del pintor Bartolomé Bermejo y que se encuentran en la capilla bautismal. Así mismo el tesoro y museo catedralicios guardan innumerables piezas de las que destacamos la singular custodia procesional, una de las más antiguas de España, que fue labrada en la primera mitad del siglo XV y revela un modelo anterior a la llegada de Arfe. La custodia barcelonesa es paseada en procesión sobre un sillón gótico, conocido como "la silla del rey Martín".

El paso del templo al claustro se hace por una bonita y complicada portada, que debe ser en parte de lo más antiguo de la catedral, pues arrastra su fisonomía románica en muchos detalles, habiéndose propuesto últimamente que es pieza importada de Italia de comienzos del siglo XIII. Una vez incorporada a la obra se le añadieron elementos decorativos a modo de remate, en el propio siglo XV. La internacionalidad de la puerta queda de manifiesto al comprobar que sus hojas son de fina traza mudéjar, compuesta sobre estrellas de seis puntas (s. XVI). Sobre tres de los lados del claustro se abren capillas con el mismo orden que las del templo, sirviendo dos de ellas de paso a la calle con sendas portadas en el muro exterior: la puerta de Santa Eulalia y la elegantísima portada de la Piedad, cuyo relieve en madera sobre el tímpano se debe al mencionado Lochner.

No lejos de esta salida se encuentra dentro del claustro un bello templete en esquina con fuente de agua, obra de Escuder, cuya bóveda se cerró con la conocida y caballeresca clave de san Jorge, debida al cincel de Antonio y Juan Claperós. Las laudas sepulcrales que aún conserva el piso, recordando este espacio claustral como lugar funerario, los relieves, nichos mortuorios y puertas abiertas, por alguna de las cuales podemos pasar a la nueva sala capitular, hacen de este claustro, vivo como pocos y como ninguno vinculado a la ciudad que lo toma como paso ordinario, un lugar de recreo del que ya gozó Münzer que vio plantados aquí limoneros, naranjos y cipreses.

132.
La vecindad entre el recinto amurallado romano y la catedral es un hecho frecuente en las ciudades episcopales de la Edad Media; en su inmediato entorno se sitúan tanto el palacio episcopal como las casas de las dignidades eclesiásticas (deán, arcedianos, etc.) y los canónigos, formando el barrio de la catedral, con una puerta propia en la muralla.

En las páginas siguientes:

133.

La puerta que comunica el claustro con el templo llama la atención por su hechura, molduración y ecos románicos, que se apartan del carácter gótico del resto de la catedral. Muy probablemente, las jambas y arquivoltas pudieron pertenecer al anterior templo románico, recordando en algo una de las portadas de la catedral vieja de Lérida.

134.

Vista general de la nave mayor y el presbiterio, con la cátedra y el altar, desde el fondo del coro. El espacio del sacrificio y el ámbito de la alabanza, los servicios de altar y coro que los canónigos juraban ejercer al tomar posesión en la catedral.

135.

Bóvedas cuatripartitas de la nave mayor con las claves y los nervios pintados; su policromía se descubrió en la restauración de 1970.

136.

Clave de la bóveda sobre el crucero, de 1379. Representa a la Virgen de la Misericordia acompañada de ángeles. Bajo su manto protector se agrupan, a la izquierda, varios hombres, entre los que se reconoce a un papa, un rey, un cardenal, un obispo y un canónigo; a la derecha, entre las mujeres, hay una reina y una monja.

137.

La potente y diáfana estructura pétrea de la catedral sirve de apoyo visual a las punzantes voces que parten del coro en forma de agujas y que, en madera, hicieron a finales del siglo XV los maestros Kassel y Michael Lochner.

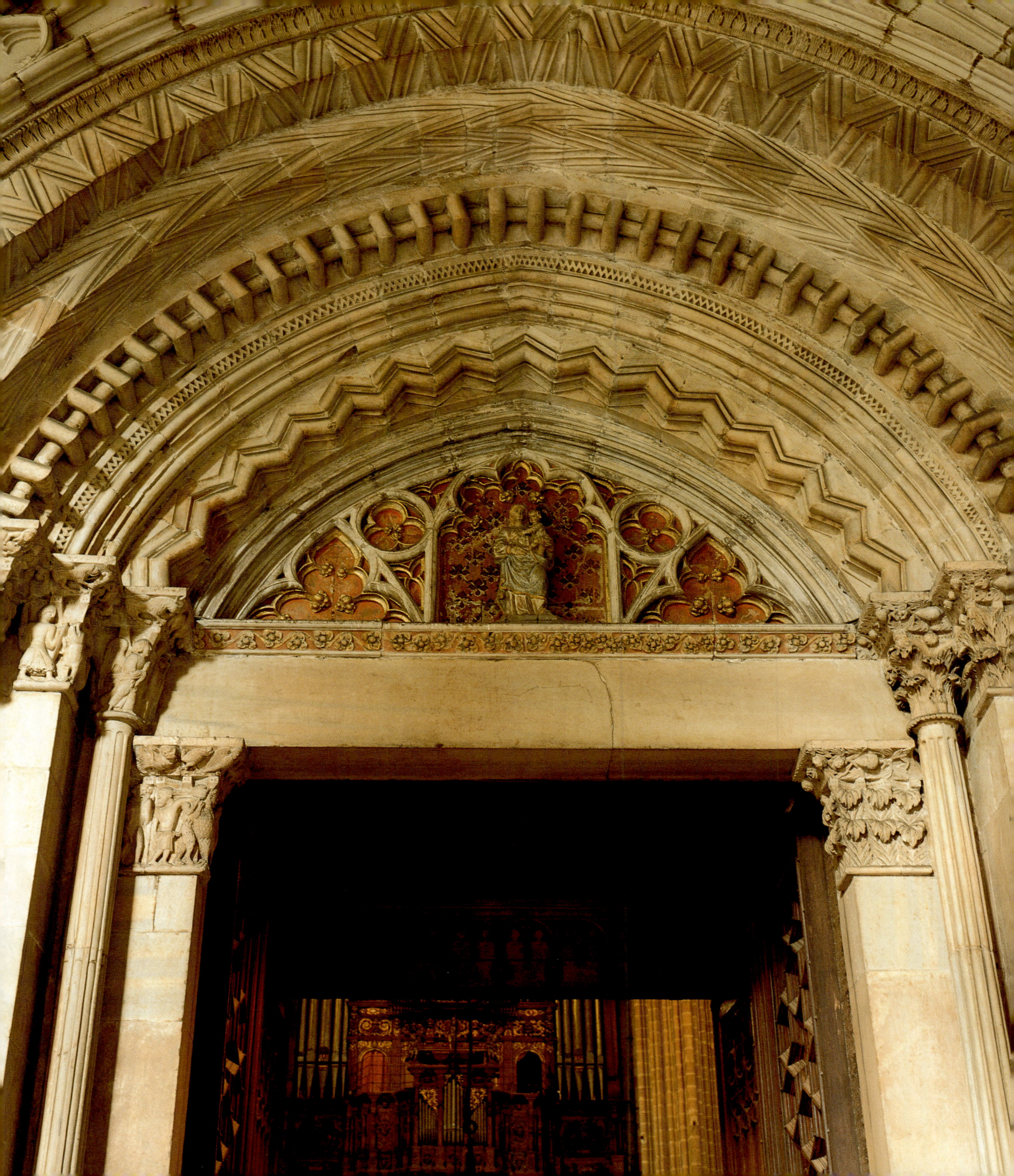

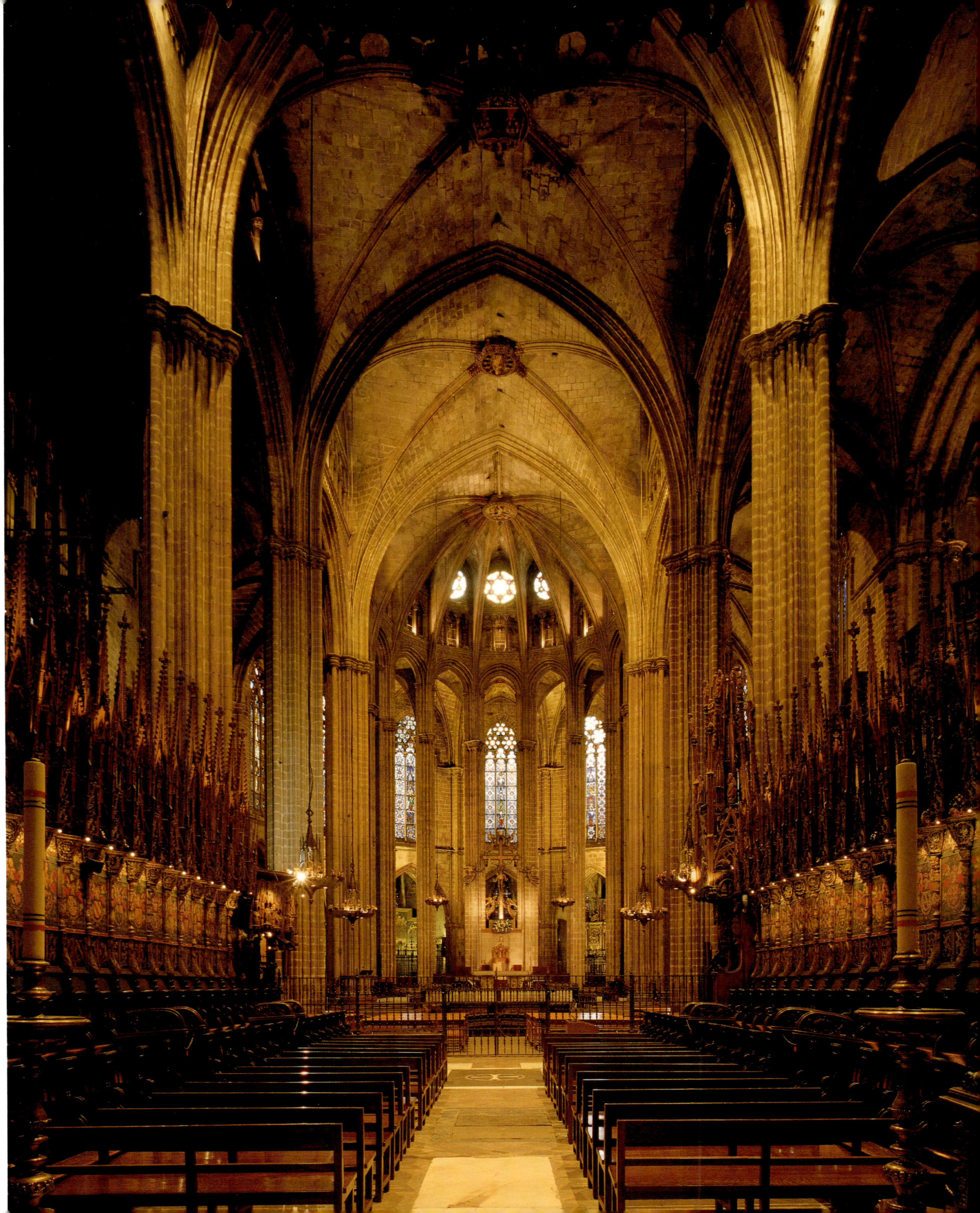

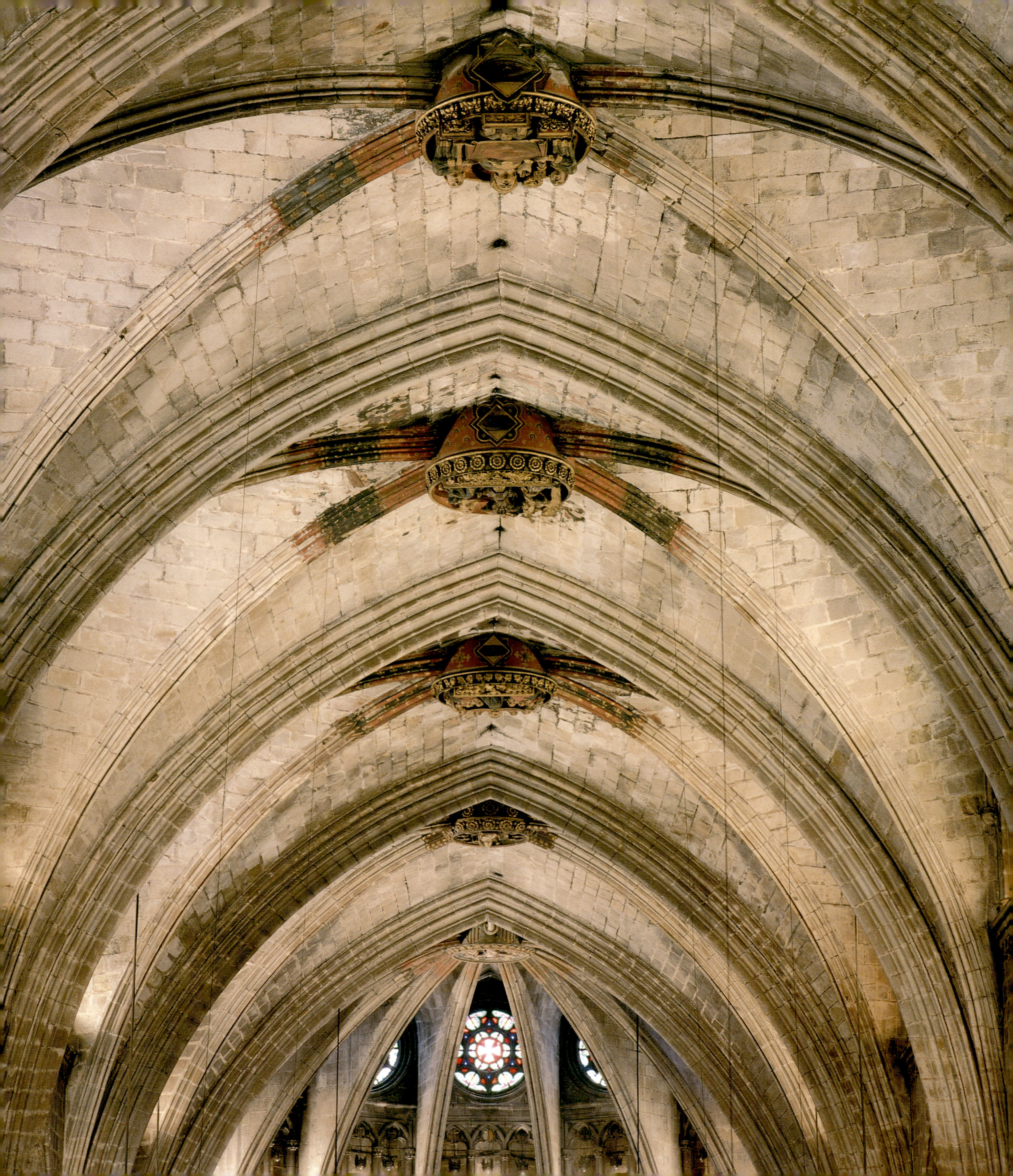

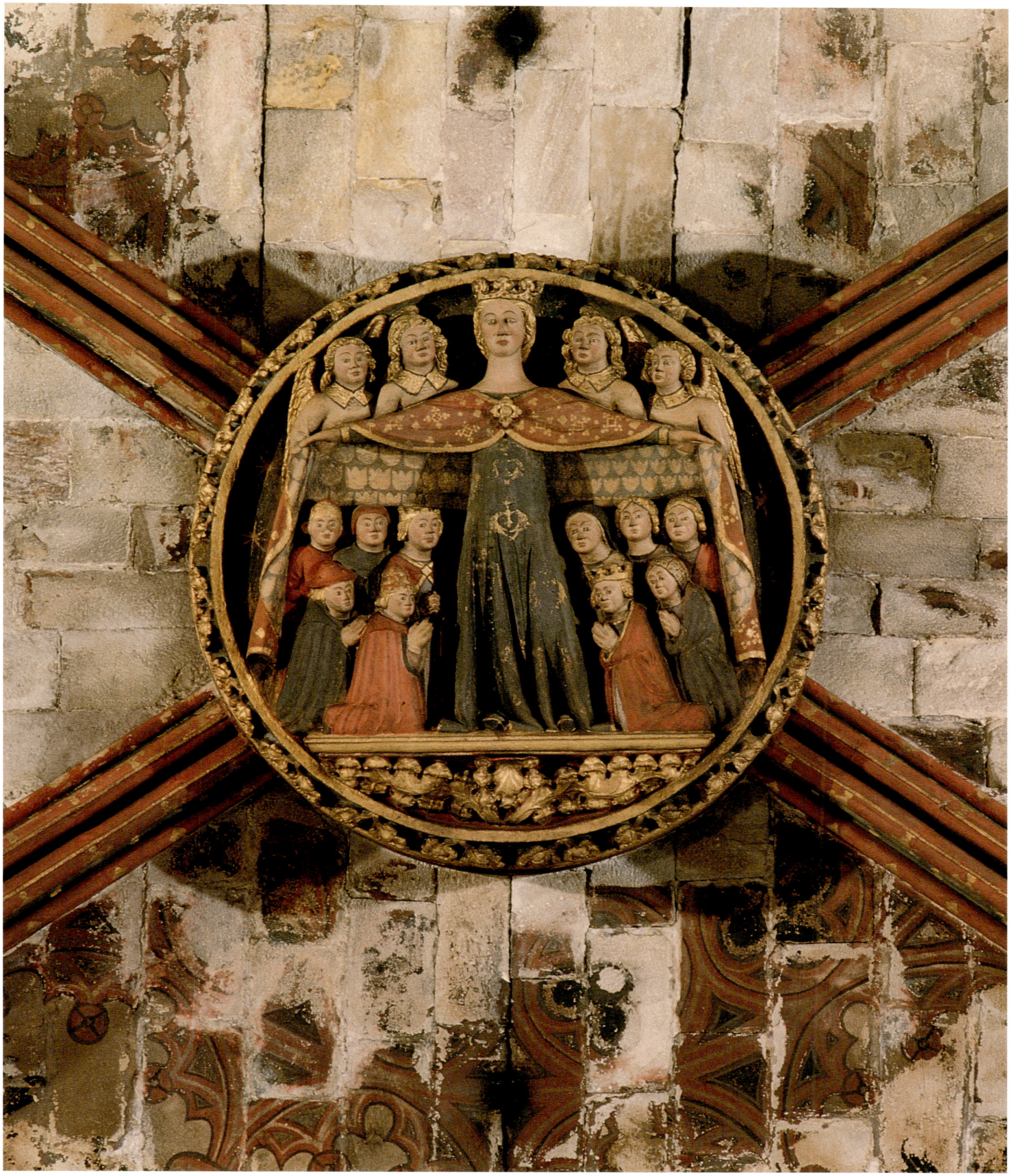

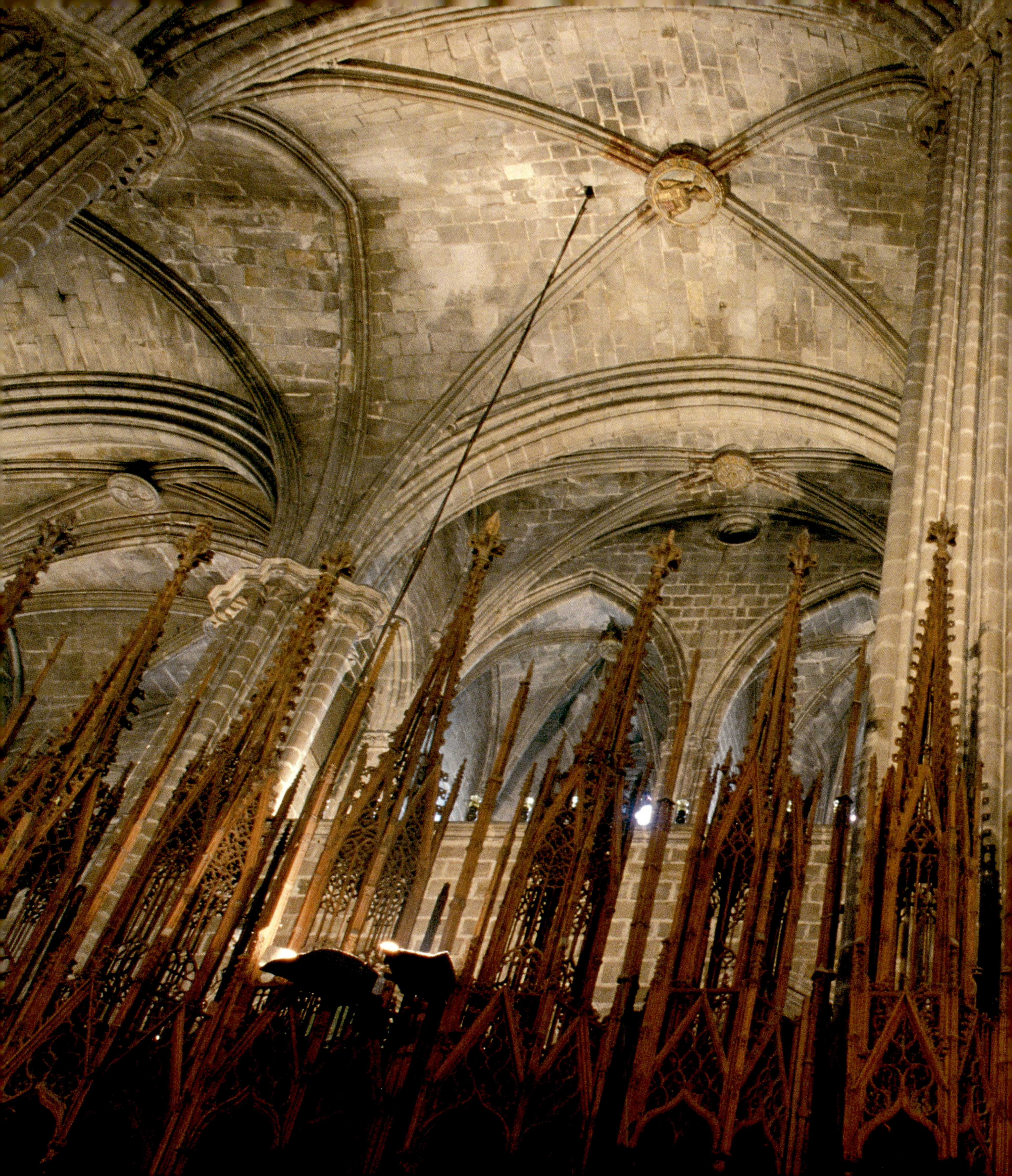

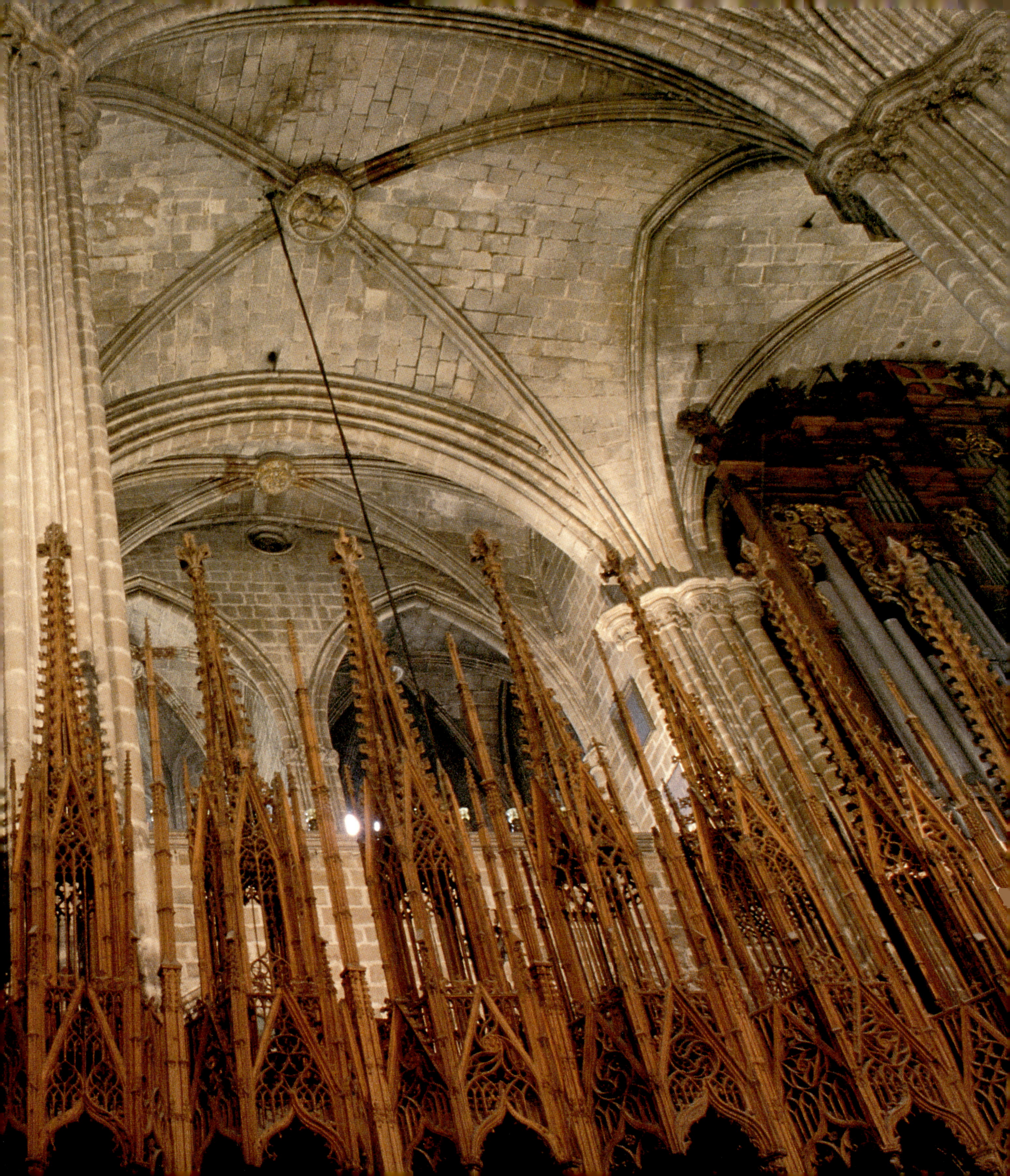

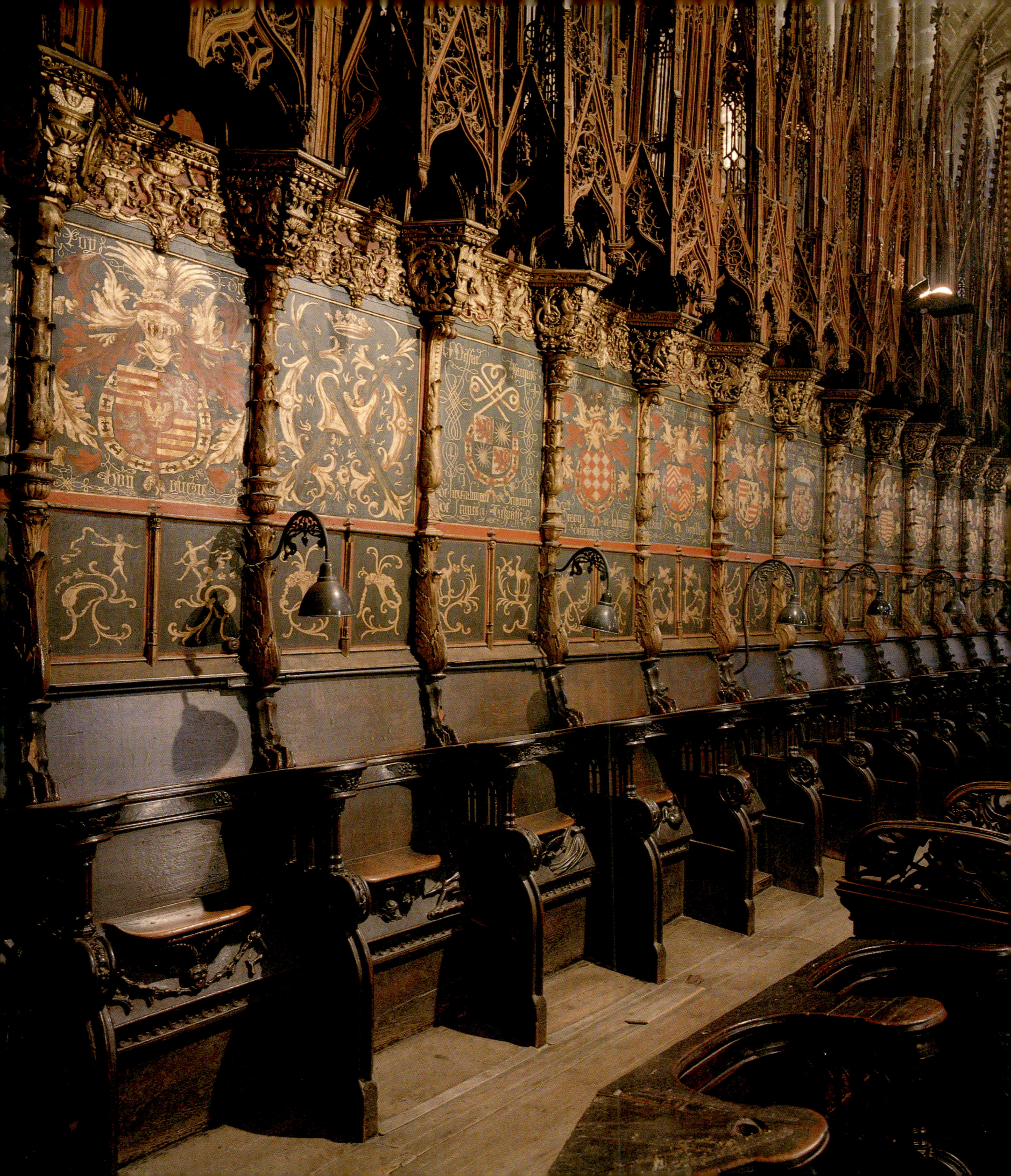

138.
El coro es una de las joyas de la catedral de Barcelona tanto por su forma y organización, afortunadamente conservadas, como por la circunstancia añadida de haberse reunido aquí el XIX Capítulo de la Orden del Toisón de Oro bajo Carlos V

139.
Con motivo de la celebración del XIX Capítulo de la Orden del Toisón de Oro, en 1518 se pintaron en los respaldos de las sillas los escudos de los caballeros de la orden, entre los que se encontraban los reyes de Portugal e Inglaterra.

140.
El trascoro, con su puerta procesional en el centro y la tribuna alta, pone de manifiesto la relación de esta solución arquitectónico-litúrgica con la del jubé francés o el screen-choir o rood-screen inglés. Reconstruido el trascoro de Barcelona con motivo de la reunión del Toisón de Oro, se hicieron los relieves con escenas del Martirio de Santa Eulalia, de Bartolomé Ordóñez y Pere Villar, quien terminó la obra hacia 1563.

141.
La cripta de la catedral se encuentra entre lo más antiguo de lo construido bajo la dirección de Jaume Fabré, maestro mayor de la obra en 1327. En ese año llegaba a Barcelona procedente de Pisa el escultor Francesco di Lupo, a quien se debe el sepulcro de santa Eulalia, con relieves alusivos a su martirio y traslado a esta cripta, hecho que tuvo lugar en 1339.

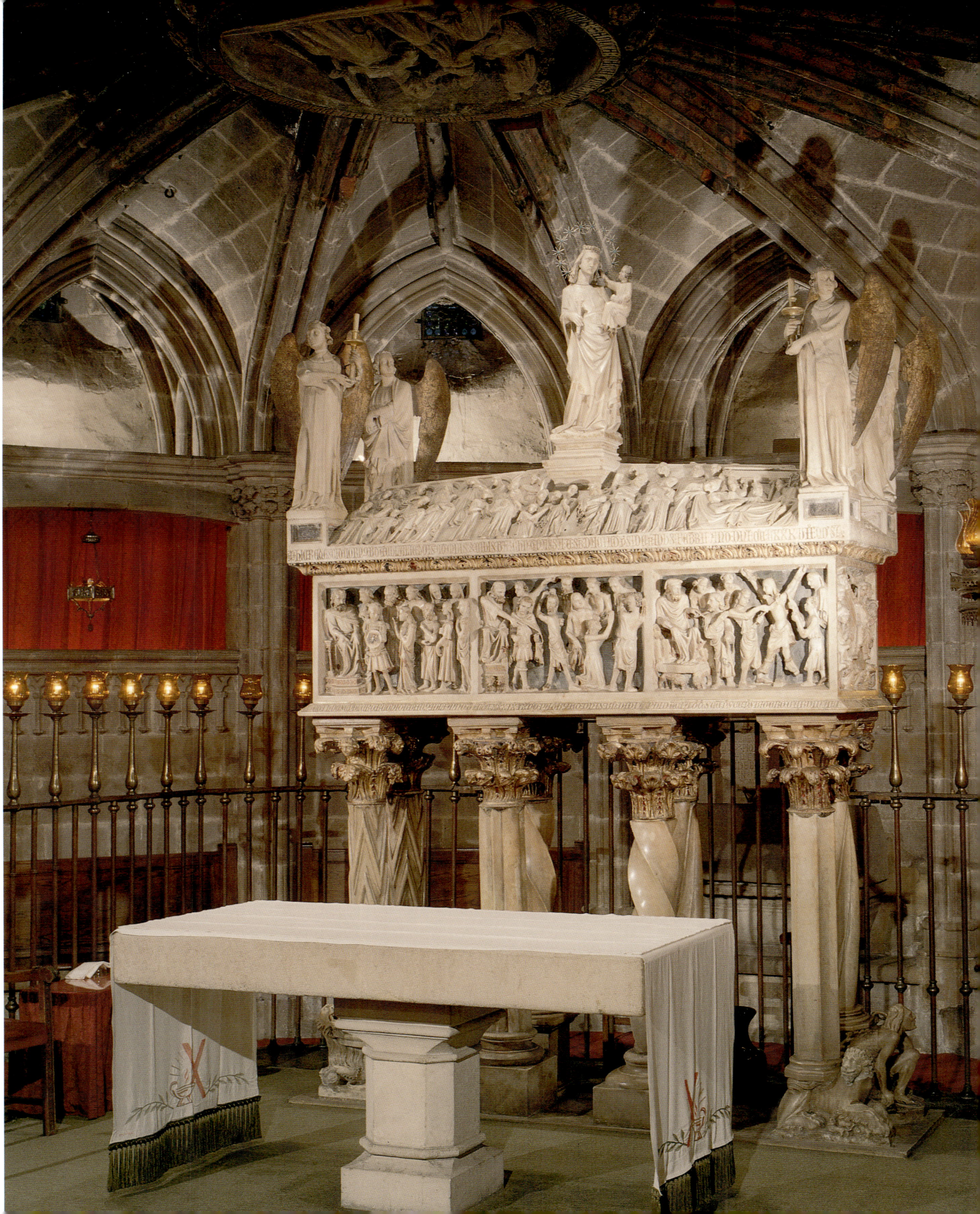

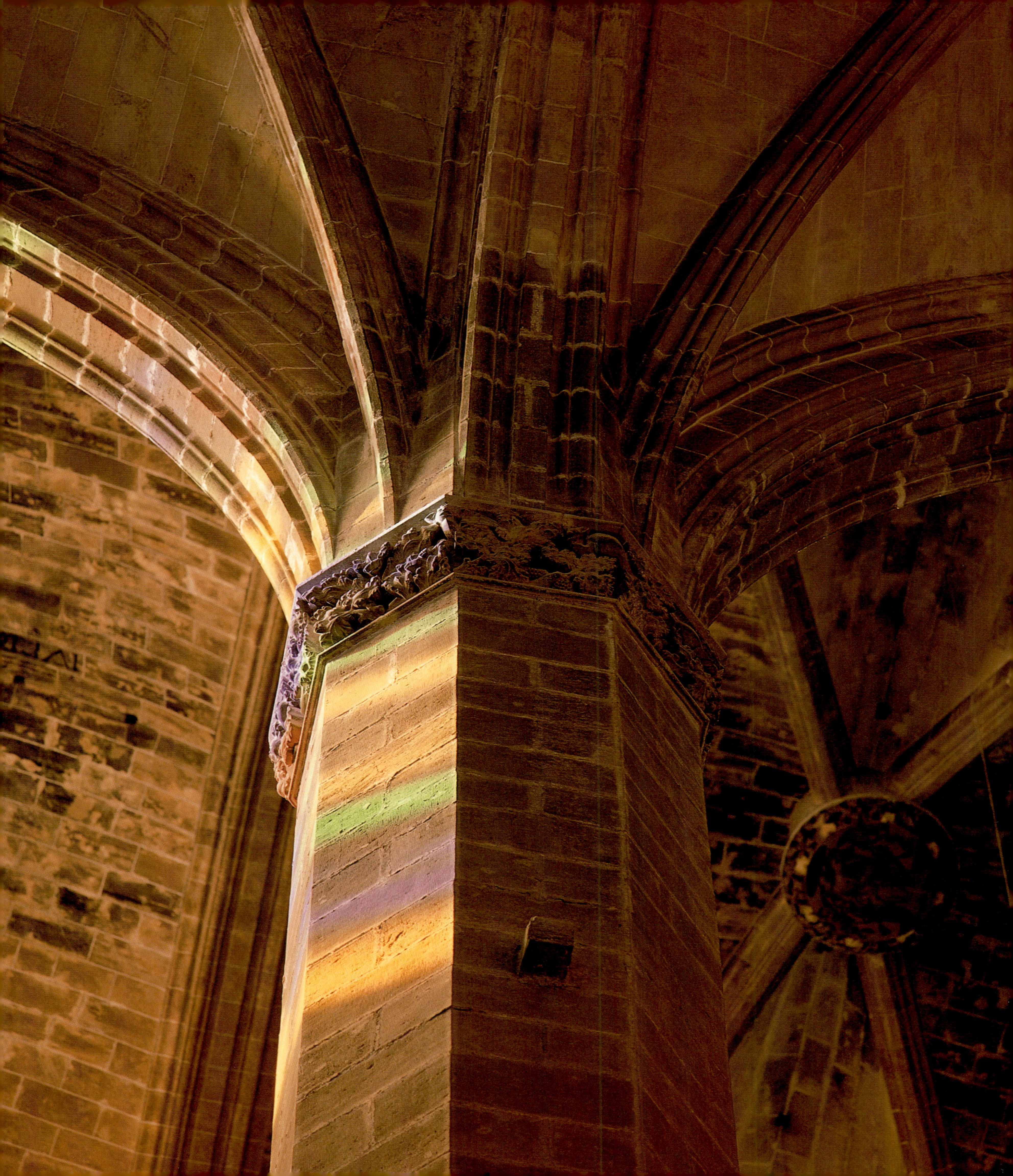

IV
MALLORCA: LA CATEDRAL Y EL MAR

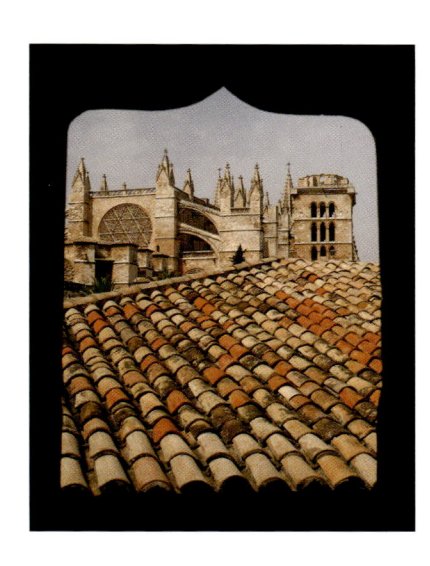

En 1909 Claude Debussy compuso uno de sus preludios para piano más conocidos, *La Cathédrale engloutie*, la catedral sumergida, inspirada en la leyenda bretona del rey Gradlon y la ciudad de Ys, anegada por el mar. Frente a esta imagen impresionista del naufragio de la catedral, la de Mallorca emerge con fuerza dominando la bahía de tal modo que su perfil arquitectónico tiene mucho de arboladura naval. Se trata, sin duda, de una de las estampas más bellas que se puedan contemplar adelantándose a las románticas versiones pintadas por K. F. Schinkel con los mismos elementos, la catedral y el mar.

En una carta de Jovellanos dirigida a Ceán Bermúdez, acompañando algunos trabajos hechos durante su prisión mallorquina en Bellver, escribió que éstos "se refieren a tres edificios que pueden ser contados entre los mejores de Media Edad que posee España, y en los cuales admira Mallorca reunidas todas las bellezas que la arquitectura ultramarina consagró a la religión, a la seguridad y a la policía pública de su capital. Tales son la catedral, el castillo de Bellver y la Lonja". Muy justa parece la apreciación de Jovellanos, no sólo en relación con el panorama español sino incluyendo aquí al resto del mundo medieval, pues resulta difícil encontrar otra obra de aquel tiempo en la que el arte y la técnica hayan producido una obra tan asombrosa como la catedral de Palma de Mallorca. Asombrosa por su grandeza, por su sabiduría constructiva, por su belleza, por su luz, por las obras que en muros y capillas atesora, asombrosa, en fin, por el modo de incorporarse al paisaje, mirando al mar, en permanente alerta y vigilando la ciudad.

La historia de la diócesis de Mallorca *(Maioricensis)* comienza con la conquista de la isla por Jaime I de Aragón, en 1229, hasta entonces en poder de los musulmanes. No obstante, todavía debieron transcurrir unos años hasta que fue promovido el primer obispo, don Raimundo de Torrelles (1238), a quien el papa Gregorio IX le autorizó a constituir el primer cabildo catedral, compuesto de doce canónigos (1240), haciendo depender administrativamente la nueva iglesia de la propia Santa Sede, frente a los pretendidos derechos jurisdiccionales que sobre ella reclamaron los obispos de Barcelona, Gerona y Tarragona.

Durante este tiempo sabemos de obras hechas en 1230 y 1256 en la "catedral", así como de consagraciones parciales habidas bajo la prelatura del segundo obispo de Mallorca, don Pedro de Morella, en 1269 y 1271. Sin embargo, unas y otras se refieren a actuaciones que se hicieron en el viejo cuerpo de la mezquita, de la que nada sabemos sobre su tamaño y disposición. De este modo, en Mallorca, como sucedería luego en Córdoba, Sevilla, Jaén, Granada y tantas otras ciudades hispano-musulmanas, se utilizó inmediatamente la mezquita aljama islámica como iglesia mayor cristiana, introduciendo leves cambios de orientación en la organización del culto. Luego vendrían altares, capillas y obras, en general, de poca importancia hasta que hubo voluntad y recursos para un nuevo templo de cristiano perfil.

La iniciativa y construcción de la catedral actual está íntimamente unida a los reyes de Mallorca que, sin duda, quisieron hacer del primer templo de la isla una obra emblemática que encarnara el optimismo de la nueva monarquía. Así, al morir Jaime I, repartió los Estados de la Corona de Aragón entre sus hijos Pedro III, luego rey de Aragón, y Jaime II, que lo sería de Mallorca. Éste, en un claro gesto de mecenazgo real hacia la catedral, había manifestado expresamente en su testamento (1306) el deseo de ser enterrado en una capilla que se construiría bajo la advocación de la Trinidad en la catedral de Santa María: *Item volemus et mandamus quod in dicta eclesia Beata Mariae Sedis Majoricarum, in loco decentis construatur una capella intitulanda Sanctae et Individuae Trinitatis et ibi sit spacium sufficiens ad sepulturas ubi volumus sepelire*. A la muerte del monarca (1311) la obra ya debía de estar iniciada, pero sólo eso, pues durante largos años sus restos mortales conocieron un lugar provisional

143.
Detalle de la catedral sobre los tejados de la ciudad, donde la torre emerge, tímida, en un costado del templo, muy probablemente sobre el alminar de la mezquita preexistente en este lugar.

142.
Efecto de la luz sobre uno de los pilares de la catedral de Mallorca. La sobriedad del proyecto se pone de manifiesto en la sencillez prismática de estos apoyos que renunciaron a columnillas y baquetones, limitándose a señalar el arranque de las bóvedas con una sencilla imposta.

entre la nueva catedral que comenzaba a construirse y la vieja mezquita que al tiempo se iba derribando. Es decir, en los primeros años del siglo XIV empieza la construcción del edificio catedralicio que hoy conocemos, por esta capilla de la Trinidad junto al inmediato presbiterio que nombrado en la documentación como *cap nou*, llamamos Capilla Real.

Estas obras se hicieron ya bajo el rey don Sancho y de su sucesor en el trono don Jaime III, de tal manera que en, 1327, esta cabecera, compuesta por las dos capillas citadas, estaba muy adelantada. La de la Trinidad tiene el interés de estar concebida como una capilla funeraria de dos plantas, una alta, abierta a la iglesia y con los arcosolios preparados para colocar los cenotafios reales –sólo labrados y colocados allí en 1946 por el escultor Federico Marés–, y otra baja que utilizándose hoy a modo de sacristía debió de estar pensada para panteón propiamente dicho.

La historia constructiva de la catedral mallorquina estuvo muy condicionada en sus comienzos por las luchas entre los reyes de Aragón y Mallorca, pues el mismo Jaime III perdió la vida frente a Pedro IV de Aragón, a cuya corona volvería a partir de aquella fecha el reino de Mallorca. La propia catedral fue escenario de la entronización de don Pedro IV, ahora como rey también de Mallorca (1343), cuya ceremonia que, al mismo tiempo lo era de acción de gracias por la victoria obtenida, fue preparada cuidadosamente: *Així que, nós, lo dissabte a vespre a vint-e-u del dit mes [de junio], nós anam a la Seu, e, aquí, nós vetllam e jaguem en l'esglesia de la Seu. E lo dit digmenge per lo matí, nós isquem de la sagrestia de la Seu, vestits e aparellats in sedis Maiestatis... E öim missa en l'altar major de Santa Maria. E, com la missa fo acabada, nós siguem denant l'altar en una cadira...*

Se reinicia así una segunda e importante etapa en las obras de la catedral que coinciden con la segunda mitad del siglo XIV, cuando –según Durliat– se abandona el proyecto primero de una nave única en favor de las tres que hoy conocemos. No obstante, el propio Durliat hace responsable de este nuevo impulso y cambios al obispo Antonio de Colell (1349-1363), más que al propio monarca del que dice que perdió interés por la obra, dirigiendo su pensamiento hacia los monasterios cistercienses de Poblet y Santes Creus como panteón real, al igual que hicieron sus descendientes.

Afortunadamente, el hecho de conservarse los Libros de Obra a partir de 1368 nos permite conocer con algún detalle el proceso constructivo que, sin embargo, se iba a dilatar de un modo extraordinario en el tiempo, sin que ello reste unidad al conjunto. Baste decir que hasta 1601 no se plantea la consagración del edificio terminado. Pero vayamos por partes. El primer tramo de la nave central se cerró hacia 1370 y en él se resumía la gran aventura de uno de los mayores templos góticos de la Edad Media, pues sus maestros abordaron con gran riesgo una estructura que no tenía antecedentes, al menos de esta magnitud y esbeltez. En este primer tramo estaba ya planteada la catedral toda aunque ello llevara lo que resta de aquella centuria y las dos siguientes, pues hasta 1592 no se puso la primera piedra de la fachada de los pies.

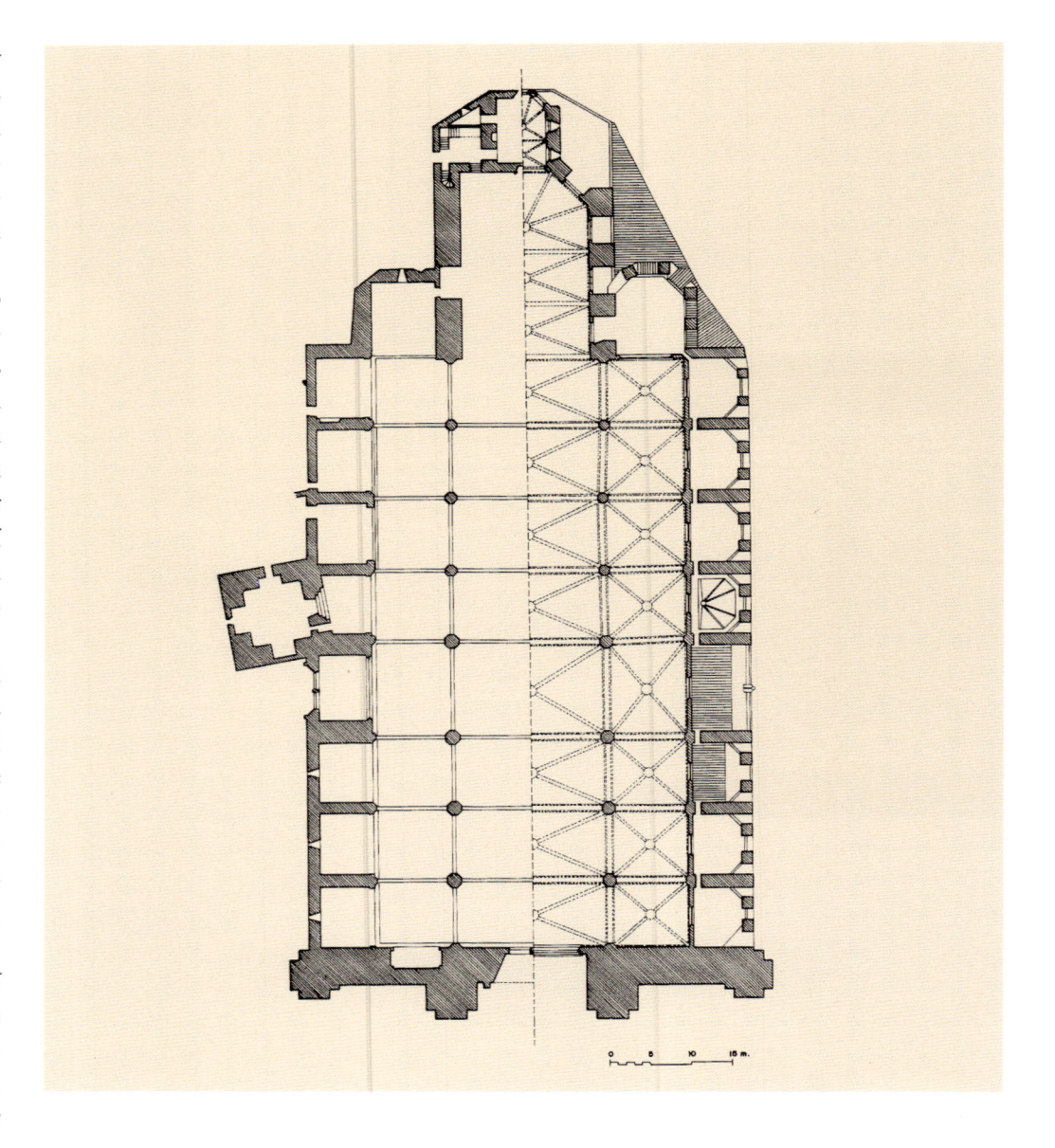

El resultado final fue el de una formidable iglesia de tres naves, con capillas entre contrafuertes, y una de crucero, situado sobre el quinto tramo y muy cerca

144.
Planta de la catedral con una organización muy singular de la cabecera, por donde se empezó la construcción. Detrás del presbiterio se ubicó una capilla real, la llamada de la Trinidad, para enterramiento del rey de Mallorca Jaime II, muerto en 1311, a quien se debe la iniciativa de la construcción del templo. (Planta de R. Adams y J. Salas).

145.
Imagen de la catedral como un buque anclado en los muelles del puerto.

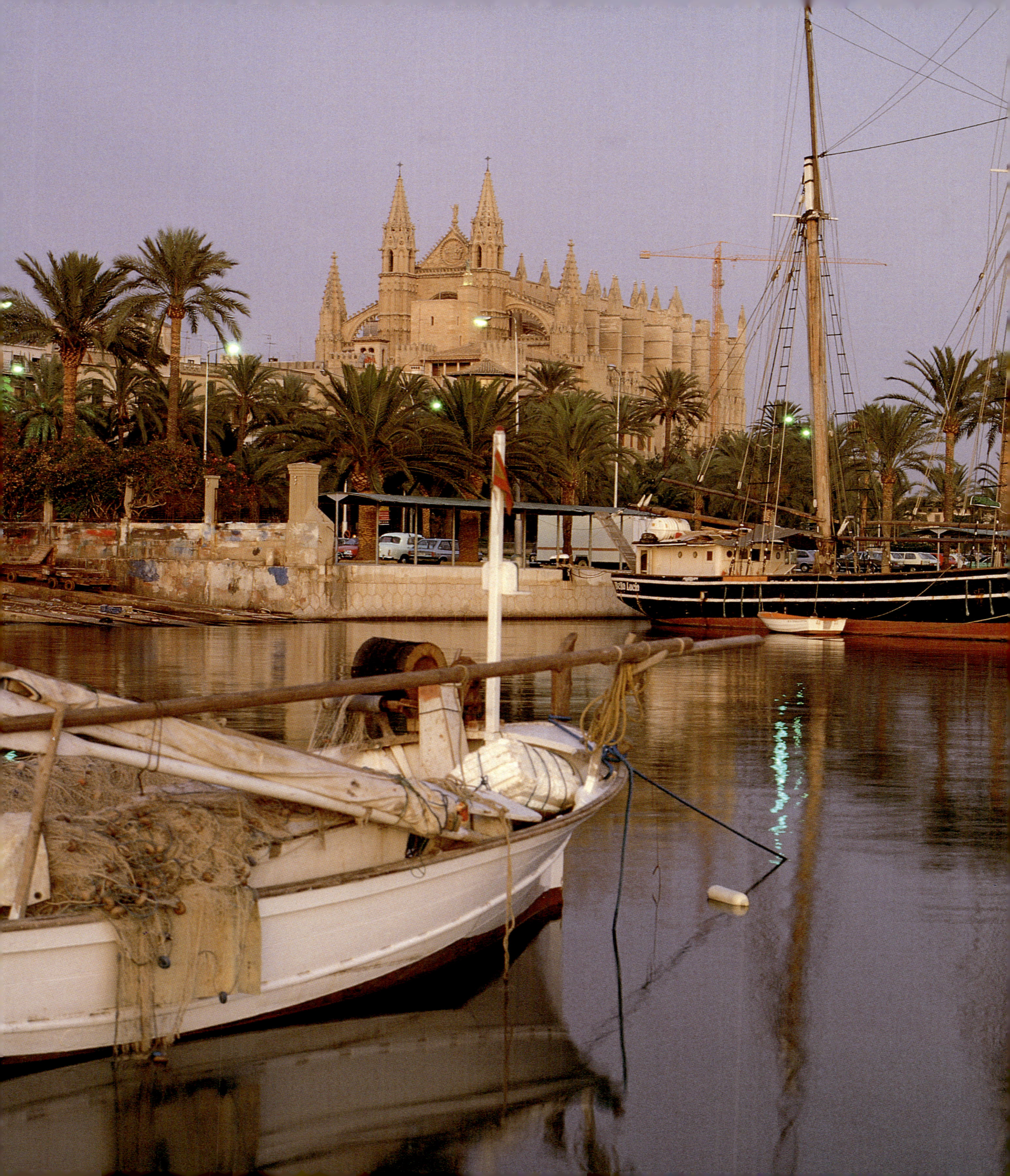

de la fachada. Su original cabecera, que Chueca definió como telescópica por el modo en que unos volúmenes salen de otros, no tiene tampoco parangón con otras iglesias de su arte y tiempo, especialmente por el salto de alturas que se produce entre ella y las naves salvado con tres enormes óculos que aumentan grandemente la luminosidad de la catedral. Pero lo más sorprendente resulta ser el alzado interior de estas tres naves, de gran altura la central pero muy bien arropada por las dos laterales sobre las que vuelan parejas de arbotantes estribados en potentes contrarrestos. Así quedaba asegurado el equilibrio transversal de cada uno de los tramos, arrancando todas las bóvedas cuatripartitas, centrales y laterales, de esbeltísimos pilares ochavados, que transmiten sensación de fácil ingravidez y transparencia espacial haciéndonos levantar la vista para alcanzar los cuarenta y cuatro metros de altura que acarician las bóvedas de la nave mayor.

El arquitecto y estudioso de la catedral Juan Rubió Bellver, resumía así, a principios del siglo XX, algunos de los rasgos más originales de la Seo: "La catedral de Mallorca es, sin duda, la que con menor cantidad de materiales vistos desde el interior encierra dentro de sí un volumen mayor de espacio útil. De todos los edificios construidos en estilo gótico, por ser el que tiene la nave lateral más alta, la nave central más espaciosa y las columnas más altas y más delgadas, es, sin duda alguna, el que con más aprovechamiento para la organización del edificio ha utilizado los medios constructivos del arte gótico".

Cuenta la catedral con dos accesos en el brazo del crucero, las llamadas puertas del Mirador y de la Almoina, además de la que, a los pies, se abre frente al palacio de la Almudaina. La más antigua y bella es la del Mirador, cuyo maestro fue Pere Morey (1389-1394) a quien sucedió el maestro picardo Pierre de Saint-Jean (1396). Esta refinada puerta enriquecida con esculturas de Jean Valenciennes y Enrique Alemán, conoció igualmente la aportación de Guillem Sagrera autor, entre otras, de las expresivas y vitales imágenes de san Pedro y san Pablo. Sagrera, escultor y arquitecto, desempeñó igualmente la maestría de la catedral entre 1420 y 1447.

La portada de la Almudaina es obra plateresca muy tardía (1594-1601), debida a Antonio Verger y está dedicada a *Nostra Dona de la Seu*. Actualmente se encuentra embebida en la nueva fachada que se hizo en el siglo XIX pues, no habiéndose concluido

146.
El proyecto de la catedral de Mallorca resulta novedoso por su concepción tanto en planta como en alzado. Su costado meridional muestra la cabecera telescópica y los múltiples contrafuertes, que suben primero con las capillas laterales, y luego, más arriba, contrarrestan los empujes de la nave mayor. De esta solución constructiva se desprende un singular efecto estético.

En las páginas siguientes:

147.

Nave mayor de la catedral después de la eliminación del coro por el obispo Campins y el arquitecto Gaudí (1902-1914), lo cual desvirtuó para siempre el proyecto arquitectónico y su correspondencia con los usos litúrgicos propios de la catedral de Mallorca. Sobre el arco de ingreso en el presbiterio se abre un inusual rosetón que permite iluminar desde este plano el interior de la catedral. Los pilares de la nave son los apoyos góticos más esbeltos jamás construidos.

148.

"La catedral de Mallorca es sin duda la que con menor cantidad de materiales vistos desde el interior, encierra dentro de sí un volumen mayor de espacio útil. De todos los edificios construidos en estilo gótico, por ser el que tiene la nave lateral más alta, la nave central más espaciosa y las columnas más altas y más delgadas, es sin duda alguna el que con más aprovechamiento para la organización del edificio, ha utilizado los medios constructivos del arte gótico" (J. Rubió).

149.

El órgano mayor, llamado también gótico, conserva restaurada la caja medieval del siglo XV, si bien su actual configuración sonora se debe a la reforma realizada en 1986 por Gabriel Blancafort.

150.

Cátedra gótica del siglo XIV que preside el presbiterio sobre un paño decorado por Gaudí y Jujol.

nunca, un terremoto (1851) vino a poner en peligro la que allí había. Se hizo entonces un nuevo y arriesgado proyecto que corrió a cargo del arquitecto Juan Bautista Peyronnet (1854). Fallecido éste en 1875, entró en funcionamiento la junta de reparación y restauración del templo catedral de Mallorca (1874), la cual encargó a Miguel Rigo y José Fuentes, sucesivamente, la consecución de las obras según el proyecto de Peyronnet, pues aún faltaba por rematar el cuerpo central. En 1879 la obra pasó a manos del arquitecto provincial Joaquín Pavía y Birmingham, a quien se debe el remate final de la fachada donde introdujo algunas modificaciones que no supusieron ninguna mejora sustancial como el perfil del piñón dando mayor desarrollo a los dos pináculos que lo flanquean. Ambos pináculos, alzados sobre un cuerpo ochavado con arcos ciegos y abiertos, están tratados como pequeñas agujas caladas al modo burgalés, lo cual tampoco llega a sintonizar con el carácter sobrio que muestra la catedral en toda su arquitectura.

Toda esta obra fue proyectada y dirigida por Pavía entre 1880 y 1884, año en que dejó la fachada prácticamente terminada a falta de los relieves y estatuas que realizaron los escultores Luis Font (1839-1904), Marcos Llinás (1840-1927) y Guillermo Galmés (1845-1927). La catedral, fatigada después de treinta y seis años de continuos problemas, apeos, desmontes y nuevas construcciones, conoció un fin de siglo más tranquilo en el que cesaron las obras gruesas, limitándose a mostrar su nueva fachada que, de cualquier modo y a pesar de las críticas que recibió en su momento, ofrece hoy una imagen de digna nobleza que antes nunca tuvo.

En el interior, y comenzando de nuevo por la cabecera, nos encontramos con la sorprendente solución que Gaudí, a quien se debe la organización actual del presbiterio y mobiliario litúrgico, llevó a cabo entre 1904 y 1914 por encargo del obispo Pedro Juan Campins Barceló, con la colaboración de sus discípulos Jujol y Rubió. La obra, interrumpida a la muerte del prelado y sobre la que ya nos hemos pronunciado en la primera parte del libro, es una libre interpretación entre historicista, romántica, ecléctica y modernista de un ambiente gótico-sacro que acertó en el nicho de la cátedra pero que, a nuestro juicio, se equivocó de plano en el desmantelamiento generalizado del templo (coro, trascoro, altar mayor, púlpitos, etcétera), sin desconocer el interés puntual del diseño de los nuevos elementos litúrgicos.

Lo que hoy vemos del coro actual es el resultado y resto de una larga historia de obras y traslados que de forma breve se puede recordar del siguiente modo. Un magnífico coro gótico del siglo XIV, obra notable de Arnau Campredon, quedó prácticamente destruido al hundirse un arco de la nave central en 1490. Inmediatamente comenzaron las gestiones para hacer el que hoy vemos, terminado en 1536, de claro estilo renaciente, por el que fueron pasando varios maestros franceses, como Antoine Dubois y Philippe Fillau de Orleáns, y otros españoles como el aragonés Juan Salas, a quien se debe principalmente la obra en piedra del trascoro cuya magnífica entrada en arco sirve hoy de ingreso a la capilla de Vermells (1529). El mismo Salas labró los dos monumentales púlpitos (1528-1529), también movidos de sitio, que sin duda se encuentran entre los más espectaculares que podamos encontrar en la particular historia de estas verdaderas tribunas de predicación.

La serie de capillas, retablos y pinturas que se encuentran en el interior del templo es también excepcional, desde el antiguo retablo gótico de santa Eulalia, con bellas pinturas atribuidas a Loert y que estuvo en la capilla de su nombre en la cabecera, hasta el retablo barroco del Corpus Christi (1626-1655), que nos hace pensar con duelo en la salida de la catedral de su retablo mayor (1726-1729) diseñado por Giuseppe Dardanon y hoy en la iglesia de la Inmaculada de Palma. No podemos ocultar tampoco nuestro entusiasmo por la huella dejada en la catedral por el arte neoclásico, con obras como la capilla del baptisterio, obra extraordinariamente refinada de fray Miguel de Petra (1790-1794), y el mausoleo del marqués de la Romana, labrado por José Folch y Costa en 1814, una de las obras más importantes que produjo el clasicismo romántico español. Por el contrario, no sentimos la misma satisfacción al ver el desmantelamiento de la capilla de San Pedro para dar cabida a la obra de Miquel Barceló, pues resulta, y es opinión personal, absolutamente ajena al espíritu, carácter y condición de la catedral.

Sería empeño vano querer mencionar lo que esta catedral guarda como tesoro y museo, pues desde la colección de tapices flamencos del siglo XVI hasta todo tipo de objetos litúrgicos, anonada la belleza y riqueza de sus fondos. No obstante, siempre abrumarán por su tamaño y arte los candelabros para el altar mayor de Juan Matons (1704-1718), en plata fundida, cincelada y repujada, cuya escala resulta proporcionada a esta inmensa catedral.

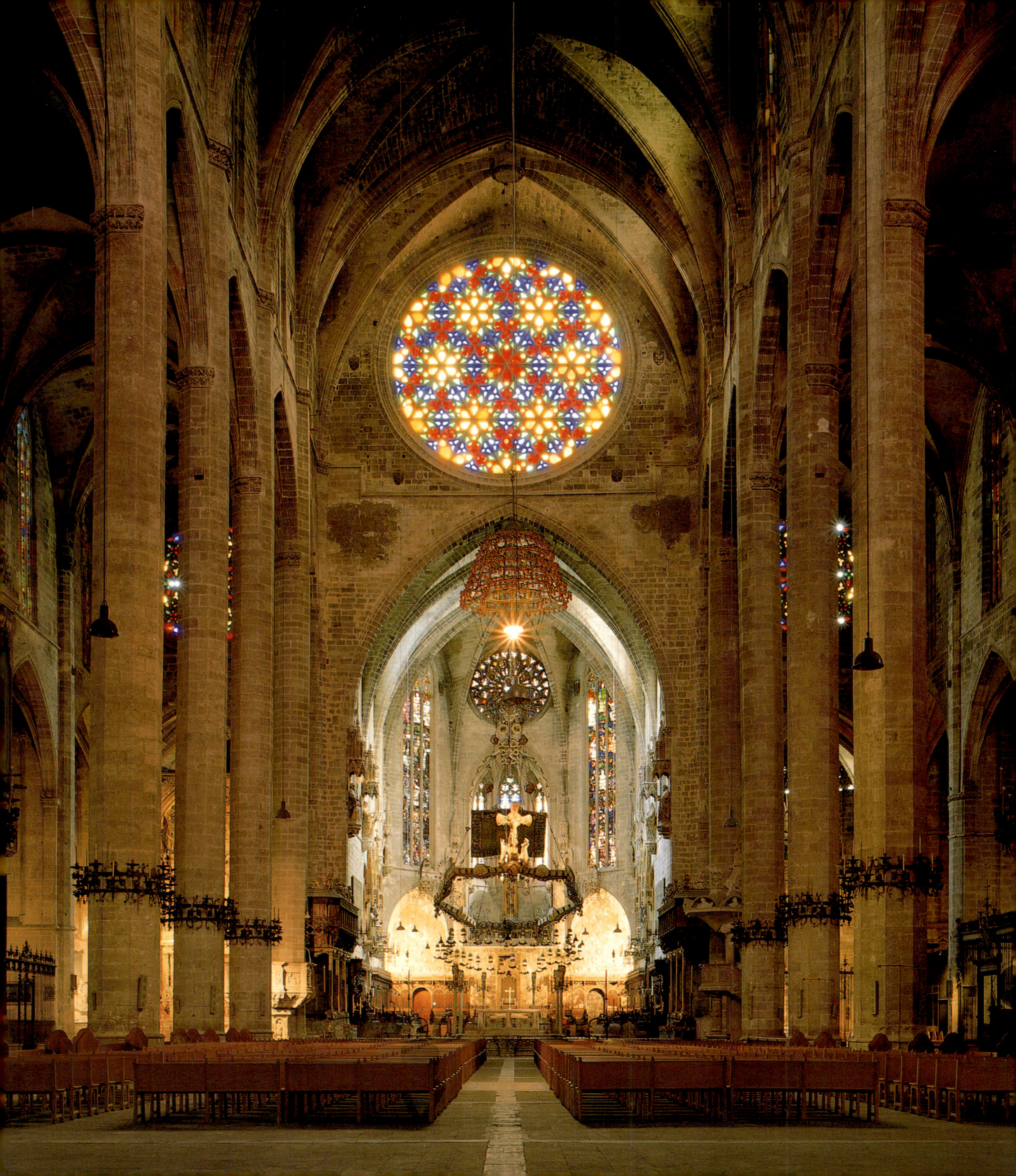

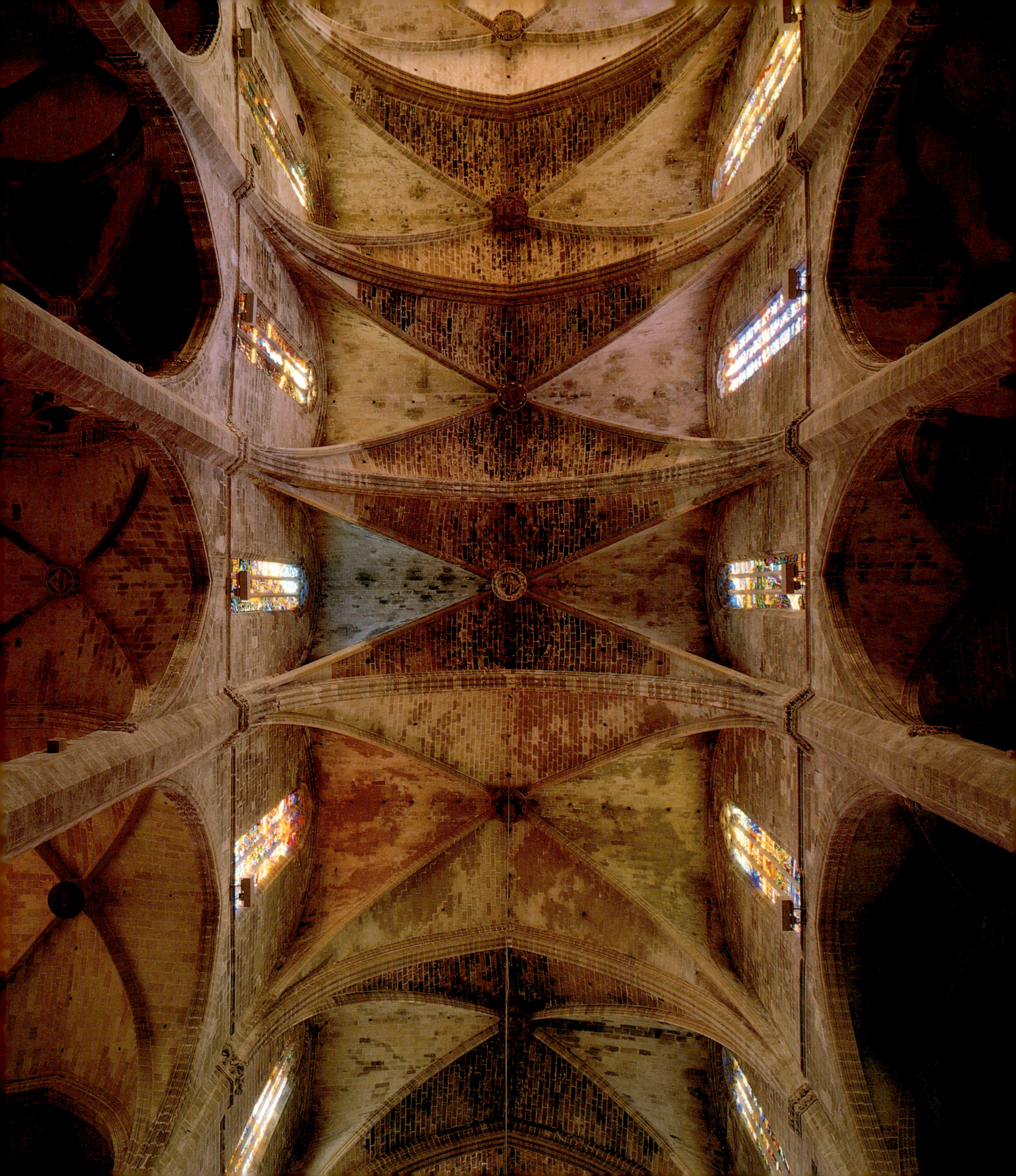

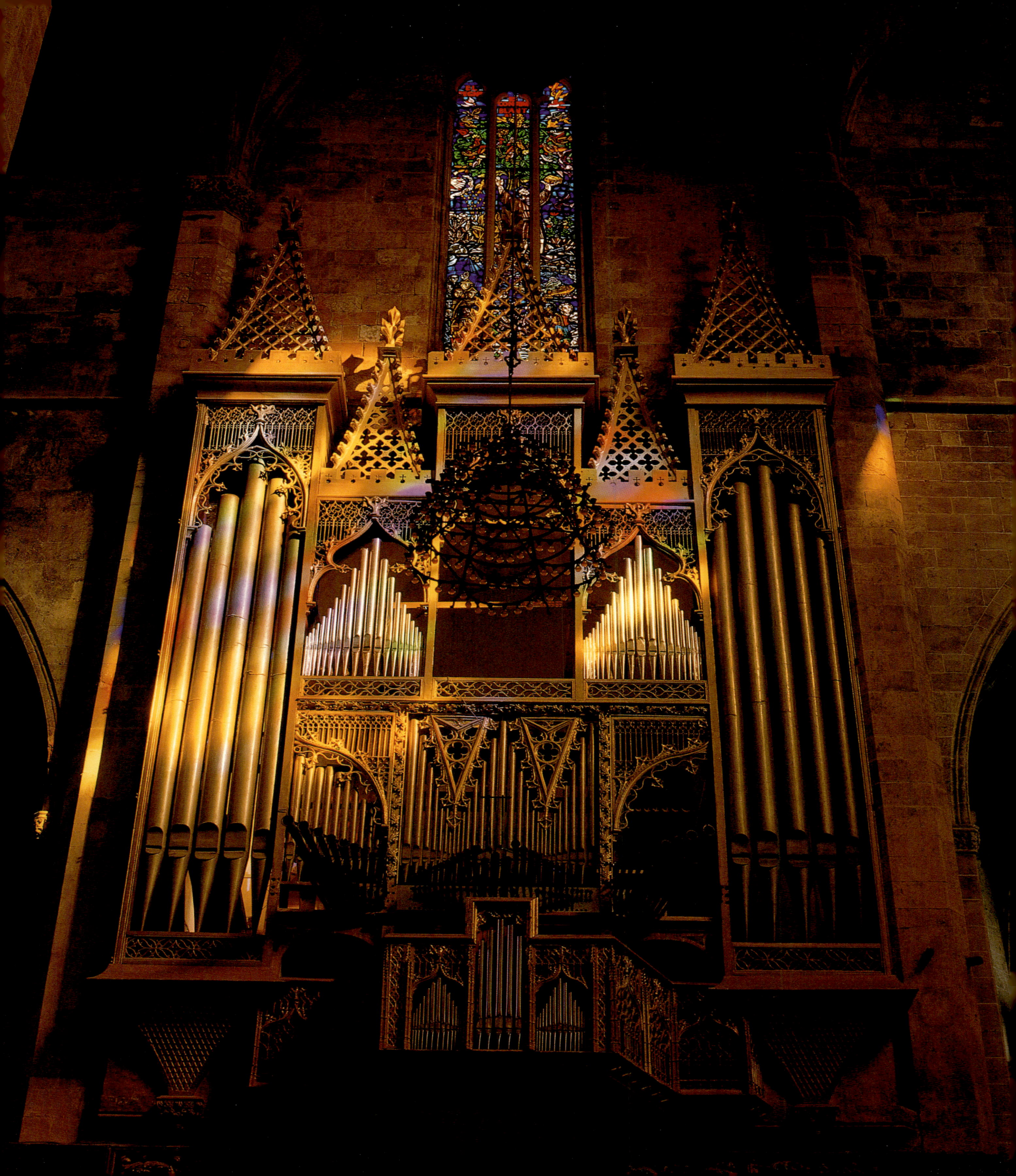

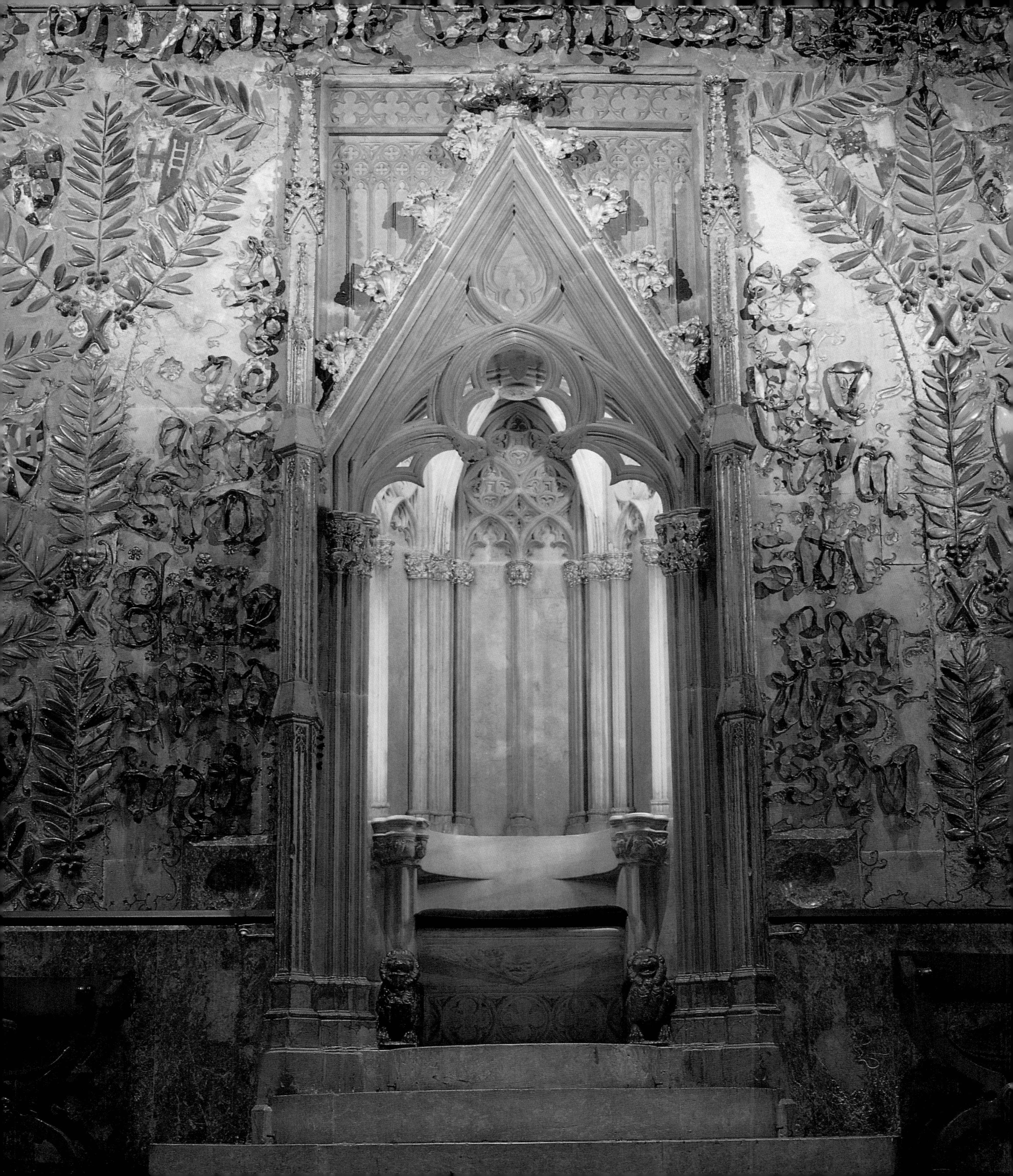

174

153.
Detalle del apóstol san Pedro en la puerta del Mirador. Un estilo enérgico y expresivo caracteriza esta obra del escultor Guillem Sagrera, que trabajó en ella en 1422 y que tuvo también a su cargo la maestría de la catedral.

151 y 152.
Todas las catedrales tienen o han tenido una colección de reliquias que se conservan en una capilla o relicario. El de Mallorca, además de guardar fragmentos de las túnicas de la Virgen y de Cristo, contiene una reliquia de la Columna de Cristo que remata la corona que ciñe las cabezas pintadas de Cristo y la Virgen, o María Magdalena, en su anverso y reverso (siglo XV).

154.
Libro de coro o cantoral del siglo XVII.

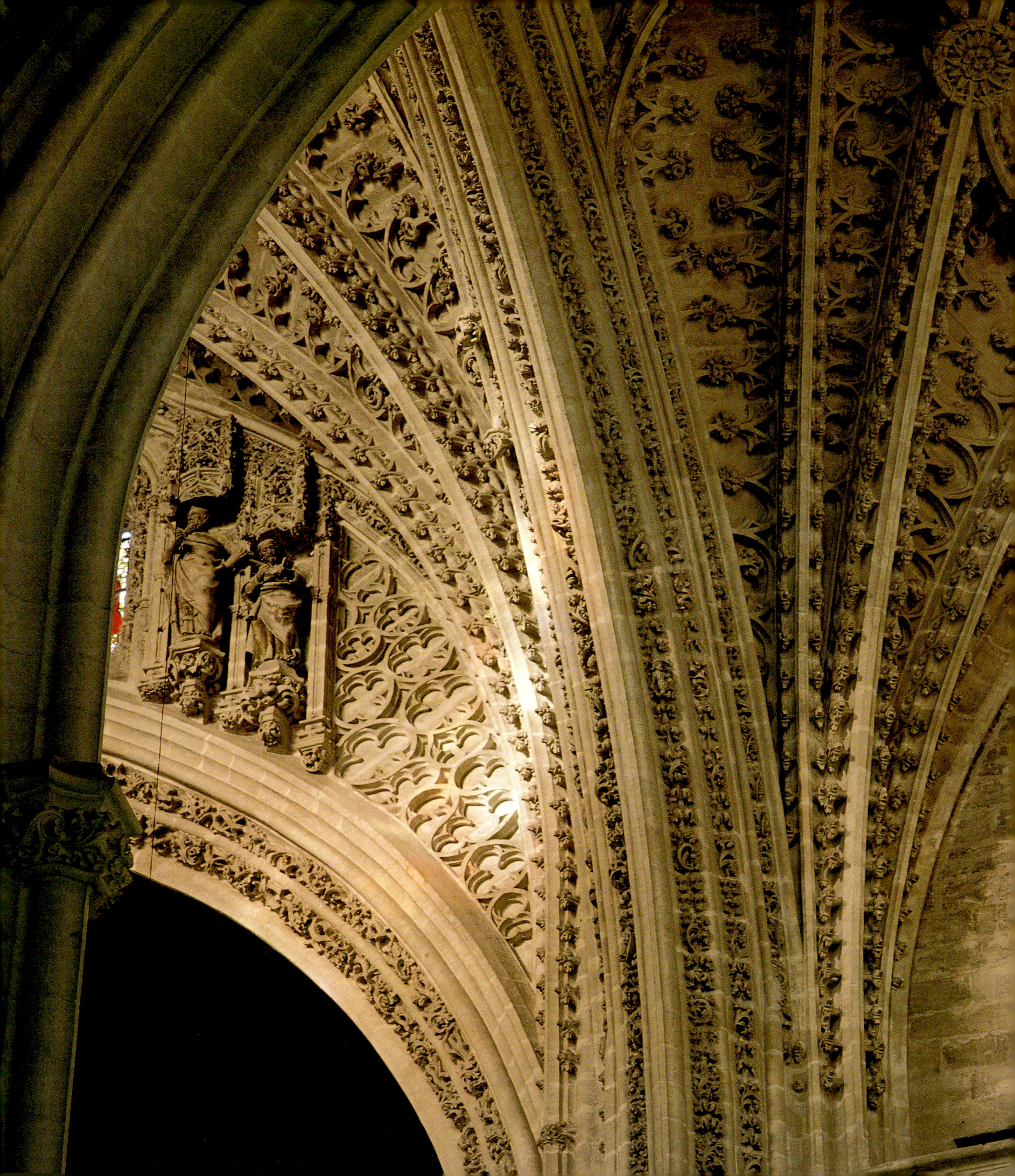

V
SEVILLA. LA MAGNA HISPALENSE

La catedral de Sevilla cierra el ciclo medieval de las catedrales españolas sin perjuicio de que el modelo se mantenga en el tiempo bien bajo otro ropaje, renacentista o barroco, esto es, desde Granada a Cádiz, bien prolongando el periclitado pero hermoso aspecto gótico como sucedió en las catedrales de Salamanca y Segovia. Más allá, Sevilla sería la referencia obligada para las catedrales del Nuevo Mundo, según se apuntó en la primera parte de esta obra. Pero antes de hablar de la catedral de la *Magna Hispalense*, hay que referirse obligadamente a la mezquita mayor de la Sevilla almohade, pues en sus islámicos muros debidamente cristianizados, se acomodó durante casi dos siglos la primera catedral de Sevilla. La vieja mezquita se derribó para construir la catedral, subsistiendo muchos vestigios, entre ellos la propia planta del edificio y el patio de abluciones o *shan* que conocemos como patio de los Naranjos, pero sobre todo sobrevivió y creció el antiguo alminar hasta ser torre cristiana a la que se conoce universalmente como la Giralda.

Cuando Jerónimo Münzer llegó a Sevilla el 4 de noviembre de 1494, lo primero que hizo fue subir "a la más alta torre de la iglesia de la Bienaventurada Virgen María, que antiguamente era la mezquita mayor" y contemplando desde allí la población comprobó que era dos veces mayor que la ciudad de Nüremberg donde él vivía. Aquella torre no era todavía la Giralda, sino sólo el alminar almohade que hoy sirve de apoyo al cuerpo de campanas que, en el siglo XVI, cosió con maestría singular el arquitecto Hernán Ruiz *el Joven*. El arte y el tiempo han hecho el resto y hoy la Giralda es una de las torres más bellas de cuantas se hayan levantado jamás donde, como dice Chueca, el campanario cristiano por su espontaneidad y frescura parece que está allí *a nativitate*.

Pero el alminar de la vieja mezquita ya era, por sí mismo, una de las maravillas de la arquitectura islámica y de ello se era ya consciente durante su construcción a juzgar por lo que escribe el cronista árabe Ibn Sahib al-Sala (1198), refiriéndose a él: "Este alminar, que sobrepasa a los expositores y cuya novedad deja atrás a los historiadores de todas las mezquitas de al-Andalus, por la altura de su mole, el cimiento de su base, la solidez de su obra de ladrillo, lo extraordinario de su arte y lo admirable de su vista, que se eleva en los aires y se alza en el cielo, pareciendo al que lo mira a varias jornadas de Sevilla, que está entre las estrellas del Zodíaco". El alminar es, sin duda, el testimonio más vivo e importante que subsiste de la que fue mezquita mayor de Sevilla, comenzándose por orden de Abu Yaqub Yusuf en 1184 que utilizó en la obra a Ahmed Ibn Baso. Éste comenzó a construir la torre con aparejo pétreo, reutilizando sillares de construcciones anteriores en las que no faltan piezas romanas, pero la obra se interrumpió inmediatamente por la muerte de Abu Yaqub, continuándolas su hijo Yacub Almansur que encargó la obra al alarife Alí de Gomara, a quien se debe la imponente torre de ladrillo que hoy contemplamos. Las manzanas o esferas doradas que componían el *yamur* o remate del alminar fueron colocadas por Abu-l-Layt al-Siqilli, el Siciliano, el 10 de marzo de 1198, causando admiración a propios y extraños, según lo expresó Alfonso X el Sabio cuando hacia 1250, en la *Crónica General*, se deshace en elogios hacia la obra, "pues de la torre que ya es de Santa María muchas son las nobrezas, e la su beldad e la su alteza..." No es de extrañar que luego se convirtiera en leyenda, que corrió de boca en boca y recogen los historiadores, lo que supuestamente dijo Alfonso X cuando, siendo todavía infante, oyó la posibilidad de destruir el alminar antes de entregar la ciudad de Sevilla, esto es, "que por un solo ladrillo que quitasen a la torre, los pasaría a todos a cuchillo". Probablemente no pasa de ser una leyenda pero habla del aprecio de los cristianos por esta joya de la arquitectura islámica. La obra almohade está compuesta por dos prismas de planta cuadrada, encerrado uno dentro de otro, entre los cuales se desarrolla la rampa que permite el acceso al cuerpo más alto con gran co-

155.
Espectacular arranque profusamente decorado de la bóveda del crucero de la catedral de Sevilla.

156.
Detalle de una vidriera de la nave de la epístola representando a santa Catalina, por Enrique Alemán, de hacia 1478.

modidad, de modo que, como recuerda el rey Sabio, "cualesquier que allí quieren subir con bestias, suben hasta encima della". Las cuatro caras de la torre son diferentes aunque guardan una ordenación análoga, siendo ciega la parte baja mientras que en la alta aparecen muy bellas composiciones de ladrillo recortado formando redes de rombo superpuestas, lo que se llama *sebka*, dentro de paños rehundidos donde destacan amplios arcos angrelados. Gran parte de las torres-campanario mudéjares beberían de aquí para su decoración.

La parte almohade de la torre termina hoy en un friso de arcos entrecruzados, comenzando allí la obra cristiana concebida como un monumental cuerpo de campanas que ideó el arquitecto Hernán Ruiz *el Joven*, sin alterar ni reforzar la obra musulmana. Se hizo entre 1558 y 1568, siendo arzobispo de Sevilla Fernando Valdés que también era inquisidor general, por lo que al colocar como remate de la torre la imponente estatua de la Fe –la que conocemos como *Giraldillo*– no hacía sino afirmar el espíritu contrarreformista de la Iglesia sevillana que en aquellos mismos años conoció un importante brote protestante compuesto por luteranos sevillanos que habían predicado la justificación por la fe, entre los que se encontraba, nada más ni nada menos, que el magistral de la propia catedral. Sus procesos inquisitoriales fueron paralelos a la construcción de este monumento a la fe contrarreformista. La estatua femenina de la Fe que da nombre a toda la torre, Giralda, no es sino una monumental veleta en bronce, obra bellísima y fundida en Triana por Bartolomé Morel (1568), con la que la torre alcanza los noventa y cuatro metros de altura. En el llamado cuerpo del reloj una inscripción repite el siguiente versículo de los Proverbios: *Turris fortissima nomen Domini* (El nombre del Señor es torre fuerte).

El alminar formaba parte de la mezquita aljama que Abu Yaqub decidió construir, abandonando la anterior mezquita mayor de Ibn Adabbás que luego fue colegial de San Salvador. La nueva obra estaría a cargo del mencionado Ahmed Ibn Baso y se construyó entre 1172 y 1176 a falta de la decoración final. Con todo debía de ser muy sobria comparada con la de Córdoba, sin que por ello dejara de ser bella. Su superficie sirvió de solar a la catedral de tal modo que se reconoce bien la coincidencia entre la sala de oración con el templo gótico, debiendo de imaginar su interior compuesto por diecisiete naves separadas por arcos apuntados de herradura de ladrillo y en dirección norte-sur, de tal manera que el actual muro meridional de la catedral coincidiría con la *quibla*, donde se abriría el mihrab coincidiendo con la mayor profundidad de la capilla llamada de la Antigua. Más evidente resulta el patio de abluciones o patio de los Naranjos, donde todavía se pueden ver dos arquerías almohades habiéndose perdido la tercera al hacer el gran cuerpo del Sagrario, obra iniciada por Miguel de Zumárraga en 1618. Este patio, bajo el que corre el agua y donde se conservan imponentes aljibes, lo vio Münzer plantado de cidros, limoneros, naranjos, cipreses y palmeras.

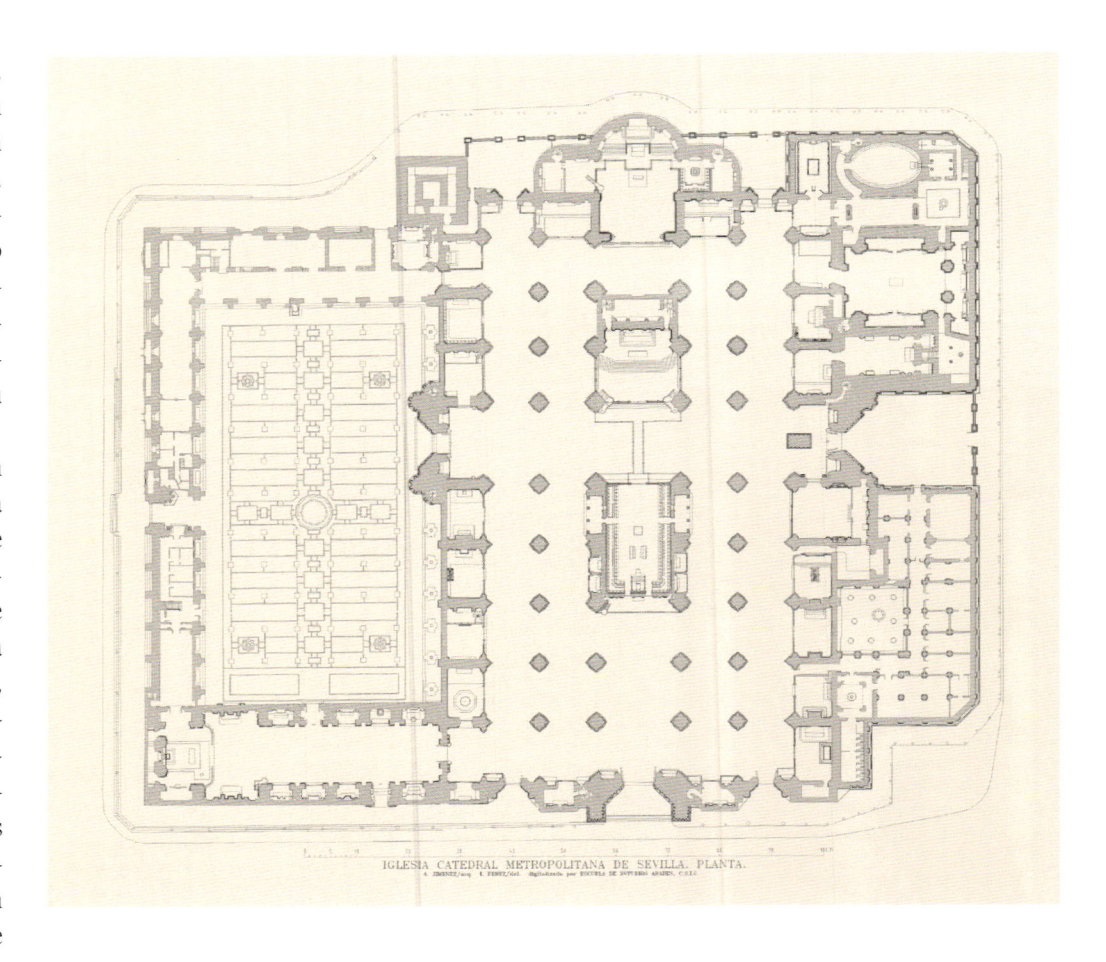

La gran mezquita sevillana tuvo una entrada principal al patio de los Naranjos que es la que hoy llamamos del Perdón, en el eje mayor y coincidiendo con el mihrab-capilla de la Antigua. Bajo un arco de herradura apuntada, todavía se conservan las excelentes hojas originales de madera chapada en bronce con decoración de lazos, ataurique e inscripciones coránicas, sobre las que destacan los maravillosos aldabones, también en bronce e igualmente almohades, que con buen criterio y por fortuna inmensa están allí desde el siglo XII.

157.

Planta de la catedral iniciada en los primeros años del siglo XV sobre el solar de la antigua mezquita almohade, de la que se conserva el patio de abluciones, hoy patio de los Naranjos, y el alminar. Es la primera catedral que cuenta con un testero recto. El presbiterio y el coro se mantienen de acuerdo con el modo español que fijó la catedral de Toledo y que, por Sevilla, saldría para América. (Planta de A. Jiménez.)

158.
Vista aérea de la catedral, donde se distingue la obra gótica, con sus cinco ejes y capillas laterales dominando la altura de la nave mayor y del crucero, y el patio de los Naranjos, que, con el alminar rematado por la Giralda, pertenece a la desaparecida mezquita aljama.

Conquistada la ciudad de Sevilla por Fernando III el Santo el 23 de noviembre de 1248, dice la *Primera Crónica General* que: "Començó luego lo primero a rrefrescar a onrra y a loor de dios et de sancta maría su madre, la siella arçobispal, que antiguo tiempo avie que estava yerma et bazía et era huérfana de so digneral pastor; et fue y ordenada calongia mucho onrrada a onrra de sancta maría, cuyo nombre esa yglesia noble et sancta lieva". El entonces obispo de Córdoba ofició la purificación de la mezquita consagrándola y dedicándola a Santa María de la Sede (1252). Como ocurriría en Córdoba y otras mezquitas convertidas en templos cristianos, se varió la orientación, colocando el altar mayor en el lado oriental y situando tras él la Capilla Real. En estos primeros años fue fundamental la figura del arzobispo Raimundo de Losana o don Remondo (1259-1286), promovido desde la diócesis de Segovia, según se ha indicado anteriormente, a quien se deben las primeras constituciones que dieron una fisonomía al Cabildo de Sevilla (1261), teniendo en su composición semejanza con las de Toledo. En ellas se establecía el número de once dignidades, cuarenta canónigos y cuarenta racioneros. La fundación de capillas, la erección de nuevos altares, el entierro dentro de la mezquita-catedral, etc., fueron transformando el interior que se vio dañado por varios terremotos a lo largo del siglo XIV, hasta el punto de empezar a hablarse en 1388 de un nuevo templo. Esto se hizo definitivo en un momento en el que, estando vacante la sede, por muerte del arzobispo Gonzalo de Mena, el cabildo decidió en 1401 acometer la obra de una nueva catedral.

Reunido el cabildo capitular bajo la presidencia del deán don Pedro Manuel, acordó en aquel año la construcción de una catedral singular que, como recoge la documentación, deseaba que fuera "tal e tan buena que no haya otra su igual", si bien la tradición oral recogida por muchos autores afirma que los capitulares manifestaron que la deseaban "tan grande, que los que la vieren acabada nos tengan por locos". De cualquier forma es cierto que se puso empeño en sobrepasar a cuanto hasta entonces se había hecho, resultando finalmente uno de los mayores templos de la cristiandad. Las obras comenzaron muy pronto, ocupando ya la sede el arzobispo Alonso de Egea (1403-1408) que venía de la sede de Ávila y ya fue enterrado en la capilla de San Laureano, a los pies del templo, por donde comenzó la construcción del templo, lo cual indica un importante ritmo de obra. A mediados de siglo ya se trabajaba muy cerca de las bóvedas y se comienzan a labrar las portadas del Nacimiento y del Bautismo, a los pies de la iglesia, con las formidables esculturas en barro cocido y policromado, de sobrecogedor realismo, debidas al escul-

159.

Costado sur de la catedral al que se adosaron, a partir del siglo XVI, capillas, sacristías y otras dependencias capitulares. El escalonamiento de sus volúmenes permite apreciar las tres alturas de huecos que iluminan de abajo arriba las capillas laterales, las dos naves colaterales de la misma altura y, finalmente, la nave mayor.

tor Lorenzo Mercadante de Bretaña (1464-1467) y a su continuador Pedro Millán. Poco después los Libros de Fábrica recogen encargos y pagos al maestro Enrique Alemán por las vidrieras que se van a colocar en las naves laterales y la nave mayor, hacia 1480, iniciando así la importante colección de vidrieras en las que también trabajarían Arnao de Vergara, Arnao de Flandes y Carlos de Brujas. Nuestro viajero alemán Münzer, al visitar Sevilla en 1494, pondera la catedral en obra y añade "creo que en seis años estará completamente terminada", no obstante el cimborrio no se cerró hasta 1506 pudiéndose consagrar el templo al año siguiente.

El templo tiene una planta inusual, pues abandonando los esquemas tradicionales de disposición cruciforme ocupa toda la superficie de la sala de oración de la mezquita, heredando así su planta rectangular de ciento dieciseis metros de largo por setenta y seis de ancho. El interior se reparte en cinco naves, más dos hileras de capillas laterales, contando con una nave de crucero que no sobresale en planta pero que sí cruza y corta perpendicularmente con su altura las cinco naves, encontrándose en sus extremos las portadas de San Cristóbal, al sur, y la de la Concepción, al norte sobre el patio de los Naranjos. Su nave mayor asoma sobre las laterales que tienen la misma altura. Las bóvedas son cuatripartitas a excepción de las del pequeño cimborrio sobre el transepto e inmediatas que, con ricas soluciones estrelladas, se rehicieron por Juan Gil de Hontañón en 1519, tras su hundimiento ocho años antes. Este mismo crucero se volvió a hundir parcialmente en 1888, por lo que fueron reconstruidas por Joaquín Fernández siguiendo el modelo antiguo. Así mismo, las dos naves principales, central y transversal del crucero, llevan un nervio longitudinal, como en la catedral de Burgos.

Sobre el autor de los planos nada sabemos aunque los vinculamos a Alonso Martínez que fue último maestro de la mezquita catedral entre 1386 y 1396. Desde el comienzo de las obras aparece el maestro Isambret, siguiéndole en el siglo XV, entre otros, Carlin, Norman, Pedro de Toledo, Francisco Rodríguez, Juan de Hoces, hasta llegar al Alonso Rodríguez (1496-1513) que remató la obra. Ocasionalmente se asomaron a la catedral otros maestros, como Simón de Colonia en 1496 para pronunciarse sobre el cimborrio hundido en 1511.

En su nave mayor, que alcanza los treinta y seis metros de altura sobre los dieciseis de su luz, se colocó la capilla mayor, dejando por detrás del retablo una nave a modo de girola recta, a la que se abre la Capilla Real que luego comentaremos. Enfrente del presbiterio, al otro lado del crucero, se situó el magnífico coro, dejando entre él y el presbiterio un espacio para los fieles en las ceremonias solemnes. Para la misa ordinaria y otras celebraciones menores se utilizaba el trascoro, que se organiza como un segundo presbiterio donde no faltan los púlpitos para la predicación, dando así sentido a este amplio espacio de la catedral. El trascoro actual se debe a un proyecto de Miguel de Zumárraga (1619), de tradición clásica, con bellos mármoles y jaspes, presidido todo por la tabla de la Virgen de los Remedios, una de las pinturas más antiguas que conserva la catedral, quizá de principios del siglo XV.

El templo, construido en piedra que llegaba a la ciudad por el Guadalquivir, procedente de las canteras de Jerez, Puerto de Santa María y Sanlúcar de Barrameda, conoció a lo largo del siglo XVI nuevas adiciones. Entre ellas destacan la Capilla Real, en el centro de la cabecera, entre las puertas de las Campanillas y de los Palos, que permiten el acceso al templo por el testero como harían entre otras, a imitación de Sevilla, las grandes catedrales metropolitanas de México y Lima. La capilla, conteniendo los restos mortales de Alfonso X el Sabio y de Beatriz de Suabia, fue trazada por Gaínza, abovedada por Hernán Ruiz *el Joven* y terminada por Juan de Maeda, todo entre 1550 y 1575. El carácter monumental alcanzado por esta capilla rompió la geometría del rectángulo que ocupaba en planta la catedral, como también lo hicieron, construyéndose fuera de él, la sacristía de los Cálices, la sacristía mayor y el conjunto de la antesala y sala capitular. La primera es una obra tardogótica iniciada por Diego de Riaño y acabada por Gaínza en 1537, mientras que la sacristía mayor es una joya del primer renacimiento español en la que intervinieron Riaño, Diego de Siloé y Gaínza que terminó su construcción en 1543. La combinación de sus columnas, arcos, trompas, entablamentos y cúpula es absolutamente excepcional, además de servir de preciosa caja a un incontable número de obras de arte de primer orden. En tercer lugar, el antecabildo y sala capitular de planta oval se deben fundamentalmente a Hernán Ruiz *el Joven*, si bien la terminación de ambas obras, entre 1583 y 1592, se hizo por otros maestros. El citado Sagrario, obra del siglo XVII, y las dependencias del archivo, contaduría y oficinas, que fueron comenzadas en 1760 en el lado sur, se terminarían en 1929.

En la catedral de Sevilla sobrecoge su arquitectura y anonada cuanto contiene, y ante la necesidad de resumirlo recordamos el soneto cervantino al túmulo de Felipe II que se levantó en la propia catedral:

Voto a Dios que me espanta esta grandeza
y que diera un doblón por describilla...

Describir el interior de la catedral en sus capillas, cuadros y altares, museo y tesoro, es tarea de titanes que no podría hacer ni el mismo gigante de san Cristóbal, pintado por el italiano Mateo Pérez de Alesio (1584), inmediato a la puerta de su nombre. Por ello mencionaremos algunas de las obras más significativas de este universo catedralicio donde no hay arte ni oficio, materiales ni expresión artística imaginable que no tenga aquí una exquisita representación. Desde la arquitectura a la música, desde la pintura a la literatura, desde la escultura a la ciencia, orfebrería, bordados o miniaturas componen un fértil magma que nos envuelve hasta dejarnos sin sentido, pues nada fue ajeno a la catedral, a sus prelados, ni a su poderoso cabildo. Éste contó con unos recursos fuera también de toda ponderación en una ciudad que, desde 1492, coincidiendo con la práctica terminación de la catedral, se convirtió en cabecera de las Indias, con todo lo que ello representaba de actividad económica y mercantil. La catedral fue el mejor eco de esta pujante vitalidad que se traduce en retablos, capillas, donaciones y todo lo que se engarza en su noble arquitectura o se custodia en su biblioteca y archivo.

En la capilla mayor, donde danzan los "seises" en determinadas festividades solemnes, se hallan dos obras grandiosas. La primera, la reja que protege el presbiterio en su lado principal, obra de Francisco de Salamanca, labrada entre 1518 y 1529 y de exquisito gusto plateresco. La segunda, el excepcional retablo iniciado por el flamenco Dancart (1482) y acabado dentro del siglo XVI por los hermanos Jorge y Alejo Fernández, escultor y pintor respectivamente. No obstante, aún se añadirían dos calles más a las siete existentes, hacia 1550, con esculturas de Roque Balduque y Juan Bautista Vázquez. El conjunto, finalmente, con unas dimensiones de dieciocho metros de anchura por casi veinte de altura, dividido en calles y cuerpos, alberga decenas de esculturas de la vida de Cristo y María, en madera policromada de un efecto magnífico. El santoral sevillano se recoge en el banco del retablo mientras que el Cristo del Millón lo corona en la Espina. Entre sus imágenes destaca la Virgen de la Sede, titular de la catedral, chapada en plata.

El coro también lleva una reja de Francisco de Salamanca (1518-1523) y su sillería, tallada en maderas nobles y duras como el ébano, cuenta con sitiales altos y bajos, destacando los rasgos góticos que conviven con los respaldos mudéjares de lazo. Sabemos que su maestro principal fue Nufro Sánchez si bien luego intervino el citado Dancart. En el centro, el facistol para los cantorales, obra excelsa de Hernán Ruiz *el Joven* que diseñó una obra de arquitectónicos rasgos clásicos cuyos bronces fundió Morel, siendo los relieves de Juan Marín y Juan Bautista Vázquez *el Viejo* (1564-1565). En lo alto, envolviéndolo todo con el sonido sus tubos y trompetería las soberbias cajas de los órganos del siglo XVIII con esculturas de Pedro Duque Cornejo. Conviene imaginar, por un momento lo que representa este recinto coral, con sus ciento diecisiete asientos ocupados por canónigos, racioneros, "veinteneros" (miembros del clero catedralicio que, en número de veinte, sin pertenecer al cabildo, asistían al coro para cantar), los "seises" (niños a los que hoy conocemos mejor como danzantes, pero que fueron niños o mozos de coro, para las voces agudas cuyo número giraba en torno a seis, pero rebasándolo habitualmente) y los músicos o ministriles, además de los órganos, para entender que la catedral convierte su arquitectura en la caja de resonancia de ese magistral y complejo instrumento que llamamos coro.

Como piezas escultóricas máximas la catedral custodia dos obras maestras del arte español del siglo XVII y ambas debidas a Martínez Montañés, nos referimos a la Cieguecita, nombre con el que se conoce en Sevilla a la Inmaculada (1631) que se encuentra en una de las capillas de los Alabastros, junto al coro, y el llamado Cristo de la Clemencia (1603), en la capilla de los Cálices, encargado por el arcediano Vázquez de Leca a quien se debe la construcción del Sagrario en el patio de los Naranjos. Ambas son de una belleza indescriptible donde el idealismo de tradición renacentista sigue imponiéndose a la concepción realista propia del barroco. Fueron pintadas las dos por Francisco Pacheco, el suegro de Velázquez.

Junto a estas y otras muchas imágenes de devoción no podía faltar en la catedral la escultura funeraria, donde recorreríamos el camino que va desde el sepulcro exento de don Juan de Cervantes, de marcado realismo gótico como obra que es de Mercadante de Bretaña (1458), pasando por las delicadas labores decorativas a la italiana que Fancelli plasmó en el sepulcro del cardenal don Diego Hurtado de Mendoza (1510), en la capilla de la Antigua, hasta llegar al ecléctico y notable sepulcro de Colón de Arturo Mélida (1891) que, procedente de la catedral de La Habana, se instaló en el brazo sur del crucero en 1902.

La colección pictórica de la catedral sirve para hacer buena parte de la historia de la pintura española pues, sólo de los siglos XVI y XVII, nos encontraríamos con los nombres de Campaña *(Descendimiento)*, Vargas *(Adoración de los pastores)*, Morales *(Tríptico del Ecce Homo)*, Zurbarán *(Inmaculada Concepción)*, Alonso Cano *(Virgen de Belén)*, Murillo *(La visión de san Antonio)* y Valdés Leal *(Liberación de san Pedro)*, entre otros muchos, hasta llegar a Francisco de Goya con el delicioso cuadro de las santas mártires sevillanas Justa y Rufina (1817).

Junto a las artes mayores, arquitectura, escultura, y pintura, no hay en la catedral de Sevilla nada "menor", y así lo demuestra su rica orfebrería donde destaca la custodia procesional de Juan de Arfe (1587), la llamada Grande para distinguirla de la Chica (1600), atribuida a Francisco de Alfaro, del mismo modo que a la *Cieguecita* de Montañés se le conoce como la Concepción Chica para distinguirla de la Concepción Grande que preside, en la capilla de su nombre, el primer retablo salomónico sevillano (1658). La custodia renacentista de Arfe, con sus más de tres metros de altura, sigue un interesante programa cristológico y mariano inspirado por Francisco Pacheco que se distribuye por sus cuatro templetes decrecientes, todo en una plata cuya ley fue superada por el arte.

Otro nombre propio ligado al arte de la plata es el de Juan Laureano de Pina a quien la catedral hispalense debe, entre otras cosas, la urna de plata que labró, entre 1690 y 1719 para guardar el cuerpo de San Fernando, a los pies del retablo de Nuestra Señora de los Reyes en la Capilla Real. Es sin duda una de las piezas más importantes de la orfebrería barroca, a la que hay que sumar el frontal de San Leandro, también en plata y del propio Pina, con modificaciones de Villaviciosa en 1739. No cabe mayor belleza, no existe mayor riqueza.

En las páginas anteriores:

160.

Una de las imágenes más universales del arte español es, sin duda, la Giralda de Sevilla, torre en la que se superponen dos culturas y dos credos: el cuerpo del alminar almohade, obra islámica del siglo XII, y el cuerpo cristiano de campanas, la Giralda, obra del siglo XVI que da nombre al conjunto. En primer término, la Capilla Real del siglo XVI, que sustituyó al primer proyecto gótico.

161.

En el brazo sur del crucero se abre la puerta de San Cristóbal o del Príncipe, obra neogótica proyectada por Adolfo Fernández Casanova y terminada en 1917.

162.

No hay catedral sin custodia procesional. En la fiesta del Corpus Christi *la custodia se sacaba en solemne procesión por la ciudad, tradición que pervive todavía en Sevilla. La custodia grande sevillana, en plata y de algo más de tres metros de altura, se debe al orfebre Juan de Arfe, quien la realizó, con un grupo de colaboradores, entre 1580 y 1587. Más tarde, en 1668, el platero Juan de Segura cambió el pedestal, introdujo una Inmaculada en el cuerpo bajo, añadió los ángeles en el segundo cuerpo alrededor de la custodia propiamente dicha, y remató el conjunto con una imagen de la Fe.*

163.

Bajo la mirada atenta de la Giralda se halla la Capilla Real. Ejecutada en el siglo XVI según atestigua el escudo del emperador Carlos V, la Capilla Real conserva los restos mortales de san Fernando, el rey que conquistó Sevilla y restauró esta diócesis, y de su hijo Alfonso X el Sabio.

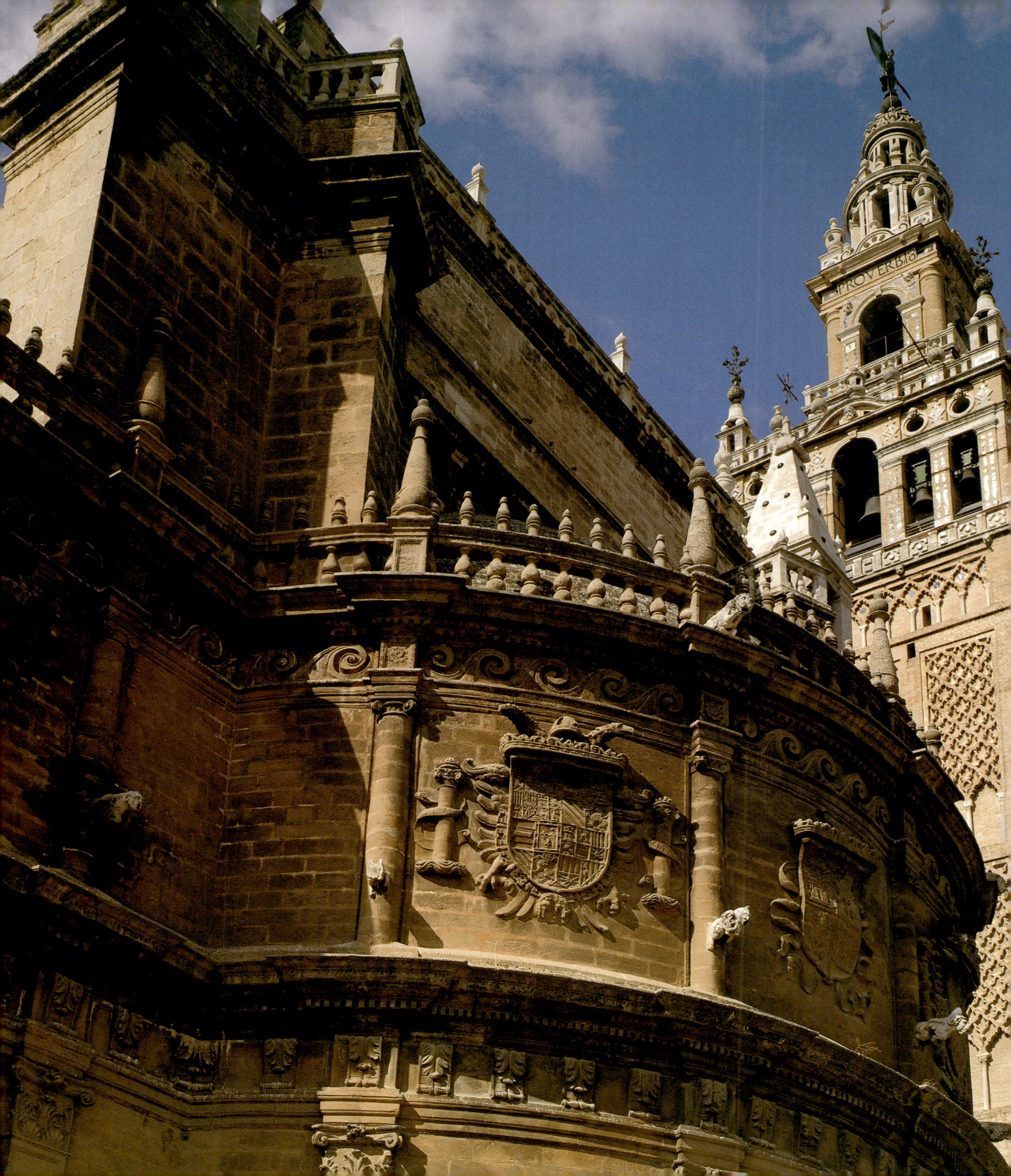
PROVERB.18

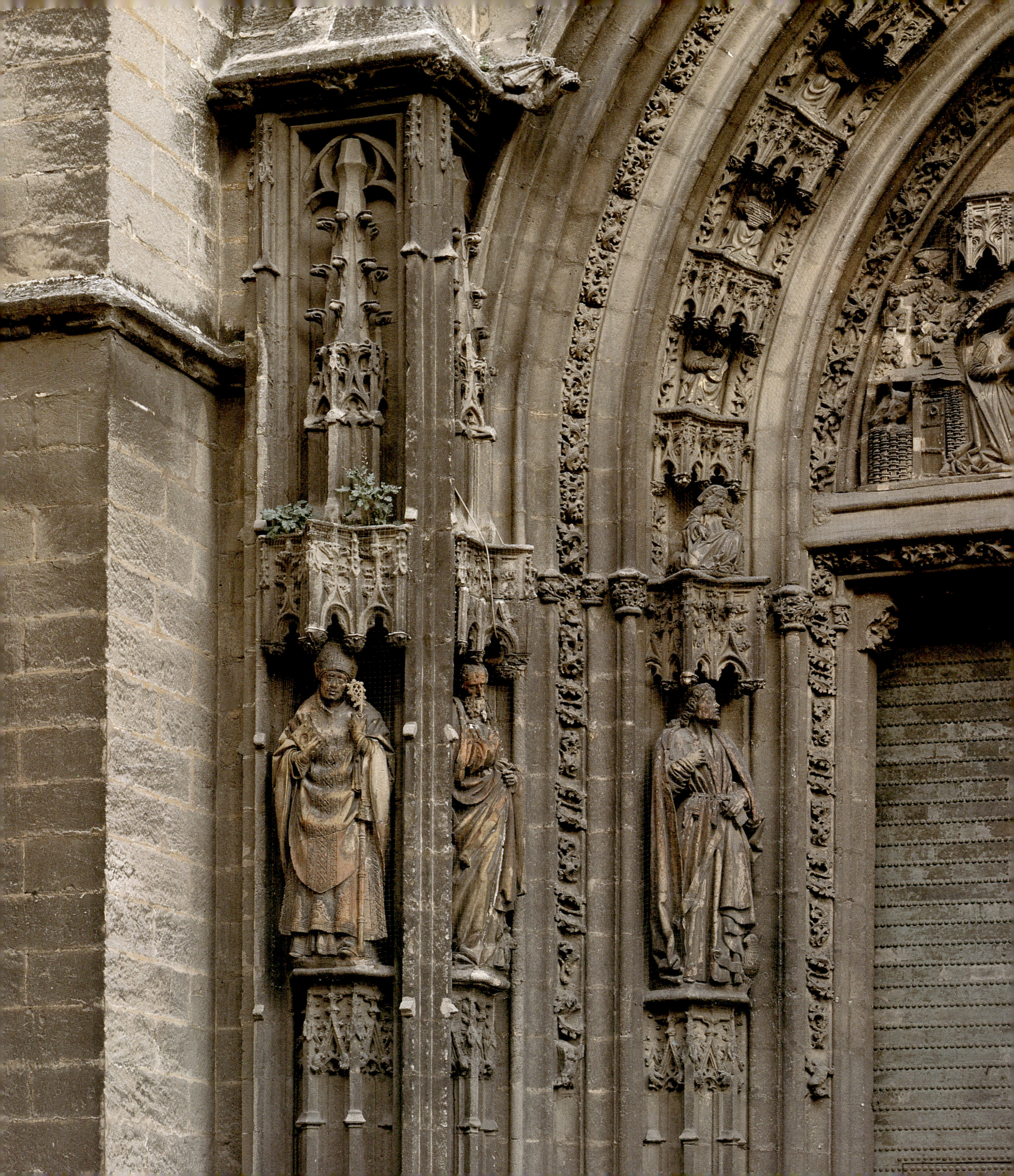

164.
La catedral hispalense se comenzó, contra costumbre, por los pies, donde se abren varias portadas, entre las que se encuentra la del Nacimiento. En sus jambas e inmediaciones se conservan unas sorprendentes esculturas de gran realismo, realizadas en barro cocido, entre 1464 y 1467, por Lorenzo Mercadante de Bretaña.

165.
La puerta del Perdón daba paso en la mezquita almohade al patio de abluciones. Después de la reforma de 1519, el recuerdo islámico quedó reducido al arco de herradura apuntado bajo un alfiz, todo recubierto de yeserías renacentistas, y a los excepcionales batientes de la puerta. Las figuras de san Pedro y san Pablo, la Anunciación y el relieve con la Expulsión de los mercaderes del templo, del maestro Perrín, cristianizaron este ingreso.

166.
Nave del crucero hacia el sur, donde se encuentra la puerta de San Cristóbal o del Príncipe. Al fondo, el cenotafio de Cristóbal Colón. El espacio del crucero con bancos entre el presbiterio y el coro permitía, y permite, a los fieles participar en las ceremonias solemnes de la catedral.

167.
Nave central; al fondo se ve la parte superior del retablo mayor en el presbiterio. El coro en la nave mayor cuenta con un trascoro que señala el espacio para la liturgia común, con su correspondiente altar, presbiterio y púlpito para la predicación a los fieles que ocupaban esta parte del templo.

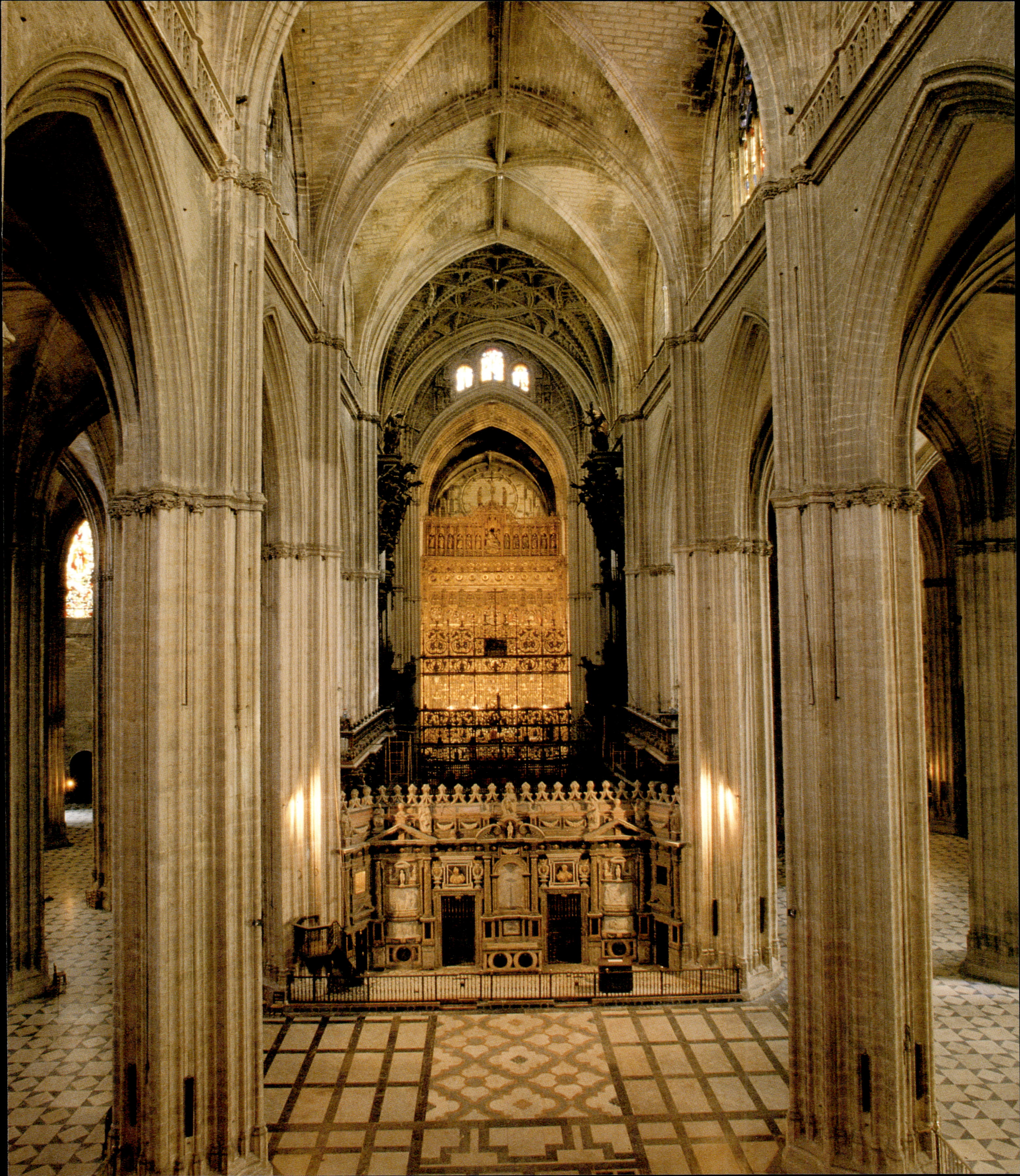

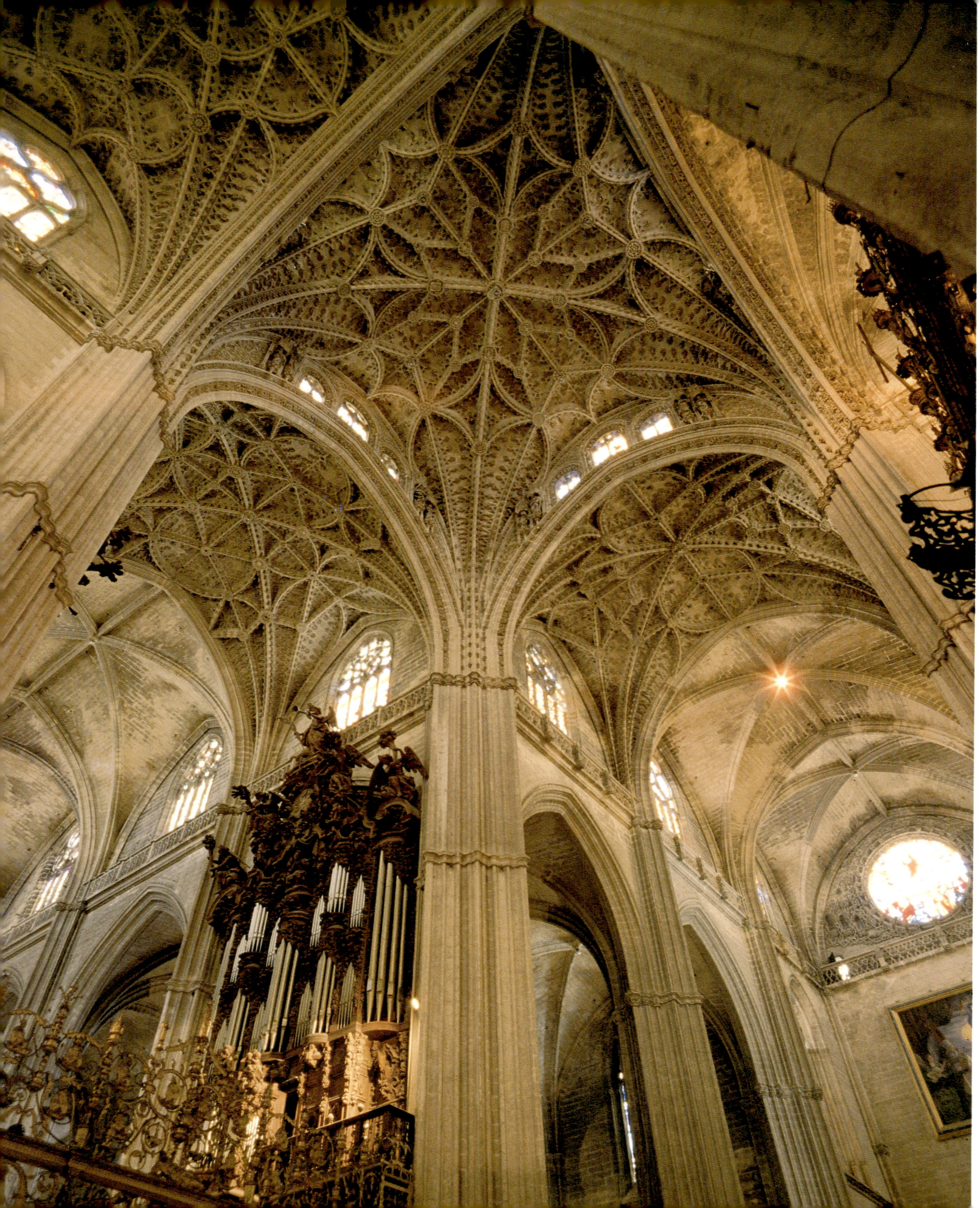

168 y 169.

"Comenzaba el órgano a preludiar vagamente, dilatándose luego su melodía hasta llenar las naves de voces poderosas, resonantes con el imperio de las trompetas que han de convocar a las almas en el día del juicio. Mas luego volvía a amansarse, depuesta su fuerza como una espada, y alentaba amoroso, descansando sobre el abismo de su cólera" (L. Cernuda).

170 y 171.
Existe un fuerte contraste en cuanto a diseño y ornato entre aquellas bóvedas que forman el núcleo central del crucero y las que cierran las naves y capillas. Las primeras resultan de un barroquismo decorativo evidente, mientras que las demás se reducen a sencillas soluciones cuatripartitas y desnudas, con la salvedad de un nervio longitudinal que recorre el espinazo de las naves mayor y de crucero.

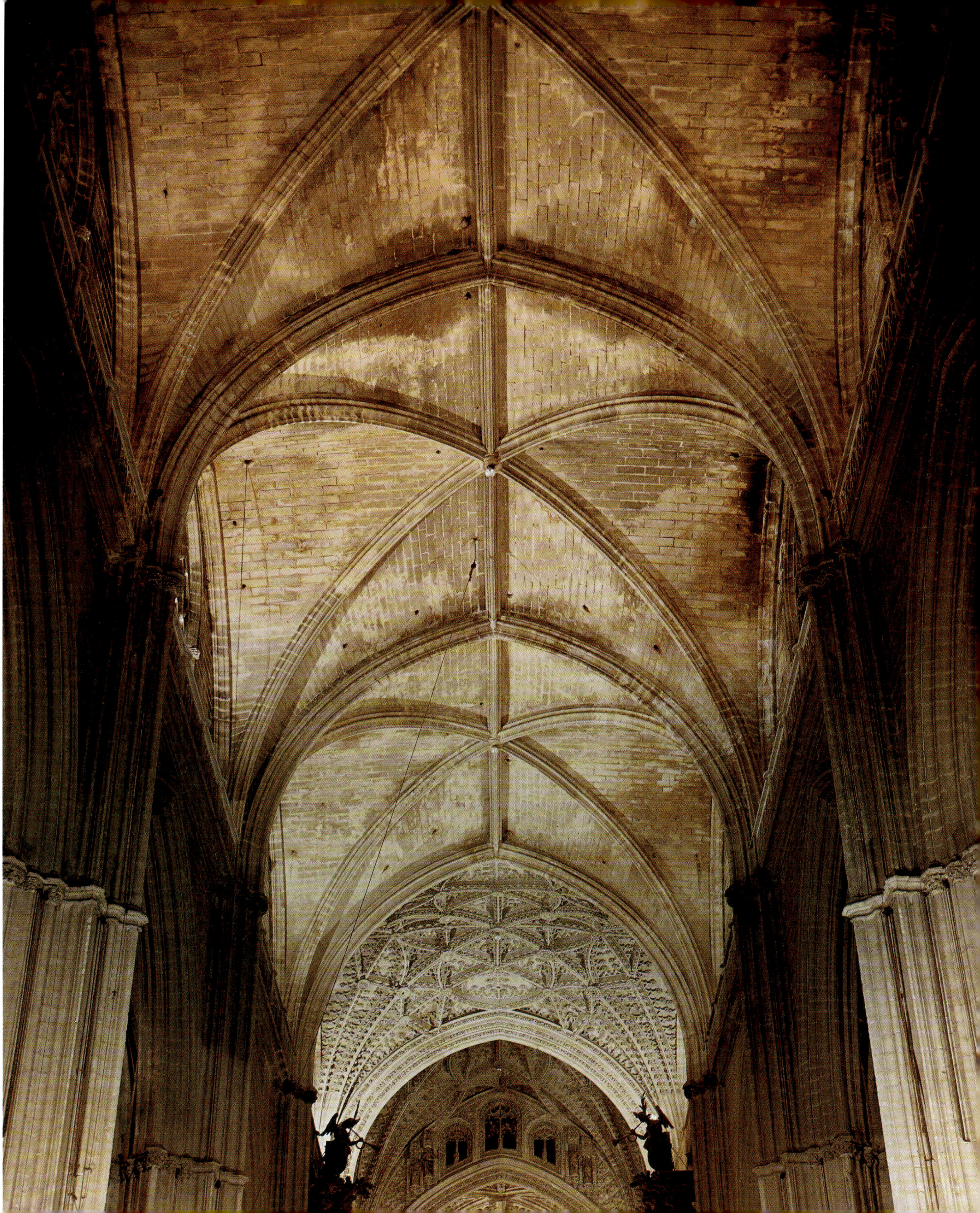

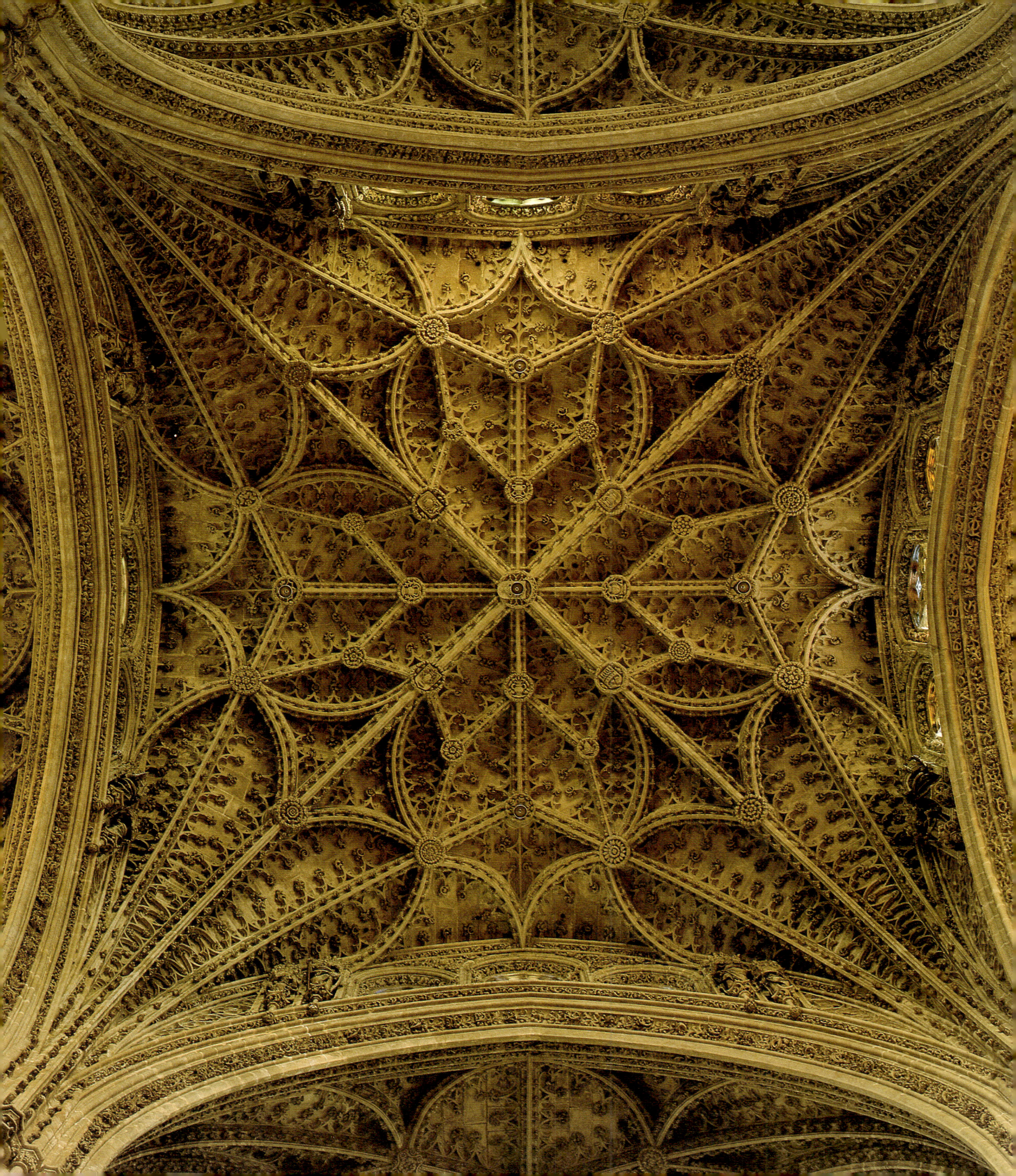

172.
La bóveda del crucero es la más rica; su planta cuadrada le permite desarrollar un dibujo regular. Se hundió en 1511, la reconstruyó Juan Gil de Hontañón y volvió a hundirse durante una restauración en 1888. La actual se debe al arquitecto Joaquín Fernández.

173.
La bóveda en piedra de la Capilla Real, en el testero de la catedral, es una de las más refinadas del renacimiento español, con evidentes recuerdos de la bóveda del Panteón de Roma. La capilla fue trazada por Gaínza, abovedada por Hernán Ruiz el Joven y terminada por Juan de Maeda entre 1550 y 1575.

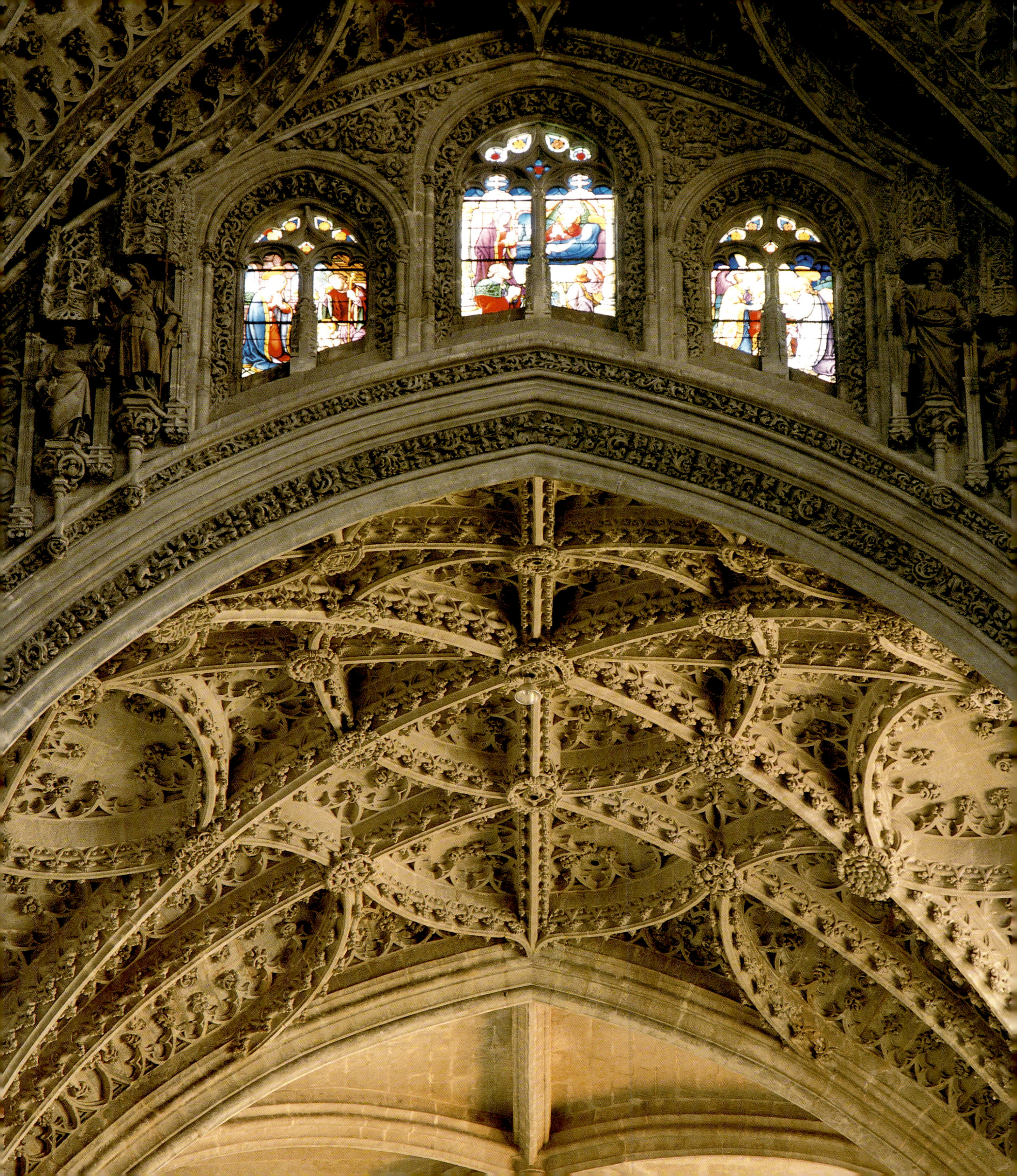

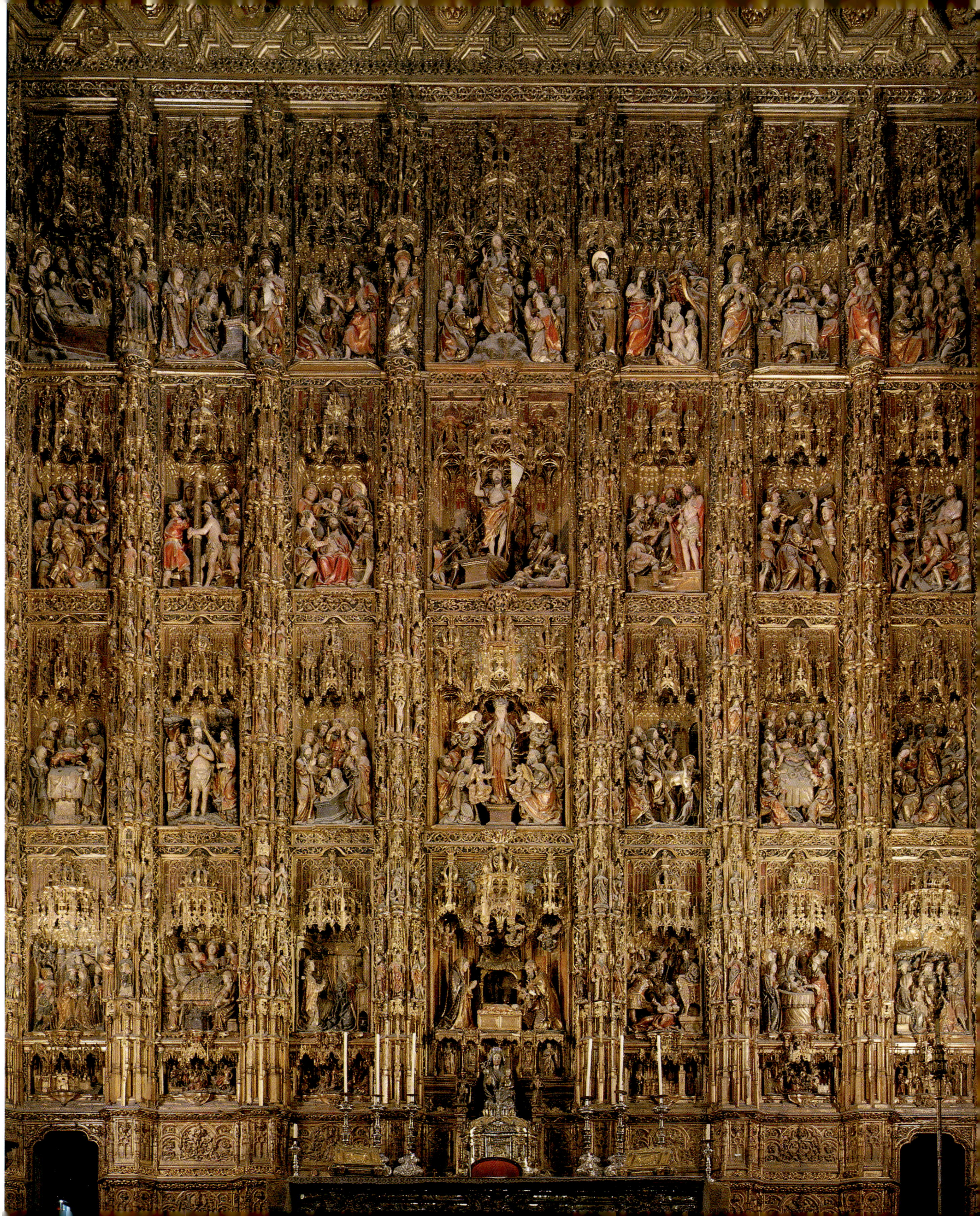

En las páginas anteriores:

174.

Detalle del modesto cuerpo de luces del crucero.

175.

Retablo iniciado por el flamenco Dancart (1482) y acabado en el siglo XVI por los hermanos Jorge y Alejo Fernández, escultor y pintor respectivamente. Hacia 1550 se le añadirían dos calles más a las siete existentes, con esculturas de Roque Balduque y Juan Bautista Vázquez. El conjunto tiene unos dieciocho metros de anchura por casi veinte de altura, y alberga escenas de la vida de Cristo y María. Entre sus imágenes destaca la Virgen de la Sede, titular de la catedral, chapada en plata.

176.

Detalle de la predela o banco del retablo mayor ofreciendo una vista desde el sur de la ciudad de Sevilla, amurallada y dominada por el alminar de la mezquita aljama antes de que se añadiera el cuerpo cristiano de campanas. A los lados, las patronas de la ciudad, santas Justa y Rufina.

177.
Detalle de la predela o banco del retablo mayor mostrando el testero recto de la catedral tal como se proyectó, con la Capilla Real gótica poligonal entre las portadas de los Palos y de las Campanillas. Este esquema de cabecera recta, Capilla Real y doble entrada por la cabecera es el que se incorporó al proyecto de las catedrales de México y Lima, entre otras americanas. El alminar subsistente ofrece todavía sólo su cuerpo almohade. A los lados, los obispos san Leandro y san Isidoro, prelados de la diócesis.

178.
San Cristóbal, pintura mural debida a Mateo Pérez de Alesio (1584). La vieja creencia medieval de que quien viera a este santo no fallecería de muerte repentina en el día favoreció la multiplicación de esta imagen en el exterior de las catedrales o en el interior pero muy cerca de las entradas. En Sevilla se encuentra inmediata a la puerta que lleva su nombre. Su gran tamaño hace de san Cristóbal el vigilante del templo con la escala apropiada.

179.
Virgen de la Antigua, pintura gótica anónima del siglo XIV. Se trata de una de las pinturas murales de la antigua mezquita-catedral que se incorporaron a las capillas del nuevo templo gótico en el siglo XVI, restaurándose y añadiendo entonces algunos elementos, como los tres ángeles de la parte alta, obra de Antón Pérez. En 1734 se le incorporó un nuevo retablo, al que corresponden las columnas laterales. Los nimbos y coronas de oro datan de 1929.

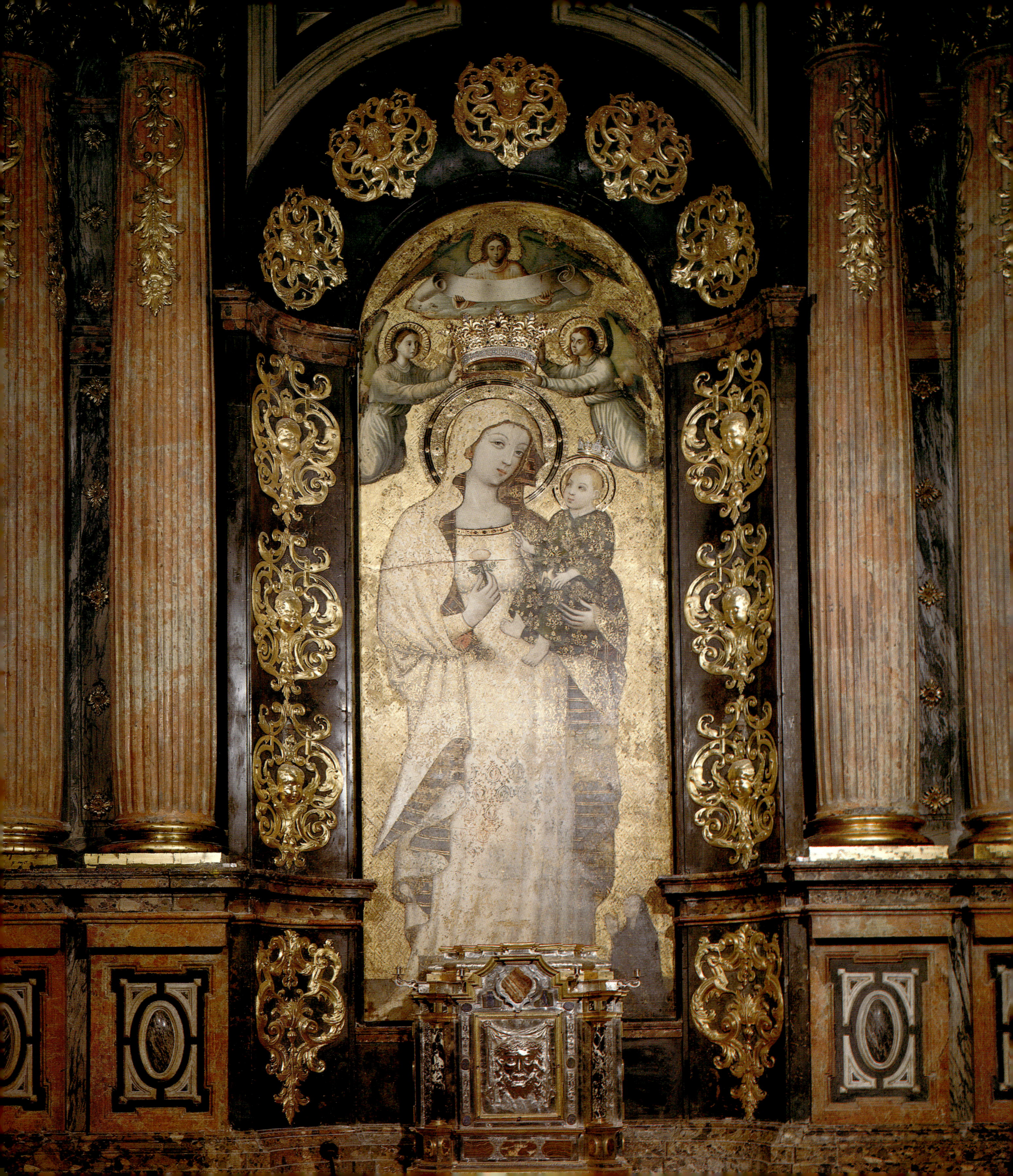

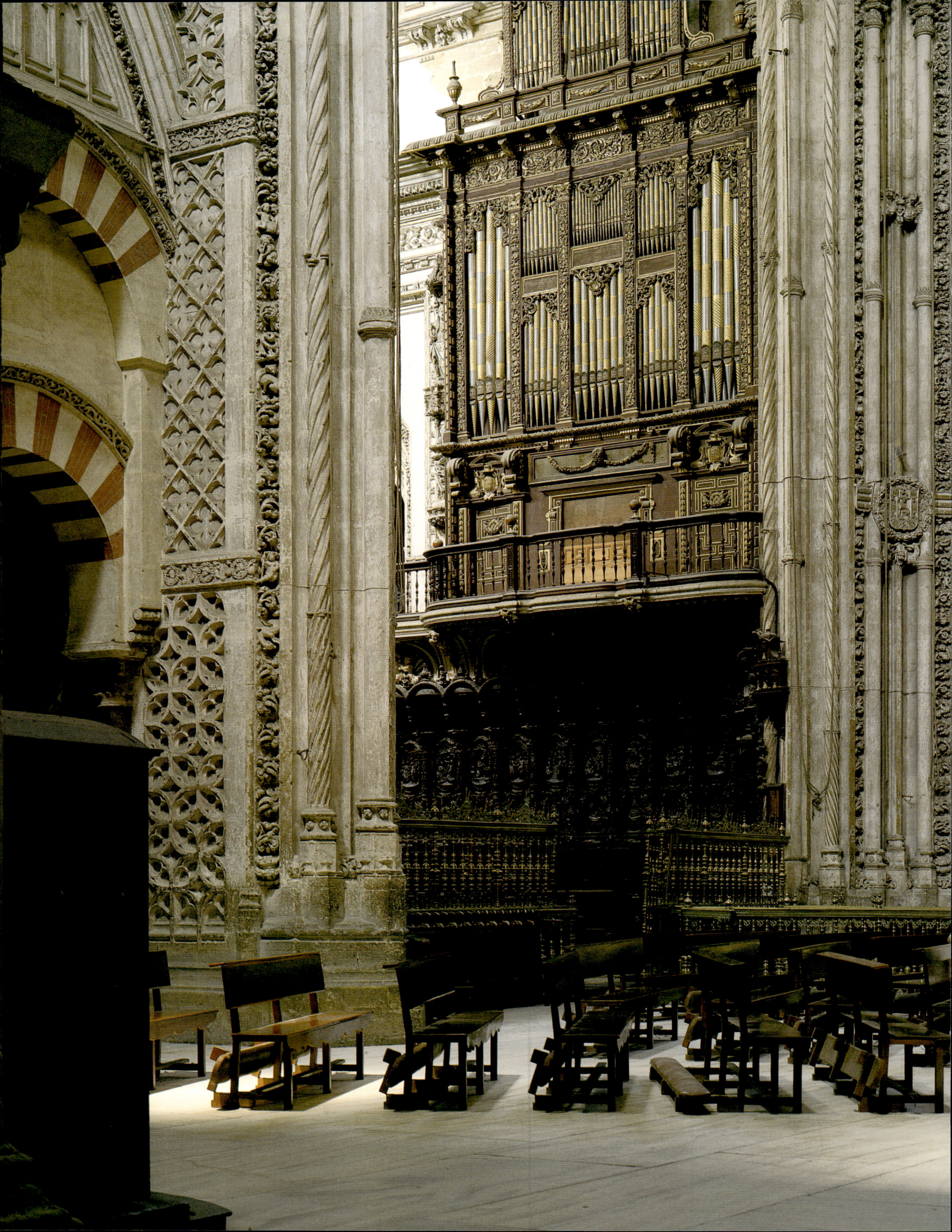

VI
Córdoba. Basílica, Mezquita y Catedral

Muchas fueron las mezquitas que tras la Reconquista hubieron de ceder sus solares a los nuevos templos cristianos. Ya se ha visto que fue así en las catedrales de Toledo, Mallorca y Sevilla, como más tarde sucederá con Granada y Jaén, entre otras, pero ninguna como la de Córdoba hace tan evidente aquel solape de dos culturas, dos religiones y dos modo de concebir la arquitectura. Como hemos escrito en otro lugar es una especie de Jano bifronte, una moneda de dos caras, que según cómo se mire aparece el rostro islámico o asoma la efigie cristiana. Así ocurre, en efecto, con la mezquita-catedral de Santa María de Córdoba, donde la vista puede recorrer las naves de la mezquita columnaria más hermosa que se haya construido jamás o bien admirar el espectacular coro barroco del formidable templo catedralicio, todo sin salir del mismo recinto.

Sobre el lugar que muy presumiblemente fue templo romano, sabemos que en época visigoda hubo una basílica de tres naves dedicada a San Vicente que, después de la conquista musulmana, todavía siguió algún tiempo en manos cristianas. En el año 751 Abd al-Rahman I decidió comprarla para convertirla en mezquita, probablemente añadiéndole un mihrab en el costado sur y funcionando como tal mezquita hasta que en el 786 se derriba para hacer una nueva con más capacidad que la vieja basílica visigoda. De ésta sabemos poco más que el nombre que nos han transmitido los cronistas árabes y mozárabes, pero lo que sí resulta seguro es que parte de los capiteles de la basílica visigoda fueron aprovechados en la nueva mezquita, según podemos ver en la que se llama mezquita primitiva, siendo igualmente más que probable que el perfil de herradura de sus arcos tengan la misma procedencia e inspiración, con lo cual puede decirse que parte del cuerpo y alma de la basílica de San Vicente se perpetuó en la singular sala de oración iniciada por Abd al-Rahman I y acabada por su hijo Hixem I, constituyendo paradójicamente y al mismo tiempo uno de los testimonios más notables del arte omeya.

Los cronistas árabes como Al-Razi y Maqqari nos han dejado noticias de aquellos primeros momentos de la nueva construcción que fijó para sucesivas ampliaciones la imagen definitiva de la mezquita. Su planta dibujaba un rectángulo de proporción dupla, de cerca de ochenta metros de lado, dividiéndose en dos partes bien diferenciadas, el patio con el alminar y la sala de oración. Ésta contaba con once naves de doce tramos perpendiculares al muro del fondo o *quibla* (lado sur), en el que se abre el mihrab. Lo verdaderamente original es el sistema de arquerías que separan las naves, pues aprovechando elementos romanos y visigodos, como fustes de columnas y capiteles, supieron hallar una solución que, siendo de gran belleza, resolvía varios problemas estrictamente funcionales al mismo tiempo.

Éstos eran, en primer lugar, cubrir la superficie de la sala de oración apoyando en elementos que no restaran excesiva visibilidad al interior, lo cual se consiguió con finos fustes de mármol; en segundo término, dotar de la altura suficiente al interior para que no resultara ahogado en los días de máxima afluencia de fieles, para lo cual se superpusieron dos series de arcos, de herradura el de abajo y de medio punto el alto, hasta alcanzar unos diez metros de altura; y, finalmente, resolver la evacuación de aguas de la extensa cubierta, lo cual se hizo por medio de unos canales que corren sobre el espinazo de las arquerías descritas, convirtiéndolas, a la postre, en unos verdaderos acueductos. El efecto que esta solución ofrece en el interior, donde la vista puede dirigirse en el sentido de las naves, transversalmente o bien buscar la alineación diagonal de sus columnas, todas sobremontadas por aéreos arcos de herradura en los que se combinan el rojo del ladrillo y la blancura de la piedra, supera a cuantas emociones se hayan podido tener hasta el momento en relación con la arquitectura.

181.
Detalle de la bóveda de la capilla de Villaviciosa.

180.
Vista del coro desde el crucero. Al fondo, el monumental órgano del lado del Evangelio, construido por el organero valenciano Miguel Llobt entre 1666 y 1671, si bien la reforma ejecutada por Organería Española (1957-1960) hizo de él un nuevo instrumento que no conserva sino la caja del antiguo, obra de Bartolomé de Mendigutia.

Tanto la sala de oración como el patio con la fuente de abluciones y el primitivo alminar, obra de Hixem I, estaba dentro del poderoso muro perimetral, de buena cantería a soga y tizón, rematado todo él por unas características almenas sirias escalonadas que le dan a la mezquita un aspecto de fortaleza. De esta primera etapa sólo resta una puerta de acceso, la llamada de San Esteban –antiguamente de los Visires–, que se abre bajo una especie de matacán y da entrada directamente a la sala de oración.

La pujanza creciente de Córdoba y el incremento de su población obligó a ampliar la mezquita mayor en el siglo IX, siendo Abd al-Rahman II y su hijo Muhámmad I a quienes se debe la primera ampliación que, muy sabiamente, no modificó nada de lo construido, limitándose a abrir en el muro de la *quibla* tantos huecos como naves tenía la mezquita y añadir ocho tramos más a las mismas, cerrándolas por el sur con un nuevo muro y mihrab (848-855). En esta campaña se siguieron aprovechando materiales ya labrados, sobre todo fustes y capiteles, si bien comienzan a aparecer otros trabajados expresamente para este lugar. Se abrieron también nuevas puertas como las llamadas hoy de los Deanes, de paso al patio de los Naranjos, y la modificada de San Miguel, para acceder a la ampliación de Abd al-Rahman II.

En el siglo X el califato cordobés conoció sus mejores días bajo Abd al-Rahman III y Al-Hakam II, haciéndose eco la mezquita de aquellos momentos. Así, al primero, proclamado *Amir al-muminin* o Príncipe de los creyentes (929), se debe la ampliación del patio (951) y la construcción del formidable alminar que alcanzó una altura de treinta y cuatro metros, hoy envuelto en obra cristiana y bajo el cuerpo de campanas que le añadió Hernán Ruiz III, a fines del siglo XVI.

Al ser nombrado califa Al-Hakam II ordenó, en el 961, la ampliación de la sala de oración en el mismo sentido en que venía creciendo la mezquita, hacia el sur, para lo cual volvió a perforar la *quibla* añadiendo doce tramos más. Las obras fueron dirigidas por el *hachib* Chafar ben Abd al-Rahman, apodado el Eslavo, quien dejó una de las obras más extraordinarias del arte medieval en esta zona de la mezquita, sin duda la de más ricos y cuidados materiales, pues ahora se labraron expresamente para la mezquita. En efecto, allí aparecen fustes de bellísimos mármoles de Córdoba y Cabra, alternando los colores azulados con los jaspeados de brecha rosada. Los capiteles de las columnas son, a su vez, de los llamados de pencas, como recuerdo lejano del capitel corintio.

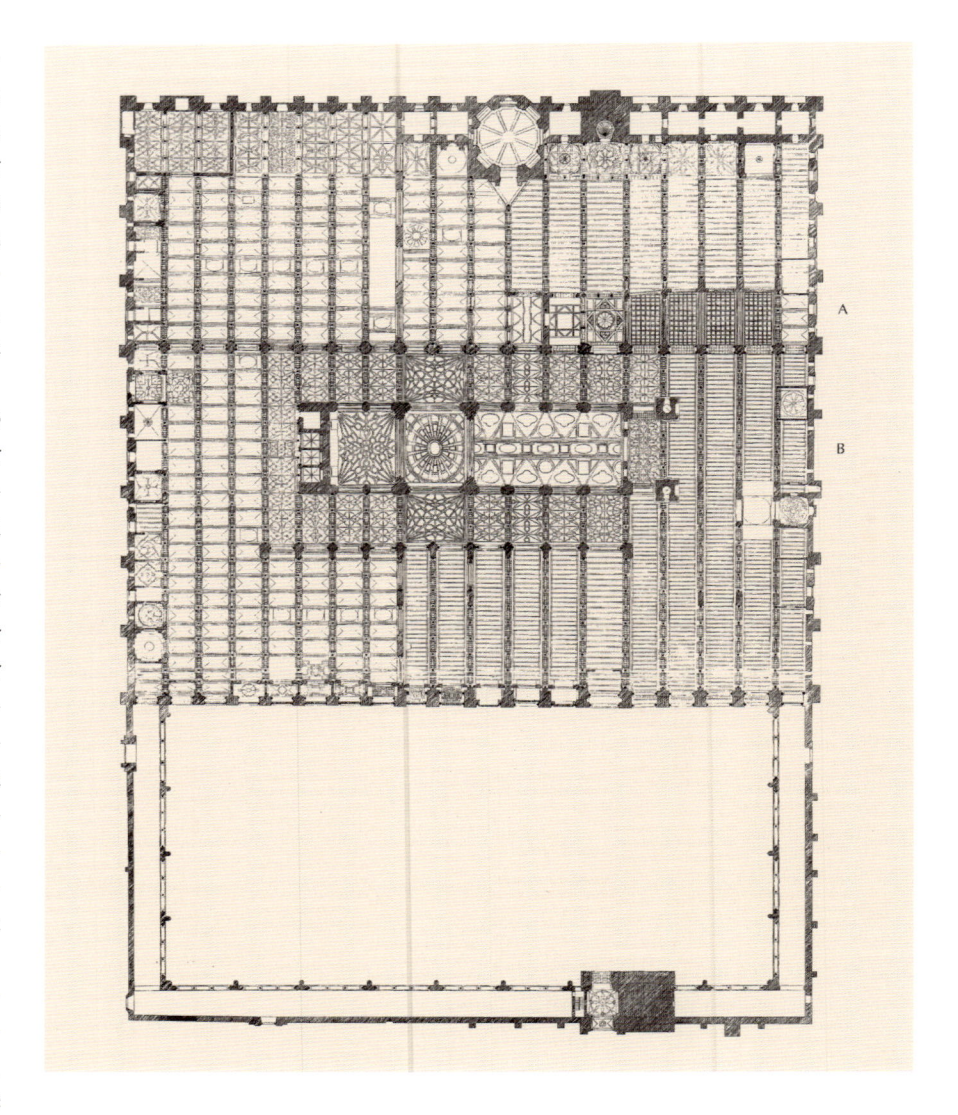

Pero lo más singular de la obra de Al-Hakam II es la nave central de la nueva ampliación, comenzando por el espacio que antaño ocupaba el mihrab de la mezquita de Abd al-Rahman II. Allí, y para recordar el uso que tuvo aquel lugar, se levantó una linterna sobre arcos entrecruzados que permitían iluminar cenitalmente aquel ámbito, cuando hasta entonces la mezquita sólo recibía la luz natural rasante y desde las puertas abiertas al patio de los Naranjos. Para sostener el peso de esta linterna o cimborrio, resultaban insuficientes los finos apoyos columnarios por lo que fue preciso reforzarlos incorporando nuevas columnas, algunas de las cuales cumplen su papel atajando transversalmente la nave. Sobre todas ellas se tendieron arcos de herradura y polilobulados que, cruzándose entre sí, conforman un espacio bajo la bóveda

182.

Planta actual de la mezquita de Córdoba con las distintas intervenciones cristianas. Interesa destacar aquí: la primera catedral (A) *construida en su interior, siendo obispo Iñigo Manrique (1486-1496); la* segunda catedral (B), *que como la anterior se reduce al presbiterio y coro, pues todo el ámbito de la mezquita era catedral, se comenzó en 1523 según proyecto de Hernán Ruiz el Viejo y se concluyó en 1607. (Plano de G. Ruiz Cabrero.)*

183. *Conjunto de la mezquita catedral de Córdoba vista desde la otra orilla del río Guadalquivir, con el puente de la Calahorra en primer término. El volumen emergente en el centro corresponde a la* segunda *catedral, del siglo XVI.*

estrellada de una belleza difícil de describir pero que no pasó desapercibida cuando, en tiempos de los Reyes Católicos, se hizo de esta capilla –llamada luego de Villaviciosa– la cabecera de una primera catedral.

Con este mismo procedimiento se cubrió la macsura multiplicándose aquí las columnas para mejor apoyar la poderosa composición de arcos tendidos en el aire, donde los encontramos de herradura, apuntados y lobulados, todos entrecruzados y ricamente guarnecidas sus roscas con elementos decorativos. En lo alto soportan tres lucernarios que, en la oscuridad general de la mezquita, debieron ser sacra referencia luminosa por la luz que arrojaban delante del mihrab, sin alcanzar a ver su origen. Por su parte, el propio mihrab es de una considerable riqueza, no sólo por la vistosa decoración de su alzado, sino por los mosaicos vidriados de bellos colores y dibujos que, procedentes de Bizancio como obsequio del emperador Nicéforo Focas, recubren su arquitectura reforzando sus líneas, al igual que lo hacen con la estrellada bóveda del lucernario central. El interior del mihrab, con su bóveda en forma de concha, así como las columnillas y capiteles de las jambas, procedentes del mihrab de Abd al-Rahman II, y las piezas de mármol con el árbol de la Vida, representan uno de los puntos culminantes del arte hispano-musulmán.

Aún habría de conocer la mezquita una tercera ampliación pero, esta vez, dado que su crecimiento hacia el sur se encontraba con el fuerte desnivel de la orilla derecha del río Guadalquivir, se extendió por su lado oriental. Es la ampliación que se conoce como de Almanzor, si bien se hizo siendo califa Hixem II. Las obras comenzaron en el 987-988, después del éxito militar de Almanzor sobre Santiago de Compostela, sumando ocho naves más a todo lo largo de su costado y ampliando igualmente en esta misma dirección, hacia saliente, todo el patio. Ninguna novedad constructiva ni decorativa se introdujo entonces, pero añadió mayor superficie a la mezquita sobre la que, finalmente, se asentaría el gran edificio catedralicio.

La caída del califato y la posterior historia de Al-Andalus, hicieron que la capitalidad política pasara a la ciudad de Sevilla donde la dinastía almohade construyó su propia mezquita, quedando la de Córdoba en la situación que la dejara Almanzor. No parece que se hicieran obras de importancia hasta la conquista de la ciudad por Fernando III, el 29 de junio de 1236, comenzando entonces la transformación en catedral, tras la purificación de la mezquita, que estaría bajo la advocación de Santa María. La *Primera Crónica General* relata cómo el obispo de Osma y el maestro López de Fitero –primer obispo de la restaurada diócesis de Córdoba–, acompañados de otros prelados "cercaron a derredor toda aquella mezquita, esparciendo agua bendita como devie; et otras cosas annadiendo y que el derecho de sancta yglesia manda, retornáronla desta guisa, et restolarla se tanto como conbralla a servicio de Dios..." Poco a poco fue desapareciendo el mobiliario litúrgico islámico como el *mimbar* o el cerramiento de la macsura a la vez que se dedicaban las primeras capillas, como la de San Clemente en tiempos de Alfonso X, utilizando algunas para enterramiento, siendo la más notable la conocida como Capilla Real, por ser panteón regio en el que descansaron los restos mortales de Fernando IV y Alfonso XI hasta su traslado a la colegiata de San Hipólito. Su interior, iniciado también bajo Alfonso X (1258-1260), representa una de las joyas del arte mudéjar en la que se funden elementos cordobeses, como la cúpula a imitación de las de Al-Hakam II, con otros de origen almohade y nazarí, con arrimaderos cerámicos y ricas yeserías cubriendo los muros con temas de ataurique, inscripciones en caracteres cúficos, arcos de mocárabes y motivos heráldicos con los escudos de Castilla y León, habiéndose terminado la obra en tiempos de Enrique II de Trastamara (1371).

Por entonces tuvo lugar también la restauración mudéjar de la extraordinaria puerta del Perdón

184.

La mezquita catedral vista desde la torre alminar. En primer término, el antiguo patio de abluciones y las naves de las distintas ampliaciones de la mezquita, cuyas naves corren paralelas hacia la quibla, en dirección al río. El proyecto de Hernán Ruiz para la segunda catedral se acomodó a la estructura de la mezquita con gran cuidado. Obsérvese el volumen de la cubierta del coro, la solución del crucero y, finalmente, la capilla mayor. A la derecha, la más modesta primera catedral, del siglo XV.

(1377), donde de nuevo aparecen las armas de Castilla y León. Pero la obra de mayor importancia se llevó a cabo a finales del siglo XV, siendo obispo don Íñigo Manrique (1486-1496), cuando se emprende la que podemos llamar primera catedral dentro de la mezquita. Se trata de la habilitación de una parte de la mezquita de Al-Hakam II que, en sentido este-oeste, busca la orientación litúrgica para hacer de la mencionada capilla de Villaviciosa –antiguo mihrab de la ampliación de Abd al-Rahman II– el presbiterio del nuevo templo, tras el cual se encuentra el citado panteón real. La nueva nave se resuelve con gran respeto para la mezquita pues busca apoyos y alineaciones preexistentes, si bien representa un corte transversal a la primitiva dirección de las naves califales. Sobre machones góticos en piedra se levantaron cuatro arcos diafragma apuntados en los que descansa la cubierta de madera, resultando una despejada y airosa nave con mayor altura que las inmediatas para poder iluminar con un sistema propio de huecos la nueva iglesia.

Poco más se hizo entonces, además de continuas fundaciones pías con sus capillas, decoración pictórica hoy muy fragmentaria y casi perdida, nuevas laudas sepulcrales, etc. Así se alcanza el siglo XVI, cuando el cabildo decide acometer la construcción de algunas piezas tan necesarias como la librería o biblioteca (convertida luego en parroquia del Sagrario), la sala capitular y la sacristía, siempre ocupando espacios perimetrales del interior de la mezquita que vio, ahora, aparecer las primeras bóvedas nervadas sobre las viejas arquerías, en un proceso de interesantísimo transformismo arquitectónico, en el que siempre cabe ver el respeto hacia la estructura de la antigua mezquita aljama. Estas obras, ejecutadas entre 1514 y 1518, se deben a Hernán Ruiz *el Viejo*, maestro mayor de la catedral quien ya había intervenido en el patio de los Naranjos ordenando las arquerías, contrarrestos y crestería, donde aparece toda una moldura y perfiles de tradición gótica.

Sin embargo, lo más notable de Hernán Ruiz *el Viejo* sería el proyecto de una nueva catedral, o mejor, como se dice en la documentación, de un nuevo altar y coro, esto es, los dos elementos que distinguen a la catedral del resto de los templos y que define bien los dos cometidos principales del clero capitular: el servicio del altar y coro. Esta necesidad de una iglesia de mayor amplitud habla del poder y número creciente del cabildo cordobés que inicia ahora un proceso de transformación y enriquecimiento de la catedral que no cesará hasta bien entrado el siglo XVIII. Este largo periodo se puede condensar, a mi juicio, señalando la existencia del que podríamos llamar nuevo núcleo de la catedral, formado por el altar, entrecoro y coro, en una posición central y dominante en altura, y la catedral dispersa, en cierto modo centrífuga, que suma gran número de capillas y altares en el perímetro de la antigua mezquita. Importa destacar cómo, siendo prelado don Alonso Manrique (1516-1523), se inició el gran templo cristiano que hoy conocemos y que levantó actitudes encontradas sobre lo oportuno de la obra, siendo conocida la inicial oposición del cabildo municipal y la posterior crítica de Carlos V sobre haber hecho allí lo que podía hacerse en otras partes y, en cambio, deshacer lo "que era singular en el mundo". Comenzadas las obras en el año en que el obispo Manrique fue promovido a la archidiócesis de Sevilla (1523), mantuvo el mismo entusiasmo por la obra nueva su sucesor el dominico Juan Álvarez de Toledo, hijo del segundo duque de Alba, futuro obispo de Burgos, arzobispo luego de Santiago de Compostela y fallecido cardenal en Roma.

Desde entonces se sucederán en la sede cordobesa nombres como Leopoldo de Austria –tío del emperador Carlos V–, Cristóbal de Rojas, Portocarrero, Reinoso, etc., hasta llegar a otro dominico, Diego Mardones, con el que puede darse por terminada la obra de la que una inscripción en la nueva iglesia dice lo siguiente: "Acabóse esta capilla mayor con su crucero en siete de septiembre de mil seiscientos siete años, siendo obispo de Córdoba y confesor del Rey Nuestro Señor Felipe III el ilmo. sr. don Fr. Diego de Mardones, a quien los señores Deán y Cabildo se la dieron para su entierro...".

Si bien la nómina del episcopologio cordobés fue muy larga durante el siglo XVI, los maestros de la obra durante aquella centuria se reducen a tres generaciones dentro de una misma familia, esto es, los Hernán Ruiz, conocidos como el Viejo, el Mozo y Hernán Ruiz III. A ellos se debe, entre otras muchas cosas, el cuerpo de la catedral con su crucero, si bien sería el arquitecto Juan de Ochoa quien cerró la nave y la bóveda oval sobre el transepto, con una rica decoración manierista de magnífico efecto que ponía punto final a un proyecto que comenzó siendo tardogótico.

Acabada la parte arquitectónica faltaban todos los elementos litúrgicos fundamentales como el retablo con su altar y el coro. El primero lo inició el propio obispo Mardones, encargándose el proyecto al jesuita Alonso Matías (1618). Su arquitectura, de magníficos mármoles, pertenece de lleno al primer momento del arte barroco español, cuando el clasicismo todavía sigue mostrando esquemas y valores de tradición renacentista. Su gran tabernáculo en la calle central para la exposición de la custodia, ejecutado por Sebastián Vidal en 1653, hace de esta obra un ejemplo modélico del llamado retablo eucarístico postridentino. Las antiguas pinturas del retablo, con santos cordobeses, se sustituyeron en 1713 por otras debidas a la mano de Palomino, autor también del gran lienzo central representando la Asunción de la Virgen.

No le va a la zaga el extraordinario coro que hubo de esperar a los días del obispo Miguel Vicente Cebrián para sustituir el anterior por el actual. Tal espera se vio recompensada por el conjunto coral más extraordinario que darse pueda, seguramente el último gran coro del arte español. Su autor, enterrado por especial privilegio y justo reconocimiento en la entrada misma del ámbito coral, fue Pedro Duque Cornejo que, en caoba de las Antillas, talló entre 1747 y 1758 un mundo entero de figuras y relieves imbricados de tal forma en la estructura de la sillería que, como decía Pelayo Quintero, haría falta un libro entero para recoger su descripción. El Antiguo y Nuevo Testamento inspiran los respaldos de la sillería alta, mientras que la baja recoge un amplio santoral. Presidiendo este conjunto de ciento cinco asientos se encuentra la silla episcopal, coronada con el gran relieve de la Ascensión cuya altura buscan los dos órganos inmediatos para cerrar en clave de concierto este recinto de música sacra.

Entre el presbiterio y el coro aún queda por contemplar los dos púlpitos, también de caoba, pero esta vez tallados por el francés Verdiguier (1776-1779) en un estilo barroco que intenta conectar con la verbosidad de Cornejo. Ambos púlpitos, con monumentales tornavoces, tienen algo de berninesco en la incorporación en su base de los símbolos de los evangelistas, de gran tamaño y en mármoles de distinto color.

Como representación de aquella nueva catedral dispersa en altares y capillas, escogemos la llamada del Cardenal o de Santa Teresa, situada en el muro de la *quibla* de Al-Hakam que parece, a su vez, un nuevo "mihrab cristiano", si esto pudiera darse. Su fundación de debe al mercedario Pedro de Salazar, obispo de Salamanca promovido a la sede *Cordubensis*, donde falleció en 1706 después de alcanzar el cardenalato. Es, sin duda, la gran capilla de la mezquita catedral, una capilla funeraria que se comporta de modo autónomo sobre una cripta, todo proyectado y ejecutado por los arquitectos Francisco Hurtado Izquierdo y Teodosio Sánchez Rueda, dos nombres propios de la arquitectura barroca andaluza. Las obras se terminaron en 1703, como señala la cartela sobre el sepulcro del cardenal, dejándonos una hermosa capilla de planta central y elevados alzados para abrir un cuerpo de luces bajo la cúpula, animando la arquitectura una barroca pero ponderada decoración en relieve en la parte alta. La zona baja acoge altares y retablos en los que destaca el ciclo pictórico debido a Palomino, con temas referentes a los santos Victoria, Acisclo y Rafael, sobresaliendo la excelente *Santa Teresa* (1705), obra de José de Mora, bajo cuya advocación puso el cardenal la capilla (1697), donde también había previsto un bulto funerario que se terminó después de su muerte, hacia 1710. Este sepulcro, obra refinadísima de los mismos Hurtado Izquierdo y Sánchez Rueda, con intervención de Juan Prieto y Domingo Lemico, le recordaba a Taylor con razón la tumba que Bernini hizo en el Vaticano para el papa Alejandro VII.

En el centro de esta misma capilla, vinculada hoy al actual Tesoro de la catedral, se expone la celebérrima custodia procesional (1514-1518) de Enrique de Arfe que compite con la de Toledo, del mismo autor, en belleza y riqueza. Concebida como calada torre gótica, incorpora gran número de figuras menudas de una calidad excepcional, habiendo conocido en el siglo XVIII la adición de algunos elementos sin merma de su primitiva personalidad. En salas inmediatas se reúne una larga colección de objetos litúrgicos como portapaces, cruces procesionales, cálices, una custodia de farol igualmente atribuida a Enrique de Arfe, urnas eucarísticas, etc., que con los libros corales de comienzos del siglo XVI, las pinturas distribuidas por otras capillas debidas a Arbasia, Céspedes, Antonio del Castillo y Vicente Carducho, esculturas como las de Pedro de Mena y Joaquín Arali, los retablos de Teodosio Sánchez Rueda, entre otras muchas piezas del máximo interés artístico, hacen que veamos la verdadera dimensión de la catedral que creció sobre la mezquita, siendo éste el único caso en la historia de la arquitectura en que mezquita islámica y catedral cristiana conviven en paz, sin posibilidad alguna de separar una de la otra sin daño irreparable para las dos. Gran lección para los vivos.

185.
Fuente y arquería del lado norte del patio de los Naranjos, dominado por la torre imponente que Hernán Ruiz III construyó a partir de 1593 sobre el viejo alminar califal de Abd al-Rahman III. El remate lleva un total de doce campanas, la más antigua de las cuales data de 1517 y la más moderna de 1915.

En las páginas siguientes:
186.
Arquerías de la ampliación de la mezquita por Almanzor (976-1002) en el lado oriental. Las nuevas naves repiten fielmente la organización de columnas, arcos y policromía de la primera mezquita, llevando unos capiteles muy característicos, llamados "de pencas", sobre columnas de jaspe gris.

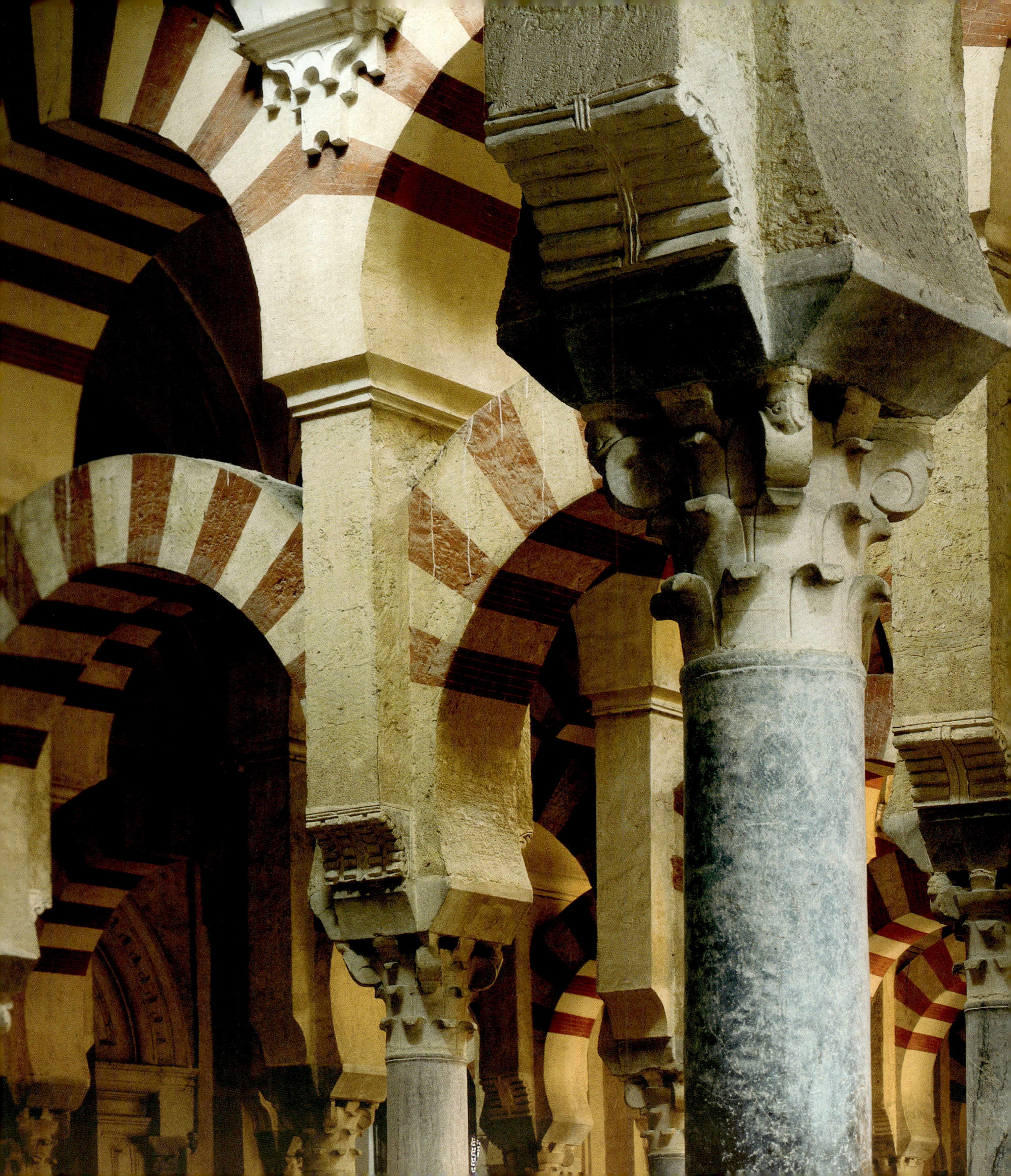

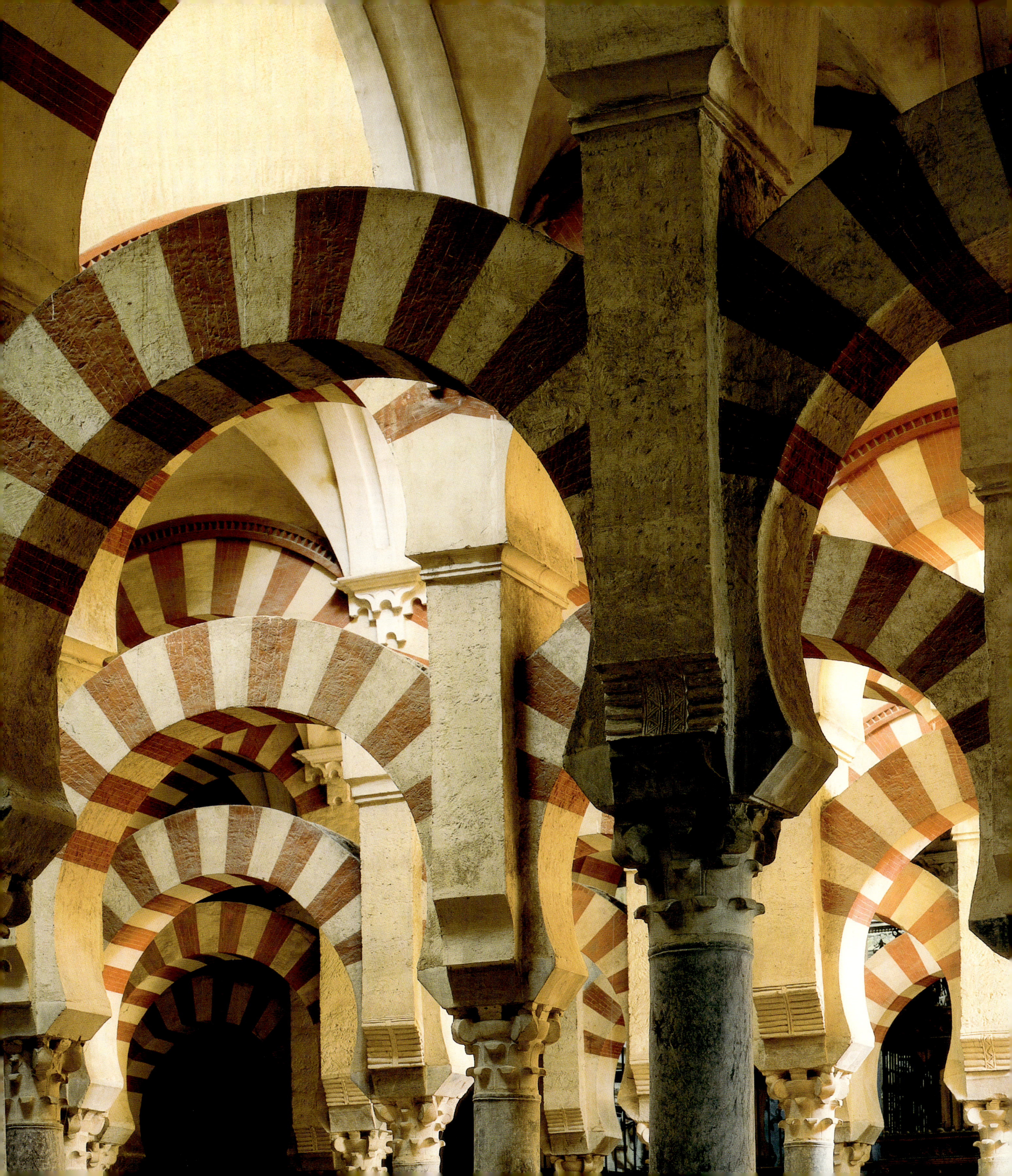

187 y 188.
Lucernario de la capilla de Villaviciosa, situada sobre el antiguo mihrab de la ampliación de Abd al-Rahman II construido por Al-Hakam entre 961 y 965. La belleza de su bóveda montada sobre arcos entrecruzados movió a situar aquí, en 1236, la capilla mayor del nuevo templo cristiano, abriéndose ante ella, en el siglo XV, la nave gótica de la primera catedral.

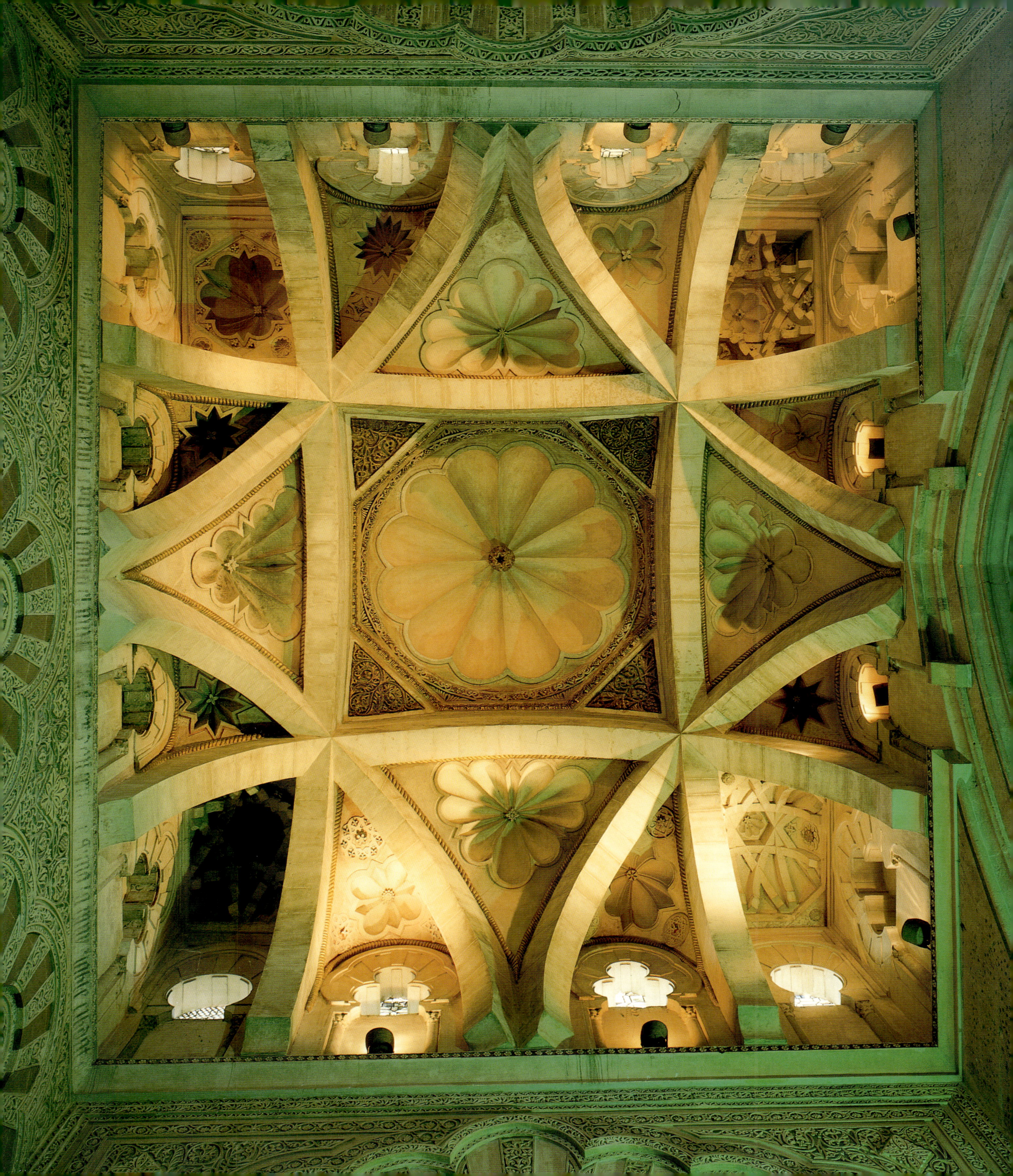

189.

Bóvedas góticas del siglo XVI en la zona del trasaltar afectada por la obra nueva de la catedral de Hernán Ruiz. El arquitecto sometió con naturalidad y talento el ritmo y la composición de su proyecto al que marcaba la obra antigua de la mezquita.

190.

La capilla de Villaviciosa, llamada así por la advocación de una Virgen medieval que estuvo aquí y hoy se encuentra en la capilla mayor, es una de las páginas más brillantes de la arquitectura califal del siglo X por sus arcos polilobulados y entrecruzados bajo el lucernario ya descrito. Restaurada por Velásquez Bosco en 1907. Detrás del muro del fondo se encuentra la Capilla Real, costeada por Enrique II, en 1371, para dar sepultura a su padre y a su abuelo, los reyes Fernando IV y Alfonso XI, respectivamente.

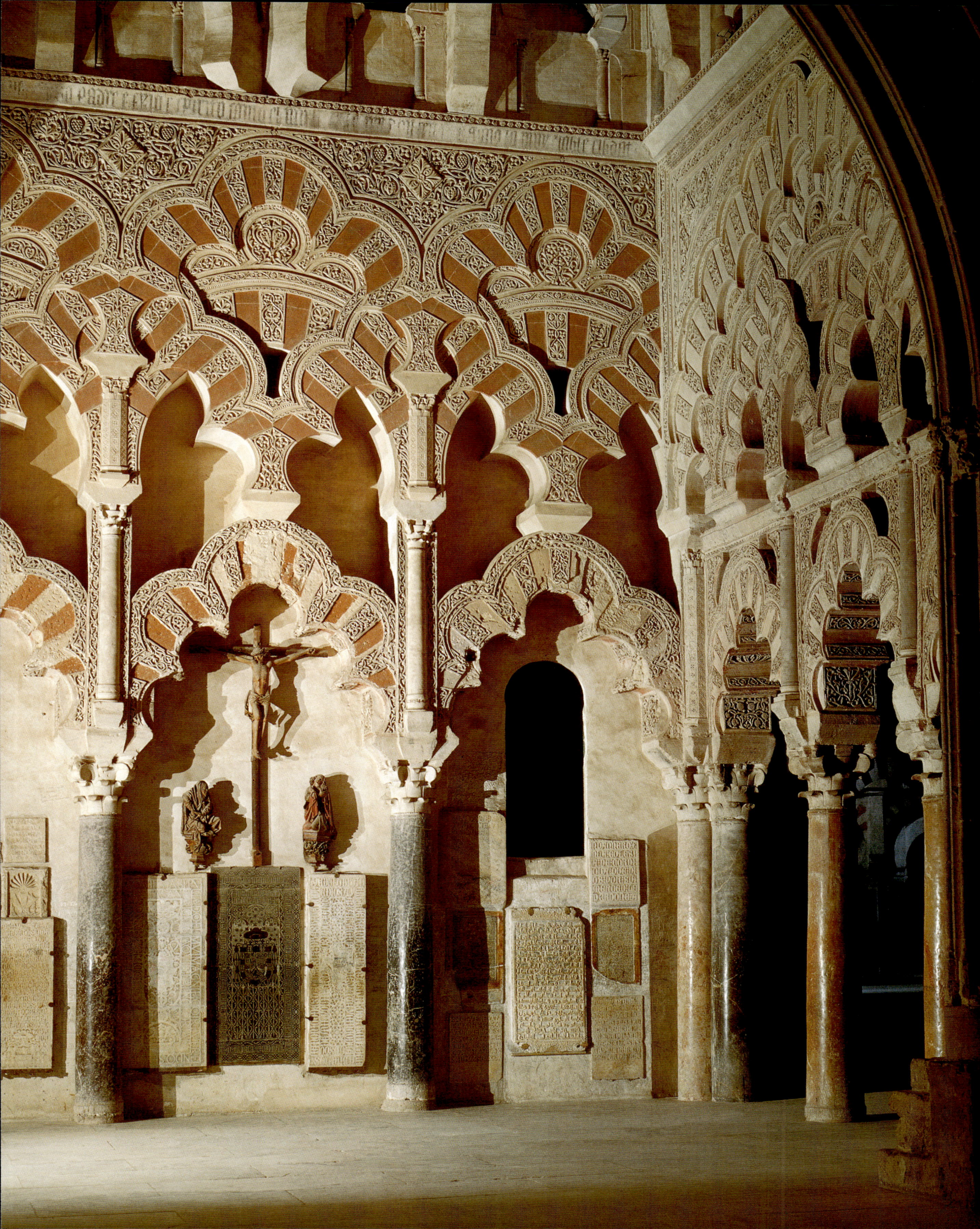

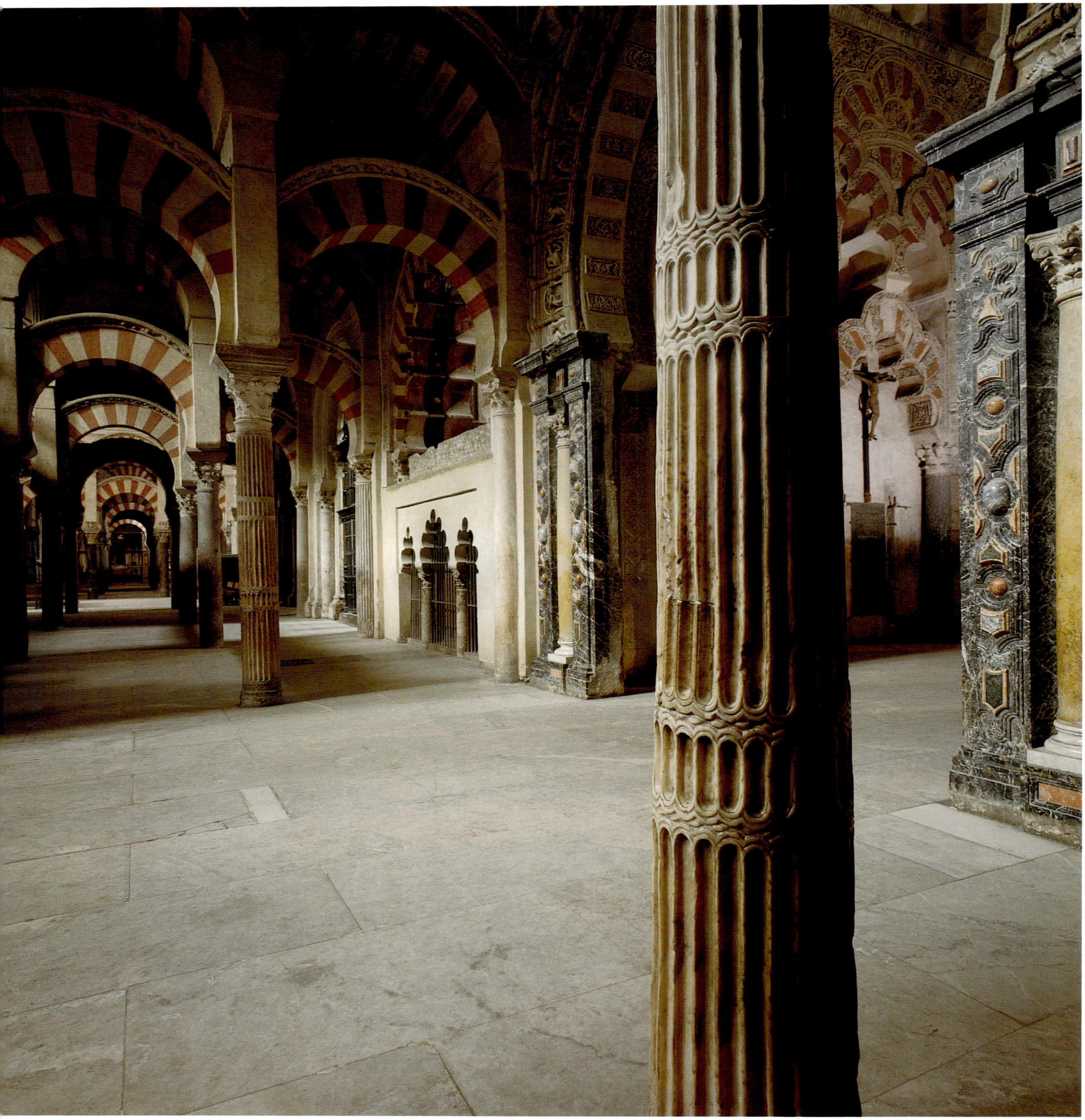

191.
Nave central de la ampliación de Abd al-Rahman II (848). A la derecha se ve el testero de la capilla de Villaviciosa con un Cristo en la cruz y, más allá, unos arcos polilobulados que corresponden a la Capilla Real. La zona sombreada de la izquierda corresponde a las naves laterales de la catedral renacentista.

192.
Relieve anónimo de hacia 1530 con la escena del Descendimiento en el trasaltar de la segunda catedral; excelente ejemplo de convivencia, respeto y adaptación de formas.

193.

Lado del Evangelio del coro nuevo, debido al escultor Pedro Duque Cornejo, quien talló en caoba de las Antillas, entre 1747 y 1758, un extraordinario mundo de formas y figuras que ilustran el Antiguo y el Nuevo Testamento y la vida de la Virgen en la sillería alta. La sillería baja recoge un santoral en el que no faltan nombres cordobeses, hasta sumar un total de ciento cinco estalos, incluyendo la espectacular silla episcopal coronada con el gran relieve de la Ascensión del Señor. Su autor fue enterrado en la catedral y, en el siglo XX, trasladado a los pies del propio coro como reconocimiento a tan bella y extraordinaria obra, sin duda el último gran coro catedralicio de la historia.

En las páginas siguientes:

194.

Aspecto general del coro, con los dos órganos, bajo los que hay sendos relojes ingleses del siglo XVIII, crucero y altar. Entre el altar y el coro, la vía sacra y los púlpitos. Desde la silla episcopal del coro la noble mezquita desaparece y sólo se visualiza la imponente catedral del siglo XVI.

195.

El retablo mayor de la catedral, labrado en mármol de Cabra, se encargó al jesuita Alonso Matías (1618) y pertenece al primer barroco español, cuando el clasicismo todavía mostraba esquemas y valores de tradición renacentista. El tabernáculo de la calle central para la exposición de la custodia lo realizó Sebastián Vidal en 1653 sobre modelo de Alonso Matías. Las antiguas pinturas del retablo, con santos cordobeses, se sustituyeron en 1713 por otras debidas a la mano de Palomino, autor también del gran lienzo central que representa la Asunción de la Virgen, titular de la catedral desde el siglo XVI.

196.
La actividad de Juan de Ochoa en la catedral, entre 1599 y 1606, fue decisiva para terminar la obra iniciada por Hernán Ruiz el Viejo. A Ochoa se debe el trascoro, o los "postigos del coro", como se le conoce en Córdoba, que muestra una doble entrada para cada una de las dos mitades del coro. El eje central, con una representación de san Pedro con atuendo papal, respalda la presencia de la aparatosa silla episcopal que preside el coro desde el fondo.

197.
La custodia procesional de Córdoba se encuentra entre las más hermosas de España. Labrada en plata y oro en el siglo XVI por el mismo artífice que la de Toledo, Enrique de Arfe, se encargó en 1514 y salió por vez primera en procesión en 1518.

198.
Órgano del lado de la Epístola que en el siglo XIX sustituyó a otro anterior barroco. La caja y decoración se deben a Patricio Furriel (1827); sus secretos, registros y mecanismo fueron renovados primero por Ghys, en 1892, y después por Federico Acitores, en 1997.

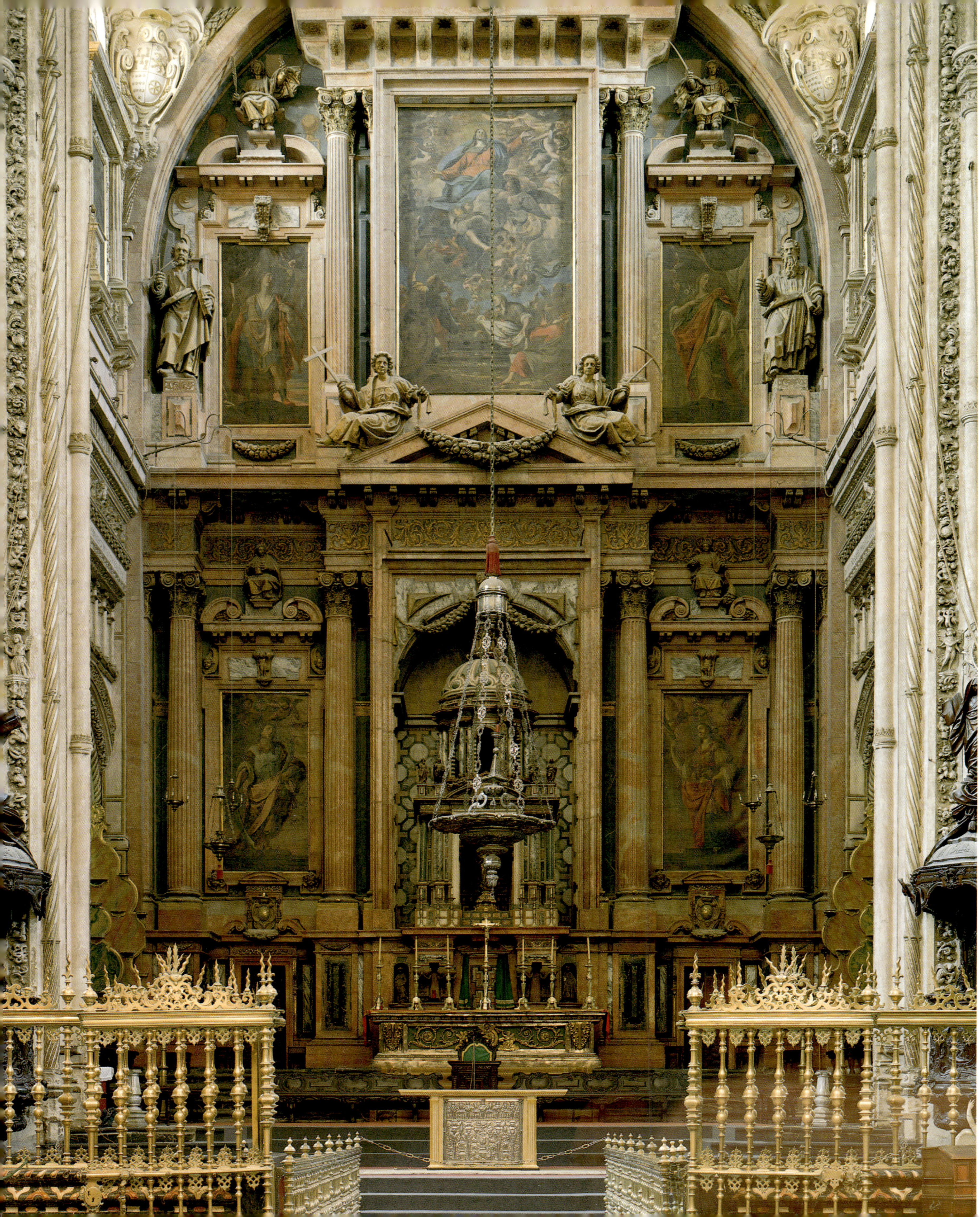

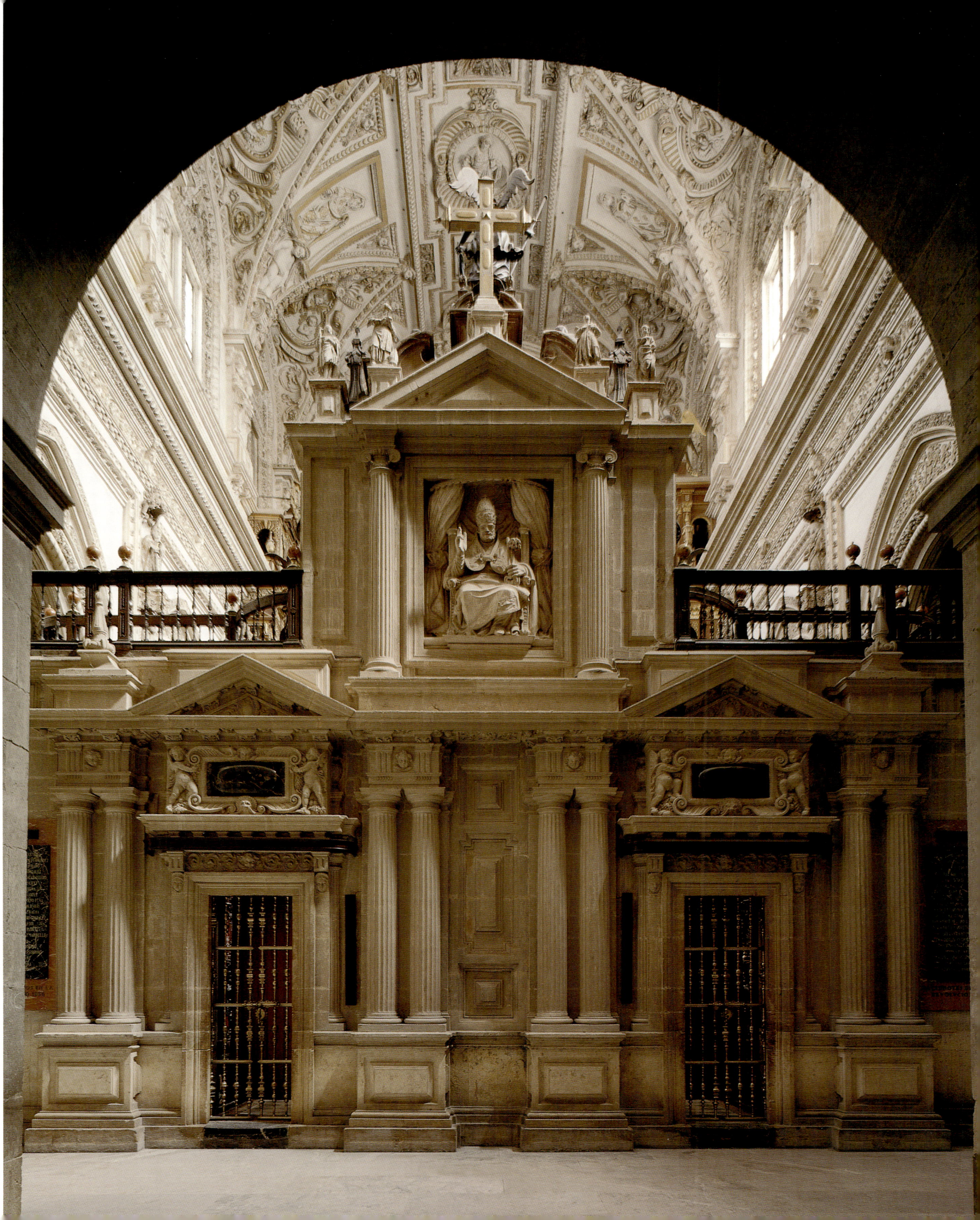

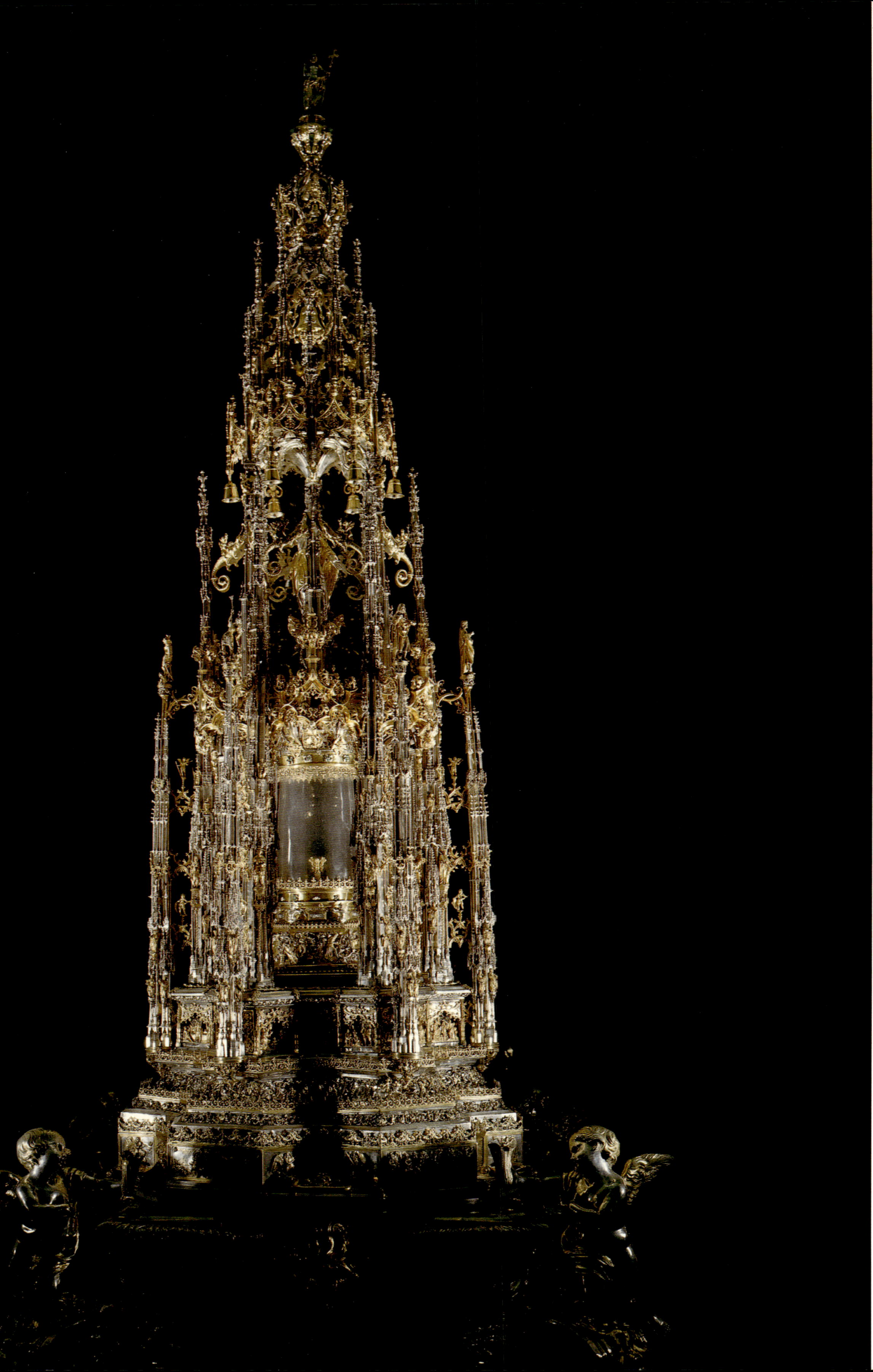

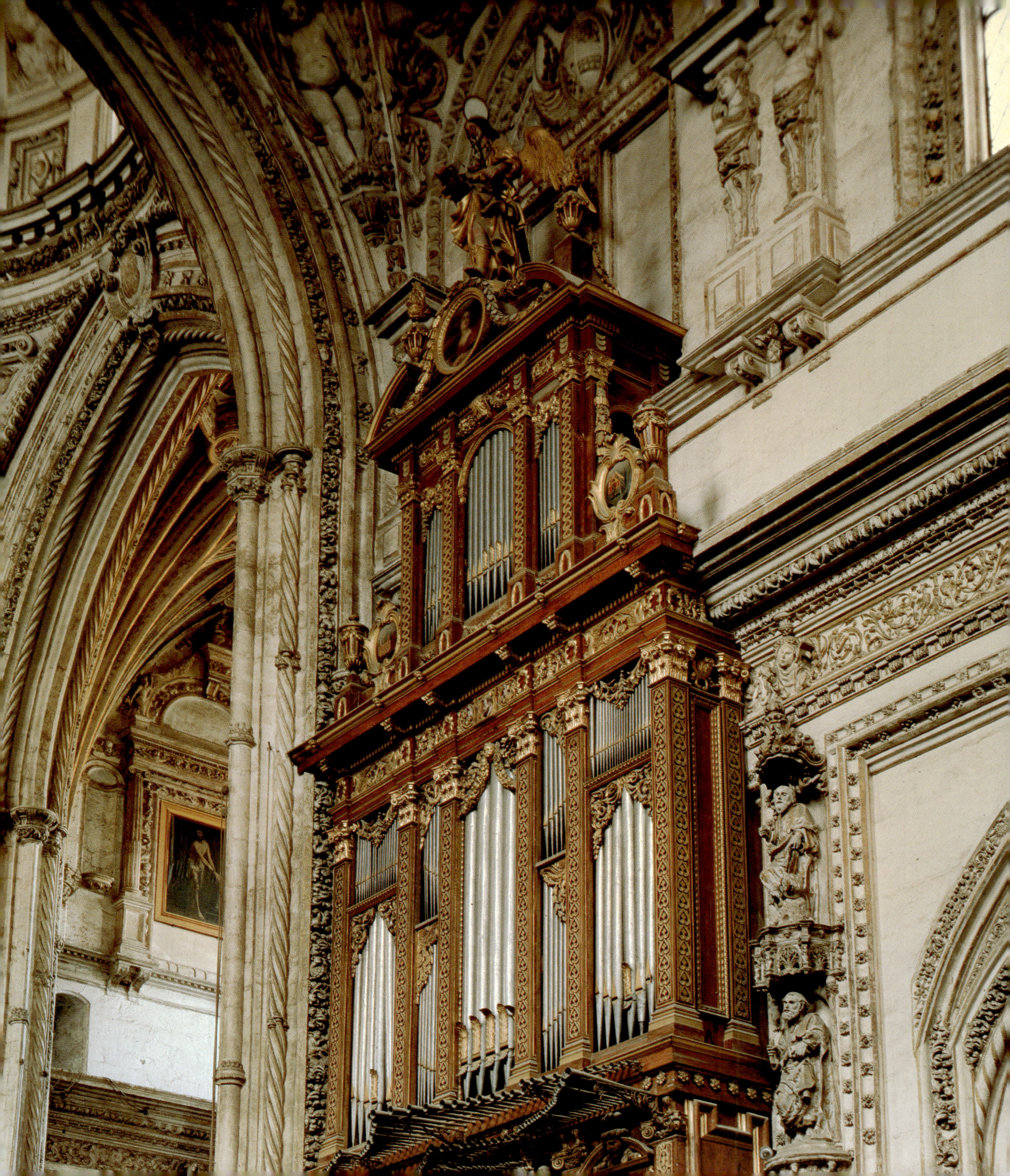

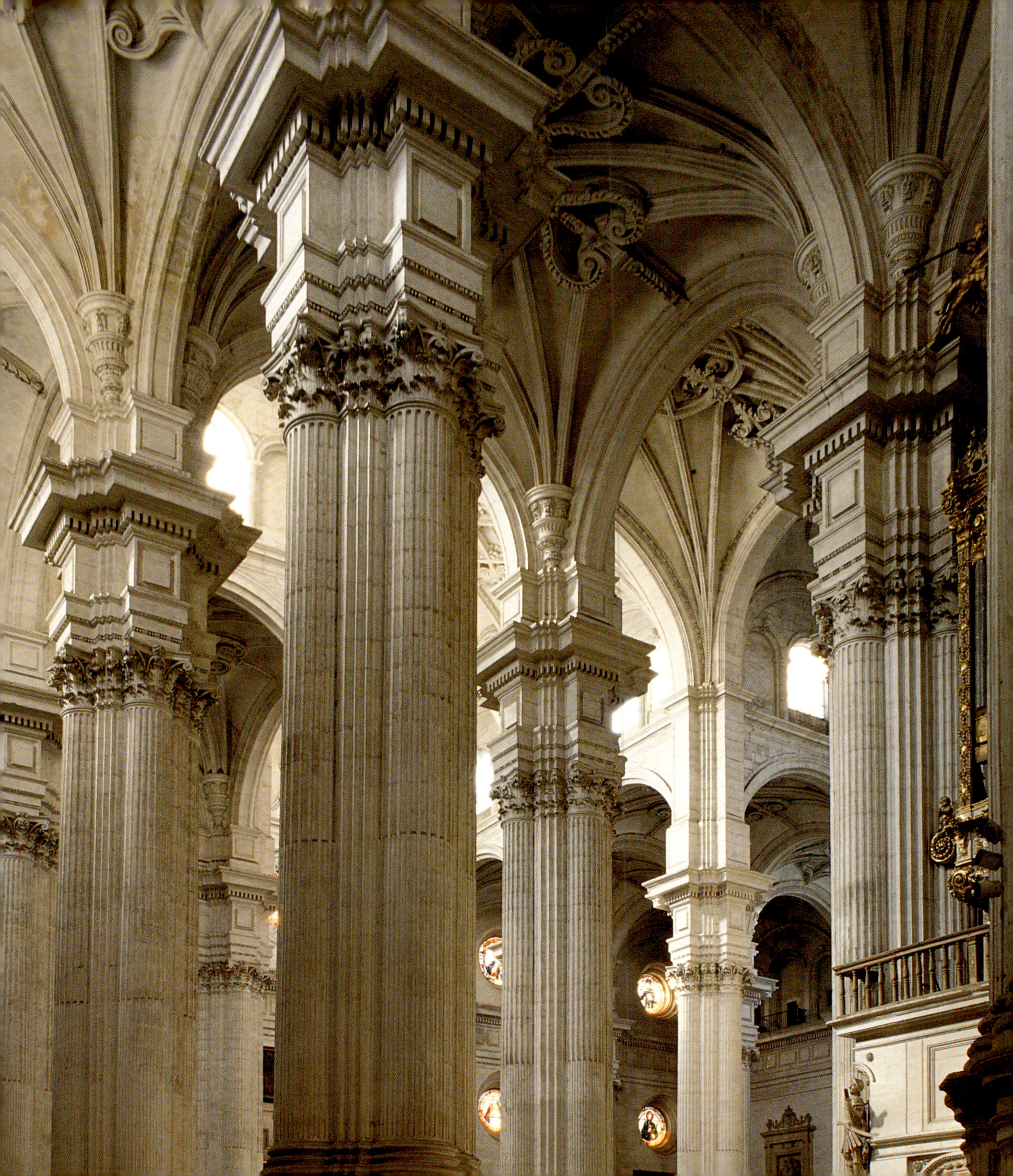

VII

La Catedral en el Renacimiento. Granada y Jaén

Si bien la catedral de Córdoba sobre la mezquita es una catedral del siglo XVI y por lo tanto estilísticamente renacentista, sin embargo no es hija de un proyecto unitario. Al contrario, se hicieron actuaciones puntuales en su interior a lo largo del tiempo dando lugar al sorprendente espacio que hoy conocemos. Litúrgica y culturalmente es una catedral pero arquitectónicamente hablando es una singular mezquita-catedral que carece de una imagen exterior cristiana. Es decir, toda una serie de paradojas que enriquecen la historia de la arquitectura española que vio cómo otras muchas catedrales tan importantes como las de Granada y Jaén, entre otras, surgirían sobre viejas mezquitas de las que nada resta hoy, de ahí el interés excepcional de la de Córdoba que pudo subsistir, sin duda, merced a la ubicación en su interior de la catedral. En el caso de Granada la historia se complica por haber querido imponer sobre su mezquita mayor el modelo de la catedral de Toledo, lo cual obligó a su arquitecto, Diego de Siloe, a una sorprendente transformación para soslayar los arcaísmos góticos de un programa propio del siglo XIII en pleno siglo del Humanismo. Por el contrario, en el caso de la catedral de Jaén, el proyecto se presenta como un modelo rejuvenecido en el que Andrés de Vandelvira, vista la experiencia de Sevilla y otras catedrales españolas, sintetizó con gran talento la que podría ser una catedral verdaderamente renacentista, aunque físicamente levantada en el siglo XVII, sin asomo de resistencias medievales, ni musulmanas ni cristianas, a pesar de erigirse sobre la mezquita aljama. En uno y otro caso se respetó escrupulosamente el "modo español".

Granada. Catedral y Panteón Regio

Perdido prácticamente todo vestigio de la organización eclesiástica bajo la larga etapa musulmana, a pesar de la larga historia de la diócesis que se inició en Elvira, y sabiendo que hubo obispos de Granada durante el siglo XV, que no vivieron en la ciudad, la archidiócesis de Granada nació *ex novo* por voluntad expresa de los Reyes Católicos a raíz de la toma de la ciudad en 1492. La historia de la catedral granadina en aquellos primeros años no deja de ser pintoresca y curiosa, pues inicialmente se acomodó en la hermosa mezquita de la Alhambra, donde la vio Münzer en 1494: "En la Alhambra hay una rica mezquita, que es ahora iglesia dedicada a Nuestra Señora y es sede episcopal...". Parece que sólo se le añadió a los pies un coro en alto para aumentar su capacidad. Sin embargo, esta ocupación era sólo provisional pues el rey don Fernando había dado instrucciones para levantar a sus expensas en El Realejo, el barrio de la judería a los pies de la colina de la Alhambra que ahora sería destruido en parte, "una magnífica iglesia en honor de la Virgen, destinada a sede episcopal, templo que alcanzamos a ver terminado hasta las bóvedas y ya con el tejado puesto" (Münzer).

Pero tampoco sería este templo durante mucho tiempo sede episcopal pues la reina doña Isabel tenía el propósito de ocupar la mezquita aljama o mezquita mayor que, desde 1499, Cisneros había convertido en parroquia de Santa María de la O contra lo convenido en las Capitulaciones de la ciudad. Una bula del papa Alejandro VI autorizó, en 1502, el traslado de la sede desde El Realejo hasta la mezquita cosa que no se efectuaría hasta 1507, cuatro años después del fallecimiento de la reina Isabel y el mismo en que murió el notabilísimo jerónimo Hernando de Talavera, hombre ejemplar y artífice de la archidiócesis *granatensis*.

La conversión en templo de la mezquita exigió cambios en la disposición de las naves, conociendo muy bien la organización merced a un plano de 1704, esto es, cuando todavía quedaba en pie parte de la mezquita. De un modo parecido a lo que se hizo en la de Córdoba bajo los Reyes Católicos, aquí se eliminaron algunas de sus columnas en sentido transversal para dar paso a una nave principal frente al altar

200.
Pilares de las naves laterales hacia los pies.

199.
Aspecto general del interior de la catedral de Granada con el crucero mayor, obra de Diego de Siloé. Fue concebida en 1528 como un templo "a lo romano", según expresión de la época.

mayor. Otras capillas, sepulturas, sacristías, etc., fueron repartiéndose el interior de la mezquita. Sin embargo, ya desde la citada bula de Alejandro VI (1502), se había pensado en construir un nuevo templo de tal manera que allí se decía que la traslación desde El Realejo era hasta que se construyera la nueva *ecclèsia ipsa apud locum Mesquita Maioris*.

Sin embargo, la falta de recursos, las dudas sobre el terreno y orientación que debía tener la catedral, así como el modelo que debía seguirse, Sevilla o Toledo, hicieron que las obras se retrasaran hasta el 25 de marzo de 1523, fecha en que se colocó la primera piedra. Para entonces ya se había construido la Capilla Real como panteón regio, cumpliendo así la doble voluntad de Isabel y Fernando que eligieron Granada como lugar para su entierro. Para ello fundaron la Capilla Real en la catedral granadina, según cédula de 13 de septiembre de 1504, disponiendo que trece capellanes se hiciesen cargo del culto, constituyendo desde entonces un "cabildo, con voz, voto y mesa capitular, con las gracias e indulgencias de que gozan las Iglesias Catedrales de estos Reinos", según le reconoce una bula pontificia de Paulo III (1537), lo cual produciría muchos roces y enfrentamientos con el cabildo de la catedral.

Un mes más tarde, sintiéndose morir la reina, redactó su testamento donde se lee lo siguiente: "Item, mando que si la Capilla real que yo e mandado facer en la Iglesia Catedral de Santa María de la O de la cibdad de granada, no estubiere fecha al tiempo de mi fallescimiento, mando que se faga de mis bienes o lo que dello estoviere por acavar, según lo tengo yo ordenado e mandado".

Al año siguiente, en 1505, se encargó el proyecto de la Capilla Real al maestro mayor de la catedral de Toledo Enrique Egas quien, al mismo tiempo, preparaba las trazas de la gran catedral de Granada. Pero ésta aún habría de esperar. Entre tanto las obras de la Capilla conocieron algunos problemas, pues a Egas le parecía bajo y angosto el edificio, trasladándose a Granada para reconocer el edificio en diferentes fechas algunos de nuestros más grandes arquitectos de entonces como Alfonso Rodríguez, maestro mayor de la catedral de Sevilla, Lorenzo Vázquez, el iniciador del Renacimiento en España, o Juan Gil de Hontañón, Juan de Álava y Juan de Badajoz, quienes por entonces estaban discutiendo en Salamanca el lugar que debía ocupar su catedral (1512).

Cuando las obras estaban casi terminadas, falleció el rey don Fernando en 1516, dejando dispuesto en su testamento que habiendo elegido "sepoltura de nuestros cuerpos, queremos, ordenamos e mandamos que aquél sea, luego que fallesciéremos, llevado e sepultado en la Capilla Real nuestra, que Nos e la Serenísima señora reyna Doña Ysabel nuestra my cara e muy amada muger que en gloria sea, habemos mandado hacer e dotado en la Iglesia mayor de la ciudad de Granada... Y si fuese el caso que, al tiempo que de esta vida pasemos, la dicha Capilla Real nuestra, no fuese acabada ni el cuerpo de la dicha serenísima señora reyna fuese mudado a la dicha Capilla, queremos que nuestro cuerpo sea depositado e puesto, jun-

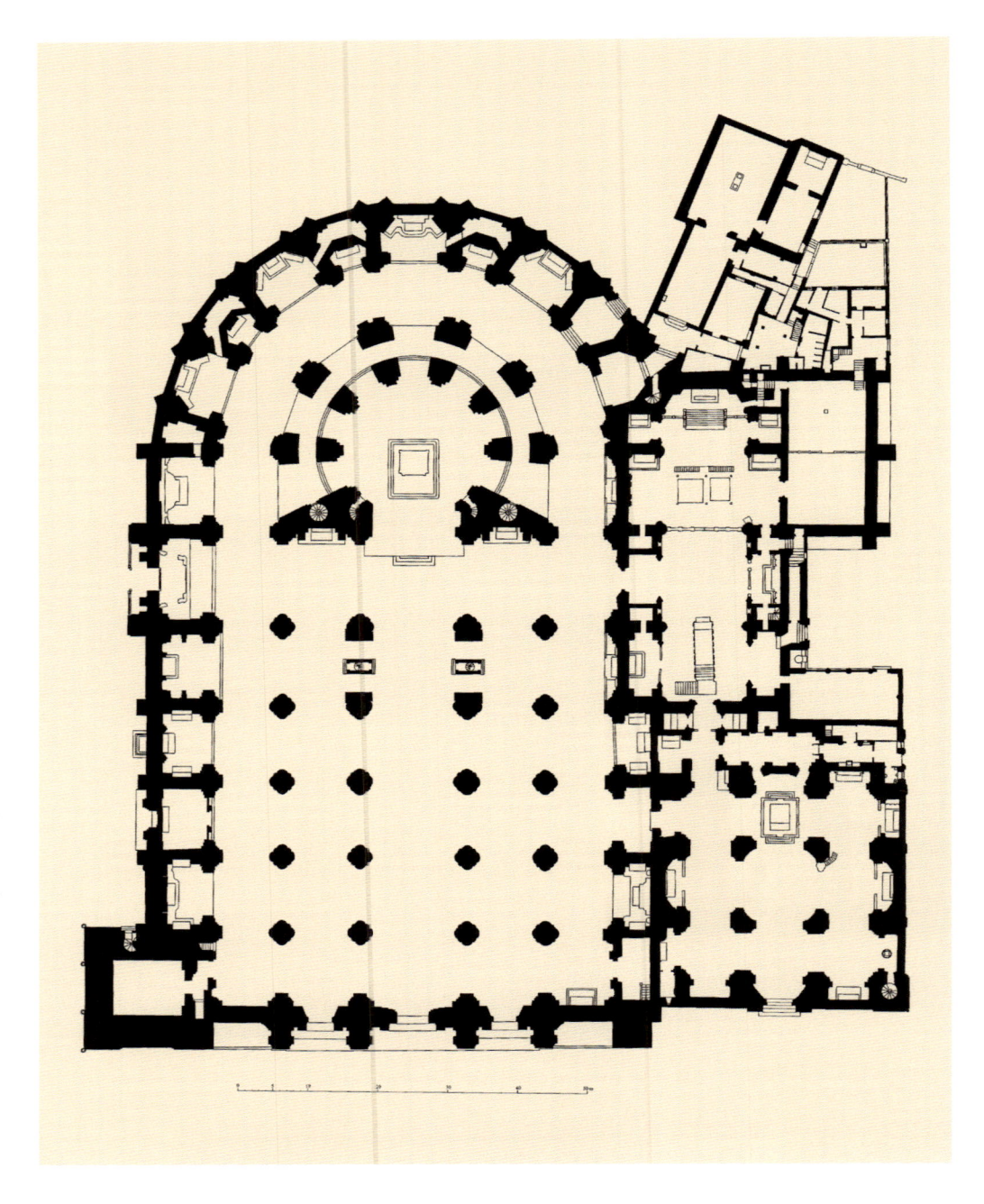

201.
Planta de la catedral con el sagrario, la Capilla Real y la sacristía. La catedral se inició en 1523 según proyecto de Enrique Egas, maestro mayor de la catedral de Toledo, con la que la granadina guarda algunas analogías. La intervención de Diego de Siloé a partir de 1528 modificaría el proyecto de Egas, especialmente en la ordenación de la cabecera. (Planta de P. Salmerón y A. Almagro.)

Hermoso, de la primera mujer e hijos de éste, doña María y los infantes Juan y Fernando, así como de la emperatriz Isabel de Portugal. El propio emperador fue enterrado aquí por su hijo Felipe II hasta que pudo llevarse a sus padres al nuevo panteón de El Escorial, adonde trasladó también a doña María y sus hijos, mientras que ordenaba conducir desde Tordesillas a Granada los restos de doña Juana la Loca, junto a los de su esposo don Felipe.

Esta obra sobrepasa, sin duda, a lo que fueron o serían otras capillas reales en otras tantas catedrales, desde la de Mallorca hasta las de Toledo y Sevilla, pues aquí manifiesta su autonomía arquitectónica respecto al templo mayor de la misma manera que lo era su cabildo respecto al catedralicio. De todos modos la Capilla Real de Granada es de modesta arquitectura, mide poco más de cincuenta metros por veintiuno, en relación con lo que representan sus fundadores pues consta de una nave única con capillas poco profundas entre contrafuertes y un sencillo crucero al que, en un momento, se pensó en dotar de un cimborrio o linterna. A los pies y en alto un coro como si se tratase de una iglesia conventual. Una vasta sacristía, en la que se exponen desde 1945 una rica colección de pinturas y objetos de la reina Isabel, completa el conjunto.

No obstante, la capilla representa un eslabón fundamental en el curso del arte español pues allí se dieron la mano viejas tradiciones góticas de ascendencia flamenca con elementos renacentistas e italianizantes, lo borgoñón con lo florentino, Vigarny y Diego de Siloe, todo en una constante mezcla de color y materiales que dan buena medida de aquella fértil etapa donde un mundo periclita, el medieval, y otro amanece, el renacentista. Lo más notable del interior es el ámbito del crucero y la capilla mayor que forman una secuencia espacial única celosamente protegida por la excepcional reja que, a la vez que cierra, permite ver a través de sus delicados barrotes la magia regia y sacra que envuelve el túmulo de los Reyes Católicos. La reja se colocó en 1520 y sus tres órdenes o alturas de arquitectónica organización llevan motivos y capiteles platerescos, destacando la delicada forja de los barrotes así como las escenas altas en chapa recortada, repujada y pintada, con escenas de la Pasión y el martirio de los santos Juanes, nos hacen olvidar que es una obra en hierro. Su artífice no dudó en firmar la obra: *maestre Bartolomé me fecit*.

Tras la cálida y áurea transparencia de la reja, sin duda una de las mejores de todo el Renacimiento es-

202.
Sobria fachada occidental realizada según proyecto de Alonso Cano, autor también de las pinturas de la Capilla Mayor y de la célebre talla de la Virgen del Facistol, perteneciente al desaparecido coro. El proyecto de la fachada data de 1667, el mismo año de la muerte de Cano.

tamente con el suyo y en la misma sepoltura e en el mismo monasterio de S. Francisco de la Alhambra... hasta que la dicha capilla sea acabada".

La obra se terminó en 1517, como recuerda una larga inscripción que recorre la capilla a la altura del arranque de sus bóvedas, pero el traslado de los restos mortales de los Reyes Católicos a la cripta de la nueva capilla no se efectuaría hasta 1521. Este intervalo de tiempo se aprovechó para equilibrar la sencillez del edificio con la singular riqueza artística que encierra, pues Carlos V quiso hacer de ella el panteón dinástico llevando allí los restos de su padre Felipe el

pañol, se ve el blanco y frío mármol de Carrara que, en Génova, labró el escultor italiano Domenico di Alessandro Fancelli para dar forma al cenotafio de los Reyes Católicos. Encargado hacia 1514 y concebido como túmulo exento para colocar bajo el breve crucero de la capilla, se encontraba ya colocado en 1521. Es una obra magnífica en la que los cuerpos yacentes de los monarcas duermen sobre un elevado lecho mortuorio, cuyos frentes en talud se decoran con las más exquisitas galas del repertorio del Quattrocento italiano. Tondos y hornacinas con relieves de una de-

licadeza imponderable visten estos paños en cuyos ángulos aparecen unas prominentes bichas de fantástica imaginación. A los pies de los reyes una cartela sostenida por dos angelotes niños resumen su biografía: *Mahometice secte postratores et heretice pervicacie extintores Fernandus aragonum et Helisabetha Castelle vir et uxor unanimes Catholice apellati marmoreo clauduntur hoc tumulo.*

La obra de Fancelli tuvo gran repercusión en la escultura española de su tiempo siendo seguido por otros artistas españoles en obras análogas. La más in-

203.
Nave mayor desde los pies, ofreciendo la grandeza de la catedral ideada por Siloé pero mostrando una perspectiva inexistente en el proyecto original. El propio arquitecto concibió el coro en el centro de la nave, donde estuvo hasta su destrucción por el cardenal arzobispo Vicente Casanova (1929). En la imagen se ve el segundo crucero, que daba luz a esta parte de la catedral, en la que se desarrollaba la liturgia ordinaria.

mediata fue la del cenotafio que hoy vemos en la propia Capilla Real, el de Felipe el Hermoso y doña Juana la Loca, colocado en 1603, pero que Carlos V lo había encargado en 1519 a Bartolomé Ordóñez. Éste se había formado en Italia por lo que no le fue difícil seguir la pauta marcada por Fancelli si bien restó algo del preciosismo decorativo de éste en favor del nuevo espíritu que alentaba la escultura italiana contemporánea poderosamente renovada por Miguel Ángel. Algo de esto es lo que cabe observar en las figuras y medallones que cubren los frentes del túmulo sobre el que los yacentes muestran un rostro idealizado por el escultor. Ordóñez, que por entonces estaba terminando los relieves del trascoro de la catedral de Barcelona, tampoco pudo ver esta obra terminada puesto que murió en Carrara en 1520, corriendo la finalización y traslado a Granada a cargo de su taller (1539).

Ambas obras, ubicadas sobre la cripta de sencilla arquitectura, se encuentran a los pies del novedoso retablo de la capilla mayor pues es uno de los primeros que podemos llamar platerescos. Se encargó al escultor de origen francés Felipe Vigarny quien se comprometió a tenerlo terminado entre 1520 y 1522. La arquitectura de sus calles y cuerpos revela influencia italianizante y renacentista, mientras que de sus esculturas escapa la expresión dramática de tradición gótica borgoñona.

Al abandonar la Capilla Real lo haremos por su puerta principal que comunica con la catedral, en el lado norte, que muestra un preciosista repertorio formal de lo que llegó a ser el gótico isabelino, en esta ocasión con muchos recuerdos de ascendencia toledana que nos llevarían al propio Juan Guas. Además de la puerta situada a los pies que comunica hoy con el Sagrario de la catedral, más tarde se abrió una tercera puerta para facilitar el acceso a la capilla desde la calle, en el costado sur. Su autor fue Juan García de Praves (1527), si bien en el siglo XVIII sufrió algunos retoques, debiéndose las figuras de las hornacinas altas al escultor francés Nicolás de León.

Al mismo tiempo que Egas contrataba la construcción de la Capilla Real ya estaba trabajando en las trazas de la catedral y, como cabía esperar de quien era maestro mayor de la primada, hizo aquí una versión actualizada de la catedral de Toledo, con sus cinco naves, capillas entre contrafuertes y girola en redondo en la que alternan tramos triangulares y rectangulares. Este proyecto debió de encontrar muchos reparos y, muerto el rey Fernando, el cabildo todavía se preguntaba sobre la idoneidad de aquel modelo que de haberse realizado nos hubiera dejado hoy una catedral gótica como las que se hicieron en Salamanca y Segovia durante el siglo XVI. Es muy significativo el nombramiento circunstancial de Juan Gil de Hontañón para dirigir la obra cuando éste se encontraba al frente de los dos templos catedralicios citados. Finalmente el nombramiento definitivo recayó en Enrique Egas quien estuvo haciendo los preparativos previos sobre el terreno, incluyendo expropiaciones y derribos, hasta que se puso la primera piedra siendo arzobispo don Fernando de Rojas, el 25 de marzo de 1523. Sin embargo, cinco años más tarde se paralizaron las obras por no estar conforme el cabildo con los criterios de Egas que debían de parecer arcaizantes para las fechas en que se estaba construyendo.

Es entonces, en 1528, cuando se llama a Diego de Siloe, que se encontraba en la propia ciudad de Granada como visitador de la obra de la iglesia del monasterio de San Jerónimo, encargándole un modelo para la catedral. Éste lo hizo de acuerdo con lo visto y aprendido durante su estancia en Italia, imaginando un templo renacentista, "a lo romano" como entonces se decía, sobre la cimentación abierta ya por Egas que por su carácter, ritmo y proporción obedecía a una concepción tardogótica que condicionaba los futuros alzados. El cambio no satisfizo esta vez a Carlos V aunque sí al cabildo catedral, por lo que fue menester un viaje de Siloe a Toledo para mostrar y convencer al emperador de la modernidad de su modelo frente a lo periclitado de la idea de Egas. Mostrándose conforme Carlos V las obras pudieron reemprenderse inmediatamente de tal forma que en 1563, el año de la muerte de Diego de Siloe, no sólo se había replanteado el edificio por entero sino que, prácticamente, la gran cabecera de la catedral se hallaba terminada pudiendo dedicarse al culto desde 1561.

A Siloe le sucedió en la maestría su antiguo aparejador Juan de Maeda a quien el cabildo contrató en noviembre de 1563, contentándose aquél "con los doszientos ducados del salario y que, se menos se le diera, con menos se contentara". Maeda, buen conocedor del proyecto de Siloe, comenzó a levantar la torre a los pies pero su temprano fallecimiento (1567) abrió una importante crisis en la maestría de la catedral al no querer hacerse cargo de la obra su hijo Asensio de Maeda que trabajaba en Sevilla. La situación se intentó zanjar con un célebre concurso-oposición (1577) en el que participaron los arquitectos Francisco del Castillo, Lázaro de Velasco y Juan de Orea, cuyos memoriales y declaraciones son del máximo interés para la historia de la arquitectura española. Juan de Orea salió vencedor de aquel trance pero su maestría duró sólo dos años (1580-1581), haciéndose cargo de la obra hasta 1623 Ambrosio Vico que aparece, primero, como aparejador de la obra bajo visitas frecuentes de Asensio de Maeda que por entonces ya era maestro mayor de la catedral de Sevilla, y luego como maestro de la catedral de Granada.

Todas estas dificultades y la carencia de recursos para acometer la construcción dilató en exceso las obras por cuya dirección siguieron pasando nombres y maestros como Alonso Cano, Ardemans y Rodríguez Navajas, dándose concluidas las obras en 1704, siendo arzobispo don Martín de Ascargorta. Sin embargo, a pesar del tiempo transcurrido y de las sucesivas maestrías la catedral no perdió su fisonomía inicial, pudiéndose presentar como el primer templo catedralicio del Renacimiento español. Siloe, partiendo del pie forzado que suponía la planta gótica de Egas, consiguió transformar con éxito los alzados del templo, al tiempo que incorporaba temas de actualidad extrema en aquellos años como el de la capilla centralizada que hoy compone el imponente presbiterio. Efectivamente, en Granada conviven dos concepciones distintas dentro de la arquitectura de la catedral, pues mientras que el cuerpo de la iglesia con sus cinco naves responde a la tradicional disposición longitudinal de origen basilical, la cabecera tiende a convertirse en un elemento autónomo y centrípeto. Esta diferente concepción puede verse tanto en la planta como en los alzados, produciéndose en su encuentro un delicado problema que Siloe salvó con destreza y habilidad por medio de un arco de caras distintas que sirve de charnela para articular la nave principal con la capilla mayor.

Otra de las novedades del proyecto de Siloe fue la solución dada a los esbeltos pilares que separan las naves, abandonando los antiguos y góticos apoyos fasciculares por un bien dibujado orden corintio sobre fustes acanalados que tendría muchos seguidores en las catedrales renacentistas y barrocas de Andalucía hasta llegar a la catedral de Cádiz.

La capilla mayor, de original concepción rotonda sin precedentes en otros templos catedralicios y que bien pudo concebirse como capilla funeraria del emperador, cuenta con dos órdenes superpuestos de columnas corintias, llevando en lo alto una solución cupuliforme poco definida que no se trasdosa al exterior. La arquitectura de sus alzados se convierten a la vez en marco espléndido de las pinturas que alberga, desde las debidas a Bocanegra y Sevilla, sobre los balconcillos pensados en su origen como sepulturas reales, hasta la excelente colección alta pintada entre 1652 y 1664 por Alonso Cano, que fue racionero de la catedral. En la altura considerable de la capilla mayor que alcanza los cuarenta y cinco metros, aún queda espacio para abrir un doble cuerpo de luces que contribuyen también a matizar como distinto este ámbito del resto de la catedral. Para aquellos huecos se encargaron veinticuatro vidrieras a Dirk Vellert, conocido en España como Teodoro de Holanda, y a Juan del Campo, quienes pintaron entre 1554 y 1561 escenas de la Pasión y diversos pasajes evangélicos relativos a la historia de la Salvación.

Ya se comentó en la primera parte de este libro las vicisitudes que conoció el coro hoy desaparecido y del que sólo restan sitiales aislados así como el extraordinario trascoro con el que se compuso el actual retablo de la capilla de la Virgen de las Angustias, en el lado del evangelio, de ricos mármoles y obra excelente (1737-1741). Pero hay algo que no puede pasarse por alto en relación con la arquitectura general de la catedral y que pasa absolutamente inadvertido para todos. Al haberse eliminado el coro de la nave central, dando lugar a un espacio sin referencias, dejando suspendidos y sin relación alguna los dos órganos que sobre una de las dos mitades del destruido coro acompañaban sus voces, etcétera, resulta muy difícil de entender el doble crucero sobre la nave mayor. Es decir, esta catedral del siglo XVI, que recoge la experiencia acumulada en la definición de lo que entendemos como "modo español", dio un paso más y su arquitecto, Diego de Siloe, concibió el templo con un crucero principal y otro secundario, proporcionando así luz independiente a los dos ámbitos diferentes del templo, el de la liturgia solemne y el del culto ordinario. El primero va de lado a lado de la catedral y enlaza la cabecera con los primeros tramos de la nave central en la que se encontraba el coro. Es una de las dos partes de la catedral, la correspondiente a la liturgia solemne, pues la segunda, la del culto ordinario viene a continuación del trascoro con su correspondiente altar y es precisamente sobre éste donde se alza un segundo crucero –para aumentar la luz– que sólo "cruza" las dos naves inmediatas en lugar de correr sobre las cinco como hace el crucero principal. Las cubiertas de la catedral traducen las escondidas intenciones de la planta.

Nada se ha dicho del exterior de la catedral que, además de otros accesos menores, cuenta con la gran portada del crucero llamada del Perdón, cuyo nombre y sentido no debe faltar en un templo catedralicio con ejemplos varios desde Toledo hasta México, proyectada y dirigida, casi en su totalidad, por Diego de Siloe (1536) y terminada por Ambrosio de Vico (1610). Una inscripción sobre este verdadero arco de triunfo recuerda cómo la Fe y la Justicia –representadas en sendos relieves– fueron restituidas por los Reyes Católicos tras la toma de Granada, siendo su primer prelado fray Hernando de Talavera. Finalmente, la fachada principal a los pies fue proyectada por el arquitecto, pintor y escultor, Alonso Cano. Éste estaba trabajando en ella en 1667 y su imagen se aparta de Siloe con atrevida valentía y regular éxito A un lado de la fachada crecen los tres únicos cuerpos que se llegaron a hacer de la torre, mientras que en el lado contrario, a la derecha, asoma la fachada del Sagrario que después del Concilio de Trento viene acompañando a las catedrales españolas como capilla independiente. También, desde Toledo a México.

204.

Primera nave colateral del lado del Evangelio, mirando hacia los pies. El cortavientos en madera oculta la puerta que, con los dos óculos altos, se abre en la fachada occidental.

En las páginas siguientes:

205.

"Que llamó a todos los capitulares para tratar de la continuación de la obra desta sancta Iglesia hasta cubrir el crucero y hazer el choro en el lugar que está trazado en la dicha Iglesia y cubrir las naves donde ha de estar dicho coro..." (Actas Capitulares, VII, fol. 59: 30 de enero de 1582).

206.

Del coro destruido permanecen dos órganos gemelos que han perdido toda razón de ser como parte integrante de aquél. Su espectacular caja barroca es testimonio de la belleza de estos monumentales instrumentos debidos al organero Leonardo Fernández Dávila, quien los construyó entre 1744 y 1749. Su importancia dentro de la organería ibérica es capital.

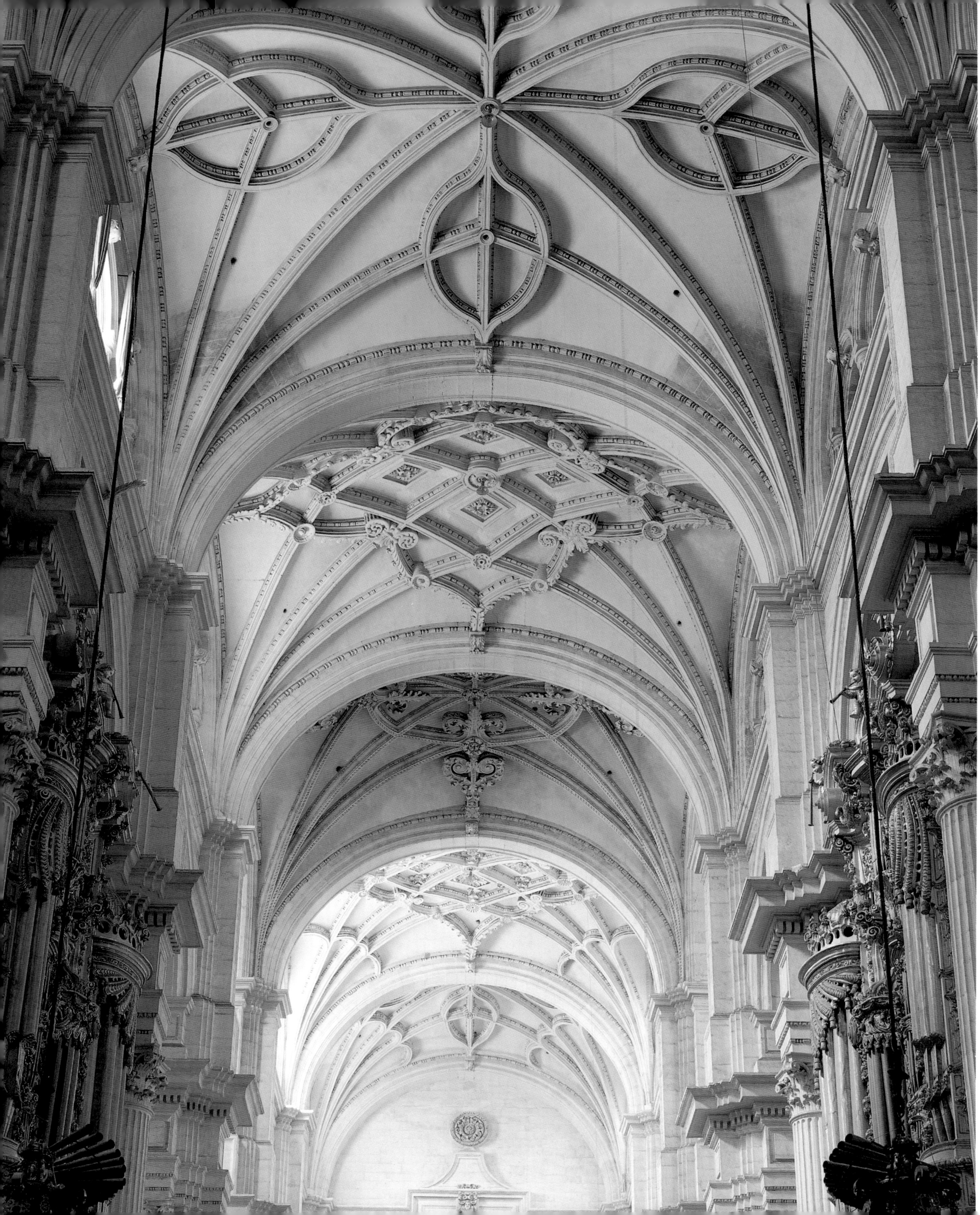

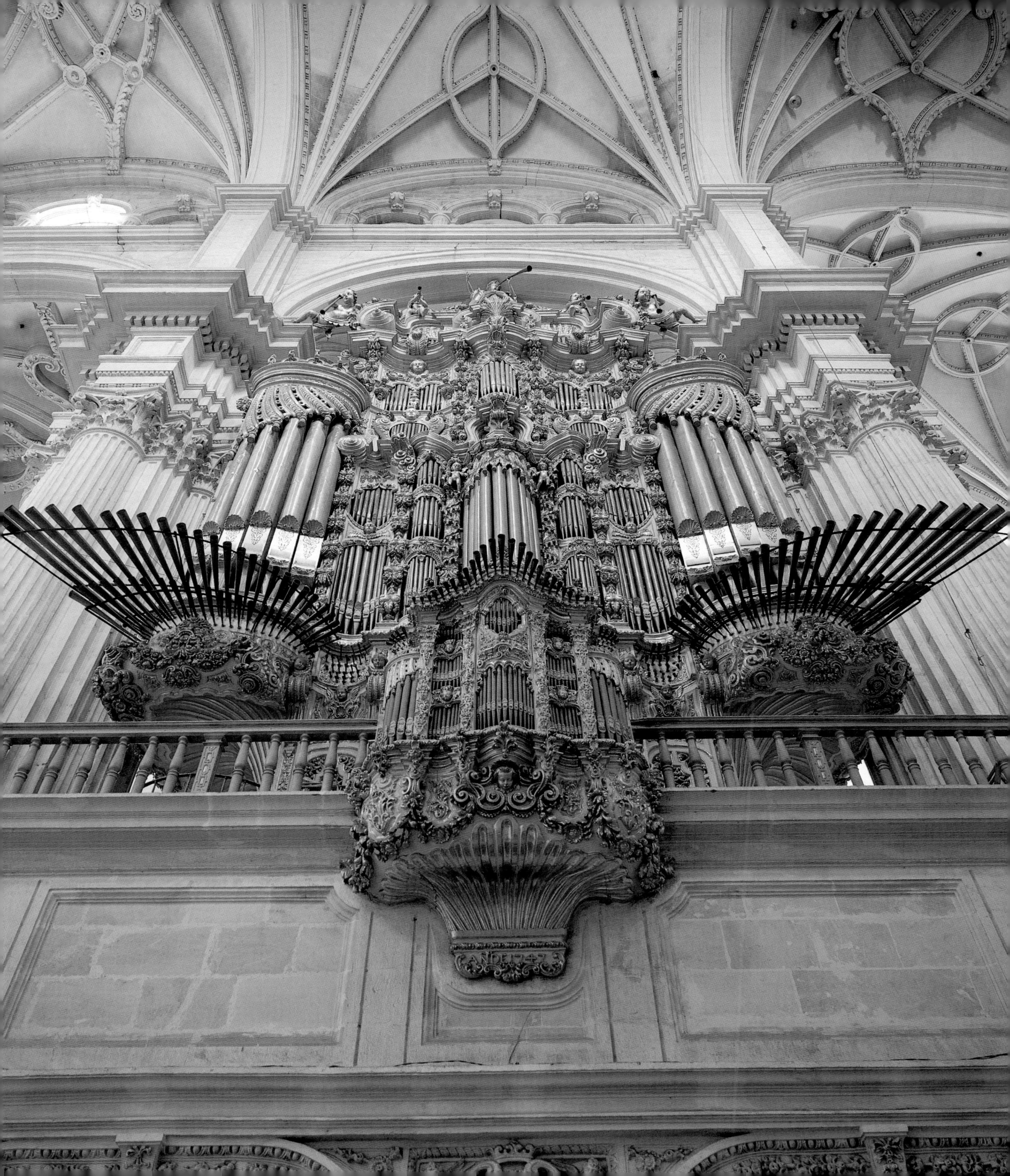
AÑO DE 1747

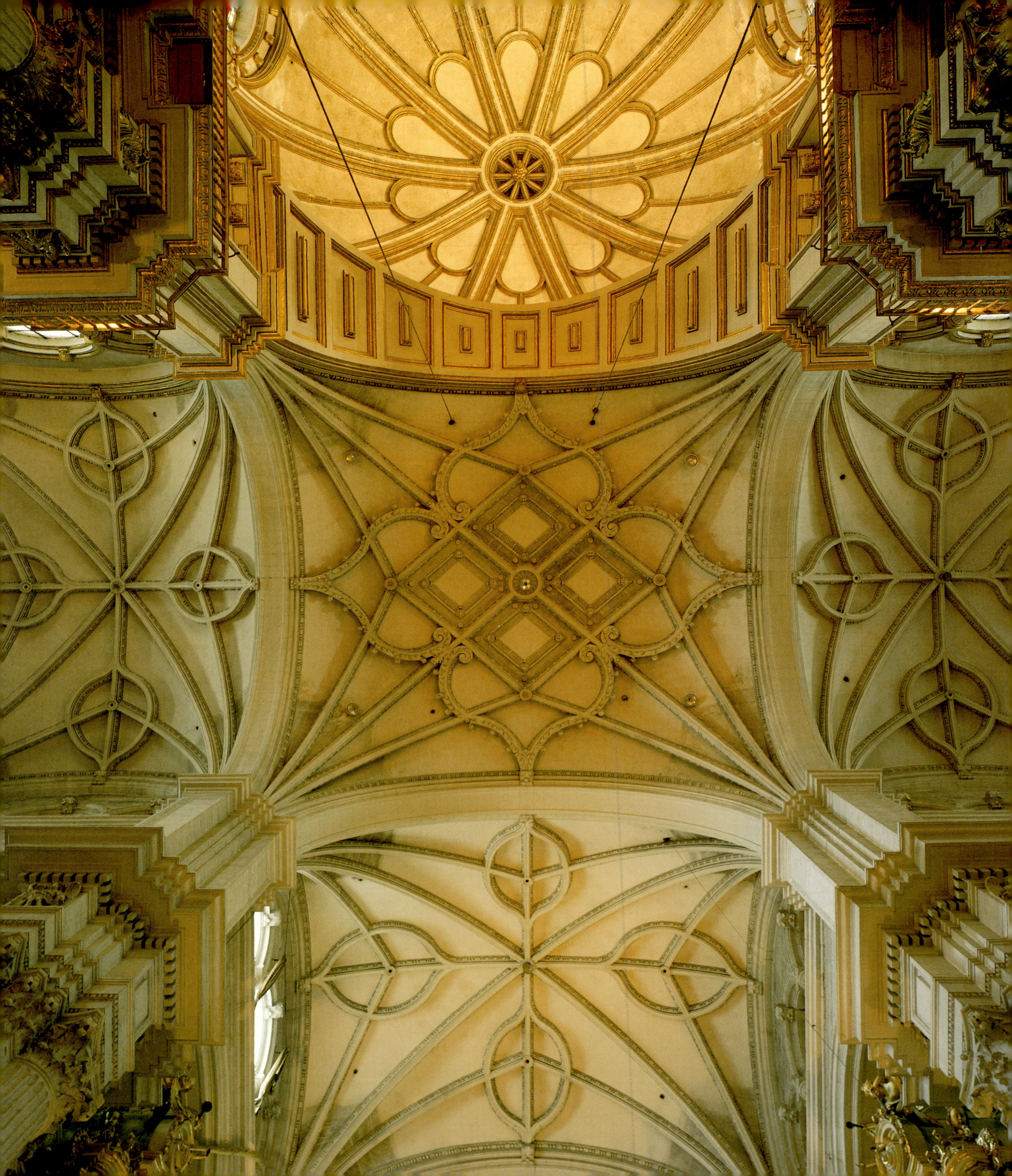

207.
Bóvedas del crucero y capilla mayor. No deja de sorprender el goticismo de su diseño que no se quiso o no se supo templar, sobre todo cuando Diego de Siloé tanto empeño había puesto en dar un aspecto romano a la fábrica de la catedral, según se ve con acierto en los pilares de las naves.

208.
Bóveda de la capilla mayor, probablemente concebida como capilla funeraria del emperador Carlos V. Entre 1652 y 1664 Alonso Cano, que fue racionero de la catedral, pintó la serie de lienzos que forma el anillo bajo las vidrieras. Éstas fueron obra de los vidrieros Dirk Vellert, conocido en España como Teodoro de Holanda, y Juan del Campo, quienes pintaron entre 1554 y 1561 escenas de la Pasión y diversos pasajes evangélicos relativos a la historia de la Salvación.

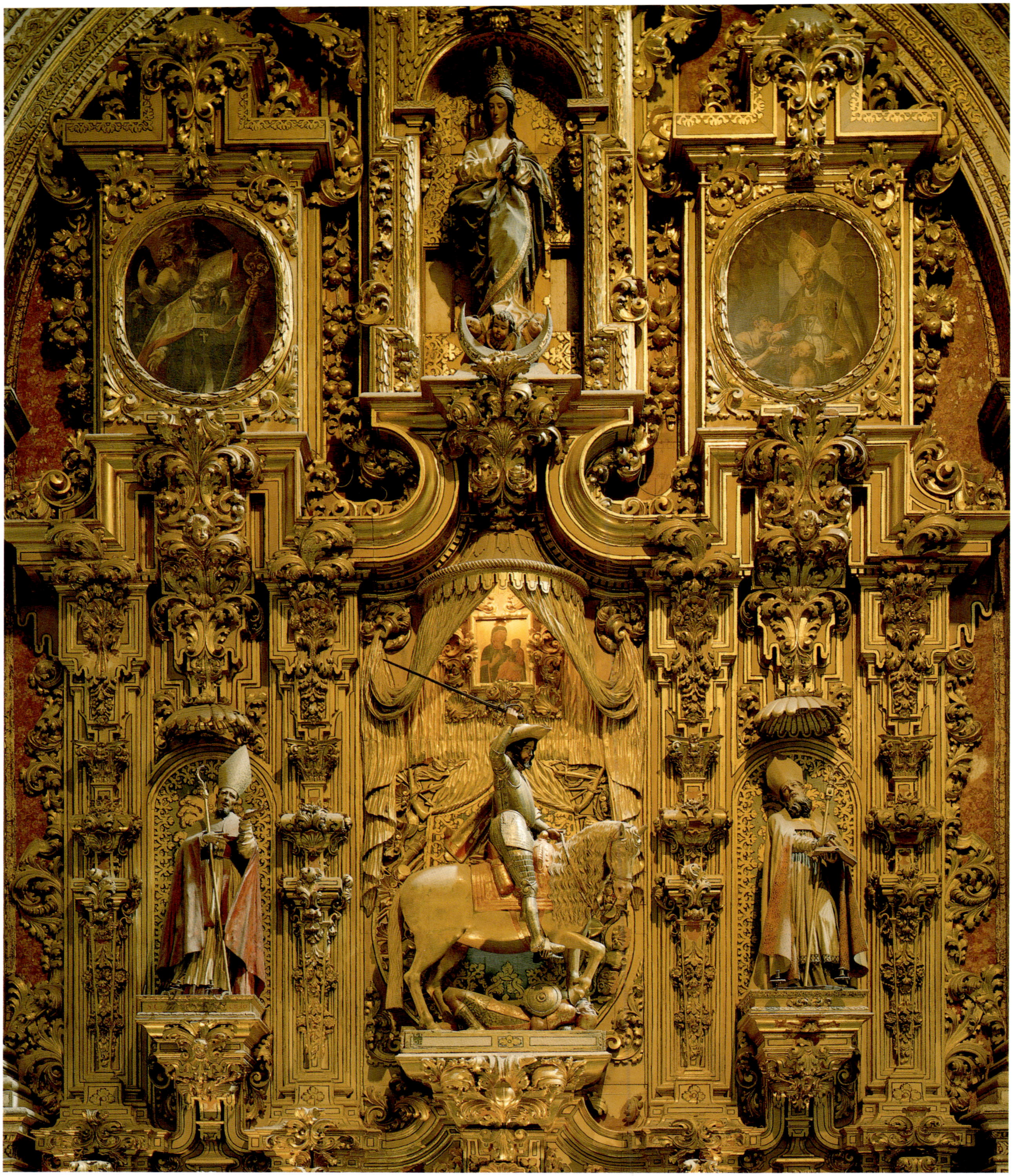

209.
Retablo de Santiago matamoros en el lado de la Epístola, junto a la portada de la Capilla Real. La escultura, obra de Alonso de Mena (hacia 1640), se colocó en el retablo que proyectó el arquitecto Hurtado Izquierdo (1707). Su organización responde a un criterio personal, en el que destaca la utilización de estípites. La imagen de la Inmaculada y las pinturas son obra de José Risueño.

210.
Del coro eliminado en 1929 subsisten algunos sitiales aislados y el excelente trascoro con el que se compuso el actual retablo de la capilla de Nuestra Señora de las Angustias, en el lado del Evangelio, junto a la puerta del Perdón. Ejecutado en ricos mármoles, es obra excelente del arquitecto José de Bada (1737-1741). Las esculturas de la Virgen de las Angustias y de los santos obispos se deben a Vera Moreno.

211.
Capilla Real de Granada: "Item, mando que si la Capilla real que yo e mandado facer en la Iglesia Catedral de Santa María de la O de la cibdad de granada, no estubiere fecha al tiempo de mi fallescimiento, mando que se faga de mis bienes o lo que dello estoviere por acavar, según lo tengo yo ordenado e mandado" (Del testamento de Isabel la Católica, 1504).

212.
Detalle de la reja de la Capilla Real que cierra la zona de los bultos funerarios ante el presbiterio. La reja, rematada por el escudo de los Reyes Católicos, se debe al maestro Bartolomé, de Jaén (1518-1520).

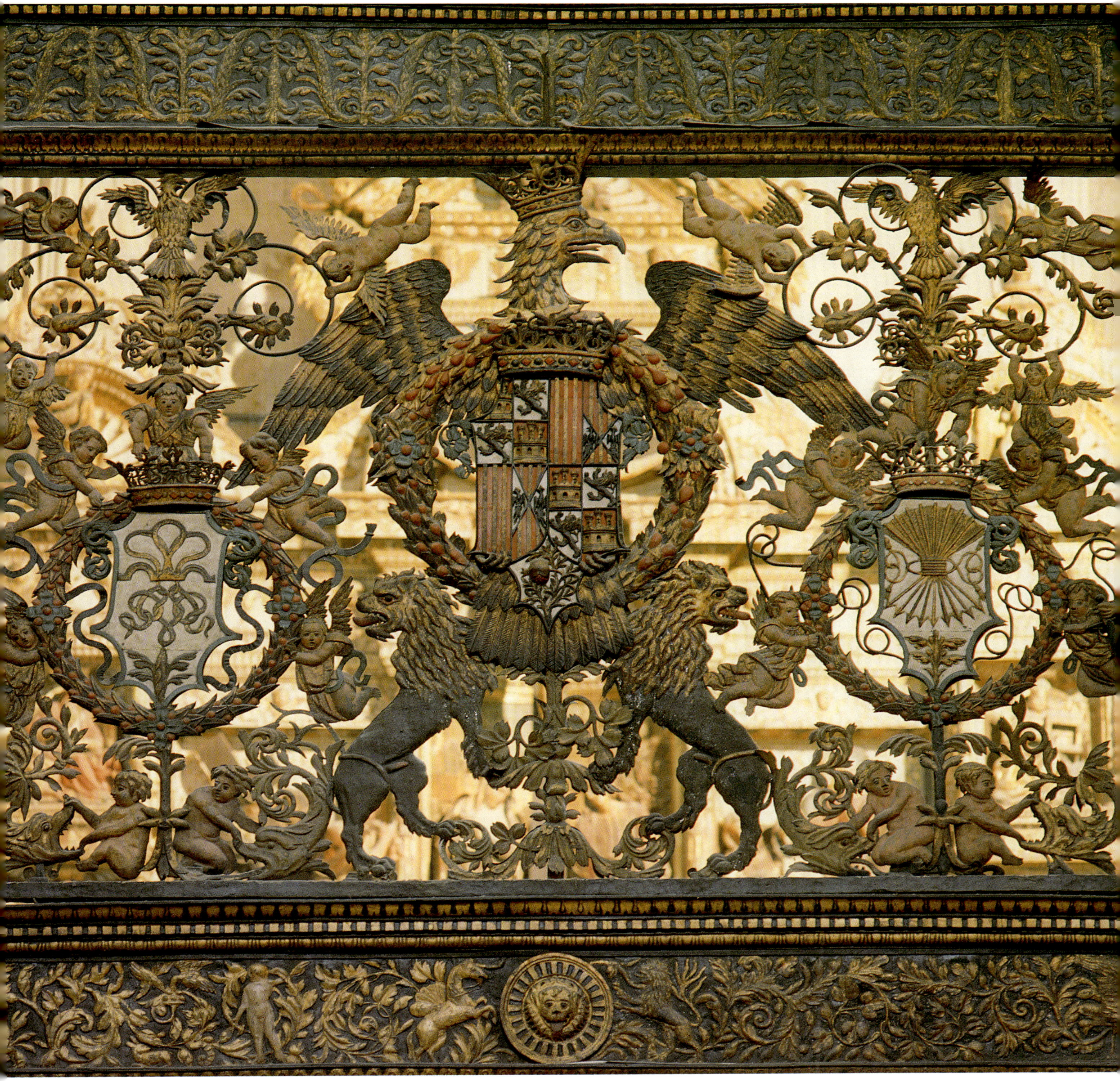

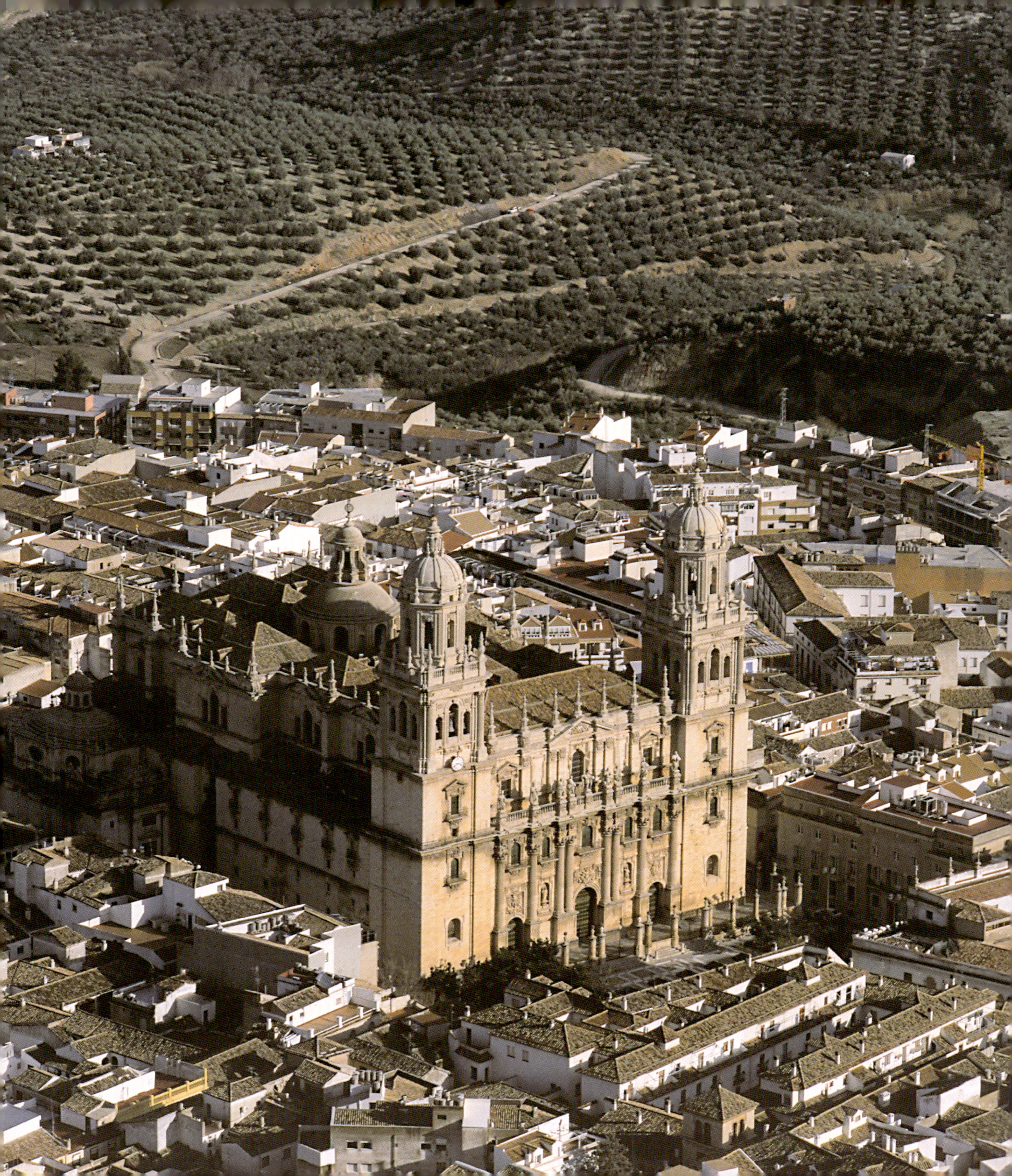

Jaén, una Catedral Modélica

Andalucía ofrece una y otra vez la secuencia de mezquita-catedral y es que según fue avanzando la Reconquista lo más económico y rápido era aprovechar la construcción de la mezquita aljama para el culto cristiano. Así se ha comprobado en casos anteriores y así sucedió en Jaén, hasta que un obispo pudo unir su nombre a un nuevo y ambicioso proyecto. En efecto, la antigua mezquita de Jaén sirvió durante algún tiempo de catedral hasta que en la segunda mitad del siglo XIV el obispo Nicolás de Biedma (1368-1382), aquel que trajo de Roma el Santo Rostro, decidió demoler lo que existía e iniciar un nuevo templo que, sin embargo y como muy bien apunta Chueca, debía conservar muchos rasgos e incluso elementos de la desaparecida mezquita, "a modo de mezquita aunque no lo fuese", decía Gómez Moreno. Aquel edificio contaba con cinco naves, separadas por pilares de planta rectangular y cubiertas de madera. La luz, siempre escasa, entraba por una cupulilla a modo de cimborrio ochavado cuya fábrica era de yeso. Asimismo, la capilla mayor era de cabecera recta como en la anterior mezquita, rasgo que se conservaría en las posteriores ampliaciones y reformas. Entre aquéllas hay que mencionar la iniciada por Luis Osorio en 1492, completada después por Alonso Suárez, que estuvo al frente de la diócesis de 1500 a 1520. Se conocen algunos nombres de los maestros que participaron en esta catedral, gestada en torno al cambio de siglo, como el de Pedro López, que estuvo al frente de las obras al menos desde 1494. En el crítico año de 1500 visitó la catedral Enrique Egas, maestro mayor de la catedral de Toledo, para proceder a su tasación, así como para "echar la cinta de la moldura" que puede coincidir con la que ciñe exteriormente el testero y que es el único testigo que ha llegado hasta nosotros de esta etapa de la catedral. Entre 1509 y 1510 se levantó la capilla mayor y diez años más tarde se terminó el crucero de la catedral. Sin embargo, la obra debía de ofrecer algún peligro porque en 1523 acudieron una serie de canteros a Jaén para dar su parecer, y dos años más tarde, tras el hundimiento de su cimborrio, fue necesaria una nueva junta de canteros que opinaron que se debía derribar todo lo construido hasta entonces. Con el edificio desaparecieron retablos, pinturas, rejas y demás mobiliario litúrgico, del que sólo ha llegado hasta nuestros días el coro, algo reformado, del que se hablará más adelante. No obstante, aquel derribo no se ejecutó hasta comienzos del siglo XVII, una vez puesto en marcha el nuevo y definitivo proyecto, lento en su ejecución, y debido al gran arquitecto Andrés de Vandelvira.

Despejada la incertidumbre sobre el orden de construcción de la nueva catedral renacentista, esto es, si comenzarla por la cabecera o por los pies, pesó más aquélla y a partir de 1555 se iniciaron las obras con gran actividad. Andrés de Vandelvira comenzó la obra por la sacristía y sala capitular, sobre una magnífica pieza abovedada, siendo ésta la primera vez que el proyecto de la catedral contemplaba como parte del mismo estas dos dependencias absolutamente fundamentales para el culto y la vida del cabildo y que, sin embargo, históricamente obedecían a proyectos y etapas diferentes. Poco más pudo hacer Vandelvira que murió en 1575, dejando ultimado el proyecto que ahora correría a cargo de Alonso Barba, su antiguo aparejador en la obra.

Fue necesario esperar al cardenal don Baltasar de Moscoso y Sandoval, electo obispo de Jaén en 1618 y futuro arzobispo de Toledo en 1646, para demoler aquella extraña arquitectura entre gótica, mudéjar y renacentista, para dar paso a la idea más coherente del proyecto de Vandelvira. En 1634 fueron derribados la capilla mayor y el crucero, replanteando la cabecera que hoy vemos, con su terminación recta, y por lo tanto obligando al mismo desarrollo a la girola por detrás de un presbiterio abierto (1635-1637). Todo esto supone novedad absoluta sobre anteriores experiencias y rebasa lo hecho en Sevilla. Poco después se hicieron las capillas del lado del evangelio (1642) siguiendo las que Vandelvira había ejecutado años atrás en el lado de la epístola. Cuando se hubo llegado al crucero se cerró y cubrió esta parte del templo (1660) en la que intervinieron los arquitectos Juan de Aranda y, en menor grado, Pedro del Portillo.

En 1667, a los siete años de la consagración de la cabecera, fue nombrado maestro mayor Eufrasio López de Rojas, quien hacía poco había sido elegido para el mismo cargo en la catedral de Granada. Se trasladó a Jaén para terminar lo mucho que aún faltaba en la catedral, donde no sólo debía continuar el proyecto de Vandelvira, sino que tenía que proyectar la fachada principal, todo lo cual ejecutó antes de su muerte, en 1684. Otros arquitectos como Blas Antonio Delgado, Miguel Quesada y José Gallego remataron las bóvedas aún por cerrar y darían los últimos toques a las torres de la fachada.

214.
Nave central con el coro en primer término ocupando dos de sus tramos.

213.
La catedral de Jaén, proyectada por Andrés de Vandelvira, vista desde el castillo de Santa Catalina. El templo se alza sobre la antigua mezquita mayor de la ciudad. Al fondo, ordenadas hileras de olivos.

La planta del templo es un rectángulo dividido en tres naves, con capillas tanto laterales como en la cabecera. Novedad también es que la nave de crucero separa el presbiterio del coro, alzándose en la intersección con la nave mayor una cúpula sobre tambor, cuya clave está a una altura de cincuenta metros, que no debió de estar en el proyecto de Vandelvira y que se debe a la personal intervención de Aranda. Se ha dicho repetidas veces, y con razón, que Jaén está vinculada en su génesis a la experiencia de Siloe en la catedral de Granada, pero no es menos cierto que Vandelvira alcanzó en Jaén un feliz equilibrio en la planta, en el alzado y en todos los elementos que aisladamente los configuran que no posee Granada. Ello puede medirse de forma inmediata en los grandes soportes de las bóvedas baídas, tan afines a la arquitectura andaluza del siglo XVI, que han eliminado sobre el entablamento aquel añadido que Siloe se vio precisado a incluir para escalonar las naves. Esto no fue necesario en Jaén, ya que sus tres naves y la de crucero son prácticamente de igual altura, exceptuando la cúpula, de tal manera que la luz que entra por el muro perimetral del templo llega sin dificultad a la nave mayor.

De las portadas del crucero, la del mediodía se debe a Vandelvira, mientras que la del norte es de Aranda (1641), la primera con superposición de órdenes, dórico-romano y jónico, y la segunda de un único orden corintio. Más compleja resulta la fachada principal a los pies, de López de Rojas, en la que se mezclan elementos procedentes del siglo XVI con otros propios de la segunda mitad del XVII. Así, las torres son de clara estirpe renacentista y probablemente muy vinculadas a lo que pudo proyectar Vandelvira, exceptuando el último cuerpo. Pero por otra parte el gran paño central de la fachada deja ver un criterio muy diferente, lo cual queda confirmado por el acuerdo del cabildo cuando, el 12 de febrero de 1669, dice que "habiendo visto la traza antigua de la fachada de la iglesia que mira a la plaza y la nueva que ha hecho Eufrasio López, eligieron la traza que se ha hecho de nuevo y mandaron se ejecute con las advertencias que se ponen sobre ellas". Tanto el ritmo de sus columnas corintias como el gran cornisamento y el cuerpo ático con el acompañamiento escultórico responden a la sensibilidad de Rojas que se aparta ligeramente en esto de Vandelvira, inspirándose, quizás, en modelos romanos.

La sacristía y la Sala Capitular representan uno de los logros más acabados y originales del Renacimiento español. Estas dos dependencias, por donde comenzó la construcción de la catedral, tienen como *pendant* en el lado del evangelio, el Sagrario proyectado en 1761 por Ventura Rodríguez. No obstante, hasta 1764 no fue nombrado Francisco Calvo para dirigir la obra, siguiéndole Manuel Godoy y Domingo Lois Monteagudo. A su vez, a Ventura Rodríguez le sucedió su sobrino, Manuel Martín Rodríguez, hasta que las obras finalizaron el 22 de marzo de 1801. Durante todo este tiempo se fueron alterando muchos elementos del proyecto inicial, si bien lo sustancial permanece: la planta oval, el orden único de columnas corintias, la bóveda con su linterna, el coro y demás balconcillos que le dan cierto aire de capilla palatina, todo ello dentro de un lenguaje barroco romano con incipientes atisbos clasicistas. La presen-

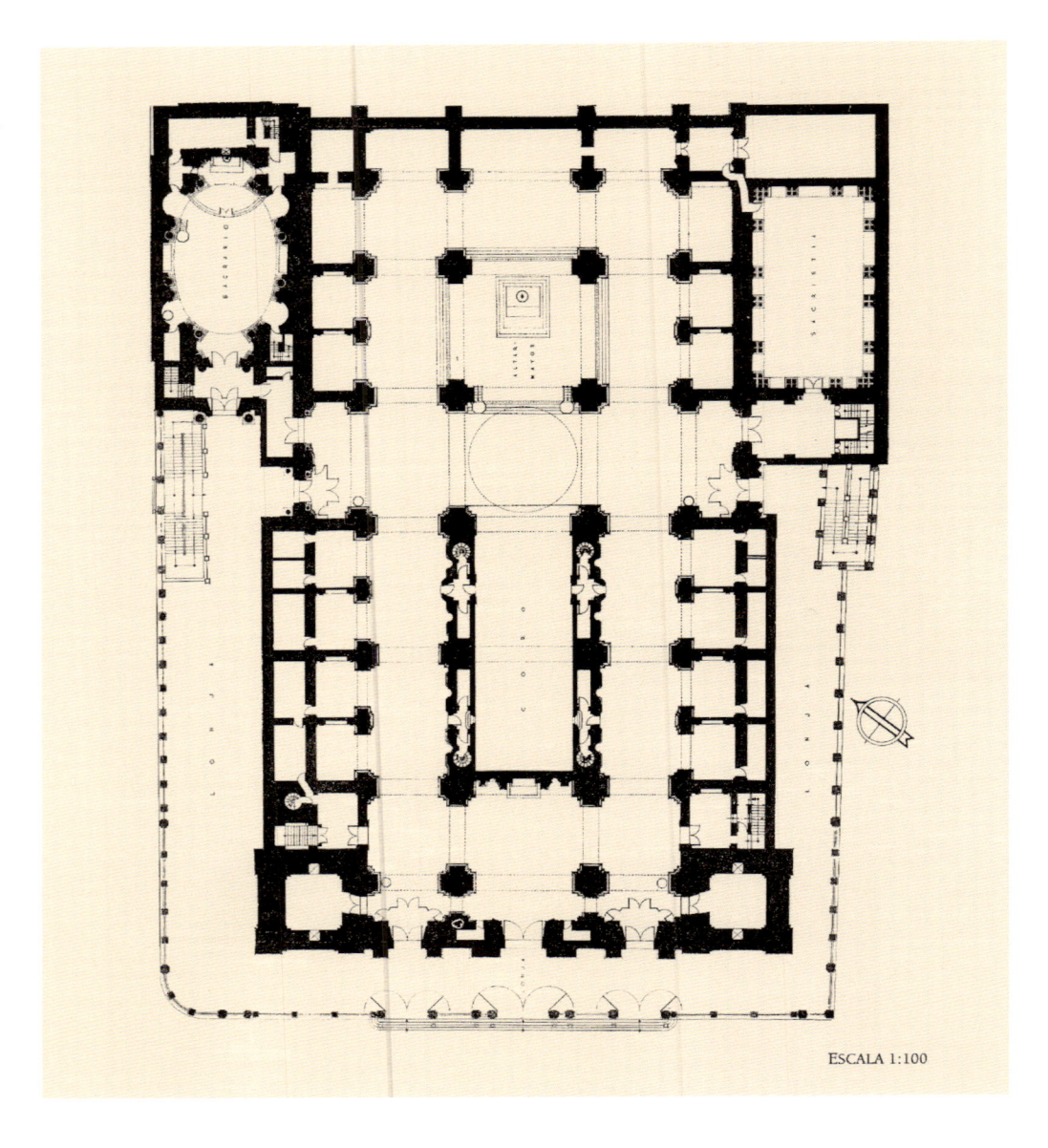

215.
Planta de la catedral del siglo XVI, con la sala capitular y la sacristía, a la derecha, y la capilla del Sagrario, proyectada por Ventura Rodríguez en el siglo XVIII, a la izquierda. Obsérvese el testero plano y la perfecta correspondencia entre forma arquitectónica y ordenación litúrgica. El presbiterio exento y el coro en la nave central dejan libre el recorrido procesional por el perímetro del templo. (Planta de Fernando Chueca.)

216.
En 1667, a los siete años de la consagración de la cabecera, fue nombrado maestro mayor Eufrasio López de Rojas, quien hacía poco había sido elegido para el mismo cargo en la catedral de Granada. Se trasladó a Jaén para terminar lo mucho que aún faltaba realizar en la catedral, donde no sólo debía continuar el proyecto de Vandelvira sino proyectar la fachada principal, lo cual hizo antes de su muerte (1684).

En las páginas siguientes:
217.
La sillería del coro actual responde a la ampliación del primer coro renacentista que en su día tuvo la derribada catedral, anterior al proyecto de Vandelvira. Se sabe que en 1519 maestre Gutiérrez Alemán y Juan López de Velasco hicieron una serie de sitiales, a cuya tarea se sumaría en los años siguientes Jerónimo Quijano hasta su finalización hacia 1527. En el siglo XVIII se aumentó el número de asientos hasta sumar cincuenta y tres sillas bajas y sesenta y nueve altas, incluyendo el nuevo facistol y el trascoro bajo la dirección del arquitecto José Gallego.

218.
El proyecto de Vandelvira, inspirado en sus alzados interiores en el de Diego de Siloé para la catedral de Granada, ofrece una imagen verdaderamente renaciente de su arquitectura, con pilares y entablamentos de perfil clásico que apean bóvedas baídas de piedra en sus tres naves de análoga altura. Ello obligó a iluminar el templo desde el muro perimetral, proporcionando a su interior una luz equilibrada.

cia de los Rodríguez, tío y sobrino, no se ciñó a la obra del Sagrario sino que proyectaron e informaron sobre cuanto faltaba a la catedral para su conclusión, no tanto en lo referente a la arquitectura como a su aderezo.

La sillería del coro, situada en la nave central, es ampliación del primer coro renacentista que en su día tuvo la derribada catedral anterior al proyecto de Vandelvira. Se conservan datos que remontan a 1519, cuando maestre Gutiérrez Alemán y Juan López de Velasco hicieron una serie de sitiales para el coro, a cuya tarea se sumaría en los años siguientes Jerónimo Quijano, hasta su finalización hacia 1527. Este coro renacentista, que además de los estalos para canónigos y prebendados contó también con unos inusuales "asientos de caballeros", conoció el aumento de asientos a tenor del crecimiento del cabildo catedralicio en el siglo XVII y del mayor tamaño del nuevo templo, mezclándose así elementos renacentistas con otros barrocos no fáciles de distinguir a primera vista, como afirmaba Gómez Moreno. A la serie de relieves sobre los respaldos de las sillerías baja y alta, hay que sumar aquí los relieves del friso que corona bajo una cresteria todo el coro, y que ofrecen un conjunto iconográfico de primer orden, con escenas bíblicas y del martirologio cristiano. El resultado final de la catedral de Jaén, donde el coro se retiró al máximo para dar la mayor cabida posible a los fieles entre la sillería y el presbiterio, resulta verdaderamente ejemplar por su funcionalidad, pues quedan expeditas para el desarrollo procesional las naves laterales unidas por la girola y la breve nave del trascoro.

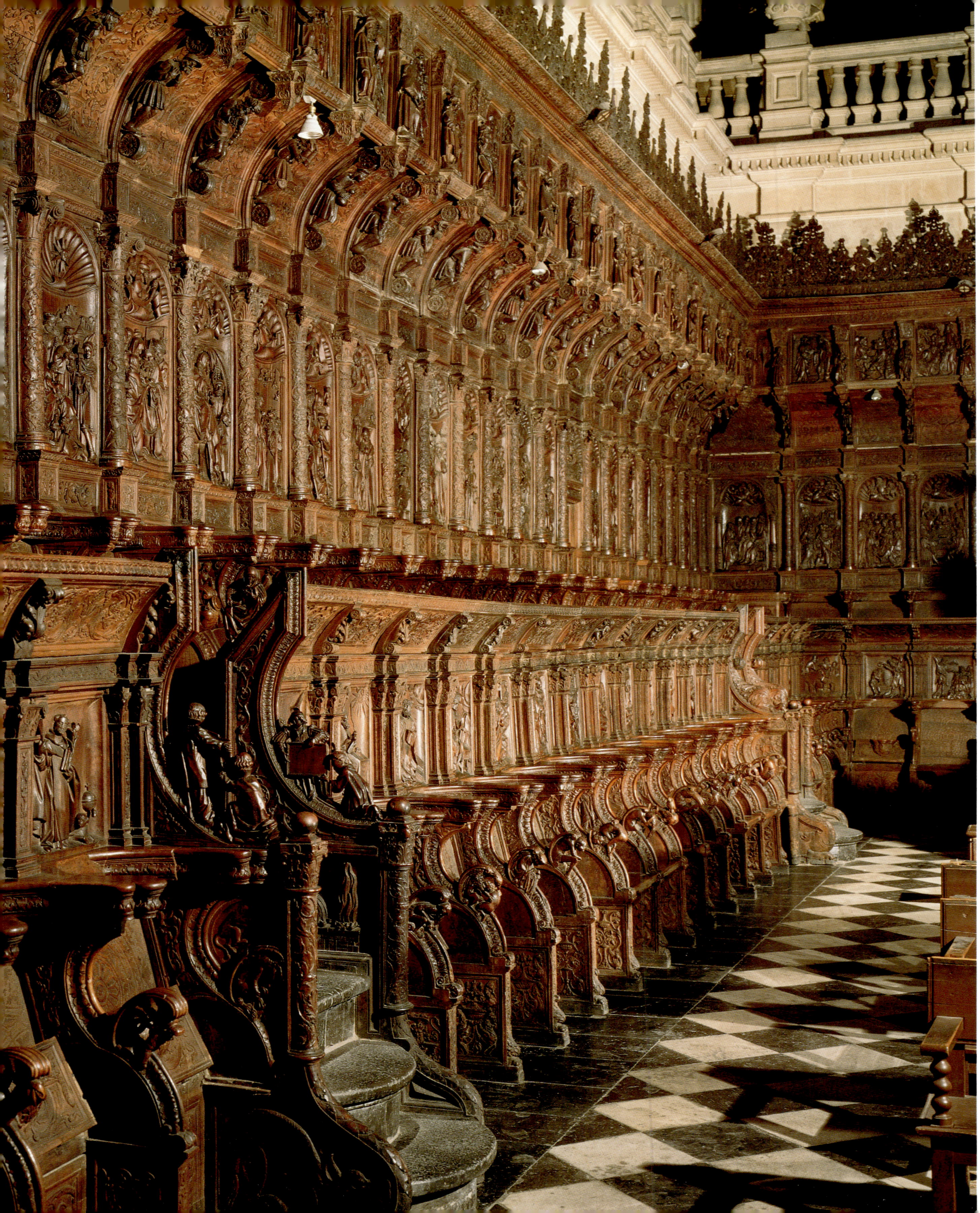

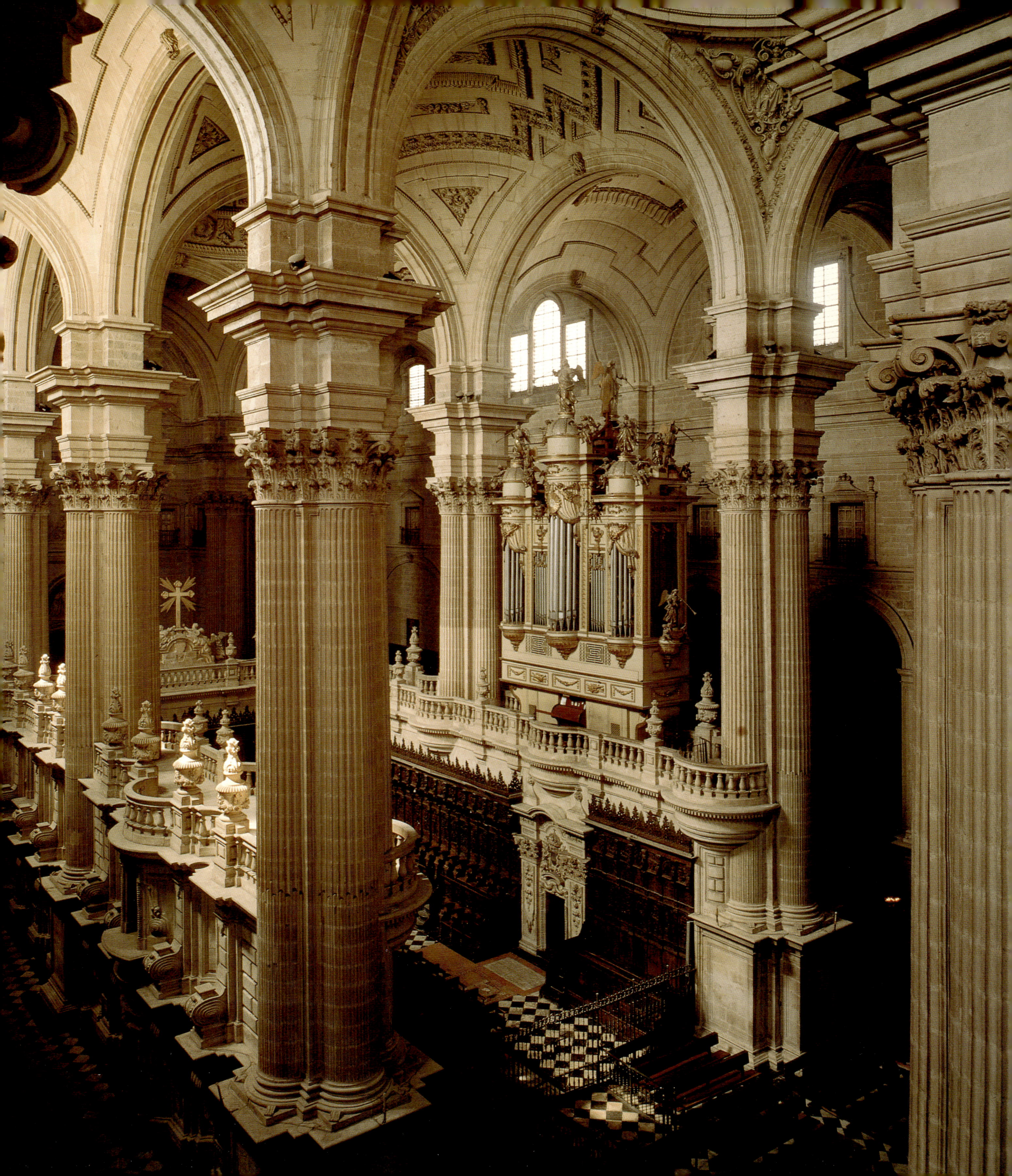

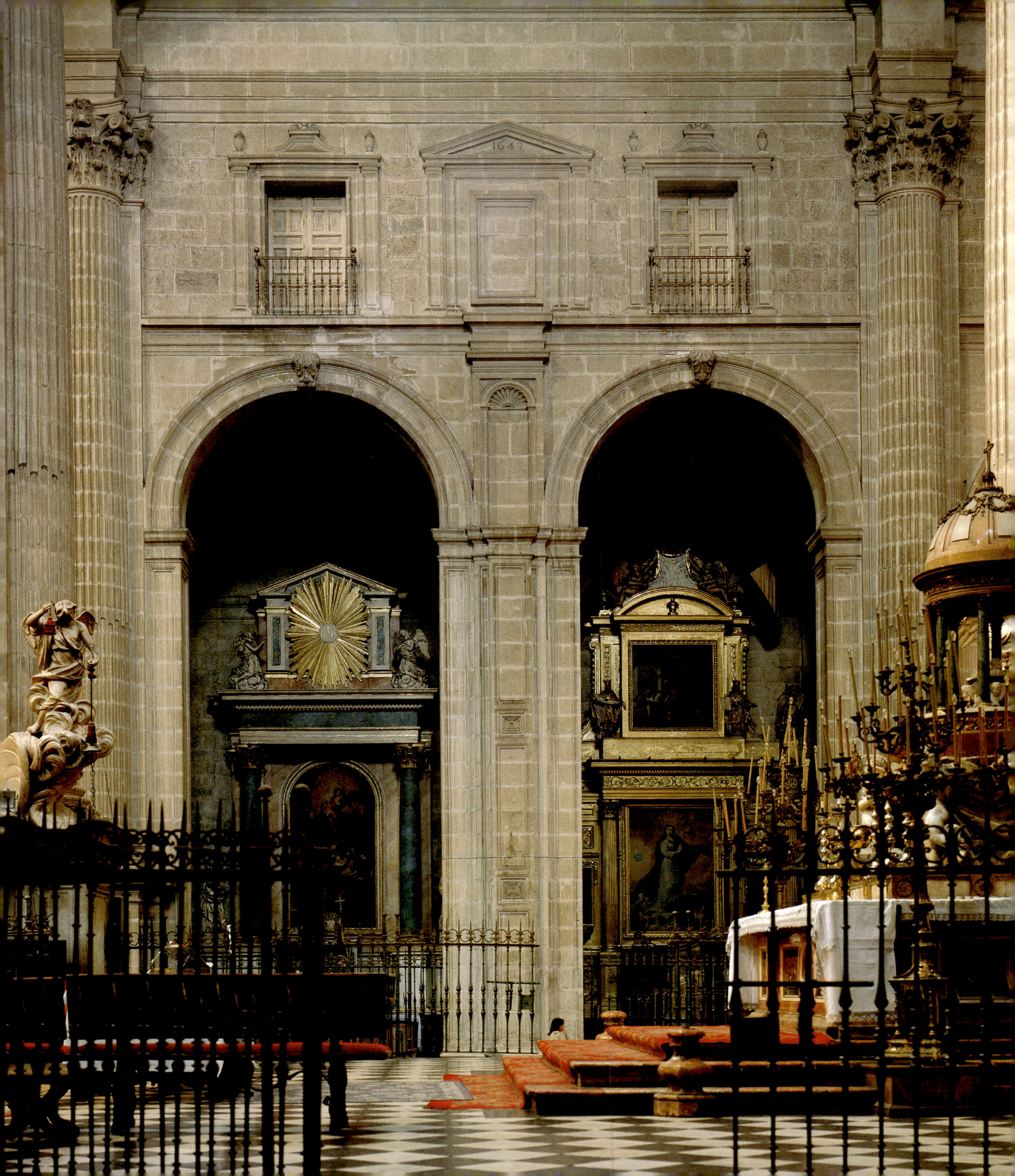
1643

219.
Presbiterio exento con el altar mayor rematado por un tabernáculo neoclásico de fines del siglo XVIII proyectado por el arquitecto y académico Pedro Arnal. A cada tramo de las naves corresponden en el muro perimetral dos capillas, la del Niño Jesús a la izquierda y la de la Inmaculada a la derecha. Sobre los arcos, sendos balcones recorren toda la catedral por encima de las capillas y corresponden a diferentes estancias que custodian las dependencias del archivo y biblioteca, entre otras.

220.
En la capilla central del testero, la principal de la catedral, recibe culto su reliquia más importante: la Santa Faz o el Santo Rostro. Una vieja tradición que se remonta al siglo XIII tenía esta imagen como la verdadera impronta del rostro de Cristo recogida por el paño de la Verónica, sin mediar pintura alguna. El rostro recuerda a los iconos bizantinos de finales de la Edad Media y se inscribe en un rico marco de plata cordobés con piedras preciosas que hizo el maestro Valderrama en 1731.

247

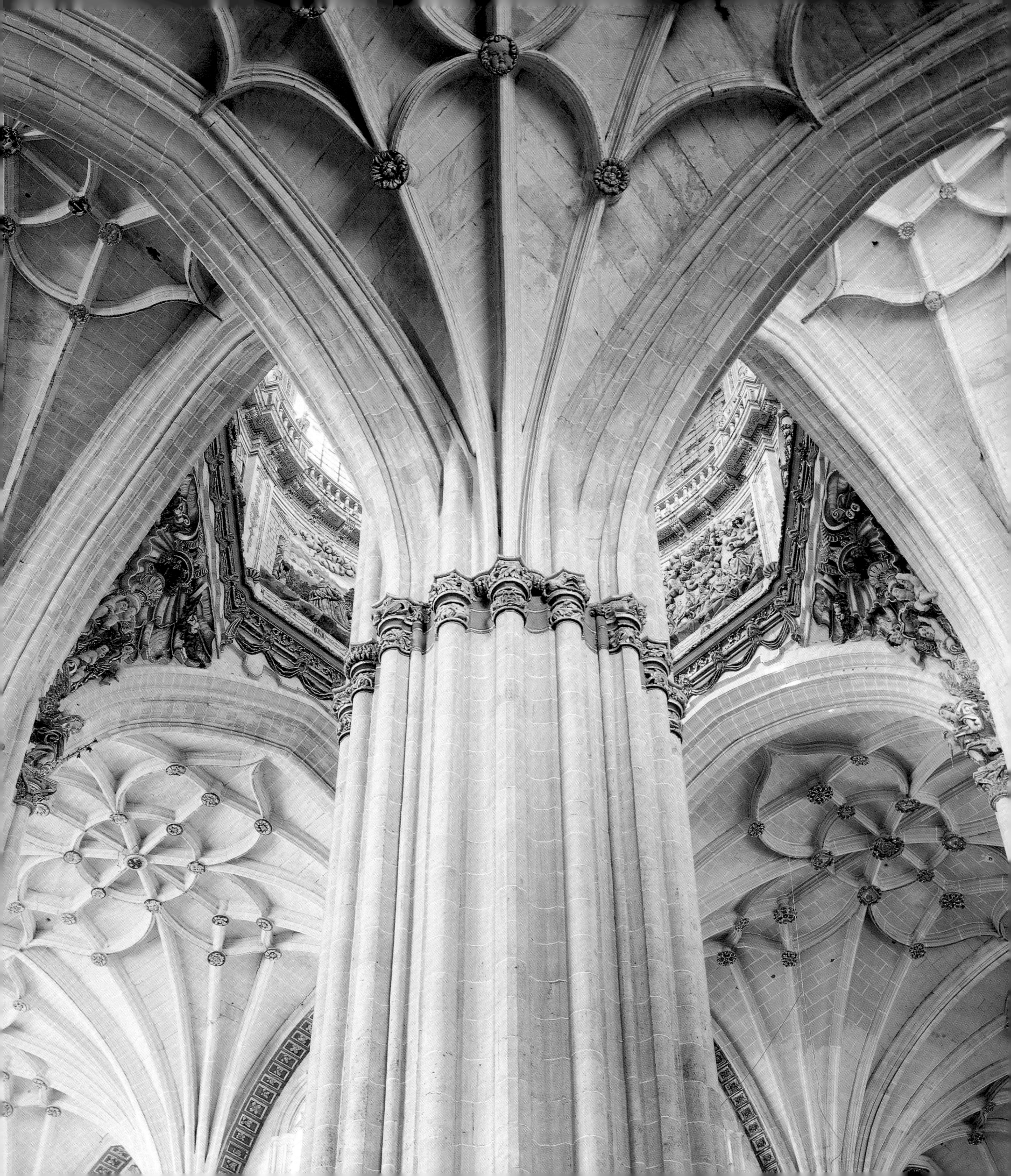

VIII
LAS ÚLTIMAS VERSIONES GÓTICAS. SALAMANCA Y SEGOVIA

Por razones muy distintas a todas las expuestas hasta aquí las ciudades castellanas de Salamanca y Segovia vieron erigir sendas catedrales en el siglo XVI, doblemente imponentes por su volumen y dominante posición, haciendo de su silueta el elemento que mejor define la ciudad. Ambas eran diócesis asentadas tras la repoblación de la meseta norte con dos buenos templos románicos, bien conservado en el caso de la catedral salmanticense y destruida en el siglo XVI la segoviana. Llegó un momento en que la primera pareció pequeña, baja y oscura, en palabras del cabildo, y la segunda, habiendo servido de baluarte militar en la guerra de las Comunidades frente a los leales del rey-emperador Carlos V, refugiados en el frontero Alcázar, fue abatida ejemplarmente para que no se repitiera la maniobra. Aunque el proceso y etapas en que se hicieron los nuevos templos catedralicios son distintas, ambos edificios tienen muchos elementos en común. Por una parte por el origen de su traza y maestría debidas en buena medida a los Gil de Hontañón, Juan y Rodrigo, padre e hijo. Por otro lado por haberse elegido para ambas catedrales, iniciada la de Salamanca en 1513 y la de Segovia en 1525, el "moderno" y no lo "romano", como entonces se decía para diferenciar la arquitectura gótica de la que ahora llamamos renacentista. No se olvide que sólo tres años después del inicio de la catedral de Segovia comenzaba Siloe la de Granada, precisamente a lo "romano". En tercer lugar cabría advertir que tanto una como otra catedral, a pesar de encarnar las últimas voces góticas de la arquitectura monumental que se escuchan en Europa, en plena primavera renacentista y más allá del "otoño de la Edad Media", ambas, paradójicamente, sin abandonar el "modo español", expresan muy claramente su pertenencia al nuevo siglo XVI. No sólo en sus detalles arquitectónicos sino en el modo de tratar la propia arquitectura gótica, desde la potencia de sus pilares hasta la sabia delgadez de los elementos de sus bóvedas. Hay una seguridad constructiva que acusa la experiencia acumulada y al tiempo mira cara a cara, sin complejos, la nueva arquitectura del Renacimiento. La base geométrica de su traza se hace más exigente y se convierte en fórmula transmisible, académica, como lo dejan ver las recetas de Rodrigo Gil a las que se han hecho referencia en la primera parte. Todo, hasta la calidad y cantidad de la luz que inunda su interior nos dice que estamos en un mundo nuevo en el cual la catedral ha dejado de ser la cámara oscura medieval, a pesar del tópico luz igual a arquitectura gótica. Ello sólo es cierto en relación con la anterior arquitectura románica pues la gótica dio paso, sí, a una luz matizada cromáticamente por el azul, rojo y verde, tal y como desde Heine hasta Huysmans interpretaron en clave romántica el mundo del color en la catedral. Pero más allá, en el siglo XVI, la luz predomina sobre el color y es entonces cuando verdaderamente deberíamos hablar de la arquitectura de la luz.

LA CATEDRAL NUEVA DE SALAMANCA

Lo habitual en el proceso de sustitución de una catedral por otra más moderna es que la primera desaparezca del todo, aunque en algunos casos la nueva no pudo con la vieja, como sucedió en la de Plasencia al agotarse los fondos para su financiación, resultando un pez grande que no puede comerse al chico. En otras situaciones como la de Salamanca el cabildo, muy previsor, decidió hacer la catedral nueva en un costado de la románica para poder seguir manteniendo abierto al culto el antiguo templo mientras se hacían las obras que siempre se dilataban más de lo deseable. El resultado es un conjunto verdaderamente espectacular e inusual pues permite ver de un solo golpe no sólo la diferencia de estilos y soluciones constructivas entre la catedral románica y la tardíamente gótica, sino la concepción misma de la catedral, con su diferente escala; la misma que sepa-

222.
Detalle del arranque de la nave central en el muro de los pies.

221.
Pilar toral de la catedral de Salamanca correspondiente al crucero sobre el que se eleva el cimborrio barroco.

ra a la ciudad del siglo XII de la del XVI, con su creciente universidad por medio.

A pesar del interés máximo de la que se llama catedral vieja con su claustro, recientemente restaurada con muy buen criterio, el cabildo salmantino, consciente del impulso que la universidad había dado a la ciudad, del altísimo prestigio que aquélla había alcanzado en los círculos humanistas de Europa y dado que las enseñanzas universitarias así como sus profesores estaban entrañados con la iglesia misma, decidió la construcción de un nuevo templo. Éstos fueron los primeros pasos, recogidos por González Dávila en su conocida *Historia de las antigüedades de Salamanca (1606),* que incluyen la petición que en favor de su iniciativa hizo, en 1491, el cabildo a los Reyes Católicos y éstos al Papa haciéndole saber "que la ciudad de Salamanca es de las insignes, populosas y principales de nuestros reynos... e la iglesia catedral es muy pequeña y escura y baxa tanto que los oficios divinos no se pueden en ella celebrar según e como deven... el administrador e deán e cabildo della han acordado de la edificar de nuevo haciéndola mayor... porque no se puede acrecentar sin que del todo se desfaga...". La justificación de la pequeñez y oscuridad de la catedral era verdad, pero sólo si se comparaba el magnífico templo románico con las formidables catedrales góticas que se habían levantado en Castilla, desde Burgos hasta Sevilla, esto es, en el fondo se descubre un deseo de humana y legítima emulación, sin duda, acompañado por el crecimiento real de la población, muy por encima de la que tenía la ciudad en tiempos de Alfonso VIII.

El paso siguiente fue el encuentro en Salamanca, a requerimiento real, del maestro mayor de la catedral de Sevilla Alfonso Rodríguez y de Enrique Egas, que lo era de la primada de Toledo, para decidir la forma y lugar en que se levantaría el nuevo templo salmanticense (1510). Tras una concurrida asistencia de maestros de nuestro primer renacimiento como Antón Egas, Juan Gil de Hontañón, Juan de Badajoz *el Viejo*, Alonso de Covarrubias, Juan Tornero, Juan de Álava, Juan de Orozco, Rodrigo de Sarabia y Juan Campero, se acordó en 1512 la oportunidad de conservar la vieja catedral –si bien pisaba parte de su nave norte– mientras que se construía la nueva para no interrumpir el culto. De entre estos arquitectos saldría el maestro mayor de la catedral, Juan Gil de Hontañón, y el de su aparejador, Juan Campero, iniciándose las obras el 12 de mayo de 1513, según recuerda una inscripción que todavía puede leerse en el ángulo noroeste de la catedral.

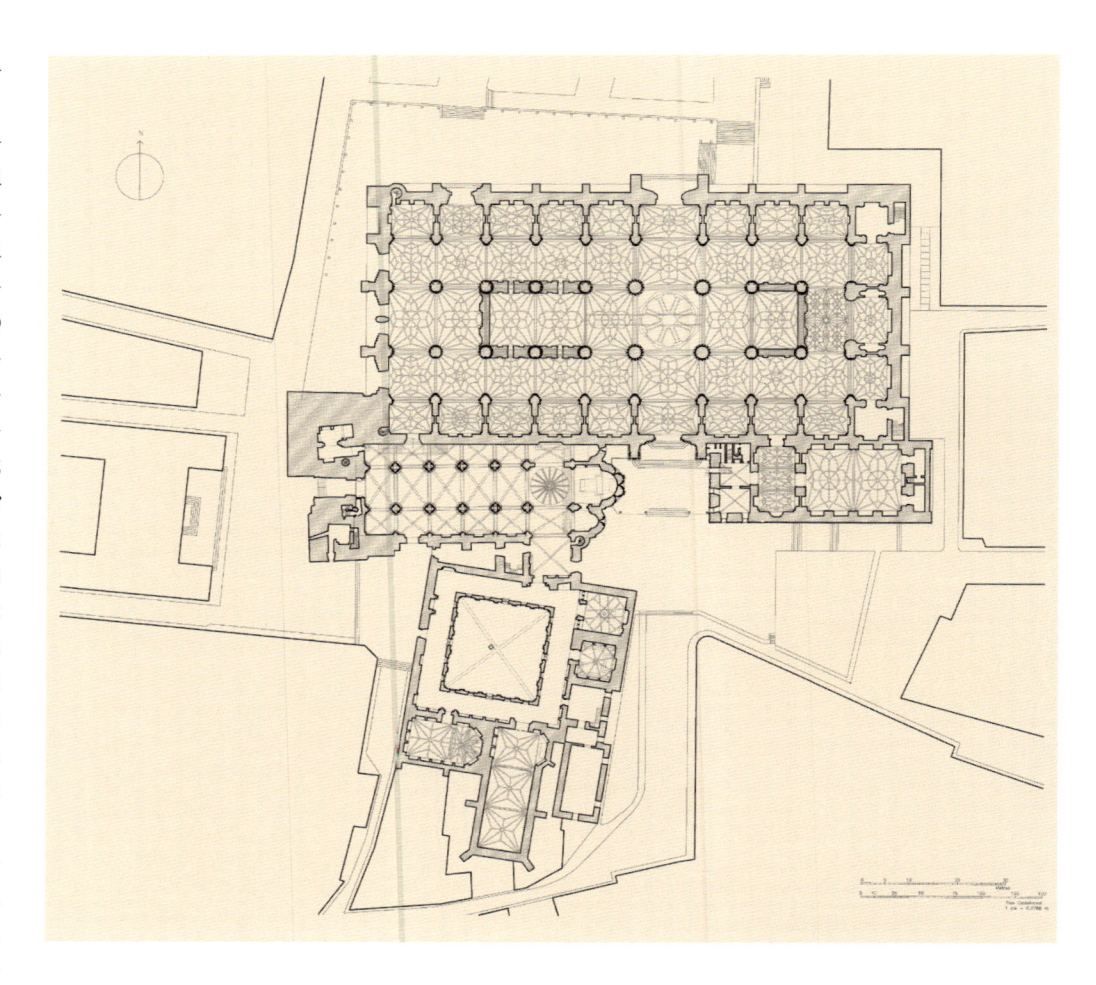

El nuevo templo tendría tres naves, capillas entre contrafuertes, una nave de crucero alineados con éstas y cabecera de planta semicircular con capillas abiertas a la girola, todo muy parecido a lo que hoy es la catedral de Segovia con la que guarda estrecho y lógico parentesco habida cuenta de quiénes intervinieron en su traza. Sin embargo, el largo proceso constructivo transformaría esta última parte de la catedral, iniciada por los pies, y acabaría teniendo también una cabecera recta en la línea de lo visto en Sevilla y Jaén sin mediar aquí mezquita alguna. Esbeltísimos pilares góticos separan las tres naves sobre los que arrancan bóvedas de rica tracería nervada, más elevadas las correspondientes a la nave central, después de haber desechado la propuesta de Juan de Rasines y Vasco de la Zarza de hacer una verdadera *hallenkirche*, esto es, una iglesia con tres naves de la misma altura que fue una solución frecuente del gótico tardío. Finalmente se prefirió el tradicional escalonamiento de la nave mayor sobre las laterales, lo cual

223.
Planta de la primera catedral románica con su claustro y, en el costado norte, el nuevo templo catedralicio, iniciado en el siglo XVI y terminado en el siglo XVIII. La diferencia de tamaño y escala indican el auge de la ciudad universitaria y el creciente poder económico del cabildo. Presbiterio y coro ocupan su lugar según el proyecto arquitectónico, unidos entre sí por la vía sacra. (Planta de V. Berriochoa.)

224.
Perfil de la catedral reflejado en las aguas del río Tormes. La torre, recrecida y reforzada en el siglo XVIII a raíz del terremoto de Lisboa de 1755, pertenece en realidad a la catedral románica, que apenas se deja ver con su torre del Gallo. La cúpula y tambor sobre el crucero de la catedral nueva es obra de Juan de Sagarvinaga (1763), que sustituyó al cimborrio de Joaquín Churriguera afectado por el terremoto.

permitía iluminar directamente con grandes ventanales la nave central.

Durante el siglo XVI, en nuestro Siglo de Oro, cuando no sólo el arte, sino la literatura, el derecho, y otras muchas disciplinas del saber dieron a Salamanca importancia capital, se fue levantando la catedral en la que cabe considerar como primera etapa, pues habiendo avanzado las obras desde los pies al crucero se interrumpieron allí en 1560. En este tiempo fueron sus maestros Juan Gil de Hontañón, Juan Gil *el Joven*, Juan de Álava –el autor de la nueva catedral de Plasencia que quedó inconclusa– y Rodrigo Gil de Hontañón. Un cerramiento de fábrica provisional antes de proseguir por el crucero permitió trasladar el culto desde la catedral vieja el 25 de marzo de 1560, siendo rey Felipe II y obispo de Salamanca don Francisco Manrique de Lara que tres meses después dejaba esta diócesis por la de Sigüenza.

Años más tarde, en 1589, se hizo un esfuerzo por reiniciar las obras una vez nombrado el arquitecto Juan Ribero Rada, hombre formado en el clasicismo herreriano y a quien parece deberse la modificación hecha en la cabecera de la catedral que a partir de ahora sería recta, recordando a la de Sevilla pero también teniendo en cuenta la cabecera recta que Herrera había proyectado para la catedral de Valladolid (1580). En los años siguientes las obras avanzaron de modo lento hasta que, en 1668 y siendo maestro

225.
Fachada sur del crucero sobre el llamado Patio Chico. Las obras de la catedral se interrumpieron en 1560 a la altura del crucero, y las reinició en 1589 el arquitecto Ribero Rada, quien conservó el diseño gótico del proyecto. Sin embargo, no se llegaron a hacer las esculturas, para las que se habían preparado numerosas peanas y chambranas; sólo se ejecutaron los escudos de la catedral con el jarrón de azucenas. A la izquierda del ciprés, la cabecera de la catedral románica.

En las páginas siguientes:
226.
La catedral nueva se comenzó contra toda costumbre por los pies, a cuya fachada corresponde la rica portada del Nacimiento. Su ornamentación es exquisita, de un preciosismo propio del gótico final; en ella intervinieron maestros como Antonio de Malinas, Juan de Gante y otros, probablemente bajo la dirección de Juan Gil de Hontañón. Los relieves de los tímpanos y la Virgen del parteluz pertenecen a Juan Rodríguez, quien los terminó en 1667.

227.
Por la portada principal se accede al espacio de la nave central dedicada al culto ordinario, que tiene como frente el trascoro proyectado por Alberto Churriguera en un curioso estilo entre plateresco y barroco (1732-1738). Flanquean a la Virgen con el Niño sobre el altar, atribuida a Lucas Mitata, dos esculturas renacentistas de Juan de Juní procedentes del claustro: Santa Ana enseñando a leer a la Virgen y san Juan Bautista.

228.
Bóvedas de la nave central proyectadas y ejecutadas por Rodrigo Gil de Hontañón. Sobre el crucero, arranque del cimborrio barroco de Joaquín Churriguera y tambor de Sagarvinaga. A la izquierda, parte del extraordinario órgano barroco de Pedro Echevarría (1745), donado a la catedral por el obispo José Sancho Granado.

229.
Fragmento de la sillería, obra póstuma de Joaquín Churriguera (1724), en la que intervino su hermano Alberto. José de Larra y Alejandro Carnicero realizaron los respaldos de la sillería alta y Juan Múgica los de la sillería baja.

230.
Brazo del crucero norte desde la nave central. Sobre los muros desnudos corren en dos niveles los andenes o corredores volados, que cumplen las funciones del antiguo triforio. El más bajo, por encima de las capillas entre contrafuertes, es de traza gótica. El más alto, correspondiente a la maestría de Rodrigo Gil, incorpora renacientes balaustres y vuela sobre las naves laterales.

mayor Juan de Setién Güemes, alcanzaron un ritmo aceptable, subiendo muros y pilares hasta ir cerrando las bóvedas, cosa que ya hizo su sobrino Pantaleón de Pontón Setién (1703-1714). La catedral, respetando siempre el lenguaje gótico de los primeros momentos, fue repitiendo pilares, bóvedas y molduras, pero su interpretación desde el mundo barroco hace que esta parte de la catedral no posea la finura de dibujo ni de ejecución que tiene lo construido en el siglo XVI bajo los Hontañón y Álava.

Faltaba aún resolver el tramo central del crucero, escogiéndose para ello la solución aportada por Joaquín Churriguera cuya maestría se desarrolló entre 1715 y 1724. Éste quiso remedar la torre del Gallo de la catedral vieja pero en clave barroca y en proporción a la magnitud del nuevo templo con un espectacular cimborrio dieciochesco, libre y original. Estando así resuelta la cubrición del edificio y colocado un baldaquino en el presbiterio de Alberto Churriguera, que sucedió en la maestría de la catedral a su hermano Joaquín, se procedió finalmente a la consagración de la catedral el 15 de agosto de 1733, siendo obispo don José Sancho Granado. Un año antes Alberto Churriguera había comenzado a cerrar el coro en el centro de la nave con unos bellos muros entre neoplaterescos y barrocos de formidable efecto, envolviendo la primorosa sillería de Joaquín, su última obra, en la que también intervinieron su hermano Alberto, José de Larra, Alejandro Carnicero y Juan Múgica. Los estípites de su arquitectura interior, la mixtilínea molduración de cornisas y molduras, la plenitud formal de la talla, en fin, todo proclama ser obra de la familia Churriguera a quien tanto debe el barroco hispánico. Un órgano del siglo XVI, procedente de la catedral vieja, y otro espectacular que regaló el mencionado don José Sancho, del organero real Pedro de Echevarría (1745), completan este ámbito barroco que creció dentro de la parte gótico-renacentista de la catedral.

Aún habrían de producirse algunos cambios importantes como es la eliminación del tabernáculo de Alberto Churriguera en el presbiterio (1743), sustituyéndolo por otro sencillo sobre la mesa del altar de Simón Gabilán Tomé, no llegándose a construir nunca el bello templete neoclásico de Manuel Martín Rodríguez cuya maqueta se conserva en el museo de la catedral. En este punto el cimborrio de Joaquín Churriguera no resistió bien el terremoto de Lisboa por lo que se procedió a su derribo, siendo sustituido por la cúpula sobre tambor que hoy vemos y que, a pesar de todo, también fue necesario zunchar con fuertes barras de hierro por haber empezado a abrirse. Su autor fue Juan de Sagarvinaga, quien en estos años trabajó mucho para la catedral haciendo la nueva sacristía en un curioso estilo gótico de gran carnosidad decorativa, inspirándose en la hermosa capilla Dorada de la catedral. El terremoto lisboeta de 1755 afectó también de modo importante a la torre de las campanas, torre que se incorpora a la silueta de la catedral nueva, aunque pertenezca a la vieja, con el añadido del cuerpo alto que añadió Pantaleón Pontón Setién (1705). A raíz del sismo se agravaron antiguas grietas de la torre, apareciendo otras nuevas que hicieron temer por su estabilidad proponiéndose su demolición, sin embargo, el ingeniero francés Baltasar Devreton dio la solución de envolver la torre con un refuerzo de cantería en talud que, sin duda, salvó esta pieza sobre la que giran ambas catedrales y sin cuya silueta no se entendería el conjunto catedralicio salmantino.

Las imágenes de santa Ana y san Juan Bautista de Juní (s. XVI), en el trascoro, la *Inmaculada* de Esteban de Rueda (s. XVII) en el presbiterio, y la *Piedad* de Luis Salvador Carmona (s. XVIII) inmediata a la capilla de San José, en la girola, marcan los tres momentos de mayor actividad artística que dieron forma a sus múltiples obras artísticas repartidas por sus numerosas capillas. De todas ellas merece recordarse el Cristo de las Batallas, en la cabecera de la catedral y dentro de un retablo cuajado de tallas por Alberto Churriguera, del que se dice lo llevaba consigo el Cid Campeador hasta que se lo regaló al primer obispo de Salamanca, don Jerónimo Bisque o de Perigord, cuyos restos mortales descansan en una cercana urna muy distantes en el tiempo y en el espacio de lo que él pensó que podría llegar a ser un día el conjunto catedralicio de Salamanca.

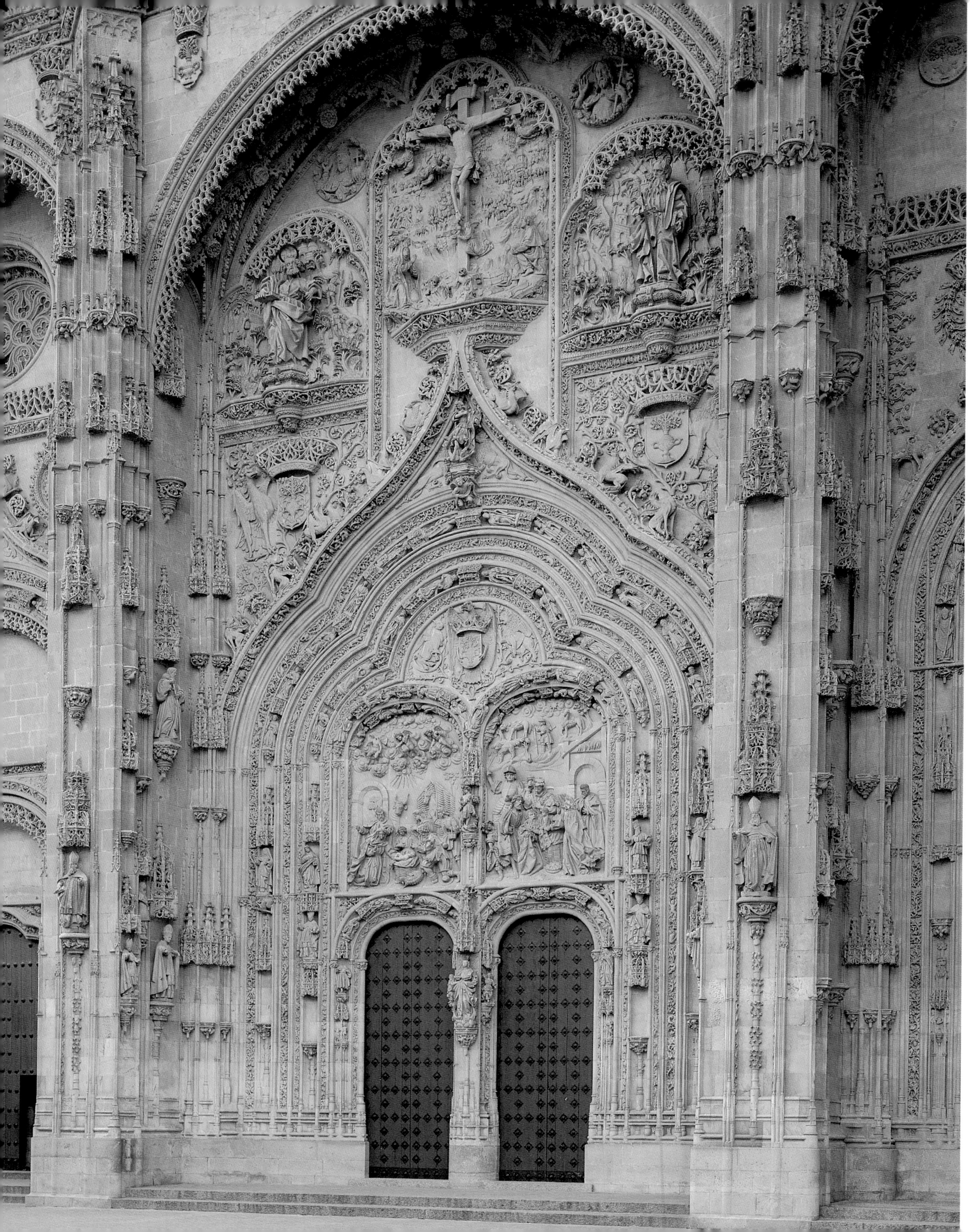

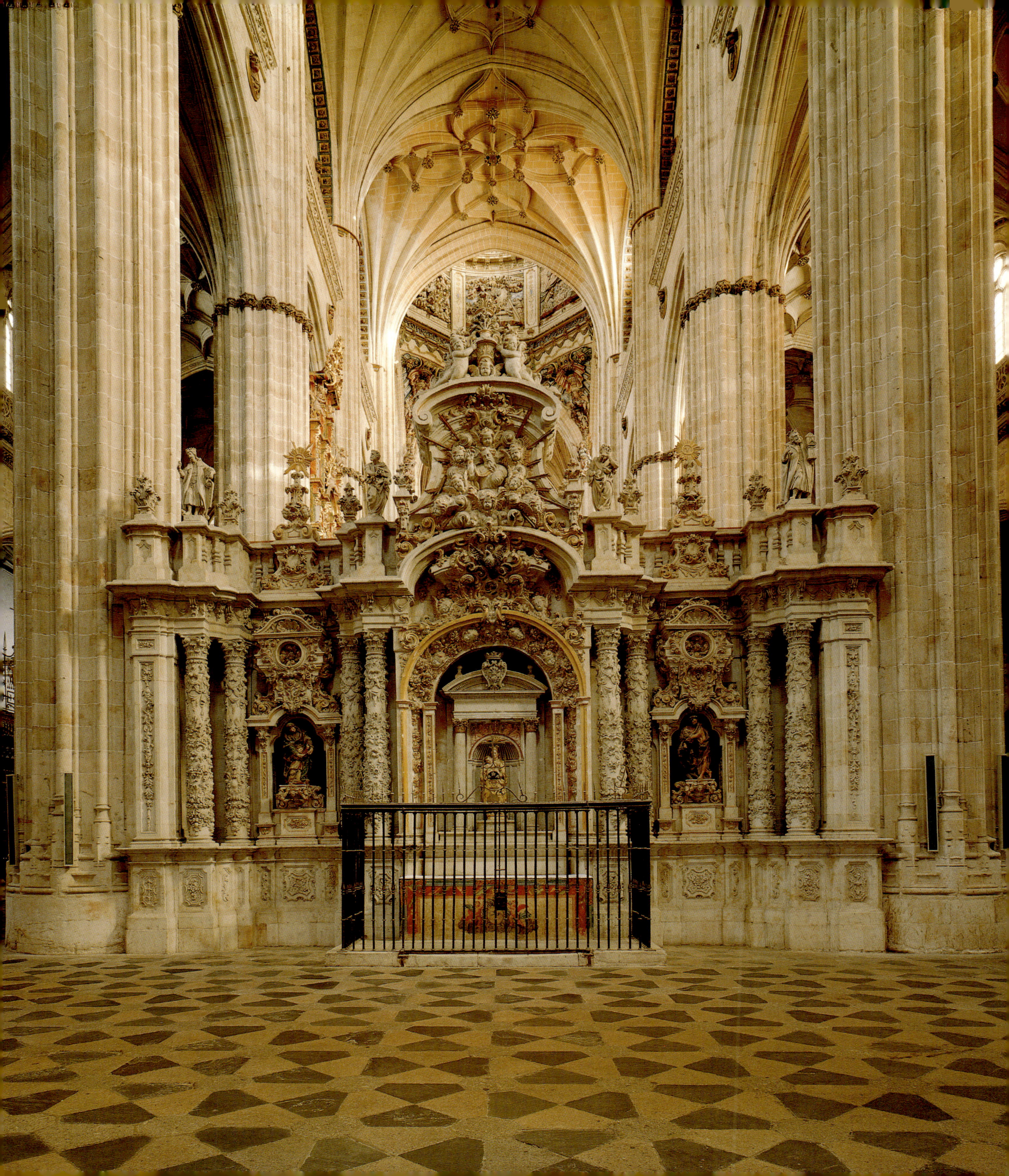

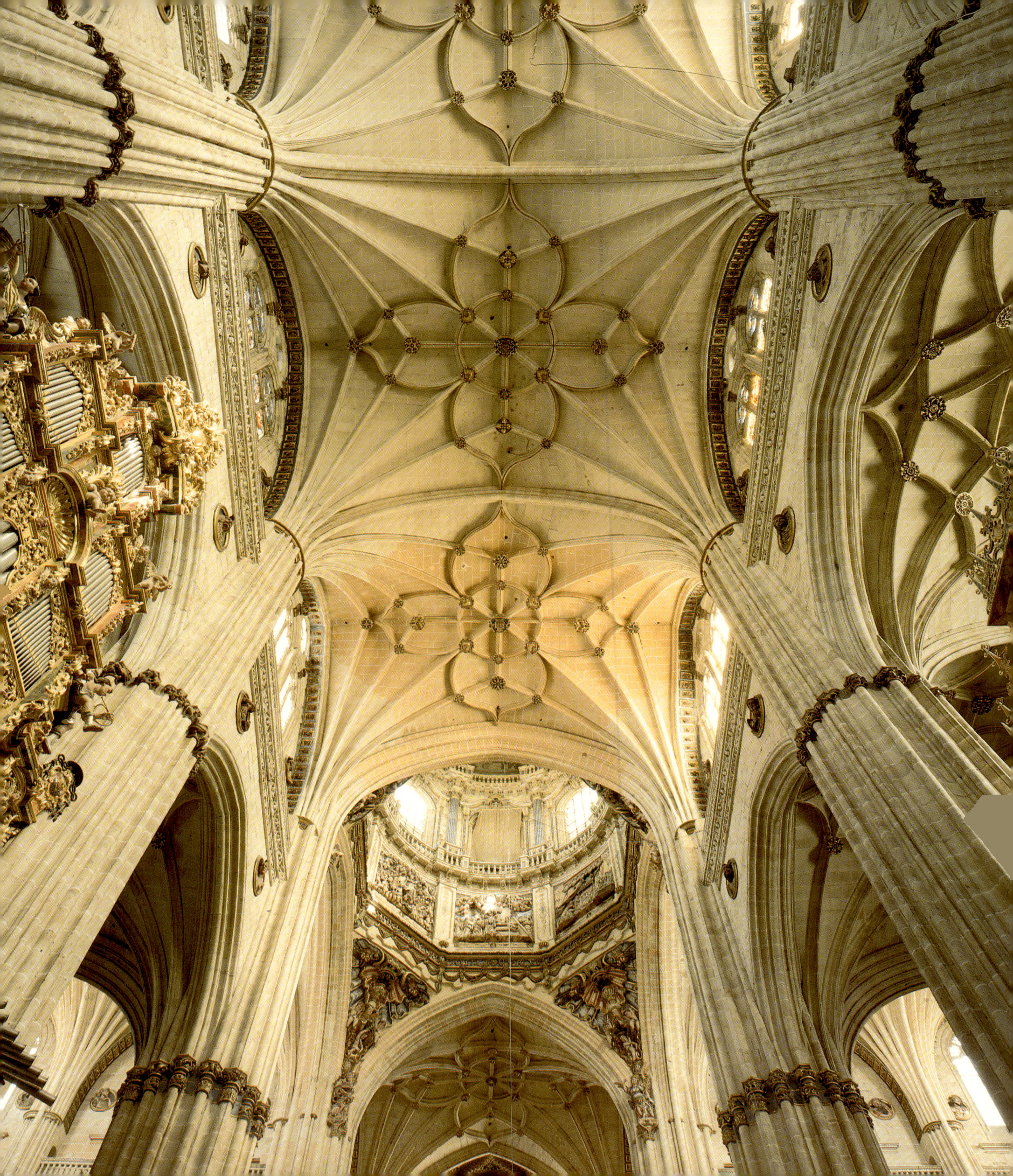

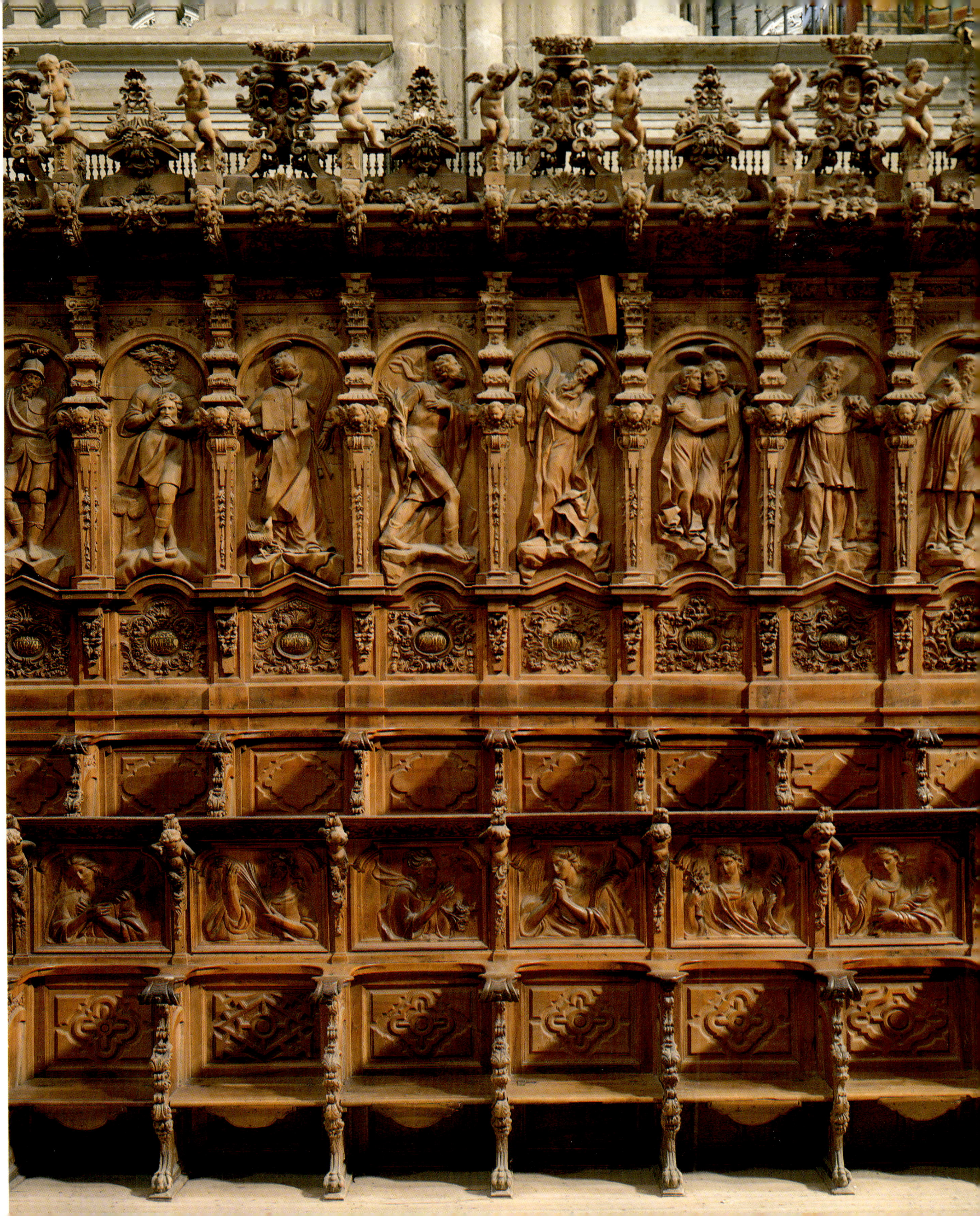

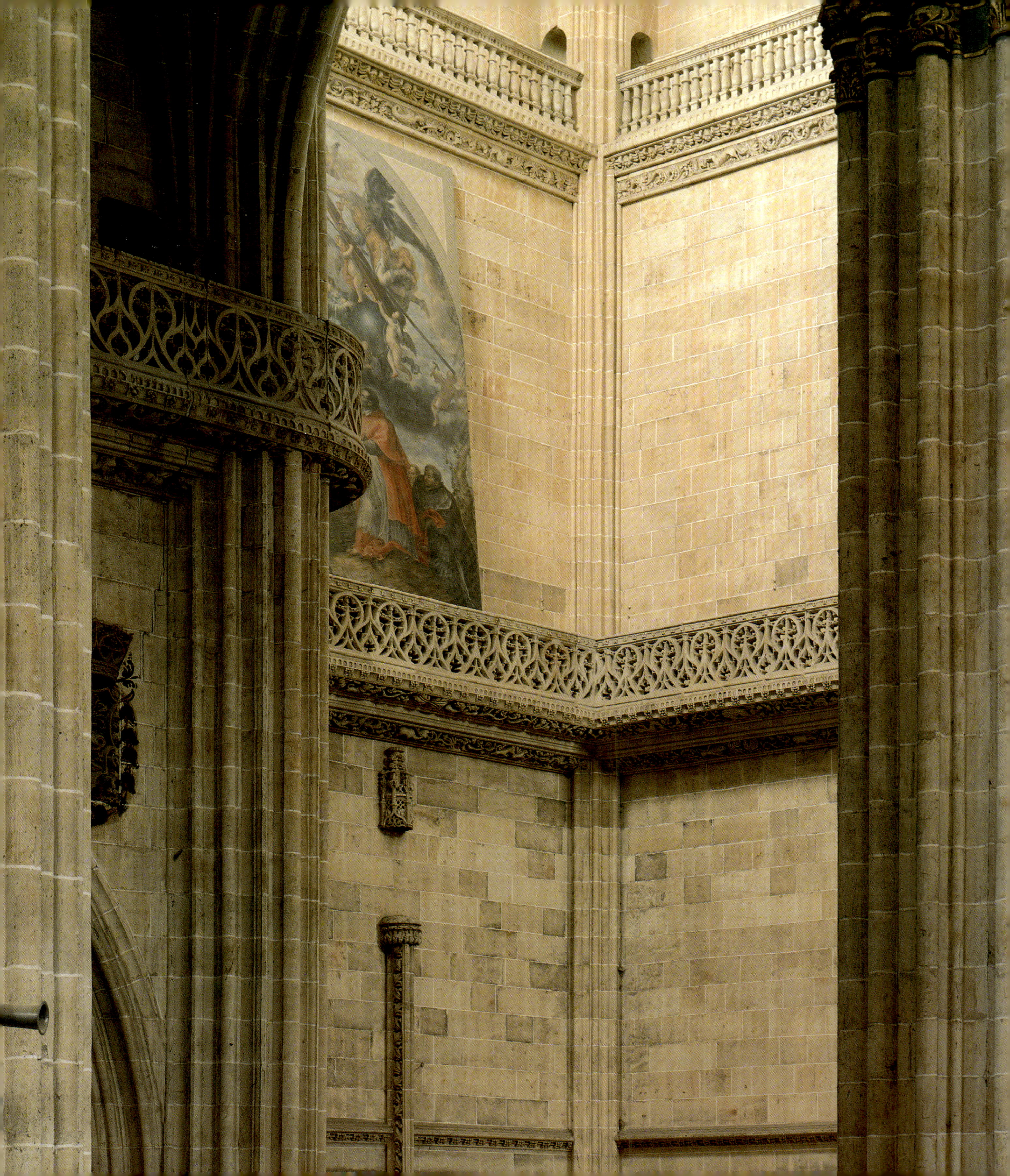

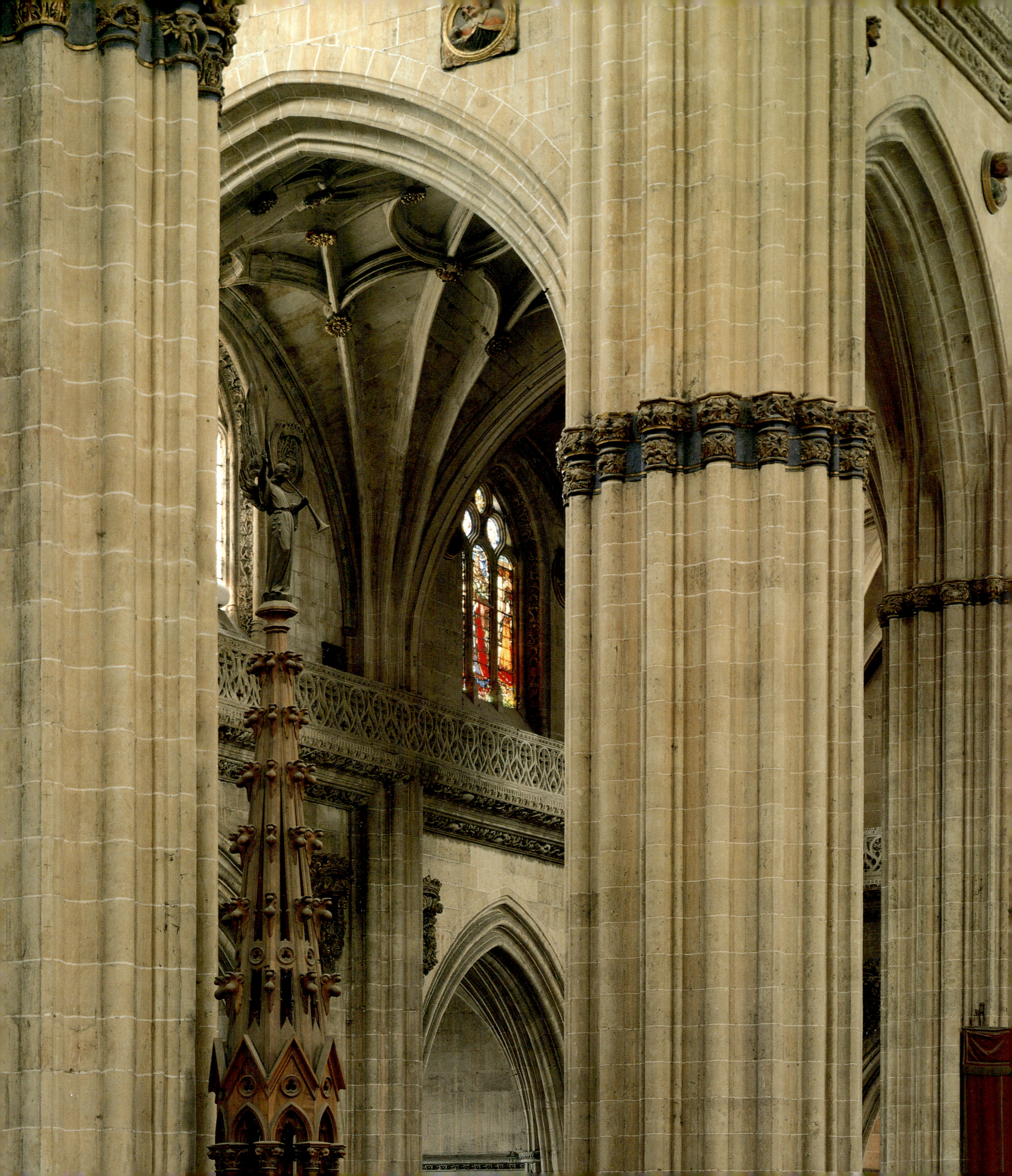

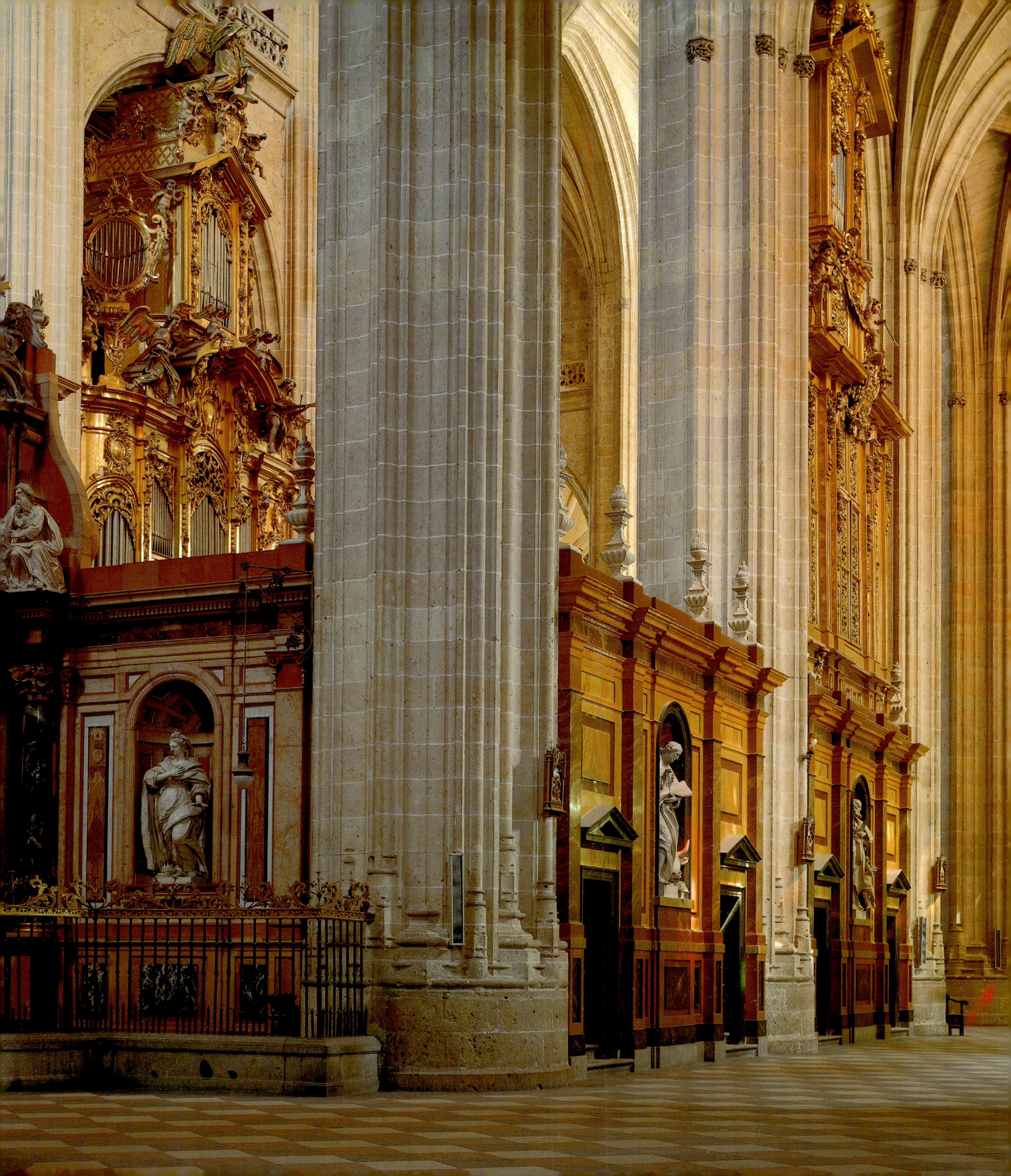

232.
Capital miniada de un incunable de la catedral con los Comentarios de santo Tomás al Evangelio de san Juan (Basilea, 1476). Ver ilustración 241.

231.
Interior de la catedral de Segovia, con el cerramiento del coro y los órganos de Pedro Liborna Chavarria (1702), a la derecha, y de Pedro y José Chavarria (1770), a la izquierda. Por las naves laterales y el trascoro aún se celebra la procesión de San Frutos.

Una Nueva Catedral para Segovia

Si la catedral nueva de Salamanca es tal respecto a la vieja subsistente, la de Segovia es nueva frente a la destruida, esto es, la desaparecida catedral románica de Santa María. El templo databa del siglo XII y probablemente terminado a comienzos de la centuria siguiente pues hasta 1228 no se llegó a consagrar, esto es, cuando hacía siete años que se habían iniciado las obras de las catedrales de Burgos y Toledo. Su situación inmediata al Alcázar siempre suscitó los recelos que finalmente se cumplieron en el episodio de las Comunidades, es decir, que sirviera de baluarte frente al Alcázar, de ahí que Carlos V, en 1523 y a través de su secretario don Francisco de los Cobos, mandase cambiar de sitio la catedral: "Avemos mandado que la yglesia cathedral desa obispalía se mude del lugar donde agora está a otra parte de la dicha çibdad y que para ello es menester buscar lugar conveniente e tomar las casas necesarias para el hedifiçio de la dicha yglesia e claostra y ofiçinas que fueren necesarias".

El sitio elegido era parte de la antigua judería donde la catedral poseía varios inmuebles confiscados a los judíos y lugar en el que se levantaba el antiguo convento de Santa Clara en cuya iglesia se refugió el culto catedralicio durante la contienda de las Comunidades. Todo esto pesó mucho en la elección final si bien suponía alejarse del barrio de la Canonjía donde los miembros del cabildo tenían sus casas particulares.

Curiosamente lo primero que se edificó aquí fue el claustro procedente de la catedral vieja pues, siendo obra primorosa y reciente (1472-1486) de Juan Guas, se trasladó al nuevo solar de la catedral. Los costosos trabajos de desmonte, traslado y reconstrucción corrieron a cargo de Juan Campero (1524-1529) que no alteró nada pues debía de hacerlo "de la misma manera que agora está y del mismo ancho y alto". De este modo, el claustro gótico, con su bellísima portada, que se ajustaba a las dimensiones de la iglesia románica resultaría reducido junto a la gran iglesia gótica que surgió a su vera. Pero no fue éste el único elemento que se salvó y conservó sino que otros muchos como la magnífica sillería del siglo XV, con los estalos reales que ocuparon Enrique IV y Juana de Portugal, se acabarían incorporando también a la catedral nueva. Sin embargo, lo que mayor relieve adquiere en esta callada relación entre los dos edificios es que el último maestro de la catedral románica de Santa María fue el tracista y primer maestro de la catedral gótica. Efectivamente, Juan Gil de Hontañón había contratado en 1509 la reforma de la capilla de San Frutos en la cabecera de la catedral así como Librería o biblioteca catedralicia y años después, cuando en 1523 se buscó un maestro para la obra nueva, se acudió al propio Juan Gil que por entonces ya estaba al frente de la catedral de Salamanca. Al año siguiente hizo las trazas y firmó el contrato con el cabildo, poniéndose la primera piedra en 1525 con todo el ceremonial al uso: "Miércoles veinte y cuatro de mayo, víspera de la Asunción, saliendo la procesión de la letanía a San Miguel, como es costumbre, en gran concurso de gente, fueron a la puerta del corral de Santa Clara; y llegando al lugar donde ahora están las puertas del Perdón el obispo, puesto de rodillas, hizo oración imitándole el cabildo, clerecía y circunstantes; y levantándose, llenos los ojos de lágrimas, que había brotado el afecto religioso, tomó un azadón y dio tres azadonadas para principio de los cimientos, que se continuaron con tanto concurso y fervor de ciudadanos, que por devoción acudían a cavar y sacar tierra, no sólo los días así de fiesta como de trabajo, pero aún las noches que en sólo quince días estaban casi abiertos. Y jueves de Pentecostés, en ocho de junio, después de celebrada la misa mayor, el obispo bendijo la piedra fundamental, que estaba en un altar raso en medio de la iglesia (de Santa Clara), cubierta con un velo; bendita, formó en ella con un cuchillo cuatro cruces en las cuatro frentes, o haces; y hechas las ceremonias y solemnidades eclesiásticas, mandó al arquitecto la llevase a sentar al mismo lugar de la puerta del Perdón, siguiendo el mismo prelado con el Cabildo. Púsose debajo una gran medalla de plata con las armas del emperador y del obispo".

Era entonces obispo de Segovia don Diego de Ribera, que lo había sido antes de Mallorca, y poco le debió durar aquel general regocijo por el comienzo de las obras ya que, en 1526, falleció el maestro Juan Gil y ya conocemos lo que este hecho suponía para las grandes fábricas catedralicias a efectos de interrupción de la obra, pues era el maestro el que realmente llevaba la responsabilidad de la ejecución del proyecto que, habitualmente, nunca estaba definido en su totalidad. Sin embargo, este arquitecto había dejado hecha la traza, nombrado un excelente aparejador de su confianza, García Cubillas, y además tenía un hijo, Rodrigo Gil, que se haría cargo de las obras de las dos catedrales que llevaba su padre, Salamanca y Segovia. Es el momento de mayor comunión entre una y otra fábrica si bien la presencia de Rodrigo Gil en Segovia fue intermitente, pues estuvo primero entre 1526 y 1529 y, más tarde entre 1560 y 1577, justificándose los largos periodos de ausencia tanto por posibles diferencias con el cabildo como por su gran actividad en muy diferentes lugares ya que no estaría de más recordar que, al margen de las catedrales de Salamanca y Segovia, hizo proyectos y dirigió obra en las de Santiago, Oviedo, Palencia, Astorga, Ciudad Rodrigo y Plasencia, además de su ingente obra civil y religiosa repartida por toda Castilla. De cualquier modo sus últimos años los dedicó al primer templo segoviano en el que encontraron reposo sus restos mortales y cuya inscripción funeraria, hoy en el claustro, dice: "Aquí yace Rodrigo Gil de Hontañón, maestro de la obra de esta Santa Iglesia. Falleció en 31 de mayo de 1577. El cual asentó la primera piedra que aquí puso el obispo don Diego de Ribera el 8 de junio de 1525 años. Dejó su hacienda para obras pías".

El edificio se comenzó por los pies, como lo habían hecho la catedral de Salamanca y antes la de Sevilla, cada una por sus propias razones, atendiendo también en los primeros momentos al muro sur de capillas como medianero con el claustro e inmediato a la torre, que es la parte más antigua de la obra. El proceso constructivo, exhaustivamente estudiado por Ruiz Hernando y Cortón de las Heras, conoció hasta tres campañas que recorrieron todo el siglo XVI y buena parte del XVII hasta su definitiva y retardada consagración final el 16 de julio de 1768, siendo obispo Juan José Martínez Escalzo y a falta de elementos como el trascoro que no se terminó hasta 1789. La solemne ceremonia de consagración y dedicación a la Asunción de Nuestra Señora que duró siete horas, ponía fin a un episodio edilicio de casi doscientos cincuenta años, es decir, un ritmo de obra medieval que tuvo mucho que ver con los problemas de financiación superados siempre por el sostenido apoyo y actitud de la ciudad, pero que sin duda alguna suponían suspensiones temporales del trabajo.

Después de lo señalado hasta aquí hubo una primera campaña marcada por la presencia de Rodrigo Gil de Hontañón en Segovia que abarca el periodo de 1527 a 1557, en el que la actividad del aparejador García de Cubillas fue decisiva ante las ausencias del arquitecto lo cual debió llevar al cabildo a su despido

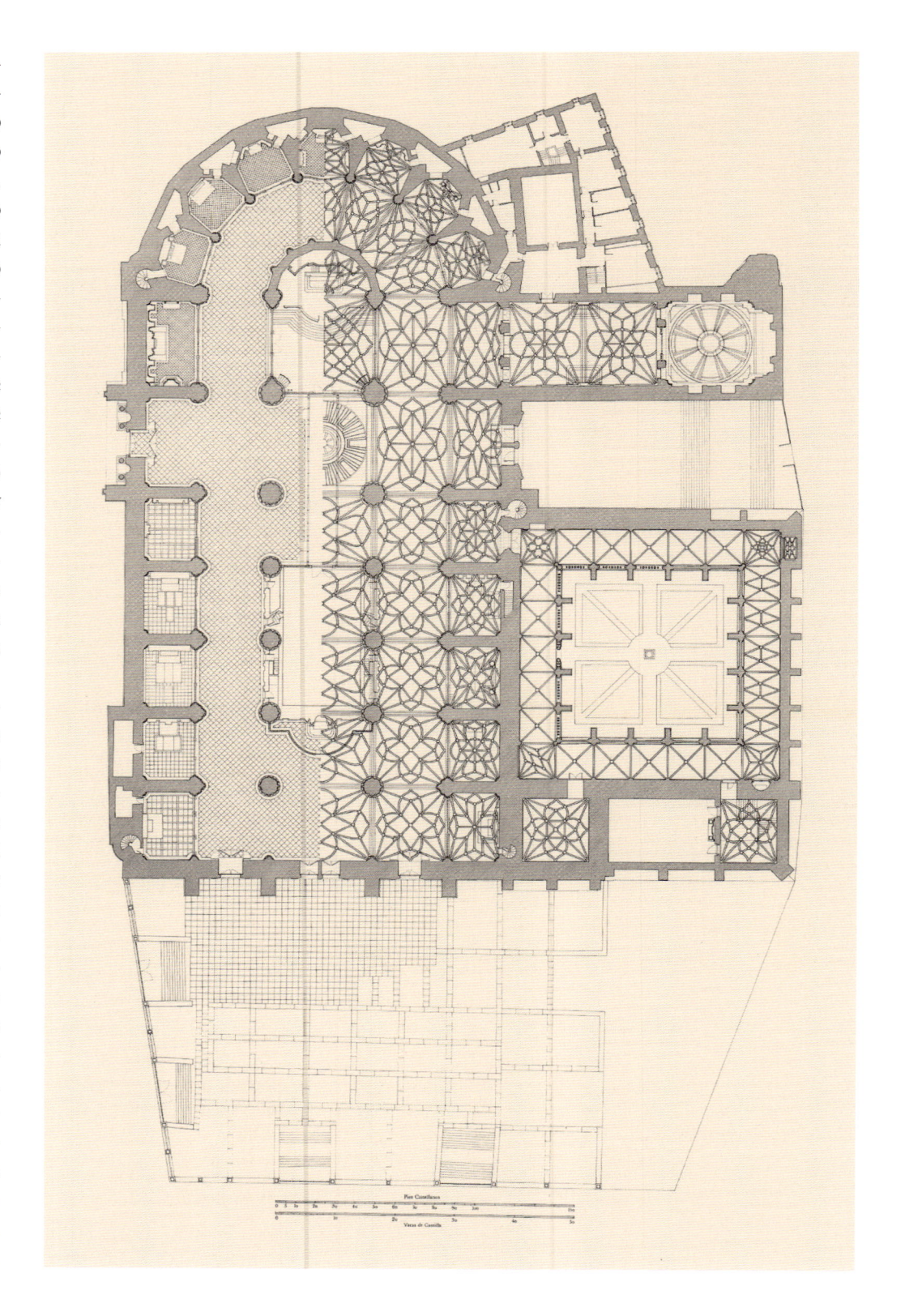

233.
Planta de la catedral, de proporción dupla, como es habitual en gran parte de las catedrales españolas. El claustro de Juan Guas se trasladó hasta aquí cuando se destruyó la catedral románica cerca del Alcázar. A los pies, el enlosado formando un atrio con las lápidas que estaban en la antigua catedral, absurda y gratuitamente alterado en fecha reciente. (Planta de J.M. Merino de Cáceres.)

234.
Vista general de la catedral dominando la ciudad como un verdadero alcázar cristiano. Iniciada en 1525 por Rodrigo Gil de Hontañón, se comenzó, como la de Salamanca, por el muro de los pies.

en 1529, aunque volviera a buscarle en 1532-1533. Esto representó inseguridad y necesidad de contrastar lo construido con la opinión de otros maestros, lo que llevó al canónigo Juan Rodríguez, fabriquero y luego mayordomo de la obra, a pedir parecer a Juan de Álava, Enrique Egas, Felipe Vigarny y Alonso de Covarrubias, según relata Llaguno. Estos informes, que se conservan en parte, nos ilustran sobre las preocupaciones que en ese momento planteaba la obra relativa a dimensiones y proporciones definitivas, es decir, al alzado que surgiría sobre la planta de los Hontañón en la parte de las naves, especialmente en lo referente a los materiales y grosor de los pilares, el delicado recorrido de los andenes y, muy principalmente, la altura final del templo. Así, frente a los ciento cuarenta pies de la nave central proyectada se aconsejaba reducirla a ciento diez con lo cual "el hedifiçio será seguro y fixo para siempre y de más magestad e de más vista e de más parescer" (Álava). En la misma línea prácticamente se manifestaba el maestro mayor de la catedral de Toledo, Enrique Egas, para quien ciento quince pies de alto para la nave mayor sobre los setenta y cinco de las naves laterales, era suficiente para que la catedral de Segovia tuviera "ayre y graçia y la fuerça que conviene, y si las alturas fueran mayores la obra sería desproporçionada y no tan fuerte".

De este modo se fue definiendo el proyecto final del cuerpo de la iglesia hasta el crucero que es donde terminó esta campaña con la consagración de lo construido, cegando con un muro la salida de las naves y abriendo al culto la catedral en 1558. Hasta entonces se hicieron las tres naves y las capillas laterales entre contrafuertes, dirigido todo por García de Cubillas que debió de fallecer al año siguiente, en 1559, obligando a llamar el cabildo de nuevo a Rodrigo Gil de Hontañón para que definiese y terminase la cabecera y crucero, dos delicadas partes de la obra. En el nuevo contrato firmado en 1560 se comprometía Rodrigo Gil a "residir y estar en la dicha obra cuatro meses de cada un año, y tener en esta ciudad su casa e asiento para que desde aquí pueda ir el otro tiempo del año donde le convenga, y si se le ofreciere al dicho maestro necesidad de ir alguna parte en los dichos cuatro meses que tiene que residir que pidiendo licencia a los dichos señores Deán y Cabildo o a los diputados para ello use de la licencia que le dieren y no se le quite nada de su salario". Ello evidencia el interés del cabildo por retener a Rodrigo Gil mostrándose más flexible y comprensivo con las ausencias debidas a las muchas obras que llevaba entre manos. En esta nueva etapa que entonces empezaba y concluía con el fallecimiento del arquitecto en 1577, se abordó la construcción del crucero y girola que, sin duda, en su desarrollo semicircular con capillas por detrás de la ciega capilla mayor resultaba arcaizante, sin que ello le reste interés o belleza. No se olvide que Juan Gil había concebido la cabecera de la catedral de Salamanca con el mismo desarrollo semicircular que ahora vemos en Segovia y en el mencionado contrato de Rodrigo Gil, éste se comprometía a respetar la traza general y a no introducir novedad alguna, cosa que casi cumplió al pie de la letra en términos generales, si bien alteró la capilla mayor.

El fallecimiento del arquitecto representó un nuevo parón en la construcción hasta que es nombrado Pedro de Brizuela en 1607, abriéndose un nuevo periodo en el que varios maestros del siglo XVII remataron la obra al cubrir la capilla mayor (1651) y construir la cúpula sobre el crucero (1685) que corrió a cargo de Francisco Viadero. En 1686 se derribó el muro que hasta entonces separaba estos dos ámbitos y por vez primera pudo verse aquel admirable espacio bajo un abovedamiento que representa el canto del cisne de la arquitectura gótica. Otros ámbitos se habían ido definiendo a lo largo de las campañas referidas como la antigua sacristía convertida en sagrario y capilla de los Ayala, obra de Rodrigo Gil de Hontañón, que entre otras obras alberga el excepcional retablo de

235.
Nave lateral del lado del Evangelio, hacia la que vierten sus voces el órgano de los hermanos Chavarria. Más allá del crucero se inicia la girola, que vuelve a ser semicircular, en la mejor tradición medieval.

236.
Naves de la catedral desde el trascoro.

CSS — Las Últimas Versiones Góticas. Salamanca y Segovia

José Benito Churriguera que no hace sino recordarnos otros muchos alojados en las capillas de la catedral protegidas por excelentes rejas entre las que destacan las dos mayores ante el coro y la capilla mayor. Célebres retablos son el del *Santo Entierro*, de Juan de Juni (s. XVI), y el de Sabatini, en la capilla mayor (s. XVIII). Esculturas como el *Cristo yacente* de Gregorio Fernández o el *Cristo de la agonía* de Pereira, hacen pensar en la belleza de su colección de esculturas, al tiempo que oímos las voces de los imponentes órganos de la familia Chavarria Pereira bajo la luz de las vidrieras del siglo XVI, ejecutadas por maestros como Pierre de Holanda, Pierre de Chiberri, Gualter de Ronch, Nicolás de Holanda y Nicolás de Vergara. De nuevo se acaban las palabras y el tiempo para referirnos a la sacra belleza reunida en esta catedral que Ortega y Gasset veía navegar entre trigos amarillos "como un enorme trasatlántico místico".

237.
Bóvedas de la nave central ejecutadas entre 1539 y 1541.

238.
Capilla del Sagrario junto a la antigua sacristía. Comenzada en el siglo XVII y con una cúpula trazada por José Churriguera, la terminó hacia 1708 Pantaleón Pontón Setién, entonces maestro de las obras de la catedral. El espectacular retablo-relicario fue proyectado por el propio José Churriguera en 1686.

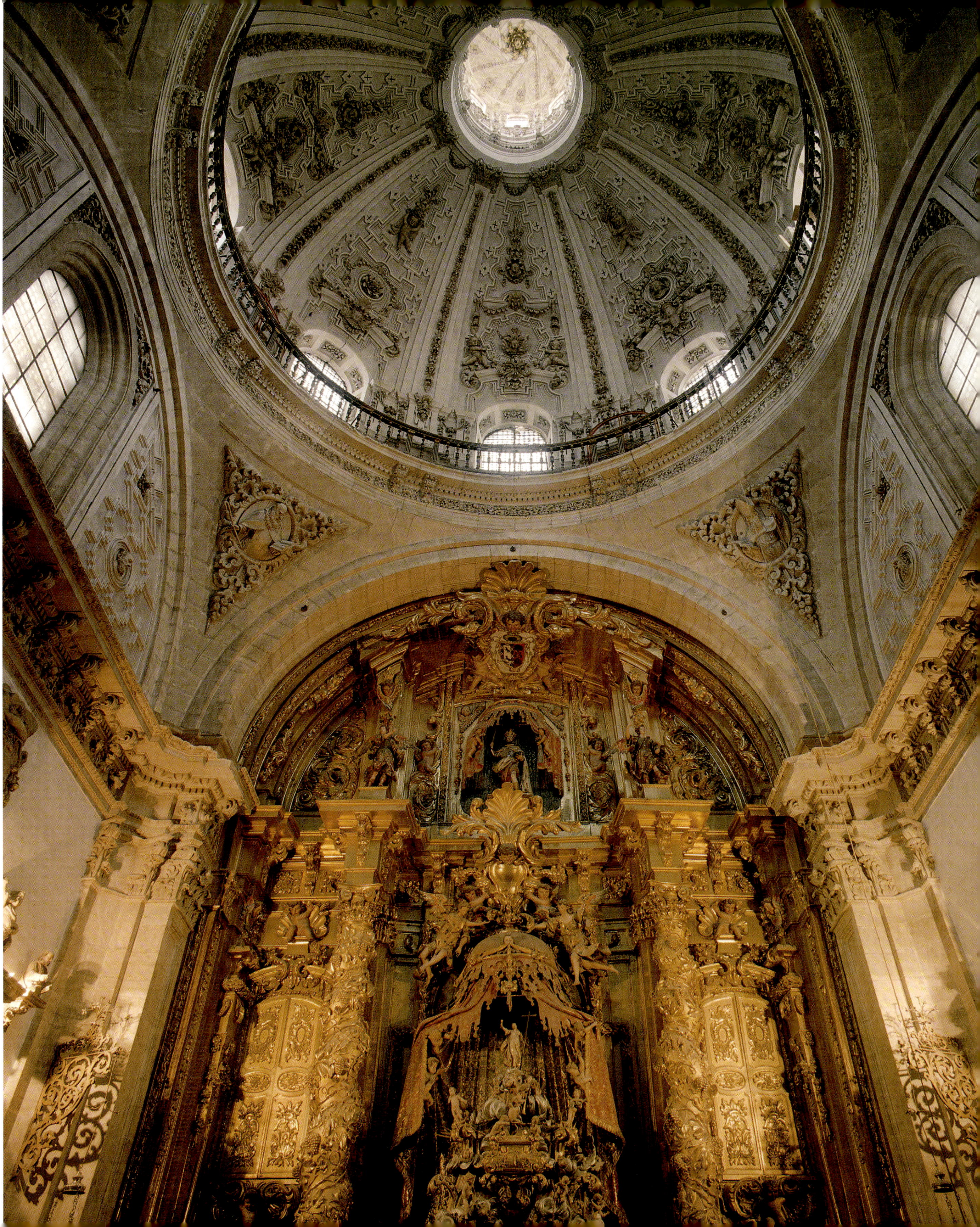

239.
Trascoro del siglo XVIII. El cuerpo central en mármol, obra del francés Hubert Dumandre, procede de la capilla del palacio Real de Riofrío por concesión de Carlos III. El resto del cerramiento se debe a un proyecto de Juan de Villanueva seguido por Ventura Rodríguez y Estévez. Se concluyó en 1789. Sobre el altar, la urna en plata (1633) que contiene los restos de san Frutos.

En las páginas siguientes:

240.

La capilla de la Piedad, en el lado del Evangelio, fue concedida por el cabildo, para su entierro, al canónigo Juan Rodríguez, fabriquero y luego mayordomo de la obra de la catedral. En ella se encuentra una de las esculturas –tallada en madera y policromada– más notables y bellas del Renacimiento español: el Santo Entierro (1571), de Juan de Juní.

241.

Capítulo primero de uno de los incunables de la rica colección de la biblioteca de la catedral de Segovia, que trata de los Comentarios de santo Tomás a los cuatro Evangelios (Catena Aurea seu Continuum in quator Evangelistas, Basilea, 1476). Este ejemplar, impreso pero iluminado a mano en sus orlas y capitales, perteneció al licenciado y canónigo de la catedral de Burgos Diego de Miranda.

242.

El coro procede de la antigua catedral románica y se hizo en tiempos del obispo Juan Arias Dávila (1461-1497). Se asentó aquí en 1558 por los entalladores Juan Gil y Jerónimo de Amberes, quienes lo ampliaron. En 1789, con motivo de las obras del trascoro, se introdujeron nuevas sillas. En total cuenta con ciento dieciseis estalos, entre los que se cuentan los ocupados por los reyes. En el centro, el facistol, en el que intervino Vasco de la Zarza (siglo XVI).

CAPI.   I.

Beati thome aquinatis continuū
in euangeliū sancti iohannis

LUmine visionis subli-
mitate illustratus psa-
ias propheta dixit. Vi-
di dīm sedentem sup
soliū excelsum et eleua-
tum et plena erat do-
mus a maiestate eius.
ꝯ ea que sub ipo erat
replebant templum.
Vier. super ysaiam.
Quis sit iste domīs
qui videtur in euange-
lista iohanne plenius disscim9 qui ait. Hec dicit
ysaias quando vidit gloriam dei. et locutus est
de eo. haut dubiū quin cristum significet. Glo
Vnde ex verbis istis materia huius euangelij qd
scdm iohannem describií designat Ex ecclastica
historia. Quia eni natiuitates saluatoris scdm car
nem. vel matheus vel lucas descripserat. reticuit
hic iohannes. et a theologia atqꝫ ab ipsa ei9 diuinitate sumit exordiū. Que pars sine dubio ipsi velut ernio p spnsseꝺ referuata est. Alchuinus.
Vnde cum omnibus diuine scripture paginis eua
geliū excellat. quia quod lex et ꝓphete futur9 p̄di-
xerunt hoc complecti die euangelij. Inter ipsos
autem euangelios scriptores iohannes eminet ī
diuinoꝝ misterioꝝ ꝓfūditate. qui a tempore do-
minice ascensionis p annos. lxv. verbum dei absꝗ
adminiculo scribendi. vsꝗ ad vltima domicana ꝛe-
pota p̄dicauit. Sed post occasionem domicana cū
nerua ꝑmittente de exilio rediisset ephesum. copul-
sus ab episcopis asie de coeterna patri diuinitate
cristi scripsit aduersus hereticos. qui cristum an
mariam fuisse negabant. Vnde merito in figura qt
tuor aīalium liū aquile volanti comparat̄ que volat
alcius cunctis auibus. et solis radios irreuerbe-
ratis aspicit luminib9. Augu. sup iohanne. Trā-
scendit enim iohannes omnia cacumina terrarum
trascendit omnes campos aeris. trascē it omnes
altitudines sideru. trascendit omnes choros ꝯ le-
giones angeloꝝ. nisi enim transcenderet ista omnia
que creata sunt. non peruiret ad eum p quem facta sunt oīa. Augu. de con. euan. Ex quo intellī-
gi debj diligenter aduertas. tres euangelistas
temporalia facta domini. et dicta que ad informā-
dos mores vite p̄sentis maxime valeret. circa acti-
uam virtutem fuisse versatos. Johannes vero facta domini nō ita multa narratt. dicta vero eī9
p̄sertim q̄ trinitatis vnitatē et vite eterne felicita-
tem insinuarent. diligencius et vberius conscribē
tem in virtute contemplatiua commendari suas
intentōes p̄dicandoneꝗ; tenuisse. Vnde animalia
tria. p que tres alij euangeliste designantur. siue
leo siue homo siue vitulus in terra gradiuntur. quia
tres euangeliste in his maxime occupati sunt. que
xps in carne opatus est. et q̄ p̄cepta mortalis vite exercende carnem portantibus tradidit. At vero iohannes sup nubila infirmitatis humane velut
aquila volat. et lucem incommutabilis veritatis

acutissimis atqꝫ firmissimis oculis cordis intuē-
ipsā eni maxime diuinitatem dīn qua patri est eꝗ
lis intendit. eameꝗ ꝑcipue suo euangelio quantū
inter homines sufficere credidit commendare cu-
rauit. Glo. Potest igit̄ euangelista iohannes cū
ysaia ꝓpheta dicere. Vidi dūm sedentē sup solium
excelsum et eleuatū. inq̄tum acumie visus sui eri-
stum in diuinitatis maiestate regnantem īnspexit.
Que quide etiam sua natura excelsa est. et sup oīa
alia eleuata. Dicat etiaꝫ euangelista iohannes. Et
plena erat dom9 maiestatis eius. quia p ipsū narrat omnia esse facta. et suo lumine omnes homines
in hūc mūdum venientes illustrari. Dicat etiam ꝙ
ea que sub ipso erant replebant templum. q̄ dicit
verbum caro factū est. et vidim9 gloriaꝫ eius gloriam quasi vnigeniti a patre plenū gracie et veritatis. scdm quod de plenitudine ei9 nos omnes ac-
cepimus. Sic igit̄ p̄missa verba materia huj9 eua-
gelij continet. in quo iohannes dūm sup soliū excelsum sedentem insinuat. Diuinitatem cristi osten
dens et terrā ab eius maiestate impleri ostendit.
Dum omnia p eius virtutes in esse ꝓducta ostendit. et a priis p̄fectionib9 repleta. et inferiora ei9
id est humanitatis misteria. templum id est eccle-
siam replere docet. dum in sacramentis humanitatis et gracia et gloriam fidelibus repromittit.
Criso. Quado igit̄ barbarus hic et indisciplinat9
talia loquit̄. qui mill9 coꝝ. qui in terra sunt hoc
nouit unꝗ si bi solus esset. miraculū magnū
esset. Nunc autē cū his et alud isto maius tribuit
argumentū. q̄ a deo inspirata sunt ei q̄ dicuntur
hic scꝫ quod omnes audiūt et suadet omnibus per
omne tempus. Quis ergo nō admirabit̄ habitan-
tem in eo virtutem. Orige. in bo. Iohānes in-
terptatur gracia dei. siue is quo est gracia. vel cui
donatum est. Cui autem theologoꝝ donatū est ita
abscōdita summi boni penetrare misteria. a sic hu-
manis mentibus intimare.

Criso. Omnibus
alijs euangelistis ab
incarnatōne incipiē-
tibus. Johānes trās-
currens conceptōnem
natuitatē. educatō ꝯ
augmentatōes. mox
ꝓ eterna nobis ge-
neratōne narrat di-
ces. In p̄incipio erat

CAPIT.   I.

IN principio erat verbum

verbū. Augustin. lxxxiij.
q̄. Quod. Grece lo-
gos dicit̄ latine et ratōnem et verbū significat.
hoc loco meli9 verbū interptamur. vt significet
non solum ad patrem respectū. sed ad illa etiaꝫ q̄
p verbū facta sūt. operatiua potencia. Racio aut
et si nihil p ea fiat recte racio dicit̄. Augu.
sup iohannem. Quottidie autē dicendo verba viluerunt nobis. q̄ sonando et transeūdo viluerunt.
Est verbū. et in ipso homine quod manet intus nā
son9 pcedit ex ore. Est verbū quod vere spiritalit̄
dicit̄ illud quod intelligis de sono nō ipse son9.
Augu. xv. de trini. Quisꝗ autem potest intellige-
verbū nō solū antꝗ sonet. verū etiam antꝗ sono-
rum eius imagines cogitacione voluantur. iam pōt
videre p hoc speculū atꝗ in hoc enigmate aliꝗ

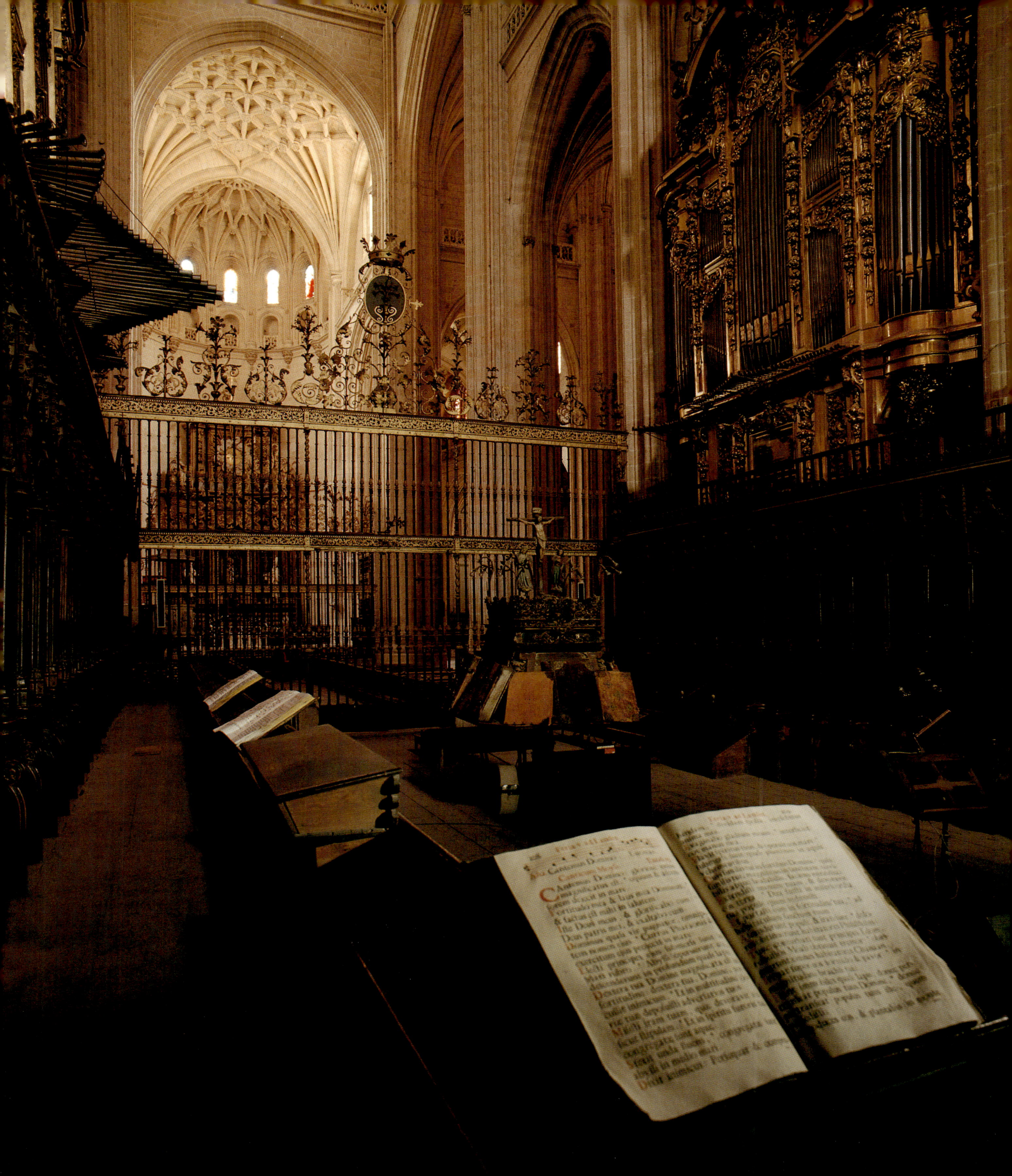

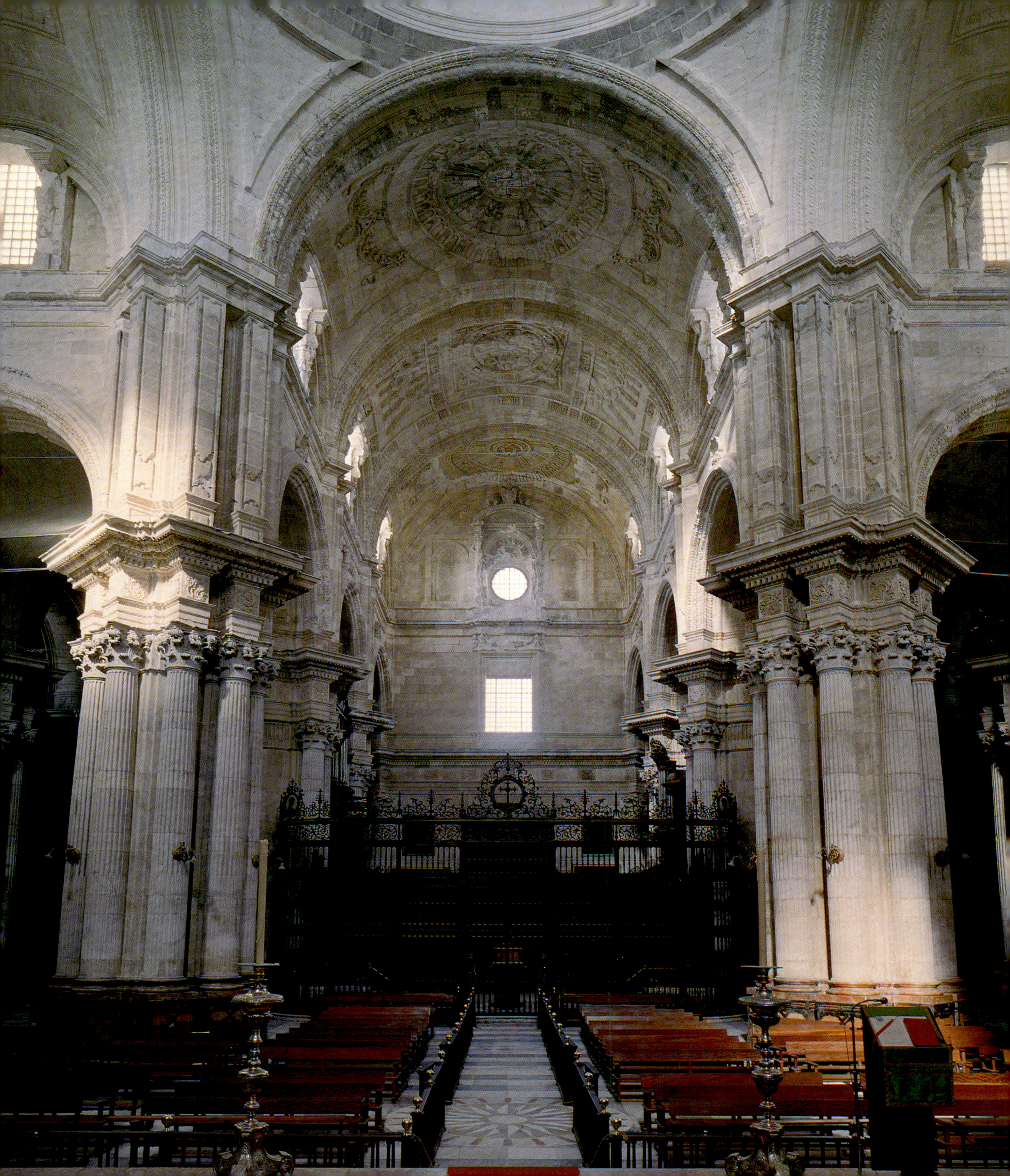

IX
Fin de un Ciclo Histórico: la Catedral de Cádiz

Las catedrales de Salamanca y Segovia se terminaron en el siglo XVIII mientras se iniciaban otras como la concatedral del Pilar de Zaragoza, cuyo cabildo es el mismo que el de la Seo de esta ciudad. Otras muchas fábricas catedralicias continuaban sus obras en un interminable proceso de adición, enriquecimiento y puesta al día, renovando sus altares, coros, púlpitos y rejas, proyectando nuevas fachadas como las espectaculares de Santiago de Compostela y Murcia a cuya verbosidad barroca seguirían, dentro del siglo XVIII, las más contenidas y académicas de Lugo o Pamplona. Todo ello compone una apasionante historia que consumió caudales sin cuento, siendo los propios edificios documentos explícitos no sólo de la naturaleza del arte sino del agotamiento económico que tal esfuerzo supuso. Muchas catedrales quedaron inconclusas como la de Málaga, fachadas sin terminar como las de Barcelona o Sevilla, torres sin acabar como la de Astorga, y así sucesivamente hasta agotar en el siglo XVIII el que cabe llamar ciclo histórico de las catedrales.

Es cierto que se seguirían proyectando y construyendo edificios catedralicios en los siglos XIX y XX, desde la catedral de Vitoria hasta la de Madrid, de acuerdo con una nueva organización diocesana, pero ya no son estos tiempos de catedrales y ello se acusa en todos los órdenes. Es entonces cuando la propia liturgia abandona su expresión culta y comienzan a desmantelarse las catedrales por iniciativa de las propias autoridades eclesiásticas. Se eliminaron retablos, coros y rejas, dejaron de escucharse las voces en el coro y la música en el órgano, cesaron las procesiones por el interior de las naves. Perdió solemnidad e interés el culto para entrar en una suerte de minimalismo frío que distancia a los fieles. Ya se oyen sólo pseudocánticos e instrumentos fuera de lugar. Un nuevo mobiliario tan pétreo como soberbio preside los presbiterios de muchas catedrales españolas con total desprecio hacia lo que históricamente representaban sus retablos e imágenes en la fe de aquella ciudad.

Sus obispos yacen doblemente sepultados por las losas funerarias y el nuevo forjado que ocultan sus insignes lápidas. Nada hay en los decretos conciliares que justifique tamaña acción, pero se esgrimen como presuntas justificaciones. Nada se ha movido en las admirables iglesias de Roma, pero demasiado en las catedrales de España.

Por ello, para terminar estas páginas, nos acercamos a la catedral de Cádiz que, a nuestro juicio, es la que mejor define el final del ciclo histórico de las catedrales españolas. Allí es posible identificar el patrón español de su concepción, esto es, cabecera breve y cuerpo de iglesia para albergar un coro en su nave central. Cambiará una vez más el estilo, sus maestros, pero subyace la tradición litúrgica que alumbrada en Santiago de Compostela recoge Toledo y se repite hasta el siglo XVIII en esta catedral que, batida por el viento, mira firme al océano en un adiós sin retorno.

Ya se ha visto que por azar de la historia algunas ciudades españolas conservan dos catedrales como edificios físicos distintos, debido al hecho frecuente de ambicionar un templo mayor y más acorde con las nuevas posibilidades económicas del obispo, cabildo y ciudad. Una vez acabada la nueva catedral, con buen sentido, se mantuvo la que desde entonces se llamó «vieja», lo cual ha permitido que conservemos nobles edificios como las catedrales «viejas» de Salamanca o Lérida, en ocasiones relegadas a funciones de parroquia como la muy venerable de Santa Cruz en Cádiz que fue la primera catedral de esta ciudad abierta al mar. Desde sus aguas pueden contemplarse hoy los dos edificios catedralicios, el viejo y el nuevo, que hablan de dos escalas diferentes de la ciudad, una la del muy viejo y modesto barrio del Pópulo dentro de su muralla medieval y la otra, en sus inmediaciones, de la poderosa y rica ciudad de Cádiz del siglo XVIII, militar y mercantil, que recibe con gozo en 1717 la Casa de Contratación y Consulado de Indias que tan buenos beneficios habían reportado a Sevilla a raíz del descubrimiento de América.

244.
Nave del crucero hacia la portada meridional.

243.
Nave central de la catedral de Cádiz desde el crucero. Al fondo, el coro con la reja proyectada a mediados del siglo XIX por el arquitecto Juan de la Vega Correa y ejecutada en los talleres sevillanos de Manuel Groso. Obsérvese la original disposición de los pilares que mantienen el giro propuesto por Vicente Acero en el proyecto de 1721.

En otro lugar he escrito que Cádiz, como otras ciudades costeras y catedralicias, muestra con orgullo sus dos templos mayores asomando al mar, lo cual, tras ser de una belleza notable y mostrar aspectos inéditos en relación con las catedrales de tierra adentro o de secano, pronto deja ver los grandes problemas que esta cercanía produce. Especialmente si, como en Cádiz, aquella mar es océano y la catedral mira desafiante a la banda que de antiguo se conoce como del Vendaval, habiendo producido, tanto en la vieja como en la más joven catedral, serios y costosos daños causados especialmente por la humedad, el agua y el viento.

El proceso de la Reconquista cristiana hizo aflorar a lo largo de la Edad Media nuevas diócesis o restaurar las antiguas y, en Cádiz, volvió a repetirse la común conversión de la mezquita en iglesia a raíz de la incorporación de la ciudad a la Corona de Castilla en 1260. Efectivamente, durante el reinado de Alfonso X el Sabio, la antigua mezquita musulmana debió de convertirse en la iglesia de Santa Cruz, constituyendo primero un arcedianato de la archidiócesis de Sevilla para alcanzar la jerarquía catedralicia, en 1263, por bula del papa Urbano IV, siendo su primer obispo el franciscano Juan Martínez (1267-1278). En las intenciones del monarca estaba, igualmente, la de ser enterrado allí después de las transformaciones necesarias o de la obra nueva que se hiciera, pero ulteriores vicisitudes y lo que se ha llamado el fracaso de la empresa africanista frente a los musulmanes, en la que Cádiz era pieza estratégica de primer orden, hizo entrar en el olvido ambiciosos proyectos para la ciudad hasta el punto de que en el siglo XV pasó al poder señorial del duque de Arcos, don Rodrigo Ponce de León. La ciudad, entre tanto, había ido afirmando su vocación mercantil, con presencia importante de extranjeros, especialmente genoveses.

Bajo los Reyes Católicos, en 1493, Cádiz volvió a incorporarse a la corona, preparándose allí la salida de dos de las expediciones colombinas a América. Se iniciaba así un nuevo siglo XVI de próspero crecimiento que truncó el saqueo e incendio de la ciudad por las tropas anglo-holandesas a cargo del conde de Essex en 1596. En aquella general catástrofe se perdió la primera catedral gaditana, la que desde el rey Sabio había ido incorporando capillas y elementos varios de carácter gótico de los que sólo restan hoy la capilla bautismal y unos arcos inmediatos en la parroquia de Santa Cruz. Viejas descripciones como la que nos dejó el genovés Niccolo Spinola (1490), así como la abundante información sobre un temprano proyecto de nueva catedral en vísperas del ataque de Essex, permiten conocer cómo era aquella modesta catedral, de tres naves no muy altas y separadas por pilares, cubierta de madera aunque con algunas capillas abovedadas y cabecera recta, siendo notable la ulterior transformación promovida por el obispo García de Haro (1571-1573), cuando trasladó el coro desde el centro de la nave al presbiterio, de acuerdo con lo visto por él en Roma.

245.

Planta de la catedral en la que pueden medirse las analogías formales con la catedral de Granada, ofreciendo como novedad la capilla de las Reliquias en el centro de la girola. La planta guarda la disposición proyectada por Vicente Acero, pero el dibujo y la solución de las bóvedas son de Torcuato Cayón. (Planta de O. Schubert.)

FIN DE UN CICLO HISTÓRICO: LA CATEDRAL DE CÁDIZ

246.
El traslado de la Casa de Contratación y el Consulado de Indias de Sevilla a Cádiz, en 1717, hizo del puerto gaditano la cabecera de las flotas de Indias. La catedral, como un navío más, mira firme al océano, del que esperaba los beneficios que América había reportado a Sevilla.

Perdida o en paradero desconocido la documentación referida a esta primerísima catedral de Cádiz, el Archivo General de Simancas conserva, sin embargo, una interesante información complementaria que, girando en torno al deseo manifestado por el cabildo al rey de construir una nueva catedral con anterioridad al ataque inglés, aporta jugosas noticias de aquel viejísimo edificio. Entre ellas destaca el interrogatorio que se lleva a cabo en junio de 1595, prácticamente en vísperas de la destrucción de la ciudad por Essex, cuando el obispo don Antonio Zapata y Cisneros (1587-1596) decide con su cabildo la construcción de «un templo para iglesia catedral por ser muy indecente e incapaz el que al presente hay en esta ciudad». Para apoyar tal solicitud se pregunta a una serie de personas su parecer sobre aquel templo que, por otra parte y sin poderlo sospechar tenía contados sus días. Las respuestas están contenidas en las propias preguntas y así, unas y otras, venían a decir que «la iglesia catedral desta ciudad nombrada Santa Cruz no tiene traza ni forma conforme a la que tienen las demás iglesias catedrales, porque además de faltalle muchas cosas necesarias no tiene crucero ni trascoro por donde puedan pasar las procesiones y el coro de los beneficiados es muy corto y estrecho y todavía la iglesia es tanto que aun para parroquia de lugar de pocos vecinos no es suficiente».

Por otra parte los materiales y su antigüedad también dejaban mucho que desear a juicio de los interrogados, pues «la fábrica de dicho templo es de muy ruines materiales porque la mayor parte de las dichas paredes son de cal y tierra, el techo de maderas flacas e ruines labradas rústicamente, el suelo de ladrillo tosco por ser todo ello muy antiguo que ha que se edificó por el rey don Alfonso el Sabio, más de trescientos y treinta años, y están podridas las maderas, y las paredes fuera de plomo y con tanta flaqueza que si no se repara con brevedad se caerá todo el edificio y de miedo desto dejan de acudir algunas personas a la dicha iglesia».

La tercera razón en que se apoyó la solicitud del cabildo se relacionaba con su situación costera, pues «por haber los incursos de la mar deshecho algunos edificios que estaban contiguos a la dicha iglesia de algunos años a esta parte baten en las paredes de ella y por debajo de los cimientos entra el agua algunos pasos... y así, por esto, como por lo dicho hay mucho riesgo de que se caiga dicha iglesia y es de manera que se tiene cuidado de que junto a ella no se disparen tiros de artillería ni mosquetes por temor que se podrá caer con cualquier ocasión con pequeña que sea». Todo ello puede dar idea de la situación en que se encontraba aquel edificio que, al menos desde 1518, sabemos de su frágil estado. En efecto, un breve comunicado del papa León X, fechado en Roma el 2 de febrero de aquel año, facultaba al obispo, seguramente don Pedro de Acoltis, para trasladar el culto catedralicio a la iglesia y hospital de la Misericordia «por el peligro que la iglesia tiene de caerse por estar edificada junto a la mar y entrar ésta por parte de los cimientos».

El desastroso incendio de la ciudad en 1596 puso fin a la pequeña catedral de Santa Cruz e inmediatamente se comenzó la construcción de un nuevo templo que aprovechó el solar de la anterior. De este modo, con un legado inicial del generoso obispo García de Haro, con ayuda de Felipe III y aportaciones del obispo, del cabildo catedral y, sobre todo, del cabildo municipal, fue posible levantar la nueva catedral –hoy sólo parroquia de Santa Cruz– que reanudó el culto en 1602. Poco se sabe de sus maestros pese a manejarse el nombre de Cristóbal de Rojas, ingeniero al servicio del rey que se encontraba por entonces en Cádiz.

Él, ciertamente, hizo unos dibujos con la planta de la catedral (1608), pero ésta, a nuestro juicio, sólo aparece allí como referencia de la verdadera obra de Rojas que era la defensa y refuerzo de esta parte de la ciudad, y por lo tanto de la catedral, de los embates del mar que con frecuencia arruinaban «el muro del vendaval». Efectivamente, en el archivo de la catedral nueva hay una planta de la catedral que, con un papel pegado, ofrece dos soluciones distintas para resolver este muro del vendaval y no deja de ser curiosa la nota que acompaña cada una de las dos opciones, pues mientras en la primera se dice que «ésta es opinión de

247.

Pese a ser poco conocida, la catedral vieja de Cádiz es un noble templo del máximo interés. Sus bóvedas, llamadas de paraguas, responden a una original solución entre la bóveda esquifada y la baída. Exteriormente se trasdosan con cerámica vidriada y policromada, dando lugar a una forma estructural y ornamental de gran belleza.

FIN DE UN CICLO HISTÓRICO: LA CATEDRAL DE CÁDIZ

248.
Torres y cúpulas de la catedral nueva tal como quedó después de la intervención de Juan Daura (1844), autor de la cúpula sobre el crucero y del último tramo de la nave mayor. En primer término, la cúpula que corresponde al presbiterio.

arquitectos costará 4.000 ducados y será más firme y a propósito del reparo», en la que se adhiere después se lee: «este rebellín es de opinión de curiosos y no de arquitectos costará 8.000 ducados (!)». En lugar de Cristóbal de Rojas hay que pensar mejor en Ginés Martín de Aranda como autor del edificio que hoy conocemos, pues consta en los Libros de Fábrica que se le abona en 1598 unas cantidades por ir a ver la iglesia en el estado en que había quedado tras el ataque de 1596 y, sobre todo, por hacer los modelos de la iglesia.

Pese a ser poco conocida aquella nueva y hoy vieja catedral, se trata de un hermoso templo de muy gratas proporciones, cuyas tres naves de análoga altura separan fuertes columnas de orden toscano. Sus bóvedas, llamadas «de paraguas», por su original síntesis de una solución esquifada y otra baída, están trasdosadas con cerámica vidriada de rica policromía, dando lugar a una forma estructural y ornamental de gran belleza. Un sencillo crucero con cúpula sobre pechinas cubre parte del propio presbiterio. Tras él, sacristías y salas capitulares en dos plantas, así como la capilla oval de las Reliquias añadida en el siglo XVII. A esta centuria pertenece igualmente el llamado Torreón o capilla del Sagrario que no es sino una imponente torre que, con aspecto militar por fuera y abovedada solución interior, remodeló Torcuato Cayón en el siglo XVIII.

En 1690, fray Jerónimo de la Concepción hacía un medido elogio de la catedral vieja de Cádiz que viene bien traerlo aquí para despedirnos de ella. Efectivamente, en su conocido *Emporio de El Orbe, Cádiz ilustrada*, publicado en Amsterdam (1690), este carmelita descalzo, después de recordar la situación del templo «en lo último de el baluarte de San Lorenzo que está al mar de Vendaval», añade que si bien la catedral de Santa Cruz no tenía «la devoción de Zaragoza, la suntuosidad de Toledo, la calidad de Santiago, la grandeza de Sevilla, el primor de León, el cumplimiento de Cuenca, la magestad de Córdoba y Granada; es constante, que con limpieza, adorno y puntualidad de servicio en el culto divino, pueden sus moradores perder el deseo de lo que resplandece en las otras».

Durante este mismo siglo XVII parece que hubo varios intentos de construir una nueva iglesia catedral más capaz, pero siempre faltaron los recursos necesarios para apoyar un proyecto que supusiera un verdadero salto cualitativo sobre la catedral de Santa Cruz. Sin embargo, el mencionado traslado de la Casa de Contratación de Sevilla a Cádiz, es decir, de la cabecera de las flotas de Indias, significó para Cádiz un movimiento mercantil de primer orden cuyos saludables efectos económicos muy pronto se dejarían sentir en la ciudad, en su arquitectura y, desde luego, en la que será nueva y definitiva catedral. Este hecho coincidió con la prelatura de don Lorenzo de Armengual del Pino de la Mota (1715-1730), hombre emprendedor y decidido que llegó a poner la primera piedra del nuevo templo, el primer día del año 1723, de acuerdo con el proyecto preparado por el arquitecto Vicente Acero y Arebo (1721). El lugar escogido finalmente no distaba mucho de la ya catedral vieja, pero fuera de la muralla saliendo por el arco de la Rosa, y sin corregir su posición respecto al mar.

Acero ofreció en su planta y alzados de la catedral una versión barroca y borrominesca del modelo catedralicio andaluz que había comenzado con Diego de Siloe en Granada, esto es, conjugando una organización basilical de tres naves, crucero y girola, con una capilla mayor a modo de rotonda y tras ella, como en la vieja catedral de Santa Cruz, una capilla de las Reliquias. Así mismo, los apoyos interiores muestran un orden corintio que cuando necesita alcanzar una cota más alta recibe encima un cuerpo apilastrado. Hasta aquí las analogías, pero más importantes son las diferencias expresivas en líneas, diseño y ornamentación, pues allí aparece lo más original de Acero como representante del más encendido barroco dieciochesco.

Sin embargo, la obra de la catedral conoció, como todas sus hermanas, pausas, retrasos, cambios de criterios y de maestros, hasta ir desapareciendo la idea primera de nuestro arquitecto, especialmente desde la renuncia de Acero en 1729, para afirmarse un lenguaje más templado con las modificaciones introducidas por Gaspar Cayón pero, sobre todo, durante la maestría de su sobrino Torcuato Cayón (1759-1783) en que la simplificación del primer proyecto derivó por derroteros más ortodoxamente académicos. Se conserva una carta de este arquitecto, que reproduce Antonio Ponz en su célebre *Viage de España* (1792) que por su interés reproducimos a continuación, pues señala muy bien el quiebro estilístico que conoció la catedral bajo su dirección, los problemas de la misma y el estado de las obras cuando la escribió. La carta dirigida por Cayón a Ponz, redactada en un tono muy humano, data de los años setenta y dice así:

> Muy señor mío: Hallándome obligado a sus favores, y en cumplimiento de la palabra que le di, le remito esta explicación, que en el día me ha sido muy molesta, pues hace diez meses que me hallo enfermo e inhábil de pies y manos, siéndome muy sensible el no haber podido hacer un borroncillo del plan de esta iglesia, cosa precisa para poder explicar; pero lo haré luego que Dios me restablezca el uso de los nervios, habiéndole ofrecido cuanto estuviese de mi parte en este asunto y que ejecutaría sus órdenes con la mayor sencillez y pureza, según mis fuerzas alcanzaren.
>
> Para satisfacer a usted pronto y en la manera que me es posible, digo que la situación de la santa iglesia catedral de Cádiz no solamente es defectuosa por estar inmediata al mar, sino porque es el sitio de la población donde más combaten los temporales; de modo que rompiendo los golpes de agua en la muralla y elevándose en forma de nube, descargan sobre la iglesia, y ésta es la causa por la que voy formándola de mármol blanco duro.
>
> Los movimientos de su planta la hacen aparecer armoniosa a primera vista; pero siendo todos por ángulos, resulta una cornisa de vuelo extraordi-

249.
Fachada principal, en la que puede apreciarse el distinto color de la piedra empleada. La más oscura coincide con lo más cercano al proyecto barroco de Vicente Acero, que después se fue templando en los alzados de tendencia neoclásica. Las torres las realizó Juan de la Vega y Correa, entre 1846 y 1853, sobre un proyecto anterior de Manuel Machuca.

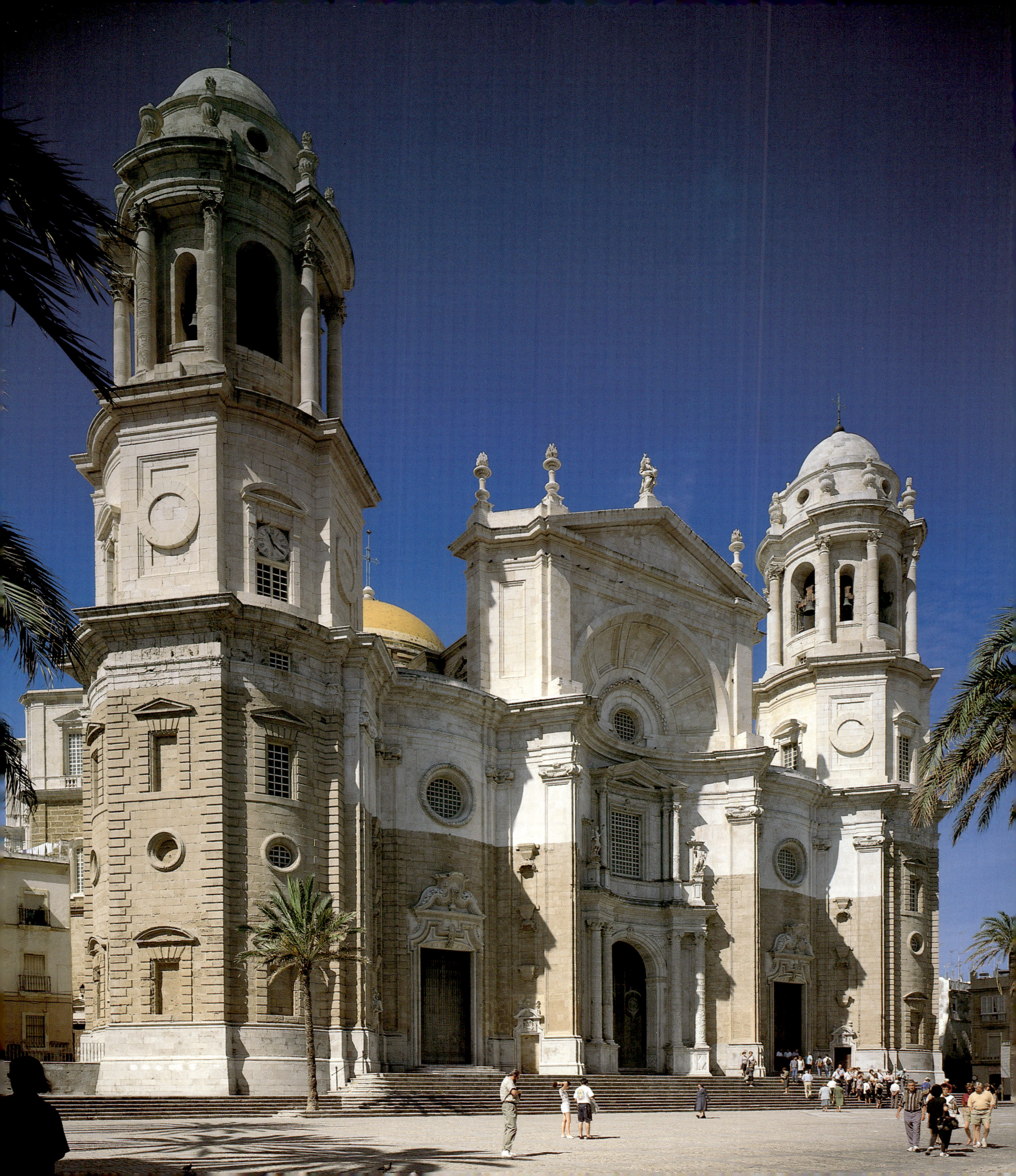

nario. Está, por otra parte, la tal cornisa cargadísima de adornos, y es menester peinarla, dejándola más sencilla. Así mismo, se deben quitar ornatos del friso, por ser de aquellos que llaman de golpe de talla sin pies ni cabeza. Los arcos necesitan de la misma operación, por sus muchas e inútiles labores.

Dentro de las capillas embarazan las columnas, cuyo diámetro es de a vara; pero éste es un defecto irremediable. El número de resaltes, de tres en tres, que hay por toda la iglesia y dentro de las capillas han hecho la obra costosa en extremo y confusa. Toda la iglesia es de mármol blanco hasta la altura de los capiteles; y por cuanto el mármol pierde con el salitre su blancura y se va convirtiendo en un color de hierro mohoso, no era a propósito, ciertamente, esta exquisita piedra, traída de Génova, por lo mucho que se mancha.

Los movimientos extraordinarios son causa de que algunos pilares sean más gruesos de lo que es debido. La distancia desde la capilla mayor hasta los pies de la iglesia es muy corta, faltándole más

250.

La capilla mayor está guarnecida por jaspes rojos y blancos procedentes de Tortosa y Málaga. En el centro, un tabernáculo de mármol y bronce proyectado por Machuca y corregido por Juan de la Vega y Correa. Su ejecución material corrió a cargo de José Frapolli Pelli (1862-1866).

251.
La capilla mayor vista desde el crucero hace pensar en que Acero conocía la solución de Siloé para la cabecera de la catedral de Granada, si bien aquí nunca tuvo carácter funerario. No obstante, el tabernáculo carga sobre la clave de la cripta.

de veinte varas. A esto se agrega la idea de colocar el coro en el medio, a la gótica, de lo que resulta no quedar iglesia para el pueblo, habiendo sido siempre mi parecer de colocarlo en la capilla mayor y el altar debajo de la cúpula, como el de San Pedro, en Roma, y otras muchas iglesias.

La variedad de colores en esta fábrica proviene de las diferentes calidades de piedras. Habiendo yo solicitado facultad de elegir otras para enmendarla en esta parte (lo que ya podía estar hecho), no se me ha concedido, y lo que he logrado han sido pesadumbres.

La fachada principal está adornada de pilastras sin orden ni medida, y he procurado arreglarlas al orden jónico. Las entradas de los costados no tienen consonancia alguna con la portada principal, por ser formadas de dos órdenes corintios, uno sobre otro; y ya empezaba a subir otro tercer orden, pero lo he quitado, formando un gran frontispicio circular. Dejo aparte la extravagancia de los ornatos de algunos nichos llenos de tambanillos y braguetones, a lo tallista o retablero.

El panteón tiene las entradas inmediatas a la capilla mayor, y toma sus luces por entre pilar y pilar, correspondientes a la nave que da vuelta a dicha capilla; pero son las ventanas tan pequeñas, que la falta de luces quita el mérito que merece su construcción y bóveda.

Esto es, en sustancia, lo que puedo decir por mayor de esta nueva y costosa catedral, desde cuya primera cornisa para arriba he trabajado nuevos diseños, y según ellos voy siguiendo la obra. Hubiera procurado en lo posible imitar a los antiguos y mejores arquitectos, pero hubiera sido imposible hacerlo con todo rigor, porque, en lugar de concordar con lo que encontré hecho, hubiera resultado una nueva extravagancia y más notable monstruosidad que antes.

Esta explicación se reduce a darle a usted noticia de los defectos más abultados. Lo demás que pueda necesitarse lo hallará usted en el cuaderno o manifiesto impreso que dio a luz este ilustrísimo Cabildo para hacer presente al comercio el estado de la obra, el ingreso de caudales y su distribución. Es cuanto puedo informar a usted, por cuya salud pido a Dios...

Hasta aquí Torcuato, luego vendrían otros arquitectos decididamente neoclásicos como Miguel de Olivares, Manuel Machuca y Juan Daura. Éste puede decirse que finalizó las obras, al cerrar el crucero con una cúpula así como el tramo último de la nave mayor, todo ello ya en 1844, a falta sólo de las torres de la fachada que, sobre el proyecto de Machuca, hizo Juan Correa de la Vega bajo Isabel II, entre 1846 y 1853, coincidiendo esta última fecha con la del fallecimiento del obispo fray Domingo de Silos Moreno, impulsor principal de la terminación de la catedral.

Su interior ofrece un formidable efecto, a pesar de los problemas que plantea la descomposición de la piedra ostionera utilizada en la obra, por las alteraciones físico-químicas que produce el vecino mar del Vendaval (viento y agua), lo que obligó a cerrar la catedral (1969) por el peligro que suponía el desprendimiento de importantes fragmentos de sus bóvedas. Tras una larga intervención se halla abierta de nuevo al culto y visita, desde 1984, si bien unas redes apenas visibles bajo las bóvedas, siguen recogiendo los pequeños y prácticamente inevitables desprendimientos. Una reciente operación ha eliminado el remate de la cúpula de Daura y alterado el cromatismo que éste le dio.

Más allá de las formas arquitectónicas y de su sorprendente amplitud, esta catedral tiene algo inmaterial que subyuga y es su luminosidad, el equilibrio con el que la luz se reparte por el templo recorriendo bóvedas, naves y capillas, con un nuevo espíritu que no es gótico, renacentista, ni apenas barroco, es decir, tiene algo que no se relaciona tanto con los llamados estilos como con el lugar, con Cádiz, con su arquitectura. En este punto, qué difícil es pensar en esta catedral sin aquella luz que es para ella como el aire para respirar, es una luz que acaricia y no hiere. Sólo hay un espacio al que ésta no llega, la cripta con su formidable bóveda plana, acompañada de otras muchas soluciones canteriles que hablan de la maestría en este terreno de Vicente Acero, pues es la obra que personalmente él pudo dirigir (1721-1726).

En la nave mayor hemos de detenernos preceptivamente en la capilla mayor cuyo presbiterio se halla guarnecido por jaspes rojos y blancos procedentes de Tortosa y Málaga, labrados todos ellos poco antes de mediar el siglo XVIII. En el centro de la capilla se alza un importante tabernáculo de mármol y bronce que labró José Frapolli (1862-1866), en sustitución de otro anterior de madera imitando materiales nobles. El segundo ámbito de interés es el del coro, interés artístico cierto, pero no se olvide que el servicio del altar y del coro fueron los dos cometidos inexcusables e históricos de todos los cabildos catedralicios. El coro gaditano procede de la desamortizada cartuja sevillana de Santa María de las Cuevas y es obra excelente de Agustín y Miguel Perea, padre e hijo, y de Jerónimo de Valencia que acabaron de tallar la sillería hacia 1700, esto es, antes de iniciarse la catedral gaditana.

De las capillas entre contrafuertes recordaremos la más antigua bajo la advocación de la Asunción, con un excelente retablo de Gaspar Cayón (1750) que sirve para medir el talante barroco y dieciochesco del que fue segundo maestro de la catedral. El retablo recuerda cosas vistas en Borromini y está ejecutado en mármoles y jaspes de Mijas.

Finalmente, recorriendo el museo catedralicio instalado en la capilla de las Reliquias, veremos, además de ropas litúrgicas, buenos lienzos y orfebrería de variada especie, dos obras fuera de toda ponderación: la custodia del Cogollo y el ostensorio del Millón. La primera es de plata sobredorada, obra de hacia 1500, de estilo gótico flamígero que se vincula con Enrique de Arfe, mientras que el segundo es obra barroca (1721), de finísima ejecución debida al platero madrileño Pedro Vicente Gómez de Ceballos, cuyo nombre viene de creer que tal es el número de piedras preciosas, esmeraldas y diamantes, que se engastan en este ostensorio de oro cincelado.

252.
Nave lateral e inicio de la girola.

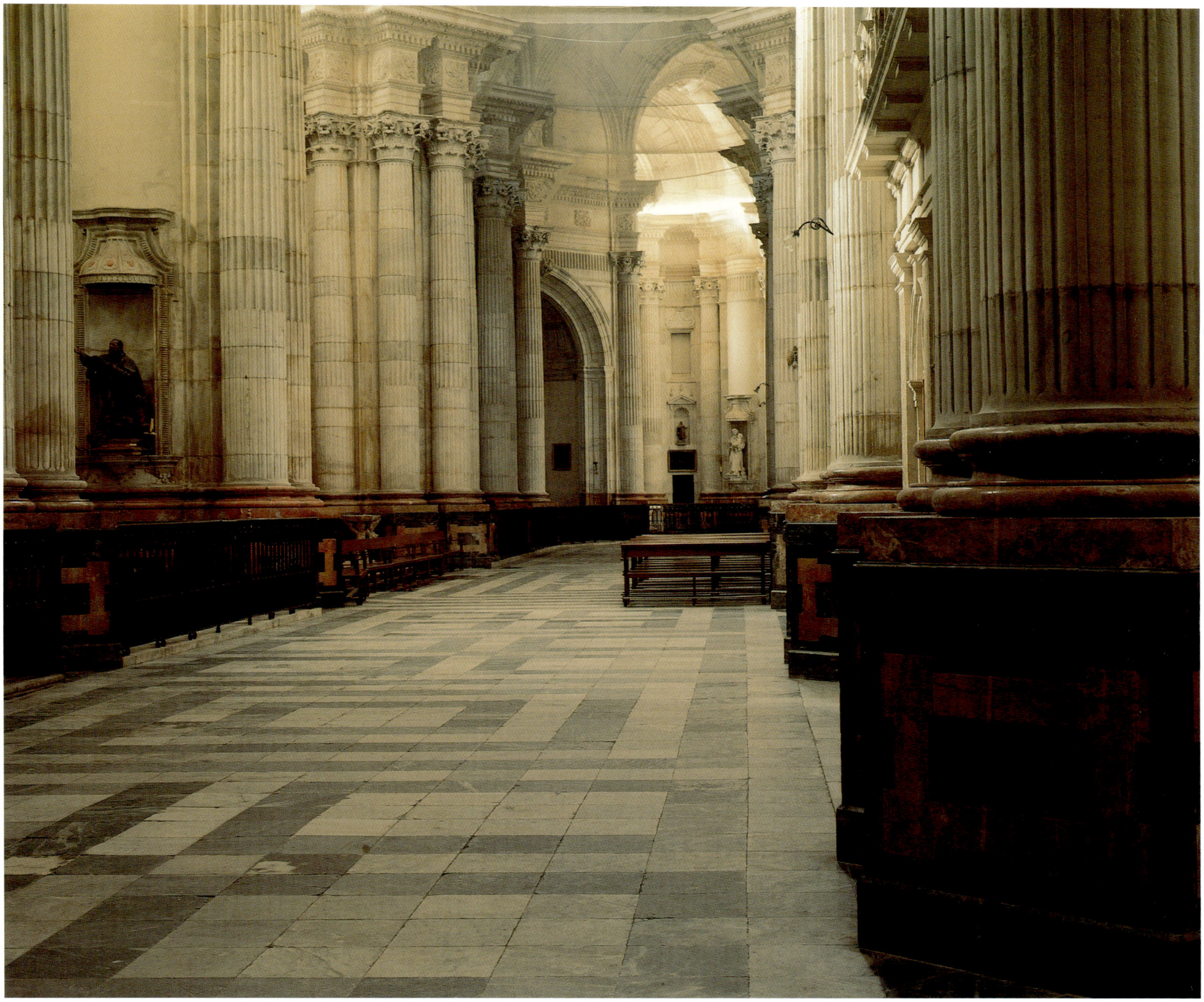

En la página siguiente:

253.
Detalle de la bóveda de la capilla mayor con su cuerpo de luces.

255.
Bóveda de la cripta bajo el presbiterio. Esta parte la dirigió personalmente el arquitecto Vicente Acero entre 1721 y 1726. Acero desplegó sus conocimientos de estereotomía en esta bóveda rebajada de cincuenta y siete pies de diámetro. Al fondo, sobre un altar procedente de la catedral vieja, la Virgen del Rosario, de Alejandro Algardi.

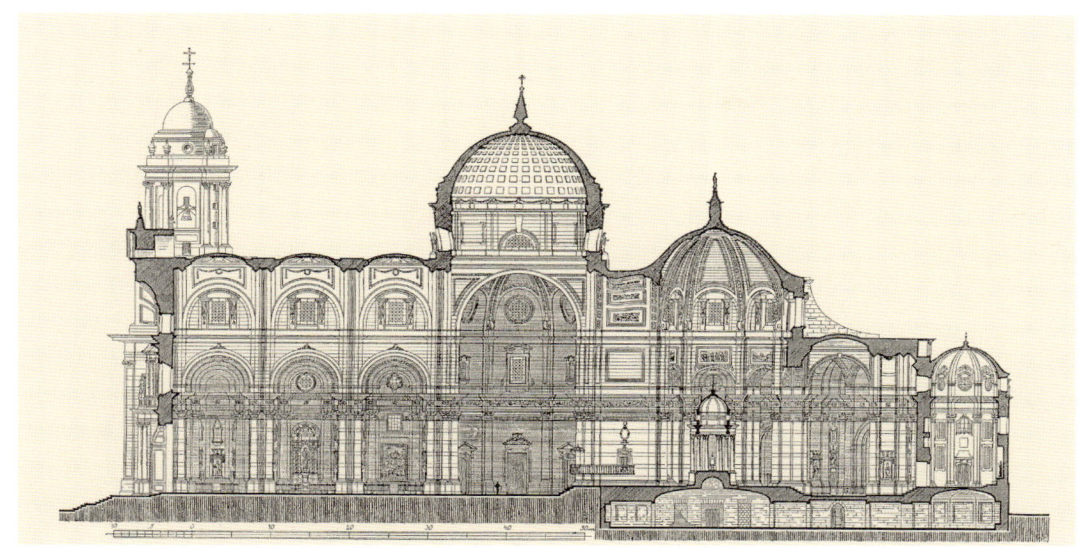

254.
Sección de la catedral dibujada por Schubert en la que se pone de manifiesto la jerarquía espacial del interior con el escalonamiento de sus bóvedas y cúpulas. Sin embargo, el dibujo no recoge la doble hoja de las bóvedas. La importancia de la cripta, donde está enterrado Manuel de Falla, es excepcional entre las catedrales españolas.

En las páginas siguientes:

256.
Silla episcopal presidiendo el coro, cuya sillería procede de la cartuja sevillana de Santa María de las Cuevas. Su acomodación en la catedral exigió algunas modificaciones y adiciones que se realizaron a partir de 1858, entre ellas esta silla episcopal, obra de Juan Rosado, tallista gaditano.

257.
El coro de la cartuja sevillana fue obra de Agustín Perea y se terminó hacia 1700. La catedral de Cádiz lo adquirió después de la desamortización de los bienes de la cartuja, siendo obispo Juan José Arbolí (1853-1863). Se trajeron de allí las cuarenta sillas que con sus respaldos componen hoy la sillería alta, y el maestro gaditano Juan Rosado realizó veinticuatro asientos más para el coro bajo. Entre sus maderas nobles se cuentan el cedro, la caoba, el ébano y el roble.

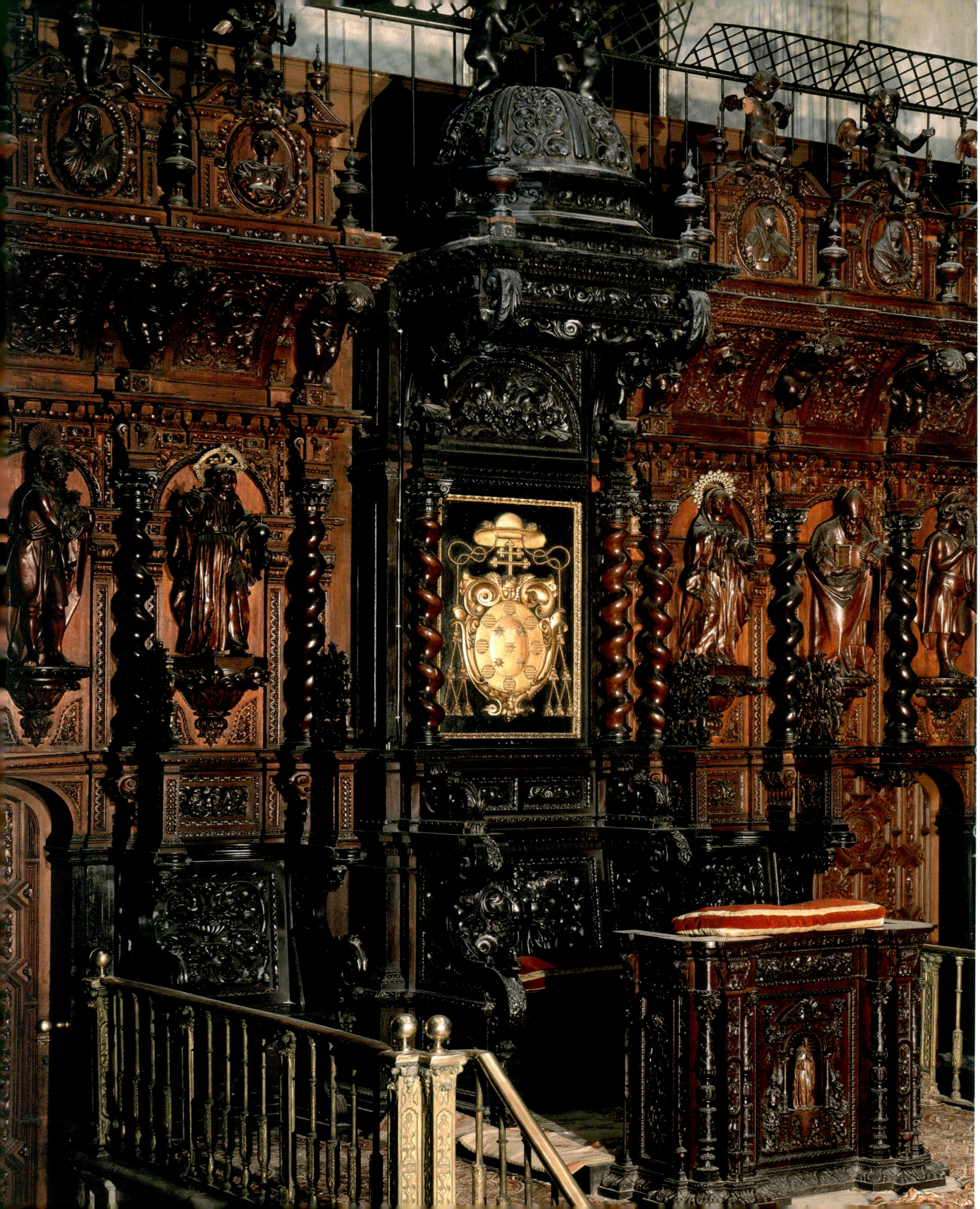

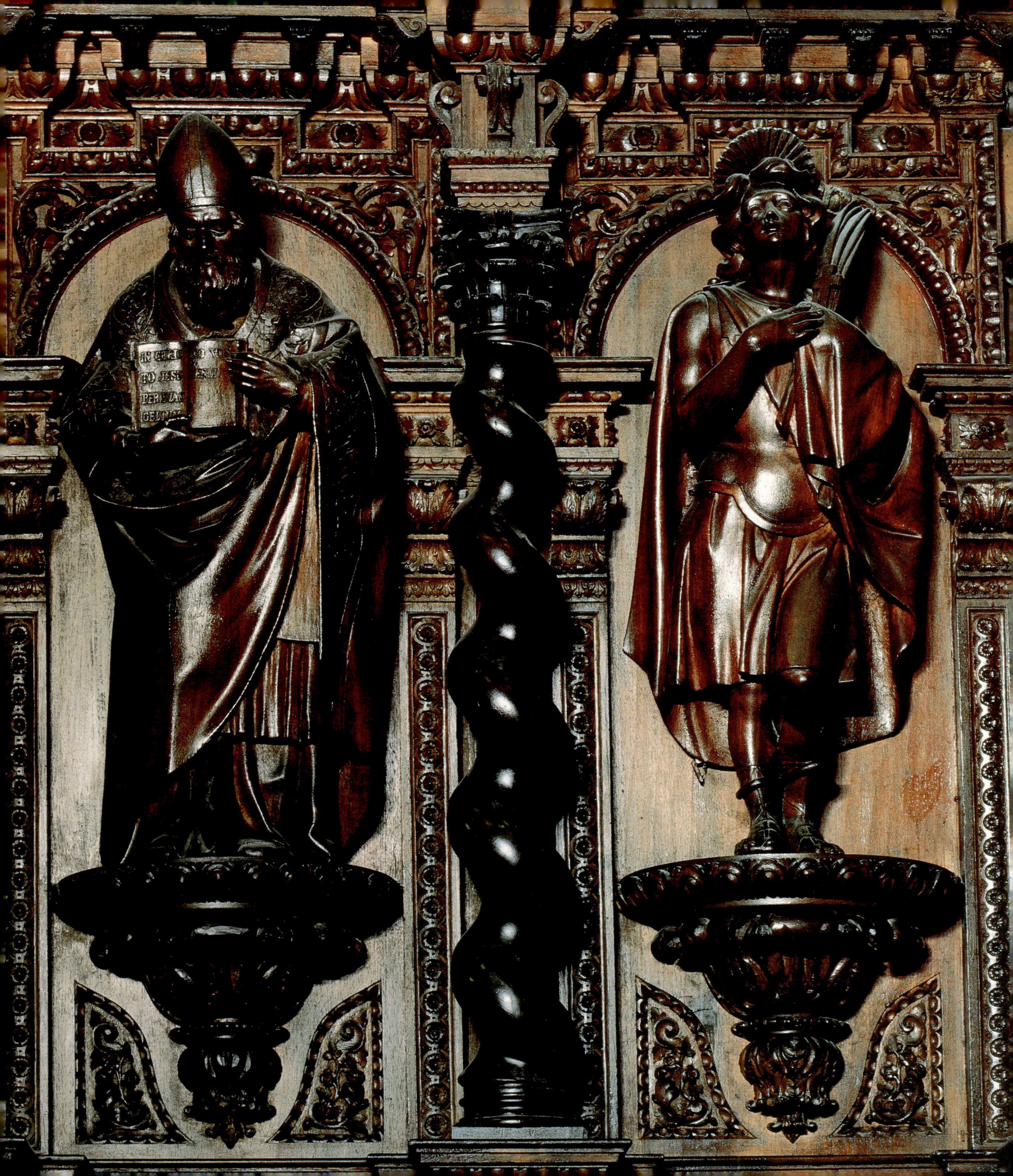

Bibliografía

Barcelona

Ainaud, J. y Roca, R.: *Els vitralls de la catedral de Barcelona i del monestir de Pedralbes*. Barcelona, 1997.

Barral, X. y Gumí, J.: *Les catedrals de Catalunya*. Barcelona, 1994.

Bassegoda Nonell, J.: *La catedral de Barcelona. Su restauración 1968-1972*. Barcelona, 1973.

—"La fachada de la catedral de Barcelona", *Memorias de la Real Academia de Ciencias y Artes de Barcelona*. 1981.

—*Els treballs i les hores a la catedral de Barcelona*. Barcelona, 1996.

Cañellas i Martínez, S.: *Aproximació a l'estudi de les vidrieres de la Catedral de Barcelona: des de les primeres manifestacions a la conclusió del cimbori*. Barcelona, 1993.

Carreras Candi, F.: "Les obres de la catedral de Barcelona", *Boletín de la academia de Buenas Letras* (1913-1914).

Durán i Sanpere, A.: *La catedral de Barcelona*. Barcelona, 1952.

Fábrega, A.: *Catáleg de l'Arxiu Capitular de la S.E. Catedral Basílica de Barcelona*. Barcelona, 1969.

—*Guía de la catedral*. Barcelona, 1969.

—*La vida quotidiana a la catedral de Barcelona en declinar el Renaixement: any 1580*. Barcelona, 1978.

Fatjó, P.: *La catedral de Barcelona en el siglo XVII: las estructuras y los hombres*. Barcelona, 2001.

Florensa, A.: *La fachada de la catedral de Barcelona*. Barcelona, 1968.

Girona, M.: *Memoria sobre la construcción del Cimborio de la Catedral Basílica de Barcelona dirigida al Excmo. Cabildo de la misma por Manuel Girona y Vidal y Ana Girona y Vidal*. Barcelona, 1915.

Gregori i Cifré, J. M.: *La música del Renaixement a la catedral de Barcelona, 1450-1580*. Barcelona, 1987.

Martorell, F.: *La catedral de Barcelona*. Barcelona, 1929.

Martorell, J.: *Ante-proyecto de la fachada para la catedral de Barcelona: Memoria*. Barcelona, 1883.

Pavía, J.: *La música a la catedral de Barcelona durant el segle XVII*. Barcelona, 1986.

Vergés, M. y Vinyoles, M. T.: "La catedral romànica de Barcelona", *Lambard* (1987).

VV. AA.: "La catedral de Barcelona", número monográfico de la revista *D'art* (Barcelona, 1993).

Burgos

Andrés Ordax, S.: *La catedral de Burgos*. León, 1993.

Cortés Echánove, L: "De cómo la ciudad de Burgos logró el aislamiento de su catedral", *Boletín de la Institución Fernán González* (1971).

Dotor y Municio, A.: *La catedral de Burgos*. Burgos, 1928.

Elorza, J. C., Negro, M., y Pavo, R.: *La imagen de la catedral de Burgos*. Burgos, 1995.

Estella, M.: *La imaginería de los retablos de la Capilla del Condestable*. Burgos, 1995.

Franco Mata, A.: "Alfonso X el Sabio y las catedrales de Burgos y León", *Norba-Arte* (1986).

Gallego de Miguel, A.: El arte del hierro en la catedral de Burgos, *Academia* (1983).

Garrido, J. M.: *Documentación de la catedral de Burgos (804-1183)*. Burgos, 1983.

—*Documentación de la catedral de Burgos (1184-1222)*. Burgos, 1983.

Gonzalo, A.: *El cabildo de la catedral de Burgos en el siglo XIX (1808-1902)*. s.l., 1993.

Hergueta, D.: *Santa María la Mayor de la catedral de Burgos y su culto*. Lérida, 1922.

Huidobro Serna, L.: *La catedral de Burgos*. Madrid, 1949.

Iglesias Rouco, L. S.: "La catedral de Burgos", *Medievalismo y neomedievalismo en la arquitectura española: Las catedrales de Castilla y León, I* (Ávila, 1994).

—"Sobre la obra del trasaltar de la catedral de Burgos", *Boletín del Seminario de Estudios de Arte y Arqueología* (1977).

—"La capilla del Santo Cristo de la catedral de Burgos. Datos para su estudio", *Boletín del Seminario de Estudios de Arte y Arqueología* (1990).

Karge, H.: *La catedral de Burgos y la arquitectura del siglo XIII en Francia y España*. Valladolid, 1995 (1.ª ed., Berlín, 1989).

Lampérez y Romea, V.: "La catedral de Burgos (Obras últimamente realizadas)", *Arquitectura y construcción* (1918).

López-Calo, J.: *La música en la catedral de Burgos*. Burgos, 1995-2003.

López Martínez, N.: *La capilla de Santa Tecla*. Burgos, 2003.

López Mata, T.: *La catedral de Burgos*. Burgos, 1950.

Maldonado, M. T.: *La platería burgalesa: plata y plateros en la catedral de Burgos: estudio histórico-artístico*. Madrid, 1994.

Mansilla Reoyo, D.: *Catálogo documental del archivo de la catedral de Burgos (804-1416)*. Madrid-Barcelona, 1971.

Martínez Burgos, M.: *En torno a la catedral de Burgos. El coro y sus andanzas*. Burgos, 1956.

Martínez y Sanz, M.: *Historia del templo catedral de Burgos*. Burgos, 1866.

Mateo Gómez, I.: *La sillería de coro de la catedral de Burgos*. Burgos, 1997.

Matesanz, J.: *Actividad artística en la catedral de Burgos de 1600 a 1765*. Burgos, 2001.

Navascués Palacio, P.: "Apraiz y la restauración de las agujas de la catedral de Burgos", *Julián Apraiz*, V toria, 1995.

Orcajo, P.: *Historia de la catedral de Burgos*. Burgos, 1845 (nueva ed., Burgos, 1997).

Pavón, N.: *Signos lapidarios de los canteros en la catedral de Burgos*. Burgos, 1998.

Pereda Llarena, J.: *Documentación de la catedral de Burgos (1254-1293)*. Burgos, 1984.

—*Regla de coro de la Sta. Iglesia Metropolitana de Burgos*. Burgos, 1909.

Rico, M.: *La catedral de Burgos*. Burgos, 1985.

Serrano, L.: *D. Mauricio, obispo de Burgos y fundador de su catedral*. Madrid, 1922 (nueva ed., Valladolid, 2001).

Urrea Fernández, J.: *La catedral de Burgos*, León 1994 (2.ª ed.).

VV. AA.: *Rehabilitación de la capilla de San Jerónimo o de Mena de la catedral de Burgos*. Burgos, 1997.

—*Capilla de San Enrique, catedral de Burgos: historia y restauración*. Barcelona, 2000.

—*La Capilla de la Presentación o de San José: catedral de Burgos: historia y restauración*. Burgos, 2001.

—*Capilla de la Concepción y Santa Ana, catedral de Burgos: historia y restauración*. Burgos, 2001.

Cádiz

Antón Solé, P.: "La catedral vieja de Santa Cruz de Cádiz. Estudio histórico y artístico de su arquitectura", *Archivo Español de Arte* (1975).

—*La catedral de Cádiz. Estudio histórico y artístico de su arquitectura*. Cádiz, 1975.

—*Catálogo de planos, mapas y dibujos del Archivo Catedralicio de Cádiz*. Cádiz, 1976.

[Exposición] *Los planos de la catedral de Cádiz: su restauración en el Archivo Histórico Provincial de Cádiz*. Sevilla, 2003.

Gutiérrez Moreno, P.: "La cúpula de Vicente Acero para la catedral de Cádiz", *Archivo Español de Arte y Arqueología* (1928).

Jerónimo de la Concepción, Fray: *Emporio de El Orbe, Cádiz ilustrada*. Amsterdam, 1690.

Navascués y de Palacio, J. de: *Cádiz en 1513*. Cádiz, 1996.

Navascués Palacio, P.: "Nuevas trazas para la catedral de Cádiz", *Miscelánea de Arte*. Madrid, 1981.

Pajares, M.: *Archivo de Música de la Catedral de Cádiz*. Granada, 1993.

Pérez del Campo, L.: *Las catedrales de Cádiz*. León, 1988.

Ponz, A.: *Viaje de España*, T. XVII. Madrid, 1792.

Sanz, M. J.: *La custodia de la catedral de Cádiz: una integración de estilos*. Cádiz, 2000.

Taylor, R.: "La fachada de Vicente Acero para la catedral de Cádiz", *Archivo Español de Arte* (1975).

Urrutia, J. de: *Descripción histórico-artística de la catedral de Cádiz*. Cádiz, 1843.

Córdoba

Castejón, R.: *La mezquita aljama de Córdoba*. León, 1980.

Dabrio, M. T. y Raya, M. A.: "Del Islam al cristianismo: la catedral de Santa María", *Arte. Córdoba capital*, vol. 2 de la col. dirigida por A. Villar. Córdoba, 1994.

García-Cuevas, J.: *El cabildo catedralicio cordobés desde la revolución a la Restauración: (1788-1882)*. Córdoba, 1996.

Lara, F. J.: *La música en la catedral de Córdoba [Recurso electrónico]: los libros corales de la misa*. Granada, 2003.

Martín Ribes, J.: *La sillería de coro de la catedral de Córdoba*. Córdoba, 1981.

—*Custodia procesional de Arfe*. Córdoba, 1983.

Menor, B.: *El templo parroquial de El Sagrario de la Santa Iglesia Catedral de Córdoba*. Córdoba, 2003.

Nieto Cumplido, M.: *Historia de la Iglesia en Córdoba. Reconquista y restauración*. Córdoba, 1991.

—*La catedral de Córdoba*. Córdoba, 1998.

Nieto Cumplido, M. y Luca de Tena, C.: *Planos y dibujos de la mezquita de Córdoba* Córdoba, 1993.

Ocaña Jiménez, M.: "La Basílica de San Vicente y la Gran Mezquita de Córdoba", *Al-Andalus* (1941).

Ramírez de las Casas, L. M.: *Descripción de la iglesia catedral de Córdoba*. Córdoba, 1853.

Raya Raya, M. A.: *Catálogo de las pinturas de la catedral de Córdoba*. Córdoba, 1983.

Taylor, R.: *Arquitectura andaluza. Los hermanos Sánchez de Rueda*. Salamanca, 1978.

Torre y del Cerro, A. de la: "Obras en la torre de la catedral de Córdoba en los siglos XVI y XVII", *Boletín de R.

Academia de Ciencias, Bellas Letras y Nobles Artes de Córdoba (1931).

Torres Balbás, L.: "Arte hispano-musulmán. Hasta la caída del Califato de Córdoba" vol. V de la *Historia de España*, dirigida por R. Menéndez Pidal. Madrid, 1957.

Vázquez Lesmes, R.: *Córdoba y su cabildo catedralicio*. Córdoba, 1987.

Villar Movellán, A.: *La catedral de Córdoba*. Sevilla, 2002.

Granada

Álvarez del Castillo, M. A.: Las miniaturas de los libros de coro de la catedral de Granada: su estudio y catalogación. Granada, 1981.

Bustamante, A. y Marías, F.: "La catedral de Granada y la introducción de la cúpula en la España del Renacimiento", *Boletín del Museo e Instituto Camón Aznar* (1992).

Consueta de Ceremonias y Gobierno de la Santa Iglesia Catedral Apostólica y Metropolitana de la Ciudad de Granada. Granada, 1819.

Gallego Burín, A.: *La Capilla Real de Granada*. Madrid, 1952.

—*Nuevos datos sobre la Capilla Real de Granada*. Madrid, 1953.

—*El barroco granadino*. Madrid, 1956.

—*Granada*. Madrid, 1961.

Gómez Moreno, M.: "En la Capilla Real de Granada", *Archivo Español de Arte y Arqueología* (1925-1926).

—*Las águilas del Renacimiento español*. Madrid, 1941. (Nueva ed. Madrid, 1983).

—*Diego de Siloé*. Granada, 1963.

López Calo, J.: *La música en la catedral de Granada en el siglo XVI*. Madrid, 1963.

—*Catálogo del Archivo de Música de la catedral de Granada*. Granada, 1991-1992.

Marín López, R.: *El Cabildo de la catedral de Granada en el siglo XVI*. Granada, 1998.

Nieto, V.: *Las vidrieras de la catedral de Granada*. Granada, 1973.

Pita Andrade, J. M.: *La Capilla Real y la catedral de Granada*. León, 1981 (2ª ed.).

Pita Andrade, J. M. (coord.): *El libro de la Capilla Real*. Granada, 1994.

Ramos López, P.: La música en la catedral de Granada en la primera mitad del siglo XVII: Diego de Pontac. Granada, 1994.

Reyes, M.: *Guía de la catedral de Granada*. Granada, 1974.

Rosenthal, E.: *The Cathedral of Granada. A study in the Spanish Renaissance*. Princeton, 1961 (Trad. al español, Granada, 1990).

—*Diego de Siloé arquitecto de la catedral de Granada*. Granada, 1966.

—"El primer contrato de la Capilla Real", *Cuadernos de Arte de la Universidad de Granada* (1973-1974).

Sánchez-Cantón, F. J.: *Libros, tapices y cuadros que coleccionó Isabel la Católica*. Madrid, 1950.

Torme, E.: *Carta sobre el patrimonio artístico nacional al Emmo. Cardenal Arzobispo de Granada*. Granada, 1929 [1930].

Torres Balbás, L.: "La mezquita mayor de Granada", *Al-Andalus* (1945).

Jaén

Álamos Berzosa, G.: *Iglesia catedral de Jaén*. Jaén, 1971.

Capel, M.: *La platería de la catedral de Jaén* (Granada, 1985).

Chueca, F.: "Ventura Rodríguez y la escuela barroca romana", *Andrés de Vandelvira, arquitecto*. Jaén, 1971.

Galera, P. A.: *Arquitectura de los siglos XVII y XVIII en Jaén*. Granada, 1979.

—*La catedral de Jaén*. Jaén, 1983.

García Pardo, M.: *El Cabildo de la catedral de Jaén: organización y vida (siglos XIII-XVI)*. Almería, 1998.

Gómez Moreno, M.: "La sillería de coro de la catedral de Jaén", *Arte Español* (1941).

Higueras, J.: *El sagrario de la catedral de Jaén (notas históricas)*. Jaén, 1985.

Jiménez Cavallé, P.: *Documentario musical de la catedral de Jaén*, Granada, 1988.

Martínez Ruiz, A.: *La sillería del coro de la iglesia catedral de Jaén: análisis formal y estructural*. Jaén, 1998.

Ortega, A.: *La catedral de Jaén: unidad en el tiempo*. Jaén, 1991.

Ulierte Vázquez, M. L.: La decoración del Sagrario de la catedral de Jaén, *Boletín del Instituto de Estudios Giennenses* (1981).

—*El retablo en Jaén (1580-1800)*. Jaén, 1986.

León

Alonso, J. y Herráez, M. V.: *Los plateros y las colecciones de platería de la catedral y Museo Catedralicio-Diocesano de León (siglos XVII-XX)*. León, 2001.

Álvarez Pérez, J. M.: *La Música Sacra al servicio del culto de la catedral de León*. León, 1995.

Boto, G.: *La memoria perdida. La catedral de León (917-1255)*. León, 1955.

Cabeza de Vaca, F.: *Resumen de las políticas ceremonias, con que se gobierna la Noble, Leal, y Antigua Ciudad de León...* Valladolid, 1693 (Ed. facsímil, León, 1978).

Campos Sánchez-Bordona, M. D.: *La catedral de León*, Salamanca, 1994.

Díaz-Jiménez, J. E. y Molleda, J.: Catedral de León: la cúpula del siglo XVII y la linterna del XVIII. Madrid, 1931.

Domínguez Berrueta, M.: *La catedral de León*. Madrid, 1951.

Fernández Arenas, J.: *Las vidrieras de la catedral de León*. León, 1982.

Franco Mata, A.: *Escultura gótica en León*, León, 1976.

—*Escultura gótica en León y provincia (1230-1530)*, León, 1988.

—"Influence de la sculpture française dans les cathedrales espagnoles de Burgos, Léon et Tolède", *Studien zur Geschicte der europäischen Skulptur im 12./13 Jharhundert*. Francfurt, 1994.

González-Varas, I.: *La catedral de León. Historia y restauración (1859-1901)*. León, 1993.

Laviña Blasco, M.: *La catedral de León*. León, 1876.

Merino, W.: *Arquitectura hispano-flamenca en León*. León, 1974.

Navascués Palacio, P.: "Arquitectura del siglo XIX: las fachadas de la catedral de León", *Estudios Pro-Arte* (Barcelona, 1977).

—"La catedral de León: de la verdad histórica al espejismo erudito", *Medievalismo y neomedievalismo en la arquitectura española* (Ávila, 1990).

—"El coro y la arquitectura de la catedral. El caso de León", *Las catedrales de Castilla y León*, vol. I (Ávila, 1994).

Prados, J. M.: "El retablo mayor del siglo XVIII de la catedral de León", *Archivo Español de Arte*, 1982.

Ríos, D. de los: *Monografía sobre la catedral de León*, Madrid, 1895. (Nueva ed. con introducción de J. Rivera y J. Arrechea, Valladolid, 1889.)

Rivera, J.: "La catedral de León", *Las catedrales de Castilla y León*. León, 1992.

—*Historia de las restauraciones de la catedral de León*. Valladolid, 1993.

Teijeira Pablos, M. D.: *La influencia del modelo gótico-flamenco en León. La sillería de coro catedralicia*. León, 1993.

Valdés, M., Cosmen, C., Herráez, M. V., Campos, M. D. y González-Varas, I.: *Una historia arquitectónica de la catedral de León*, León, 1994.

Villacorta, T.: *El cabildo de la catedral de León: estudio histórico-jurídico. Siglos XII-XIX*. León, 1974.

VV.AA.: *La organización del cabildo catedralicio leonés a comienzo del siglo XVI (1419-1426)*. León, 1990.

—*Arte, función y símbolo. El coro de la catedral de León*. León, 2000.

—*La catedral de León*. León, 2002.

—*Estudios sobre la catedral de León*. León, 2004.

Mallorca

Adams, R.: *The Cathedral of Palma de Mallorca. An Architectural Study*. Cambridge, Mass., 1932.

Cantarellas, C.: "La intervención del arquitecto Peyronnet en la catedral de Mallorca", *Mayurqa* (1975).

Durliat, M.: *L'art en el Regne de Mallorca*. Toulouse, 1962 (Palma, 1964).

Furió, V.: *La catedral de Palma de Mallorca*. Palma, 1948.

Jovellanos, G. M.: *Carta histórico-artística sobre el edificio de la iglesia catedral de Mallorca*. Palma, 1832.

Llabrés, P.: *Gaudí a la Seu de Mallorca*. Palma de Mallorca, 2002.

Pérez Martínez, L. "La Asunción de nuestra Señora, titular de la catedral de Mallorca", *Analecta Sacra Tarraconensia* (1955).

Ramis de Ayreflor y Sureda, J.: *Un insigne bienhechor de la catedral de Mallorca: el canónigo don Antonio Figuera (1669-1747)*. Palma de Mallorca, 1947.

Rubió, J.: *Conferencia acerca de los conceptos orgánicos, mecánicos y constructivos de la catedral de Mallorca*. Barcelona, 1912.

Sagristá, E.: *Gaudí en la catedral de Mallorca. Anécdotas y recuerdos*. Castellón de la Plana, 1962.

Sastre, J.: "Canteros, picapedreros y en la Seo de Mallorca y el proceso constructivo", *Boletín de la Sociedad Arqueológica Luliana* (1993).

—*El primer llibre de fàbrica i sagristia de la Seu de Mallorca: 1327-1345*. Mallorca, 1994.

Tous, L. y Coll, P.: *Vitrales de la catedral de Mallorca*. Palma, 1993.

VV.AA.: *Las reliquias y relicarios de la catedral de Mallorca*. Palma de Mallorca, 1961.

—*La catedral de Mallorca*. Palma de Mallorca, 1995.

—*La contabilidad de los Libros de Fábrica de la Catedral de Mallorca*, Palma, 1997.

Salamanca

Berriochoa Sánchez-Moreno, V.: *Planimetría de la catedral de Salamanca*, Salamanca, 2002.

—"La catedral de Salamanca. Su arquitectura", *Catálogo de la exposición "Jeronimus. 900 años de arte e historia. 1102-2002"*. Salamanca, 2002.

Brasas Egido, J. C.: *Salamanca, las catedrales de Castilla y León*. León, 1992.
Camón Aznar, J.: "Etapas constructivas de la Catedral Vieja de Salamanca", *Goya* (1958).
Casaseca Casaseca, A.: *Rodrigo Gil de Hontañón*, Salamanca, 1988.
—*Las catedrales de Salamanca*. León, 1993.
Castro Santamaría, A.: "La polémica en torno a la planta de salón en la catedral de Salamanca", *Academia* (1992).
—"Las visitas a la catedral de Salamanca de Álava y Covarrubias en 1529, y de Egas y Bigarny en 1530", *Las catedrales de Castilla y León, I*. Ávila, 1994.
—*Juan de Álava: arquitecto del Renacimiento*. Salamanca, 2002.
Chueca, F.: *La Catedral Nueva de Salamanca*. Salamanca, 1951.
Díaz Moreno, E.: "Proceso constructivo de la nueva cúpula de la catedral de Salamanca a mediados del siglo XVIII", *Estudia Zamorensia* (1980).
García Fraile, D.: *Catálogo del archivo de la música de la catedral de Salamanca*. Cuenca, 1981.
Garms, J.: "Un rilievo nella cattedrale di Salamanca", *Las catedrales de Castilla y León, I*. Ávila, 1994.
Gómez Moreno, M.: *Catálogo monumental de la provincia de Salamanca*. Madrid, 1967.
González, J.: "La Catedral Vieja de Salamanca y el probable autor de la Torre del Gallo", *Archivo Español de Arte* (1943).
Marcos, F. y Echeverría, L. de: *Los órganos de las catedrales de Salamanca*. Salamanca, 1987.
Marín, J. L., Villar, L. M., Marcos, F. y Sánchez, M.: *Documentos de los archivos catedralicio y diocesano de Salamanca (siglos XII-XIII)*, Salamanca, 1977.
Martín Martín, J. L.: *El cabildo de la catedral de Salamanca (siglos XII-XIII)*. Salamanca, 1977.
—*El patrimonio de la catedral de Salamanca*. Salamanca, 1985.
Nieto González, J. R.: "El conjunto catedralicio de Salamanca", *Sacras Moles. Catedrales de Castilla y León*. Valladolid, 1996.
Portal Monge, Y.: *La torre de las campanas de la catedral de Salamanca*. Salamanca, 1988.
Pradalier, H.: *La Sculpture Monumental á la Catedral Vieja de Salamanque* (Toulose-Le Mirail, 1972. Inédito).
Rodríguez G. de Ceballos, A.: *Las catedrales de Salamanca*, León, 1978.
—"La torre de la Catedral Nueva de Salamanca", *Boletín del Seminario de Arte y Arqueología*, 1978.
—"Joaquín Curriguera y la primera cúpula de la Catedral Nueva de Salamanca, *Estudios de arte. Homenaje al profesor Martín González*. Salamanca, 1995.
Seguí González, M.: *La platería de las catedrales de Salamanca. Siglos XV-XX*. Salamanca, 1986.
VV.AA.: *Catálogo de la exposición "Jeronimus. 900 años de arte e historia. 1102-2002"*. Salamanca, 2002.

Santiago de Compostela

Actas del Simposio Internacional sobre "O Pórtico da Gloria e a Arte do seu Tempo" [1988]. Santiago de Compostela, 1991.
Barral, A. e Yzquierdo, R.: *Guía de la catedral de Santiago*. León, 2004 (1.ª ed., 1993).
Carro, J.: *Las catedrales gallegas*. Buenos Aires, 1950.
Castillo, A.: *El Pórtico de la Gloria*. Santiago de Compostela, 1949.
Catálogo de la exposición "O Pórtico da Gloria e o Arte do seu Tempo". Santiago, 1988.
Codex Calixtinus (Ed. en castellano y notas de M. Bravo Lozano, Sahagún, 1989).
Chamoso, M.: *La catedral de Santiago de Compostela*. León, 1981.
Conant, K. J.: *Arquitectura románica de la catedral de Santiago de Compostela*. Santiago de Compostela, 1983 (1.ª ed., Cambridge, 1926).
Constituciones de la Santa Apostólica M. Iglesia Catedral de Santiago. Santiago, 1921.
García Iglesias, X. M.: *A catedral de Santiago e o barroco*. Santiago de Compostela, 1990.
Historia Compostelana, ed. de E. Falque Rey. Madrid, 1994.
López-Calo, J.: *Catálogo musical del Archivo de la Santa Iglesia Catedral de Santiago*. Cuenca, 1972.
López Ferreiro, A.: *Historia de la S.A.M. Iglesia Catedral de Santiago de Compostela*. Santiago de Compostela, 1898-1909.
Otero Túñez, R. e Yzquierdo Perrín, R.: *El coro del Maestro Mateo*, La Coruña, 1990.
Pérez Rodríguez, F. J.: *La iglesia de Santiago de Compostela en la Edad Media: el Cabildo Catedralicio. (1100-1400)*. Santiago de Compostela, 1996.
Taín, M.: *Domingo de Andrade, maestro de obras de la catedral de Santiago: (1639-1712)*. A Coruña, 1998.
—*Trazas, planos y proyectos del archivo de la catedral de Santiago*. A Coruña, 1999.
—*La casa del Cabildo de Santiago de Compostela (1754-1759)*.
—*"pro commoditate ac ornato urbis"* Madrid, 2000.
Vigo, A.: *La fachada del Obradoiro de la catedral de Santiago*. Madrid, 1996.
—La catedral de Santiago y la Ilustración: proyecto clásico y memoria histórica (1757-1808). Madrid, 1999.
VV. AA.: *La catedral de Santiago*. Barcelona, 1977.
Yzquierdo, R.: *El maestro Mateo*, Madrid, 1992.
—*Reconstrucción del coro pétreo del maestro Mateo*. Coruña, 1999.

Segovia

Casaseca, A.: "Trazas para la catedral de Segovia", *Archivo Español de Arte* (1978).
—*Rodrigo Gil de Hontañón*, Salamanca, 1988.
Cortón, M. T.: *La construcción de la catedral de Segovia (1525-1607)*. Madrid, 1997.
García Sanz, A.: "Cómo se financió la construcción de la catedral de Segovia", *Estudios Segovianos* (1978-1988).
González Cuenca, J.: *Cancionero de la catedral de Segovia: textos poéticos castellanos*. Ciudad Real, 1980.
Herrero García, M. L.: *Rejería en Segovia*. Segovia, 1993.
Hoag, J. D.: *Rodrigo Gil de Hontañón. Gótico y renacimiento en la arquitectura española del siglo XVI*. Madrid, 1985.
Lama, V. de: *Cancionero musical de la catedral de Segovia*. Valladolid, 1994.
López-Calo, J.: *La música en la catedral de Segovia*, Segovia, 1988.
—*Documentario musical de la catedral de Segovia*. Santiago de Compostela, 1990.
Lozoya, Marqués de: "La capilla mayor de la catedral", *Estudios Segovianos* (1952).
Merino de Cáceres, J. M.: "La catedral de Segovia. Metrología y simetría de la última catedral gótica española", *Anales de Arquitectura* (1991).
—"La catedral de Segovia", *Anuario Planeta-De Agostini*. Barcelona, 1995.
—"El claustro de la catedral de Segovia", *Estudios Segovianos* (1996).
Ruiz Hernando, J. A.: "Ventura Rodríguez y Juan de Villanueva en el trascoro de la catedral de Segovia", *Estudios sobre Ventura Rodríguez (1717-1785)*. Madrid, 1985.
—*La catedral de Segovia*. León, 1994.
—*Las trazas de la catedral de Segovia*. Segovia, 2003.
Sanz y Sanz, H.: "La custodia de la catedral de Segovia", *Estudios Segovianos* (1969).
Vera, J. de: "El órgano nuevo de la catedral de Segovia", *Estudios Segovianos* (1958).
Villalpando, M.: "Orígenes y construcción de la catedral de Segovia", *Estudios Segovianos* (1962).
Villar García, L. M.: *Documentación medieval de la catedral de Segovia (1115-1300)*. Salamanca, 1990.

Sevilla

Álvarez Márquez, M. C.: *El mundo del libro en la iglesia catedral de Sevilla en el siglo XVI*. Sevilla, 1992.
Ayarra, J. E.: *Historia de los grandes órganos de coro de la catedral de Sevilla*. Madrid, 1974.
—*La música en la catedral de Sevilla*. Sevilla, 1976.
Baena Gallé, J. M.: *Exequias reales en la catedral de Sevilla durante el siglo XVII*. Sevilla, 1992.
Falcón, T.: *La capilla del Sagrario de la catedral de Sevilla*. Sevilla, 1977.
—*La catedral de Sevilla. Estudio arquitectónico*. Sevilla, 1980.
Fernández Casanova, A.: *Memoria sobre las causas del hundimiento acaecido el 1.º de agosto de 1888 en la catedral de Sevilla*. Sevilla, 1888.
González Barrionuevo, H.: *Los seises de Sevilla*. Sevilla, 1992.
González-Varas, I.: *La catedral de Sevilla (1881-1900)*, Sevilla, 1994.
Guerrero, J. *La catedral de Sevilla*. León, 1981.
Jiménez, A.: *Cartografía de la montaña hueca: notas sobre los planos históricos de la catedral de Sevilla*. Sevilla, 1997.
Luna, R. y Serrano, C.: *Planos y dibujos del archivo de la catedral de Sevilla*. Sevilla, 1986.
Morales, A. J.: *La Capilla Real de Sevilla*. Sevilla, 1979.
—*La Sacristía Mayor de la catedral de Sevilla*. Sevilla, 1984.
Nieto, V.: *Las vidrieras de la catedral de Sevilla*. Madrid, 1969.
Recio Mir, A.: *"Sacrum Senatum". Las estancias capitulares de la catedral de Sevilla*. Sevilla, 1999.
Regla del Coro y Cabildo de la Santa Iglesia Patriarcal de Sevilla. Sevilla, 1760.
Rodríguez Estévez, J. C.: *Los canteros de la catedral de Sevilla*. Sevilla, 1998.
Rubio Merino, P.: *Regla de los tañidos en la torre desta S. Iglesia, assí en lo corriente de cada año como en todo lo demás que se puede ofrecer: año de 1533 / ordenóla Matheo Fernández. Orden del tañido de las campanas y oficio del campanero de esta santa metropolitana y patriarcal yglesia de Sevilla: año de 1633 / por el Lic. Sebastián Vizente Villegas*. Sevilla, 1995.
Sancho Corbacho, A.: *El Sagrario de la Santa Iglesia. Catedral de Sevilla. Sus obras de arte*. Sevilla, 1981.
Sanz, M. J.: *Juan de Arfe y Villafañe y la custodia de Sevilla*. Sevilla, 1978.
—*Juan Laureano de Pina*. Sevilla, 1981.
Serrano y Ortega, M.: *Bibliografía de la catedral de Sevilla*. Sevilla, 1901.

VALDIVIESO, E.: *Catálogo de las pinturas de la catedral de Sevilla*. Sevilla, 1978.
—*Guía de la catedral de Sevilla*. Sevilla, 1992.
VILLAR, A.: *La catedral de Sevilla*. Sevilla, 1977.
VV. AA.: *El retablo mayor de la catedral de Sevilla*. Sevilla, 1981.
—*Giralda*. Madrid, 1982.
—*La catedral de Sevilla*. Sevilla, 1984.
—*Magna Hispalense. El Universo de una Iglesia*. Sevilla, 1992.
—*Catálogo de los libros de polifonía de la catedral de Sevilla*. Granada, 1994.

TOLEDO

AMADOR DE LOS RÍOS, R.: *Monumentos Arquitectónicos de España. Toledo*. Madrid, 1879.
[Anónimo]: "Informe sobre el proyecto de obras de ornamentación en la capilla mozárabe de la catedral de Toledo", *Boletín de la Real Academia de Bellas Artes de San Fernando* (1919).
[Anónimo]: "Nueva cubierta de la catedral de Toledo", *Boletín de la Real Academia de Bellas Artes de San Fernando* (1909).
ARELLANO GARCÍA, M.: *La Capilla Mozárabe o del Corpus Christi*. Toledo, 1980.
ARRIBAS, F.: "Noticias sobre las capillas antigua y moderna de Reyes Nuevos de la catedral de Toledo", *Boletín del Seminario de Estudios de Arte y Arqueología* (1944-1945).
AYALA MALLORY, N.: "El Transparente de la catedral de Toledo (1721-1732)", *Archivo Español de Arte* (1969).
AZCÁRATE, J. M.: *La arquitectura gótica toledana del siglo XV*. Madrid, 1958.
—"Álvar Martínez, maestro de la catedral de Toledo", *Archivo Español de Arte* (1950).
—"La obra toledana de Juan Guas" *Archivo Español de Arte* (1956).
BONILLA MORENO, G.: *Los órganos de la catedral de Toledo*. Toledo, 1955.
CAMPOY, J. M.: "Documentos inéditos (catedral de Toledo)", *Boletín de la Real Academia de Bellas Artes y Ciencias Históricas de Toledo* (1929).
CEDILLO, Conde de: *Catálogo monumental y artístico de la catedral de Toledo*. Toledo, 1991 (Ed. con introducción y notas de M. Revuelta Tubino).
CONRAD VON KONRADSHEIM, G.: "El ábside de la catedral de Toledo", *Archivo Español de Arte* (1975).
- "Exploration géophysique des soubassements de la Cathédrale de Tolède", *Annales d'Histoire de l'Art et de Archeólogie de la Universidad de Bruselas* (1980).
- "Problemas arquitectónicos de la catedral de Toledo", *Arquitectura, Revista del Colegio Oficial de Arquitectos de Madrid* (1981).

—"La catedral de Toledo y la concepción de la estructura gótica", *Estudios e Investigaciones* (1976).
—"La Famille monumentale de la Cathédrale de Tolède et l'architecture gotique contemporaine", *Mélanges de la Casa de Velázquez* (1975).
CHUECA GOITILLA, F.: *La catedral de Toledo*. León, 1975.
DÍEZ DEL CORRAL, R.: *La imagen de Toledo en el Renacimiento*, Madrid, 1987.
—"La catedral de Toledo como panteón: la capilla de San Eugenio", *Goya* (1987).
—"Muerte y humanismo: la tumba del cardenal don Pedro González de Mendoza", *Academia* (1987).
Estatutos del Excelentísimo Cabildo de la Santa Iglesia Metropolitana de Toledo Primada de las Españas. Toledo [1926].
FERNÁNDEZ GÓMEZ, M.: "La arquitectura como documento: El sepulcro del Gran Cardenal Mendoza en Toledo", *Boletín de la Real Academia de Bellas Artes de San Fernando* (1986).
FRANCO MATA, A.: "Catedral", *Arquitecturas de Toledo*, vol. I. Toledo, 1991.
GÓMEZ CANEDO, L.: "El arzobispo don Pedro Tenorio y la Biblioteca Capitular de Toledo", *Archivo Iberoamericano* (1944).
GÓMEZ PIÑOL, E. y Gómez González, M. I.: *El Sagrario de la Santa Iglesia Catedral de ¿¿Sevilla??*. Bilbao, 2004.
GONZÁLEZ PALENCIA, A.: "La capilla de don Álvaro de Luna en la catedral de Toledo", *Archivo Español de Arte y Arqueología* (1929).
GONZÁLVEZ, R. y PEREDA, F.: *La catedral de Toledo (1549) según el doctor Blas de Ortiz. Descripción Graphica y Elegantissima de la Santa Iglesia de Toledo*. Toledo, 1999.
GUDIOL, J.: *La catedral de Toledo* (Madrid, s.a.).
IZQUIERDO BENITO, R.: *El patrimonio del cabildo de la catedral de Toledo en el siglo XIV*. Toledo, 1980.
JAREÑO Y ALARCÓN, F.: "Proyecto de reparación de la torre del Reloj de la iglesia Catedral de Toledo", *Boletín de la Real Academia de Bellas Artes de San Fernando* (1887).
LAMBERT, E.: *El arte gótico en España en los siglos XII y XIII*. Madrid, 1977 (1.ª ed., París, 1931).
LAMPÉREZ, V.: "La catedral de Toledo y su arquitecto Pedro Pérez", *Revista de Archivos, Bibliotecas y Museos* (1899).
—"Los ventanales de la catedral de Toledo", *Arquitectura y Construcción* (1920-1921).
LORENTE JUNQUERA, M.: "El ábside de la catedral de Toledo y sus precedentes", *Archivo Español de Arte y Arqueología* (1937).
MARÍAS, F.: *La arquitectura del Renacimiento en Toledo*, vol. III. Madrid, 1986.
MATEO GÓMEZ, I.: *La sillería baja de la catedral de Toledo*. Toledo, 1982.
NAVASCUÉS, P.: *La catedral Primada de Toledo*, Madrid, 2002.

NICOLAU CASTRO, J.: "Mariano Salvatierra Serrano, escultor de la catedral de Toledo", *Goya* (1988).
—"Obras del siglo XVIII en la catedral de Toledo", *Anales Toledanos* (1984).
NIETO ALCALDE, V.: "El maestro Enrique Alemán, vidriero de las catedrales de Sevilla y Toledo", *Archivo Español de Arte* (1967).
OLAGUER-FELIÚ, F.: *Las rejas de la catedral de Toledo*. Toledo, 1980.
ORUETA, R.: "Una obra maestra del siglo XIII en la catedral de Toledo", *Archivo Español de Arte y Arqueología* (1929).
PÉREZ HIGUERA, T.: "Los sepulcros de Reyes Nuevos en la catedral de Toledo", *Texne* (1985).
—*Paseos por el Toledo del siglo XIII*. Madrid, 1984.
PRADOS, J. M.: "Las trazas del Transparente y otros dibujos de Narciso Tomé para la catedral de Toledo", *Archivo Español de Arte* (1976).
RAMÓN PARRO, S.: *Toledo en la mano o descripción histórico-artística de la magnífica catedral y de los demás célebres monumentos*. Toledo, 1857. (Ed. facsímil, Toledo, 1978.)
REVUELTA TUBITO, M.: *Inventario artístico de Toledo. La catedral Primada*, Madrid, 1989.
RIVERA RECIO, J. F.: *Guía de la catedral de Toledo*. Toledo, 1950.
—*Los arzobispos de Toledo en la Baja Edad Media (siglos XII-XV)*. Toledo, 1969.
RODRÍGUEZ MARTÍN, J. M.: *El arquitecto toledano Bartolomé Sombigo y Salcedo (1620-1682)*. Toledo, 1989.
SAN ROMÁN, F. DE B.: "Unos proyectos malogrados de Narciso Tomé en la catedral de Toledo", *Archivo Español de Arte* (1941).
—"Inventario de la catedral de Toledo, hecho en el siglo XIII, siendo arzobispo el infante don Sancho (1251-1261) hijo de don Fernando", *Boletín de la Real Academia de Bellas Artes de Toledo* (1920).
—"La capilla de San Pedro de la catedral de Toledo. Datos artísticos", *Archivo Español de Arte y Arqueología* (1929).
SÁNCHEZ PALENCIA, A.: "La capilla del arzobispo Tenorio", *Archivo Español de Arte* (1975).
SANTAOLAYA HEREDERO, L.: *La Obra y Fábrica de la Catedral de Toledo a fines del siglo XV*. Toledo, 1979.
TORROJA MENÉNDEZ, C.: *Catálogo del archivo de Obra y Fábrica de la catedral de Toledo*. Toledo, 1977.
VÁZQUEZ DE PARGA, L.: "La puerta del Reloj en la catedral de Toledo", *Boletín de la Sociedad Española de Excursiones* (1929).
VEGUÉ Y GOLDONI, A.: "El maestro Martín y la catedral de Toledo", *Archivo Español de Arte y Arqueología* (1926).
VIVER SÁNCHEZ, J.: *Documentos sobre arte y artistas en el Archivo de Obra y Fábrica de la Catedral de Toledo: 1500-1549*. (Tesis Doctoral inédita. Universidad Complutense de Madrid.)

THE CATHEDRAL IN SPAIN

ARCHITECTURE AND LITURGY

BY
PEDRO NAVASCUÉS PALACIO

INTRODUCTION

When Luis Cernuda wrote his well-known collection of prose poems in exile under the mythological name *Ocnos* (1942), he nostalgically recalled his native Seville and through it the entire country he had been obliged to leave. One of these poems refers to the Cathedral of Seville, and all Spanish cathedrals in general through it, as I understand it. It says nothing about its style or origins, adding no erudite or odd notes, though his words nevertheless reveal the hidden secret of its attraction: "Go in the evening to the cathedral, when the great harmonius nave, deep and resonant, sleeps with its arms spread out like a cross. Between the high altar and the choir, a deaf, red velvet carpet absorbs the shuffle of human steps. Everything is awash in half-light, though the light, still penetrating through the windows, leaves its warm aura suspended on high. Falling from the vaults like a cascade, the great altarpiece is no more than a confusion of lost gold in the shadows. And from behind the screens, from a dark canvas in some chapel, white forms emerge, energetic or static, as if from out of a dream."

We might make note of how Cernuda hits the mark when he identifies the cathedral not with its size or Gothic style, which would have been as easy as it would have been vulgar, but with the high altar, the choir, altarpieces, screens and chapels -that is, with everything that for some time now has been subject to an incomprehensible, ungracious persecution in many Spanish cathedrals, even though, paradoxically, they are admired the world over precisely for the unique beauty of their highly-valued liturgical array and the persistence of their everyday use. For example, when Yves Esquieu in *Quartier cathédrale* (1994) laments the loss of the chapter life, solemn cult worship and the liturgy of the hours in the choir of French cathedrals, he says that to see what the cathedral world was like in other times, "it is necessary to go to Spain -though we do not know for how long it will last- to still find the choirs reserved for the singing of the hours by the canons, who can still be seen in procession with their satin-lined, black and red capes, the last flashes of a more than millenary institution."

These are the images that pass before our eyes like an ephmeral reality, and are the same images that had a deeper impact on Cernuda than the building itself: "The organ begins its vague prelude, later defining its melody until it finally fills the naves with powerful voices, resonating with the empire of trumpets that call out to all souls on the day of judgement. Later it dies down again, its power silent like a sword, and rising again lovingly, rests on the abyss of its rage. Those officiating move silently forwards through the choir, covered with their heavy cloaks, crossing the nave until coming to the stairway of the high altar; they are preceeded by the choirboys with their faces like out of a Murillo painting, dressed in red and white and carrying burning candles. And after them the "sixes", six young choir boys with their white and silver suits, topped off by feather hats, who begin a few dance steps, a step slower than a minuet, while in their child's hands castanets lightly click away."

Once again it is the high altar, the choir, the music, those officiating and the acolytes, that is, the *living cathedral* (as Louis Gillet called it) that constitutes what Cernuda identifies as what is particularly associated with the cathedral. This is the same reality that put a character in Pérez Galdos' *Los Cien Mil Hijos de San Luis* "nerves on edge" in the very Cathedral of Seville, who upon hearing "the grave song of the choir, broken by intervals of organ music", was subject to "a violent irruption of religious ideas within his spirit. What a marvellous effect art has, sometimes able to achieve what not even religion can accomplish!".

Something of all of this is what this book seeks to recall concerning cathedrals in Spain. In the first part there is a brief review of what, in the view of the author, has been the cathedral in history. The perspective is taken not so much from a stylistic or structural point of view, but from a spatial-functional perspective. In other words, the idea is to see how the cathedral in the Western world took on its form in relation to its specific functions. This process began with the Early Christian basilica, and continued until in Spain there came to be defined a "Spanish way" that set the Spanish cathedral apart from those in neighbouring nations. As we have mentioned, these differences are not fundamentally stylistic. Furthermore, they can be grasped by any attentive non-specialist observer, as happened with American writer Raymond Carver, who in a short story from 1981 called *Cathedral*, writes that "The camera focussed on a cathedral in the outskirts of Lisbon. Compared with French or Italian ones, the Portuguese cathedral did not seem to be greatly different. But it was. Especially on the inside...". In effect, the referred to differences were not so much based on style but on the interior layout as derived from a particular type of liturgical celebration, with its own ecclesiastical history.

This vision is new, since until now Spanish cathedrals have been taken largely as an exotic, peripheral curiosity in Europe, as was the case for 19th century travellers like Richard Ford or Davillier; they were just as well used to back up rather cliché images of Spain, as seen in authors like N. A. Wells (*The picturesque antiquities of Spain: described in a series of letters, with illustrations, representing Morish palaces, cathedrals, and another monuments...*, London, 1846). More interesting, due to their greater precision, were the opinions of C. Rudy (*The Cathedrals of Northern Spain*, Boston, 1906), J.A. Gade (*Cathedrals of Spain*, New York, 1911), W.W. Collins (*Cathedral Cities of Spain*, New York, 1912) and C.G. Hartley (*The Cathedrals of Southern Spain*, London, 1913), with their general and rather personalized visions. The studies of architects and historians went even further so as to offer a more specialized architectural analysis, as seen from G.E. Street to J. Harvey. We must say however, that this latter academic, who was one of the most knowledgeable people on medieval English architecture, demonstrates a truly surprising lack of understanding of what the Spanish cathedral choir means spatially and liturgically (in *The Cathedrals of Spain* (London, 1957)), reverting to unsustainable explanations that end up referring to the immortal characters of Cervantes, Don Quijote and Sancho. Harvey does not seem to have wondered about the interior layout of the Cathedral of Ely, for example, since he could easily have asked himself where its choir was found before the Gothic chancel was added. In the same way he could have offered some explanation for the current placement of the choirs in Peterborough, Gloucester, Norwich or St. Albans, amongst others, to which he would in all fairness be obliged to apply his erroneous commentary about the Spanish choir when he calls it "a separated structure that cuts the nave destroying the spatial unity that the cathedral architects had given it". If we recall that apart from this, the liturgical-architectural tradition in England placed the organ on top of the *screen-choir* or *rood-choir* (the French *jubé* or the Spanish *trascoro*), thus cutting the longitudinal vision of the main nave all the way up to the top of the vaults (as seen in York, Lincoln, Exeter, Wells, and Salisbury), as opposed to the parallel positioning of the choir organs on the sides of the nave in Spanish cathedrals, the commentary by this English author is all the more incomprehensible. Finally, if we think that the majority of English cathedrals have a monastic origin (for which they are known as the *English monastic cathedrals*), as affirmed by Harvey and commented upon in the first part of this volume, it is easy to conclude that many architectural features found in them have their explanation in a specific liturgical organization indebted to the monastical structure. This would include the choir in the centre of the nave as seen in England and Spain, as well as in other countries. The only problem then is that these problems have not been dealt with in detail, with the study of architecture reduced to superficial formulas that do not get us any deeper than the colour of a building's skin.

The reason for this is that the cathedral has never been considered as an architectural typology indebted to its functions. This is why it is not included in Pevsner's excellent *A History of Building Types* (Princeton, 1976). In this book, in contrast, he does indeed give details of the layout, number of rooms, lobbies and other constituting pieces of the Lindell Hotel in Saint Louis in speaking of the typology of the "Hotel"; similarly, when he studies the "Library" as an architectural type he refers to the height of the shelves of the Cardinal Mazarino Library in Paris, adding details about the number of volumes they held and the days and hours, morning and afternoon, the library was open to the public. Yet, paradoxically, none of this is put into consideration when studying the cathedral. There is not the same rigour applied when counting the number of canons making up the chapter, and how the size of the church is designed in function of this information; nor is there any concern for a cathedral's opening times, its daily obligations and the distinct functions of its spaces. This thus is in sharp contrast with how all of such questions are dealt with when speaking of prisons, museums and hospitals in the process of explaining their form and layout.

In effect, we find no such reflections when cathedrals are dealt with in general, and even less so when dealing with Spanish cathedrals. Normally the Spanish cathedrals either appear as an appendage in the European bibliography or are under-represented for what should be a balanced vision of the reality of European cathedrals -if indeed they are dealt with at all: gaping holes are visible in relatively recent works such as C. Wilson's *The Gothic Cathedral* (London, 1990) or A. Prache's *Cathédrales d'Europe* (Paris, 1999). It is odd, then, given what we have commented upon here, that English historiography has been one of the most interested in Spanish cathedrals, while the French bibliography, apart from the general studies on the history of architecture like those by E. Lambert, is sparse in its interest. However, certain general works are or were very well known, such as the volume by G. Pillement, the translator of Miguel Ángel Asturias (*Les Cathédrales d'Espagne*, Paris, 1951-52; Spanish translation, 1953), and the handsome edition by José Manuel Pita Andrade, *Cathédrales d'Espagne* (Paris, 1951).

The German bibliography is even thinner, though there do exist important works like F. Rahlves' *Kathedralen und klöster in Spanien* (Wiesbaden, n.d.,) which has contributed the most to widening knowledge and general awareness in Europe of the main Spanish churches, thanks to its translations into French (1965), English (1966) and Spanish (1969). On quite another level we find the careful consideration of Spanish cathedrals within the European context as seen in H. Sedlmayr's excellent *The Birth of the Cathedral* (*Die Entstehung der Kathedrale*, Zurich, 1950), or the unique monograph on the Cathedral of Burgos by H. Karge, referred to in the general bibliography of this volume.

Within the Spanish context the cathedrals as an overall question interested Vicente Lampérez (*Apuntes para un estudio sobre las catedrales españolas*, Madrid, 1896). He used them as the backbone of his excellent first general study of Spanish architecture in the well-known volume entitled *Arquitectura cristiana Española en la Edad Media* (Madrid, 1908). This book provided the data that nourished other more specialized publications in more modest editions like Ricardo Benavent's *Las catedrales de España* (Valencia, 1913), or the more extensive considerations of Delfín Fernández y González as cited by Ángel Dotor in the prologue of the book by C. Sarthou Carreres (*Catedrales de España*, Madrid, 1946), in what is certainly a reference to *Las catedrales de Europa* (Barcelona, 1915). Dotor himself would later publish *Catedrales de España: Guía histórico-descriptiva de una seleccionada veintena de las principales* (Girona, 1950), which went through a number of editions. Even so, the work that has contributed the most to raising awareness about Spanish cathedrals is the referred to volume by Carlos Sarthou that went through ten editions (including one in English from 1997). Over the course of these editions the initial text would go through changes in terms of format, illustrations and content; the author of the present volume participated in more recent editions. This book, then, for its part, is the result of a long and heartfelt reflection on Spanish cathedrals that includes my experience teaching university doctorate courses, my collaboration with the National Plan for Cathedrals, as well as the conclusions drawn from research and the elaboration of previous monographs, courses, articles and lectures.

All of this has allowed me to carefully follow the historiographical evolution of work dealing with Spanish cathedrals in general, with the decisive contribution of historians and architects leaving a rich bibliography of monographs in the second half of the 20th century, only partially detailed at the end of this volume. It is difficult to find recent bibliographical activity of the same quality in any another country in the European context. The interest and bibliography have pushed ahead, for there are many subjects and projected views on the cathedral that go well beyond their medieval condition, allowing us to see in them the warp and weft of earlier times, as E. García Melero analyzed in his *Las catedrales góticas en la España de la Ilustración: la incidencia del neoclasicismo en el gótico* (Madrid, 2002), or as recently seen in the congress entitled *Comportamiento de las catedrales españolas: del Barroco a los historicismos*, with the proceedings and contributions published by the Universidad de Murcia (2003) under the direction of Professor G. Ramallo. Even so, the greater part of these and other studies have always looked at the cathedral as a physical object within certain historical-stylistic coordinates, without properly dealing with their strong debt to the tasks they were required to carry out. This is why special emphasis is placed in the first part of this book on the form-function axis. It is followed by a number of cases, from the Romanesque cathedral of Santiago to the Baroque cathedral of Cadis, where the original premise of this volume is requited. This study is not nor does it pretend to be an inventory of Spanish cathedrals, instead seeking to invite the reader to discover more about their specific nature by means of the examples of a number of churches that summarize its tempered image through history, as I have already suggested in *Espacios en el tiempo* (Madrid, 1996). If we do not keep this relationship between the building's architecture and its liturgical functions at the forefront of our minds, the cathedral ends up being reduced -to put it bluntly- to a large church without pulse, life or meaning. This difference can now be seen clearly in the distance that lies between the Cathedral of Burgos, sadly relegated to the condition of a fee-charging museum, and the Cathedral of Barcelona, whose active interior life is a prolongation of the very life of the city. On its altars we find candles, and mass is held; devote visitors pray on the pews while visitors walk through the naves admiring the vaults, choir and altarpieces, without being bothered or sanctioned for taking a photograph. The pulpit has been preserved, as well as screens and other liturgical objects. The cloister is enlivened by the free movement of passers-by that use the cathedral premises as a short-cut as they go from one point of the old quarter to another, just as has been done for centuries. The bells can be heard over the noise of the city as we walk down nearby streets where in the past the bishop, dean, archdeacon, canons and other members of the cathedral clergy lived, identifying themselves with the neighbourhood of the cathedral, the largest temple of the city. All of this is possible to enjoy still in Barcelona, but, to paraphrase a Esquieu: where else can we find it and how long will it last?

Our cathedrals have either ended up all alone, or are the sites of tumltuous tourist visits. We miss the religious silence that wrapped the dialogue between the Virgin and the great Saint Christopher, the natural patron of the cathedral, as the poet Antonio Machado heard it in Baeza:

> Through a window,
> a litle owl
> came into the cathedral.
> Saint Christopher
> wanted to frighten it,
> as he watched it drink
> from the oil burning candle
> of Saint Mary.
> The Virgin spoke:
> Let him drink,
> Saint Christopher.
>
> Over the olive grove
> the owl was seen
> flying and flying.
> For Saint Mary
> a little green branch
> it brought through the air.

PART ONE
I
THE CATHEDRAL IN HISTORY

The *ecclesia cathedralis* or "cathedral church", where the term *cathedral* is derived from, is the temple where we find the episcopal see, seat or pulpit, the visible sign of the bishop's jurisdiction over the diocese or the ecclesiastical province belonging to it. Yet it is not just this seat that distinguishes the cathedral from other churches, whether they are monastic, convent, parish, archpriest, collegiate or other. Since its origins the cathedral church has been conceived as the ideal space to develop solemn, exemplary, and ongoing worship; besides giving praise to God[1], it was a place where functions were developed that did not have a place in these other temples cited and were not their primordial focus. So as to carry out this specific task the cathedral has its own clergy, known as the chapter.[2] The chapter made solemn worship possible, so that the cathedral is not only an episcopal church but a chapter church, that is, a church of the chapter that serves it, and like the bishop has its own seat: the choir. This double reality is translated architecturally into a type of church that is very characteristic, easy to distinguish and historically pervading, quite beyond the passing of time and changing styles. Until the cathedral's functions were substantially altered in the 20th century, cathedrals had quite specific layouts and formal features.

The question that is immediately raised when researching the origins of a specific architectural type is this: what was the hypothetical initial model and when did it appear? In this case the answer is relatively -and only relatively- simple, since we know that the current Basilica of Saint John Lateran in Rome was the first temple to be conceived as the church of the bishop of Rome,[3] who also happened to be the Pope. The inscription that we can now read on the new façade that Alejandro Galilei made in the 18th century for Saint John Lateran is very eloquent in this regard: SACROS. LATERAN. ECCLES. OMNIUM URBIS ET ORBIS ECCLESIARUM MATER ET CAPUT. In effect, it is the mother and head of all the churches of the city and the world, and even chronologically precedes Saint Peter's at the Vatican. What interests us here is the fact that this building had a structure that responded to the model of the Roman basilica, being effectively the first early Christian basilica in the city.[4]

It is known that the term "basilica" can be used in a strict architectural sense or in a canonical sense. This is because Saint John Lateran brings this double character together canonically and architecturally. On the one hand its structure responds to the model of the basilica: that is, it has five aisles with flat vaults over them, and a higher and wider central nave, thus following the model of the Roman civil basilica. On the other hand, it has a series of prerogatives, privileges and honours in the ecclesiastical order that makes it the first of the five major basilicas of Rome Saint John Lateran, which was first dedicated to Christ the Saviour, has undergone many modifications and reconstructions ever since it was begun by Constantine in 312-313. It was finished seven years later. The most important of these changes (due to the fact that its current image was then established) was done by Borromini from 1646 to 1651 as commissioned by Innocent X, without going into the question of the transformation of the church apse carried out by Leo XIII (1885).

In spite of its many modifications Saint John Lateran conserves a recognizable primitive basilica structure, even though like many other large and smaller early Christian basilicas of Rome it has lost the elements in its interior that were meant for the celebration of a liturgy was still in an embryonic state that early on. These were the elements that began to differentiate the distinct religious use of the Christian basilica in relation to the Roman civil basilica.

This is precisely where the history of Christian architecture begins, in these simple interior architectural elements that set off spaces that were identified with certain specific functions of a liturgical nature, just like what happened with the civil basilicas or in synagogues.[5] It is not our task to review the elements that set apart the early Christian basilica, though in terms of understanding the cathedral it is necessary to recall the early presence of two main areas: the chancel (or sometimes presbytery) with the altar, and the *schola cantorum* or choir. The choir was first found in the chancel area of the temple and later in the central or main nave opposite the chancel. Although it is difficult to date the origin of this as a distinct area, the setting for various scenes in the liturgical celebration distinguished by certain features and spatial closures done in masonry, marmoreal, woodwork and textile, we can say that they were included in some but not all basilicas around the 6th century; the oldest case was the Basilica of Saint Mark in Rome, from the 5th century.[6]

The basilicas of Rome provide us in the present examples of the earliest and most complete versions of this unique space, which was fundamental for liturgical celebrations. In terms of the function and placement of the chancel they were comparable to the placement of the Greco-Roman choir in relation to the stage in classical theatre. In effect, the song initiated near the altar had its response in the *schola cantorum*, which to a certain degree acted in the name of the non-singing faithful, working as a kind of mediator between those officiating and the people. In general, the most interesting examples that can now be seen in Rome appear thanks to restoration work done in the 19th century, since all of these areas were eliminated in the time of Gregory XIII (1572-1585) as part of the reforming spirit of the Council of Trent. Indeed, this is precisely what occurred with the best known *schola cantorum* at the Basilica of Saint Mary in Cosmedin.[7] The only *schola cantorum* saved was at Saint Clement, thus converting it into a venerable liturgical-architectural relic that aids us in our understanding of the spatial use of the Christian church before the year 1000.[8]

At this point we are obliged to get ahead of ourselves and comment that the clear, uninterrupted interior sightlines seen nowadays in early Christian basilicas do not correspond to the original circumstance; they are only possible in those basilicas that lost their internal divisions over time. The models derived from the Roman civil basilicas themselves, which served as courts and for commerce, also had internal divisions done with curtains, wooden stands, seating and so on. They allowed for a reasonable and differentiated use of the space in function of the range of the human voice and of human sight, though upon occasion they came to create problems between adjoining areas as their activity created a mutual disturbance.[9]

Thus the architecture of the pagan basilica served as a veritable "container", a hard term that is much in fashion nowadays; it is used to refer to an architecture that ignores specific uses and is able to house different functions simultaneously. Its general layout, with one or three aisles separated by columns, was found in both public and private basilicas; this was the case for the palatine basilica and for those used for pagan cults, as well as those dedicated to the nascent Christian liturgy. It is essential for our purposes to recall this plurality of uses associated with the basilica, for while the structure of almost all of them is analogous, they were nevertheless differentiated precisely in the organization of the internal space, in function of specific liturgical requirements.

The internal organization of the Christian basilica went through a process of definition between the 4th and 10th centuries, as the liturgy itself consolidated its different rites. This was especially true in function of the mass, which from the 6th century onwards, especially under Gregory I the Great (540 ?-604), was concisely defined.[10] However, the Gregorian rite, known also as the Roman rite, still had to live alongside other liturgical concepts in the West, like the Ambrosian rite in the north of Italy, the Gallican rite in the south of France (which pervaded until Charlemagne imposed the Roman rite), or the Hispanic rite (also called the Mozarabic rite) which was in vigour until it was suppressed in the 11th century.[11] With these examples we seek to point to the great difficulty in establishing -in general terms- what the spatial organization of the Christian temple was, considering that it depended on so many factors. It was especially hinged upon a highly complex liturgy which would be simplified over time, though territorially it would be identified with different habits and customs, affecting texts, ceremony and in effect the stage upon which the entire liturgical drama would be played out.

What was the fundamental aspect that distinguished the Christian basilica from the pagan one? Without a doubt it was the organization of the apse or head of the building, whose chancel around the altar[12] gave it its own personality. This was the case even though the chancels that separated it from the public seem to be taken from the palatine basilica, while other features recall the "tribune" that the judges, lawyers, litigants and witnesses addressed the public from, proceeding with civil or criminal cases in those basilicas used for legal purposes. In the 1925 volume of their monumental *Dictionnaire d'archéologie chrétienne et de liturgie*, Cabrol and Leclercq recall that in the early period the apses of the Christian basilicas of Rome were still called "tribunes".[13]

Yet the chancel specifically interests us here since from very early on it hosted groups of singers, as recognized in the Second Council of Tours (567) when the faithful were impeded access to it in these terms: "The laymen must not think that they can stay beside the altar where the sacred mysteries are celebrated, amongst the clerics, whether in the vigils or during mass; for that part is separated from the altar by the chancels, and is only accessible to the choir of clerics who sing the psalms".[14] Where and how should this choir be placed in the chancel? It was indeed quite difficult to do so, for we understand that it was a necessarily small space for only a few psalmists set between the altar and the faithful, who were obliged to remain on the other side of the chancel.

This placement seems reasonable in the light of other canons established by the IV Council of Toledo (633) that set out the place where each individual should receive communion: "Let the priest and the Levite receive communion before the altar: the clergy in the choir, and the people outside of this place". In this way the double function of the temple's space was set out, with one part reserved for the clergy and another for the laymen.

Having said this, reality was more complex, for in the very Council of Tours and the canons of the aforementioned Council of Toledo it is made clear that the temple tended to be divided into stations and choirs (sic). Thus Canon XXXIX of the IV Council of Toledo states the following: "Some deacons dare to put themselves before the presbyters, and wish to be in the first choir before them, leaving the presbyters in the second choir; and so that they recognize that the presbyters are superior to them, it is ordered that the presbyters be seated higher in one or another choir".[15]

This interesting canon allows us to deduce that there were two choirs, and that furthermore each of them had two levels, with the higher one corresponding to a superior hierarchy, just as occurs with the higher choir stalls of our cathedral choirs in relation to the lower choir stalls. Yet the key question is this: where were the two choirs placed if the chancel continued to be of such a reduced size? We must not forget that we are speaking of modest 7th century churches, like the very Santa Leocadia of Toledo where the cited council was held. We must recall that in hierarchical terms it was the most important to be celebrated in the Iberian Peninsula, inspired as it was by Saint Isidore, the first signatory of its statutes and canons.

Without a doubt, those two choirs must have been exclusive to the larger temples, yet even then we are left with serious doubts about their placement. For our purposes here they would have had a relatively simple double meaning, a hypothesis that we can derive from the experience of the choirs we all are familiar with. On the one hand we must recall, in speaking of the choir of the cathedral of Toledo or of Seville (to give two examples), that we do so in singular even though each of them is organized functionally into two choirs. I do not refer here to the upper and lower choir (a hierarchical question as we have just seen), but to their two halves as defined by their liturgical function in prayer or the singing of the Hours, as it would be termed later on. In this way in each half the alternating song had two choirs which were placed physically opposite each other, allowing for the possibility of question and response. This is what could have happened with the two choirs of the ancient basilicas and churches that are well documented in literary evidence in the Iberian Peninsula,[16] occupying as they did the empty space found between the chancels and the altar.[17]

If this was not the case there is a second possibility that has been documented archeologically to be of early origin. Due to the increase in the number of clergy in the large churches and the increasingly complex and sumptuous development of the ceremony, where the places the different readings (epistles, gospels, and others) were made from was clearly set out, and with the need to reinforce the song with a greater number of singers, very early on the choir was moved out of the chancel area of the altar to be given an independent unity. It would have been connected to it to be sure, but it would have occupied a space in the lower level of the temple on the other side of the chancel and the iconostasis wall that before then had separated the faithful from the priestly corps.

This was when what is commonly known as the *schola cantorum* emerged; it featured upraised pulpits for readings and marble frontispieces that closed off the space of the singers, though it was left open along its main axis so it could be entered from the nave and communicate with the chancel. From then on it was given the name of "choir of the altar" to distinguish it from the new choir that now surrounded the faithful in the centre of the central nave. Was this then the second choir referred to in texts and which over time became what in Spanish cathedrals is known as the "choir of the *señores* and choir where the Hours are sung", so as to distinguish it from the "choir of the altar or upper choir"? Nothing would seem to contradict this, so that the term "choir" would later be identified in general with the altar area of any temple, whether it was a cathedral or not.[18]

It should also be asked why and since when the name *schola cantorum* was given to this second area, the area that appeared in the Roman basilicas of the 6th century, was renewed in the 12th century, destroyed in the 16th century in the area of Rome, and was only partially restituted in the 19th century. Neither liturgists nor archaeologists nor architects nor historians have been able to explain this name, which begins to circulate in treaties on Christian archaeology in the 19th century, where the ideal layout of a basilica with the *schola cantorum* in the centre of the nave began to be repeated.[19]

I hold that the inclusion of this term in architectural language is due to the 19th century process of recovery and historicism, and that its name should be understood in relation to that venerable institution, the *Schola cantorum* of Rome, credited to Gregory the Great but imitated in other places in Europe from the 8th century onwards.[20] In reality it was nothing more than a school for children with a special gift for song whose board and education were paid for by the Church. With time they would be known in Spanish churches as "niños, infánticos, seises" (boys, infants, sixes) or "choir boys".

The mission of the *Schola cantorum* was to ensure the performance of song in pontifical ceremonies, as held in Saint John Lateran, the Cathedral of Rome, and in Saint Peter's in Vatican, and came to be an institution tied to the majority of European cathedrals. For many young participants it meant the beginning of an ecclesiastical vocation that would lead many to canonry and some others even to the prelature. Though it is true that it never came to have any rank within the lower orders, its importance as an institution cannot be minimized[21] since it was still alive in the 20th century, carrying out what is called in the cathedral an "office", like those of the succentor, psalmist or organist.[22]

Finally, it is believed that from the 6th century onwards psalmodic or antiphonic song spread out in the West with its two choirs. These choirs took over the role in responsive psalms of what previously had been a soloist and a choir, taking up what we could call the basic function of the cathedral choir, with the space occupied by the choir in the central nave, the choral body reinforced with new voices in liturgical functions of special solemnity by singing clergy, and two separate choirs as required by the antiphonary.

We should add to what has been said, without being able to go too deeply into the question, that besides the spatial organization of the choir in secular churches, the temples belonging to the monastic orders also had a choir filling the central nave in front of the apse. This is seen unequivocally in the famous Plan of the Abbey of Saint Gall (circa 820)[23] and was later confirmed, for example, in Benedictine, Cistercian and Carthusian architecture throughout the Middle Ages.[24] Thus we are obliged to recognize that the presence of the choir in the central nave of the temple, as the instrumental heart that gives solemnity to the liturgy, is an unarguable fact. Thus it is one of the elements that best defines the future medieval cathedral.[25]

The considerations we have offered here refer to the basilica building, yet the cathedral as such goes well beyond the notion of a unique, single building. Even Saint John Lateran itself has a baptistery and the adjoining palace apart from the basilica (although the current palace dates from the 16th century). In other words, from very early on the cathedral was conceived as a group of buildings which, when it came to those dedicated to worship, took on a peculiar parallel layout, what in recent years has come to be called the "double cathedral". This means that from very early on instead of speaking of a cathedral, it was more accurate to refer to an "episcopal complex" made up of various churches or chapels, as well as the "episcopio" or Episcopal Palace. This has been clearly confirmed by researched cases such as Saint Peter's in Geneva[26] and the episcopal complex of Trier in Germany[27], along with many others where recent research has confirmed the plural character of the cathedral before the year 1000.[28]

The two cases cited offer us the best definition of the model of the double cathedral, which would unite its two churches in parallel through the nexus of the baptistery. Their true function and use still give rise to debate; one of the many hypotheses put forth suggests that one of the churches was dedicated to more solemn worship and the other to ordinary prayer. Thus the major or north church in Trier would have hosted the more solemn worship, while the one to the south (the minor one) would have been used for everyday worship. The current Cathedral of Saint Peter and the Church of Our Lady were later built on top of both of them. This interpretation does not rule out the possibility that their use was defined by other liturgical considerations, so that we know of various cases, like that of the ancient cathedral of Milan[29], where one of the churches was the *invernale* and the other the *estiva*, that is, a winter church and a summer church. The move from one to the other was called by the liturgical texts the *transmigratio*, and took place at Advent and Easter. In the case of Milan a liturgical manual from the 12th century known as Beroldus describes the solemn migration of the cult from one church to the other, with the bishop attending a mass officiated by a presbyter who in turn was accompanied by a deacon and sub-deacon in the apse of each church. The transit was done in the presence of the chapter and the representatives of the clergy of the city, who moved the insignias of the church and the liturgical volumes with them.

There is a long history of evidence derived from liturgical texts that demonstrates this multiplicity of functions. Other aspects cannot be ignored inasmuch as they indicated a spatial differentiation like those derived from baptism and confirmation, giving rise to specific zones reserved for catechists and the faithful; the first of these had access only to the liturgy of the Word, while the latter participated fully in the eucharist.[30] This has led to interpretations where the presence of the baptistery is seen as a type of hinge between the two churches, as a transitional space between two spaces separated by baptism. This seems to be confirmed by the cited group in Geneva, where archaeology points to the gradual growth and substitution of both buildings until they were finally brought together in a single structure that preserved functional differentiation, going from being a double cathedral to a single cathedral, as observed by Erlande-Brandenburg.[31] I understand this tendency towards a spatial simplification as a parallel reality to what happened with liturgical-sacramental rites starting in the time of Charlemagne, where the liturgy was enriched with many elements of the Gallican rite that were added over top of the foundation set out by the Roman model. Without trying to overstate the case or ignore the subtleties of the question, we might observe that this simplification can be most easily grasped in observing how the mass began to be celebrated by a single person who replaced the different ministers (especially the deacon and the sub-deacon) who had previously accompanied the presbyter in various functions, in the same way that a single book, known as the *missale plenarium*, would eventually group together the various readings, antiphonies, prefaces, prayers and so on that are read or sung during the mass, and which previously had been found in monographic volumes like the sacramental, reading, evangelical and antiphonary books, among others. These shifts towards unity were consolidated between the 10th and 13th centuries when the cathedral was clearly a single building but with differentiated internal spaces, just as there are different rubrics and content within the *missale plenarium*.[32]

II

THE EUROPEAN CONCORDANCE OF CATHEDRALS

There is no doubt that Romanesque architecture was the first "international style" of the Middle Ages and that both monastic and cathedral architecture were the test laboratories for a new constructive system. This system was highly varied geographically; from the year 1000 onwards it brought about the first architectural renaissance since the fall of Rome, without ignoring what the Carolingian period had meant as an initial impulse. This phenomena is referred to in the well-known passage by Raúl Glaber, where he observes that in "the third year after the year 1000" a veritable building fever began "above all in Italy and Gallia", when churches were redone without a real need for it out of a will to emulate, driving "each Christian community to have theirs more sumptuous that that of others".[33] Following this, so as to leave no reason for doubt, Glaber makes conscious mention of the fact that both the episcopal churches and the monastic churches were reconstructed (in that order) "in a more beautiful manner".

It has always been understood that this "more beautiful manner" refers to the stylistic aspect, what we would call the Romanesque architectural decor. Yet I believe that we must understand that behind the expression used by Glaber there lies the very form of the building, its layout, the quantitative and qualitative step towards a unique building that in many but not all cathedrals and monastic churches would end up introducing a powerful apse with an ambulatory as a generalized solution. This model had antecedents in Ottonian architecture, as seen in the western wall of Saint Michael's at Hildesheim. This is where the European concordance of cathedrals begins.

However, knowledge of the Romanesque cathedral as an architectural model has always been eclipsed by the generalized overshadowing historiographically caused by the Gothic cathedral, to the point of becoming a cliché in itself, with all the misreading that goes with it. Furthermore, the Romanesque cathedral was unlucky in its personal historical path, as it would very quickly be surpassed by the cathedral we know as Gothic, as if we were up against a stylistic relay race. The reality is that this costly substitution was the faithful reflection of other previous transformations which were derived, from amongst other causes, from liturgical novelties (as indicated earlier) and by changes in the organization of the cathedral clergy after their secularization.

That is, while the cathedral clergy lived in community under an order, habitually following the canons of the rule of Saint Augustine, the cathedral and monastic churches were practically identical, at least in a large part of Europe (here there would always have to be caveats, since it would be ignorant to try to codify and generalize uniform solutions in a world that was intrinsically unequal and diverse). This similarity between churches before they became Romanesque was derived from their functional conception, as they had to respond to a number of needs and obligations that both the cathedral clergy and the monks shared.[34] For example, participation in the choir to pray and sing both during the day and the night meant that in both cases the community dormitory -at that time there did not exist private cells in either case- had to be close to the church, something that is well know in the case of monastic architecture but often forgotten when it comes to cathedrals. The life of the cathedral clergy also required a refectory and a large kitchen, as can still be seen at the Cathedral of Pamplona, whose chapter -an exception- was not secularized until the 19th century;[35] this was the case too for other elements that distinguish monastic complexes, even though they have been forgotten or lost in the case of episcopal complexes.

Yet what is especially surprising and telling is to confirm how those churches, whether cathedrals or monastic places of worship, had similar forms and styles, so much so that in our day we would not have a way to differentiate them if it were not for our knowledge of their history;[36] they only began to differ after the cathedral chapters were secularized. That is, the renouncing of life in community as built around the space of a cloister (though it did not necessarily have to have the precise layout of a cloister), goes together with the abandon of the Romanesque cathedral in favour of the new conception of the Gothic cathedral. Before becoming Gothic cathedrals in the formal sense, these latter churches were the offspring of a more determining circumstance, where the chapter sought to organize the space that it wished to occupy both inside and outside of the new temple, as we will see below. The unarguable secularization of cathedral chapters occurred during the second half of the 12th century and throughout the 13th century, with exceptions appearing both before and after. This means that the Romanesque cathedral was developed from the year 1000 to the 12th century, a brief period during which dozens of cathedrals were built in Europe only to be paradoxically and quickly substituted by other constructions. These new buildings tended to maintain the width of their naves, took advantage of the expensive foundations of the Romanesque temple to build higher naves upon them, and above all added a new and deeper apse so as to fit the altar and the choir inside of it.

Thus Duby's fortunate expression referring to the "Europe of the cathedrals"[37] would come to be identified with Gothic cathedrals, with the consequent forgetfulness that there was a before and after, and also that there was a cathedral world that was not European, such as the Hispano-American version. The fact is that the Romanesque cathedrals now make up a highly disperse family of survivors -for various reasons- of the Gothic hurricane; they survived either because of the impossibility of financing a new building as the diocese lost importance, as in the cases of La Seu d'Urgell and Zamora, or for the expansionist, asphyxiating policy of the neighbouring dioceses that ended up swallowing up former dioceses, like Roda de Isábena being taken over by Lleida, where the building remained even though the diocese had disappeared. In other cases the cathedral itself was turned into a precious relic, like what happened with Santiago de Compostela, where even though well-known and highly ambitious Gothic, Baroque and Neo-Classical projects had been presented the chapter chose to preserve the Romanesque temple, however much it is hidden from the outside due to its extravagant Baroque wrapping. On the other hand, some cathedrals that belonged to the late Romanesque incorporated Gothic formulas that allowed for substitutions that left us undoubtedly interesting transitional images, as we see at Lleida, Tarragona and Tudela. In this way we can go about justifying the preservation of noble Romanesque cathedrals all over Europe. They have been studied seriously, though always from a statistical-formal perspective that counts the number of aisles and apses, makes note of the type of vaulting employed, and dissects façades, spirals and transepts, while never coming to ask just how the building worked. It was as if they were unsure of any answer that might enlighten doubts concerning form, since behind such ever-interesting considerations there lie many queries that neither historians nor liturgists are able to respond to. This is why the study of Romanesque architecture is grounded fundamentally on their physical reality without digging deeper into their souls. How might we explain the formal differences between two Romanesque cathedrals like the ones at Spira and Modena? Is it enough to answer that one belongs to the Germanic tradition and the other is Italian? This could be acceptable in referring to what is accessory, to stylistic considerations, but never with regards to their distinct forms. Only reasons related to worship, the staging of the liturgy, and the personality of each of the cathedrals as found in the bull calling for its edification and in their constitutions, can give us the keys to such differences. Such research has become more and more urgent if we are not to tirelessly repeat what was already said about them in the 12th century without going further.

If we add to this comparison of two cathedrals a Spanish one like Jaca, a French cathedral like Poitiers and an English one such as Durham, the confusion would then be absolute, great enough to raise serious doubts about the terminology we are using. Naturally they look totally different, but their projects are distinct as well, and not only for merely geographic-stylistic reasons; this is also the case for liturgical reasons, as liturgical unity had not yet been reached, something we can see from the very plans. There is, however, something that binds them all together, allowing us to add other churches to the examples given that would confirm this affirmation, such as the Cathedral of Tournai (Belgium) and that of Agen (France), the temple in Basel (Switzerland) and the Mofeta in the Italian Apulia. We here refer first to the limited capacity of the chancel or presbytery, conceived only for the celebration of mass and other ceremonies without the presence of many people officiating, and second, to the general placement of the choir in the central nave for the canons[38] and clergy aiding in song, just like what was seen in monastic churches.

Regardless, unlike the private character of the monastic temple where there was practically no place for lay people (given that the central nave was occupied by the choir of the fathers and after them by the brothers or converted clergy), in the cathedral, as the first church of the diocese and seat of the bishop where solemn worship was bolstered by the chapter, there had to be a place to receive the faithful. What space was left for them? Without a doubt it was the same space that the converted occupied in the monastic churches, the space of the temple found behind the choir. This is why there emerged what is called the "retrochoir" or the French *jubé*,[39] with tribunes and pulpits set on high for readings, sermons and prayers the faithful participated in, and two altars below for ceremonies, featuring separating walls for the choirs of the cited monastic orders, something adopted by other orders as well, such as that of Saint Bruno.

This layout, with a tribune and frequent porticos, was called in Spain the "trascoro" (or retrochoir) (though in reality it served as an ante-choir, since there was a door in the centre to allow access through it for processions, turning it into a previous plane or a type of façade, rather than a latter plane). This is what the "leedoiro"[40] at the Cathedral of Santiago was. Referring to the construction work done by Gelmírez on the Cathedral of Santiago in 1112, the *Historia Compostelana* offers this description: "He constructed a large enough choir so that until today, by the grace of God and Santiago and by means of the efforts of the bishop, it is magnificently adorned with the grandeur of a gifted clergy. The bishop himself, as a wise architect, built in the right corner of the choir itself an elevated pulpit where the choir members and subdeacons could fulfil the requirements of their office. And on the left side there is another where the readings and gospels are imparted".[41] The readings were done looking towards the faithful who occupied the nave between the choir and the foot of the church. This is what the choir's placement was like in the Romanesque cathedral: in the central nave and never in the chancel, which was too small for the seventy-two canons instituted by Gelmírez.[42] The number itself was chosen by the prelate of Compostela on the basis of the quantity of disciples of Christ as set out in Luke,[43] and was maintained unless the ceremony was limited to a minimal space around the altar, which would have then been liturgically impossible with so many participants. Thus the choir of the Romanesque cathedral was placed in this way, perfectly defined and described within the central nave.

Yet around the year 1200 important changes came about in architecture as derived from the constructive possibilities of the ribbed vault. This was when the powerful buildings we know as

Gothic emerged, turning the cathedral construction into the universal school of architecture. Still, the new Gothic cathedral brought us something more than a new type of construction and a new aesthetic ideal. The building of the new cathedral made the strength of the cathedral chapters more visible, as in the 13th century they lived through a veritable golden age. This was so because their power had become so great in relation to the bishop -who they chose- the king and nobility, since their most distinguished members came to make up part of this latter estate, apart from those that already participated in the court as chancellors and chaplains. Furthermore, since they had received privileges, lands and vassals from the king under civil jurisdiction, the cathedral's high clergy had become a true collegiate power.

This is thus when the chapters abandoned their life in strict community (though there were exceptions[44]), becoming secularized and living independently in individual homes that habitually belonged to the cathedral and were normally found near it, making up part of the cathedral enclave or neighbourhood.[45] Only their service to the choir and the altar in the temple and the meetings of the chapter in the chapter house would endure as reminders of the former rule-governed life of the cathedral clergy. Those wide naves that were used as refectories and common dormitories near the temple, as if they had belonged to a monastic organization, would soon be forgotten. Here the testimony of the *Historia Compostelana* is indispensable when dealing with the archbishop Gelmírez, who had constructed "an admirable and adequate refectory" for his canons alongside the Cathedral of Santiago, besides the dormitory in the Canónica;[46] similar documentation exists concerning a refectory in the Romanesque cathedral of Segovia.

The process of secularization was soon seen in the area around the cathedral, where the street names still recall that they had once been the places where the canons lived and where they moved back and forth various times a day to fulfil their obligations in the choir. These streets and residences, together with the prelates palace and the hospital, made up the cathedral neighbourhood, with the cathedral itself powerfully standing out over it.[47] We can still read very explicit names on older street maps, or see others referring to the chapters that have been kept. Thus in Segovia the older residences of the canons are still preserved; they are known in documentary material as *domibus canonicorum*, and are found in the neighbourhood of the Canongías.[48] In León there was a street known as the Calle de la Canóniga (Canon's Street), aligning the homes of the chapter members on the north side of the cathedral, while in Oviedo the corresponding street was given the name "Canónica". In some cases such streets were given more general names, like in Lugo's "Calle de Clérigos" (Cleric's Street), while in other cases the dignitaries living on certain streets gave their names to them, like the "Calle de los Deanes" (Deans' Street) in Cordoba, the "Capiscolato" en Palma de Majorca, or the "Calle del Chantre" (Precentor's Street) in Cuenca.

Those circumstances of the power and autonomy of the chapters, which at that time also separated the chapter administration (that is their holdings) from the episcopal one, were immediately transferred to the cathedral church, which abandoned the "monastic" way of interpreting its architecture so as to organize it in a different way. The canons created a new space where they could place their choir stalls near the apse of the temple, beside the altar although separated from it by a screen. In this sense the cathedrals of Rheims and León, to give two examples, are not Gothic only because of the solutions they found for their vaults and supports, but also because of the different way that they organized the apse of the church, adding an "architectural choir"[49] to it. Understood in this way, the Gothic cathedral offers an original variation without precedents in the history of the layout of the religious space of the Christian temple, for the traditional area of the chancel or presbytery[50] is then preceded by an area where the cathedral clergy can be placed. This space is defined with clear autonomy and independence, giving rise to what we could call the chapter church within the cathedral temple.

This represents a substantial change with regards to the Romanesque cathedral, as the sequence of "altar-faithful-choir" was shifted to that of "altar-choir-faithful", will all its advantages and inconveniences. Amongst the first type of cathedrals we find those with greater luminosity, especially during the first half of the day, as well as greater protection from the effects of cold; both of these questions were fundamental in the internal life of the cathedral choirs, as is recognized in the available documentary evidence. Apart from this, having the choir in the main apse allows it to be completely isolated, so that the ambulatory and its chapels were found within their own spaces, differentiated from the chapter. Still today in Amiens or León we can see the levels that gave access to the ambulatory; as it was a space set apart from the rest of the temple, they were the only signs of what in another period were caesuras, serving to articulate the different uses of the spaces. The best current example known of such a closure at the head of the church engulfing everything including the choir, the chancel, the ambulatory, the chapels, as well as the access to the sacristy, is found at the cathedral in Lincoln, with its stonework doorways through which we enter the ambulatory from the transept, a construction which is as equally Gothic as the rest of its architecture. At Lincoln the wooden doors that are opened and closed at certain hours are still in use. If we add to this the processional entranceway to the choir, which can also be closed, we can confirm that the Gothic apse came to be an autonomous organism within the cathedral temple. What is more, cathedrals like those at Beauvais or Narbonne would only build an apse supported by the transept, leaving out the entire body of the church; this did not mean, however, that they were not complete cathedrals. This should serve as a message to us, putting paid to the supposedly massive presence of the faithful in the cathedral's space during the Middle Ages.

So in other words, the Gothic apse of the cathedral was a new church in itself. Whether this was because only this part of the cathedral was built (Beauvais, Narbonne), whether it was designed but never came to be built (Santiago de Compostela),[51] or whether it came to be a reality in juxtaposition with the older cathedral done in the Romanesque tradition (Le Mans, Ely), the fact is that it was an architectural response to and an external sign of the power that the chapter had acquired. It emerged because the chapter wanted this type of layout for the cathedral, and not because of caprice or the genius of an architect or even because of a merely stylistic evolution.

In contrast to these and other advantages of the French model, other serious inconveniences emerged that would have a strong social repercussion. The main one was that the faithful could only hear the ceremonies but could not see anything. Faced with this reality there was pressure to avoid what Fernando de Espinosa, secretary of the Burgos chapter, observed in 1528 with regards to the discomfort of the faithful during the celebration of mass in the Cathedral of Burgos: "Thus when the host was raised during Mass, those in the church who wished to see God lined up in the royal nave [central nave] one behind another, or at the most two by two, in order to see God through the doorway of the Choir...".[52] This is what motivated the chapter to move the choir to the central nave, once again setting up the possibility of allowing circumstantial entry to the faithful once the gates were opened, so that they could stand between the altar and the choir, as we can see in the cathedral today. The same shift was made at the Cathedral of Rheims, though for other reasons. Even so, the apse of the cathedral as conceived in the French cathedral meant that the previous area reserved for the choir stalls was left empty as the stalls were moved into the central nave just behind the transept, where they can still be seen today, in spite of all the events that came to empty the most beautiful of Gothic cathedrals -Rheims, the cathedral *du sacre du roi de France*[53]- of its content.

The best example we can offer to see the change produced between the cathedral that had a similar appearance as the monastic temple and the cathedral we might call "secular" (due to the effect of secularization on its chapter) is the Cathedral of Laon. We know that work on it began between 1155 and 1160 on the basis of a design that had a semi-circular apse with an ambulatory that was clearly Romanesque in its conception. That is, its capacity was limited to the functions taking place around the altar; it did not have space for the choir of the canons. In effect, the seating for the chapter of the Cathedral of Laon, which with its 82 canons was the largest in France,[54] had occupied the central nave both in the previous church and the current one, since the semi-circular or polygonal apse of the new project begun in 1155 did not have any more capacity at the altar. We can see this in the reconstruction project proposed by Bony.[55] Without going into the formal problems of its polygonal floor plan and lack of chapels,[56] the important detail is that the recently built area around the altar was demolished and the current, extremely deep one was built -it was completed in 1215- to make room for the stalls between the altar and the transept. This is the *choeur liturgique*, as the French call it; in English reference is simply made to the choir stalls themselves. This did not come about by chance, as Kimpel and Suckale quite accurately point out when they relate this change to the noble character of the prebend of the Laon canons; we can thus speak of "a clericalization of cathedral architecture" where the needs of the choir held sway over those of the faithful, who little by little were excluded.[57]

This exclusion was rejected by part of the faithful, as we have seen commented by way of example in the case of the Cathedral of Burgos. The cathedrals in Spain solved this problematic by preserving the former layout of the Romanesque cathedral even though the new construction was Gothic. This is what we will later call the "Spanish way". How and when did this "Gothic" novelty of the liturgical choir in the apse of the church arise? Curiously enough it occurred in two temples that had an early French affiliation, the cathedrals of Ávila and Cuenca, both of which added to this feature by closing their vaults for the first time with sexpartite solutions. We are thus dealing with a highly coherent formal, functional and constructive solution, however much it was applied for circumstantial and transitional reasons, making its precise interpretation complex. Today both choirs are found in the central nave after being moved; but we are not speaking simply of choir stalls but of the architectural project, where the building remains as an expressive and undeniable testimony.

From the 13th century we all recall the oft-cited cathedrals of Burgos and León, which repeat the prototype of the French Gothic cathedral in exemplary fashion, with the choir in the cathedral apse. Still, between the construction of one and the other the no less Gothic cathedral of Toledo was raised, and it was not conceived from the very beginning to have a choir near the chancel. This was not due to the caprice of the planner or to pure chance, but to the firm desire of the chapter to continue to have its choir positioned like in the former Romanesque churches, and quite specifically like at Santiago de Compostela -whose temple weighs heavily in the memory of Spanish architecture- by leaving a space for the faithful between the choir and the altar. This is how in any case it must have been after the conquest of Toledo in 1085 as the Christian liturgical spaces were fit into the older naves of the former Great Mosque, an operation carried out by Bernardo de Seridac (Bernardo de Cluny) as bishop, a French prelate who pertained to the Benedictine order. Together with other French clerics he introduced the Gregorian liturgical reforms in Castile, placing the choir in the site it had always been seen in monastic architecture: in the centre of the nave where it could be part of the uses and customs of the cathedral. Once the Gothic construction was completed, the liturgy of the mass and all processional movement in the cathedral was organized around the freestanding choir in the main nave.

The choir we now see in the Cathedral of Toledo is usually appreciated for the exceptional beauty of its Renaissance stage, condensed in the art of Berruguete, Vigarny and Villalpando, and this makes us forget about the interest and transcendence of its previous architecture and layout. In effect, it is worthwhile to recall that its spaciousness and positioning had been established much earlier, with the extraordinary lower choir stalls Rodrigo Alemán began in 1489. Yet these were not the first choir stalls the choir of Toledo would use. We would be obliged to think of those previous to it which were set off by the imposing exterior stonework, whose architecture and sculpture were done in the second half of the 14th century under the prelature of Pedro Tenorio (1377-1399).[58] In my view, that first choir had its processional entrance at the location of the current chapel of the Virgen de la Estrella in the retrochoir. It made the two sides of the choir evident, with one topped off by the archbishop's seat (from where we get the name of the epistle side, of greater dignity), while the one opposite was called the choir of the Dean, heading as it does the north or gospel side of the choir. With the new upper, Renaissance choir, the archbishop's seat styled by Berruguete was put in the centre, presiding over the two choirs and closing off the access door from the nave, which would become the aforementioned Virgen de la Estrella chapel, though the choir on the southern side would continue to be known as the Archbishop's Choir.

III
THE CHARACTER OF THE CATHEDRAL IN SPAIN

The solution of a freestanding choir in Toledo should be called the "Spanish way" when referring to the Gothic cathedral. It differed from the French model, that is, from Burgos and León, and from the English model, which decided on its own to lay out the cathedral in a different manner; the three options were analogous but not the same. Torres Balbás once wrote that immediately after recognizing everything that *Dives Toletana* owes to French Gothic art, "we must recognize everything that separates it from it, the powerful national accent that perhaps makes Toledo the most Hispanic of all Castilian cathedrals".[59] This accent was bolstered without a doubt by a design that reduced the area of the chancel to its just expression so as to find a place for the altar and place the choir in the nave, instead of following the path taken by Burgos and followed by León. The model of Toledo, which not in vain was the primate cathedral and played a guiding role in many questions of a liturgical nature, would have a decisive influence on future Gothic cathedrals in Spain.[60]

Thus of course in Gothic cathedrals like Huesca and Valencia which were built on former mosques the choir was placed at a distance from the altar without adding deep apses; in this sense the case of the cathedral at Palma de Majorca is unique, and its complex interpretation is reliant on the same concepts as I see it.[61] The custom of initially using the naves of the former mosque until the Christian work was done, though doing so along the east-west axis so as to find a place for the chancel and the choir (as can be confirmed in the Romanesque project for the Seo del Salvador in Saragossa,[62] in the disappeared Gothic cathedral of Jaén,[63] or as we can see nowadays in the Gothic choir of the mosque of Cordoba, later repeated in the current, definitive Renaissance/Baroque choir) meant that a novel norm was being employed for new cathedral architecture. This reached its culmination in the Cathedral of Seville, where designers and planners coming from all over Europe were able to carry out a perfectly Hispanic project.

It is not our intention here to do an inventory of the layouts of each and every Spanish cathedral. Yet this development of the apse of the church without space for the choir, which had serious repercussions in the conception of the transept aisles which were unorthodox from a French perspective and in terms of its tradition, appeared in other areas geographically and culturally closer to the French context. Thus in the 14th century the cathedrals of Barcelona and Girona, similar in concept and quite rightly related to the Cathedral of Narbonne in stylistic and constructive aspects, lack the necessary depth in their respective apses to be able to position the choir in the way seen at Narbonne. Some of the architecture and all the craftsmanship reveal the origins of their architects, but the program of the Catalan cathedrals is different from what we have at Cathedral of Narbonne. For Barcelona it would be appropriate to point to the existence of the crypt of Santa Eulalia under the chancel, as its access from the transept made it impossible to place the choir in that position. Be it as it may, in our view the project did not ever consider the possibility of including the choir in the apse of the church. Further to this, the freestanding choir of Barcelona occupying two sections of the central nave is extraordinarily illustrative in determining its contribution to the greater interest of the cathedral. This does not at all diminish its liturgical possibilities or perturb its possibilities for aesthetic enjoyment, in contrast to what those who have argued for its elimination have claimed.[64] At the same time it is highly exemplary in terms of its placement and layout, since its position in the central nave helped preserve the majority of the fixed elements that made up a medieval choir: the processional entrance through the antechoir/retrochoir; the two sides of the choir well separated; the placement of the episcopal seat, isolated and pre-eminent on the epistle side; the pulpit on the gospel side, making up part of the architecture of the choir itself. This pulpit meant that the sermon could be heard both from inside of the choir and from the space remaining for the faithful between the choir and the chancel, as was the case at the Cathedral of Palma de Majorca before it was unfortunately dismantled. Finally, the use of the choir at Barcelona in 1519 for the Chapter-General of the Order of the Golden Fleece, with Charles V in attendance along with the majority of European monarchs, indicates the importance of this space within the cathedral. This peculiar royal chapter was presided by the emperor, just as three years earlier it had taken place at the Cathedral of Saint Gudula in Brussels.[65]

Of the reasons that might explain this "Spanish way" there is the undeniable monastic roots of the chapters. Thus in cathedrals like the one at Pamplona, whose architectural style has an unarguable link with France and the Gothic as has been expertly studied by Leopoldo Torres Balbás,[66] the consideration of their own uses had a greater impact when designing the project than any simply and direct mimesis of then-contemporary models. Thus the apse of the church at Pamplona is stunted, its length reduced to a single section for the liturgy of the altar. In this respect it does not resemble any example from the French Gothic,[67] since the choir was conceived to be positioned from the very start in the central nave of the church, and not as is senselessly seen nowadays in the cathedral apse. We might add to this a few more eloquent points of confirmation, such as the chapter's defence of the choir's placement in the central nave set off from the chancel, contrasting with the liturgical modifications Bishop Juan Lorenzo de Irigoyen y Dutari sought to make in 1769 after arriving at the diocese of Pamplona with an ambitious agenda for reform. After denying the prelate the right to bless the faithful from his seat in the choir, just as had always been done, and forcing him to do so from the chancel, the chapter expressed its "pain and sentiment at not being able to condescend to his desire" after a "long session and conference where we dealt with the different placement of the choirs of the Holy Churches of Spain from those of Italy, which are attached to the chapel, and with which the ceremony of the Lord Bishops is arranged, and in consideration of the partial suspension that could easily occur in the office of the mass having the Lord Bishops travel from the choir to the high altar to give this referred to benediction in the Holy Churches of Spain, due to the great distance in them between the choir and the high altar, an inconvenience that does not exist in the churches of Italy; and without a doubt this chapter has settled on and continues to settle on the ever constant and uniform practice observed by the former Illustrious Lord Bishops of this Holy church to always give the solemn benediction to the people at the end of the mass from his choir seat.. " The text continues: "...this practice is corroborated with the declaration of the Sacred Congregation of Rites, which on the eleventh of June of 1605 the Holy Churches of Spain obtained in favour of their praiseworthy practices with the publication of the Bishops' Ceremonial book, and if not satisfied with this its declaration appears in authentic form in the Briefs of the Holy Churches, the heading given to various matters from Folio 21 onwards".[68]

The choir was in effect conceived as a sign of identity both for the cathedral church and the chapter itself. It was the daily spiritual reference that marked the point all its activity was hinged upon with the passing of the hours, including extra-liturgical questions such as eating and rest. The chapter left the choir in procession and later returned in the same way; this same processional movement was repeated to go to the community's dormitory and when "awakening in exemplary manner for the matins, with disdain for the rigours of heat and cold". This experience of the choir, which in Pamplona as elsewhere spent "ordinarily eight and ten hours in the exercises of the community and the divine offices, attending *Canónicas* for themselves at seven o'clock day and night", explains the reaction of the chapter to any attempt at modificiation.[69]

Any review of the 15th century must conclude with the Cathedral of Seville. Everyone knows that the current temple was built on the former Almohad mosque, which was used as a cathedral ever since its consecration and dedication to Santa María de la Sede in 1252. Nowadays the Cathedral of Seville has an interior layout that is the same as Toledo's, derived from what its original cathedral layout was after deciding to use the architectural space of the Almohad mosque. Yet why was the interior of Seville organized in the same way as Toledo? It would be very easy to affirm that since Toledo was the primate cathedral it was thus the possible model, though there are stronger arguments than this. One is the close tie that existed between the two temples under Fernando III, beginning with the very days of the conquest of Seville in 1248. Curiously enough, King Fernando was married in the Romanesque cathedral at Burgos and laid the first stone of the Gothic cathedral of Toledo, while he also witnessed the transformation of the Almohad mosque in Seville into a Christian church, for as is written in the *Primera Crónica General*: "... he began then first to revive for the honour and worship of God and of Saint Mary his mother, the archbishop's seat, which for a long time had been unused and empty and was lacking in such a dignified pastor; and he went and ordered that the very honourable chapter should honour Saint Mary, whose name this noble and sacred church does bear...". The then bishop of Cordoba officiated in the purification of the mosque, consecrating it and dedicating it to Santa María de la Sede. As had occurred in Cordoba and other mosques that had been converted into Christian temples, they simply varied the orientation of the cult by shifting the high altar to the eastern side and positioning the Royal Chapel behind it, leaving room to place the choir in front of the chancel, as was done in Toledo.

In naming the Cathedral of Toledo alongside that of Seville we cannot forget that during his entire reign Fernando III (like his son Alfonso X after him) never ceased to proffer exceptional privileges on the primate cathedral through the great prelate and statesman Rodrigo Ximénez de Rada, who for his part had to strive to the maximum (with the king's support) to ensure the ecclesiastical primacy of Toledo over and above the pretensions of the metropolitans of Tarragona, Braga and Santiago. Yet it is even more interesting for our purposes to point to the intimate relationship between the cathedrals of Toledo and Seville, since each archdiocese was governed by one of the two sons of Fernando III himself, Sancho (1251-1261) and Felipe (1249-1258), even though this latter would not come to be ordained and held the post first as deputy and later as bishop-elect. The fact is that the two dioceses were ruled by two brothers; one was already structured -Toledo- and another -Seville- had yet to be organized. It is thus easy to deduce which one would hold more influence in all respects, including diocese administration and disciplinary questions affecting the chapter and the liturgy, where the choir was the cornerstone.

In the definitive organization of the cathedral and diocese of Seville the figure of Archbishop Raimundo de Losana or Don Remondo (1259-1286) was fundamental. A member of the Order of Preachers, he was secretary and confessor to Fernando III, and had been promoted from the diocese of Segovia; he must be credited with the first constitutions that would give a "Toledan" physiognomy to the chapter of Seville (1261). Don Remondo had run the diocese of Seville from behind the scene in the years of Prince Felipe. He was also the person who introduced chapter and ceremonial life into the mosque, organizing the choir in its interior; upon his death he would be buried inside of the church. All documents referring to the constitutions of Seville speak of its dependence on those of Toledo,[70] and do not hesitate to affirm that the Cathedral of Seville was "organized in every way in imitation of Toledo".[71] This naturally included the placement of the choir in relation to the altar in the mosque, a concept that was later perpetuated in the colossal Gothic cathedral of the 15th century that we all know, inasmuch as it was respectful towards Toledo's scheme of "altar-faithful-choir-retrochoir-faithful".

Thus for a century and a half the Cathedral of Seville organized its liturgical and chapter life in a space of Islamic origins. Only in 1401, when the bishop's seat was left empty after the death of Archbishop Gonzalo de Mena, did the chapter decide to build a new cathedral. As the chapter acts recall, the idea was for it to be "as good and so good that there would be no other equal to it". We must not forget that it was the chapter and not the archbishop who made this important first step, even though the construction was not begun until the prelature of Alonso de Egea (1403-1408). In conclusion we should comment that with the choir in the central nave and the straight apse of the Seville cathedral, adjusting the surface of the Christian temple to the floor plan of an Islamic mosque, we have two of the key points that would define the form of the cathedral temple in the Spanish context from the 16th century onwards. If from the top of the Giralda we could look at the other European Gothic cathedrals, far in the distance, and then lower our gaze to look at the Cathedral of Seville, we would be able to confirm the decisive role that the choir had played in the configuration of the architectural space of the Spanish cathedral. We must not forget that both the Cathedral of Toledo and its counterpart in Seville were the work of French, Flemish and German masters, but that the results were clearly Spanish. This was not due to their style, but because of the underlying ecclesiastical project. If we understand this then we will be able understand everything. Thus we propose that the term "Spanish way" be the epigraph of the present chapter.

Yet in Seville something else happens of even greater transcendence, exceeding everything that can be said here: the temple became the model for the cathedrals of the New World.[72] It is well known that from Mexico to Lima, the cathedrals of the Americas tried to follow the guidelines of Seville; researchers have grounded this belief above all in the undeniable similarity of their rectangular apses,[73] contrasting with the former medieval tradition of complicated ambulatories on a polygonal floor plan. Yet this is only a small and residual part of the question, since in contrast to what is habitually presented as a question of mimesis, style or simple formal relation, what happens is previous to the very Laws of the Indies that required that Seville be the model for the cathedrals of the New World. This requirement that the legislation is so insistent upon refers to the institutional, administrative and liturgical architecture of the new cathedrals, since all of them were initially dependent upon the Cathedral of Seville until their gradual separation during the process of creation of an independent map of the dioceses of the Indies.[74]

Thus apart from the paths take by each of the architectural projects of the Americas, there is a profound identity of origin in the organization of their chapters and ecclesiastical ceremonies, as occasionally recorded in their constitutions, ordinances and choir books. From here we may conclude that the same necessities required analogous architectural solutions in regards to the organization of the interior space of the temples, and quite concretely in the duality of altar and choir, which were normally united as on the Iberian Peninsula for the via sacra or screen which thus set off the stage of that *Theatrum sacrum*.

With regards to this point, the content of the bulls authorizing the erection of the cathedrals of the Americas is very expressive. Take for example the bull for Mexico in the years of Juan de Zumárraga, the first bishop (1527) and archbishop (1545) of Mexico, where it quite clearly states that with regards to customs, constitutions, rites and uses in any type of ceremony, they would have to be adjusted to the ceremonies described in the very *Ecclesiae Hispalensis*.[75] From among the great quantity of evidence that could be offered on the real development of these foundational plans, we find the *Ordenanzas*[76] written by Alonso de Montúfar, second archbishop of Mexico, which were drafted for his cathedral. They described point by point all the movement and ceremonial activity of the choir, which responded to what we know from Seville. In this way the initial consideration of the architectural project of the Cathedral of Mexico using the model of Seville makes more sense, so that on an architectural, institutional and ceremonial level they would coincide in everything. Thus what Montúfar himself wrote in 1554 about this is more logical, as he observes that "the plan that has been chosen most greatly resembles that of Seville".[77] However, further on in time reality would hold sway; the same archbishop would rectify four years later, saying "that it was not convenient for [the Cathedral of Mexico] to be as sumptuous as the Cathedral of Seville...and that it would be sufficient for this city to have a church like that of Segovia or Salamanca...and in this way we would remedy such an excessive expense which if in fact the plan of Seville were to be taken, not even all the mines of this land and the treasures of Your Majesty would be enough even to build the foundations."[78] Once this is clear we should not find it strange to find so many affinities between Mexico and Seville, such as the two entrances through the apse of the church, the chapel of the Monarchs, and above all the ordering of the altar, choir and retrochoir in the central nave.

Legislation but above all practice would hold sway, and not only in the new Hispanic world. The customs of the church in Seville leave no doubt as to the canons of the provincial councils of Mexico, which like in the second council held in 1565 and presided by Montúfar, determined "that the divine offices be done in conformity with what is done in Seville". In canon XIV it literally says: "It is a very decent thing that all the churches [cathedrals] under the jurisdiction of this holy church of Mexico might be the same as Seville in celebrating the major and minor divine office, and this archbishop's church from its very foundation and creation always has prayed and now prays in conformity with the holy church of Seville; and so that there might be conformity, S.A.C. we order and require that all the dependent churches sing in the choir, and perform the major and minor offices in conformity with the missals and breviaries of the mentioned church of Seville...".[79] This is what was definitively known as Liturgia Hispalense; it had a highly direct presence in the Indies[80] that once such premises are understood we can begin to understand everything else on a historical-architectural level. The magnificent choirs of Mexico, Puebla or Cuzco are more expressive than anything we could say regarding their belonging to the "Spanish way". They played the same main role in the architecture and life of the cathedral as they had in the cathedrals of the Spanish peninsula or its islands. The modern loss of a great number of choirs, from Santo Domingo to Lima, a parallel lack of sensitivity to what was seen in Spain, cannot make us forget the existence of this regulatory element of the cathedral floorplan, about which we have abundant information in original documentary material.[81]

This data concerning the Americas thus takes us up to the 16th century, when the choirs underwent a great number of alterations; three such changes should be briefly brought to the forefront as the most significant. The first would be to consider the movement to the central nave of the few choirs that existed in cathedrals apses like at Ávila, Burgos and Cuenca (to which we would have to add the case of León[82], which although it did not actually occur until the 18th century had been attempted in the time of Felipe II when everyone sought to align themselves with the "Spanish way"). What was especially noteworthy about these positional shifts was that they were done on the margin of the conciliar requirements of Trent, against what at first may seem. These new dictates sought precisely to place the choir behind the altar in a new distribution of "choir-altar-faithful", an imposition that did not have a great impact outside of Italy, and of course had no impact in Spain except for the never-executed project for the Cathedral of Valladolid that we will deal with later.

Secondly, during the 16th century plans were made and construction begun on a number of cathedrals in Andalusia, like Granada, Jaén and others, that would continue to enrich and affirm the "Spanish way" from different perspectives. In Granada the interest of the major chapel as an autonomous formula destined to be the funerary chapel of Carlos V has always been recognized, as Rosenthal did so masterfully.[83] Yet his focus on this interest was detrimental to the study of the rest of the cathedral, and specifically of its choir, so much so that it was physically forgotten and its remains were erased. Elsewhere I have compiled data and responded to the disbelievers regarding the original existence of this choir, which Siloe conceived between the two transept aisles, so that neither the floor plan nor the elevations and subsequently the vaults of its naves can be understood without the choir. Even before the presence of this master in Granada, in the days of the formalization of the first project, the Count of Tendilla gave explanations to Ferdinand the Catholic in response to his reticence concerning the great distance that existed between the choir and the altar in the Egas design, concluding that this problematic could be solved if -once again- the model of Seville were followed, putting "the high altar in such a way as found in Seville, so that between it and the choir there would be nothing but the transept" (whose space, we might add, could be occupied by the faithful for solemn ceremonies). This would be the same formula followed in Jaén and in so many other Andalusian cathedrals, culminating in 18th century Cadis with the so-called old and new cathedrals.[84]

The greater information available concerning the 16th century allows us to be conclusive in the final consideration of the choir as a necessary and precise feature of the cathedral, as described and drawn by Rodrigo Gil de Hontañón, which has come down to us through the *Compendio de Architectura* by Simon García. In the chapter "Of the division of the temples by geometry" that deals with the project of a three aisle cathedral, he goes about after the initial operations to indicate the points and lines that would serve to allow for the internal layout, marking out the spaces for what "would be the major Chapel, and then for the positioning of the chapel down lower than what would be the transept over whose square is found the dome". Finally, as Gil de Hontañón adds through Simon García, "consider where the diagonals cross with the parallels... this position has the chapel which is the choir".[85] That is, by projecting, laying out and organizing the cathedral according to its essential elements, this 16th century architect who had inherited all of medieval know-how, mentions and places correlatively the altar, the transept and the choir. We mean by this that the choir is not just a set of choir stalls that are placed wherever was considered convenient, but is a site in the space. And surprisingly enough this space ends up being the geometric centre of the cathedral.

So as to conclude this dense exposition we should refer to the effect of the Council of Trent on Spanish choirs, since it has been the cause of frequent and erroneous interpretations. It is enough to say that the conciliar precepts had a repercussion on the physical organization of some choirs only through those prelates who zealously defended the *ius divinum* recognized for them by the council, giving them authority over the chapter. Some sought to visibly exercise this right in the question of the choir by placing their seats in the middle, between the two choirs, something a number of bishops had already anticipated. This meant closing off the access to the choir from the retrochoir whose open door is still preserved in Barcelona and León, but was lost in Santiago, Burgos and Toledo -to offer a few examples- with the resultant empty spaces turned into the central altars of the retrochoir. As for the supposed elimination of the choirs from the central nave that is frequently tied to Trent, the decrees of the third stage of the council (1562-1563) which affect the liturgy say nothing about this point, while Carlos Borromeo demonstrated a degree of tolerance with regards to this question in his *Instrucciones* (1577), a volume that summarized the council's spirit in everything related to sacred art.[86] Furthermore, as I have observed elsewhere, in 1605 the Sacred Congregation of Rites exempted Spanish cathedrals from the total fulfilment of parts of the bishops' ceremonial actions, given the layout of the presbyteries and the placement of the choir.[87] Thus we can conclude first of all that the "Spanish way" did not at all go against the conciliar canons; second, in comparison to the "French model" it provided an enormous advantage in that it allowed the mass to be seen, given that the choir of the canons was not placed between the altar and the faithful. We can never put enough emphasis on the functional values of the "Spanish style choir", and the best proof of this is that they were preserved and could survive. They were the stage for an exceptional Catholic, apostolic and Roman liturgical history until the furtively iconoclastic attitude of the 20th century came along to wipe out many foundational vestiges of sacred Spanish architecture.

We must add a final coda to this general positioning on the form of the Spanish cathedral. I refer to the project Juan de Herrera developed for the Cathedral of Valladolid, where the first proposal for a counter-reform cathedral in Europe was made, not counting adaptations of former medieval temples such as the one carried out for the first time by Carlos Borromeo and his architect Pellegrino Tibaldi in the Cathedral of Milan.[88] If Herrera's project for Valladolid was something new, it was not for its non-ornamental style or for its classicism, but for the adjustment of its architecture to the brand new spatial ordering of its interior, where quite naturally and for the first and only time the sequence "choir-altar-faithful" appeared, in line with the Post-Tridentine liturgy. This layout could not have been invented by the architect; instead it is the result, in our view, of the relationship between Herrera and Tibaldi on the occasion of the time spent by the Italian in Spain to dedicate himself to the painting of the library and cloister of El Escorial (1586). There is no doubt that Herrera, who was preparing the project for the Cathedral of Valladolid, had received news of what Tibaldi had done in Milan, and he did not waver when given a chance to improve on the Milan model by marking the separation between the altar and the choir even more sharply. Inasmuch as it was a new work *a fundamentis*, nothing would stop him from adjusting form to function as seen in the detailed floor plan of the cathedral he left for us, where the choir is described in great detail. In spite of all his efforts, Herrera's proposal was never carried out; the only part built for the Cathedral of Valladolid always functioned in accordance with the "Spanish way", so that the bishop and the chapter ended up selling the choir rail, which is now on display in New York's Metropolitan Museum.[89]

By way of a final reflection we might add that this Tridentine reform of the "Italian style choir" was not to everyone's taste; this was so even in Italy itself, so that Francisco Borromeo, nephew of Carlos Borromeo and like he had been Archbishop of Milan, complained in his *De Pictura Sacra* (1624) of the new placement of the choir: "I know that recently it has been established that the consecrated are to sit behind the high altar and the people, who are able to see the altar, are seated around it. It was not this way for our elders who undoubtedly preferred to put sacrosanct things further away from the view of the people. In this way, they dedicated the middle part of the temple, the most noble and luminous part, to the choir...".[90]

NOTES

1. It is quite common for cathedral statutes to include this detail, though it is habitually identified exclusively with monastic or convent churches. Thus in the *Estatutos reglas de puntar y gobierno de el coro y capitulo de la Santa iglesia Catedral de Sigüenza* (Salamanca: Gregorio Ortiz Gallardo, Printer, 1687), it is said: "The main reason why the cathedral churches were established was to praise God from the choir, imitating in this Militant church the Triumphant church, composed this latter of various hierarchies of celestial spirits which together continually sing praises to the Creator. In this way the Cathedral Churches, made up as they were of various hierarchies, have this as their main foundational principle: the most precise obligation of the prebendaries was to participate in the choir, each in his own seat and in hierarchical order with reverence and attention, something that great attention was given to by the Holy Church in its beginnings ." (folios 1 and 2).

2. The raising of a cathedral goes with the designation of the diocese and definition of the

chapter, so that three mandatory factors are considered in each corresponding bull. A fine study of what the chapter represents in the Spanish context -sharing many elements with other European chapters- can be seen in the volume by T. Muniz, *Derecho capitular*, Seville, Printed and Bound by Sobrino de Izquierdo, 1925 (2nd ed.).

3. Schiavo, A., "Vicende della Cattedrale di Roma e del patriarchio lateranense", *Studi Riomani*, 1969, nº 1, pp. 60-66; Toth, G. V., *La cattedrale del papa, breve guida storico-artistica*, Rome, 1980; Pietrangeli, C. (ed.), *La basilica di San Giovanni in Luterano a Roma*, Florence, Nardini Editori, 1990; Strinati, T. and Ceccarelli, S., *San Giovanni in Luterano*, Rome, Elio di Rosa editore, 2000.

4. Krautheimer, R.: *Corpus basilicarum christianarum Romae (4th-9th C.)*, Vatican City: Pontificio istituto di archeologia cristiana, 1937 (5 volumes); and *Architettura sacra paleocristiana e medievale*, Turin, Bollati Boriguieri, 1993 (1st ed. Cologne, 1988), pp. 3-39.

5. Crippa, M. A., Ries, J. and Zibawi, M., *El arte paleocristiano: visión y espacio de los orígenes a Bizancio*, Barcelona, Lunwerg, 1998.

6. Testini, Pascuale, *Archeologia cristiana*, Bari, Edipuglia, 1980 (2nd ed.), p. 592. [1st ed. 1958].

7. In 1889 Cardinal Ruggiero restored the basilica, including the disappeared *schola cantorum*, just as it was imagined and must have been in the 12th century, thus doing away with latter additions. For the complete history of the construction and restoration of Santa Maria in Cosmedin, see Giovanni Battista Giovenale, *La Basilica di S. Maria in Cosmedin*, Rome, Sansaini, 1927.

8. The oldest part of the *schola cantorum* of the upper basilica of San Clemente comes from the lower basilica and is dated from the 6th century if we judge from the monograms of Pope John II (533-535) on the closures. In the pavement the imprint of the first location is preserved before being moved to the upper basilica. See a summary of the archaeological findings of the basilica of San Clemente in the *Dictionnaire d'Archéologie Chrétienne et de Liturgie*, F. Cabrol and H. Leclercq, tome III, 2nd part, Paris, 1948, col. 1883.

9. In this sense Jérôme Carcopino brings together various testimonies referred to by Quintilian and Pliny the Younger, in his work *La vida cotidiana en Roma (Daily Life in Rome)*, Buenos Aires, Hachette, 1942, pp. 303-306 (1st French edition, 1938).

10. Thorey, Lionel, *Histoire de la messe, de Grégoire le Grand à nos jours*, Paris, Perrin, 1994.

11. Pinell, J. and Triacca, A. M., "Le liturgie occidentali", *La Liturgia, panorama storico generale*, Casale Monferrato, Marietti, 1988, pp. 62-110.

12. Iñiguez, José Antonio, *El altar cristiano. Desde los orígenes a Carlomagno*, Pamplona, Eunsa, 1978.

13. Cabrol, F. and Leclercq, H., *Dictionnaire d'Archéologie Chrétienne et de Liturgie*, tome II, 1st part, Paris, 1925, col. 585, note 1.

14. Mansi, J. D., *Sacrorum Conciliorum nova et amplissima collectio*, Akademische Druck-u.Verlagsamstatt, Gratz, 1960 (fascimile edition), 9, 793: *Ut laici secus altare, quo sancta misteria celebrantur, inter clericos tam vigilias quam ad missas stare penitus non praesumant, sed pars illa, quae a cancellis versus altare dividitur, choris tantum psallentium pateat clericorum*.

15. IV Council of Toledo, C.XXXIX. *De discretione presbyterorum et diaconorum, ut in utroque choro consistant: Nonnulli diacones in tantam erumpunt superbiam, ut sese presbyteris anteponant atque in primo choro ipsi priores stare praesumant, presbyteris in secundo choro constitutis: ergo ut sublimiores sibi presbyteros agnoscant, tam hi quam illi in utroque choro consistant* (Tejada, *Colección de Cánones*, II, p. 290).

16. Puertas Tricas, Rafael, *Iglesias hispánicas (siglos 4-8). Testimonios Literarios*, Madrid, Ministry of Culture, 1975, pp. 100-102.

17. Miguel Antonio Francés, in his *Tractatus de Ecclesiis cathedralibus* (Venice, 1698), mentions the case of two choirs being placed in the chancel: *Alibi enim Presbyterium a Choro realiter non distinguitur, sed solum paucis gradibus: alibi duo sunt chori, unus retro Altare Majus, alius vero ante ipsum altare, de quo Lucae in Cathedrali extat exemplum* (folio 54).

18. In Antonio López Ferreiro, *Lecciones de Arqueología Sagrada* (Santiago, 1894, 2nd ed.), when he says that "in the rural churches of Galicia the apse or chancel is still called the choir." (p. 289).

19. One of the first graphic and textual considerations of the presence of the *schola cantorum* is found in L. Batissier's excellent work *Histoire de l'Art Monumental*, Paris, Furne et Compagnie, 1860 (2nd ed.), p. 375. The same description and graphic representation is later repeated essentially without variation until classic works like *Éléments d'Archéologie Chrétienne*, by H. Marucchi (Paris, Desclee-Lefebre, 1905, tome III, p. 219) and the *Manuale di Archeologia cristiana* by Sisto Scaglia (Rome, Libreria Editrice Religiosa, 1911, p. 173), all the way up to popular manuals like the Spanish *Teoría de la literatura y de las artes*, by the Jesuit Indalecio Llera (Bilbao, Graphos-Rochelt y Martín, 1914, p. 151).

20. Benedictis, E., *The Schola Cantorum in Rome during the High Middle Ages* (1983), found in *Lexikon des Mittel Alters*, vol. III, Munich, Lexma Verlag, 1995, col. 1519; Waesbeghe, J. Smits van, "Neues über die Schola cantorum zu Rom", *Internationaler Kongress für Kattolische Kirchenmusik*, vol. 2, Vienna, 1954, pp. 111-119.

21. Josi, E.: "Lectores, schola cantorum, clerici", *Ephemérides Liturgicae*, 1930, Volume XLIV, pp. 281-290.

22. This is how it is considered in the table of cathedral offices, for example in that of León. See the *Ceremonial de la Santa iglesia catedral de León*, León, Imp. Religiosa, 1902, pp. 81-84.

23. Horn, Walter and Born, Ernest, *The Plan of St. Gall*, Berkeley, University of California Press, 1979, 3 vols.

24. Remember that in these and other monastic orders, the choir has two consecutive parts, namely the choir of the fathers or nuns, and the choir of the brothers or converted, thus occupying the entire nave. In engravings previous to the French Revolution this spatial sequence is seen in the two choirs in the plans of Cluny III and Claraval, just as we can see it still today in the solo nave of the Carthusian monastery of Miraflores in Burgos. Concerning these features it is useful to consult *La arquitectura monacal en Occidente*, by Wolfgang Braunfels (Barcelona, Barral, 1975. 1st German edition, 1969), as well as the volume with various authors under the direction of G. Le Bras, *Les ordres religieux, la vie et l'art*, vol. I (Paris, Flammarion, 1979).

25. Navascués, P., *Teoría del coro en las catedrales españolas*, Madrid, Real Academia de Bellas Artes, 1998; and Chédozeau, B., *Choeur clos, coeur ouvert*, Paris, Les Éditions du Cerf, 1998.

26. Bonnet, C., "Les fouilles de l'ancien groupe épiscopale de Genève (1976-1993)", *Cahiers d'archéologie genevoise*, I, Geneva, 1993.

27. Gauthier, N. and Picard, J. C., *Topographie chrétienne de la Gaule, des origins au milieu du VI-IIe siècle, t. I, Tréveris*, Paris, De Boccard, 1986.

28. Various Authors, "Les églises doubles et les familles d'églises", *Antiquité Tardive. Revue internationale d'histoire et d'archéologie*, Volume 4, 1996 [Turnhout (Belgium), Éditions Brepols]. This is a monographic issue that includes the acts of the congress held in Grenoble in 1994. We have no word of double cathedrals in Spain though perhaps we could speak of an "episcopal" group in Terrassa (Barcelona), the former *Egara* (See "Las últimas intervenciones arqueológicas en las iglesias de Sant Pere de Terrassa (1995). Aportaciones preliminares sobre la sede episcopal de Egara", in *Antiquité tardive. . .*, pp. 221-224). I am reluctant to consider the case of the Cathedral of Oviedo, where the presence of different dedications of altars is not synonymous, in our view, with the presence of more than one building. (See García de Castro, C., "Las primeras fundaciones", in Various Authors, *La catedral de Oviedo*, Oviedo, Ediciones Novel, 1999, Vol. I, p. 40).

29. Pracchi, A., *La cattedrale antica di Milano*, Milan, Laterza, 1996, pp. 24-336.
30. Piva, P., "La cattedrale doppia e la storia della liturgia", in *Les églises doubles. . .*, pp. 55-60. This author has offered the most serious reflections on the double cathedral since the publication of his book *La cattedrale doppia. Una tipologia architettonica e liturgica del Medioevo* (Bologne, Patron, 1990).
31. Erlande-Brandenburg, A., "De la cathédrale double à la cathedrale unique", *Saint-Pierre de Genève. Au fil des siècles*, Geneva, 1991, pp. 15-22.
32. Ferreres, J. B., *Historia del misal romano*, Barcelona, Eugenio Subirana, Editor Pontificio, 1929.
33. *Rodulfi Glabri Historiarum libri quinque*, Oxford, Clarendon Press, 1989 (Book III, chapter IV).
34. Given that the common life of monks is better known and studied than that of the cathedral clergy before secularization, to understand it better it is helpful to consult works such as L. Moulin, *La vie quotidienne des religieux au Moyen Âge (X^e-XVe siècle)*, Paris, Hachette, 1990.
35. Even though the current cathedral complex is Gothic, it reproduces the former layout of the Romanesque cathedral that responds to community life as preserved over time; confronting the desire for its secularization on the part of royal and episcopal power the chapter always defended its rights to a rule in community life. The regular life of the Pamplona chapter is described with great exactitude in *Estado y descripción de la Santa iglesia catedral de Pamplona de Canónigos Religiosos y Reglares de la Orden de San Agustín. Pónese la Regla del gloriosísimo Sancto Patrono suyo y las ceremonias desta Iglesia. Modo de votos, vida, exercicios: la asistencia, y servicio del Culto Divino de Dios, de su soberana Madre Reyna del Cielo, y Patrona milagrosa desta su insigne y Religiosa Iglesia*, Pamplona, Iuan de Oteyza, Impresor del Reyno de Navarra, 1626. This work includes an interesting report on the state of the cathedral, read in the General Courts of the Kingdom of Navarra held in Pamplona in 1617, where the chapter defended its rule against the episcopal manoeuvres in favour of its secularization: ". . .for it is well known, executing this move to a secular life, that the lord Bishops privilege their rights and interests: the main one of them is to establish their jurisdiction, control legal cases, and find a comfortable place for their servants in the Church" (p. 13). Even though Felipe II had already tried to secularize it, the Pamplona chapter was not secularized until 1860 on the basis of the papal bull *Ineffabili* (15-V-1859), promoted under Pius IX, in which the laws, statutes, regulations, practices and customs of the regular Pamplona chapter were forever abolished.
36. In this sense the particular panorama of England is highly interesting. The English monastic cathedrals studied by J. Harvey (*Cathedrals of England and Wales*, London, Batsford Ltd., 1988, pp. 210-211), allow us to see the historical and formal overlaps between cathedrals and monasteries. The author himself observes: *"For even the secular cathedrals of the late eleventh and twelfth centuries reflected in great measure the traditions of the monks' churches."* (op. cit., pp. 97-98).
37. Duby, G., *La Europa de las catedrales (1140-1280)*, Barcelona, Carroggio, 1966 (Geneva, Skira, 1966).
38. A canon is a person who has a prebend by which he belongs to the cathedral chapter. For more historical information see Cabrol and Leclercq, "Chanoine", in the cited *Dictionnaire. . .*, t. III, columns 245-247.
39. Erlande-Brandenburg, A., *La cathédrale*, Librairie Fayard, 1989, p. 302 ff.. The Spanish version of this work, published by Ediciones Akal (1993), introduces a dangerous confusion by translating the term "jubé" for "galería" (gallery) (p. 235 ff.), precisely after the text recalls that this French term has its origin in the first word of the Latin liturgical *Jube Domine benedicere*. The fact that the word "galería" is applied to a very specific and distinct part of the medieval temple that has nothing to do with the jubé or retrochoir/antechoir could lead the unaware reader into error.
40. In their book on *El coro del Maestro Mateo* (La Coruña, 1990), R. Otero and R. Yzquierdo bring together very interesting data on this "leedoiro" or place from where the readings of the lessons, epistles and gospels are made, and that in the medieval Latin documentation of the Compostela cathedral it is also called a *lectorio* and a *legitorium*. In German it is known under the name of *Lettner*. Hans Sedlmayr dedicates a few pages to this in his *Die Entstehung der Katedrale* (Graz, 1988, pp. 288-290), reproducing the example from the Cathedral of Strasbourg (p. 34). Even though it is frequent to make the English *choir screen* or *pulpitum* into the same thing as the French *jubé* with its porticos and the German *Lettner*, I understand that there is a greater analogy with the Spanish retrochoir.
41. *Historia Compostelana*, ed. E. Falque, Madrid, Akal, 1994, p. 189.
42. *Historia Compostelana...*, pp. 111-115.
43. Luke 10: 1: "After this the Lord appointed seventy-two others and sent them two by two ahead of him..."
44. Amongst the earliest exceptions was the chapter of Notre-Dame de Paris which did this from 909 on when Charles III the Simple confirmed a privilege given by his grandfather Charles the Bald, recognizing the right of the canons of Notre Dame to live in private residences that made up part of the cloister. See Gane, R., *Le chapitre de Notre-Dame de Paris au XIV siècle*, CERCOR, Université de Saint-Étienne, 1999, p. 17 ff., as well as its important bibliography, especially the part referring to the French chapters (pp. 260-266).
45. The secularization of the chapters was not a process that took place at the same time in all cathedrals, just as before this movement there were chapters who had some of their members living in independent homes while others continued the common life. In this question the studies of certain episcopal cities of the south of France by Yves Esquieu are of great interest (*Autour de nos cathédrales*, Paris, CNRS, 1992).
46. *Historia Compostelana*, ed. E. Falque, Madrid, Akal, 1994, p. 111, note 208.
47. Esquieu, Y., *Quartier cathédral. Une cité dans la ville*, Paris, Rempart, 1994.
48. Ruiz Hernando, J. A., *Historia del urbanismo en la ciudad de Segovia del siglo XII al XIX*, Madrid, 1982, t. I, pp. 30-33.
49. This is the spatial area that the French call the *choeur*, the English the *choir* and the Germans *Chor*, though habitually it is extended to refer to the apse of the church in general.
50. To name this specific space the French used the term *sanctuaire*, analogous to the *sanctuary/presbytery* (or *chancel*) of the English.
51. In Santiago de Compostela we are aware of the existence of a project that was begun and later abandoned to give the cathedral a French style *choeur*. Yet no one has asked why this change was initiated; it could not have been due to a simple mimesis towards the new Cathedral of León whose apse recalls the Compostela project, nor to the simple desire to follow the new trend in Gothic architecture, nor even to the will to monumentalize even more that pilgrimage focal point. There is in my view a more logical and primary reason, for the initiator of the project, Archbishop Juan Arias Dávila, was the same person who had abolished the common life of the Compostela chapter that had been governed by the rule of the Council of Aquitaine (816). The suppression, that is, the secularization of the chapter, took place in 1256. This was the same year the first steps were taken on the Gothic expansion of the cathedral, whose first stone was laid in 1258. Thus the work undertaken can only be understood within the context of the institutional reforms gone ahead with by the prelate. Nobody can seriously believe that the coincidence of the dates is pure chance. See the graphic restitution of the project in Puente, J. A., "La catedral Gótica de Santiago de Compostela: Un proyecto frustrado de D. Juan Arias (1238-1266)", *Compostellanum* (Santiago),

vol. XXX, 1985, pp. 245-275; and in "Catedrales góticas e iglesias de peregrinación: la proyectada remodelación de la Basílica compostelana en el siglo XIII y su incidencia en el marco urbano", in *Los caminos y el arte*, II, Santiago, 1989, pp. 121-133. This idea to expand the apse of the Compostela church would arise again in full force in the 18th century. See the excellent study by A. Vigo, *La catedral de Santiago y la Ilustración* (Madrid, 1999), as well as the catalogue of the projects in the exhaustive work by M. Taín, *Trazas, planos y proyectos del archivo de la cathedral de Santiago* (La Coruña, 1999).

52. Martínez Burgos, M., *En torno a la cathedral. I. El choir y sus andanzas*, Burgos, 1953. The author transcribes other passages (p. 16) of Espinosa's declaration where he suggests the difficulty in following the mass, for example, on the part of women who did not have access to the chancel, being only open to a few faithful due to the limited space available: "Thus on each side [of the altar] thirteen square feet were left where the pews were placed for those who could fit in could follow the mass; and in the lateral aisles [outside the area of the chancel] the women who for the space they had to leave for those who came and went from the chapels behind the Choir, were few; for of the two arches open to be able to see the chancel, one of them left only a view of the altar to a few...". (ibidem). This segregation of the women in the temple, which came from an earlier tradition, would be reaffirmed after Trent in some provincial councils like that of Toledo in 1582. In it a decree was approved under the heading "That the women occupy a place in the temples separate from that of men" which reads as follows: "It was an ancient custom in the church that in the temples the lay people were separated from the choir of the clergy, and that also the men were found, whether seated or standing, divided from the women. And wishing this holy council to restore in part that custom as holy and convenient for the dignity of the mysteries and the propriety of the place, we order that in the cathedrals and colleges, while the divine offices are being celebrated, not only should women be excluded from the choir, but also from the chancel: and exhort the most holy bishops to observe this law in the parishes and other churches, as they consider most convenient" (Tejada y Ramiro, J., *Colección de cánones...*, Vol. V, p. 473).

53. The preserved documentation on the Cathedral of Rheims leaves no doubt, with the engraving of Daudet from 1722 especially explicit in its depiction of the layout of the cathedral before the Revolution of 1789. It can be seen reproduced in various works, among them Kimpel, D. and Suckale, R., *L'architecture gotique en France, 1130-1270*, Paris, Flammarion, 1990 (1st ed. in German, Munich, 1985), p. 532. In the same way the plan drawn up by Leblan in 1894 is quite clear. See the hypothetical restitution of the choir with its extraordinary *jubé* in Demouy, P., *Notre-Dame de Rheims*, CNRS Editions, 1995, pp. 96-97.

54. Millet, H., *Les chanoines du chapitre cathédral de Laon (1272-1412)*, École française de Rome, 1982.

55. Bony, J., *French Gothic Architecture of the 12th & 13th Centuries*, Berkeley, University of California Press, 1983, p. 138.

56. Kimpel and Suckale, op. cit., pp. 193-194 and 487, note 37. See also Adenauer, H., *Die Kathedrale von Laon, Studien zu ihrer Geschichte und ihrer stilistischen Fundierung im Rahmen der französischen Architektur*, Düsseldorf, 1934, pp. 18 ff..

57. Kimpel and Suckale, op. cit., p. 209. These authors say that Laon could have taken as a model Notre-Dame de Paris or the Cathedral of Chartres.

58. Franco Mata, A., "El Génesis y el Éxodo en la cerca exterior del coro de la catedral de Toledo", *Toletum*, Boletín de la Real Academia de Bellas Artes y Ciencias Históricas de Toledo, 1987, num. 21, pp. 53-160.

59. Torres Balbás, L., *Arquitectura gótica*, Vol. VII of the collection Ars Hispaniae, Madrid, Plus Ultra, 1955, p. 69.

60. Navascués Palacio, P., "Los coros catedralicios españoles", in *Los coros de catedrales y monasterios: arte y liturgia*, La Coruña, Fundación Pedro Barrié de la Maza, 2001, pp. 23-41.

61. The choir of the Cathedral of Majorca has undergone many alterations, for besides the first choir that was found in the mosque-cathedral in the 13th century, we know that it was free-standing, so that another heavier one was commissioned to the sculptor Arnau Campredon (1331-1339), placing it "in the central nave of the mosque" as G. Llompart, I. Mateo and J. Palou have written in their study on the choir included in the volume *La catedral de Mallorca* (Palma de Majorca, Olañeta, 1995, pp. 107-121). Once the construction work on the Gothic cathedral had gone ahead enough, the choir was moved to the central nave of the new Christian temple, where in 1490 part of it was lost when an arch of the central nave fell on it, and "*scaflá e destruí tot lo cor*" (crushed and destroyed all the choir). With what could be saved and the new work done in the first third of the 16th century, the choir still seen in the central nave was redone in what we could call the Renaissance style. There are in my modest opinion a few interpretive errors in the work of the mentioned and admired authors with regards to the placement of the choir in the Cathedral of Palma which in my view leaves us very few doubts: it was always to be found in the central nave. Concerning the link between the episcopal seat and the choir, I believe that they have nothing to do with one another, for it is simply placed in what was generically called the choir of the altar, the high or minor choir, as we have indicated earlier. This in turn is not related in my view with the choir for the singing of the Hours, and it was impossible for there to have been an alternative song between the chancel and the choir in the centre of the nave as they affirm, for the prayer and singing of the Hours is organized on either side of the same choir. One side would have had the name of "bishop's choir", as seen in León and other mentioned cathedral choirs, so that when the documentation, for example, mentions payments *per adobar les cadires del cor del bisbe* (to arrange the seats of the bishop's choir), I understand that this refers to the south side of the choir and never to a choir that was present in the chancel near the Gothic seat of the prelate. Liturgy has clearly and sharply separated in history the area of the altar and that of the choir, so that we should not confuse the seat with the *subsellia* or *sedila* (subseats) around the altar with the choir for the singing of the Hours.

For this reason the operation initiated by Bishop Campins in 1904 and carried out by Gaudí and Jujol was nothing more than a glaring, foundless error that not only changed the position of the choir, altering the order of its stalls so that the iconographic order was broken, but also altered the meaning of the space. They changed the relationship and order of its two sides, so that what had been on the north is now on the south and vice versa, thus eliminating the order of pre-eminence and antiquity of the epistle side. Furthermore, they moved the pulpits and placed them as if they were in a 19th century parish church, turning the excellent processional door to the choir into a strange entrance way to the Vermells Chapel-Sacristy, and eliminated the spatial references that articulated the staging of the Descent from the Cross over the axis of the Way of the Cross, and so on. We have yet to mention the dispersion of choir fragments that were split up between the Museum of Majorca, the Episcopal Museum, and the Municipal Museum of Valldemosa as well as private collections in Palma; nor need we refer to the arguable, and in my point of view, unworthy intervention of Jujol in painting the seat backs and reliefs in terribly poor taste in oil, suggesting a pathological narcissism and great disrespect towards works of art that had been created by other hands. What is particularly striking about all this is that it was done to return the cathedral "to all of its pure and original beauty", returning the choir to its original location (!) as expressed in the pastoral letter that Bishop Campins published in the *Boletín oficial del Obispado de Mallorca* (16-VIII-1904, pp. 247-266), where with a not very accurate view of the matter and an embarrassing degree of over-confidence, he argued liturgical and artistic questions with an equal degree of laxity.

62. The first Romanesque cathedrals that were built on mosques, like those in Tudela in Navarra or the Seo in Saragossa, were obliged to place the choir in the central nave because the Romanesque tradition had not sufficiently developed the apse. The restitution of the apse of the Seo del Salvador in Saragossa as done by Araguas and Peropadre Muniesa, leaves no doubt as to whether necessarily the first choir could only have been in the place where the current Renaissance one is, though it was of a smaller size. See Araguas, F. and Peropadre Muniesa, A., "La Seo del Salvador, église cathédrale de Saragosse, étude architecturale, des origines a 1550", *Bulletin Monumental*, 1989, t. 147-IV, pp. 281-291, fig. 7.

63. The plan made by Juan de Aranda of the former main church of Jaén, made known by Fernando Chueca Goitia in his monograph on the Cathedral of Valladolid (1947) and studied with greater attention in his work *Andrés de Vandelvira, arquitecto*, Jaén, Instituto de Estudios Giennenses, 1971 (pp. 164-168), brings us much closer to what must have been the habitual placement of the choirs during the use of the mosques as cathedral temples.

64. The Barcelona choir has been subject to various proposals to move it ever since the end of the 16th century and all the way up to our days. See Juan Bassegoda i Nonell: *Els treballs i les hores a la catedral de Barcelona*, Barcelona, Real Academia Catalana de Belles Arts de Sant Jordi, 1995, pp. 89-90. The greatest moment of tension came in 1927-1929, and is summarized by Manuel Vega y March in his book *Mientras se alza el edificio...*, Barcelona, Canosa, 1930, pp. 167-176.

65. Ros-Fábregas, E., "Music and Ceremony during Charles V's 1519 visit to Barcelona", *Early Music*, 1995, August, pp. 375-390.

66. Torres Balbás, L., "Filiación arquitectónica de la catedral de Pamplona", *Príncipe de Viana* (Pamplona), Year VII, number XXIV, pp. 1-40.

67. Only the Cathedral of Bayonne in the south of France had a solution that seems more Spanish than French, with the chancel directly open onto the crossing of the transept without space for the choir.

68. Archive of the Cathedral of Pamplona, Book 5 of the Acuerdos, 1770-1781, folio 1 ff..

69. See note 35.

70. Gonzalo Jiménez, M., "El que más temía a Dios", in *Magna Hispalense*, Seville, 1992, pp. 154-158.

71. *Diccionario de historia eclesiástica de España*, vol. IV, Madrid, 1975, p. 2447.

72. Navascués Palacio, P., *Las catedrales del Nuevo Mundo*, Madrid, El Viso, 2000.

73. Without citing other cases, the author of these lines fell into an analogous formalism without keeping in mind other earlier factors that were decisive. See Navascués, P., "Las catedrales de España y México en el siglo XVI", in *Manuel Toussaint. Su proyección en la historia del arte mexicano*, Mexico, Universidad Autónoma, Instituto de Investigaciones Estéticas, 1992, pp. 89-101.

74. The documentation referring to the conversion of the most important dioceses into metropolitans speaks specifically of this separation with regards to Seville. Thus when this occurred in Lima Prince Felipe (the future Felipe II) sent a letter to Jerónimo de Loaysa, its last bishop (1542), first archbishop (1546) and first metropolitan (1571), where he says: "Know that your Majesty, seeing how distanced are the Bishops of this land from Seville, whose cathedral church has been your Metropolitan until now, and the damage that the parts were subject to in coming to the said city of Seville to appeal for all the said bishoprics, and for the satisfaction that you have in your good life, your Majesty agreed to request His Holiness that he order that this cathedral church might become an archbishopric, and thus create and name you Archbishop of it, so that as such you might use the office and authority of the Metropolitan in that Province of Peru..." (Hernáez, F. J., *Colección de bulas, breves y otros documentos relativos a la iglesia de América y Filipinas*, V. II, Brussels, 1879, p. 165).

75. With the same text for one and another cathedral, with many aspects of their own formulation from the Vatican chancellery, it textually says: *Item volumus, statuimus et ordinamus, quod consuetudines, constitutiones, ritus el mores legitimos et approbatos, tam officiorum quam insigniarum et habitus Anniversiarorum, Officiorum, Missarum aliarumque omnium caeremoniarum approbatarum Ecclesiae Hispalensis, necnon aliarum cujusvis Ecclesiae seu Ecclesiarum, ad nostram Cathedralem decorandam et regendam necesarios, reducere ac transplantare libere valeamus*. See the complete text in Hernáez, op. cit., pp. 36-47.

76. Montúfar, A., from *Ordenanzas para el coro de la catedral mexicana* (1570). Edition prepared by E. J. Burrus, S. J., Madrid, 1964. These ordinances describe all of the movement and ceremonial activity of the choir as responding to what is known in Seville.

77. Angulo, D., *Historia del Arte Hispanoamericano*, vol. I, Barcelona, Buenos Aires, 1945, pp. 414-415.

78. Serrano, L. G.: *La traza original con que fue construida la catedral de México*, Mexico, UNAM, 1964, p. 20.

79. Tejada, J., *Colección de cánones de todos los Concilios de la iglesia española*, vol. V, Madrid, 1855, p. 211.

80. Montes, I., "La Liturgia Hispalense y su influjo en América", in *Actas de las II Jornadas de Andalucía y América*, II, Seville, 1984, pp. 1-33.

81. The impressive choir of Lima disappeared with its fragmentation and movement, though we can learn of it in the magnificent plans preserved in the Archivo de Indias de Sevilla; see them along with others in the recent exhibition sobre *Los siglos de Oro en los Virreinatos de América 1550-1700* (Madrid, 1999), reproduced in the exhibition catalogue (pp 275). In contemplating them we do not need any more information to understand how the choir and the cathedral have a close and exemplary formal and proportional relationship.

82. I have already referred to these choirs, and especially to the one in León, in my work "El coro y la arquitectura de la catedral. El caso de León", in *Las catedrales de Castilla y León I* (Avila, 1994, pp. 53-100). Recently an interesting and quite complete study has been published in *El coro de la catedral de León* (León, 2000), by M. D. Campos, M. D. Teijeira and I. González-Varas. In it there are certain improvements of some of my interpretations concerning the documentation of the Cathedral of León (op. cit. pp. 124 y 128, notes 51 and 55.), in relation to the formula *fiat ut petitur* and the papal authorization, which according to M. D. Campos does not exist. Be that as it may, and without wishing to enter into controversies, nothing changes the final result of the process and nobody had ever pointed out previously all that underlies the movement of the León cathedral choir, without ignoring the earlier attempt to grasp this same documentation by writers such as Dorothy and Henry Kraus (*Las sillerías góticas españolas*, Madrid, 1984), to whom the history of Spanish art will forever be indebted.

83. Rosenthal, E., *La catedral de Granada*, Granada, 1990.

84. Navascués, P., *Espacios en el tiempo*, Madrid, 1996, pp. 305-324.

85. García, S., *Compendio de Architectura y simetría de los templos conforme a la medida del cuerpo humano* (1681). Edition of the University Salamanca under the direction of J. Camón Aznar, Salamanca, 1941, pp. 42-43.

86. *Instructiones facbricae et supellectilis ecclesiasticae, Caroli S.R.E. Cardinalis tituli S. Praxedis, Archiepiscopi iussi, ex provinciali decreto editi ad provinciae Mediolanensis usum* (Milan, 1577). Ed. de la UNAM (Mexico, 1985) under the direction of B. Reyes and E. I. Estrada. Chapter 12 is dedicated to the choir (p. 18).

87. The Roman resolution reads as follows: *Quia in ecclesiis Regnorum Hispaniae, ex antiqua et immemoriali consuetudini, multo diverso modo*

fiunt ab eo, quod in Coeremoniali Episcoporum declaratur et ordinatur, partim ex Apostólica concessioone, partim ex ministrorum varietate, partim ex diverso ecclesiarum, altarium, et chori situatione, ideo as instantiam, et pro parte omnium ecclesiarum im Hispaniae Regnis, Sacrae Rituum Congregationi supplicatum fuit delarari, librum praedictum Caeremoniale nuper editum. Congregatio ut alias saepe ad instantiam omnium ecclesiarum in Hispaniae Regniis immemoriales et laudabiles consuetudines non tollere declaravit, die 11 Junii anno 1605. Reproduced by F. Gómez Salazar and V. de la Fuente, in their *Lecciones de disciplina eclesiástica*, V. I, Madrid, Imp. Fuentenebro, 1887, p. 384. The authors indicate that at the end of the first paragraph the words *ipsis non obligare* o *adimpleri non teneri* must be missing, adding that the text is taken from the Memorial de las Iglesias de Castilla sobre la Bula Apostolici Ministerii, referring to the *liber Brevium ecclesiarum* from 1664, folio 413.

88. Scotti, A., "Architettura e riforma católica nella Milano di Carlo Borromeo", in *L'Arte*, 1972, numbers 18-19/20, pp. 54-90; Rocco, G., *Pellegrini. L'architetto di S. Carlo e le sue opere nel Duomo di Milano*, Milan, Hoepli, 1939.

89. Merino de Cáceres, J. M., "La reja de la catedral de Valladolid en Norteamérica", *Boletín del Seminario de Estudios de Arte y Arqueología*, V. III, 1987, pp. 446-453.

90. Borromeo, F., *De Pictura Sacra* (1624), Edition by C. Castiglioni, Sora, 1932, pp. 54 ff..

Second Part

I
Towards the Romanesque Cathedral: Santiago de Compostela

The panorama of Romanesque cathedrals remaining in Spain is relatively sparse for the reasons we have indicated earlier, though the main reason is the Gothic renewal of Romanesque temples. Before the 13th century, however, the Spanish cathedrals included a large list of Romanesque temples at the head of their respective dioceses within their corresponding ecclesiastical provinces, with some subject to the metropolitan of the diocese while others like Burgos, León and Oviedo were exempt, as they depended directly upon Rome. In the 11th and 12th centuries, on the basis of equally Romanesque projects, the cathedrals of Barcelona, Girona, Vic, Urgell, Roda, Jaca, Huesca, Saragossa, Tarazona, Pamplona, Calahorra and Santo Domingo de la Calzada were begun; all of them were within the same province, with Tarragona as the metropolitan church. Belonging to the ecclesiastical province of Toledo at that time we find the cathedrals of Palencia, Osma, Segovia, Sigüenza and Cuenca, with Toledo being the metropolitan church, still using the great mosque as the space for the cathedral. Astorga, Orense, Lugo and Tuy were part of the ecclesiastical province of Braga that was divided in two; the cathedral of Santiago, with Santiago de Compostela to the north, was the metropolitan church from 1120 on, while to the south were found the cathedrals of Zamora, Salamanca, Ciudad Rodrigo, Coria, Plasencia and Ávila, along with the Portuguese cathedrals, among which Lisbon was included.

Each of the cathedrals mentioned would require specific commentary, since in some cases nothing is left of their Romanesque appearance (Pamplona, Segovia), in others the cloister remains (Girona), and a minority preserved their physiognomy quite well (Zamora, and the "ancient" cathedral of Salamanca). At the same time they were not all equal in terms of their designs, construction, history or style, so that each would oblige us to give it a specific treatment. Even so, over and above all of these internal differences, and judging by what we know, none of those cathedrals which were or are still Romanesque could match the Cathedral of Santiago de Compostela. This church took on the most complete and ambitious program that could be conceived in the 11th century, as the Romanesque temple of Compostela was not only the most European of all its Spanish counterparts, but was also one of the most refined and important cathedrals of European Romanesque architecture.

Aymeric Picaud describes the city of Santiago in the 12th century in the *Codex Calixtinus* or *Liber Sancti Iacobi* as follows: "The city of Compostela is situated between two rivers called Sar and Sarela. The Sar is found to the east between Monte de Gozo and the city, and the Sarela to the west. The entrances and gates of the city are seven. The first entrance is called the French Gate...". The French Gate was none other than the one called the Camino Gate, for it was there where the pilgrims who followed the Camino de Santiago ended their long journeys, entering through it on their way to the impressive Romanesque cathedral that nowadays is barely recognizable beneath its heavy Baroque detailing. Yet before referring to the Romanesque structure it is worth recalling something of what were the first churches that hosted the sepulchre of Saint James. After many interventions over time, they are still recognizable beneath the apse of the temple, turning Santiago into an apostolic cathedral that was temple and tomb at once, cathedral and reliquary. The sepulchre taken to be that of Saint James was found in the place known as the *Arcis Marmáricis* in the beginning of the 9th century by the bishop of nearby Iria, Teodomiro, who moved to the city and was buried at the end of his days beside the apostle (847). By that time King Alfonso II the Chaste had already constructed a small chapel to protect and house the ancient Roman and Early Christian remains. This chapel with its single nave would soon be considered insufficient for the first pilgrimages from nearby locations, which is why Alfonso III the Great decided to raise on top of it a true three-nave basilica that was consecrated in the year 899. The building grew, devotion to the apostle expanded and his name reached far-off corners of Europe from where pilgrims began their long voyages that so often would mean no return. Meanwhile, the Christian kings invoked the protection of Santiago in their struggle against the Muslims, and his name came to be the war cry that was brutally silenced by Almanzor in 997.

In effect, in that summer Almanzor made it as far as Compostela where he practically destroyed the entire city, making it necessary to totally reconstruct the church of Santiago, a task fulfilled zealously and in exemplary fashion by San Pedro de Mezonzo. This is thus the succinct history of the temples that preceded the current Romanesque building, whose vestiges have been confirmed by studies and archaeological excavations from those begun by López Ferreiro (1878) to those carried out in the last century (1946-1964).

The temple that was reconstructed under Mezonzo was witness, until it was demolished in 1112, to the new Romanesque construction that was begun under the patronage of King Alfonso VI of Castile in 1075; the bishop at that time was Diego Peláez. The new church would be much more spacious and would allow pilgrims to be comfortably received, given that their numbers grew day by day as their desire to pray and fulfil religious vows before the tomb of the apostle also increased.

The aforementioned *Codex Calixtinus*, which we will rely upon as a guide to update the arcane image of the church of Santiago during the 11th and 12th centuries, comments in this regard that "from the beginning of the construction work until our days, this temple flourishes with the brilliance of the miracles of Santiago, for in it health is given to the ill, the blind have their sight restored, the mute find their tongues loosened, hearing is offered to the deaf, the lame are given movement, the possessed are liberated, and what is more, the prayers of the faithful are heard, their desires are attended to, the bonds of sin are undone, heaven is opened to those who call at its doors, the afflicted are comforted, and people from all the nations of the world journey there en masse to present their offerings to the Lord".

It is true that from that time onwards the temple of Compostela never stopped growing and adding life to the city that was built around it, defended for its part by a wall with seven gates in it. With the construction on the new temple under way and before the 11th century had ended, Santiago was to be dignified as a cathedral; the seat at Iria was definitively moved to Compostela and Pope Urban II gave it the privilege of being declared an exempt diocese -that is, it only would depend upon Rome (1095). All of this, together with its soon to be given status as a metropolitan cathedral, the head of the new archdiocese obtained under Diego Gelmírez in 1120, could give an idea of the uniqueness of Santiago and explain the exceptional nature of its Romanesque architecture. Without point of comparison in Spain, it is one of the most emblematic buildings of 11th and 12th century European architecture. Later the Gothic and Renaissance additions would come, to which would be powerfully added its new Baroque layers until it would be impossible to appreciate its venerable medieval condition from the exterior.

The initial project corresponds to what has come to be called with more or less accuracy a "pilgrimage church" of the type that had its origin in France, where we find churches of undeniable similarity in the destroyed church of Saint Martin of Tours, in Saint Martial of Limoges and in Saint Sernin of Toulouse, among others. These buildings are related in effect by the general composition of their floor plans and elevations, though nowhere like Santiago is such a notable balance in the handling of proportions achieved. Thus with its floor plan in a Latin cross, three naves, ambulatory and clerestory, Santiago is not as large as Saint Martin of Tours, nor does it have the five naves found in Saint Sernin of Toulouse. Yet it is one of the most beautiful medieval temples, a place where all of Romanesque culture seems to have been condensed, confirmed by the Camino de Santiago itself, a route that has also been called "French" since the architects of the new cathedral at Compostela came along its route from France.

All we know about them is found solely in the *Codex Calixtinus*, when it points out that "the stone masons that undertook the construction of the basilica of Santiago were Bernardo *the Elder*, an admirable master, and Roberto, with approximately fifty other masons", who it is probable that the oldest part of the construction beginning with the apse of the church can be attributed to. Of greatest interest in the mentioned text is what is said of Bernardo *the Elder*, whose talent and greater rank in the construction work is backed up by the Latin expression *magister mirabilis* (admirable maestro).

A similar or analogous status would have been held by the successive masters that directed the construction beginning with the days of Diego Peláez, one of the last bishops at Compostela, through to the ever-active Diego Gelmírez, the first archbishop of Santiago, until the pontificate of Pedro Suárez de Deza (1173-1206), under whom the construction of the Glory Door was completed by the brilliant Master Mateo (1188). Thus for almost a century the construction work advanced from the head to the foot of the temple with respect for the initial idea. Thus its interior maintained the layout of three naves separated by pillars and half-pointed arches that were slightly cambered, a triforium raised on the lower naves that allowed the temple to be transited on the lower level under a four-groined vault that absorbed the pressure of the main vault, which for its part has barrel vaults set on banded arches. The lower naves in turn have arris vaults raised over each of their sections.

With regards to its size, we might return to the description of Picaud in the *Codex*, where he begins by saying that "the basilica of Santiago has a length of 53 heights of a man, that is, from the western door to the altar of the Saviour. Its width, that is, from the French Door to the southern point, has 39. Its interior height is 14. No one can know its length and width on the outside...". Thus the author of the *Codex* offers us first of all the dimensions of the two main axes that made up the Latin cross of the floor plan. The main axis is ninety-seven metres long, from what later would be the Glory Door to the Chapel of the Saviour which is the central chapel of those that open up to the ambulatory, while the axis of the transept between the Azabachería or French Door the church was habitually entered by and the Door of Platerías, was seventy five metres long. As for the height, the central nave is slightly more than twenty metres high, double its width, which turns out to be a harmonious proportion, while the width of the lateral aisles is just half of the central one. In conclusion, this entire series of proportional relations, based as they are on a simple geometry, give the temple an impressive strength and elegance shared equally by its various parts, the evident balance allowing it to exude a certain classical spirit, complemented by the sobriety of the framing and capitals.

Under the central nave, before coming to the transept, was found the celebrated stone choir attributed to Mateo himself. It was substituted by another wooden one at the beginning of the 17th century, with beautiful carving by Gregorio Español. This latter in turn was eliminated in 1945 and taken first to the Cistercian monastery of Sobrado de los Monjes, only to be recently moved once again to San Martín Pinario in Santiago.

The most noteworthy Romanesque sculpture at Compostela is found on the north and south doors of the transept, as well as at the western end. The north door disappeared after the reforms carried out in the 18th century by Lucas Caaveiro and Clemente Sarela, with interventions by Ventura Rodríguez and the final touches added by Domingo Lois de Monteagudo (1769). In contrast the south door or Door of the Platerías has been preserved, allowing us to appreciate its architectural organization, even though our eyes tend to jump to the series of reliefs on the tympanums, door posts, arch vaults and wall sections that make this façade an impressive sculptural accomplishment. Besides the relief work linked to the tympanums over the arches, like the scenes of the Temptation and Passion of Christ, from around 1103, or that other described by Picaud as "a woman that holds in her hand the putrefactive head of her lover, decapitated by her husband, who obliges her to kiss it twice a day", which modern interpretations read as Eve, we have to add the figures on the door posts, like the magnificent images of King David or the creation of Eve, the superb white marble columns with small figures recalling Italo-Byzantine motifs, and the group of reliefs above of highly varied condition, origin and style, some of which come from the disappeared north Azabachería Door, also known as the Door of Paradise. However the most extraordinary entrance way, not only of the Cathedral of Santiago but quite probably of the entire Romanesque world, is the one corresponding to the Glory Door, a name which seems to allude to the sacred iconography found there and to the heavenly character of the work. We know the creator well; it was the master Mateo. The date, 1188, is carved into the lintel. Yet we would not be amiss to recall that Mateo, besides being an "admirable" sculptor, was in reality the architect who finished the cathedral when the naves - which during the first half of the 12th century had been worked on by the masters Esteban and Bernardo *the Younger*- had yet to be terminated and the façade over the current square of the Obradoiro had to be done. Mateo took on this difficult task, and from 1168 onwards had received large sums from King Fernando II to finish the task. In some twenty years Mateo would finish the final sections of the naves and the façade with its two towers, which due to the uneven quality of the land demanded that a crypt be constructed which is often erroneously called the "old cathedral", when in fact it is the most modern part of the church done in Romanesque construction, so much so that it is here where the first ribbed vaults appear in Spanish architecture.

Let us then take a closer look at that celestial world set in stone by Mateo and his workshop, where one of the most spectacular sculptural programs of the Middle Ages was carried out. Here the master gave new life to sculpture by giving it a certain independence from the architecture itself. The groups of apostles and prophets appearing on both sides of the apostle Santiago on the mullion, over the tree of Jesse, show figures with differentiated features, each with its own expression; some are serious, like that of Saint Peter, while others are happy and smiling, like the prophet Daniel. Almost always there is an attempt to establish a relationship between them. In the tympanum the figure of Christ, showing his wounds and surrounded by the four evangelists with their corresponding symbols, presides over the entire scene, while the smaller angels carrying the instruments of the martyrdom of the Saviour are also included. Framing the entire tympanum we have the twenty four elders of the Apocalypse on the upper arch vault; set in pairs, they show off a varied collection of musical instruments put to use to assist in their praise of the Lord. The work of Master Mateo, including the sculptural decoration of the arch vaults leading to the lateral naves with scenes from the Final Judgment, is dated on the lower part of the lintel: the first of April, 1188.

This dissertation on the Romanesque project of the Compostela cathedral would be incomplete if we did not make mention, however briefly, of the institution of the chapter the ever-busy Gelmírez put so much energy into, given that it was absolutely necessary for the cathedral to fulfil its ends. Thus according to the *Historia Compostelana*, written in the days of Gelmírez himself, he organized it in 1102 when he was still bishop. This important chapter was made up of seventy two members under the direction of an abbot, though later it was presided over by a dean. The chapter lived a common life under the rule approved by the Council of Aachen in 816, so that Gelmírez was not only concerned about giving the places to canons, "for whom none of the necessary provisions should be lacking throughout the year", but also about constructing common spaces like the refectory that made up part of the canons' building, besides promising to build a cloister for the other needs of the chapter, which still had to be put off for a number of years. Nevertheless, the Compostela chapter was to be secularized in 1256 just like the majority of Spanish chapters (with the exception of Pamplona), so that only the choir and the chapter house were preserved as common sites. For his part, as the aforementioned *Historia Compostelana* reads, Gelmírez "began opportunely with his admirable talent an episcopal palace with a triple vault and a tower, and even more opportunely worked to finish it, placing it between the city wall and the church of Santiago, begun not long ago...". This was the archbishop's palace named after Gelmírez that remains today right beside the magnificent Baroque façade of the Obradoiro.

The history of this Romanesque cathedral was written out gradually over its distinct episodes, so that the Gothic would give shape to the dome and later, in the 16th century, the Renaissance would set the standard for the impressive cloister that substituted the former Romanesque one. This is in spite of the fact that it was done in the language of the late Gothic, with Plateresque decoration that was so in tune with its creators, Juan de Álava and Rodrigo Gil de Hontañón. Begun in 1521 under commission by Archbishop Alonso III de Fonseca, it was finished quite late -in 1590- during the years of the prelate Juan de Sanclemente Torquemada. The galleries of its large thirty-four metre plan served for the burial of the cathedral canons, whose sepulchral dedications can still be seen near the doors that lead from the church to the ante-sacristy.

In the cloister courtyard a venerable piece is still preserved. It is called the Paradise Fountain because it was found in front of that north door of the cathedral that we know as the Azabachería, yet is also called the French Door or the Door of Paradise. This monumental fountain that Picaud describes as a *Fons mirabilis*, was commissioned by Diego Gelmírez and dated circa 1122. In the 16th century a number of chapter dependencies were added, such as the sacristy itself, the treasury and the Royal Pantheon, among other structures. It would not be excessive to mention that on the piece called the "ante-treasury" there is now found a sepulchral dedication whose inscription reads: "In this tomb rests the servant of Teodomiro; bishop of Iria Flavia...", that is, the founder of the cult to Santiago. Not far away, in the Royal Pantheon, new names appear related to the construction on the cathedral, among them King Fernando II, protector of the master Mateo, who died the same year the Glory Door was finished, or the sepulchre of Alfonso IX, who was present at the consecration of the Romanesque cathedral in 1211, all of which was relocated in the 16th century in these new chapels.

During the 17th and 18th centuries the exterior appearance of the Romanesque temple was substantially modified with the new Obradoiro façade, imposing in its rising visual energy; the construction of the Clock Tower and the crowning of the medieval building with parapets, crowns and crests in the finest stonework tradition, give us a Baroque image that is as beautiful as it is distanced from the initial Romanesque intention of the temple. The Obradoiro façade -like the University of Salamanca, the monastery of El Escorial or the Alhambra in Granada- has become one of the most characteristic images of Spanish architecture, summarizing a good part of its history. The façade is dominated by two powerful spiral towers that the poet Gerardo Diego praised for their petrified beauty:

Stone too, if there are stars, will fly
Over the cold and chiselled night
Grow, daring twin irises;
Grow, rise, towers of Compostela.

II
THE FRENCH MODEL OF THE GOTHIC:
BURGOS AND LEÓN

BURGOS: FERNANDO III AND BISHOP MAURICIO

Independently of the beginning of other Castilian cathedrals like Ávila and Cuenca that in their initial projects retained the idea of the possibility of uniting the altar and the choir in the apse of the church, the cathedrals of Burgos and León on the Camino de Santiago, begun in the 13th century, represent the best reflection of the French model, though in both cases their deep apses would end up housing only the altar, with the choir moved into the central nave.

The birth of the Cathedral of Burgos coincides in time with the political, commercial and urban awakening of the city as the *caput Castellae*, the head of Castile in the 13th century. However, before the impressive work we can now admire, where many generations gave the best of themselves to ensure that unique circumstance where religion, art and history were brought into a precipitated but unbreakable whole, there was another cathedral, the one that El Cid turned his head towards upon his exile, where he was to let out a heartfelt prayer. This was the first cathedral Burgos had as the bishop's seat after the city inherited the disappeared diocese of *Auca*, or Oca, (now Villafranca de Oca), whose bishops signed the canons of the Councils of Toledo during the Visigoth era after the Third Council where Recaredo abjured Arianism (589).

The Muslim invasion erased the former ecclesiastical circumscriptions until the reconquest of the region. After a time of problematic, changing residences of the bishops to Sasamón, Valpuesta and Muñó during the 9th and 10th centuries, the prelates would be called the bishops of Burgos starting with Bishop Garcí (988-993). It was still left for King Sancho II of Castile to restore the former seat at Oca in the city of Burgos, as he did in 1068, giving it possessions and privileges of immunity, and for Alfonso VI to decide in 1075 to convert the seat of Oca into the new one at Burgos, ceding part of his palace in the city for the construction of a cathedral. This final decision needed papal backing, which came in 1095 with Urban II's bull and later letters that set out the limits of the new diocese, touching on the Atlantic coast to the north.

However as always happened with the creation of a new diocese, the metropolitans tended to protest since the new ecclesiastical province meant their own territories were cut back, as denounced by the archbishops of Toledo and Tarragona. In reaction to this Urban II declared the diocese of Burgos exempt in 1096, making it depend directly on the Holy See. This circumstance was maintained until 1574 when on the insistence of Pope Gregory XIII it became a metropolitan seat.

We should also recall that it was Alfonso VI who began the construction work of the Romanesque cathedral in Compostela in 1075, the same year that Urban II himself had conceded the move of Iria Flavia to Santiago and Oca to Burgos, giving both of them exempt status. That is, we are in a moment of a territorial, political and ecclesiastical reordering of great importance, with the same individuals at the fore. The Romanesque cathedral of Burgos, if it is indeed true that it was built as quickly as has been made out (that is, in twenty-five years from 1075 to 1100), could not be as relevant a temple as the one in Compostela; instead it was a rather modest church whose inferior status was made manifest in the solemn celebration of the royal wedding of Fernando III the Saint and Beatrice of Swabia on November 30, 1219. It is highly significant that Bishop Mauricio, who officiated the ceremony, would lay the first stone of the Gothic cathedral two years later alongside King Fernando II, on July 20, 1221.

It has always been said that Bishop Mauricio must have seen the new Gothic architecture on a journey to German lands while searching for the future wife of King Fernando, Beatrice of Swabia, who was brought back to Burgos in 1219. However, if it is true that he had previously studied law in Paris, the mentioned trip was not the first time he had come across the awakening of a new type of cathedral. His judicial knowledge, proven while he was the archdeacon of the Cathedral of Toledo with Archbishop Ximénez de Rada, along with his election as Bishop of Burgos in 1213, led him to participate in the Fourth Lateran Council (1215). This gives us an image of a man in contact in with the outside world. At the same time he intervened in internal politics in opposition to Alfonso VIII, that is, in favour of an understanding between Castile and León, efficiently collaborating in the efforts to place the son of Lady Berenguela, the future Fernando III, on the throne. As we have already mentioned this latter was married in the Romanesque cathedral. All of these precedents explain the initiative, power and influence of this prelate. After having laid the first stone of the cathedral in 1221, upon his death in 1238 he left the construction in such an advanced state that it was possible for him to be buried in the middle of the choir, understanding now that this is the chancel that hosted the altar and the choir together. Yet he did not only see to the physical construction of the cathedral, but developed the statutes for the chapter, the well-known *Concordia Mauriciana* (1230), where details of the composition, numbers and order of its components are specified, pointing to the privileged position preserved for it in the choir, in processions and jurisdictional questions themselves.

We do not know who designed the plan, though there is no doubt that he was French, since everything that was executed in the 13th century and into the next has clear Gallic roots. It is a temple with three naves, an ambulatory and chapels in the apse. Its maximum measurements mark out a cross that is eighty four metres by fifty-nine, which transferred to Castilian feet (the measuring system used in designing the cathedral) gives us a length of three hundred fifty by two hundred sixteen. The vaults of the naves are divided into four parts with two longitudinal ribs, while the sections of the ambulatory are covered with vaults that initially had a half dozen ribs that later would end up being five. A number of hexagonal chapels opened up to them that seem to have substituted other older ones done on a semi-circular plan. The elevations correspond to a conception we could call classical within 13th Gothic architecture; that is, the central nave was flanked by two lateral naves, upon which conventional and flying buttresses were set to bear the greater height of the central aisle. On the inside, a triforium and above it a clerestory run over the separating arches of the naves. If upon this schematic description all the constructive grace and wisdom of Gothic architecture is projected, we would have the first French Gothic cathedral of Burgos, which we refer to in this way to distinguish it from the Germanic appearance it later took on with the direct intervention of the Cologne connection, to whom its more characteristic elements such as the spires, the dome and the High Constable Chapel are due.

Mauricio's cathedral represents the first great Gothic construction done on the peninsula; its novelties were not limited only to stylistic and constructive features, as spatially the Cathedral of Burgos offers a renovated image of architecture. In other words it is the first Gothic cathedral in Spain and the southernmost in Europe at the time. The Cathedral of Burgos was born in the very moment that France itself was raising its great models, borrowing from their knowledge. It continues to enthuse us to think that while Mauricio was laying the first stone in 1221, as has been said, in that very year in Chartres they were beginning to place the choir stalls in the choir itself. In Rheims the ambulatory and its chapels were being put to use, while in Amiens the cathedral had only been started a year earlier and in Beauvais it would be four more years before the cathedral would even be initiated. Thus Burgos is not only the oldest of Spanish Gothic cathedrals but among the earliest in Europe, rigorously contemporary to the French examples, differing from them only in terms of its smaller size. We might consider, for example, that Rheims is a hundred forty metres long compared to Burgos' eighty five; its central nave is thirty eight metres high while the height of Burgos barely goes beyond twenty four metres. However, though the measurements are different they are sister churches in terms of proportions, both of them being exemplary of the grace, rhythm and beauty of the French Gothic.

We hardly know anything about the first masters that designed and built the cathedral, though it is certain that they knew the latest novelties of French art of the time. In the 15th century the German masters Juan of Cologne and his son Simon appeared. All of these architects pushed the cathedral construction forward in successive stages, so that it is still possible to distinguish the first stage, including the apse of the church, which was finished in the days of Mauricio (1230). A second moment would correspond to the transept and body of the church; its completion coincides with the consecration of cathedral in 1260, when Martín González was bishop. Finally, between 1260 and 1280 the main façade would be finished, the new cloister was begun (it was terminated in 1316) and the chapels of the ambulatory were modified in the way we have commented upon. During this latter stage the construction work benefited from the presence of the master Enrique, *magister operis burgensis ecclesiae*, who died in 1277. He had already worked on the Cathedral of León as well.

During the 14th and 15th centuries we are witness to the endowment and construction of various chapels on the perimeter of the cathedral, some of which were substituted by others in later periods. During this time the temple underwent a spectacular metamorphosis with the towers crowned by the famous spires by Juan of Cologne, who had been brought to Spain by the exceptional bishop Alonso de Cartagena upon returning from the opening of the controversial Council of Basel (1431). From then on the Cathedral of Burgos would be summarized by the cliché image of the powerful western façade. In spite of having lost its triple Gothic entrance way in 1790, we can still see the elegance its elevation was composed with, its excellent rose window, the towers converted into perforated stone spires and the intermediate body, which like a Gallery of Kings in reality was meant to hide the sharp gable of a steep roof that it seemed would never be finished. In the middle of the high crest there is a statue of Saint Mary, the patron of the cathedral, accompanied by a monumental Gothic inscription that reads *Pulchra es et decora*.

Besides the main façade that the church receives "the monarchs in procession" through, there are two others that have better preserved the sculpture of their entrance ways. One is the Coronería or Apostles façade, set over the elevated, narrow street that was once Coronería and now bears the name of Fernán González. We can still appreciate the interest of the sculptures, especially those that adorn the arch vaults and the tympanum. Here is where Christ the Judge appears between the Virgin Mary and Saint John intervening for the mortals who, on the lintel, are divided into two groups, the blessed and the cursed. All of the work is from the 13th century and is founded on French models. The distinct height between the street and the interior of the temple made it necessary to build the so-called "golden staircase", done in the interior by Diego de Siloe in the 16th century. In spite of this, the Pellejería façade allowed for a level access to the north arm of the transept. Its architect was Francisco of Cologne (1516), the third and youngest member of this family; his work is one of the first examples of the Spanish Renaissance, full of Italianizing resonances.

On the other side of the transept on the south arm there is the elegant Sarmental façade, which has kept the image of the 13th century intact with great purity; there are no additions or alterations, with the triple levels of door, rose window and crowning of the open arches in a wall section that was meant to support the roof. The doorway features some of the best Gothic sculpture in Spain. The style recalls in part the work of the sculptors that worked at Rheims and Amiens, with special mention for the bishop that has been identified as Mauricio on the mullion. On the tympanum we see the scene of the Apocalypse where the Pantocrator appears surrounded by a winged creature uniting the symbols of the four evangelists, while on the lintel we see some of the twenty-four elders Saint John points to. The delicate facial features, clothing and postures made this sculptural and relief group a veritable model of the Burgos School of Gothic sculpture.

Of the novelties found in the project for the Cathedral of Burgos it is fundamental to understand that it had a deep apse, what we call a great chapel, so that the space could be shared by the altar and the choir. This was something new in relation to Santiago de Compostela, and it was something we see with the new cathedrals of Paris, Chartres, Rheims and Amiens, among others. In Burgos the choir is near the great chapel in front of the altar, set around the beautiful tomb of Bishop Mauricio, thus impeding the faithful in the *nao real* or main nave from comfortably seeing or hearing the religious ceremonies. This is why on various occasions they thought about moving the choir to the centre of the nave as it is now found, allowing for the faithful to position themselves between the altar and the choir beneath the large dome. This change was eventually carried out in the 16th century, and required a general reorganization of the spaces for the eucharist and prayer. On the chancel a powerful altarpiece was raised under the direction of the brothers Rodrigo and Martin of The Hague from 1562 to 1580, with interventions by Juan de Ancheta in the two central groupings dedicated to the Coronation and Ascent of the Virgin. All of this mannerist language, with its lively, rich colouring, contrasts with the serene beauty of the patron who occupies the main space of the altarpiece, since in fact it preceded it. It is a sculpture from the second half of the 15th century that was the consequence of the generosity of Bishop Luis de Acuña.

Before the first modifications of the altar and the choir, the French sculptor Felipe Vigarny did a group of reliefs in the retrochoir on the life of Christ (1498-1503), though he himself finished only three of those now visible: *The Way to Calvary*, *Crucifixion* and *Descent*. The rest were done by sculptors of the 17th century. The style of the young Vigarny still is perceived as a mixture of Gothic, Flemish and Bourgogne elements, with touches of the Italian Renaissance and a strong narrative sense that was highly realistic and beautiful. The chancel would end up being laterally closed off by lovely partitions that were done by the craftsman Arrillaga de Elgóibar (1670).

This prodigious frame for the chancel linked into the choir through a space reserved for the faithful, though it was also altered with the two enormous screens that cross the transept (1705-1723). The choir for its part featured the spectacular Renaissance screen resting on a jasper pedestal. The work of the Aragonese Juan Bautista Celma, it was financed by Cardinal Zapata, whose crests are seen in the upper part, and was finished in 1602.

The choir stalls are also attributed Felipe Vigarny who sculpted them with his workshop from 1505 to 1507, though he would take time to finish the definitive work on the choir with the archbishop's seat and the retrochoir. This latter is a highly refined composition in marble that recalls the sobriety of El Escorial, and it was not by chance that Fray Alberto de la Madre de Dios and Juan Bautista Crescenzi also intervened here, with the work executed by Juan de Naveda from 1619 to 1626. The sides of the choir were done in the same style from 1656 to 1659, with excellent paintings on the upper parts by Fray Juan Rici.

In the transept between the altar and the choir we find one of the jewels of the cathedral, the dome that substituted the one built by Juan of Cologne but collapsed during the same period that the choir was being moved (1539). The person commissioned to replace it following the guidelines of the first dome was Juan de Vallejo. This was during the time of the Cardinal Archbishop Juan Álvarez de Toledo, who had been so active in Salamanca and Cordoba and now had continued his energetic ways in Burgos. Once the technical difficulties had been overcome by reinforcing the supporting pillars, and the Gothic image had been recovered, the crossing was considered complete in 1568. The enormous, high, windowed form frames a cluster of stars embedded into the Gothic-Mudejar vault, in what is an extremely original and attractive solution. Some writers, such as Aler and Valle, consider it to be a worthy addition to the mythical wonders of the world. Thus in their *Corona festiva*, they write in reference to the cathedral: "It is of such excellent and prodigious construction that if it is not one of the wonders of the world, it is because it surpasses them; for in the marvellous transept it is so unique that it could easily show disdain to be included in a group along with other marvels". The remains of El Cid rest beneath that starry stone sky since 1921, after being moved there from the monastery of San Pedro de Cardeña.

Chapels were opened up around the perimeter of the cathedral over the former nucleus of the 13th century, from the oldest dedicated to San Nicolás, contemporary to the first stages of the temple's construction, to more recent ones such as the exuberant Baroque Chapel of Santa Tecla, built in the 18th century over four pre-existing chapels. Overall the best known chapel, which is also the richest and most spectacular, is the one called the High Constable or Purification Chapel found in the cathedral's ambulatory. It is one of the most extraordinary chapels in Spanish art, with the most noteworthy artists of the land brought in to work on it around the year 1500. Its founders were the constables of Castile, Lady Mencía de Mendoza and her husband Pedro Fernández de Velasco, who commissioned the work to Simon, the second of the masters of Cologne. It is a funerary chapel in the style of the autonomous ones that appeared in Spanish cathedrals in the 14th century, like those that had already been done in Toledo. The new chapel with its octagonal floor plan was finished around 1494. Its entrance portico from the ambulatory was the central chapel of San Pedro, adding to it one of the most exceptional screens that has ever been made, thanks to Cristóbal de Andino. It is done in wrought iron and embossed metal that has been gold plated with all the architectural elements painted, including the crests, figures and heraldic symbols. Andino's screen, dated from 1523, strikes a balance between the strength of the architecture and the metalwork, combining the visual quality of the sculpture with the chromatic merit of the painting.

The High Constable Chapel, which seems to compete with the cathedral in strength and artistic resources, is done -both inside and outside in its architecture and decoration- with an exquisite treatment that bursts with power and artistic values that reach for eternity. This is the general tone that is maintained in the chapel; as it is funerary it invites everyone to experience and enjoy their contemplation of earthly beauty. Nothing here threatens to condemn the ephemeral. Quite the contrary: rather than censuring vanity it exalts life and triumph over death. The great vault of indented stars, the exaltation of the nobility of the founders with large shields supported by figures and the altarpiece by Siloe and Vigarny, accompany the funerary monument of the Constables done in marble on a jasper support, wonderfully handled by Felipe Vigarny. A choir seat for the chaplains and an organ recall the sonorous elements that this intermediate space between earth and heaven filled the day with.

Very soon after more modest versions of the High Constable Chapel would appear in the cathedral itself. One of these was the Consolation or Presentation Chapel from 1519 over the old cloister, carried out by Juan de Matienzo on the initiative of the canon Gonzalo de Lerma for his own sepulchre. As it was a Renaissance work the vault was closed with a solution featuring indented eight-point stars like those done by the masters of Cologne. Taking advantage of the group of artists who were working on the cathedral at that time, Gonzalo de Lerma had Cristóbal de Andino do the partitions of the chapel (from 1528) while Vigarny did the freestanding tomb for the founding canon.

Other funerary chapels that stand out include the one done for Bishop Alonso de Cartagena; it is known as the Visitation Chapel, and was the first work that its architect Juan of Cologne did upon arriving in Burgos. In the centre of the chapel is the tomb of the bishop done in alabaster by either Gil de Siloe or someone close to him, using a Gothic-Flemish realism. The collection of freestanding sepulchres preserved in the Cathedral of Burgos is in any case exceptional; this quick review can be rounded off with mention of one of the masterworks of Diego de Siloe, the sepulchre of Bishop Luis de Acuña, successor of Alonso de Cartagena; it is found in the Conception Chapel done by Juan and Simon of Cologne between 1477 and 1488. The white marble tomb was commissioned to Siloe in 1519, that is, when he had just arrived from Italy and when his cathedral work involved the "golden staircase". The figure of the deceased appears somewhat flattened on a bed that recalls the sepulchres of Fancelli on the front. As the prelate had passed away in 1495, Siloe was able to give the face a true personality, demonstrating great virtuoso ability in the execution of the clothing, embroidery and decorative details. As important as all of this was, the chapel also features an altarpiece by Gil de Siloe that is one of the high points of Spanish polychromatic wood sculpture, completed around 1492. The main theme is the tree of Jesse, set amongst other scenes and relief work that show off the Flemish realism of Gil de Siloe. This same sculptor did the sepulchre in the same chapel of the archdeacon Fernando Díez de Fuentepelayo, using stone and brick cladding on the wall. Throughout his life he had been the favoured artist of Bishop Acuña, who wanted to show his gratitude to the archdeacon by giving him a burial site in his own chapel. Loyalty and faithfulness are present in the funerary inscription that accompanies the sepulchre, which likely used as its model the sepulchre of Pedro Fernández de Villegas with its analogous composition featuring the deceased in a catacomb-like position, richly decorated. Villegas, a translator of the *Divine Comedy* who died in 1536, was also the archdeacon of Burgos, and likely commissioned his sepulchre while he was still alive to Simon of Cologne, who for his part died in 1511. The Gothic chapels of the Christ of Burgos or Santiago, or the Baroque ones of San Enrique and Santa Tecla, among others, house such a large number of altarpieces, sepulchres, painting, screens and sculptures that it is impossible to refer to them in greater detail here. We can only add that the cathedral has a sacristy from the 18th century designed by the Discalced Carmelite Fray José de San Juan de la Cruz and built from 1762 to 1765. Its Rococo style is especially expressive in the furnishings and the vaulting, and serves as a point of contrast with the Gothic and Renaissance character of the cathedral, though this worthy work has been unfairly rejected by many.

The current cloister or "new procession", as it was called in former times to distinguish it from the older version that was practically hidden beneath the chapels and expansions of the archbishop's palace, was begun in the 13th century and finished in 1320. It has two levels along the four sides that close it off, with the lower level set at the same height as the street outside. In contrast, the higher level of the cloister has the same floor level as the cathedral, and is thus entered from the inside of the temple itself through an important doorway with excellent sculpture and polychromatic detailing that suggest French influences directly from Rheims. The wooden leaves with relief work attributed to Gil de Siloe are unmatched in Spanish art. The cloister, which was restored around 1900 by Vicente Lampérez, is magnificently spacious, though it is not the architecture but the large, beautiful sculptures enriching it we admire, with special mention going to the figures of Alfonso X the Wise and his wife Violante. This is surely one of the most refined female sculptures in all of Spanish medieval art.

León: Alfonso X the Wise and Bishop Martín

The Gothic cathedral of León belongs to the second half of the 13th century, coinciding with the reign of Alfonso X the Wise, and its main promoter was Bishop Martín Fernández, who served for a particularly long period (1254-1289). This prelate was at the same time the royal notary and enjoyed the friendship of the monarch, and knew how to attract royal favour every time he had the opportunity to raise funds for the cathedral work. Thus in 1258 he had obtained half of the thirds and tithes of the bishopric for the first work on the cathedral, and later (in 1277) negotiated an exemption for all types of tributes and services for twenty stone-workers, a glass-worker and a blacksmith who worked on the cathedral, as recorded in an old parchment stored in the church archive: "Let it be known to all those who see this letter that I, Alfonso, by the Grace of God King of Castile, León, Toledo, Galicia, Seville, Cordova, Murcia, Jaén and the Algarve, to do well and for the good of the chapter of the church of León, and by my own desire to benefit the work of its Church, exempt twenty stone-masons, a glass-worker and a blacksmith, while they labour on the work, of all taxes and requests and war tributes and service, which is as much as a coin that they were held to give me each year...".

At the same time he took his need to finance the Cathedral of Santa María de León, *quae œ novo construitur* (being built anew), to the Councils of Madrid (1258) and Lyon (1273). That is, he left behind the Romanesque cathedral, whose foundation was taken advantage of for a good part for the new church structure. Upon his death Martín himself ceded all of his goods to the cathedral, and was succeeded in the episcopal seat by Fernando (1289-1301) under whose guidance the work quickly advanced, so that it would practically be finished at the beginning of the prelature of Gonzalo Osorio (1301-1313). The short time the cathedral was done in gave the building an enviable unity, quite apart from the image forced upon it in its 19th century restoration.

We can say little about those who designed the building, though it is easy to say that they came from France and were quite aware of the models of Chartres, Rheims and Amiens. That is, they understood Gothic architecture of the first half of the 13th century, however much they were able to bring new, clearly more daring solutions to the structure, taking advantage of the smaller dimensions of the León cathedral. In our view, León is the testing ground for certain formulas that go beyond the examples we have cited, thus placing it in the avant-garde of European Gothic architecture, a risky adventure that meant lightening the mass and reducing wall surfaces. With the Cathedral of León and European Gothic architecture what happened at Santiago de Compostela is repeated *mutatis mutandis*: the Camino de Santiago brought the authors of these unique projects to their locations, though while in the 12th century the Cathedral of Santiago was related to French pilgrimage churches, now in León the inspiration were the Champagne region prototypes that they knew first hand.

Without knowing for sure who the beautiful design of the Cathedral of León can be attributed to, the name of the master Enrique takes on a greater and greater importance. In 1277 he would die in Burgos, where he had also worked as the master builder of the cathedral. In both cities he was succeeded by Juan Pérez until this latter's death in Burgos in 1296, and it was expressly stated that he was the "Maestro of the work of Santa María de Regla" in León. Regardless of whether it was Master Enrique who was the author of the drawings and his disciple Juan Pérez who supervised the construction, or whether other names were responsible for it, the cathedral proclaims itself to be in the French style, even though some of its features could be considered Hispanic.

The temple reveals what could be the ideal project for a Gothic cathedral, with three naves closed off with four-part vaults, a deep apse to fit in the choir, an ambulatory with chapels and a transept that also had three naves. At the foot of the cathedral on either side of the lateral naves there are two powerful towers that make us think more of the solution we see at Santiago than in French models, where the towers are generally raised over the first sections of the lateral naves, giving rise to a narrow façade set between them. Here in contrast the towers flanking the façade have powerful volumes and are practically blind at the start, turning them into strong towers like the ones seen at Sigüenza, which like at Ávila and other analogous sites are the antithesis of the slender, long, perforated towers of the French Gothic. This is one of the features that we have considered to be Hispanic.

The interior height reveals a program that is as simple as it is classic within the composition of the Gothic cathedral, giving it that balance and simplicity Miguel de Unamuno so greatly admired: "The Cathedral de León is grasped in a single gaze and is understood immediately. It is supremely simple and thus of supreme elegance. It could be said that with it the architectural problem of engineering and art has been resolved by covering the greatest amount of space with the least quantity of stone. This is where we get its airy lightness and those great windows from, the stained-glass windows with their polychromatic figurations, the light exploding in a highly varied, many-coloured burst of joy".

This weightless vision of the interior is due to the lightness of the supports, with illumination penetrating through the three levels of arches, that is, through those corresponding to the separation of the naves, those of the triforium and, finally, through the clerestory windows. The blind elements have been reduced to a minimal expression as the space is dominated by the large gaps that translate white light into a polychromatic atmosphere. This is the ultimate secret of the Cathedral of León that its restorers in the 19th century were able to accurately interpret, reopening spaces that the Lisbon earthquake had earlier required to be filled, returning the original interior lighting to the cathedral. In this point I cannot help transcribing the clever observation by the anonymous author of *La Pícara Justina* (1605) when he speaks of the light of the Cathedral of León: "Although I entered into the church, I actually thought that I had not gone inside but was still in the square, for as the church is windowed and transparent, a man thinks that he is outside and inside at the same time...".

Thus the world of the windows had a deciding role in turning the fragile leaded-glass units into an architectural complement, which in closing off the cathedral allowed for light to enter into it. It is a light that is no longer natural, transformed as it is into a Gothic light, if we can say that light has its own epochs and styles. It could be said that the windows of the Cathedral of León summarize a good part of the history of stained-glass windows in general, from the 13th to the 20th century. This is where the masters Adam, Fernán Arnol and Pedro Guillermo worked on the first windows of the 13th century (clerestory, chapels of the ambulatory and part of the rose windows of the main façade and the cloister), and where the latest restorations carried out in the last decade of the 20th century were done, with all periods adding or reforming something in this unique complex. Thus during the 14th and 15th centuries respectively, the groups of lower windows and the clerestory were finished, with the work of the (possibly Flemish) master glazier Juan de Arquer particularly standing out; his figures reveal a Gothic style that is clearly Nordic (the clerestory of the chancel, transept and part of the central nave). This master was followed by others like Alfonso Díez, Valdovín and Anequín. These latter two worked on the basis of drawings by the painter Nicolás Francés, who in the years 1427-1434 painted part of the altarpiece that now occupies the chancel with scenes from the life of the Virgin and San Froilán, the holy bishop of León.

However, the restoration of the Cathedral of León meant that all the windows had to be dismantled, with the replacement work done by the architect Juan Bautista Lázaro. The majority were either finished or done anew, such as all of those that correspond to the triforium and the majority of the lateral naves, where beautiful pre art nouveau motifs appear.

Occupying two sections of the central nave immediately behind the transept is a magnificent choir that had originally been placed in the deep part of the apse of the cathedral. The wooden choir stalls were begun by Juan de Malinas in 1467, though it was the master Jusquín who directed the work, collaborating with other architects like Diego Copin and Alfonso Ramos. In the 16th century there was an attempt to move the choir to the central nave so that the faithful could follow the liturgical offices better, but Felipe II, as we have said earlier, denied them permission by means of a Royal Decree that is preserved in the Municipal Archive of León. The chapter of the cathedral then decided to initiate the retrochoir, a work by Baltasar Gutiérrez (1576), with excellent reliefs by Esteban Jordán, and it was only in the 18th century when the choir and retrochoir were to be moved to the central nave to the position they are now found. It has a seat for the king and another for the bishop, upper choir stalls for the canons and a lower set for the beneficiaries. All the seat backs were done with beautiful reliefs featuring Biblical scenes and saints, and many groups of "moralizers" on the misericords, all done in a refined Hispano-Flemish style.

The Gothic cathedral underwent modifications and additions that were handled by different masters, especially from the 15th century onwards when a great number of Spanish cathedrals turned their backs on the French Gothic style, seeking to join the trend in Europe of Flemish and Germanic models, as has been seen with the choir itself. Thus under the prelature of Bishop Cabeza de Vaca (1440-1459) the master Jusquín came to León, perhaps from Holland. He was in charge of the work on the cathedral from 1445 to 1468, with his most notable contribution the Clock Tower where a perforated spire grew higher, recalling Burgos. The period of the Gothic cathedral in the true sense culminates in the 16th century with the presence of a unique master, Juan de Badajoz, called the Elder to distinguish him from his son we known as *el Mozo* (or the Boy). The father carried out his mastery from 1499 until he died in 1522. He had been trained in the heat of the late Gothic with a great deal of Baroque influences, as can be seen in the powerful door we know as the Cardo, in the ambulatory. Still, the most important part of his stage at the cathedral was his library, with attractive Gothic lines, a structure we now know as the Chapel of the Virgen del Camino even though it was never meant to be so. The magnitude of this work, as the chapter library, has no precedents inside or outside of Spain, and reveals the importance in the context of the cathedral that this basic element of the new Renaissance culture had. Its mentor seems to have been Alonso de Valdivieso, who died in 1516 without being able to see the construction finished with the books in their cases.

Fully entrenched in the 16th century though still carrying with him many forms that were characteristically Gothic, the younger Badajoz designed and directed the work on the new cloister from 1539 to 1544, raising it over top of the former one. Its general appearance is that of a Gothic work that was set off by profiles, astragals and finishing that belonged to the Renaissance and the Plateresque; its size, scale and luminosity are what make it a clearly 16th century construction. A more clearly Renaissance work was the monumental stairway with three flights that Badajoz *el Mozo* designed to access the chapter house surrounding the space of the cloister, with its halls now used for the museum. There are many things within and without the museum that are worth seeing, without having said anything about the cathedral's collection of notable sepulchres, beginning with the one of Ordoño II. Thus I would like to close this section by reading the epitaph held by an angel on the sepulchre of the canon Juan de Grajal (who died in 1447). It is found in the cloister and was one of the first works by the master Jusquín. It reads as follows (in a translation from the Latin): "Whoever you are that contemplates the appearance of this small marble, behold where the vain glory of the world leads us. I was a canon at León and studied laws to protect the needy; a name draped in titles and my temples crowned with laurel leaves proclaim my love for justice. But what are so many honours good for, the desolate multitude of friends and debts? No one can help you in this critical juncture. My home was Grajal and Juan was my name. My spirit rises to the heavens; here rest my bones beneath stone".

The reader will wonder why we have not mentioned the famed façades of the cathedral, though they were so drastically altered in the 19th century that their neo-Gothic condition requires us to make their presentation more precise. Thus on the main façade we have to distinguish between the beautiful door, which though it has been retouched maintains the early layout with a triple entry, separated by two sharply pointed arches -one of them features the unique *Locus apellationis*- that recall solutions seen on the south façade of the Cathedral of Chartres, where we find an analogous set up for the doorway. The central door is dedicated to the Final Judgement, the right door also know as San Francisco is dedicated to the Coronation of the Virgin, while the left or Saint John's Door has scenes of the life of the Virgin and the childhood of Christ. There are a great number of figurines on the arch vaults and statues of apostles and prophets under their supports. The most noteworthy is the one known as the White Virgin that presides over the mullion of the main door, a copy of the original that is preserved in one of the chapels around the ambulatory.

In contrast the finishing and overall treatment of this façade, like all the façade on the south side with its pointed gable for a non-existent roof, belongs to the project of Juan de Madrazo (1876) which was later executed by Demetrio de los Ríos (1892), as we have dealt with elsewhere. Taken as a whole, the work of the restoring architects, from Laviña to Lázaro in the 19th century and those that followed them up to our days, has allowed the cathedral to maintain the unmistakeable silhouette that Vallé-Inclán referred to in *Rosa del caminante*:

Cold poplars in a clear, blue
sky, glassy timidity.
Over the river the mist like a veil
and the two towers of the cathedral...

III
THE "SPANISH STYLE": TOLEDO AND BARCELONA

The first stone of the Cathedral of Toledo was laid in 1226 by Fernando III and the archbishop Rodrigo Ximénez de Rada. That is, it was begun five years after the Cathedral of Burgos was started by the same monarch, and a few years before the beginning of the construction of the Cathedral of León under Alfonso X the Wise, son of Fernando III "The Saint King". The cathedrals of Burgos and León were as we have said the work of French masters, just like Toledo. However, the designers of the Dives Toletana, who imported the constructive solutions from France, did not bring from France its form and layout. This is something that was reconsidered in this case in accord with certain specific liturgical requirements, and the builders must have been surprised by a plan that was not at all like what they had become used to in the neighbouring land. It was an original and unprecedented design in the extensive history of projects for Gothic cathedrals, even though it would have a longstanding impact in Spain. In effect, the model of Toledo, which not in vain was the Primate cathedral and had a guiding role in many questions of a liturgical nature, would have a decisive influence on future Gothic cathedrals in Spain. There are two elements that justify this differentiation: the shortness of the cathedral apse which was conceived only for the altar; and the positioning of the choir on the other side of the transept along the first sections of the central nave. Thus in contrast to the layout of the French Gothic cathedral that had a sequence of "altar-choir-faithful", the "Spanish style" solved the question of the participation of the faithful in solemn ceremonies by leaving a space for them between the altar and the choir. Thus along with the advantages of the new sequence of "altar-faithful-choir" there was the possibility to use the space of the retrochoir that served as a new chancel for the daily and ordinary cult, just as we still see in the Cathedral of Lugo, and as occurs in Seville or Palencia, amongst many other examples. Thus the complete sequence would be "altar-faithful-choir-retrochoir-faithful". This would then be the sequence followed by all cathedrals built after Toledo under the crowns of Castile and Aragon, in Spanish America and the Philippines, with the only exception being León, the exception that confirms the rule as based on the decisive influence of liturgical uses over any hypothetical dominance of the architectural project. This meant that after the Council of Trent the placement of the choirs in Spanish cathedrals would later find understanding and acceptance in the Sacred Congregation of Rites, as we have previously observed.

These are the reasons why this section brings together the cathedrals of Toledo and Barcelona. Even though the first is Castilian and the second Catalan, with the former from the 13th century and the other from the 14th century, that is, even though there are chronological, formal and stylistic differences between them, there is still a common ground, not based on their language but on the tradition they belong to. Though this fact could scandalize some observers, the floor plan of the Cathedral of Barcelona is closer to that of Toledo than to the plans of its neighbours on the other side of the Pyrenees, where there is no precedent for it. To put it bluntly, this has to do with liturgy and not with architecture.

TOLEDO: FERNANDO III
AND ARCHBISHOP XIMÉNEZ DE RADA

The advance of the Reconquest returned older cities whose Visigoth existence had been interrupted by the Muslim invasion to Christian hands. There were few who had had a political and ecclesiastical past as important as Toledo's, and here all we need to do is recall the numerous Councils of Toledo or the renouncement of Arianism in the Third Council by King Recaredo (689) to get an idea of the fundamental role of this city.

In that very 7th century, when the bishop's seat of Toledo had been held by men like Eugenio, Ildefonso and Julián (their histories and legends remain alive in the cathedral temple), the city's Christian identity was eclipsed by the half moon, though the tolerance of the invaders allowed the Christian cult to continue to be developed with Mozarabic hues, with Santa María de Alfizén (or Santa María de Abajo) being used temporarily as the episcopal church, one of the few churches in the city that continued to be open for the Christian cult.

In effect, the former Visigoth church that had been used as the cathedral until 711 was to be used later as a mosque, and it was on top of this mosque that the current cathedral was erected in the 13th century.

Now let's go step by step and recall the lovely inscription which appeared at the end of the 16th century that is conserved in the cathedral cloister. This inscription, copied in 1594, reads as follows: "In the name of the Lord the church of Santa María was consecrated as catholic, the first day of the ides of April, in the happy first year of the reign of our glorious king Flavio Recaredo, Era 625 (13 April, 587)".

This permits us to conclude that the mosque used the same piece of land as the Visigoth basilica. This may be backed up by the pious tradition that has continued to our days of making the current pillar of the cathedral known as the Descent coincide with the point that the Virgin came down to place the chasuble on San Ildefonso in the ancient Visigoth basilica, just as is narrated in the first of the *Milagros de Nuestra Señora* of Berceo, an event that was perpetuated on the cathedral coat of arms, and has been repeated so often by sculptors, painters and metalworker that it is now a familiar image for visitors to the Primate cathedral:

Thus San Ildefonso, so loyally crowned,
prepared the Glorious and so celebrated festival;
in Toledo few stayed in their inns
to not go to the mass of the bishop's seat.
The saintly archbishop, so loyally crowned,
to enter mass was prepared;
in his precious cathedral there seated:
proffering him a so honoured present.

A mosque that we hardly know anything about was raised on top of this church. All we know must be interpreted by the relationship between the land occupied by the current naves of the cathedral that would have coincided with the prayer hall, and by a correspondence in everything, or better said, in the part of the Gothic cloister that coincides with the ablutions courtyard and the quite likely positioning of the ancient minaret where the current bell tower is found, placed halfway along the line between the courtyard/cloister and the prayer hall/cathedral naves. Yet only an archaeological project would in any case allow us to clear these doubts up. It is true that a few isolated architectural elements remain, like the column that can be seen stuck into the southern wall in the interior of the Chapel of Santa Lucía that unequivocally confirms the pre-existence of the Muslim mosque, apart from the fact that it is highly probable that the marble verticals we can now see fit into the sides and retrochoir of the cathedral choir belonged to it.

The history and legends gathered by various chroniclers regarding the conversion of the mosque into a Christian temple are well known. The events occurred after Toledo was taken by Alfonso VI in 1085, in spite of having promised the

Muslim population during the capitulations following the surrender of the city that it would continue to be an Aljama mosque. This could have cost the new French archbishop Bernardo de Sedirac (who had earlier been the abbot of the Benedictine monastery of Sahagún in León) and Queen Constance their lives, for both of them disobeyed the orders of the monarch and, taking advantage of his absence, sent armed soldiers into the mosque by night to place an altar inside of it and set bells into the minaret, throwing "the filth of the law of Mohammed" out of them, according to the version of the *Primera Crónica General*.

Once the monarch found out what happened he returned with the idea of burning both the archbishop and the Queen herself in the bonfire, though the Muslim population convinced him not to do so under the fear of new revenge in his absence: "King Alfonso, having heard these reasons turned the attack into a great pleasure, for he could then have the mosque without having to force it".

From this moment onwards the king never ceased to favour the new cathedral that had been put under the protection of Santa María, beginning with the donation on December 18, 1086, of various villages, towns, homes, mills, royal lands and the third of all the churches in the diocese of Toledo, placing them and all the existing monasteries in the city under the jurisdiction of the archbishop. The first and oldest royal privilege, preserved in the cathedral and framed in its archive, refers to this foundational donation with an interesting preface concerning the conquest of the city: *Ego disponente Deo Adefonsus, Esperie imperator, concedo sedi metropolitane, scilicet, Sancte Marie urbis Toletane honorem integrum ut decet abere pontificalem sedem secundum quod preteritis temporibus fuit constitutum a sanctis patribus. Que civitas abscondito Dei iudidicio CCCtis LXXVI annis possessa fuit a mauris Christi nomen comuniter blasfemantibus; quos ego intelligens esse oprobrium ut despecto nomine Christi abiectisque christianisatque quibusdam eorum gladio seu fame diversisque tormentis mactatis in loco ubi sancti nostri patres Deum fidei intencione adoraberunt maledisti Mahometh nomen invocaretur, postquam parentum meorum videlicet patris mei regi Ferdinandi et matris mee Sancie regine Deus mirabili ordine michi pecatum tradidit imperium bellum contra barbaras gentes assumisi...*

Two years later, Pope Urban II conceded the archdiocese of Toledo the privilege of primacy over the rest of the dioceses of Spain. Thus began the rapid recovery of its lost hierarchical status, which went along with the growth of its rich territorial assets. They were complemented by the inclusion of Alcalá de Henares and the donations made by Alfonso VII the Emperor under Archbishop Raimundo, who like Bernardo de Sedirac was also of French origin. In this way, during the 12th century an important wealth was consolidated that undoubtedly allowed Archbishop Rodrigo Ximénez de Rada to begin work on the current temple, even though his predecessor Martín López de Pisuerga had already begun to demolish some columned naves of the mosque that were in ruins around the year 1200.

When the first stone of the Gothic cathedral was laid by King Fernando III and Archbishop Ximénez de Rada, the *Primera Crónica General* says that the church of Santa María de Toledo still had the form and appearance of a mosque. Yet the prelate, who had travelled in Italy and studied at the Sorbonne, and was knowledgeable about the new French cathedrals (some of which were still under construction), decided to break tradition with the Toledo building and abandoned the prevailing Mudejar style. He pushed to the side the attractive constructions in brick, plaster and wood and decided to graft into Toledo a powerful stone temple like those he had seen in the neighbouring country.

Thus the slow construction of the building was begun in 1226, and was not to be finished in its fundamental features until 1493 when the final vaults at the foot of the central nave were closed. Later new constructions, including chapels and doorways, would be added, while on the inside there was the inclusion of a great many altarpieces, screens and sepulchres, turning the Cathedral of Toledo into a permanent construction site, a work that would never be fully executed.

The long construction process of the cathedral can be summarized in the following way. In the elaboration of the project a long series of masters intervened, with the greatest responsibility given to a person by the name of Martín, clearly of French origin, who is documented from the very start of the construction process. He was followed by Petrus Petri in the second half of the century; a tombstone is still preserved in the cathedral for him from 1291, where we read, in translation from the Latin, that he had been the master of the church of Santa María of Toledo, a man of great fame and customs "... who built this temple and here rests, for who designed such an admirable work can have no fear before the presence of God...". There are few epitaphs as expressive as this one.

Upon the death of Petrus Petri the apse of the church and part of the transept were likely finished, while the naves, towers and doorways would be raised throughout the 14th and 15th centuries. The cloister was begun in 1389 by the master Rodrigo Alfonso, who was followed by Alvar Martínez. Once inside the 15th century we find notable names like those of Hanequin of Brussels, Martín Sánchez Bonifacio, Juan Guas and Enrique Egas. This latter, who was named master builder of the cathedral in 1496, was the last in the sequence of medieval architects. He would be followed by another series of no less notable architects from the 16th to the 19th centuries, who from time to time contributed worthwhile works within the general tone of Gothic construction, or just as well tied in to the old medieval quarter.

The Gothic temple came to double the surface area of the former mosque, giving rise to a spacious five-nave church with a transept and double ambulatory with chapels. The apse of the church, for whose construction a number of residences were expropriated so as to move beyond the area marked out by the mosque, was drawn by the master Martín. It responds to the part that is most orthodoxly French in terms of the floor plan and the elevations, its proportion, pillars, capitals and decorative details, though this did not mean that multi-lobed arches in the Mudejar style could not be added with a great degree of naturalness to the triforium around the chancel and the ambulatory. In the part done by Petrus Petri an important change occurred, as he was less refined than the master Martín. Certain elements that were so characteristic of the inside elevation like the triforium were to disappear, even though this occurred because of a modification that sought to enrich the primitive solution by making the triforium and the clerestory share the same stretch of wall, as has been studied and demonstrated by Vicente Lampérez.

This is where the oldest preserved glass windows from the 14th century were placed, to be followed by those done in the next century by Dolfin, Pedro Bonifacio and the master Enrique Alemán. Still in the 16th century new sets of stained-glass windows would be added, such as those closing the rose window on the south transept, done by the great Nicolás de Vergara.

All of the vaulting of the naves is quite simple, as it repeats a four-part organization except in the triangular sections of the double ambulatory that have three ribs setting off three interior clad sections, along the section of the transept, where we find intermediate ribs, and in the two sections that cover the chancel, with which their imbedded star solution were most probably redone in the time of Cardinal Cisneros.

Various chapels work as a chastity belt to hold in the outline of the cathedral. While some were added with the passing of time, others were included in the first temple project, what we might call the project of Rodrigo Ximénez de Rada, like the main and minor chapels that alternately lined the cathedral ambulatory. Some of these chapels have been preserved in their early form, though all would undergo greater or lesser reforms, like those dedicated to Saint John the Baptist and Santa Leocadia, which correspond to the series of the larger ones; the only minor ones that have their initial appearance are those of Santa Ana and San Gil. These major and minor chapels opened onto the sections of the ambulatory. They have a trapezoidal, triangular floor plan as seen from within the play of flying buttresses that run above them and respond to the reinforcing arches of these sections all along the double ambulatory. This is one of the most noteworthy solutions found in the cathedral, whose apse has been related by various writers to what is seen in Paris and Le Mans, though after being built the results were not always as well-resolved as we might have wished.

The rest of the chapels of the ambulatory have undergone more profound transformations. This occurred with the chapel that until 1500 was dedicated to Santa Isabel and would later be turned into the ante-chamber and chapter house, even though it is still possible to recognize it as one of the major chapels. This also occurs with the large chapel dedicated to the Holy Trinity, renovated in 1520 under the intervention of Covarrubias. However, a more careful survey enables us to recognize the earlier layout of these major chapels with their pentagonal floor plans we are referring to, unimpeded by the Plateresque decoration and the embedded stars in the vaults.

Of the minor chapels so greatly transformed that they are unrecognizable as early chapels beyond the simple appearance of their entrance ways, there is the Chapel of San Nicolás, the entrance to the Chapel de los Reyes Nuevos and the Chapel of Cristo de la Columna. The Chapel of San Nicolás was altered in the final years of the 15th century under the prelature of Pedro González de Mendoza (1482-1495), so as to allow one to move from this chapel to the courtyard and other rooms which in times of the Great Cardinal were used to set up the cathedral's carpentry workshop. This was the reason why the door leading from it to Sixto Ramón Parro Street (before the Tripería) would be called the Workshop Door. This back or service door was also known as the Lócum Door, for amongst the areas near the courtyard was the *locum*, or pardoned place. This is explained by Julio Porres Martín-Cleto in his work on the streets of Toledo, where he details the reasons why the adjacent street was called the Lócum, as it starts opposite the Taller (Workshop) or Lócum Door. Once the Chapel of San Nicolás had disappeared to allow access to this small courtyard of the Lócum, with its triangular floor plan, an odd bit of renovation was done that raised the chapel over the passageway, with access by a steep stairway that penetrates the wall from the adjacent Chapel of Santa Isabel.

The minor chapel, which existed where we now have the entrance of the Reyes Nuevos Chapel, was dedicated to Santa Bárbara until 1531, though it had also been modified by Covarrubias in such a way that any trace of the design of the 13th century layout was erased.

Finally, the minor Cristo de la Columna Chapel, formerly known as the Chapel of San Bartolomé, was substantially modified by the work done behind it on the ante-sacristy around the year 1600, with the loss of all its medieval features. Later student traditions would have this chapel known also as the Cristo de los Estudiantes Chapel or Cristo de las Tapaderas Chapel.

It is well known that in the 14th and 15th centuries six of the former chapels along the ambulatory were sacrificed to raise the monumental funerary chapels of San Ildefonso and Santiago. The first can be credited to the patronage of Archbishop Gil Carrillo de Albornoz, who died in Viterbo, Italy, in 1364. It clearly belongs to the 15th century although the chronology of its construction varies according to different analysts, for while Durán and Ainaud see it as a work concluded between 1339 and 1450, Torres Balbás tends to put back these dates somewhat, and Chueca dates it around 1400. The new chapel required the demolition of the chancel on the main axis of the cathedral and of two minor lateral chapels, whose former names we do not know. The resultant floor plan of the new chapel was octagonal, with a clear idea of creating a centralized space so as to place the sepulchre of its patron inside of it. It inaugurated a type of funerary chapel that would be known in other cathedrals like Burgos and Murcia, other highly original variants. In the Cathedral of Toledo itself the adjacent Chapel of Santiago or Álvaro de Luna Chapel is the best replica of the model set out with the Chapel of San Ildefonso. It was necessary to tear down three other chapels from the 13th century for its construction (two major ones and a minor one) to allow for greater space for the new work, whose project was put under the direction of Hanequin of Brussels. The majority of its construction work was done around 1450, giving rise to one of the most significant works of Hispano-Flemish architecture in the Iberian Peninsula. In it all the constructive and formal elements characterizing the architecture of the 15th century Lowlands could be seen. This can especially be appreciated in the profile of the festooned arches and the general decoration, as well as the gables, blind arches and other elements, giving us a fine overall example of the flamboyant Gothic style. The virtuoso execution of the perforated forms here reaches one of its finest expressions. This chapel is also known by the name of Álvaro de Luna given he was the patron. He had been the grand master of Santiago and Lord High Constable of Castile; he and his wife Juana de Pimentel rest in two freestanding sepulchres that are centred in the funerary chapel.

There are two chapels left to consider from the first stage of construction of this part of the apse which were not altered architecturally, though did undergo changes in terms of decorative elements. They are the important Reyes Viejos Chapel, and the Chapel of Santa Lucía. The first received its name after 1498 when Cisneros thought about moving the royal burials done in the chancel of the cathedral to it; even though this would not happen, the name remained to differentiate it from the Reyes Nuevos Chapel. The first use of this interesting chapel, the largest to be built in the cathedral in the 13th century, involved hosting the remains of Archbishop González Díaz Palomeque and his family.

The Chapel of Santa Lucía, which at another moment in time gave its name to the nave outside of the ambulatory that the processions passed through, is highly simple and preserves a column with its capital embedded in its walls (as we have mentioned above) that came from the disappeared Great Mosque of Toledo.

The construction on the cathedral proceeded from the apse to the wall at the foot, with one master following another and their corresponding alterations of design and construction criteria, as well as the raising of other chapels. This is what we might draw from the interpretation of the Chapel of San Eugenio on the southern side, closely tied to the architecture of the 13th century. Before it held this name it was also known as the Chapel of San Pedro el Viejo or the Corpus Christi Chapel. Its size and character was quite different from the rest of the chapels that would appear between the buttresses of the south side over Cardinal Cisneros Street.

The most spectacular chapel opened up to the cathedral naves, apart from the aforementioned ones dedicated to San Ildefonso and Santiago, is without a doubt the Chapel of San Pedro, which was at the same time the parish chapel. It was built in the first half of the 15th century under the rule of Archbishop Sancho de Rojas (1415-1422), and was meant for his burial. It has two sections with vaults featuring intermediate ribs and a heptagonal apse. We know that the work on it was directed by Alvar Martínez and that it was built from 1418 to 1426, even though nowadays the reforms done in the 18th century dominate.

On the north side of the cathedral, likely situated over part of the former courtyard or *shan* of the mosque and the *al-caná*, or commercial neighbourhood, Archbishop Pedro Tenorio had the impressive cloister raised. The work was begun in 1389 by the master Rodrigo Alfonso and was finished by Alvar Martínez in 1425. Four wide, restrained galleries with four-part vaults give way on the lower floor to the Chapel of San Blas, which was built from 1398 to 1402 for the burial of the previously referred to Bishop Tenorio, featuring fine Italian painting by Gerardo Starnina that is now undergoing a delicate restoration process after the loss of many paintings due to the humidity brought on by the lower level where the chapel is found. In effect, the cloister, like many houses of Toledo, has a unique relationship with the streets immediately around it, so that the chapel and cathedral cloister themselves are placed some seven metres below street level. The Chapel of San Blas has a square floor plan though the vault has been turned into an eight-part work, giving it the unmistakeable appearance of a centred chapel for funerary purposes.

The cloister connects with the temple through the Doors of Santa Catalina from the end of the 14th century, with fine sculptures, as well as through the Presentation Door, which was redone by Covarrubias but clumsily and irreparably damaged in its most recent restoration. The cloister leads to Arco de Palacio Street through the Door of the Mollete, beneath the passage that connects the archbishop's palace with the cathedral. It was the work of Alvar Martínez and was done under the prelature of Sancho de Rojas (1415-1422). Immediately beside it the great tower begun in the 14th century was raised, with the active participation of Alvar Martínez. He likely had to deal with the basic minaret structure, while the work was finally completed by the master Hanequin, with the peaked finishing touches on the top employing formulas seen in Antwerp and Brussels.

On the inside the tower has four levels, with the Treasure on the first floor. In other times it had been the sacristy of the Reyes Nuevos or Trastámara Chapel when it was situated at the foot of the north nave taking up the two final sections until the construction of the current Reyes Nuevos Chapel (from the 16th century) that is accessed from the ambulatory. The Chapel of the Treasure has a beautiful door from the time of Covarrubias (1537) that is known by different names: the Tower Door, since it is on the base; San Juan, since at one time the chapel was dedicated to this saint; Canónigos (Canons), as its altars were reserved for the members of the Toledo chapter. Inside the coffered Mozarabic vault is of exceptional interest.

Hanging off the bell tower is a second tower that was begun in the 14th century as well; it would never come to be finished as such, ending up relegated to the role of a simple chapel. Yet was it really a tower that was meant to be raised here, or was it simply the space of a funerary chapel or a chapter house? We know that in this spot there had been a chapel dedicated to the Corpus Christi where the chapter met until Cisneros left it for the Mozarabic rite while beginning construction on the current chapter house, so that since then it has the name of the Mozarabic Chapel. The Mozarabic Chapel is different on the inside, where the heavy construction of the 14th century contrasts with a delicate, well illuminated late Gothic style done by Enrique Egas at the beginning of the 16th century, and with the sectioned dome done from 1622 to 1631 by Jorge Manuel Theotocópuli, the son of El Greco.

To close we must refer to the Gothic work on the portals, beginning with the oldest, that is, the one that opens up on the north end of the transept to Chapinería Street. This is the name the entrance way is also known by, though it is also called upon occasion the Feria Door. Yet the most common name for it is the Clock Door, not only due to what can now be seen over top of it, but for the tower it once had above it with a clock and bells that was demolished in 1889. This is confirmed by old engravings and photographs, and was described in a certain moment by Sixto Ramón Parro. The large trumpet-shaped portal has an excellent Gothic sculpture group from the 14th century with an unarguable French influence, the tympanum reliefs done in a very characteristic way and the mullion dedicated to the Virgin with Child.

The western façade has three doorways separated by strong buttresses that bear the pressure from the arches of the central nave. The names of the doors from north to south are Hell's Door or Tower Door, Pardon Door, and Final Judgement or Scribes' Door. The sculpture on their doorposts, tympanums and arch vaults is not as refined as that found on the Clock Door, though is equally indebted to French influences. The Pardon Door in the middle has in the mullion the figure of the Saviour accompanied on the doorposts by the apostles, while on the tympanum there is a representation of the placing of the chasuble on San Ildefonso, visually illustrating the beautiful verse of Berceo:

He gave him a chasuble with no needle stitch
an angelical work, not woven by man.

The two wooden leaves that close the Pardon Door are extraordinary, lined as they are with bronze plating and nails, with an inscription that recalls the date of their execution as 1337. Above the three doorways there are interventions that range from the 16th to the 18th century, eventually annulling the view of the Gothic construction.

The final Gothic portal opens up in the south end of the transept; it is now known as the Lions Door but in the past was given the names Door of Joy and Door of the Sun. The version we now see was done between 1452 and 1465. It is credited to Hanequin of Brussels, who besides including flamboyant forms introduced a high quality sculptural grouping that many masters from the Hanequin workshop contributed to (including Egas Cueman, Juan Alemán, and others). Nowadays it is highly devalued due to the later reform of 1785. The figures of the apostles make up one of the best sculptural groups done in a combination of Flemish and Bourgogne styles in the 15th century Spanish scene. Some reliefs, in contrast, seem to proceed from a door that was previous to the work by Hanequin.

From the 16th to the 18th century, between Cardinal Cisneros and Cardinal Lorenzana, the cathedral accumulated additions and reforms. The Great Cardinal Pedro González de Mendoza ordered the exceptional sepulchre attributed to Fancelli to be built on the south side of the chancel (1500-1513). Its impact within the cathedral's architecture goes well beyond what we would expect from the sepulchres the cathedral had seen until that time.

Later the Cisneros reforms would come along, redoing the chancel as far up as the vaults and commissioning the immense altarpiece, one of the largest that has ever been built, sculpted and painted. Quite beyond the delicate quality of the workmanship, it eventually would have an architectural and visual repercussion of the first order. Other reforms followed this one, like the conditioning of the former chapter house as a Mozarabic chapel. At the same time the construction of the chapter house and its antechamber would begin under the direction of the architect Pedro Gumiel (1512).

Yet even more important for the church's architecture and liturgy was the consolidation and monumental finishing added to the Gothic choir in the 16th century. From its positioning in the first two sections of the central nave once past the transept, to the architectural formalization of its interior and exterior, the overall result would turn this area into the liturgical heart of the *Dives Toletana*.

The choir we now see in the Cathedral of Toledo is normally appreciated for the exceptional beauty of its Renaissance period, condensed in the art of Berruguete, Vigarny and Villalpando, which could make us pass over the interest and transcendence that it previously had had in terms of its architecture and placement. In effect, it is worth recalling that its size and placement was determined well before, with the extraordinary lower choir done by Rodrigo Alemán, which he had begun in 1489. Yet these were not the first choir stalls of the Toledo choir, since there must have been another previous set that was surrounded by the important exterior closure, whose architecture and sculpture had been done in the second half of the 14th century under the prelature of Pedro Tenorio (1377-1399), as we have noted earlier. In our opinion, that first choir had its processional entrance through the current Chapel of the Virgen de la Estrella in the retrochoir. The two sides of the choir were clearly set apart, with one presided by the archbishop's ceremonial chair -which is where the name of the epistle side comes from- of logically greater dignity, while the set of stalls in front was given the name of Deans Choir, since it was on the north or gospel side.

With the construction of the new upper Renaissance choir the archbishop's seat done by Berruguete would be placed in the centre presiding over both sides of the choir and closing off the access door from the nave that would be turned into the referred to Chapel de la Estrella, though it continued to be known on the south side as the Archbishop's Choir. The choir has an important architectural structure so that, like the choir in Compostela by Master Mateo, the upper ceremonial seats were surrounded by a type of running canopy whose arches rested on thin columns. The presence of the Prima altar, presided by an extraordinary French Gothic image, reminds us that the unity of the choir was in effect an entire church in itself. In the same way the monumental Eagle lectern, the Vergara lecterns, the organs and other constituting elements of this prodigious area, where the *Canto de la Sibila* had so often been performed for example, leads us to think of the great importance of the choir whose freestanding position in the central nave, the "Spanish style", had more possibilities than the French model behind the *jubé*.

After the first half of the 16th century when so much work was done (we only have to think of the Reyes Nuevos Chapel designed by Covarrubias, from 1531-1534), in the second half of that century and in the first half of the 17th century a long line of additions was done that make up a compact nucleus in the sequence of the ante-chapel and Chapel of the Shrine (the Ochavo), the Main Sacristy and the different structures around the courtyard known as the Contaduría de Hacienda. There was a long list of masters who intervened in these works, led by Vergara, Monegro and Jorge Manuel Theotocópuli, to whom the sober classicist touches in so many parts of the cathedral are due. Contrasting with the staid dominance of the columned ordering and the architectural bareness that had been influenced by Herrerian sources, the 18th century would bring us new surprises, such as the well-known *Transparente* opposite the Chapel of San Ildefonso.

It was then opposite this chapel, Gothic in form and neo-classical in some of its works, that the polemical yet beautiful *Transparente* by Narciso Tomé was placed, a masterpiece of 18th century Spanish Baroque architecture. It is an original and free version of an altarpiece with diluted naturalist forms that at the same time allows light to filter in from above to the dark chapel found between the altarpiece of the chancel and the one in the ambulatory, right behind it. It is thus a highly dynamic Baroque staging device, orchestrated by means of architecture, sculpture and painting. Tomé was able to treat the different materials with great delicacy (1732), reminding us of it in a Latin inscription that reads (in translation) as follows: "Narciso Tomé, head architect of this Holy Primate church, drew, sculpted and at the same time painted all of this work, composed and built in marble, jasper and bronze".

The final of the series of interventions that left a notable imprint on the cathedral is found at the Llana Door that opens up over Cardinal Cisneros Street, where the architect of Cardinal Lorenzana, Ignacio Haan, built the most beautiful Ionic portal of Spanish neo-classicism in the critical year 1800, as seen in the inscription. No addition of note has been made since that time.

Barcelona: the Gothic Seat of King Jaume II

The origins of the *Barcinonensis* diocese goes back to the earliest stages of Christianity in the Iberian Peninsula, something that we can affirm regarding the presence of an important Christian community in Barcelona on the basis of the discovery and excavation in 1945 of an early Christian basilica from the end of the 4th century or the beginning of the next. In 1969, the discovery of a baptistery just under the existing cathedral -where the earlier basilica originally was- reinforces the importance of the complex. Other documental data adds to the evidence of these material vestiges to confirm the early presence of Christianity, with the existence of the diocese of Barcelona as subject to that of Tarragona from at least the year 347.

The ecclesiastical organization of the Roman period was maintained during the Germanic invasions and especially during the Visigoth period. Later came the Muslim domination and the subsequent restoration of the diocese of Barcelona in 801, though the presence of the Franks meant that it was ecclesiastically dependent upon Narbonne. The danger of Islam emerged again with Almanzor at the end of the 10th century, and the later reconquest of Tarragona from Muslim hands led to the renewal of the former archdiocese of Tarragona, with the city no longer dependent upon Narbonne. These changes were driven forward by Pope Urban II (1089), who sought the collaboration of the Catalan bishops and nobility, and especially that of the Count of Barcelona Ramón Berenguer II, the King of Castile Alfonso VI, as well as the mentioned Bishop of Toledo Bernardo de Sedirac, among others. However Tarragona, as a key piece in the Reconquest, did not fall into Christian hands until the days of Ramón Berenguer III the Great, with the notable Saint Olegario (1118) being promoted as archbishop, after having been already appointed bishop of Barcelona in 1116. Thus we would have to assume that Barcelona, as the most important city of the Marca Hispánica and later the head of the county of the same name, would have a cathedral that corresponded to its condition as the seat of the bishopric. In this sense documentary evidence gives us fragmentary data concerning its existence, while the material evidence is even less clear. In the first case we have the consecration of what we will call the Romanesque cathedral in 1058 when the bishop was Gislabertus, while in the second case we have architectural fragments of this long pre-Romanesque and Romanesque period, with the marble capitals the altar table of the Gothic cathedral rests upon standing out above all. It was Victor Hugo who said that whoever measures the foot of the giant measures all the giant, and something analogous would have to be said here concerning the size and proportions of the temple of Barcelona that these exceptional two pieces belonged to.

The existence of the Romanesque cathedral has in any case been confirmed by chance discoveries and excavations in the area of the cathedral, like those done in 1972-1973 that clarified the place where the portal of the cathedral was in the 11th and 12th centuries, as well as the tombstones in the covered exterior cemetery that was found in front of that same entrance way. All of this serves to confirm that the current Gothic temple was raised over the previous Romanesque structure in the same area of the city where the religious centre of Barcelona had always been. This is also where the episcopal palace would be built, quite probably on the same plot of land that it occupies today, connected with the Chapel of Santa María, Santa Quiteria and the Eleven Thousand Virgins, now the Chapel of Santa Lucía; this latter is now clearly a place of worship that was set apart from the cathedral itself, among other things because of its very late Romanesque character. In effect, we know that in 1257 the Bishop Arnau de Gurb acquired the land for its construction (1252-1284), and that by 1268 it was open for worship. The chapel is highly simple, repeating old Romanesque forms on its doorway though with small columns and arch vaults that have a Gothic slenderness. Inside there is an outdated opacity considering the period the chapel was built.

The Romanesque cathedral of Barcelona, which had always been dedicated to the Holy Cross, was slowly torn down as the new Gothic cathedral was built, beginning with the apse, so that the both constructions co-existed almost until the 15th century. From the beginning of the work in May 1289, when the king was Jaime (or Jaume) II as is recalled on the commemorative inscription on the Door of Saint Ive, until the completion of the cloister around 1450 (the last part added to the cathedral complex), various architects served as masters. Their names have come down to us thanks to the quite complete archive, and especially due to the highly-valued *Llibres d'Obra* or Construction Books. The oldest master known was Jaume Fabré, who had come from Majorca and was linked to the construction from 1317 onwards, joining a building process that had already begun for a project whose designer is unknown to us. It can be confirmed that the apse was finished under his direction in 1329, a date that is once again recalled in the second of the inscriptions of the Saint Ive façade where we can see the different construction criteria used in this first stage and the following one on either side of the portal. The apse also included the unique crypt of Santa Eulàlia, of special importance in relation to the rest of Spanish cathedrals. Llaguno, in his *Noticias de los arquitectos y arquitectura de España*, includes the translation of an old document that narrates the move of the body of Santa Eulàlia in 1339, when Fabré was most probably finishing the Door of Saint Ive, which had always been the main entrance to the cathedral. This document reads as follows: "The master Jayme Fabra, and the masons and workers of the church, Juan Burguera, Juan de Puigmolton, Bononato Peregrin, Guillen Ballester and Salvador Bertran, covered the vessel -the urn- with a small stone tomb, and after enlarged the entire large tomb with rough stones and bitumen, and put on it a certain large cover". In that place the Pisan sculptor Lupo di Francesco, who had resided in Barcelona since a few years before and had a relation with Fabré, made the sepulchre to keep the relics of Santa Eulàlia with beautiful scenes of the life, miracles and martyrdom of the saint, never varying from the strictly Italian current of the Trecento.

Fabré was followed in the direction of the construction work by Salvador Bertran (1340), and he was succeeded by Bernat Roca, who died in 1388. Under the period of this latter master the majority of the naves were done. Later Pere Viader came along and then, especially, Arnau Bargués, who designed the chapter house and laid the foundations for the unfinished main façade (1397-1405). A short time later, in 1408, payments were made to Carlí for the project for the portal that was never finished, though the document pertaining to his design is jealously kept in the Casa de la Traza or Arxiu de Mitja Escala. This is one of the oldest drawings of medieval architecture now conserved and referred to in church chapter documentation. The chapter records include references to the twelve parchments that were purchased so that over a period of fifty-two days the architect could design the main portal, earning six salaries daily "to make the image of the main portal whose master was Carlí, French, and began the said work on Friday the 27th of April of 1408...". From 1413 to 1441 Bartomeu Gual directed the construction work, laying the foundation of the dome (which was never finished in the Gothic period), closing the last vault of the church and making a decisive contribution to the cloister, allowing his successor Andreu Escuder to complete it (1442-1451). The current main façade and the dome above it were finally raised after a polemical project initiated by Josep Oriol Mestres (1890) and finished by August Font (1906), who supposedly finished the work originally begun by the master Carlí.

The great number of different masters and the time passing from the beginning to the end of the construction work could lead us to expect a temple with different architectural moment and ideas, though surprisingly this is not the case. In its floor plan and elevations Barcelona remains fully obedient to what was meant to be its original design, the rationality and unity of the layout surprising us. If we were to look back on the great cathedrals of the Castilian Gothic, the version in Barcelona would come across as quite distinct, with other canons and criteria at play, pertaining as they do to another order of experience. However much there have been attempts to link it to the Cathedral of Narbonne, there is no doubt that the result in Barcelona is highly original. It is original in the layout of the floor plan: quite apart from what we have already said about the chancel and the choir, it has three naves, an ambulatory and chapels along the apse, with a false transept whose arms do not extend beyond the width of the naves, and two prismatic towers rising above each end. Another novelty is the series of chapels set between buttresses that open in pairs to corresponding sections of the lateral naves. These very long lateral naves are different in turn from the classic relationship between the sections of the main and side naves, with a standard proportion in the 13th century of 2:1. Another feature that is unique amongst Spanish cathedrals -and indeed quite rare for Europe- is the presence of a large crypt underneath the chancel, accessed from the transept. Another anomaly is the positioning of the dome at the foot of the church, in the section just behind the western façade. The perfect concordance between the temple and the cloister is also unusual. Taken together these features make it all the more interesting and thus enrich the overall panorama of the Spanish cathedral.

If we move from our analysis of the floor plan to a study of the elevations, there are even more novelties to be had. The slender pillars, the starting point of the arches with wide arch bands, the high vaults and aisles of the transept of comparable size in each of the three main naves, together work to eliminate the scaled proportions of the cathedrals of the 13th century, allowing for a surprising spatial openness. This tendency to equate the height of the three naves, which would become a constant feature of the Catalan Gothic, meant that the multiple flying buttresses typical of a French-influenced Gothic were unnecessary from a mechanical point of view. The light enters into the interior of the space in a different way as well, since the clerestory windows of the central nave have disappeared, with modest rose windows set over the triforium allowing light to filter in through the perimeter walls above the chapels through a wide and quite unusual gallery. We are indeed faced here with a new type of architecture that nevertheless continues to use the resources and constructive techniques of the Gothic, though with a surprisingly novel and fresh result.

We could continue to make numerous considerations in this line of interpretation, though we will only add a comment about something that has drawn our attention in this "Mediterranean" cathedral, a fact that is without a doubt a mirror of a society with its own particular economic reality. In Burgos or Toledo the older structure of the cathedral would be hidden by the passing and weight of history, while in Barcelona the building retains its original limits and volumes. In the cathedrals of Castile the great funerary chapels of the nobility compete with the cathedral itself, like with the High Constable Chapel in Burgos or that of Álvaro de Luna in Toledo, while in Barcelona the chapels, which so often pertain to guilds (*cobblers, esparto workers, glassworkers, liverymen, painters*), cede to the overall design with order and discipline in a lineal formation. We are not dealing here with merely stylistic questions but deeper factors that in the end serve to explain the whys and wherefores of the cathedral's architecture.

For anyone visiting the inside of the cathedral, after that first impression where in spite of not seeing anything everything is clear, the gaze moves to the monumental painted key stones in the four-part vaults; the excellent relief work features figures that are over a metre long, the work of well-known sculptors such as Pere Joan (1418).

Yet the true novelty can be seen in the chancel and the choir. The chancel is not very deep and was raised over top of the attractive Gothic Crypt of Santa Eulàlia, with its lowered vault of great constructive interest. Over the chancel as well we can see a much-appreciated piece in the cathedral, which ended up creating confusion around the church's name. I refer to the bishop's throne or chair, an original Gothic work that in other cathedrals has habitually been lost or substituted. Here is retains its original placement, presiding over the centre of the area of the chancel.

Amongst the many marvels of this cathedral we have the choir. As it had never been conceived for the chancel, it is found where it always has been, in the central nave. After the first, simple choir, Bishop Pedro de Planella (1371-1385), the former prelate of Elna, thought of constructing another that would be more in line with the grandeur of the church, though all we know is that the episcopal chair was done. The new choir would be done by his successor, Ramón de Escales (1286-1398), who had been Bishop of Lleida; one of the cathedral chapels hosts his sepulchre, and it is one of the finest Gothic tombs we can find anywhere. It was done by Antonio Canet, one of the many sculptors who also worked on the new choir. Yet Canet, like Pedro Oller and others, were simply collaborators of the great master Pere de Sanglada, to whom the general idea of the choir is due. He worked on it from 1394 to 1399, after having travelled to Flanders to purchase the necessary oak. The concept of the choir stalls is also different from what we find in Castile, lacking as they do the attractive reliefs on the seat backs; yet it does have an analogous structure, with the possibility of folding up the seats to show us a world of real and imaginary images of the greatest interest in the misericords and the separating medallions.

As the years went by the number of seats turned out to be too small, so that Matías Bonafé was commissioned to do another set that served as the lower choir as well, with the series by Sanglada left as the upper choir. In the years ending the 15th century a group of carvers and sculptors like the Germans Michael Lochner and Johan Friedrich Kassel, along with Casal, Rufart and Torrent, took on the task of finishing off the stalls with various reliefs as well as the attractive pinnacles, gables and canopies. Still, the history of the choir as the true heart of the cathedral liturgy was still not complete. Coinciding with the celebration in 1519 of the Chapter of the Order of the Golden Fleece that was presided by the emperor Charles V in the presence of representatives of the longest lines of European royalty and nobility from France, England, Portugal, Hungary, Denmark and Poland (along with those from many other nations), the Barcelona choir underwent an important transformation. On the one hand, already in 1517 the great sculptor Bartolomé Ordóñez had received the commission to sculpt the retrochoir with its central entrance door. This was the final work of this artist, who having been trained in Italy would die quite young, in 1520, without being able to see the finished work. The retrochoir is a beautiful composition in marble, where the skirting, columns and panels in the Roman Doric style would frame four reliefs with scenes from the life of Santa Eulàlia and other figures related to the saints Sever, Eulàlia, Olegario and Raimundo de Peñafort. Ordóñez's reliefs with the declaration of Santa Eulàlia before the Roman magistrate and the martyrdom by fire, show an influence of Michelangelo in the foreshortening, heads, gestures and generally large conception of form. The other two reliefs would be done years later by the sculptor Pedro Vilar (1564), though they lack Ordóñez's energy. Inside the choir there is an explosion of colour with Juan de Borgoñe's painting of a heraldic series with the coats of arms of the fifty knights of the Order of the Fleece.

All of the chapels have fine altarpieces, serving as a summary of Catalan Gothic painting, where we have works by Huguet and Martorell amongst many others. Furthermore, the collection of stained glass windows is notable, with special mention deserving for those the glazier Gil de Fontanet did at the beginning of the 15th century from cartoons by the painter Bartolomé Bermejo, now found in the baptismal chapel. The treasure and cathedral museum also have numerous pieces, amongst which we can point to a unique processional monstrance, one of the oldest in Spain, which was done in the first half of the 15th century and is anterior to the arrival of Arfe. The Barcelona monstrance is carried in procession on a Gothic chair known as "the chair of King Martin".

The entrance into the cloister from the church is done through a beautiful and complicated portal which most certainly is the oldest in the building, given that it retains its Romanesque physiognomy in many details; recently it has been argued that it was imported from Italy at the beginning of the 13th century. Once it was fit into the building decorative elements were added as finishing touches in the 15th century itself. The international character of the doorway is clearly seen in the door panels themselves, done in a refined Mudejar style, while the composition features six-pointed stars from the 16th century. On three sides of the cloister there are chapels set out in the same way as those found in the cathedral itself, with two of them serving as exit ways to the street with their respective portals on the exterior wall: the Door of Santa Eulàlia and the tremendously elegant Door of Piety, whose wooden relief above the tympanum is attributed the aforementioned Lochner.

Not far from this exit door inside the cloister there is a beautiful corner shrine with a water fountain by Escuder, whose vault is closed off by the well-known knightly key of Saint George, done by the sculptors Antonio and Juan Claperós. The sepulchral stones still preserved on the floor recall the space of the cloister as a funerary site. The reliefs, mortuary niches and open doorways, accessing in a few cases the new chapter house, give this cloister a life rarely seen in others, connecting it closely to a city which treats it as a habitual strolling route through the old quarter and a place of relaxation that had already been enjoyed by Münzer, who had seen lemon trees, orange trees and cypresses planted here.

IV
MAJORCA: THE CATHEDRAL AND THE SEA

In 1909 Claude Debussy composed one of his best known piano preludes, *La Cathédrale engloutie*, the submerged cathedral, inspired in the Breton legend of King Gradlon and the city of Ys, flooded by water. Contrasting with this image of a sunken cathedral, Majorca emerges powerfully to dominate over the bay, with its architectural profile resembling the masts and spars of a ship. It is without a doubt one of the most beautiful postcard images to be seen, well ahead of the Romantic versions painted by K. F. Schinkel with the same elements: the cathedral and the sea.

In a letter by Jovellanos written to Ceán Bermúdez, sent along with some writings done during his Majorcan prison stay in Bellver, he wrote that they "refer to three buildings that can be considered amongst the best medieval structures in Spain, admired by Majorca in uniting all of the beautiful examples of island architecture consecrated to religion, security and the public policy of its capital. These are the cathedral, the castle of Bellver and La Lonja". The opinion of Jovellanos seems quite fair, not only in relation to the Spanish context but also including the rest of the medieval world, for it is difficult to find another work from that time where art and technique have been able to produce a work as stunning as the Cathedral of Palma de Majorca. It is impressive for its grandeur, its constructive intelligence, its beauty, its light, the works held in its walls and chapels, and impresses in the way that it fits into the landscape, looking out across the sea in permanent alert, keeping watch over the city.

The history of the diocese of Majorca *(Maioricensis)* begins with the conquest of the island by Jaime (or Jaume) I of Aragon in 1229, since until that point it had been in the hands of the Muslims. However, a few years would still have to go by before the first bishop was appointed. This was Raimundo de Torrelles (1238), who was authorized by Pope Gregory IX to constitute the first cathedral chapter, made up of twelve canons (1240), making the new church dependant administratively to the Holy See itself over the pretended jurisdictional rights the bishops of Barcelona, Girona and Tarragona claimed over it.

During this time we know of work done in 1230 and 1256 on the "cathedral", as well as partial consecrations done under the prelature of the second bishop of Majorca Pedro de Morella in 1269 and 1271. However, these referred in fact to interventions that were done on the older structure of the mosque, which we know nothing about in terms of its size and layout. In this way in Majorca, as would later happen Cordoba, Seville, Jaén, Granada and so many other Hispano-Muslim cities, the Aljama mosque was used immediately as a Christian church with minor changes or shifts in the internal orientation for the purposes of worship. Afterwards they would add altars, chapels and construction work that was not very important until there was enough will and resources to go ahead with a new temple with a Christian profile.

The initiative and construction of the current cathedral is intimately united to the Kings of Majorca, who undoubtedly sought to ensure that the first temple on the island would be an emblem embodying the optimism of the new monarchy. Thus when Jaime I died the States of the Crown of Aragon were divided between his sons Pedro III, later the King of Aragon, and Jaime II, who would be King of Majorca. This latter, in a clear gesture of royal patronage of the cathedral, had expressly manifested in his will and testament of 1306 the desire to be buried in the chapel that would be dedicated to the Trinity in the Cathedral of Santa María: *Item volemus et mandamus quod in dicta eclesia Beata Mariae Sedis Majoricarum, in loco decentis construatur una capella intitulanda Sanctae et Individuae Trinitatis et ibi sit spacium sufficiens ad sepulturas ubi volumus sepelire*. Upon the death of the monarch in 1311 the work had likely begun, but nothing more than that, as for a long time his mortal remains were placed in a provisional site between the new cathedral that was now being built and the older mosque that was being torn down at the same time. That is, in the first years of the 14th century the construction of the building of the cathedral we now know began with the Chapel of the Trinity right beside the chancel, called in documentary evidence the *cap nou* (new head), and known now as the Royal Chapel.

These works were done under King Sancho and his successor on the throne Jaime III, so that in 1327, the apse, composed of the two cited chapels, was well on its way. The Chapel of the Trinity interests us for its conception as a two-level funerary chapel, with the higher one open to the church and with its arch vaults prepared for the placement of the royal cenotaphs -in the end they would finally be made and placed there in 1946 by the sculptor Federic Marés- and another lower one that is used today as a type of sacristy, since it had been conceived as a pantheon in the strict sense of the term.

The constructive history of the Cathedral of Majorca was quite conditioned in the beginning by the infighting between the Kings of Aragon and Majorca, for it was Jaime III himself who lost his life in battle with Pedro IV of Aragon, whose crown the kingdom of Majorca would go back to from that date on. The cathedral itself was the setting for the crowning of Pedro IV, now also as the King of Majorca (1343), whose ceremony was meticulously prepared, serving as an act of thankfulness for the victory won: *Thus we, on the Saturday evening of the twenty-first of said month* [June], *went to the Seat, and here we kept vigil and lay down in the church of the Seat. And the same Sunday morning, we went to the sacristy dressed and in pairs to the seat of his Majesty...And we heard mass from the high altar of Santa Maria. And when the Mass was done, we stayed upon the altar on a chair...*

Thus a second important stage in the work on the cathedral was begun coinciding with the second half of the 14th century when, according to Durliat, the first project of a single nave was abandoned in favour of the three we know nowadays. However, Durliat himself gave credit for this new impulse and the changes that went along with it to Bishop Antonio de Colell (1349-1363), rather than to the monarch himself, who he says lost interest in the work, letting his thoughts move more towards the Cistercian monasteries of Poblet and Santes Creus to serve as his royal pantheon, as it would be for his descendents as well.

Fortunately, the fact that the Construction Books have been preserved since 1368 allows us to learn certain details of the constructive process which in any case would come to be incredibly delayed over time, without this factor taking away from the unity of the overall building. It is enough to observe that until 1601 the consecration of the finished building was not even considered. The first section of the central nave was closed around 1370; it sums up the great adventure of one of the greatest Gothic temples of the Middle Ages, where its masters took on the great risk of a structure that had no precedents, at least in terms of size and slenderness. In this first section the entire cathedral had already been conceived, even though it would take all of what was left of that century and the next two to reach completion. Until 1592 the first stone was not to be laid on the façade at foot of the church.

The final result was an impressive three nave church with the chapels set between buttresses, and a transept set out along the fifth section, not far from the façade. The original apse, which Chueca defined as telescopic for the way in which some volumes rise out of others, cannot be compared with any other church of its style and time, especially due to the shift in height between it and the naves. It is topped with three enormous windows that greatly increase the luminosity of the cathedral. Yet the most important detail would be the interior elevation of these three naves, with the central one quite high but well supported by the two lateral naves over which pairs of flying buttresses are braced on powerful counter supports. Thus the transversal balance of each of the sections was assured, with each of the four-part vaults, whether central or lateral, rising out of slender octagonal pillars that give us the sensation of an easy defiance of gravity and spatial transparency, encouraging us to look upwards to contemplate the forty-four metre high vaults over the main nave.

At the beginning of the 20th century the architect and cathedral researcher Juan Rubió Bellver summarized some of the most original features of the Seo in this way: "The Cathedral of Majorca is without a doubt the cathedral with the least quantity of visible material seen inside a useful spatial volume. Of all the buildings done in the Gothic style, it is the one with the highest lateral naves, the most spacious central nave and the highest and most slender columns; it is surely the cathedral that has taken the most advantage of the constructive materials of Gothic art in the organization of the building".

The cathedral has two accesses on either end of the transept, called the Mirador Door and the Almoina Door, along with the portal that opens at the foot of the church opposite the Almudaina Palace. The most beautiful and oldest door is the Mirador, whose master was Pere Morey (1389-1394), in turn succeeded by the Picard master Pierre de Saint-Jean (1396). This refined door is enriched by sculptures by Jean Valenciennes and Enrique Alemán, and benefited from the contribution of Guillem Sagrera who was the designer of the expressive, lively images of Saint Peter and Saint Paul, among other works. Sagrera, a sculptor and architect, was also the master builder of the cathedral from 1420 to 1447.

The doorway of the Almudaina is a late Plateresque work (1594-1601) attributed to Antonio Verger and in turn dedicated to *Nostra Dona de la Seu* (Our Lady of the See). Currently it is set into the new façade that was done in the 19th century, since because it was never finished an earthquake in 1851 would end up putting every detail found there in danger. A new, risky project was then proposed by the architect Juan Bautista Peyronnet in 1854. After he died in 1875, the Repair and Restoration Board of the Cathedral of Majorca began to operate (1874), commissioning Miguel Rigo and after him José Fuentes to finish the work on the basis of the Peyronnet project, since the central body was still left unfinished. In 1879 responsibility for the construction work was given to the provincial architect Joaquín Pavía y Birmingham, to whom the final touches on the façade are due; it was here where he introduced certain modifications that did not lead to a substantial improvement, like the profile of the gable giving greater play to the two pinnacles on either side of it. Both of these pinnacles, raised over octagonal supports with blind and open arches, is dealt with like a small perforated needle in the style of Burgos, which does not succeed in synthesizing with the sombre character that we see throughout the rest of the cathedral's architecture.

This construction work was drawn and directed by Pavía from 1880 to 1884 when the façade was left almost entirely finished, missing only the reliefs and statues that were done by the sculptors Luis Font (1839-1904), Marcos Llinás (1840-1927) and Guillermo Galmés (1845-1927). After thirty-six years of continuous problems, scaffolding, dismantling and new construction, the cathedral had a quieter end of the century without major work on it, showing off its new façade which in any case, in spite of the criticism it was subject to at the time, now offers us an image of dignified nobility that it had never enjoyed before.

Inside the structure beginning with the apse of the church, we fine the surprising solution of Gaudí, to whom the current distribution of the chancel and the liturgical furnishings is due. The work was done from 1904 to 1914 under the patronage of Bishop Pedro Juan Campins Barceló, with the collaboration of Gaudí's disciples Jujol and Rubió. The work, which was interrupted with the death of the prelate (and already commented upon in the first part of this volume), is a free interpretation swinging between historicist, Romantic, eclectic and art nouveau styles in a Gothic-sacred ambience that was successful in the niche of the bishop's seat but, in our view, erred in the floor plan since it involved a generalized dismantlement of the temple (choir, retrochoir, high altar, pulpits, and so on), though this should not take anything away from the specific design interest of the new liturgical elements.

What we see of the current choir is the result and final consequence of a long history of works and movement that we might briefly review in the following manner. A magnificent 14th century Gothic choir, the fine work of Arnau Campredon, was practically destroyed when an arch of the central nave fell on it in 1490. Immediately afterwards work was begun on what we now see, a choir finished in 1536 in a clearly Renaissance style. It was done by various French masters like Antoine Dubois and Philippe Fillau de Orleáns, as well as Spanish masters like Juan Salas from Aragon, credited especially with the stonework of the retrochoir whose magnificent entrance arch is now the entrance way into the Vermells Chapel (1529). Salas himself sculpted the two monumental pulpits (1528-1529) which have also been moved from their original location; without a doubt they are among the most spectacular that we might find throughout the unique history of these veritable stages for sermonizing.

The group of chapels, altarpieces and paintings that are found inside the temple is also exceptional, from the ancient Gothic altarpiece of Santa Eulàlia, with its beautiful paintings attributed to Loert (once located in the chapel that bears his name in the apse), to the Baroque altarpiece of the Corpus Christi (1626-1655), which makes us think longingly of the transfer out of the cathedral of the great altarpiece designed by Giuseppe Dardanon from 1726-1729, now in the Church of the Inmaculada in Palma. We cannot hide our enthusiasm for the imprint left in the cathedral by neo-classical art, with works like the Chapel of the Baptistery, an extraordinarily refined project by Fray Miguel de Petra (1790-1794), and the mausoleum of the Marquis de la Romana, made by José Folch y Costa in 1814, one of the most important projects in Spanish Romantic Classicism. In contrast, we cannot be as satisfied with the dismantling of the Chapel of Saint Peter to give space to the work by Miquel Barceló, since in my personal view it has absolutely nothing to do with the spirit, character and condition of the cathedral.

It would be difficult to try to mention the richness of the cathedral holdings now found in the treasure and museum. From the collection of 16th century Flemish tapestries to all kinds of liturgical objects the collection is richly alive with beautiful objects. However, we are always left in awe by the size and artistic value of the candelabras for the high altar designed by Juan Matons (1704-1718) that were done in cast, sculpted and embossed silver, with a scale that is appropriate for this immense cathedral.

V
Seville: The Magna Hispalense

The Cathedral of Seville closes off the medieval cycle of Spanish cathedrals, even though the model was either maintained over time in other styles, whether Renaissance or Baroque (that is from Granada to Cadis), or was prolonged in the outmoded yet attractive Gothic appearance as seen in the cathedrals of Salamanca and Segovia. Beyond this, Seville would come to be the obligatory reference for the cathedrals of the New World, as we have mentioned in the first part of this volume. Yet before speaking of the cathedral of the *Magna Hispalense*, we are obliged to refer to the great mosque of Almohad Seville, since for almost two centuries its duly Christianized Muslim walls comfortably hosted the first cathedral of Seville. The former mosque was demolished to build the cathedral, though many vestiges remain, including the floor plan of the building and the Courtyard of Ablutions or *shan* that is now known as the Patio de los Naranjos (Orange Tree Courtyard), but especially in the survival and expansion of the former minaret into the Christian tower universally known as the Giralda.

When Hieronymus Münzer arrive in Seville on November 4, 1494, the first thing he did was climb up "the highest tower of the church of the Blessed Virgin Mary, that formerly was the great mosque", and look down on the town, discovering that it was twice as high as the tower in the city of Nuremburg where he had lived. That tower was not yet the Giralda, but simply the Almohad minaret that now serves as the support for the bell tower addition that was uniquely created by the architect Hernán Ruiz *the Younger* in the 16th century. Art and time have done the rest, and nowadays the Giralda is one of the finest towers ever raised, where as Chueca has said, the Christian bell tower seems to have been there *a nativitate* because of its spontaneity and freshness.

Yet the minaret of the former Mosque was in itself one of the marvels of Islamic architecture. They were already aware of this during its construction, if we are to judge by what the Arab chronicler Ibn Sahib al-Sala wrote in reference to it in 1198: "This minaret, rises higher than everything around it, its novelty leaving all the historians of the mosques of Al-Andalus at loss, for the height of its mass, the strength of its base, the solidity of the brick work, its extraordinary art and admirable view, rising in the air and setting itself up in the sky, appearing to those who are a few days journey from Seville, should be counted among the stars of the Zodiac". The minaret is without a doubt the most alive and important existing testimony to what had been the great mosque of Seville, began under orders of Abu Yaqub Yusuf in 1184, with the construction work headed up by Ahmed Ibn Baso. This latter began to build the tower with a stone structure, reusing blocks from previous constructions with the inclusion even of Roman remains, though the work was immediately interrupted by Abu Yaqub's death. It was then continued by his son Yaqub Almansur, who commissioned the work to the master-builder Ali de Gomara, to whom the imposing brick tower we now contemplate is due. The apples or golden spheres that make up the *yamur* or finishing elements on the top of the minaret were placed there by Abu-I-Layt al-Siqilli, the Sicilian, on March 10, 1198, giving rise to admiration from friends and foes alike. This was expressed by Alfonso X the Wise when in 1250 he wrote in the *Crónica General* in glowing terms about the work: "for the tower that now belongs to Santa Maria has many noble features, namely its beauty and its height...". We should not be surprised that a legend would emerge to be passed down by word of mouth and repeated by historians, where supposedly when Alfonso X was still a prince he heard of the possibility of destroying the minaret before being delivered the city of Seville, and said "that if a single brick is taken from the tower, everyone one of you will see the knife". Most likely this is nothing more than a legend, though it does indicate the appreciation of the Christians for this jewel of Islamic architecture. The Almohad work is composed of two prisms in a square floor plan that are enclosed one inside the other, within which a ramp was made to allow comfortable access to the highest part of the tower, so that as the Wise King recalled, "whoever wishes to climb it with beasts can go up to the very top". The four faces of the tower are all different though they have an analogous order, with the lower part solid and unperforated and the upper part featuring beautiful cut brick compositions that make up webs of superimposed diamond shapes, called *sebka*, set within setback solid sections that feature wide cusped arches. A great many of the Mudejar bell-towers drew from this source for their decoration.

The Almohad part of the tower ends now with a frieze of criss-crossed arches, and the Christian contribution begins from this point upwards; it was conceived as a monumental support for the bells, an idea of the architect Hernán Ruiz *the Younger*, who did not alter or reinforce the Muslim construction. It was done from 1558 to 1568 when the archbishop of Seville was Fernando Valdés. He was also the General Inquisitor, so that in placing the imposing statue of Faith as the finishing piece on the top of the tower -what we know as the *Giraldillo*- he was simply affirming the church's Counter Reformation spirit in Seville, which in those days had been witness to an important outbreak of Protestantism led by Seville Lutherans that had preached justification by faith. Among the Protestants was found none other than the cathedral magistrate himself. The inquisitional processes went hand in hand with the construction on this monument to the Counter Reformation faith. The female statue of Faith that gives the tower its name -Giralda- is simply a monumental bronze wind vane, a fine work cast in Triana by Bartolomé Morel (1568) that gives the tower a final total height of ninety-four metres. In the part known as the clock body there is an inscription from Proverbs that reads as follows: *Turris fortissima nomen Domini* (The name of the Lord is a strong tower).

The minaret was part of the Aljama mosque that Abu Yaqub decided to built, abandoning the former great mosque of Ibn Adabbas that later became the College of San Salvador. The new work would be placed under the direction of the mentioned Ahmed Ibn Baso and was built from 1172 to 1176, excluding the final decoration. In any case it must have been quite sombre compared to the mosque of Cordoba, which does not mean it was not beautiful in its own right. Its surface area served as the plot for the cathedral so that we can see the coincidence between the prayer hall and the Gothic church. We might imagine its interior as composed of sixteen naves separated by pointed brick horseshoe arches running north-south, so that the current southern wall of the cathedral would correspond with the *quibla* where the mihrab opened up, coinciding with the deepest part of what is known as the Ancient Chapel. Even clearer would be the Courtyard of Ablutions or Patio de los Naranjos where still today we can see two Almohad archways, the third having been lost when the heavy bulk of the Shrine was built, a work begun by Miguel de Zumárraga in 1618. This courtyard, with water running beneath it, preserves its imposing cisterns, and Münzer saw cedars, lemon trees, orange trees, cypresses and palm trees planted there.

The great mosque of Seville had its main entrance in the Patio de los Naranjos through what we now call the Pardon Door, in the main axis, coinciding with the mihrab-Ancient Chapel. Under a pointed horseshoe arch, we can still see excellent original wooden doors covered in bronze sheeting and decorated with loops, stylized plant motifs known as *ataurique* and Koranic inscriptions, above which feature the marvellous door knockers also done in bronze which were from the Almohad period as well. Thanks to the good judgement of history and immense luck they have been there since the 13th century.

After Seville was conquered by Fernando III the Saint on November 23, 1248, the *Primera Crónica General* says: "There then began in the renewal of the honour and praise of God and of Saint Mary his mother the archbishop's seat, which since former times had been dormant and empty and was orphaned of such a dignified pastor; and the highly honourable chapter was ordered in honour of Saint Mary, whose name this noble and holy church bears". The then bishop of Cordoba presided over the purification of the mosque, consecrating it and dedicating it to Santa María de la Sede in 1252. As would happen with Cordoba and other mosques that were converted into Christian temples, the orientation was altered so that the high altar would be on the eastern side with the Royal Chapel set right behind it. In those early years the fundamental figure was the Archbishop Raimundo de Losana or Remondo (1259-1286); promoted from Segovia, as we have mentioned earlier, he deserves credit for the first constitution of the make-up of the chapter of Seville in 1261, with its composition resembling that of Toledo. In the constitution the quantity of eleven dignitaries, forty canons and forty prebendaries was set out. The founding of the chapels, the erection of new altars, and burial inside the mosque-cathedral, among other realities, came to transform the interior of the building, which was damaged by various earthquakes throughout the 14th century, so that by 1388 they had begun to speak of a new church. The decision to go ahead with a new project became definitive when the seat was left vacant after the death of Archbishop Gonzalo de Mena, and the chapter decided on its own to go ahead with the construction of the new cathedral.

The chapter, meeting under the presidency of Dean Pedro Manuel, agreed that very year to build a unique cathedral, which as the documentary evidence indicates was meant to be "so good that no other could match it", though the oral tradition repeated by many authors affirms that the members of the chapter manifested that they wanted it to be "so large that those that see it finished will consider us madmen". In any case it is clear that there was a real effort to have it go beyond anything that had been done until that time, with the result being one of the largest temples in Christendom. The work began quickly under Archbishop Alonso de Egea (1403-1408) who had come from the seat at Ávila and was to be buried in the Chapel of San Laureano at the foot of the temple where the construction work had begun, which suggests that the pace of the work was quite fast. By the middle of the century they were already working near the vaults and construction had begun on the Nativity and Baptism Doors at the foot of the church, with their imposing fired clay polychromatic sculptures, credited to the sculptor Lorenzo Mercadante de Bretaña (1464-1467) and his successor Pedro Millán, done in a stunning realism. A short time afterwards the Construction Books make mention of commissions and payments to the master Enrique Alemán for the stained glass windows that would be placed in the lateral and central naves around 1480, in what was the beginning of the important collection of stained glass windows that also would be done by Arnao de Vergara, Arnao of Flanders and Carlos of Bruges. Our German traveller Münzer, upon visiting Seville in 1494, looked upon the construction process and added that "I believe that in six years it will be completely finished", even though the dome would not be fully closed until 1506 and the temple ultimately consecrated the following year.

The temple has an unusual floor plan. As it rejects the traditional scheme of a cruciform layout the entire surface area of the mosque's prayer hall is occupied, thus inheriting a rectangular plan a hundred sixteen metres long and seventy-six metres wide. The interior is set out in five naves, with two rows of lateral chapels and the nave of the transept that does not go beyond the width of the long naves, while perpendicularly crossing and cutting it with its height over five naves. On the ends there are the Door of Saint Christopher to the south and the Conception Door to the north, over the Patio de los Naranjos. The main nave rises above the lateral ones, which all have the same height. The vaults are quadripartite with the exception of those on the small dome over the transept and near it which was redone by Juan Gil de Hontañón in 1519 with rich celestial motifs after it had fallen eight years earlier. This very transept fell once again in 1888, and was reconstructed by Joaquín Fernández along the lines of the earlier model. Furthermore, the two main naves -the central nave and the crossing nave of the transept- have a longitudinal rib like in the Cathedral of Burgos.

We know nothing about the author of the drawings although they are linked to Alonso Martínez, who was the last master of the mosque-cathedral from 1386 to 1396. At the beginning of the construction work the name of the master Isambret appears, to be followed in the 15th century by Carlin, Norman, Pedro de Toledo, Francisco Rodríguez and Juan de Hoces, among others, leading us up to Alonso Rodríguez (1496-1513), who finished off the work. Upon occasion other masters would work on the cathedral, like Simon of Cologne in 1496, who would later give his opinion on the dome that collapsed in 1511.

In the main nave, some thirty-six metres high and sixteen wide, the chancel was placed; a nave was set behind the altarpiece as a kind of straight ambulatory, opening into the Royal Chapel that we will comment upon below. Opposite the chancel, on the other side of the transept, the magnificent choir was placed, leaving a space between it and the chancel for the faithful to attend solemn ceremonies. For the ordinary mass the retrochoir was used, being laid out like a second chancel featuring preaching pulpits, thus giving meaning to this wide space of the cathedral. The current retrochoir goes back to a project by Miguel de Zumárraga (1619) conceived in the classical tradition, with beautiful marble and jasper details, presided by the panel of the Virgen de los Remedios, one of the oldest paintings preserved in the cathedral, perhaps from the beginning of the 15th century.

The church was built using stone that came to the city along the Guadalquivir River from quarries in Jerez, Puerto de Santa María and Sanlúcar de Barrameda; throughout the 16th century there were new additions. Among them the Royal Chapel particularly stands out in the centre of the apse between the Campanillas and Palos Doors. These portals gave access to the church through the apse as would be seen in other cathedrals that imitated Seville, like the great metropolitan cathedrals of Mexico City and Lima. The chapel, which contains the mortal remains of Alfonso X the Wise and Beatrice of Swabia, was designed by Gaínza, while the vaults were done by Hernán Ruiz *the Younger* and finished by Juan de Maeda; the entire construction process lasted from 1550 to 1575. The monumental character of this chapel breaks the geometry of the rectangle that occupies the cathedral's floor plan, just like what would occur with the elements built outside of it like the Sacristy of the Chalices, the main Sacristy and the complex including the chapter house and its antechamber. The first of these is a late Gothic work begun by Diego de Riaño and finished by Gaínza in 1537, while the main Sacristy is a jewel of the early Spanish Renaissance that featured the intervention of Diego de Siloe and Gaínza, this latter finishing the construction work on it in 1543. The combination of the columns, arches, trumpets, panels and dome is absolutely exceptional, besides serving as the precious container of a great quantity of first class works of art. Finally, the antechamber and chapter house with its oval floorplan can be attributed mostly to Hernán Ruiz *the Younger*, even though both structures were finished from 1583 to 1592 by other masters. The cited shrine, a work from the 17th century, and the premises of the archive, accountancy office and other offices were begun in 1760 on the south side, and were finally completed in 1929.

In the Cathedral of Seville the architecture is stunning and all it contains overwhelms us. Faced with the need to summarize the whole we might recall the sonnet of Cervantes dedicated to the tomb of Felipe II that was placed inside the cathedral itself:

*I swear to God that this grandeur awes me
offer me a doubloon to describe it...*

Any description of the interior of the cathedral with its chapels, painting, altars, museum and treasure, would be a task of titans, as it would be enough just to describe the giant Saint Christopher painted by the Italian Mateo Pérez de Alesio (1584), just beside the door that bears the saint's name. Thus we will mention just some of the most significant works of the cathedral's universe, where all of the art, crafts, materials and artistic expression has been represented in the most refined manner. From the architecture to the music, the painting to the literature, the sculpture to the science, the metalwork, embroidery and miniatures: everything makes up a fertile mass that envelops us and leaves us breathless, as nothing was beyond the cathedral's scope, or that of its prelates and its powerful chapter. The chapter had resources that were beyond imagination, in a city that after 1492, when the cathedral was practically finished, had become the head of the Indies, with all that this meant in terms of economic and mercantile activity. The cathedral was the best representative of this rising vitality, converting it into altarpieces, chapels, donations and everything standing out in its noble architecture or found in its library and archive.

In the chancel, where the "sixes" dance in certain solemn festivities, two immense works are found. The first is the screen that protects the chancel on its main side. It was done from 1518 to 1529 by Francisco de Salamanca in a refined Plateresque style. The second work is the exceptional altarpiece begun by the Flemish painter Dancart (1482) and terminated in the 16th century by the brothers Jorge and Alejo Fernández, a sculptor and a painter respectively. However, two more rows would be added to the existing seven around 1550, with sculptures by Roque Balduque and Juan Bautista Vázquez. The overall work, which measured eighteen metres wide and almost twenty metres high, was divided into rows and sections, and features dozens of sculptures of the life of Christ and the Virgin Mary, done in painted wood to magnificent effect. The Seville calendar of saints' days is represented in the altarpiece bench while the Cristo del Millón crowns it along the Spine. Particularly noteworthy from among its images is the silver-plated Virgen de la Sede, patron of the cathedral.

The choir as well has a screen by Francisco de Salamanca (1518-1523) and the choir stalls, done in noble hardwoods like ebony, has upper and lower seats, with particular mention deserved for the Gothic details that coincide with the looping Mudejar seatbacks. We know that the principal master was Nufro Sánchez though later on the cited Dancart intervened. In the centre the lectern for the songbooks is a magnificent work that Hernán Ruiz *the Younger* designed with classical architectural features, with the bronzes cast by Morel and the reliefs by Juan Marín and Juan Bautista Vázquez *the Elder* (1564-1565). Above, surrounding everything with the sound of its pipes and trumpets, we find the superb 18th century organ done with sculptures by Pedro Duque Cornejo. It is worth imagining for a moment what the physical space of the choir meant, with its one hundred seventeen seats occupied by canons, prebendaries, "twenty-year olds" (twenty members of the cathedral clergy that sang in the choir without belonging to the chapter), the "sixes" (children now better known as "dancers" that served as choir boys for the higher tones of the hymns, usually numbering six but often going beyond that) and the musicians or minstrels, besides the organ itself, to understand how the cathedral turned its architecture into the resonating chamber of that masterfully complex instrument we call the choir.

The two major pieces of 17th century Spanish sculpture in the cathedral were the work of Martínez Montañés. We refer to the *Cieguecita* (Little Blind Woman), the name given in Seville to the *Inmaculada* (1631) that is found in one of the Alabastro chapels near the choir, and the work known as *Cristo de la Clemencia* (1603) in the Chapel of the Chalices, commissioned by the archdeacon Vázquez de Leca, to whom the construction of the shrine in the Patio de los Naranjos is also attributed. Both of these works are indescribably beautiful, with the idealism of the Renaissance tradition holding sway over the realist conception of the Baroque itself. They were later painted by Francisco Pacheco, the father-in-law of Velázquez.

Along with these and many other devotional images in the cathedral we find funerary sculpture. The work includes the freestanding sepulchre of Juan de Cervantes, a work by Mercadante de Bretaña (1458) done in a clearly Gothic realism, the delicate decorative detailing in the Italian style that Fancelli used in the sepulchre of Cardinal Diego Hurtado de Mendoza (1510) in the Antigua Chapel, and the eclectic yet noteworthy sepulchre of Columbus by Arturo Mélida (1891) which was installed in the south end of the transept in 1902 after it was brought there from the Cathedral of Havana.

The painting collection of the cathedral provides a fine selection of the history of Spanish painting. Just considering the 16th and 17th centuries we find works by Campaña *(Descent)*, Vargas *(Adoration of the Shepherds)*, Morales *(Ecce Homo Tryptich)*, Zurbarán *(Immaculate Conception)*, Alonso Cano *(Virgin of Bethlehem)*, Murillo *(The Vision of Saint Anthony)* and Valdés Leal *(Liberation of Saint Peter)*, among many other examples, taking us all the way up to the wonderful painting of the holy martyrs of Seville Justa and Rufina by Francisco de Goya, from 1817.

Together with the major arts, like architecture, sculpture, and painting, there are really no "minor" works, as seen by the rich collection of silverwork, led by the processional monstrance by Juan de Arfe (1587). There is also the so-called "Great" piece from 1600 attributed to Francisco de Alfar (to differentiate it from another "Small" piece, just as the *Cieguecita* of Montañés is known as the Small Conception to distinguish it from the Great Conception that presides over the first Salomonic altarpiece in Seville (1658) in the chapel of the same name). Arfe's Renaissance monstrance is over three metres high, and respects an interesting Christological and Marian order as inspired by Francisco Pacheco, set out over its four tapered shrines, all done in superbly accomplished sterling silver.

Another artist whose name is tied to silverwork was Juan Laureano de Pina. The Cathedral of Seville is indebted to him for many objects, featuring the silver urn that he worked on from 1690 to 1719 to hold the remains of San Fernando, found at the foot of the altarpiece of Nuestra Señora de los Reyes in the Royal Chapel. Without a doubt it is one of the most important pieces of Baroque silverwork, to which must be added the frontispiece of San Leandro, also done in silver, and the Pina itself, with modifications by Villaviciosa in 1739. Nothing more beautiful, no greater riches, can be found anywhere.

VI
CORDOBA: BASILICA, MOSQUE AND CATHEDRAL

Many mosques found their plots of land used for new Christian temples after the Reconquest. We have already seen that this was the case in Toledo, Majorca and Seville, and it would also come about in Granada and Jaén among other examples. Yet no other case can match Cordoba in showing off this overlap of two cultures, two religions and two ways of conceiving architecture. As we have written elsewhere, it is a type of two-faced Janus, a coin with two sides, so that depending how we look at it either the Islamic face shines through or the Christian effigy comes to the fore. This is effectively what happens with the mosque-cathedral of Santa María de Cordoba, where visitors can either wander through the most beautiful example of mosque columns ever constructed, or just as well admire the spectacular Baroque choir of the impressive cathedral, all without leaving the same building.

As for the site itself, which presumably was where the Roman temple had been, we known that in the Visigoth period there was a three nave basilica there dedicated to San Vicente which after the Muslim conquest remained in Christian hands for some time. In 751 Abd al-Rahman I decided to purchase it to convert it into a mosque, probably adding a mihrab on the south side. It functioned as a mosque until it was torn down in 786 to make a new one with greater capacity than the older Visigoth basilica. We know very little about this basilica beyond the name that the Arab and Mozarabic chroniclers have passed down to us. It is sure however that a part of the capitals of the Visigoth basilica were used in the new mosque, as we can see in what is called the early mosque. It was equally probable that the horseshoe shape of the arches has the same source and inspiration, so that it can be said that part of the body and soul of the Basilica de San Vicente was perpetuated in the unique prayer hall begun by Abd al-Rahman I and finished by his son Hixem I, paradoxically and at the same time constituting one of the most noteworthy testimonies to Omeyan art.

Arab chroniclers like Al-Razi and Maqqari have left us information about those first moments of the new construction process that set out the definitive image of the mosque for successive expansions. The floor plan is a double proportioned rectangle of some eighty metres on each side, divided into two clearly differentiated parts: the courtyard with the minaret; and the prayer hall. This latter had eleven naves with twelve perpendicular sections on the end wall or *quibla* (the south side), where the opening for the mihrab is found. The truly original feature is the system of archways separating the naves; using certain Roman and Visigoth elements like the verticals of the columns and the capitals, they were able to come up with a solution of great beauty that at the same time was able to resolve various strictly functional problems at the same time.

The first of these was to cover the surface of the prayer hall with elements that would not excessively limit visibility on the interior, which was done by employing slender marble uprights. The second was to give the interior enough height so that it would not be claustrophobic on those days with the greatest number of faithful inside the structure, thus superimposing two series of arches with the lower set done with horseshoe arches and the upper set with rounded ones, giving the interior a height of some ten metres. Finally, there was the problem of solving the question of draining water from the wide roof, which was done by means of channels that run over the spine of the arches we have described, in the end converting them into veritable aqueducts. The effect of all these solutions inside the structure, where our gaze can follow the line of the naves, move transversally, or just as well discover a diagonal alignment of the columns -all of them capped off by spacious horseshoe arches combining red brick with white stone- went well beyond any emotional reaction that might have been possible in relation to architecture in general up to that time.

Both the prayer hall and the courtyard with the ablution courtyard and the early minaret, done in the time of Hixem I, were inside a strong perimeter wall done in fine stonework, topped off by characteristic stepped Syrian battlements that give the mosque the appearance of a fortress. The only element remaining from this first stage is an access door, known by the name of San Esteban -and formerly the Visires Door- that opens up under a type of fawn and gives access directly into the prayer hall.

The rising power of Cordoba and the growth of its population made it necessary to expand the great mosque in the 9th century, with Abd al-Rahman II and his son Muhammad I responsible for the first project which quite wisely did not modify anything already built. All it involved was opening as many holes up in the *quibla* as there were naves in the mosque and adding eight more sections of them, closing them off on the south with a new wall and mihrab (848-855). In this project they continued to make use of material that had already been made -especially verticals and capitals- even though other material began to appear that was prepared especially for the site. New doors were opened up as well, such as the Deans' Door giving access to the Patio de los Naranjos, and the modification of the Door of San Miguel so as to be able to enter into the expanded area done under Abd al-Rahman II.

In the 10th century the Caliphate of Cordoba lived out its finest days under Abd al-Rahman III and Al-Hakam II, with corresponding alterations to the mosque in the same period. Thus the first of these caliphs, known as *Amir al-muminin* or the Prince of the Believers (929), was responsible for the expansion of the courtyard in 951 and the construction of the impressive minaret that reached a height of thirty-four metres. It is now encased within Christian constructions and sits beneath the bell-tower that Hernán Ruiz III was to add at the end of the 16th century.

Upon being named caliph in 961, Al-Hakam II ordered the expansion of the prayer hall in the same direction that the mosque had been moving, towards the south, so that once again the *quibla* was perforated and twelve more sections were added. The construction work was directed by the chief minister Chafar ben Abd al-Rahman, whose nickname was The Slave. He left us one of the most extraordinary works of medieval art in this part of the mosque, made out of the finest and most carefully finished materials especially for the mosque. I refer to the beautiful verticals of marble from Cordoba and Cabra, alternating blue coloured blocks with pink-cracked jasper-toned blocks. The capitals of the columns in turn are done in the leafy style, effectively a distant relative of the Corinthian capital.

For all this the most unique aspect of the contribution of Al-Hakam II is the new central nave, beginning with the space that earlier had been occupied by the mihrab of the mosque of Abd al-Rahman II. So as to recall the original use of the site, a small skylight was set over interlocking arches that allowed the location to be illuminated from above, when until that time the mosque had only benefited from horizontal light and from whatever could filter in from the open doors leading to the Patio de los Naranjos. In order to hold up this window at the top of the dome, the slender support of the columns was considered insufficient; thus it was necessary to reinforce them with new columns, some of which fulfil their role by cutting transversally across the nave. Over all of them horseshoe arches and multi-lobed arches were set to criss-cross between each other, making up a space below the celestial vault of a beauty that is difficult to describe but would not go unnoticed when in the time of the Catholic Kings it was made into a chapel -later called the Chapel of Villaviciosa- for the apse of the first cathedral.

This same procedure was used to cover the *macsura* (a space reserved for the caliph) by adding more columns to give greater support to the powerful composition of arches hung in the air, which were done as horseshoe, pointed and lobed arches, all of them interconnected with their joints richly appointed with decorative elements. Above they sustain three small windows which in the general darkness of the mosque were likely meant as a holy luminous reference through the light they let in near the mihrab without allowing us to see where it is coming from. For its part, the mihrab itself is particularly detailed, not only for the attractive decoration of its elevation, but also for the shiny mosaics brought originally from Byzantium as a gift from the emperor Nicéforo Focas. It employs handsome colours and drawing that covers the architectural elements and strengthens its lines, in the same way this is accomplished with the celestial vault around the central skylight. The inside of the mihrab, with its shell-shaped vault, the small columns topped with capitals on the verticals that were taken from the mihrab of Abd al-Rahman II, and the marble pieces with the Tree of Life, together comprise one of the culminating moments of Hispano-Muslim art.

The mosque would still have to undergo a third expansion, though this time it was to be to the western side, after the important growth of the building towards the south met up with a fairly steep slope down to the right shore of the Guadalquivir River. This was known as Almanzor's expansion, even though it was carried out when Hixem II was caliph. The work began in 987-988 after the military success of Almanzor at Santiago de Compostela. It meant the addition of eight more naves along the mosque's side, and continued in the same direction towards the west along the entire courtyard. There were no constructive or decorative novelties introduced at that time, though the mosque would benefit from a greater surface area over which the immense structure of the cathedral would be set.

The fall of the caliphate and the later history of Al-Andalus would have the political capital moved to the city of Seville where the Almohad dynasty built its own mosque, with the mosque of Cordoba remaining just as Almanzor had left it. It does not seem that important work was done on it until the conquest of the city by Fernando III on June 29, 1236, which was when its transformation into a cathedral dedicated to Saint Mary began after the purification of the mosque. The *Primera Crónica General* tells of how the Bishop of Osma and the master builder López de Fitero (this latter the first bishop of the restored diocese of Cordoba), along with other prelates, "went all about that mosque, sprinkling holy water as was due; and other things they did that the law of the holy church required, restoring it from this guise and returning it anew to the service of God...". Little by little the Islamic liturgical objects would disappear, like the *mimbar* or the closure of the *macsura* while the first chapels (some funerary) were dedicated, such as the Chapel of San Clemente in times of Alfonso X. The most noteworthy was the one known as the Royal Chapel, called by this name because it was the royal pantheon where the mortal remains of Fernando IV and Alfonso XI would rest until they were moved to the College of San Hipólito. Its interior was also begun under Alfonso X (1258-1260), and is one of the jewels of Mudejar art, uniting Cordobese elements like the dome imitating those of Al-Hakam II, with other styles of a Almohad or Nazari origin, with supporting ceramics and rich plastering with ornamental leaf motifs, inscriptions using Cufic characters, Mozarabic arches and heraldic motifs with the coats of arms of Castile and León. The work was finished in the time of Enrique II de Trastamara (1371).

During this time the Mudejar restoration of the extraordinary Door of Pardon was undertaken (1377), with the coats of arms of Castile and León once again appearing. Yet the most important work was to be done at the end of the 15th century under Bishop Íñigo Manrique (1486-1496), when it was decided to begin what we could call the first cathedral inside the mosque. We refer to the preparation of part of the mosque of Al-Hakam II; running east-west, the idea was to undertake a liturgical reordering to make the mentioned Chapel of Villaviciosa -the former mihrab of the Abd al-Rahman II expansion- into the chancel of the new church, behind which was found the cited Royal Pantheon. The new nave was done with great respect for the mosque, using existing supports and alignments, even though it involved making a transversal cut against the earlier direction of the naves of the caliphs. Four-pointed diaphragm arches were raised over Gothic stone supports, above which the wooden roof rested, resulting in an open and airy nave that was higher than those beside it so as to illuminate the new church with its own systems of openings to the outside.

Little more was done at that time, apart from the continuous activity of pious functions in the chapels, the now highly fragmentary and almost lost pictorial decoration, the addition of new tombstones, and so on. Thus it was not until the 16th century was well underway that the chapter decided to go ahead with the construction of a few necessary elements such as the library (later converted into the parish church of the Shrine), the chapter house and the sacristy. For such additions the perimeter spaces of the interior of the mosque were used, while the first ribbed vaults appeared over the older archways in an interesting process of architectural transformation where the structure of the former Aljama mosque was always seen to be respected. These projects, done from 1514 to 1518, were directed by Hernán Ruiz *the Elder*, the master builder of the cathedral who had already intervened in the Patio de los Naranjos where had put the archways, buttresses and battlements in order amidst a great number of frames and profiles done in the Gothic tradition.

Yet the most noteworthy contribution of Hernán Ruiz *the Elder* would be the project for a new cathedral, or better said -as expressed in the documentary evidence- a new altar and choir, namely the two elements that distinguish the cathedral from all other Christian temples and best define the two main responsibilities of the chapter clergy: altar and choir service. The need for a larger church speaks to us of the power and growing number of the Cordoba chapter that at that time initiated a process of transformation and enrichment of the cathedral that would not cease until well into the 18th century. This long period can be condensed in my view by pointing to the existence of what we could call the new cathedral nucleus (made up of the altar, antechoir and choir centrally positioned and dominant in terms of height), and the dispersed, perhaps centrifugal cathedral (made up of a large number of chapels and altars in the perimeter spaces of the former mosque). It is important to recall that when the prelate was Alonso Manrique (1516-1523) the beginning of the work on the large Christian church gave rise to differences of opinion concerning the process, such as the well-known initial opposition of the municipal council and the later criticism of Charles V that they had done just what could be done in any other place in the world, but in turn had undone "what was unique in the world". The construction work began in the same year that Bishop Manrique was promoted to the archdiocese of Seville (1523), while the same enthusiasm for the new project was sustained by his successor, the Dominican Juan Álvarez de Toledo, son of the second Duke of Alba, future bishop of Burgos, archbishop of Santiago de Compostela, who finally died as a cardinal in Rome.

After that the bishops in the Cordoba seat included such names as Leopoldo de Austria -uncle of emperor Charles V- Cristóbal de Rojas, Portocarrero, Reinoso, and so on, until the arrival of another Dominican, Diego Mardones, with whom the work could be considered finished, with the inscription on it reading as follows: "This great chapel with its transept was finished on the seventh of September of sixteen hundred and seven, being Bishop of Cordoba and confessor of Our King Felipe II the illustrious Diego de Mardones, to whom the lord deans and chapter gave it for his burial...".

While there was a long list of Cordobese bishops in the 16th century, the master builders in that century were all from three generations of the same family: the Hernán Ruiz family, known as *the Elder*, *the Younger* and Hernán Ruiz III. Credit must be given to them for the structure of the cathedral with its transept (amongst other accomplishments), though it is true that the architect Juan de Ochoa finally closed off the nave and oval vault over the transept with a rich and highly effective Mannerist decorative solution that was the end point of a project that had begun in the late Gothic style.

Once the architectural part had been done there remained the fundamental liturgical elements such as the altarpiece with its altar and the choir. The first of these was initiated by Bishop Mardones himself, who commissioned the work to the Jesuit Alonso Matías (1618). The architecture with its magnificent marble work fully pertains to the first period of the Spanish Baroque, when classicism still pervaded in ideas and values from the Renaissance tradition. The great tabernacle in the central row for the exhibition of the monstrance, done by Sebastián Vidal in 1653, makes it a model example of what is known as the Post-Tridentine eucharistic altarpiece. The earlier paintings of the altarpiece featuring Cordobese saints were replaced in 1713 by others rendered by Palomino, who was also the creator of the large central canvas representing the Ascent of the Virgin.

No less impressive is the extraordinary choir that had to wait until the days of Bishop Miguel Vicente Cebrián to be made as the substitute of the former one. The wait was rewarded by the most extraordinary choir complex that could be made, in what was surely the last great choir in Spanish art. Its creator, Pedro Duque Cornejo, was buried in very entrance of the choir area under a special privilege and as just recognition for his work. It was done in mahogany from the Antilles from 1747 to 1758 with an entire universe of figures and reliefs so intensely interwoven into the structure of the choir stalls that, as Pelayo Quintero would say, an entire book would be necessary to make a full description of them. The Old and New Testament inspired the upper choir seat backs, while in the lower choir there is a thorough portrayal of saints. The bishop's seat presides the one hundred and five other seats, and is crowned with a large relief of the Ascension that reaches up to the adjacent two organs so as to close off this area dedicated to sacred song with a musical image.

Between the chancel and the choir there are two mahogany pulpits to be contemplated. They were carved by the French sculptor Verdiguier (1776-1779) in a Baroque style that tries to connect up with the verbosity of Cornejo. Both pulpits, with monumental canopies, have something of Bernini in their inclusion on the bases of the large symbols of the evangelists done in different toned marble.

As representative of the dispersion of altars and chapels in this new cathedral, we might choose the one known as the Chapel of the Cardinal or Santa Teresa, found on the wall of the Al-Hakam *quibla* that suggests a new "Christian mihrab", if such a thing were possible. Its beginnings are attributed to the Mercedarian Pedro de Salazar, the bishop of Salamanca who was promoted to the *Cordubensis* seat where he died in 1706 after becoming a cardinal. It is without a doubt the greatest chapel of the mosque-cathedral, a funerary shrine that works autonomously over a crypt. It was designed and built by the architects Francisco Hurtado Izquierdo and Teodosio Sánchez Rueda, two names that belonged to Andalusian Baroque architecture. The work was finished in 1703 as seen in the inscription over the sepulchre of the cardinal, in what is a handsome chapel with a centralized floor plan and a high elevation that allowed a series of openings for light under the dome, with the architecture enlivened by restrained Baroque relief decoration in the upper part. The lower area features altars and altarpieces where the pictorial cycle of Palomino particularly stands out, with motifs referring to Saints Victoria, Acisclo and Raphael. Especially noteworthy is the excellent *Santa Teresa* (1705) by José de Mora; the chapel was dedicated to her by the cardinal in 1697, and later included a funerary mound that was finished around 1710, after he had died. This sepulchre, a highly refined work by Hurtado Izquierdo and Sánchez Rueda with contributions by Juan Prieto and Domingo Lemico, quite reasonably reminded Taylor of the tomb Bernini designed for Pope Alexander VII in the Vatican.

In the centre of this chapel, now connected with the cathedral treasure, we find the celebrated processional monstrance by Enrique de Arfe (1514-1518) that competes with the one in Toledo by the same artist in terms of beauty and detail. Conceived as a perforated Gothic tower, it included a great number of small figures done with exceptional quality, while in the 18th century certain elements were added that take nothing away from its original personality. In adjacent rooms there are a great number of liturgical objects, such as plaques with images of saints done in precious metals, processional crosses, chalices, a lantern monstrance also attributed to Enrique de Arfe, eucharistic urns, and so on. Together with the choir books from the early 16th century, the paintings found in other chapels by Arbasia, Céspedes, Antonio del Castillo and Vicente Carducho, sculptures such as those by Pedro de Mena and Joaquín Arali, the altarpieces of Teodosio Sánchez Rueda, along with many other works of the greatest artistic interest, we are fully able to appreciate the true scope of the cathedral that grew up over the mosque. For this is the only case in the history of architecture where an Islamic mosque and a Christian cathedral live together in peace, without the possibility of separating one from the other without causing permanent damage to both of them. A fine lesson for the present day.

VII
THE CATHEDRAL IN THE RENAISSANCE:
GRANADA AND JAÉN

Although it is true that the Cathedral of Cordoba raised over the mosque was a church of the 16th century and thus stylistically Renaissance, it is not a unitary project. Occasional interventions were done in the interior over time so as to give shape to the surprising space we now know. Liturgically and culturally it is a cathedral but architecturally speaking it is a unique mosque-cathedral that lacks any exterior Christian image. That is, it gives rise to a great number of paradoxes that enrich the history of Spanish architecture. Other cathedrals as important as Granada and Jaén, among others, were also erected over older mosques with nothing remaining today of the previous building, and this is where the exceptional interest of Cordoba derives from, with the mosque able to survive precisely because it has a cathedral inside of it. In the case of Granada the history is complicated because of the desire to impose on the great mosque the model of the Cathedral of Toledo, which obliged the architect Diego de Siloe to come up with the project for a surprising transformation to fit all kinds of archaic Gothic concepts from the 13th century in the midst of the Humanist century. In contrast, in the case of the Cathedral of Jaén, the project was presented as a model of renovation where Andrés de Vandelvira kept in mind the experience of Seville and other Spanish cathedrals and with his great talent synthesized what would be a truly Renaissance cathedral (in spite of physically being erected in the 17th century), without any medieval resistance whether Muslim or Christian, in spite of having been raised over top of the Aljama mosque. In each case the "Spanish way" was scrupulously respected.

GRANADA: CATHEDRAL AND ROYAL PANTHEON

After having lost almost all suggestion of the ecclesiastical organization under the long Muslim period in spite of the long history of the diocese that began in Elvira, and even though there were bishops of Granada during the 15th century who did not live in the city, the archdiocese of Granada was born *ex novo* under express desire of the Catholic Monarchs after the city was taken in 1492. The history of the Cathedral of Granada in those first years was certainly picturesque and unusual, as initially it was placed in the handsome mosque of the Alhambra, where Münzer saw it in 1494: "In the Alhambra there is a rich mosque, which now is a church dedicated to Our Lady and is the episcopal seat...". It seems that all they did was add a choir to the foot to increase its capacity. However, this occupation was only provisional, for King Fernando had given instructions to construct on his expense in the El Realejo neighbourhood, the neighbourhood of the Jewish quarter at the foot of the hill leading up to the Alhambra that would now in part be destroyed, "a magnificent church in honour of the Virgin, destined to the episcopal seat, a temple that we saw finished up to the vaults and with the roof already placed upon it" (Münzer).

Yet this would not be the episcopal seat for a long time since Queen Isabel had the idea to occupy the Aljama or Great Mosque which after 1499 had been converted by Cisneros into the parish church of Santa María de la O, against what had been agreed upon in the capitulations of the city. In 1502 a papal bull from Pope Alexander VI authorized the move of the seat from El Realejo to the mosque, which was not done until 1507, four years after the death of Queen Isabel and the same year of the death of the worthy Jerome monk Hernando de Talavera, an exemplary man who had been the artifice of the *granatensis* diocese.

The conversion of the mosque into a church required changes in the orientation of the naves, something that is well known from the existence of a plan from 1704, that is, from when part of the mosque was still standing. In a similar way as seen in Cordoba under the Catholic Monarchs, some of the columns in this case were eliminated on the transversal axis to give way to a main nave opposite the high altar. Other chapels, sepulchres, sacristies, and so on, were set out in the interior of the mosque. However, after the cited bull of Alexander VI in 1502, there were plans to construct a new church so that it was said that the move from El Realejo would be valid until a new *ecclesia ipsa apud locum Mesquita Maioris* was built.

Nevertheless, with the lack of financial resources, certain doubts about the plot to build on and the orientation the cathedral had to have, as well as the model that was to be followed -either Seville or Toledo- the construction work would be delayed until March 25, 1523, when the first stone was finally laid. By that time the Royal Chapel had already been built as a Royal Pantheon, thus fulfilling the double desire of Isabel and Fernando to enjoy Granada as their burial place. To this end they founded the Royal Chapel in the Granada cathedral, where according to the decree of September 13, 1504, thirteen chaplains were in charge of worship, constituting a "chapter, with voice and vote, with the graces and indulgences that the cathedral Churches enjoy in these Kingdoms". This was recognized in a papal bull of Pope Paul III from 1537, which would lead to many points of tension and conflicts with the rival cathedral chapter.

A month after the decree, when the Queen knew she would die, she drafted her testament, which reads as follows: "Moreover, I order that if the royal chapel that I have commanded to be built in the cathedral church of Santa María de la O in the city of Granada were not finished at the time of my passing away, let it be done with my goods or what of them may be left, as I have ordered and commanded".

The following year, in 1505, the project for the Royal Chapel was commissioned to the master builder of the Cathedral of Toledo Enrique Egas, who at the same time was preparing the project for the great cathedral of Granada. Yet this would still have to be waited for. Meanwhile, the work on the chapel underwent certain difficulties, for Egas considered the building to be low and dark. At different moments some of Spain's greatest architects of the time, like Alfonso Rodríguez, master builder of the Cathedral of Seville, Lorenzo Vázquez, who had initiated the Renaissance in Spain, and Juan Gil de Hontañón, Juan de Álava and Juan de Badajoz, who at that time were discussing the location of the cathedral in Salamanca (1512), all travelled to Granada to study the question of the cathedral.

When the work was almost finished in 1516 King Fernando died, leaving clear in his testament that he had chosen "for the burial that our bodies, we wish, order and command after we are deceased be taken and buried in this place our Royal Chapel, that we and the serene lady queen Ysabel our very dear and beloved wife in glory be, having ordered the building and preparation of the great church of the city of Granada... And if it were the case that at the time our life is finished our said Royal Chapel was not finished nor the body of the mentioned serene lady Queen were not moved to that Chapel, we desire that our body be deposited and put together with hers in the same sepulchre and in the same monastery of San Francisco de la Alhambra... until the said chapel were finished".

The work was finished in 1517, as recalled by a long inscription that runs through the chapel at the height of the starting point of the vaults, yet the transfer of the mortal remains of the Catholic Monarchs to the crypt of the new chapel would not take place until 1521. In this short period of time they were able to balance off the simplicity of the building with a unique body of artistic detail that envelops it, since Charles V sought to turn it into a dynastic pantheon by taking the remains of his father Felipe the Handsome there, his father's first wife and children (María and the princes Juan and Fernando), as well as Empress Isabel of Portugal. The emperor himself was buried there by his son Felipe II until he could take the remains of his parents to the new pantheon in El Escorial, where Lady María and her children were also transferred to, while he ordered that the remains of Juana la Loca be taken from Tordesillas to Granada to be placed beside those of her husband Felipe.

There is no doubt that this chapel goes beyond what were and would be the royal chapels in other cathedrals from Majorca to those of Toledo and Seville, for it stands out for its architectural autonomy in relation to the larger church in the same way that its chapter was separate from the cathedral chapter. In any case the Royal Chapel of Granada is restrained in architectural terms. It is a little more than fifty metres long and twenty-one wide, a modest dimension in relation to what its founders represented, with only a single nave with chapels that were not particularly deeply set between buttresses and a simple transept that at one time was meant to have a dome or overhead lighting through windows. At its foot there is an upraised choir like those found in a conventional church. There is also a large sacristy rounding off the complex, where since 1945 a superb collection of painting and objects of Queen Isabel can be seen.

In spite of its relative modesty the chapel represents a fundamental link in the story of Spanish art, for it is where the older Gothic tradition with Flemish influences connected up with Renaissance and Italianizing elements, combining the Bourgogne and the Florentine, Vigarny and Diego de Siloe, all together in a constant blend of colour and materials that give a fine impression of that fertile period where the fading medieval world gave way to another flourishing world, that of the Renaissance. The most worthwhile aspect of the interior is the area of the transept and the chancel that comprise a unique spatial sequence jealously protected by the exceptional screen that even when closed allows a view through its delicate bars to the regal, sacred magic that surrounds the tomb of the Catholic Monarchs. The screen was placed there in 1520; its three levels or heights of architectural organization have Plateresque motifs and capitals, with special mention deserved for the delicate wrought iron work of the bars as well as the higher scenes done in cut, embossed and painted sheet metal, with scenes of the Passion and the martyr of both saint Johns, making us forget that we are looking at a work in iron. Its creator had no qualms about signing it *maestre Bartolomé me fecit*.

After the warm, glowing transparency of the screen, one of the finest of the Spanish Renaissance, we see the cold, white, Carrara marble piece that was made in Genoa by the Italian sculptor Domenico di Alessandro Fancelli to give form to the cenotaph of the Catholic Monarchs. Commissioned around 1514 and conceived as a freestanding tomb to be placed under the short transept of the chapel, it was already in place in 1521. This is a magnificent work where the laid out bodies of the monarchs sleep on an elevated mortuary bed, the stone sides of which are adorned with the most exquisite of Italian Quattrocento motifs. Ovals and niches with incredibly delicate relief work cover the panels in whose angles appear prominent, imaginative insects. At the foot of the monarchs an inscription held up by two male angels summarizes their biography: *Mahometice secte postratores et heretice pervicacie extintores Fernandus aragonum et Helisabetha Castelle vir et uxor unanimes Catholice apellati marmoreo clauduntur hoc tumulo.*

Fancelli's work had a great repercussion on Spanish sculpture of the time, as it was followed by other Spanish artists in analogous work. The most immediate echo was the cenotaph we now see in the Royal Chapel itself dedicated to Felipe the Handsome and Juana la Loca that was only set there in 1603, even though Charles V had commissioned it to Bartolomé Ordóñez in 1519. He had been trained in Italy so it was not difficult for him to follow Fancelli's lead, even though he took out some of the decorative detailing in favour of a new spirit that was inspired by contemporary Italian sculpture as renewed by Michelangelo. Something of this can be seen in the figures and medallions that cover the sides of the tomb, while on top the lying figures are given idealized faces by the sculptor. Ordóñez, who at that time was finishing off the reliefs of the retrochoir of the Cathedral of Barcelona, could not see this work finished since he died in Carrara in 1520, with the completion of the tomb and transport to Granada in 1539 handled by his workshop.

Set over the simple architecture of the crypt, both works are found at the foot of the novel altarpiece of the chancel, one of the first that could be called Plateresque. It was commissioned to the French sculptor Felipe Vigarny who agreed to finish it between 1520 and 1522. The architecture of its rows and bodies has an Italianizing Renaissance influence, while its sculptures exude the dramatic expressivity of the Bourgogne Gothic tradition.

We leave the Royal Chapel through the main door that leads into the cathedral on the north side, where we see a finely detailed formal repertory of what would come to be the Isabeline Gothic, now with many suggestions of the Toledo influence that would lead us to Juan Guas himself. Apart from the door found on the foot that now leads into the Cathedral's Shrine, later a third door was opened up to give access to the chapel from the street on the south side. It is the work of Juan García de Praves (1527), although in the 18th century it suffered a number of alterations with the addition of figures in the upper niches, the work of French sculptor Nicolás de León.

At the same time Egas took up the construction of the Royal Chapel he was already working on the drawings for the cathedral, and as would be expected from the man who was the chief master of the primate, he came up with an updated version of the Cathedral of Toledo, with five naves, chapels set between buttresses and a rounded ambulatory where triangular and square sections alternate. This project must have come up with a lot of resistance, and the death of King Fernando allowed the chapter to continue to wonder about the idealness of that model, which if it had been carried out would have left Granada with a Gothic cathedral like those done in Salamanca and Segovia in the 16th century. It is quite significant that Juan Gil de Hontañón was named briefly to head up the project when he was still in charge of the two other cathedrals mentioned. Finally, though, the definitive decision was made in favour of Enrique Egas; Egas had been doing preparatory interventions on site, including going ahead with expropriations and demolitions, until the first stone was finally laid under Archbishop Fernando de Rojas on March 25, 1523. Nevertheless, five years later the work was paralyzed since the chapter was not in agreement with the criteria of Egas, which likely seemed to be out of date for the time that the construction was going about.

It was then, in 1528, that Diego de Siloe was called in for the task. He had been in the city of Granada itself visiting the construction work of the church of the Monastery of San Jerónimo, and would also be commissioned to do a project for the cathedral. He did this in line with what he had seen and learnt during his time in Italy, imagining a Renaissance temple "in the Roman style" as was said at that time, to be set over top of the open foundation that Egas had already laid which in fact had a late Gothic character, rhythm and proportions that would end up conditioning the future elevations as well. This time it was Charles V who was not satisfied with the project while the chapter was pleased with it, making it necessary for Siloe to travel to Toledo to show the emperor his model and convince him of its positive contrasts with the out-of-date idea of Egas. Once Charles V had given his approval the construction was restarted immediately so that in 1563, the year of the death of Diego de Siloe, the building had not only been completely reconceived, but in fact the large apse of the cathedral was finished, with the building having been used for worship from 1561 onwards.

Siloe was followed as master builder by his former assistant Juan de Maeda, who was hired by the chapter in November of 1563, showing his pleasure for the "two hundred ducats of salary and if less I had been given, with less I would have been pleased too". Maeda knew the project of Siloe well, and began to raise the tower at the foot of the church. Yet his early death in 1567 lead to an important crisis in the question of master builders of the cathedral, since his son Asensio de Maeda, who was working in Seville, did not want to take up responsibility for the work. There was an attempt to solve the problem with a celebrated contest/test in 1577 with the participation of the architects Francisco del Castillo, Lázaro de Velasco and Juan de Orea, whose proposals and declarations have tremendous interest for the history of Spanish architecture. Juan de Orea came out as the winner this time but his tenure only lasted for two years (1580-1581), with Ambrosio Vico taking over the direction of the work until 1623, first being recognized as the technical head of the work guided by frequent visits by Asensio de Maeda who by that time was already the master builder of the Cathedral of Seville, and later when finally given the position of master builder of the Cathedral of Granada.

All of these difficulties and the lack of financial resources to dedicate to construction work excessively delayed the work on the structure, which was placed successively under the direction of masters like Alonso Cano, Ardemans and Rodríguez Navajas. It was finally finished in 1704, under Archbishop Martín de Ascargorta. However, in spite of the time that had passed and the many master builders who had had a hand in the process, the cathedral did not lose its initial appearance, so that it was possible to present it as the first Spanish Renaissance cathedral. Starting off from the obligatory foot of the Gothic floor plan of Egas, Siloe was able to successfully transform the elevations of the temple, while including highly up-to-date details in his years in front of the construction, like the centralized chapel that now makes up the imposing chancel. In effect, in Granada two conceptions co-exist side by side in the architecture of the cathedral. While the body of the church with its five naves responds to the traditional longitudinal layout of the basilica, the apse of the church tends to work as an autonomous, centripetal element. This difference in conceptions can be seen in the floor plan and the elevations, with their points of encounter giving rise to a delicate problem that Siloe skilfully solved by means of an arch with different faces that works as a hinge to articulate the main nave with the presbytery.

Another one of the novelties of Siloe's project was the solution offered for the slender pillars that separate the naves, abandoning the former Gothic idea of multiple or stepped supports in favour of a well drafted Corinthian order over fluted uprights that would be much-imitated in Renaissance and Baroque cathedrals of Andalusia up until the project of the Cathedral of Cadis.

The chancel, originally conceived to be round in what was unique amongst cathedral temples, was meant at first to be the funerary chapel of the emperor. It has two superimposed levels of Corinthian columns, holding up above a rather undefined dome-shaped solution that is not perceptible from the outside. The architecture of the elevations was in turn a splendid framework for the paintings there found, from the ones attributed to Bocanegra and Sevilla set over the small balconies imagined originally as royal sepulchres, to the excellent upper collection painted between 1652 and 1664 by Alonso Cano, who was a cathedral prebendary. In the upper area of the chancel, which reached up to a height of forty-five metres, there was still space to open up a double line of windows that helped to give this area a distinct feel from the rest of the cathedral. Twenty-four stained glass windows were commissioned for these openings to Dirk Vellert, known in Spain as Teodoro de Holanda, and to Juan del Campo, who painted scenes from the Passion and various evangelical passages related to the history of Salvation on them from 1554 to 1561.

We have already commented in the first part of this volume on the tribulations of the now-disappeared choir, with only isolated seats remaining, as well as the extraordinary retrochoir that was used to compose the current altarpiece of the Chapel of the Virgen de las Angustias on the gospel side, done with fine marble and excellent workmanship (1737-1741). Yet there is something that cannot be ignored in relation to the general architecture of the cathedral and that is usually completely missed by everyone. Once the choir was eliminated in the central nave, giving place to a referenceless space, leaving the two organs in the air and out of context (they had been placed over one of the two halves of the destroyed choir to accompany the choir voices), it is difficult to understand the reasons for the double transept crossing the central nave. That is, this 16th century cathedral brings together in accumulative fashion everything we understand as the "Spanish way", and even goes a step further with the architect Diego de Siloe coming up with the idea of a church with a main transept and another secondary one, thus allowing for independent light to enter the different areas of the temple: the area reserved for more solemn liturgy and the area meant for ordinary worship. The first of these goes from one side of the cathedral to the other and links the apse of the church with the two first sections of the central nave where the choir was found. This is just one part of the cathedral, the one corresponding to solemn liturgies, for the second area used for ordinary worship would have come after the retrochoir with its corresponding altar. It is precisely over this area that a second transept was built -to increase light- though it only "crosses" the two closest naves instead of running over all five of them as the main transept does. The rooflines of the cathedral express these hidden motivations found in the floor plan.

We have said nothing about the exterior of the cathedral, which along with other minor entrances features the large portal of the transept called the Pardon Door, a name and meaning that should not be found lacking in any cathedral, whether thinking of examples in Toledo or in Mexico. It was designed and built almost entirely by Diego de Siloe (1536) though was finally terminated by Ambrosio de Vico in 1610. An inscription over this veritable triumphal arch recalls how Faith and Justice -represented in respective reliefs- were restituted by the Catholic Monarchs after the fall of Granada, when the first prelate was Fray Hernando de Talavera. Finally, the main façade at the foot of the church was designed by the architect, painter and sculptor Alonso Cano. He was working on it in 1667, and its appearance is set off from the ideas of Siloe with daringly brave solutions that are reasonably successful. On one side of the façade we find the three sections that were made on the tower, while on the other side, on the right, the façade of the Shrine stands out, a type of solution that would be seen to accompany Spanish cathedrals as an independent chapel after the Council of Trent. This was also seen in cathedrals from Toledo to Mexico.

JAÉN: A MODEL CATHEDRAL

Andalusia gives us mosque-cathedral sequence time and time again the, for as the Reconquest advanced the most economic and fastest way to go about things was to use the Aljama mosque construction for Christian worship. We have seen this in earlier cases and it happened in Jaén, until a bishop would come along to put his name on a new, more ambitious project. In effect, the former mosque of Jaén served for some time as the cathedral until in the second half of the 14th century Bishop Nicolás de Biedma (1368-1382), who had brought the Holy Face of Christ from Rome, decided to tear down what was left of it and start a new church. However, as Chueca has correctly observed, they seemed to have kept quite a few features and even concrete elements of the disappeared mosque, being "like a mosque without being so", as Gómez Moreno wrote. That building had five naves separated by pillars on a rectangular floor plan, and had a wooden roof. The always sparse light entered though a small chapel done as an eight-part dome made of plaster. Likewise the chancel had a squared apse like in the former mosque, a feature that was preserved in later expansions and renovations. We must make special mention of the chapel initiated by Luis Osorio in 1492, which was later finished by Alonso Suárez, who directed the diocese from 1500 to 1520. A few of the names of the master builders that participated in the cathedral construction that came to life at the turn of the century are known, such as Pedro López, who directed the work from at least 1494 onwards. In the critical year of 1500 Enrique Egas, then master builder of the Cathedral of Toledo, visited the cathedral; once there he prepared a budget for it,

as well as "running the tape of the frame", a line that perhaps coincided with the exterior outline of the apse. This is the only testimony that has come down to our day of this stage of the cathedral. In 1509 and 1510 the chancel was built and ten years later the cathedral transept was terminated. However, some dangers had likely appeared during construction, which is why in 1523 they called on a number of stone masons to request their opinion on the apparent problem. Two years later, after the dome had collapsed, it was necessary to call in a new committee of stone masons who concluded that everything that had been built to that moment had to be demolished. Together with the building itself, altarpieces, painting, screens and other liturgical elements disappeared; the only element that has endured from before the demolition is the somewhat renovated choir, which we will consider in more detail below. Even so, the demolition was not executed until the beginning of the 17th century, once the new, definitive project had gotten under way. This slow construction phase was headed up by the great architect Andrés de Vandelvira.

Once doubts about the construction sequence of the new Renaissance cathedral had been cleared up -that is, whether it should be begun from the apse or the foot- the opinion that it should move from the apse down won over, and in 1555 the construction work proceeded, reaching a high rhythm of activity. Andrés de Vandelvira began the work from the sacristy and the chapter house, with a magnificent vaulted ceiling, in what was the first time that a cathedral project had considered these two spaces that were as fundamental for the worship and life of the chapter as fully part of the church. Historically they had always appeared as part of independent projects in different stages. Vandelvira could do little more than this, as he died in 1575, though not without leaving the project design in order for his successor Alonso Barba, who had also been his technical assistant for the construction work.

It was necessary to wait for the decision of Cardinal Baltasar de Moscoso y Sandoval, bishop elect of Jaén in 1618 and future archbishop of Toledo after 1646, to demolish the strange blend of Gothic, Mudejar and Renaissance architecture to give way to the more coherent idea found in the Vandelvira project. In 1634 the chancel and the transept were torn down with the apse redone in the way we now see it, with a straight end that obliged the ambulatory to follow the same line behind the open chancel (1635-1637). None of this was particularly new in relation to previous experiences in other churches, following on what had been done in Seville. A short time later the chapels on the gospel side were done (1642) following on what Vandelvira had achieved years earlier on the epistle side. When they reached the point of the transept the cathedral was closed off and this part of the church was covered (1660) with the intervention of the architect Juan de Aranda along with the lesser participation of Pedro del Portillo.

In 1667, seven years after the apse had been consecrated, Eufrasio López de Rojas was named master builder, after having been named to the same position a few years earlier for the Cathedral of Granada. He moved to Jaén to finish off the many elements that still had to be dealt with in the cathedral; not only did he have to continue the task of Vandelvira, but was required to design the main façade, all of which was completed before his death in 1684. Other architects such as Blas Antonio Delgado, Miguel Quesada and José Gallego did the final work to close the vaults and put the final touches on the façade towers.

The church floor plan is a rectangle divided into three naves, with chapels along the sides as well as in the apse. Another novelty was that the transept nave separated the chancel from the choir, with a dome over a tambour raised at the crossing with the main nave; its key feature is the height of fifty metres, which most certainly was not part of the Vandelvira project and can be attributed to the personal intervention of Aranda. It has repeatedly been said, and quite rightly so, that Jaén is linked in its genesis to the experience of Siloe at the Cathedral of Granada. It is no less true, however, that in Jaén Vandelvira was able to accomplish a happy balance in the elevation and in all the isolated elements that make it up in a way that we do not see in Granada. This can be gauged immediately in the large supports of the quadripartite hemispherical vaults, so true to Andalusian architecture of the 16th century, which were able to help do away with those additions over the horizontal supports over the columns that Siloe had to include to step the naves. This was not necessary in Jaén since its three naves and the transept are practically the same height with the exception of the dome, so that any light entering through the perimeter wall of the church could make its way without difficulty to the main nave.

From the entrance way to the transept the south side is the work of Vandelvira, while the north side was done by Aranda (1641). The first side superimposes Roman-Doric and Ionic styles, while the second is done exclusively in the Corinthian style. The main façade at the foot of the church is more complex; done by López de Rojas, it blends elements from the 16th century with others belonging to the second half of the 17th century. Thus the towers are clearly Renaissance in style and likely close to what Vandelvira might have designed, except in the upper sections. On the other hand the large central panel of the façade suggest altogether different criteria, something confirmed by the approval of the chapter, when on February 12, 1669, "having seen the former design of the church façade that looks out upon the square and the new design of Eufrasio López, they chose the new drawing and ordered it to be executed with the conditions that are placed on it". The rhythm of the Corinthian columns and the large cornice and atypical body with its sculptural accompaniment respond to the sensibility of Rojas, slightly distinct from Vandelvira in this regard and perhaps taking inspiration from Roman models.

The sacristy and the chapter house represent one of the best finished and original achievements of the Spanish Renaissance. These two structures that the cathedral construction work had begun with have as an appendage on the gospel side the Shrine designed by Ventura Rodríguez in 1761. Yet until 1764 Francisco Calvo would not be named to direct the work, with Manuel Godoy and Domingo Lois Monteagudo succeeding him in the task. Meanwhile, Ventura Rodríguez was succeeded by his nephew Manuel Martín Rodríguez, who oversaw the completion of the work on March 22, 1801. During all this time many elements of the initial project would be altered, even though the substantial parts remained: the oval floor plan, the single style of Corinthian columns, the dome with its skylight, the choir and the other small balconies that give this structure a certain feel of a Palatine chapel, all within a Roman Baroque language with incipient classical touches. The presence of the Rodríguez family (uncle and nephew) was not limited to the work on the Shrine, since they also did designs and reported on anything that was left to do in the cathedral in order to finish it, though not so much in terms of architecture as with regards to internal details and decoration.

The choir stalls in the central nave represent the continuity and expansion of the original Renaissance choir from the cathedral which was demolished before the Vandelvira project. Information concerning them goes back as far as 1519, when the master Gutiérrez Alemán and Juan López de Velasco made a number of seats for the choir, a task that was taken up by Jerónimo Quijano in the years following until the work was finished in 1527. The Renaissance choir, which had stalls for the canons and prebendaries as well as unusual "knights' seats", had seats added to it in function of the growth of the cathedral chapter in the 17th century and the greater size of the new church. The result was the blending of Renaissance with Baroque elements that are not easy to distinguish at first sight, as has been recognized by Gómez Moreno. Along with the series of reliefs over the upper and lower seat backs, there are the reliefs of the frieze that crowns the entire choir beneath an overhang, making up a high quality iconographic grouping with scenes from the Bible and from Christian martyrology. The final result of the Cathedral of Jaén, where the choir was set back as much as possible to give more space to the faithful between the choir stalls and the chancel, is truly exemplary in terms of its functionality, since the lateral naves can be used for processional purposes being united by the ambulatory on one end and the short nave of the retrochoir on the other.

VIII
THE FINAL GOTHIC CATHEDRALS: SALAMANCA AND SEGOVIA

For reasons that are quite different to those expressed thus far, the Castilian cities of Salamanca and Segovia saw their respective cathedrals raised in the 16th century. They were especially important in terms of their size and dominant role, with their silhouettes coming to define the skylines of their respective cities. Both dioceses were established after the repopulation of the northern high plain with two fine Romanesque churches, with the one in Salamanca well preserved and the version in Segovia destroyed in the 16th century. There came a moment when the first of them seemed too small, low and dark (in the words of the chapter itself), while the second had served as a military stronghold during the war of the Comunidades against those loyal to the King-Emperor Charles V, held up in the nearby Alcázar, and was torn down in exemplary fashion so that the manoeuvre could not be repeated. Though the process and stages of the new cathedrals were different, the two buildings have a lot in common. First of all there was the origin of their design and the direction of the construction work, largely due to Juan and Rodrigo Gil de Hontañón, father and son. Furthermore, both cathedrals (Salamanca was begun in 1513 and Segovia in 1525) had opted for the "modern" style over the "Roman" style, the terms used at that time to differentiate between Gothic architecture and what we now call Renaissance architecture. We should not forget that only three years after the work began on the Cathedral of Segovia Siloe began the Cathedral of Granada, done precisely in the "Roman" style. We are also obliged to point out that both cathedrals very clearly express their belonging to the new century, in spite of representing the last Gothic voices of monumental architecture heard in Europe amidst the emergence of the Renaissance, quite beyond the "autumn of the Middle Ages", and without, paradoxically, abandoning the "Spanish way". This is seen in their architectural details but also in their way of dealing with Gothic architecture itself, from the strength of their pillars to the intelligent slenderness of the elements of their vaults. There is an evident constructive security that shows off accumulated experience while confronting and not shying away from the new architecture of the Renaissance. The geometric basis of their design was more demanding and became a transmittable, academic formula, as seen in the precepts of Rodrigo Gil we have made reference to in the first part of this volume. Every aspect, including the quality and amount of the light that filters into their interiors, tells us that we are in a new world where the cathedral is no longer a medieval camera obscura, in spite of the cliché associating a certain light with Gothic architecture. This was only a valid correspondence in relation to the previous Romanesque architecture, for the Gothic was indeed able to give way to a chromatically subtle light in blues, reds and greens, just as from Heine to Huysmans the world of colour in the cathedral has been interpreted in Romantic terms. Yet after this, in the 16th century, light predominates over colour, so that it is the moment when we might truly speak of the architecture of light.

THE NEW CATHEDRAL OF SALAMANCA

The normal procedure seen when one cathedral is substituted by another more modern one is that the first disappears entirely, though in some cases the new one cannot overcome the older (this is what happened in Plasencia, where the funding for its construction ran out, turning it into a big fish that was unable to swallow the little fish). In other situations like in Salamanca, the good planning of the chapter allowed it to make a new cathedral on one side of the Romanesque cathedral in order to keep the former temple open for worship while the construction work went on, seeing that it was expected that they would go on much longer than originally hoped for. The result is a complex that is truly spectacular and unusual, as it allows us to see all at once not only the difference in styles and constructive solutions between the Romanesque and late Gothic cathedrals, but also the very conception of the cathedral in different scales; it is the same difference that separates 12th century Salamanca from the 16th century city, with the growing university in its midst.

In spite of the maximum interest of what is called the old cathedral and its cloister, recently restored with good criteria, the Salamanca chapter, conscious as it was of the driving force of the university in the city -its high prestige having spread out amongst humanist circles of Europe- and given the fact that many of its professors were linked to the church as well, decided to go ahead with the construction of a new cathedral.

These were the first steps, as recorded by González Dávila in his well-known *Historia de las antigüedades de Salamanca (1606),* that includes the petitions of the chapter in favour of the initiative sent to the Catholic Kings in 1491, who in turn sent it on to the Pope so that he would understand "that the city of Salamanca is one of the most populous and principle banner cities of our dominions...and the cathedral church is very small and dark and low, so much so that the divine offices cannot be celebrated in it as they should...the administrator and dean and chapter of it have agreed to build it again making it larger...since the existing one cannot be expanded without it coming entirely apart...". The justification of the reduced size and darkness of the existing cathedral was true, but only if the magnificent Romanesque temple of Salamanca was to be compared with the impressive Gothic cathedrals that had been raised in Castile and beyond, from Burgos to Seville. Thus deep down what we are witness to is that all so human and perfectly legitimate desire to emulate, which was bolstered by the real growth of the city's population, now much higher than it had been in times of Alfonso VIII.

The next step was the 1510 encounter in Salamanca, under royal order, of the master builder of the Cathedral of Seville Alfonso Rodríguez and Enrique Egas, who had the same role at the primate cathedral of Toledo. The objective was to decide on the system and placement of the construction of the new temple in Salamanca. After a widely attended meeting of masters of the early Spanish Renaissance, such as Antón Egas, Juan Gil de Hontañón, Juan de Badajoz *the Elder*, Alonso de Covarrubias, Juan Tornero, Juan de Álava, Juan de Orozco, Rodrigo de Sarabia and Juan Campero, it was agreed in 1512 to preserve the existing cathedral -though part of its north nave would be affected- while the new one was being built so as to not interrupt worship. Juan Gil de Hontañón would eventually emerge from among these architects as the master builder of the cathedral. Together with his technical assistant Juan Campero, they began work on the building on May 12, 1513, a date recalled in an inscription that can still be read on the north-east corner of the cathedral.

The new church would have three naves, chapels set between the buttresses, a single nave transept aligned between the buttresses, and a semi-circular apse with chapels opening onto the ambulatory. All told it was to be quite similar to what we now see in Segovia, a church it has a close and logical relationship to considering who was to intervene in the design. However, the long construction process would end up altering this latter part of the cathedral; begun at the foot of the structure, it would finally have a straight apse in the line of what we have seen in Seville and Jaén, though in this case there was no mosque to be written in as a factor. Slender Gothic pillars separate the three naves, and over them rise vaults featuring richly ribbed tracings. The vaults over the central nave are higher than the others, after rejecting the project by Juan de Rasines and Vasco de la Zarza to make a true *hallenkirche*, that is, a church with three naves with the same height, a frequent solution in the late Gothic. Finally, they preferred the traditional stepped effect of the central nave over the lateral ones, allowing for direct lighting through the large windows along the main nave.

During the 16th century, the Spanish Golden Century in art, literature, law and many other disciplines of knowledge, Salamanca took on great importance, and the cathedral was raised in what we would have to call the first stage, since the work from the foot of the church to the transept was interrupted at that point in 1560. In this period the master builders were Juan Gil de Hontañón, Juan Gil *the Younger*, Juan de Álava -the designer of the new Cathedral of Plasencia that would end up unfinished- and Rodrigo Gil de Hontañón. A provisional closure put up before proceeding with the transept allowed ceremonies to be moved to the new cathedral from the old one on March 25, 1560, in the time of King Phillip II and the Bishop of Salamanca Francisco Manrique de Lara, who three months later left this diocese for Sigüenza.

Years later, in 1589, an effort was made to restart the construction work once the architect Juan Ribero Rada was named for the task. Trained in Herrerian Classicism, it seems that he is to be credited with the modification of the apse of the cathedral from rounded to squared, thus recalling the solution seen in Seville but also taking into account the squared apse that Herrera had designed for the Cathedral of Valladolid in 1580. In the following years the construction work moved slowly, until in 1668, then under master builder Juan de Setién Güemes, it began to move more quickly, with walls and pillars raised and the vaults finally closed under the direction of his nephew Pantaleón de Pontón Setién (1703-1714). Always respecting the Gothic language of the first design, the cathedral continued to see pillars, vaults and frames built, though their interpretation from the Baroque perspective meant that this part of the cathedral lacks the refined draughtsmanship and finishing of the part completed under the direction of the Hontañóns and Álava in the 16th century.

It was still necessary to deal with the central section of the transept. In the end the choice was made for the solution offered by Joaquín Churriguera, whose masterful touch was developed from 1715 to 1724. He sought to redo the Gallo Tower of the old cathedral though in the Baroque style, giving it the proportion of the new church with a spectacular 18th century dome that was original and free in its conception. Once the building had been completely closed off and a canopy was made for the chancel by Alberto Churriguera, who had succeeded his brother Joaquín as master builder, the cathedral was finally consecrated on August 15, 1733, in the presence of Bishop José Sancho Granado. A year earlier Alberto Churriguera had begun to close off the choir in the centre of the main nave with beautiful, highly effective walls somewhere between Neo-Plateresque and Baroque in their style. These served to enclose the exquisite choir stalls, the final work of Joaquín which also benefited from the contributions of his brother Alberto, José de Larra, Alejandro Carnicero and Juan Múgica. The stem-like pillars of its interior architecture, the multiple-line edging of cornices and frames and the formal plenitude of the sculpture, all work together in proclaiming this a work of the Churriguera family the Spanish Baroque is so indebted to. An organ from the 16th century that came from the former cathedral, and another spectacular one that was a gift of the aforementioned José Sancho, done by the royal organ-maker Pedro de Echevarría (1745), round off this Baroque section that grew within the Gothic-Renaissance part of the cathedral.

There would still be some important changes made, like the elimination of Alberto Churriguera's tabernacle in the chancel in 1743. It was substituted by another more simple one set over the altar table by Simon Gabilán Tomé, while the beautiful Neo-Classical shrine by Manuel Martín Rodríguez, whose model is preserved in the cathedral museum, never came to be built. At this time it was seen that the dome built by Joaquín Churriguera had not held up well after the Lisbon earthquake, and it was substituted by the dome over the tambour we now see, even though in this case it was also necessary to hold it up with strong iron bars as it began to show weaknesses as well. It was made by Juan de Sagarvinaga, who in those years did a good deal of work on the cathedral, including the new sacristy in an odd Gothic style that featured a dense decoration, inspired in the beautiful Golden Chapel of the cathedral. The Lisbon earthquake of 1755 also had a very negative effect on the belltower that had been fit into the silhouette of the new cathedral, even though it originally pertained to the former one, with the additional upper section added by Pantaleón Pontón Setién (1705). Due to the earthquake some of the older cracks in the tower worsened, while new ones appeared that brought about concern for its stability. A proposal was made to tear it down, though the French engineer Baltasar Devreton came up with the solution of surrounding the tower with banked quarry stones, thus saving an element that the two cathedrals revolved around; without its outline the cathedral complex of Salamanca could not be understood.

The images of Saint Anne and Saint John the Baptist by Juni (16th century) in the retrochoir, the *Immaculate Conception* by Esteban de Rueda (17th century) in the chancel, and the *Piety* by Luis Salvador Carmona (18th century) just beside the Chapel of Saint Joseph in the ambulatory, set out the three moments of greatest artistic activity that would give rise to the artistic work found in the many chapels. Of all of these it is especially worth referring to the Cristo de las Batallas in the apse of the cathedral inside an altarpiece made up of sculptures by Alberto Churriguera; it is said that El Cid Campeador carried it with him until he could give it as a gift to the first bishop of Salamanca Jerónimo Bisque (or de Perigord), whose mortal remains rest in a nearby urn, far off in terms of time and space from what he had imagined would one day be the cathedral complex of Salamanca.

A New Cathedral for Segovia

If the new cathedral of Salamanca is called such in relation to the enduring older one, the Cathedral of Segovia is new in comparison to the one that was destroyed, that is, the disappeared Romanesque cathedral of Santa María. The temple dated from the 12th century and was probably finished at the beginning of the next century, since it was not consecrated until 1228, some seven years after the work on the cathedrals of Burgos and Toledo had gotten under way. Its position right beside the Alcázar always had led to qualms about it that were finally shown to be justified in the episode of the Comunidades; that is, it became a counter-fortress to the Alcázar. Thus in 1523 Charles V, through his secretary Francisco de los Cobos, ordered the site of the cathedral to be altered: "We have ordered that the cathedral church of this bishopric be moved from the place where it is now to another place in this city, and that to do this it is required to find a convenient place and take away the necessary residences for the building of that church and cloister and all offices that were needed".

The site chosen was part of the former Jewish quarter where the cathedral had various buildings confiscated from the Jewish population, and the site of the former convent of Santa Clara in whose church cathedral worship was held during the conflict of the Comunidades. All of these factors weighed heavily in the final decision, even though it meant moving away from the neighbourhood of the Canons where the chapter members had their own residences.

Curiously enough the first thing to be built on the new site was the cloister that had been moved from the older cathedral, for being the first and most recent work of Juan Guas (1472-1486), it was taken to the new cathedral plot. The expensive work involved in the dismantling, transfer and reconstruction was put under the direction of Juan Campero (1524-1529) who did not alter anything, as he was required to do the work "in the same way that it now is, just as wide and high". Thus the Gothic cloister with its beautiful doorway, which had been built in function of the scale of the Romanesque church, would come across as small when set near the larger Gothic church that rose beside it. Yet that was not the only element that was saved and preserved. The magnificent choir stalls from the 15th century, with the royal stalls that were occupied by Enrique IV and Juana de Portugal, would end up being fit into the new cathedral. However, the most important factor in this unspoken relationship between the two buildings is that the last master builder of the Romanesque cathedral of Santa María was the designer and first master of the Gothic cathedral. In effect, Juan Gil de Hontañón had been made responsible in 1509 for the renovation of the Chapel of San Frutos in the apse of the cathedral as well as the cathedral library, so that when some years later, in 1523, a master builder for the new work was sought, they went in search of Juan Gil himself, who was then in charge of the Cathedral of Salamanca. The next year he did the drawings and signed the contract with the chapter with the first stone laid in 1525 amidst the typical ceremonial pomp of the time: "Wednesday, May twenty fourth, eve of the Ascension, the procession left from far off to San Miguel, as is habitual, amidst a great crowd of people, and went to the door of the Santa Clara Convent; and coming to the place where we now find the doors of Pardon the bishop, kneeling, prayed and was imitated by the chapter, clergy and others present; and arising, with his eyes full of tears having been filled with religious effect, he took a hoe and struck it three times for the beginning of the foundation, being continued with intense fervour by the citizens themselves, who for devotion helped to dig and carry earth away, not only on the holy days but on work days, and even at night, so that in only fifteen days it was almost fully opened up. And the Thursday of Pentecost, the eighth of June, after the great mass had been held, the bishop blessed the cornerstone that was laid for a low altar of the church (of Santa Clara), covered by a veil; once blessed, he made in it with a blade four crosses on the four sides, or faces; and once the ceremonies and ecclesiastical solemnities were done, he ordered the architect to go to the very place of the Door of Pardon, following the prelate himself along with the chapter. And there he stood below a large silver medallion with the coat of arms of the emperor and the bishop".

The bishop of Segovia at that time was Diego de Ribera, who had earlier held the post in Majorca. The general optimism for the beginning of the construction work lasted a short while for him, as in 1526 the master Juan Gil died. As we know, such circumstances often had quite negative effects on the great cathedral projects as they led to their interruption, for it was the master builder who was truly responsible for carrying out the project, which in any case was never fully defined. However, this architect had left the drawings and had named an excellent and trusted assistant, García Cubillas, and his son would take up the responsibility for the two cathedrals -Salamanca and Segovia- that his father had left unfinished. This was the moment of the greatest synthesis between both projects, even though Rodrigo Gil was only in Segovia intermittently, first from 1526 to 1529, and later from 1560 to 1577; his long periods of absence were justified either by possible differences with the cathedral chapter or his high pace of activity in different locations, for we should recall that apart from the cathedrals of Salamanca and Segovia, he was to do projects and direct construction work at the cathedrals of Santiago, Oviedo, Palencia, Astorga, Ciudad Rodrigo and Plasencia, apart from his prolific civil and religious work scattered all over Castile. In any case in his later years he was especially dedicated to the first temple of Segovia, the place where his mortal remains came to rest; his funerary inscription, now in the cloister, reads as follows: "Here lies Rodrigo Gil de Hontañón, master builder of this Holy Church. Died the 31st of May, 1577. Assisted with the first stone laid here by Bishop Diego de Ribera the 8th of June, 1525. Dedicated his efforts to pious works".

The building was begun at the foot, as had been done at the Cathedral of Salamanca and earlier at Seville, though each case had its own reasons. In the early period work was done on the south wall of chapels as a common wall with the cloister near the tower, the oldest part of the work. The constructive process, which has been studied in great detail by Ruiz Hernando and Cortón de las Heras, was done in three stages that covered the entire 16th century and a good part of the 17th century, until it was definitively consecrated after considerable delay on July 16, 1768, under Bishop Juan José Martínez Escalzo. At that point some elements were still left undone, like the retrochoir, which was not finished until 1789. The solemn ceremony of consecration and the dedication to the Ascent of Our Lady lasted seven hours, putting an end to a building period that had lasted some two hundred and fifty years, the rhythm of a medieval project, due in large part to funding problems that were always solved with the sustained support and positive attitude of the city, even though they were to signify many temporary halts in the work.

Following on what we have indicated here, the first campaign was distinguished by the presence of Rodrigo Gil de Hontañón in Segovia during the period lasting from 1527 to 1557, when the activity of his assistant García de Cubillas was decisive when faced with the continual absences of the architect, a factor that led the chapter to fire him 1529, though they would seek him out again in 1532-1533. This brought insecurity and forced the need to check on what had been built through the opinions of other masters; thus the canon Juan Rodríguez, a stone mason and later head mason on the site, sought out the views of Juan de Álava, Enrique Egas, Felipe Vigarny and Alonso de Covarrubias, as Llaguno has told us. The resultant reports, which are in part preserved, illustrate for us the concerns arising out of the work at that time in terms of its definitive size and proportions. That is, they were worried about the elevation over the floor plan as done by the Hontañóns in the part corresponding to the naves, with special attention given to the materials used and the thickness of the pillars, the delicate line of the platforms and above all the question of the final height of the cathedral. Thus the suggestion arose to cut back the one hundred and forty feet of the projected central nave to one hundred and ten, so as to ensure that "the building would be safe and set forever and that it would be as majestic and visitable and attractive as possible" (Álava). The master builder of the Cathedral of Toledo Enrique Egas would make similar observations, since he considered that one hundred and fifteen feet for the central nave and seventy-five for the lateral naves was enough to ensure that the Segovia cathedral had "air and grace and the strength it needed, so that if it were higher in height the work would be out of proportion and not as strong".

In this way the final project was gradually defined up to the transept, where the construction stage was finished with the consecration of what already had been done; the open side of the naves was closed off with a wall and the cathedral was opened for worship in 1558. Up to that point they had done the three naves and the lateral chapels set between buttresses, with the entire project directed by García de Cubillas. He seems to have died the following year, in 1559, which forced the chapter to call on Rodrigo Gil de Hontañón once again for the definition and termination of the apse and transept, two delicate parts of the construction. In the new contract signed in 1560 Rodrigo Gil was required to "reside in the city and be present on the site four months of the year, and have in this city his residence and offices so that from here he could go wherever he wished during the other times of the year, and if this said master was offered the possibility to go elsewhere during the said four months that he had to reside in the city he could by requesting a permit from the said lord Dean and chapter or the deputies to use the licence that was given to him without anything being taken from his salary". This demonstrates the interest of the chapter in retaining Rodrigo Gil by showing greater flexibility and understanding concerning any possible absences caused by the many other projects he had responsibility for. In this new stage that began at that point and ended with the death of the architect in 1577, work was done on the transept and the ambulatory, a somewhat archaic project with a semi-circular plan and chapels behind the closed off chancel, though this does not mean it was any less interesting or beautiful. We must not forget that Juan Gil had conceived the apse of the Cathedral of Salamanca with a similar semi-circular form that we now see in Segovia, and that in the mentioned contract of Rodrigo Gil, he had agreed to respect the general plan and to not introduce any novelties into it, which he did almost point by point in general terms, even though he did alter the chancel.

The death of the architect meant for a new impasse in the construction process until Pedro de Brizuela was named in 1607, in what began a new period during which various masters of the 17th century finished off the work by covering the chancel (1651) and raising the dome over the transept (1685), this latter project taken up by Francisco Viadero. In 1686 the wall that separated the two areas was torn down and for the first time it was possible to see the admirable space set beneath a series of vaults in what was the swansong of Gothic architecture. Both areas had been defined over the stages we have referred to, along with the former sacristy turned into the Shrine and the Ayala Chapel, the work of Rodrigo Gil de Hontañón. Amongst many fine works it holds the exceptional altarpiece by José Benito Churriguera that only serves to remind us of so many others found in the cathedral chapels behind fine protective screens, with particular mention reserved for the two larger ones in front of the choir and the chancel respectively. Some of the most famous altarpieces are the *Santo Entierro* by Juan de Juni in the chancel, from the 18th century. Sculptures like the *Lying Christ* by Gregorio Fernández or the *Christ in Agony* by Pereira, turn our thoughts to the beauty of the cathedral's sculpture collection, all the while listening to the voices of the imposing organs made by the Chavarria Pereira family beneath the light of the 16th century stained glass windows, executed by masters like Pierre of Holland, Pierre de Chiberri, Gualter de Ronch, Nicolás of Holland and Nicolás de Vergara. Once again we have not enough words or time to refer to the sacred objects brought together in this cathedral, imagined by Ortega y Gasset as navigating through yellow grain "like an enormous mystical transatlantic liner".

IX
THE END OF AN HISTORICAL CYCLE: THE CATHEDRAL OF CADIS

The cathedrals of Salamanca and Segovia were finished in the 18th century while others like the co-cathedral of the Pilar in Saragossa, whose chapter is also that of the Seo in that city, were just getting under way. Many other cathedral construction projects continued their work in a neverending process of additions, enrichments and updating, renovating their altars, choirs, pulpits and screens, projecting new façades like the spectacular ones seen at Santiago de Compostela and Murcia, whose verbosity would be followed in the 18th century by more contained, academic versions in Lugo or Pamplona. All of this makes up a passionate history that burned up uncountable funds, with the existing documentation bearing witness to the nature of their art as well as the economic exhaustion that such a great effort meant. Many cathedrals would end up unfinished, like at Malaga, and there would be unfinished façades at Barcelona and Seville and incomplete towers like at Astorga; thus the process continued until the so-called historical cycle of the cathedrals drew to an end in the 18th century.

It is true that cathedral buildings would continue to be designed and built in the 19th and 20th centuries, from the cathedral of Vitoria to the one in Madrid, in tune with a new type of diocesan organization, but it was another time for cathedrals, and this can be seen on all levels. It is in this period that the liturgy itself begins to do away with many aspects of the cult and cathedrals come to be dismantled under the instructions of the ecclesiastical authorities themselves. Altarpieces, choirs and screens were eliminated, while the voices of the choir and organ music were ceased along with processions that had been held inside the naves. Worship lost solemnity and interest, turning to a sort of cold minimalism that alienated the faithful. A new type of furnishing in sombre stone presides over the chancels of many Spanish cathedrals with a total lack of respect for what their altarpieces and images of faith in each city had historically represented. The bishops would be doubly buried under stone funerary tablets themselves surrounded by the new wrought iron structures that hid their tomb inscriptions. There is nothing to be seen in the conciliar decrees that justified this activity, even though they are cited as supposed reasons for the changes. While nothing would change in the admirable churches of Rome, too much would be altered in the cathedrals of Spain.

This is why in closing off this volume we have opted to take a look at the Cathedral of Cadis, which in our view is the structure that best defines the closure of the historical cycle of Spanish cathedrals. At Cadis it is still possible to identify the Spanish pattern in its conception, that is, the brief apse and church body meant to host a choir in the central nave. The style and the masters would be new, but the liturgical tradition that was lit in Santiago, taken up by Toledo and was repeated in many places until the 18th century is an underlying reality in this cathedral, battered as it is by the wind as it looks firmly out to sea in a final good-bye.

We have already seen that the chance events of history meant that certain Spanish cities have preserved two distinct cathedrals, a result of the frequent ambition to build a new and larger temple more appropriate with the new economic possibilities of the bishop, chapter and city itself. Once the new cathedral had been finished the one called the "older" cathedral was wisely maintained, allowing for the preservation of noble structures like the "older" cathedrals of Salamanca or Lleida; on occasion they were relegated functionally to the status of parish churches like the venerable Santa Cruz in Cadis, the first cathedral in this seaside city. From the waters offshore we can contemplate the two cathedral buildings, the new and the old, which speak of two different scales of the city, one pertaining to the older, modest neighbourhood of the Pópulo inside the medieval wall, and the other nearby from the powerful and wealthy Cadis of the 18th century, which in 1717 proudly was honoured with the presence of the Casa de Contratación y Consulado de Indias (Contract House and Consulate of the Indies) which had had such positive benefits for the city of Seville after the discovery of the Americas.

Elsewhere I have written that Cadis, like other coastal cities with cathedrals, proudly shows off its two temples at the edge of the sea, though in spite of their notable beauty and certain novel features contrasting with inland cathedrals or those in dryer climates, they bring with them important problems brought about precisely by this proximity to the waters. This is especially the case in places like Cadis, where we are speaking about the open ocean; the cathedral faces out to what from ancient times has been known as the Vendaval (the windward side). This factor has produced serious and costly damage brought on by humidity, water and wind in both cathedral structures, old and new.

The process of the Christian Reconquest gave rise to new dioceses or the restoration of former ones throughout the Middle Ages, and in Cadis once again the familiar conversion of the mosque into a church was the procedure after the city had been brought under the Crown of Castile in 1260. In effect, during the reign of Alfonso X the Wise, the former Muslim mosque was converted into the Church of the Santa Cruz; at first it was an archdeacon's seat under the auspices of the archdiocese of Seville, though it came to the status of cathedral in 1263 after the papal bull of Urban IV, with the first bishop the Franciscan monk Juan Martínez (1267-1278). One of the intentions of the monarch was to be buried there after the necessary renovations or new work had been done, though later circumstances and what has been understood as the failure of the African campaign against the Muslims, where Cadis was a key strategic piece, made the authorities forget certain ambitious projects for the city, so that by the 15th century it was put under the aristocratic power of the Duke of Arcos, Rodrigo Ponce de León. Meanwhile the city had come to confirm its mercantile projection, with an important presence of foreigners, and especially a contingent from Genoa.

Under the Catholic Monarchs in 1493 Cadis was once again brought under the crown, and it was from there that Columbus' expeditions to the Americas were prepared. Thus the new century was initiated amidst prosperity and growth, though its ascent was cut short by the sacking and burning of the city by the Anglo-Dutch troops under the Duke of Essex in 1596. As part of that generalized catastrophe the first Cadis cathedral was destroyed. Ever since the Wise King this cathedral had continually added chapels and various elements in the Gothic style, though only the baptismal chapel and a few nearby arches in the parish church of Santa Cruz remain today. Older descriptions such as that made by Niccolo Spinola of Genoa (1490), along with the abundant information concerning an early project for a new cathedral just before the attack of Essex, allows us to know more about that modest cathedral with its three, not overly high naves separated by pillars, and covered with a wooden roof though with a few vaulted chapels. The apse was square, and a significant transformation had been patronized by Bishop García de Haro (1571-1573) when he moved the choir from the centre of the nave to the chancel, following on what he had seen in Rome.

Though the documentation referring to this first Cadis cathedral has been lost or is in an unknown whereabouts, the Archivo General de Simancas nonetheless preserves interesting complementary information that offers us suggestive data about that older building related to the chapter's petition to the king before the English attack to build a new cathedral. Among other details what particularly stands out is the hearing carried out in June 1595, just before the destruction of the city by Essex, when Bishop Antonio Zapata y Cisneros (1587-1596) decided along with his chapter to build "a temple for a cathedral church since the one now in this city is indecent and insufficient". To support this request a number of people were asked their opinion about the older building, though little could they know or suspect that its days were numbered. The responses are included along with the questions themselves, and one after another they came to say that "the cathedral church of this city named Santa Cruz does not have a design nor form that is in line with what other cathedral churches have, for besides lacking many necessary things it does not have a transept or a retrochoir that the processions can pass through, and the choir of the chapter is very short and narrow, and even now for the parish church of a few neighbours the church would be insufficient".

On the other hand the materials and its age left much to be desired in the view of those interviewed, for "the construction of said temple is of ruinous materials because the majority of the walls are of earth and lime, the roof made out of weak wood and rustically finished ruins, the floor is made out of a rough brick since everything that was built by King Alfonso the Wise is all very aged, being more than three hundred thirty years old, and the wood is rotten and the outside walls of lead and so weak that if it is not repaired soon the entire building will fall, so that out of fear of this occurring some people have stopped going to this church".

The third reason the chapter's request was grounded on was related to its location on the coast, for "since the incursions of the sea have damaged some buildings that are near this church, a few years from now the water will beat on its walls, and beneath its foundations the water enters a few steps inside...and thus, for this reason and for what has been said, there is a great risk that this church will fall; and it is for this reason that artillery is not fired near it nor muskets either under fear that it could fall under any occasion no matter how small it might be". All told this may give us an idea of the circumstances this building was found in, given that since at least 1518 there are reports of its fragile state. In effect, a brief communiqué by Pope Leo X, dated in Rome the 2nd of February of that year, gave the bishop (likely Pedro de Acoltis) authority to move the cathedral cult to the church and hospital of the Misericordia "for the danger that the church might fall due to its being built near the sea and the waters entering through the foundations".

The disastrous fire in the city in 1596 put an end to the small cathedral of Santa Cruz and immediately afterwards the construction work on a new temple began, using the plot where the previous cathedral had been. In this way, and thanks to generous initial funding from Bishop García de Haro and with the assistance of Felipe III, the cathedral chapter and above all the municipal administration, it was possible to raise the new cathedral and once again begin worship in 1602. Nowadays it is simply the parish church of Santa Cruz. We know little about the master builders in spite of having information about Cristóbal de Rojas, an engineer in the king's service who found himself in Cadis at that time. It is clear that he made some drawings of the cathedral floor plan (1608), though this is a piece of information that only comes down to us as part of what we know about Rojas' work on the defence and reinforcement of this part of the city, cathedral included, against the battering effects of the sea that quite frequently would ruin the "windward wall". Indeed, in the archive of the new cathedral there is a cathedral floor plan with a piece of paper stuck onto it, offering two different solutions for the solution of this windward wall; it is indeed odd that the notes that accompany each of the two options differ, since while the first says that "in opinion of the architects this proposal would cost 4,000 ducados and would be more solid and appropriate for its reparation", the one that was attached later reads as follows: "in the opinion of those interested and not of the architects this defensive work would cost 8,000 ducados(!)". Instead of Cristóbal de Rojas we would do better to think of Ginés Martín de Aranda as the designer of the building we know today, for in the Construction Books it is said that in 1598 he was given important sums to go and examine the church in the state it had been left after the attack of 1596, requiring him above all to make the plans for the church.

In spite of the fact that the then new and now older cathedral is not well known, it is a handsome temple with fine proportions, with three naves of similar height separated by strong columns in the Tuscan style. The vaults, known as the "umbrella" type for their original synthesis of a solution resembling ship hulls and another based on the four-part hemispherical dome, are clad with brightly glazed, richly coloured ceramics, giving rise to a structural and ornamental form of great beauty. A simple transept with a dome over shell-like supports covers part of the chancel itself. Behind it there are the two-floored sacristy and chapter house, as well as the oval Chapel of the Relics that was added in the 17th century. Also from the 17th century is what is known as the Torreón or the Chapel of the Shrine, which is none other than an imposing tower with a military appearance on the outside and an interesting vaulting solution on the inside; it was remodelled by Torcuato Cayón in the 18th century.

In 1690, Fray Jerónimo de la Concepción offered a measured homage to the old cathedral of Cadis that is useful for us here before we leave it behind. In effect, in his well-known *Emporio de El Orbe, Cádiz ilustrada*, published in Amsterdam in 1690, this Discalced Carmelite went on after recalling the location of the temple "in the high part of the battlement of San Lorenzo on the Vendaval sea", to observe that even though the Cathedral of Santa Cruz did not have "the devotion of Saragossa, the sumptuous nature of Toledo, the quality of Santiago, the grandeur of Seville, the elegance of León, the sufficiency of Cuenca, the majesty of Cordoba and Granada, it is nonetheless constant, and with cleaning, adornment and punctual service in the divine cult its faithful could lose all interest in what may shine in others".

During the 17th century it seems that there were various attempts to build a new, more appropriate cathedral church, though the necessary funding resources to support a project that would signify a clear qualitative leap over the Cathedral of Santa Cruz was always lacking. However, the mentioned move of the Casa de Contratación from Seville to Cadis, that is, the relocation of the headquarters of the fleets of the Indies, brought first class mercantile activity to Cadis whose salubrious economic effects were soon seen in the city, and as a consequence in its architecture and of course in what would be the new and definitive cathedral. This moment coincided with the prelature of Lorenzo de Armengual del Pino de la Mota (1715-1730), an enterprising, decided man who would lay the first stone for the new temple on the first day of 1723, in accordance with the project designed by the architect Vicente Acero y Arebo (1721). The site finally chosen was not too different from the site of the old cathedral, though it was outside of the wall exiting by the Arch of the Rosa, without correcting the position of the earlier cathedral in relation to the sea.

In the floor plan and elevations drafted by Acero there was a Baroque, Borrominesque version of the Andalusian cathedral model that had begun with Diego de Siloe in Granada. That is, it had the combination of a basilica layout with three naves, a transept and an ambulatory with a rounded chancel and behind it, like in the earlier cathedral of Santa Cruz, the Chapel of Relics. In the same way, the interior supports were done in the Corinthian style, which when needing to reach higher levels were topped with a stacked reinforcement. The analogies ended here, and there is more to be said of the expressive differences in terms of lines, design and ornamentation, for it was here where the most original ideas of Acero were seen, representative as they were of the highly charged 18th century Baroque.

Yet the construction of the cathedral was to suffer like all of its siblings, undergoing pauses, delays, shifts in criteria and changing master builders, so that eventually the first idea of the architect would fade away, especially after Acero resigned in 1729. Instead the project would take on a more tempered language with the modifications added by Gaspar Cayón, and above all during the period of his nephew, the master builder Torcuato Cayón (1759-1783), who simplified the first project so that it shifted towards more orthodoxly academic solutions. A letter has been preserved by this architect that is reproduced by Antonio Ponz in his celebrated *Viage de España* (1792). Due to its obvious interest we have reproduced it in full below, for it indicates quite sharply the stylistic break that the cathedral made under him, as well as the problems in involved in this shift and the state of the construction work when he wrote it. The letter sent by the younger Cayón to Ponz was drafted in a very human tone, and dates from the 1770s:

Dear Sir: Being under obligation of your favours, and in fulfilment of the word I gave you I send you this explanation which at this time has been bothersome to me for over the past ten months I have been ill and unable to work with my feet and hands, being highly aware that I cannot make a small sketch of the plan of this church, which is necessary to explain it; yet I will draw this plan later when God restores me the use of my nerves, having offered him all that I could from my part in this matter, carrying out his orders with the greatest of simplicity and purity, as far as my energies could last.

To satisfy you soon and in the way that is possible for me, I will say that the situation of the holy cathedral church of Cadis is not only defective in its proximity to the sea, but because it is the location of the city where storms hit the hardest; so that the waves breaking on the wall and rising in the form of clouds expel everything onto the church, which is the reason I am now shaping it out of hard white marble.

The movements of the plan make it seem harmonious at first sight; but in being all done by angles, it is an extraordinary flying cornice. This on the other hand, is a cornice charged with adornment, and it is necessary to smooth it out, leaving it more simple. Thus ornate elements must be removed from the frieze, as they are the ones that call on our attention senselessly. The arches need to be treated in the same way, due to their many useless labours.

Within the chapels the columns remain bare, and their diameter is of less than one yard; though this is a defect that cannot be remedied. The number of stepped reinforcements on them, in groups of three all over the church and inside the chapels, has made the church extremely costly and confusing. All of the church is done in white marble to the height of the capitals; and since the marble loses its whiteness with the salty air and turns into the colour of rusted iron, this was not a deliberate feature, we can be sure, of this exquisite stone brought from Genoa, however much it may stain.

The unusual movements are caused by the fact that some pillars are thicker than they should be. The distance from the chancel to the foot of the church is short, less than thirteen yards. To this must be added the idea of placing the choir in the middle, in the Gothic way, so that there is no church left for the people, and it has always been my preference to place it in the presbytery with the altar beneath the dome, as we see at Saint Peter's in Rome and in many other churches.

The variety of colours in this construction comes from the different qualities of the stones. Though I had requested authority to chose others to correct this (something which could already have been done), I was turned down, receiving only disappointments for my efforts.

The main façade is adorned with pillars without order or measure, and I have sought to repair this in the Ionic style. The entrances from the sides have no consonance at all with the main portal, since they are done in two Corinthian styles, one on top of the other; and already a third style has begun to be introduced though I have eliminated it, being made up of a large circular frontispiece. I leave to the side the extravagance of the ornamentation of some niches full of pediments and ornaments, done as sculptures or in the way of an altarpiece.

The pantheon is entered into close to the chancel, and its lighting is done between the pillars, corresponding to the nave that goes around this chapel; yet the windows are so small that the lack of light takes away from the merit of its construction and vault.

This is in substance what I can say overall about this new and costly cathedral, from whose first cornice up I have worked on new designs, and following them I go about the work. I would have as much as possible tried to imitate the ancient and best architects, but it would have been impossible to do so rigorously, for if I had sought agreement with everything I already found done, this would have led to a new extravagance and a greater monstrosity than before.

This explanation has been limited to offer you news of the most glaring defects. Everything else you might need will be found in the book or printed manifesto that this most illustrious chapter created to indicate to the financiers the state of the work, the gathering of revenues and their distribution. This is all then I can inform you of, for whose health I pray to God...

This is what we have from Torcuato, though later on other decidedly neo-classical architects would come along, such as Miguel de Olivares, Manuel Machuca and Juan Daura. It could be said that this latter finished the construction work, closing off the crossing of the transept with a dome and doing the final section of the main nave. This would not happen until 1844, with the only elements left being the towers on the façade done by Juan Correa de la Vega under Queen Isabel II from 1846 to 1853, using Machuca's design. The final date coincides with the death of Bishop Fray Domingo de Silos Moreno, the main driving force behind the completion of the cathedral.

The interior of the building is imposing in appearance, in spite of the problems brought on by the decomposition of the conglomerate coral stone used in the building by the physical-chemical (wind and water) alterations of the nearby Vendaval Sea, which led in to the closure of the cathedral in 1969 for fear that important fragments of the vaults would come off. After a long period of renovation it was again opened for worship and visits in 1984, even though there are a few barely visible nets under the vaults that catch the minor and practically inevitable loss of some pieces. A recent intervention has eliminated the finishing touch of the Daura dome and has altered the colour scheme he had given it.

Quite beyond its architectural form and surprising width, this cathedral has something immaterial about it, namely its luminosity: the balanced way the light is spread out throughout the temple over vaults, naves and chapels, with a new spirit that is not Gothic, Renaissance or even Baroque. That is, it has something that is not related so much with so-called styles as with the place itself, with Cadis and its architecture. In this point, it is difficult to think about this cathedral without this light, as important to it as its air is to breathe, a light that caresses and does no harm. There is only one area where it does not reach, namely the crypt with its impressive flat vault, accompanied by many other stonework solutions that speak of the masterful skill in this respect of Vicente Acero, for it is the part of the construction process that he would head up personally (1721-1726).

In the main nave we have to stop preceptively in the apse where the chancel is adorned by red and white jasper from Tortosa and Malaga, all of it cut before the middle of the 18th century. In the centre of the chapel there is an important marble and bronze tabernacle that was done by José Frapolli (1862-1866), substituting another one done in wood that imitated more noble materials. The second area of interest is the choir with its undeniable artistic interest, though we cannot forget that the altar and the choir were the two mandatory and historical features of all cathedral chapters. The Cadis choir came from the dissolved Seville Carthusian monastery of Santa María de las Cuevas, an excellent work by Agustín Perea and his son Miguel Perea along with Jerónimo de Valencia, who together sculpted the choir stalls around 1700 (that is, before the Cadis cathedral was even begun).

From among the chapels set between buttresses we should draw our attention to the oldest dedicated to the Ascension, with an excellent altarpiece by Gaspar Cayón (1750) that serves to measure the eighteenth century Baroque talent of the second master builder of the cathedral. The altarpiece recalls certain features seen in Borromini, and is done in marble and jasper from Mijas.

Finally then, as we go through the cathedral museum installed in the Chapel of Relics, we find (along with liturgical dress, fine paintings and silverwork of unequal quality) two pieces that are beyond comparison: the Cogollo monstrance and the Millón monstrance. The first of these was done around 1500 in gold-plated silver in a flamboyant Gothic style associated with Enrique de Arfe, while the second is a Baroque work from 1721 with refined finishing by the Madrid silversmith Pedro Vicente Gómez de Ceballos, responsible for the great number of precious stones including emeralds and diamonds that are set into this cut gold monstrance.

Illustrations

1. Hypothetical reconstruction of the early Christian basilica of Saint John Lateran, Rome.
2. Romanesque bishop's seat of Girona, presiding the chancel of the Gothic cathedral. On the front, the *tetramorphs* or animal symbols of the four Evangelists.
3. Gothic relief, with a bishop represented in the centre, carved into the back of the Romanesque bishop's seat of the Cathedral of Girona.
4. Episcopal complex of Geneva: *a.*, reconstruction of the north cathedral from the 5th century; *b.*, reconstruction of the south cathedral, from around the 5th century; *c.*, reconstruction of the appearance of the cathedral complex in the 6th century: *1)* north cathedral; *2)* baptistery; *3)* south cathedral. (From C. Bonnet, *Les fouillles*..., 1993).
5. Upper basilica of San Clemente in Rome, considered an example of early Christian architecture by G. C. Ciampini. (Rome, 1747).
6. Layout of the liturgical space of synagogues and early Christian churches in the East and West: *a.*, *b.*, *c.*, synagogues; *d.*, Syrian church; *e.*, Byzantine church; *f.*, *g.*, *h.*, Western basilicas with the choir or *schola cantorum* attached to the chancel; *i.*, *l.*, basilicas with the choir or *schola cantorum* separated from the chancel. (Y. Bouyer, *Archittetura e liturgia*, 1994).
7. Lateral nave looking towards the foot of the early Christian basilica of Santa Sabina, Rome. In the central nave an exterior wall of the reconstructed *schola cantorum* or choir can be seen.
8. View of the interior of Saint John Lateran before the intervention of Borromini. Fresco at San Martino ai Monti, Rome.
9. Central nave of the basilica of Saint John Lateran after the Borromini intervention (1646-1650), as commissioned by Pope Innocent X.
10. Upper basilica of San Clemente and the *schola cantorum* of the lower basilica, where the earliest elements date from the period of Pope John II (533-535).
11. Central nave of Santa Maria in Cosmedin, Rome. The choir or *schola cantorum* was destroyed in the 16th century during the papacy of Gregory XIII, and was reconstructed by Cardenal Ruggiero in 1889.
12. Ideal floor plan of a Benedictine Abbey from 820, sent by the abbot of Reichenau to Gozbert, abbot of Saint Gall (Switzerland).
13. General floor plan of the episcopal complex of Saint Peter's Cathedral in Geneva, with the outlined reference to the current cathedral indicating the shift from a double to a single cathedral. (C. Bonnet, *Les fouilles*..., 1993).
14. Episcopal complex of Trier (Germany), with the Romanesque cathedral of Saint Peter (right) and the Gothic church of Our Lady (left) set in parallel over two previous basilicas.
15. Saint Michael's Benedictine abbey at Hildesheim (Germany), founded by Bishop Bernard, tutor of Emperor Oton III, as reconstructed after 1945.
16. Central nave of Saint Michael's abbey church at Hildesheim, with the *Engelschor* in the background, from 1033. In its day the nave was occupied by the choirs of the monks and the converted.
17. Interior of the monumental chimney of the kitchen of the Cathedral of Pamplona, alongside the canon's refectory.
18. Cathedral of Pamplona. Entrance to the refectory from the cloister. The relief over the lintel shows a scene of the Last Supper, in clear allusion to the use of the refectory.
19. Refectory or canon's dining room of the Cathedral of Pamplona, showing the balcony or pulpit for readings, now converted into the Diocesan Museum.
20. Romanesque apse of La Seu d'Urgell (Lleida). See the small capacity of the apse, conceived only for the altar liturgy and not for the choir. Part of this latter is now found in San Simeon, California, after its elimination and sale in 1920.
21. Romanesque dome of the Cathedral of Zamora. To the left, the main Gothic chapel that replaced the former Romanesque apse. The current choir continues to occupy its natural position in the main nave.
22. Apse or head of the Romanesque Cathedral of Roda de Isábena (Huesca). The reduced size of the central nave indicates its exclusive use for celebrations around the altar.
23. Romanesque cloister of the Cathedral of Roda de Isábena (Huesca), which opened onto the spaces of the community, like the chapter house and the refectory. During its brief existence the Cathedral of Roda was subordinate to the metropolitan of Narbonne.
24. General view of the head of the Cathedral of Lleida. Between the transept and the apse a straight section was added to give more space for liturgical celebrations.
25. Interior of the crossing of the Cathedral of Lleida where the apse meets the chancel, the arms of the transept and the central nave, site of the now disappeared chapter choir.
26. Transept and dome of the Cathedral of Tarragona where the choir is still preserved in the main nave, though without the magnificent retrochoir that was eliminated in 1962.
27. Cloister of the Cathedral of Tarragona, above which rises the Romanesque-style apse (left) preceded by a straight section that never held the choir.
28. North door of the Romanesque Cathedral of Basel, Switzerland.
29. Romanesque Cathedral of Tournai (Belgium). To the right, the new Gothic apse built for the altar and the choir. The extraordinary *jubé* by Corneille Floris (1573) has been conserved and is still compatible with the liturgy.
30. Façade of the Cathedral of Rheims (France), where the kings of France were habitually crowned in *le sacre*, a complex ceremony that gave rise to the special layout of the interior of the temple.
31. Chancel and choir of the Cathedral of Rheims as seen from the ambulatory. The choir stalls would be transferred to the central nave on the other side of the transept, in a move that was similar to what was seen at the Cathedral of Burgos, although the reasons differed.
32. General view of the Cathedral of Amiens (France). See the new depth of the head of the church to house the altar and choir, as habitually seen with the secularization of the cathedral chapters.
33. Choir stalls of the Cathedral of Amiens (France). See the greater height and hierarchical superiority of the chancel with the altar slightly higher still, as well as the two sides where the choir had its liturgical function. A screen at the end substitutes the former stone *jubé*, which was entered into from this point.
34. Interior of the crossing of the Cathedral of Amiens showing the four-part vaults that are found in the central section, featuring intermediate ribs.
35. Head of the Cathedral of Beauvais (France). Even though this is the only part of the church that was built, it is still a *complete* cathedral, with the only space for the faithful in the transept crossing.
36. The Cathedral of Narbonne (France) was not finished either. The part that corresponds to the area near the apse to house the altar and choir, leaving limited space for the faithful. This contradicts the romantic -or just as well interested- vision of the Gothic church crowded with the faithful.
37. New Gothic head of the Cathedral of Le Mans (France) that substituted the former Romanesque one, done to allow the choir stalls to be moved into it from the main nave.
38. The Cathedral of Ely (England) was initially a Benedictine abbey. The Romanesque church was begun in 1083, and became a cathedral in 1109. Later the Romanesque head was substituted by the current Gothic one, with greater depth to house the choir.
39. The Cathedral of Girona demolished its former Romanesque construction to build a new Gothic temple, though the apse did not have the necessary depth to place the altar and choir stalls in it, in contrast to the French model.
40. The Gothic choir stalls of the Romanesque Cathedral of Zamora, credited to Juan of Brussels (1503), are placed in the same place that the former choir stalls had been found: in the central nave, leaving space for the faithful beneath the dome and in front of the chancel.
41. The Cathedral of Girona was begun at its head with three naves, though the plans were changed, leaving it with a single nave with the choir in the centre, giving this latter space a three-part character. The processions moved along the lateral corridors on either side of the choir, following the route set out by the burials under the cathedral floor.
42. Romanesque cloister of the Cathedral of Girona. The former chapter premises and those belonging to the community were set around it before the secularization of the chapter itself. The floor was used for privileged burials, as seen by the inscriptions on the funerary stones.
43. Apse or "dome" of the Cathedral of Ávila. The military reinforcement in the form of ring roads, battlements, loopholes and defensive parapets made it the strongest bastion of the walled city.
44. Interior of the main chapel of the Cathedral of Ávila. This was probably the first cathedral in Spain designed with the choir stalls and the chancel making up part of the apse, even though eventually the choir was placed in the main nave.
45. The Cathedral of Cuenca was one of many Spanish cathedrals that followed the French model in designing a deep head to hold the altar and choir. It remained like this until the 16th century when the choir stalls were moved to the main nave, following the "Spanish way".
46. Cathedral and Shrine at Mexico City. The Mexican cathedral is quite similar in its plan to the Cathe-

dral of Seville, which it was originally subordinate to. Its prelates made a great effort to ensure that its ceremonies followed the same order as those in the Cathedral of Seville.
47. The unfinished Cathedral of Valladolid. The Juan de Herrera design placed the choir in the apse, behind the high altar, along the lines of the reforms Saint Carlos Borromeo had carried out in the Cathedral of Milan with his architect Pellegrino Tibaldi.
48. The Apostle Santiago (Saint James) on the mullion of the Glory Door, as sculpted by Master Mateo. In the inscription on the lower face of the lintel the date of completion can be seen: April 1, 1188.
49. The *venera*, *vieira* or scallop shell, universal symbol of the pilgrimage to Santiago de Compostela.
50. Current floor plan of the Cathedral of Santiago de Compostela, set out over the primitive nucleus of the Romanesque church, with three naves, transept, ambulatory and apses. (Plan drawn by J. M. Merino de Cáceres and V. Berriochoa.)
51. Aerial view of the Cathedral of Santiago de Compostela. In the foreground, the 16th century cloister that substituted the earlier Romanesque version. The Baroque towers on the Obradoiro façade and the Clock Tower serve to hide the construction from the 11th and 12th centuries.
52. South side of the transept with the Platerías Door. This is the part of the cathedral that best shows the Romanesque character of the church on the exterior. Over the double entrance reliefs from different origins and with variable meaning were placed with certain order.
53. Tympanum of the left entrance of the Platerías Door, done by various hands around the year 1103. Its reading is not easy in spite of being able to recognize the scene of the Temptations of Christ. The female figure on the right, which the Codex Calixtinus identifies as the adulterous woman punished with having to kiss the skull of her lover twice a day, for others represents Eve or just as well Mary Magdalene.
54. Tympanum of the right entrance of the Platerías Door. In the upper part is the Epiphany with the Three Kings before the Virgin and Child, quite damaged. In the lower part, scenes from the life of Christ, with the healing of the blind man, the crown of thorns (or Christ before Pilate, according to the Calixtino), the Flagellation and the Arrest.
55. Scene of the Creation of Adam on the left buttress of the Platerías Door. The solemnity of the figures and the simple modelling of the clothes and anatomy, as well as the way of representing the feet and hands, suggests that it was sculpted around the year 1100.
56. King David on the left buttress of the Platerías Door, beneath the scene of the Creation of Adam. The author of the Book of Psalms crosses his legs at the shins, and his clothing has the same type of folds from top to bottom, workshop formulas that were stereotyped and repeated by various masters around the year 1100.
57 and 58. Overall view and detail of the reliefs on the sides of the Holy Door over the Plaza de la Quintana, done in 1611. They come from the former stone Romanesque choir done by Master Mateo which was destroyed in 1603 by Archbishop Sanclemente, only to be substituted by another choir in wood, which in turn was eliminated by Archbishop Muniz in 1945.
59. Central entrance of the Glory Door, by Master Mateo, one of the most representative artistic creations of the Romanesque in Europe. The tympanum preceding the narthex is presided by Christ showing his wounds, accompanied by the symbols of the Evangelists and the angels carrying the instruments of the Passion.
60. Group of prophets (Jeremiah, Daniel, Isaiah and Moses) over the Glory Door. The figures are independent from the architectural frame, as they move, breathe and smile with great vitality, quite beyond the solemnity of the earlier cathedral reliefs. The figures retain remains of painting that has been redone various times.
61 and 62. Beginning of the arch vault that adorns the tympanum of the centre entrance of the Glory Door, with Saint John's vision of the Apocalypse with the twenty four elders. They sing hymns of praise accompanied by various musical instruments.
63. Central nave with the great Baroque tabernacle done by Peña de Toro in the background. The stone choir done by Master Mateo was originally found in the place where we see the pews below the organs, and was followed by the wooden one built by Gregorio Español and Juan de Vila at the beginning of the 17th century. This latter was eliminated in 1945.
64. Transept nave where we see the characteristic articulation of Romanesque architecture along the Camino de Santiago: very slender columns, canted half-point arches like those found in Conques (France), and an elegant balcony that runs over the lateral naves. These have groined vaults, while the central nave is closed off with barrel vaults.
65. Detail of the upper part of the main nave, with the arches separating the naves and above them the tribune or triforium with paired arches. See the compositional clarity in the vertical, horizontal and curved features.
66. The triforium at the point of the transept. See the great wealth of planes, light and points of view.
67. The front part of the cathedral required the construction of the so-called *crypt* to continue along the same level begun with at the apse. It is often called the old cathedral when in fact it corresponds to the most recent part of the Romanesque construction. Here we have the first ribbed vaults in Spanish architecture, like the one that starts from the composite column seen in the foreground, with the column angled to hold up the diagonal or cross rib.
68. Main altar in the chancel over the true crypt, with the sepulchre of the Apostle Santiago. Frontispiece, jewel box and tabernacle in silver (17th and 18th centuries). The figure of the saint was done in stone in the 13th century, although it has been retouched considerably.
69. Detail of one of the episodes on Charlemagne included in the *Codex Calixtinus*. On the left, representation of the city of Aachen, capital of the empire. Dating from before 1140, it is conserved in the archive of the Cathedral of Santiago.
70. Detail of the tomb of King Fernando II of León, sculpted by Master Mateo. The final impulse of the cathedral work can be attributed to this monarch. From 1168 onwards he gave certain quantities of money to Master Mateo to finish the foot of the cathedral where the Glory Door is found, and whose lintel is dated 1188, the same year the monarch died.
71. Main chapel of the Cathedral of Burgos as seen from the transept. In the background, the great 16th century altarpiece done by Rodrigo and Martín Haya, with the Ancheta intervention in the central grouping of the Coronation and Ascent of the Virgin. In the place where the pews are now the choir stalls were once found along the lines of the French model, until they were moved to the main nave in the 16th century in concordance with the "Spanish way".
72. Exterior of the High Constable funerary chapel in the apse of the cathedral, done by Simon of Cologne.
73. Overall floor plan of the Cathedral of Burgos with the different later additions done onto the main body of the church as designed in the 13th century. The depth of the apse especially links it to French models, although the choir would be moved from it to the central nave along the lines of Santiago and Toledo. (Plan drawn by M. Álvarez Cuesta.)
74. General view of the Cathedral of Burgos, as seen from the castle on the north side. The main body of the temple from the 13th century has almost disappeared with the later addition of the spires on the towers of the main façade, the dome over the transept crossing and the perforated dome over the High Constable Chapel off the ambulatory.
75. Main façade of the cathedral, from the 13th century. The spires added by Hans of Cologne in the 15th century give the building a more Germanic than French appearance. On the next plane we can see the dome with its thin spires which substitutes the one raised by Hans of Cologne after this latter collapsed in the 16th century.
76. The cathedral is connected with the upper cloister through this prodigious doorway, with excellent sculpture and painted detailing, revealing French influences that came directly from Rheims. On the left there is the Annunciation, while on the right the prophets David and Isaiah are seen. The tympanum represents the Baptism of Christ in the Jordan River. The wooden door leaves with relief work on them are attributed to Gil de Siloé.
77. One of the galleries of the cloister or *new procession*, which is how a new cloister was referred to in early documentation. It was finished around 1320, and was where the processions were held. On the upper floor there are a number of tombs set into the wall beneath an important set of sculptures centred into each wall section.
78. The variation in height between the street on the north side of the cathedral, where the Coronería Door is found, and the interior level of the church, made it necessary to build what is called the golden staircase. It was designed by Diego de Siloé using Italian models in the 16th century.
79. In 1519 the funerary Presentation Chapel for the canon and apostolic proto-notary Gonzalo de Lerma was raised over part of the earlier Romanesque Cathedral. The great arches leading to the south nave of the cathedral were closed off with fine screens made by Cristóbal de Andino (1528).

80. The new choir stalls, designed by Vigarny and his workshop (1505), replaced the Gothic stalls that occupied the apse until the 16th century. The transfer of the choir stalls to the central nave in 1539 made it necessary to carry out a number of modifications. The lower stall, which were for prebendaries and chaplains, has forty-eight seats, while the upper stall, for the archbishop, dignitaries and canons, has sixty-two. Apart from the lectern, it is the site of the tomb of Bishop Mauricio, an exceptional piece from the 13th century.
81. Interior of the High Constable funerary chapel in the ambulatory. This is one of the most extraordinary works of Spanish art, with contributions from the most prestigious artists of the period around 1500. Its founders were the Constables of Castile, Mencía de Mendoza and her husband Pedro Fernández de Velasco. They commissioned the work to Simon of Cologne, who finished it around the year 1494.
82. Central nave or royal nave as seen from the apse. In the foreground, the place occupied by the choir stalls until they were moved to the main nave in the 16th century. The four pillars of the crossing were reinforced in that century to support the new work on the dome. The screen that closes off the choir was done by Juan Bautista Celma. Finished in 1602, it was paid for by Cardinal Zapata, whose coats of arms can be seen above.
83. Starry eight-point vault over the High Constable Chapel, by Simon of Cologne. Inside of it there is another smaller starred part that has perforated sections, allowing the light to come through. In this way, the overhead light of the vault and the light coming in through the body of the dome inundates the interior of the chapel and shows off the beauty of its design.
84. Over the crossing of the cathedral transept there is the dome built by Juan de Vallejo in the time of Cardinal Archbishop Juan Álvarez de Toledo, substituting the one raised by Juan of Cologne which collapsed in 1539. Once the technical difficulties had been overcome by reinforcing the supporting pillars, and the Gothic appearance had been somewhat restored, the transept crossing was considered finished in 1568. Since 1921 the remains of El Cid rest beneath this sky of stone stars, having been brought here from the Monastery of San Pedro de Cardeña.
85. The cloister was restored around 1900 by Vicente Lampérez. As magnificent as it is, it is all the more admired for the quantity of large and beautiful 14th century sculptures including one of Alfonso X the Wise and his wife Violante of Aragon, who is offered a ring. This is surely one of the most refined and elegant sculptures of a woman in Spanish medieval art.
86. The cloister architecture is constantly enriched by single figure or groupings, like this one that adorns one of the corner pillars. Two couples speak to each other, in what some observers have considered to be the crown princes of Castile, with all of them repeating a similar gesture as they hold up their capes.
87. Detail of the tomb of Bishop Mauricio, who laid the first stone on the Gothic cathedral in 1221. The sculpture is made of wood and covered with a gilted, embossed copper plate featuring Limoges enamels, all of which was done in 1260. The tomb was initially in the head of the church surrounded by the choir stalls, until it was moved to the main nave in the 16th century.
88. Detail of the leaf of the door entering the cloister from the cathedral, with a characteristically medieval view of Christ's *Descensus ad Inferos*, where the souls of the just await their Redemptor. The relief has a clearly Flemish style and has been attributed by some authors to Gil de Siloé (15th century).
89. Detail of the choir stalls of the Cathedral of León with the scene of Christ Resuscitated after Descending into Hell. The stalls were begun by Master Enrique, but were mostly done by the Flemish master Juan de Malinas (1467), and the work was finished by other sculptors, like Master Copín, who was also probably from a Flemish background.
90. Detail of the central nave with a fragment of the retrochoir.
91. Plan of the Cathedral of León with the cloister and sacristy. The temple was designed with space for the choir stalls, according to the French model, and this was the case until they were transferred to the central nave in the 18th century. (Floor plan by M. D. Sáenz de Miera and C. Vallejo.)
92. General view of the cathedral, where the Gothic work of the 13th century and the neo-Gothic contributions from the 19th century blend into each other and are difficult to tell apart. Like at Santiago de Compostela, the two powerful towers have a very Spanish placement, as they are set outside of the two lateral naves instead of being placed over top of them as in France, giving the main nave an airy, independent structure.
93. The central entrance way on the main façade from the 13th century is dedicated to the Final Judgement, with the subject dealt with in the tympanum presided by Christ the Judge. The same master did the reliefs on the lintel, while a second master influenced by the French models of Amiens did some figures on the tympanum and especially the Virgin on the mullion, whose original is now found inside the cathedral.
94. The right side entrance on the main façade, known as the San Francisco Door, is dedicated to the Coronation of the Virgin, and like the others has a number of sculptures around the opening. As they are done by different hands and are stylistically varied, it is unlikely that they were conceived for this location, a conclusion we are also led to by the variation in their heights (Simon, the Eritrean Sybil and the Saviour).
95. The so-called White Virgin, now conserved in the main chapel on the ambulatory, was once located on the mullion of the main entrance. It is without a doubt the work of a Gothic master from the 13th century, though we see many archaic elements in it, as in spite of the friendly smile there is an underlying frontal emphasis, rigidity and incommunicative quality that was typical of Romanesque modelling.
96. Group of the Blessed warmly welcomed at the gates of heaven, on the lintel of the Final Judgement Door. See the elegance of the postures and clothing, as well as the presence of celestial music in the representation of an organ whose player sits relaxed with his back to the viewer, allowing us to see his assistant working the bellows. In the group on the right some identify Saint Francis and Santa Clara in conversation with a king.
97. In contrast to the group of the Blessed, the scene of hell could not be more terrifying. Monstrous heads with spectacular teeth devour the bodies of the condemned over a world in flames. The expressionist realism of the figures would be even stronger if the painting on the entrance ways had been conserved, though only vestiges of the colouring remain.
98. Detail of the south side of the main nave, where we can see the width of the clerestory, leaving the parts of solid wall reduced to their minimal expression. The thinness of the flying buttresses contributes to make the Cathedral of León one of the most slender, fragile works of Gothic architecture's Rayonnant style.
99. In the 19th century restoration light openings were made in the triforium, so that along with the light entering through the clerestory the interior of the cathedral is highly illuminated, with light pouring in from three different levels (we must keep in mind that it also enters through the lateral naves). The four-part vaults of the nave, like those in the rest of the temple, were dismantled and rebuilt in the 19th century.
100. View from the foot of the main nave where the retrochoir comes to meet us. The choir was moved into the nave in the 18th century, since before then it had been towards the apse of the cathedral. The retrochoir is the work of Baltasar Gutiérrez (1576), with reliefs by Esteban Jordán.
101. Vault over the main chapel. The stained glass windows of the clerestory are mostly attributed to the master Juan de Arquer, who was probably Flemish. The figures suggest a Gothic style that was probably Nordic (15th century).
102. The stained glass windows of the Cathedral of León summarize the history of stained glass from the 13th to the 20th century, from the early masters Adam, Fernán Arnol and Pedro Guillelmo who did the first windows of the 13th century, to the restoration work done in the 1990s. However, the 19th century restoration of the Cathedral of León required all the stained glass windows to be taken down, with the new layout done by the architect Juan Bautista Lázaro, who also finished those unfinished and made others completely new, such as all those corresponding to the triforium and the majority the windows on the lateral naves.
103. Seat back of the choir stalls for the prebendaries and beneficiaries, with the figure of King David playing a type of harp or lyre as he sings the psalms. It is the work of Juan de Malinas (15th century).
104. Seat back from the lower choir stalls beside the image of King David, where King Solomon is also seen playing an instrument. By Juan de Malinas (15th century).
105. Main altarpiece of the Cathedral of Toledo with scenes from the life of Christ. Cardinal Archbishop Cisneros renovated the chancel with this spectacular altarpiece which is likely the largest ever done. It was made by a group of masters including architects, sculptors, painters and gold leaf experts, such Enrique Egas, Pedro Gumiel, Copín of Holland, Sebastián de Almonacid, Juan de Borgoña and Peti Juan. It was finished in 1504.

106. Misericord stalls in the lower choir representing a lady and a unicorn, by Rodrigo Alemán (circa 1490).
107. Floor plan of the cathedral as designed in the 13th century, with the 14th century cloister and other chapels and rooms that were added up to the 17th century. See the lack of depth of the main apse which was conceived only for the liturgy of the altar and not for the choir stalls, unlike what occurred at Burgos or León, where French models were followed. (Plan drawn by J. M. Merino de Cáceres and V. Berriochoa.)
108. General view of the cathedral from the south side, where we can see the short head in comparison to the cathedrals of Rheims, Amiens, Beauvais, Le Mans, Ely and other examples illustrated earlier. The difference is not stylistic but liturgical, for the Cathedral of Toledo was designed by French masters who nevertheless executed a program with different needs.
109. The bell tower is a work from the 14th century with the Flemish-style upper part added by the architect Hanequín of Brussels in the first half of the 15th century. The anomalous placement of the tower with respect to the cathedral floor plan leads us to think that the foundations and nucleus of the tower could have been taken from the previous minaret of the mosque that preceded the Gothic church.
110. The main façade has three entrance ways separated by strong buttresses that drive up the arches of the main nave. They are named, from left to right, the Hell or Tower Door, the Pardon Door and the Door of the Final Judgement or Scribe's Door. The sculptures on their doorposts, tympanum and arch vaults follow French models. The central Pardon Door has the figure of the Saviour on the mullion, accompanied on the door posts by the Apostles, while on the tympanum there is an image of San Ildefonso receiving the chasuble from the Virgin.
111. The south door of the transept is called the Lion's Door, though previously it had been known as the Joy or Sun Door. It was made from 1452 to 1465 by Hanequín of Brussels, who besides introducing flamboyant elements added a first class sculptural grouping that was worked on by his large Flemish workshop, with Egas Cueman and Juan Alemán at the fore. It would be highly altered in 1785.
112. Interior of the Clock Door in the north arm at the transept. On the sides we see significant differences in the design of the pillars and the moulding of the arches, indicating the change of masters that occurred between the area of the head and apse, on the right, and the body of the cathedral on the left.
113. Central nave as seen from the foot of the cathedral. In the background, in the apse, the main altarpiece emerges beneath the acceptable architecture of the first phase, which later, in the body of the church, would leave us with irregular profiling due to the lack of bracing. The result would be unpleasant deformations in the reinforcing arches of the vaults, though this does not reduce the overall grandeur. The retrochoir indicates the dividing point between the solemn area and the space reserved for the ordinary liturgy.
114. The double ambulatory of the cathedral provides us with images that are unique in European cathedrals, for since on the one hand the Gothic architecture responds to French models from the 13th century, on the other hand a triforium with multi-lobed arches of a clearly Islamic influence is included. In the background we see the delicate 15th century flamboyant Gothic architecture of the Álvaro de Luna funerary chapel.
115. The cathedral architecture supports other elements, like the choir stalls with their powerful, architectural solidity (16th century). On the north side, over the area known as the Archbishop's choir, there is the spectacular Baroque organ by Germán López and Pedro Liborna from the second half of the 18th century, with the pipes hanging as is characteristic in the Spanish organ.
116. View of the apse and double ambulatory as seen from the crossing of the transept. This spectacular image allows us to see the scaling of the naves and the differing treatment of the triforium, made up of interlaced horseshoe arches over the chancel, the multi-lobed arches over the lesser nave and the Gothic profiles opened up in the transept. The area of the chancel is a closed and clearly differentiated unit.
117. The chapter house. After the secularization of the chapters only two spaces were maintained in the cathedrals for the community of canons: the choir and the chapter house. The chapter house of Toledo was done during the prelature of Cisneros, who commissioned Gumiel to do the construction work with a beautifully gold leaf facing in the Mudejar tradition, and mural paintings by Juan de Borgoña. Beneath them there is a portrait gallery of the archbishops of Toledo starting with Cisneros.
118. The long history of the choir of Toledo is summarized in the two sets of choir stalls. The lower set was begun in 1489 by Rodrigo Alemán, and represents episodes from the battle of Granada on the seat backs. The upper set is placed beneath a solid architectural structure of arches and small columns. It was done by Alonso Berruguete, who represented figures from the Old Testament in the Archbishop's choir, and by Felipe Vigarny, who represented figures from the New Testament in the Dean's choir. The work was finished 1541.
119 and 120. Detail of the Alfaquí pillar in the main chapel (left), and the bronze pulpit (right) that makes up part of the screen on the chapel, a work by Francisco Villalpando from 1548 featuring numerous Italian and Mannerist inspired details.
121. Processional monstrance, an extraordinary piece by the silversmith Enrique de Arfe. It was crafted in white silver from 1517 to 1524, to which Archbishop Quiroga added a gold leaf application at the end of the 16th century so that it would have the same tone as the small monstrance in its interior. This latter monstrance, considered to have come down from the legacy of Isabel the Catholic, is said to have been done with the first gold to come from the Americas.
122. Virgin with Child. Gothic sculpture from 13th century France. It is found over the Prima altar inside the choir where the Prima mass was held.
123. Seat back of the Archbishop's choir stalls representing Eve, in a beautiful nude done in a clearly Renaissance spirit by Alonso de Berruguete.
124. Vaults of the ambulatory of the Cathedral of Barcelona set over slender pillars. The key stone over the chancel represents the Crucifixion while in the foreground we see the back side of the Holy Cross the cathedral is dedicated to, in a piece by Federic Marés (1976). *«Our cathedral/ has the figure of Jesus on the cross»*, wrote the poet Verdaguer.
125. Detail of the tomb of Santa Eulalia in the cathedral crypt.
126. Floor plan of the cathedral of Barcelona. The short length of the head and apse and the presence of the choir in the nave follow the "Spanish way", even though stylistically it has been linked to what is seen in Narbonne. (Plan drawn by J. M. Botey and J. M. Martí.)
127 and 128. The Cathedral of Barcelona would not see its façade finished until the end of the 19th century, remaining as seen in this photograph from 1887 (above). In 1890 a design by Josep Oriol Mestres was accepted, and with sculptors like Agapit Vallmitjana and Joan Roig the façade was given a Gothic image (below).
129. The process to finish the cathedral façade culminated with the addition of two towers and the construction from 1906 to 1912 of an important dome designed by August Font i Carreras and funded by Manuel Girona. The entrance way by Josep Oriol Mestres responds to a drawing left in 1408 by the master Carlí (Carles Galtés de Ruan).
130. Gargoyle off the apse representing a knight. The obstruction of the drains leads to these small hanging gardens.
131. Gargoyle off the apse representing a unicorn.
132. The nearness of the walled Roman city to the cathedral is frequent in the episcopal cities of the Middle Ages. Close to the cathedrals are found the bishop's palace and the residences of ecclesiastical dignitaries like deans, archdeacons and the canons, making up a cathedral neighbourhood with their own door through the wall.
133. The door leading from the cloister to the church draws our attention both for its workmanship, moulding and Romanesque suggestions that distance it from the Gothic character of the rest of the cathedral. It is quite probable that the posts and arch vaults had belonged to the earlier Romanesque temple, recalling in some ways the doors of the early cathedral of Lleida.
134. General view of the main nave and the chancel, with the bishop's seat and the altar, as seen from the end of the choir. The space of sacrifice and the area of praise were the sites of the altar and choir services the canons vowed to fulfil upon taking possession of the cathedral.
135. Four-part vaults over the main nave with the key stones and ribs painted. The painting was discovered during restoration work in 1970.
136. Key stone of the vault above the transept crossing, from 1379. It represents the Virgin of Mercy accompanied by angels. Under her protective cover there are various men on the left including a Pope, a king, a cardinal, a bishop and a canon; on the right, among the women we see a queen and a nun.
137. The powerful, translucent stone structure of the cathedral works as the visual support for the sharp voices in the form of needles that divide the choir, done in wood at the end of the 15th century by the masters Kassel and Michael Lochner.
138. The choir is one of the treasures of the Cathedral of Barcelona for its form and its layout, which fortu-

nately have been preserved. It worth is also due to the added circumstance that it was used for the meeting of the 19th Chapter of the Order of the Golden Fleece, under Charles V.

139. On the occasion of the celebration of the 19th Chapter of the Order of the Golden Fleece, in 1518 the coats of arms of the order's nobles were painted, including those of the kings of Portugal and England.
140. The retrochoir, with its processional door in the central and a high tribune, indicates the relationship between this architectural-liturgical solution, the French *jubé* or the English *screen-choir* or *rood-screen*. When the Barcelona retrochoir was rebuilt for the meeting of the Golden Fleece, the reliefs representing the scenes from the martyrdom of Santa Eulalia were then done by Bartolomé Ordóñez and Pere Villar, with this latter finishing the work in 1563.
141. The cathedral crypt is one of the oldest known structures built under the direction of Jaume Fabré, chief master of the construction work in 1327. It was in that year that the sculptor Francesco di Lupo came to Barcelona from Pisa; he has been credited with the tomb of Santa Eulalia, with reliefs alluding to her martyrdom and the transfer of her body to this crypt in the year 1339.
142. Light effects on one of the columns in the Cathedral of Majorca. The sobriety of the design shows off the prismatic simplicity of these supports, with a lack of smaller columns and large rounded mouldings, and the starting point of the vaults denoted by a simple ledge.
143. Detail of the cathedral as seen over the roofs of the city, with the tower timidly emerging on one side of the building; it is quite probable that it was raised over the pre-existing minaret that had stood at the same spot.
144. Cathedral floor plan with a highly unique layout of the apse where construction was begun. Behind the chancel a royal chapel referred to as the Trinity Chapel was placed for the burial of King Jaume II of Majorca, who died in 1311. It had been his initiative to build the cathedral. (Plan drawn by R. Adams and J. Salas).
145. Image of the cathedral as a ship moored at the docks in the port.
146. The design of the Cathedral of Majorca was novel due to the conception both of the floor plan and the elevation. On the south side we can see the telescopic apse and the many buttresses which start by rising with the lateral chapels and then, higher up, counter the supports of the main nave. A unique visual effect is achieved with this constructive solution.
147. Main nave of the cathedral after the elimination of the choir by Bishop Campins and the architect Gaudí (1902-1914), which would forever devalue the architectural project and its correspondence with the liturgical uses of the Cathedral of Majorca. Over the entrance arch into the chancel there is an unusual rose window that helps to light the inside of the cathedral from that point. The pillars along the nave are the most slender Gothic supports ever built.
148. «The Cathedral of Majorca is without a doubt the cathedral with the least quantity of visible material seen inside a useful spatial volume. Of all the buildings done in the Gothic style, it is the one with the highest lateral naves, the most spacious central nave and the highest and most slender columns; it is surely the cathedral that has taken the most advantage of the constructive materials of Gothic art in the organization of the building» (J. Rubió).
149. The great organ is also considered *Gothic* and has been conserved in the 15th century medieval encasing, even though its current sound distribution was set up by Gabriel Blancafort in 1986.
150. Gothic bishop's seat from the 14th century presiding the chancel, before a wall section decorated by Gaudí and Jujol.
151 and 152. All cathedrals have or have had a collection of relics kept in a chapel or reliquary. In Majorca there are fragments of the tunics of the Virgin and Christ, as well as a relic of the pillar of Christ that tops off the crown that surrounds the painted heads of Christ and the Virgin (or perhaps Mary Magdalene on the front on the back). From the 15th century.
153. Detail of the Apostle Saint Peter in the Mirador Door. An energetic, expressive style characterizes this work by the sculptor Guillem Sagrera, who worked on it in 1422 and who was also for a time the cathedral's master builder.
154. Choir book or hymnal from the 17th century.
155. Spectacular, profusely decorated starting point of a vault over the transept crossing at the Cathedral of Seville.
156. Detail of the stained glass window over the Epistle nave representing Santa Catalina, by Enrique Alemán, from around 1478.
157. Floor plan of the cathedral, which was begun in the first years of the 15th century over the plot of the former Almohad mosque, with the ablution courtyard –now the Patio de los Naranjos- and the minaret still preserved. This is the first cathedral to feature a squared apse. The chancel and the choir respect the "Spanish way" as established by the Cathedral of Toledo, and which would make its way to the Americas through Seville. (Plan drawn by A. Jiménez.)
158. Aerial view of the cathedral where we can see the Gothic construction with its five axes and lateral chapels dominating the height of the main nave and the transept, and the Patio de los Naranjos that belongs to the disappeared Aljama mosque along with the minaret topped off by the Giralda.
159. South side of the cathedral where from the 16th century onwards chapels, sacristies and other chapter rooms were added. The stepping of the volumes allows us to appreciate the three heights of openings that illuminate the lateral chapels from below, the two lateral naves of the same height and, finally, the main nave.
160. One of the most universally known images of Spanish art is without a doubt Seville's Giralda, a tower were two cultures and creeds are overlaid: the body of the Almohad minaret, an Islamic work from the 12th century; and the Christian structure for the bells, known as the Giralda, a 16th century structure that gives its name to the entire tower. In the foreground can be seen the Royal Chapel from the 16th century that substituted the first Gothic project.
161. The Door of Saint Christopher or the Prince opens up on the south arm of the transept, a neo-Gothic work designed by Adolfo Fernández Casanova and finished in 1917.
162. No cathedral is without its processional monstrance. During Corpus Christi the monstrance is taken out for solemn processions through the city, in a tradition that is still preserved today. The large Seville monstrance was made by the silversmith Juan de Arfe, who did the work with a group of assistants from 1580 to 1587. Later, in 1668, the silversmith Juan de Segura changed the pedestal and added an image of the Immaculate Conception in the lower part along with the angels in the second section around the monstrance itself, topping it all off with an image of Faith.
163. The Royal Chapel is found beneath the careful gaze of the Giralda. Done in the 16th century, as witnessed by the coat of arms of the Emperor Charles V, it hosts the mortal remains of San Fernando, the king who conquered Seville and restored the diocese, and of his son Alfonso X the Wise.
164. The Seville cathedral was begun, in contrast to normal custom, at the foot, where various doorways were opened up, among them the one dedicated to the Birth of Christ. On its doorposts and around it there are surprising, highly realistic sculptures done in fired clay from 1464 to 1467 by Lorenzo Mercadante of Brittany.
165. The Pardon Door led from the Almohad mosque to the ablutions courtyard. After the renovations of 1519, the memory of Islam was limited to the pointed horseshoe arch under a framed section, all of which was covered by Renaissance plaster work, along with the exceptional door panels. The figures of Saint Peter and Saint Paul, the Annunciation and the relief with the Expulsion of the Merchants from the temple by Master Perrín served to Christianize this entrance way.
166. Transept nave towards the south, where we find Saint Christopher's or the Prince's Door. In the background, the cenotaph of Christopher Columbus. The space of the crossing with pews between the chancel and the choir allowed and still allows the faithful to participate in the solemn cathedral rites.
167. Central nave. In the background we see the upper part of the main altarpiece in the chancel. The choir in the main nave has a retrochoir that delimits the space for common liturgy, with its corresponding altar, chancel and pulpit for preaching to the faithful who filled this part of the church.
168 and 169. «The organ began its vague prelude, its melody then opening up until it filled the naves with powerful voices, resonating with the empire of the trumpets calling out to the souls on the day of judgement. Later it would soften, its strength poised like a sword, and, lovingly swaying, sat resting on the abyss of its ire» (L. Cernuda).
170 and 171. There is a great contrast in design and ornamentation between the vaults that make up the central nucleus of the transept crossing and those that close off the naves and chapels. The former feature a clearly Baroque decoration, while the others are resolved with simple four-part solutions without decorative effects, with the exception of a longitudinal rib that runs down the spine of the main naves and the transept.
172. The richest dome is the one found over the transept crossing. Its square plan allows for a reg-

ular design to be set on it. It collapsed in 1511, was rebuilt by Juan Gil de Hontañón and fell again during restoration work in 1888. The current dome was done by the architect Joaquín Fernández.

173. The stone vault over the Royal Chapel in the apse of the cathedral is one of the most refined of its kind in the Spanish Renaissance, with clear references to the Pantheon in Rome. The chapel was designed by Gaínza, with the vault by Hernán Ruiz the Younger, and it was finished by Juan de Maeda from 1550 to 1575.

174. Detail of the modest set of light openings in the transept crossing.

175. The altarpiece was begun by the Flemish artist Dancart (1482) and finished in the 16th century by the brothers Jorge and Alejo Fernández, a sculptor and a painter respectively. Around 1550 two more rows were added to the existing seven, with sculptures by Roque Balduque and Juan Bautista Vázquez. Overall it measures eighteen metres wide and almost twenty metres high, with scenes from the lives of Christ and the Virgin Mary. The image in silver plate of the Virgin of the See, to whom the cathedral is dedicated, particularly stands out.

176. Detail of the *predela* or bench set before the main altarpiece with a view of the city of Seville with its walls from the south, the scene dominated by the Aljama mosque's minaret as depicted before the Christian bell-tower was added. Santa Justa and Santa Rufina, the patrons of the city, are set on either side.

177. Detail of the *predela* or bench set before the main altarpiece showing the square apse of the cathedral as it was first designed, with the polygonal Gothic Royal Chapel set between the Palos and Campanillas Doors. This layout with the squared off apse, Royal Chapel and double entrance through it was used at the cathedrals of Mexico City and Lima, amongst other cathedral structures in the Americas. The minaret shown still consists of only its Almohad body. On either side, the bishops San Leandro and San Isidoro prelates of the diocese.

178. Saint Christopher, in a mural painting by Mateo Pérez de Alesio (1584). The ancient medieval belief that whoever saw this saint would not suffer a sudden death on that day led to the multiplication of the image on the outside of cathedrals, or on the inside though close to the entrance ways. In Seville it is found just beside the door that bears his name. Saint Christopher's large size turns him into the watchman of the church on the scale of the cathedral.

179. Virgen de la Antigua, an anonymous Gothic painting from the 14th century. It is one of the mural paintings from the former mosque-cathedral that was placed in the chapels of the new Gothic church in the 16th century, having been restored with the addition of a number of elements, like the three angels on the upper part by Antón Pérez. In 1734 it was added to the new altarpiece, to which the lateral columns belong. The halos and golden crowns date from 1929.

180. View of the choir as seen from the transept. In the background, the monumental organ on the Gospel side built by the Valencian organ-maker Miguel Llobet from 1666 to 1671, though the renovation done by the Organería Española (1957-1960) made a new instrument that only preserved the casing of the former one; it was made by Bartolomé de Mendigutia.

181. Detail of the vault over the Villaviciosa Chapel.

182. Current floor plan of the Mosque of Cordoba with the various Christian interventions. Of particular interest here we might point to: the *first cathedral* (A) built in the interior under Bishop Iñigo Manrique (1486-1496); the *second cathedral* (B), which like the first was limited to the chancel and choir, given that the entire space of the mosque was a cathedral. It was begun in 1523 following the design of Hernán Ruiz the Elder, and was finished in 1607. (Plan drawn by G. Ruiz Cabrero.)

183. General view of the Mosque of Cordoba as seen from the other side of the Guadalquivir River, with the Calahorra Bridge in the foreground. The volume rising out of the centre pertains to the *second cathedral* from the 16th century.

184. The mosque cathedral as seen from the minaret. In the foreground, the former ablutions courtyard and the naves of the various additions to the mosque, which run in parallel towards the *quibla*, and thus towards the river. In the Hernán Ruiz design for the *second cathedral* the structure of the mosque was respected with great care. See the volume of the roof over the choir, the solution for the transept and, finally, the main chapel. To the right, the more modest *first cathedral* from the 15th century.

185. Fountain and archways on the north side of the Patio de los Naranjos, dominated by the imposing tower Hernán Ruiz III built after 1593 over the former Caliphate minaret of Abd al-Rahman III. The upper part has a total of twelve bells, with the oldest dating from 1517 and the most modern from 1915.

186. Archways of the addition to the mosque by Almanzor (976-1002) on the eastern side. The new naves faithfully repeated the layout of columns, arches and painting in the first mosque, with its highly characteristic capitals known as «de pencas», set over grey jasper columns.

187 and 188. Lighting in the Villaviciosa Chapel placed over the former mihrab of the Abd al-Rahman II addition, as built by Al-Hakam from 961 to 965. The beauty of the vault set over interlacing arches led them to place the main chapel of the new Christian church here in 1236, with the Gothic nave of the *first cathedral* opening onto it in the 15th century.

189. Gothic vaults from the 16th century in the area behind the altar affected by the new work on the cathedral by Hernán Ruiz. The architect submitted the rhythm and composition of his design to the tone set by the former mosque construction in a natural, talented way.

190. The Villaviciosa Chapel was named for the medieval Virgin that was found there, and is now in the main chapel. It is one of the most brilliant moments of 10th century Caliphate architecture, with its multi-lobed interlacing arches beneath the lighting solution we have described. It was restored by Velásquez Bosco in 1907. Behind the wall in the background there is the Royal Chapel, paid for by Enrique II in 1371 for the tombs of his father and grandfather, King Fernando IV and King Alfonso XI respectively.

191. Central nave of the Abd al-Rahman II reform (848). To the right we see the apse of the Villaviciosa Chapel with a Christ on the cross, and beyond it the multi-lobed arches that correspond to the Royal Chapel. The shadowy area to the left corresponds to the lateral naves of the Renaissance cathedral.

192. Anonymous relief from around 1530 with the scene of the Descent from the Cross, from the area behind the altar of the *second cathedral*, in an excellent example of harmony, respect and adaptation of form.

193. Gospel side of the new choir by the sculptor Pedro Duque Cornejo, who carved it out of Antilles mahogany from 1747 to 1758, an extraordinary world of forms and figures illustrating the Old and New Testament and the life of the Virgin on the upper choir stalls. The lower stalls include a number of saints including some from Cordoba itself, for a total of one hundred and five seats including the spectacular bishop's seat crowned with a large relief of the Ascension of the Lord. Its creator was buried in the cathedral, and in the 20th century the tomb was moved to the foot of the choir itself in recognition of his extraordinarily beautiful work, without a doubt the last great cathedral choir in history.

194. General view of the choir, with the two organs beneath respective English clocks from the 18th century, the transept and the altar. Between the altar and the choir there is the processional way and the pulpits. From the bishop's seat in the choir the noble mosque disappears and one can only see the imposing 16th century cathedral.

195. The great altarpiece of the cathedral, done in Cabra marble by the Jesuit Alonso Matías (1618). It belongs to the early Spanish Baroque, when classicism still pervaded the designs and values of the Renaissance. The tabernacle in the centre row for the exhibition of the monstrance was done in 1653 by Sebastián Vidal using a model by Alonso Matías. The former altarpiece paintings, with Cordobese saints, were substituted in 1713 by others by Palomino, who was also the creator of the large central canvas representing the Ascent of the Virgin, to whom the church has been dedicated since the 16th century.

196. The activity in the cathedral of Juan de Ochoa from 1599 to 1606 was decisive for the completion of the work begun by Hernán Ruiz the Elder. Ochoa finished the retrochoir, or the «choir end» as it is known in Cordoba, with a double entrance for the two halves of the choir. The central axis, with a representation of Saint Peter wearing papal attire, reinforces the presence of the hefty bishop's seat presiding the choir from the end.

197. The Cordoba processional monstrance is one of the most handsome in Spain. It was done in silver and gold in the 16th century by the same craftsman that did the Toledo monstrance, Enrique de Arfe; after it was commissioned in 1514 it appeared in procession for the first time in 1518.

198. Organ from the Epistle side that substituted a previous Baroque organ in the 19th century. The encasing and decoration were done by Patricio Furriel (1827); its internal registers and mechanisms were first renovated by Ghys in 1892 and later, in 1997, by Federico Acitores.

199. General view of Diego de Siloé's Cathedral of Granada, with the main transept. In 1528 it was

conceived as a "Roman style" temple, in the terminology of the time.
200. Columns of the lateral naves looking towards the foot.
201. Floor plan of the cathedral with the shrine, the Royal Chapel and the sacristy. The cathedral was begun in 1523 with a design by Enrique Egas, the master builder of the Cathedral of Toledo, which the Granada building has certain analogies to. The intervention of Diego de Siloé from 1528 onwards would modify the Egas design, especially when it came to the layout of the apse. (Plan drawing by P. Salmerón and A. Almagro.)
202. The sober western façade done according to the design by Alonso Cano, who was also the creator of the paintings in the Main Chapel and the famous sculpture of the Virgen del Facistol, that belonged to the now lost choir. The façade design dates from 1667, the same year that Cano passed away.
203. Central nave as seen from the foot, giving an image of the grandeur of the cathedral as conceived by Siloé while maintaining a perspective that had not been contemplated in the original design. The architect had made a design with the choir in the centre of the nave, where it remained until its destruction by Cardinal Archbishop Vicente Casanova in 1929. In this image we see the second transept which gave light to this part of the cathedral, and where the ordinary liturgies were held.
204. First lateral nave on the Gospel side, looking towards the foot. The wooden wind screen hides the door that opens on the western façade, with two high eye holes above it.
205. «Who called the entire chapter to deal with the continuation of the work of this holy Church to cover the transept and make the choir in the place it is drawn in this said Church, and to cover the naves where this choir should be placed...» (Actas Capitulares, VII, folio 59: January 30, 1582).
206. Two twin organs remain from the destroyed choir that have lost all their sense as an integral part of it. Their spectacular Baroque encasings testify to the beauty of these monumental instruments made by the organ master Leonardo Fernández Dávila from 1744 to 1749. They are of great importance within the tradition of Iberian organ making.
207. Vaults of the transept crossing and the main chapel. The insistent Gothic qualities of the design continue to surprise us, especially since Diego de Siloé had made such an emphasis on giving the church construction a *Roman* appearance, as is seen in more accurate fashion with the columns in the naves.
208. Vault over the main chapel, probably conceived as the funerary chapel of Emperor Charles V. From 1652 to 1664 Alonso Cano, who was a prebendary in the cathedral, painted a number of canvases that made up a ring beneath the stained glass windows. These latter were done by the glass masters Dirk Vellert, known in Spain as Teodoro de Holanda, and Juan del Campo, who from 1554 to 1561 painted them with scenes from the Passion and various passages from the Gospels related to the Salvation story.
209. *Santiago matamoros* altarpiece on the Epistle side, near the entrance to the Royal Chapel. The sculpture was done by Alonso de Mena (circa 1640), and was placed in the altarpiece designed by the architect Hurtado Izquierdo in 1707. The design corresponds to personal criteria, where the use of stem-like pillars prevails. The image of the Immaculate Conception and the paintings were done by José Risueño.
210. A number of isolated seats and the excellent retrochoir are all that is left from the choir eliminated in 1929. With this latter the altarpiece was composed in the Chapel of Nuestra Señora de las Angustias on the Gospel side, beside the Pardon Door. Done in rich marble, it is a fine work by the architect José de Bada (1737-1741). The sculptures of the Virgin of Anguish and the holy bishops were made by Vera Moreno.
211. Royal Chapel of Granada: *Further, I order that if the Royal Chapel that I order to be made in the Cathedral Church of Santa María de la O in the city of Granada is not finished upon my death, I order that it be done using my resources whatever is left to be done, according to what I have commanded and ordered* (From the will of Isabel the Catholic, 1504).
212. Detail of the screen of the Royal Chapel that closes off the area of the funerary tombs in front of the chancel. The screen is set off by the coat of arms of the Catholic Monarchs, created by the master Bartolomé of Jaén (1518-1520).
213. The Cathedral of Jaén, designed by Andrés de Vandelvira, as seen from the Castle of Santa Catalina. The temple was raised over the former main mosque in the city. In the distance, orderly rows of olive trees.
214. Central nave with the choir in the foreground taking up two sections.
215. Floor plan of the 16th century cathedral, with the chapter house and the sacristy to the right, and the Chapel of the Shrine, designed by Ventura Rodríguez in the 18th century, to the left. See the square apse and the perfect correspondence between the architectural form and the liturgical organization. The free-standing chancel and the choir in the central nave leave the perimeter of the church free for the processional route. (Plan drawing by Fernando Chueca.)
216. In 1667, seven years after the consecration of the apse, Eufrasio López de Rojas was named master builder; shortly before he had been named to the same post in the Cathedral of Granada. He moved to Jaén to finish the many features that were left to be done in the cathedral besides continuing with the Vandelvira design for the main façade, completed before his death in 1684.
217. The choir stalls of the current choir were part of the additions to the first Renaissance choir pertaining to the demolished cathedral that existed before the Vandelvira project. We know that in 1519 the master Gutiérrez Alemán and Juan López de Velasco made a number of seats, with further contributions in the following years by Jerónimo Quijano, until the choir was done around 1527. In the 18th century the number of seats was added to until there were fifty-three lower ones and sixty-nine upper ones, along with the new reading lectern and retrochoir created under the direction of the architect José Gallego.
218. The Vandelvira project was inspired by Diego de Siloé's interior elevations for the Cathedral of Granada. It offers a truly Renaissance image in the architecture, with classically profiled pillars and flattened capitals holding up reinforced stone vaults in the three naves, all similar in height. This meant that the church had to be illuminated from the perimeter wall, giving a balanced lighting effect in the interior.
219. Freestanding chancel with the high altar set off by a neo-Classical tabernacle from the end of the 18th century, as designed by the architect and academic Pedro Arnal. Two chapels in the perimeter wall correspond to each section of the naves, with the Chapel of the Child Jesus on the left and the Immaculate Chapel on the right. Over the arches there are balconies all along the cathedral over the chapels, corresponding to different rooms, for example, those where the archive and library are found.
220. In the central chapel of the apse, the main one of the cathedral, the most important relic is worshiped: the Santa Faz or Holy Face. An old tradition from the 13th century took this as the image of the true imprint of the face of Christ as left on the veil of Veronica, without any colour or drawing being added. The face recalls the Byzantine icons of the Middle Ages and is set into a rich frame of Cordobese silver with precious stones that was made by the master Valderrama in 1731.
221. Main column of the Cathedral of Salamanca corresponding to the transept crossing the Baroque dome was raised over.
222. Detail of the starting point of the central nave in the wall at the foot.
223. Floor plan of the first Romanesque Cathedral with its cloister, and on the north side, the new cathedral begun in the 16th century and finished in the 18th century. The difference in size and scale is indicative of the rise of the university town and the growing economic power of the chapter. The chancel and choir are in the position that was set out in the architectural project, united by the via sacra processional way. (Plan drawing by V. Berriochoa.)
224. Outline of the cathedral reflected in the waters of the Tormes River. The tower, which was rebuilt and reinforced in the 18th century after the 1755 Lisbon earthquake, belongs in reality to the Romanesque Cathedral, which with its Gallo Tower can hardly be seen. The dome over the transept crossing in the new cathedral was built by Juan de Sagarvinaga (1763), who substituted the Joaquín Churriguera dome that had been affected by the earthquake.
225. South façade of the transept over the so-called Patio Chico. The cathedral construction work was interrupted in 1560 at the point of the transept, and was begun again in 1589 by the architect Ribero Rada, who preserved the Gothic design. However, the sculptures were never made even though a number of plinths and supports had been prepared for them; only the cathedral coats of arms with the vase of white lilies were done. To the left of the cypress, the apse of the Romanesque Cathedral.
226. The new cathedral was begun against custom at the foot, where the attractive Birth Door adorns the façade. Its exquisite ornamentation has detailing that was typical of the late Gothic; masters like Antonio de Malinas, Juan de Gante and others participated in the execution, probably under the direction of Juan Gil de Hontañón. The relief work on

the tympanums and the Virgin on the mullion were done by Juan Rodríguez, who finished the work in 1667.
227. Through the main entrance you can enter into the space of the central nave dedicated to ordinary worship, faced with the retrochoir designed by Alberto Churriguera in an odd style that lies somewhere between the Plateresque and the Baroque (1732-1738). Two Renaissance sculptures by Juan de Juní from the cloister flank the Virgin with Child over the altar: Saint Anne teaching the Virgin how to read, and Saint John the Baptist.
228. Vaults over the central nave designed and executed by Rodrigo Gil de Hontañón. Over the transept, the starting point of Joaquín Churriguera's Baroque dome and the tambour by Sagarvinaga. To the left, part of the extraordinary Baroque organ by Pedro Echevarría (1745), donated to the cathedral by Bishop José Sancho Granado.
229. Fragment of the choir stalls, a posthumous work by Joaquín Churriguera (1724) that was also worked on by his brother Alberto. José de Larra and Alejandro Carnicero did the seat backs on the upper stalls and Juan Múgica did them for the lower stalls.
230. North arm of the transept as seen from the main nave. Over the bare walls there are two levels of platforms or flying corridors that fulfil the function of the former triforium. The lower set above the chapels set between buttresses is done in the Gothic style. The upper set by the masterful Rodrigo Gil, includes Renaissance balustrades and is suspended above the lateral naves.
231. Interior of the Cathedral of Segovia, with the closure of the choir and the organs by Pedro Liborna Chavarria (1702), on the right, and by Pedro and José Chavarria (1770), on the left. The procession of San Frutos is still held down the lateral naves and through the retrochoir.
232. Miniature capital letter of a cathedral incunable with Saint Thomas' commentaries on the Gospel of Saint John (Basel, 1476). See illustration 241.
233. Floor plan of the cathedral, in double proportion as is habitually seen in the Spanish cathedrals. The Juan Guas cloister was brought there when the Romanesque Cathedral near the Alcázar was torn down. At the foot, the structure making up an atrium with the stones that were in the former cathedral, a work that was absurdly and gratuitously altered quite recently. (Plan drawn by J.M. Merino de Cáceres.)
234. General view of the cathedral dominating the city like a true Christian fortress. Begun in 1525 by Rodrigo Gil de Hontañón, the construction work started at the foot, like at Salamanca.
235. Lateral nave on the Gospel side, towards which the sound of the Chavarria brothers' organs is directed. Beyond the transept the ambulatory begins, with a semi-circular form in the finest medieval tradition.
236. Cathedral naves as seen from the retrochoir.
237. Vaults over the central nave done from 1539 to 1541.
238. Chapel of the Sagrario beside the former sacristy. Begun in the 17th century with a dome designed by José Churriguera, it was finished around 1708 by Pantaleón Pontón Setién, who was then the master builder of the cathedral. The spectacular altarpiece-reliquary was designed by José Churriguera himself in 1686.
239. 18th century retrochoir. The central section was done in marble by the French sculptor Hubert Dumandre, and was brought here from the chapel of the Royal Palace of Riofrío on the order of Carlos III. The rest of the closure was designed by Juan de Villanueva, who was followed by Ventura Rodríguez y Estévez. The work was finished in 1789. Over the altar there is the silver urn from 1633 containing the remains of San Frutos.
240. Piety Chapel on the Gospel side, conceived by the chapter for their and commissioned to the canon Juan Rodríguez, the builder and later supervisor of the cathedral construction work. It contains one of the most notable, beautiful sculptures of the Spanish Renaissance, carved in wood and painted: the Holy Burial (1571), by Juan de Juní.
241. First chapter of one of the incunables of the rich collection of the library of the Cathedral of Segovia, with Saint Thomas' commentaries on the four gospels (*Catena Aurea seu Continuum in quator Evangelistas*, Basel, 1476). This volume, printed and illuminated by hand on the edges and capitals, belonged to Diego de Miranda, canon of the Cathedral of Burgos.
242. The choir comes from the former Romanesque Cathedral and was done in the time of Bishop Juan Arias Dávila (1461-1497). It was placed in this position in 1558 by the masons Juan Gil and Jerónimo of Antwerp, who added to it. In 1789, on the occasion of construction work on the retrochoir, new seats were added to it. It now has one hundred and sixteen stalls, including those meant to be occupied by the king and queen. In the centre is the 16th century reading lectern that was partially made by Vasco de la Zarza.
243. Central nave of the Cathedral of Cadis as seen from the transept. In the background, the choir with the screen designed in the mid-19th century by the architect Juan de la Vega Correa and executed in the Seville workshops of Manuel Groso. See the original placement of the pillars that respect the positional shift proposed by Vicente Acero in the 1721 design.
244. Transept nave towards the southern door.
245. Cathedral floor plan where we can gauge the formal analogies with the Cathedral of Granada, with the novel addition of the Chapel of the Relics in the centre of the ambulatory. The floor plan does not stray from the layout proposed by Vicente Acero, though the design and the solution for the vaults were the work of Torcuato Cayón. (Plan drawing by O. Schubert.)
246. The move of the Casa de Contratación and the Consulate of the Indies from Seville to Cadis in 1717 made the port of Cadis into the head of the Indies fleets. The cathedral, like a ship itself, looks out staunchly towards the sea from where it awaits the benefits the Americas had previously favoured Seville with.
247. In spite of being not very well known, the old cathedral of Cadis is a noble temple of the greatest interest. The vaults, known by the term umbrella vaults, respond to an original solution that is somewhere between the image of ship hulls and another based on the four-part hemispherical dome. On the outside they are clad with glazed, coloured ceramics, giving rise to a structural and ornamental form of great beauty.
248. Towers and domes of the new cathedral as they ended up after the intervention by Juan Daura (1844), the creator of the dome over the transept crossing and the final section of the main nave. In the foreground, the dome corresponding to the chancel.
249. Main façade, where we can see the distinct tones of the stones used. The darker stone coincides with the Baroque design by Vicente Acero, which was later softened by the elevations done in the neo-Classical style. The towers were built by Juan de la Vega y Correa from 1846 to 1853 using a previous design by Manuel Machuca.
250. The main chapel is decorated with red and white jasper from Tortosa and Malaga. In the centre there is a marble and bronze shrine designed by Machuca and corrected by Juan de la Vega y Correa. The material execution was done by José Frapolli Pelli (1862-1866).
251. The main chapel as seen from the transept crossing leads us to think that Acero was aware of Siloé's solution for the apse of the Cathedral of Granada, though in this case it would never have a funerary character. In spite of this, the altar sits above the key stone of the crypt.
252. Lateral nave and beginning of the ambulatory.
253. Detail of the vault above the main chapel, with its set of light openings.
254. Section of the cathedral as drawn by Schubert where we can see the interior spatial hierarchy with the stepping of the vaults and domes. However, the drawing does not include the double leafing of the vaults. The importance of the crypt, where Manuel de Falla is buried, is unmatched in Spanish cathedrals.
255. Vault of the crypt beneath the chancel. This part of the church was personally directed by the architect Vicente Acero from 1721 to 1726. Acero employed his knowledge of stereotomy in this lowered vault of some fifty-seven Spanish feet in diameter. In the background, over an altar from the earlier cathedral, the Virgen del Rosario by Alejandro Algardi.
256. Detail of the bishop's seat presiding the choir, whose stalls come from the Seville Carthusian monastery of Santa María de las Cuevas. In order to fit them into the cathedral certain modifications and additions were made after 1858, including the addition of this bishop's seat done by the Cadis sculptor Juan Rosado.
257. The choir of the Seville Carthusian monastery was the work of Agustín Perea and was finished around the year 1700. The Cathedral of Cadis acquired it after the selling of the monastery property under Bishop Juan José Arbolí (1853-1863). The forty seats with their seat backs now making up the upper stalls were brought to the cathedral, after which the Cadis master Juan Rosado made twenty-four seats more for the lower stalls. The woods used include cedar, mahogany, ebony and oak.

Créditos Fotográficos

ACI-Alamy: 191

ALBUM/Erich Lessing: 23, 130

Alinari/The Bridgeman Art Library: Paul Naeyaert: 37; Peter Willi: 44

Archivio Scala, Florencia: 16 derecha, 18, 19, 24, 39, 42

Archivo Lunwerg: 209

Markus Bassler: 95, 99, 131, 149, 182, 197, 228

Achim Bednorz: 38, 69, 75, 81, 88, 92, 93, 94, 98,
101, 102, 103, 109, 110, 136, 155, 180, 181, 186, 188, 205, 224, 225, 227

Tony Catany: 167

CORBIS: Sandro Vannini: 22; Archivo Iconográfico, S.A.: 36, 139; Paul Almasy: 41; Ruggero Vanni: 43;
Chris Hellier: 45; Vanni Archive: 46; Adam Woolfitt: 47; James Sparshatt: 240

Jordi Cuxart: 249, 255

Gerard Deuber/Dominique Bournaud/Francoise Plajoux: 21

Fototeca 9x12/R. Schmid: 279

Imprimerie Nationale, París/Caroline Rose: 16 izquierda

Xurxo Lobato: 73, 74, 78, 79, 82, 85, 86

Marc Llimargas: 28, 34, 53, 58, 64, 76, 77, 80, 83, 84, 87,
100, 105, 106, 107, 113, 117, 119, 122, 123, 124, 125, 143, 144, 145, 147,
162, 164, 168, 170, 173, 174, 175, 176, 189, 196, 198, 199,
201, 202, 210-211, 213, 220, 222, 231, 232, 233, 234, 235, 236, 239, 248,
254, 256, 257, 258-259, 260, 264, 266, 268, 269

Mauro Magliani: 17

Ramon Manent: 32, 33, 50, 51, 146, 150, 151, 156, 157, 160, 161, 163, 171

Oscar Masats: 214, 252

Ramón Masats: 158-159, 177, 179, 189, 190, 192, 194, 206, 216, 217, 238, 247

Domi Mora: 30, 31, 35, 153, 154, 185, 237, 263, 283

Josep M. Oliveras Puig: 12, 13, 48

Francisco Ontañón: 29, 49, 55, 137, 165, 261, 265, 267, 270, 271

ORONOZ: 25, 26, 27, 52, 67, 72, 89, 96, 97,
104, 118, 127, 129, 132, 135, 140, 141, 142, 187, 193,
200, 203, 212, 215, 218, 219, 221, 223, 241, 243, 244, 245, 246,
251, 272, 273, 275, 276, 277, 280, 281, 284, 285, 286, 287

Marc Pons: 70, 71, 112, 114, 115, 116, 120-121, 172, 183, 195

Miguel Raurich: 91

Adalberto Ríos Szalay/María Lourdes Alonso: 57

LUNWERG EDITORES

Director general
JUAN CARLOS LUNA

Director de arte
ANDRÉS GAMBOA

Directora técnica
MERCEDES CARREGAL

Diseño y maquetación
MIROSLAW JOZEF SROKA

Coordinación
MARÍA JOSÉ MOYANO

Traducción
JEFFREY SWARTZ